MAÇONARIA
Escola de Mistérios – A Antiga Tradição e Seus Símbolos

Wagner Veneziani Costa

MAÇONARIA

*Escola de Mistérios – A Antiga Tradição
e Seus Símbolos*

© 2020, Madras Editora Ltda.

Editor:
Wagner Veneziani Costa (*in memoriam*)

Ilustração da Capa:
Equipe Técnica Madras

Revisores Colaboradores:
Ziéde Coelho Moreira
Carlos Brasílio Conte

Revisão:
Maria Cristina Scomparini
Arlete Genari

Dados Internacionais de Catalogação na Publicação (CIP)
(Câmara Brasileira do Livro, SP, Brasil)

Costa, Wagner Veneziani
  Maçonaria : escola de mistérios : a antiga tradição e seus símbolos / Wagner Veneziani Costa. -- 3. ed. -- São Paulo : Madras, 2020.

  ISBN 978-85-370-0982-6

  Bibliografia.
  1. Maçonaria - História 2. Maçonaria - Rituais 3. Maçonaria - Simbolismo 4. Maçons I. Título.

15-06739   CDD-366.1

Índices para catálogo sistemático:
1. Maçonaria : Sociedade secretas 366.1

É proibida a reprodução total ou parcial desta obra, de qualquer forma ou por qualquer meio eletrônico, mecânico, inclusive por meio de processos xerográficos, incluindo ainda o uso da internet, sem a permissão expressa da Madras Editora, na pessoa de seu editor (Lei nº 9.610, de 19/2/1998).

Todos os direitos desta edição reservados pela

MADRAS EDITORA LTDA.
Rua Paulo Gonçalves, 88 — Santana
CEP: 02403-020 — São Paulo/SP
Caixa Postal: 12183 — CEP: 02013-970
Tel.: (11) 2281-5555 — Fax: (11) 2959-3090
www.madras.com.br

Dedicatória

À minha família, porto seguro de minha existência.

A todos os meus Irmãos, Irmãs, Frateres e Sorores, de todas as Ordens Secretas, Ocultas, Místicas e Herméticas.

A todos os maçons que viveram e vivem sob a superfície do planeta Terra, principalmente aos que me auxiliam nessa deliciosa Jornada que chamamos VIDA..

Eu Sou, apenas o que sou...
Wagner Veneziani Costa

Homenagem

Esta reedição é em homenagem ao mês de aniversário do nosso amado autor e eterno Editor, pai, maçom, empresário, religioso e estudioso, Wagner Veneziani Costa (*in memoriam*). Que os seus mais profundos e ilimitados conhecimentos possam ser difundidos cada vez mais, por meio do melhor e mais querido instrumento de estudo do mundo, o livro. Que seus ensinamentos magnos sejam levados através de gerações, para que todos possam ter conhecimento, como sempre foi seu desejo, e com ele, a luz que sempre o acompanhará.

Com nosso amor, eternamente,

Sua esposa Sonia e suas filhas Barbara e Giovanna
São Paulo, 25 de agosto de 2020.

Agradecimentos

Quero agradecer *in memoriam* de J. D. Buck, autor da obra cujo título em inglês, *Mystic Masonry*, foi verdadeira fonte de meu sonho se tornar realidade. A obra dele foi inteiramente compilada por mim.

Não menos compilada foi a obra de Osvald Wirth, publicada em francês sob o título *Le Symbolisme Hermétique*.

Aos demais autores citados, no decorrer do texto, em notas de rodapé e na Bibliografia, nascentes de inspirações e de muita pesquisa. Retirei dessas obras tanto quanto a matéria me permitiu, mas com a certeza de ter deixado o meu *animus* (alma) em cada página, com a única intenção de chegar ao alcance do maior número de pessoas, pois a instrução e a felicidade de meus semelhantes foram e sempre serão o objetivo de meus trabalhos.

Aos meus fiéis amigos, parceiros no dia a dia no árduo trabalho realizado em nossa Editora, Arlete Genari, gerente editorial, e Luiz Carlos Costa, gerente geral; agradecimentos que quero estender a todos os demais parceiros e colaboradores.

Ao verdadeiro laboratório... Minha Loja Madras nº 3359, "Verdadeiros Irmãos"...

Ao Irmão James Green por nos permitir publicar o texto "O Guia dos Maçons para os Maçons", de sua autoria, nesta obra.

A todos os leitores da Madras Editora, pelo apoio e fidelidade.

A Ganesha, por ser parte integrante de minha vida, removedor de todos os meus obstáculos, materiais e espirituais. Reformador de minha mente, destino e "verdades". Destruidor do meu ego. Presente dentro de nós, fora de nós e entre nós...

A meus Guardiões, Orixás, Mestres Ascencionados...

A todos os Seres, desta e de outras galáxias, que me iluminam mental e espiritualmente.

É dentro do próprio coração do homem que a Natureza gravou o quadro de seus deveres.

Wagner Veneziani Costa

Índice

Prefácio 13
Introdução 19
A Maçonaria e os Mistérios da Antiguidade 23
Os Deuses Moloch e Baal 31
Melquisedeque 37
Em Busca de Fatos 51
Os Templários 101
    A Eliminação dos Templários 113
    O Santo Graal e a Arca da Aliança 115
    Os Grão-Mestres do Priorado de Sião 130
O Surgimento das "Lojas" 135
A Reconstrução 145
    Efeitos da Reconstrução após o Grande Incêndio de Londres 150
    A Ligação e Posterior Desenvolvimento 151
A Influência Cabalista 155
A Autêntica Maçonaria 159
    Um Pouco da História de Orfeu 161
    Os 22 Caminhos e os Arcanos Maiores 168
    A Árvore da Vida e os Arcanos Menores 170
Princípios da Educação e da Ética 181
O Espírito da Maçonaria 199
Tradições da Maçonaria 219
    Os 33 Graus 226
    A Acácia 237

A Lenda de Hiram Abiff 238
A Grande Ciência dos Mistérios 249
Os Mistérios das Antigas Civilizações 259
Conhecendo Um Pouco Mais sobre os Mistérios 267
    Origem da Iniciação, dos Símbolos, Hieróglifos,
    Mistérios e da Veneração que se Tinha por Eles 267
    Descrição dos Mistérios Correlatos à Maçonaria 274
    Os Mistérios da Índia 275
    Os Mistérios Egípcios 277
    Os Mistérios dos Cabírios 279
    Os Mistérios dos Cabírios da Samotrácia 280
    Os Mistérios Gregos 280
    Os Mistérios dos Judeus ou dos Essênios 283
    Os Mistérios do Cristianismo 286
Os Mistérios Sagrados de Zoroastro e de Mitra 293
A Fábula Feita sobre o Sol, Adorado com o Nome de Cristo 307
    Explicação de Heráclito, ou do Poema Sagrado, sobre os
    12 Meses e sobre o Sol Venerado com o Nome de Hércules 382
Zodíaco 389
    Descrição do Zodíaco de Dendra, que Agora Está no
    Museu de Paris 389
O Tabernáculo da Alma Humana e o Espírito Imortal 399
    O Plágio Católico 409
A Doutrina Secreta – Os Vedas 415
A Doutrina Secreta – Ciência e Religião 435
A Doutrina Secreta – A Natureza Setenária do Homem 451
Os Guardiões da Humanidade 477
    O Sinal do Mestre 477
A Grande Fraternidade 485
Um Perfil do Simbolismo 495
    Hermetismo 504
Maçonaria Simbólica 511
Alguns Símbolos 519
    O Uso de Números 519

Pilares e/ou Colunas..536
Piso Mosaico 541
　　As Joias Maçônicas..548
Escada de Jacó 551
Luz 553
　　As Três Grandes Luzes..560
　　O Esquadro e o Compasso..562
　　O Avental..563
　　O Avental do Mestre Instalado e a Joia do *Past Master*.................567
Instrumentos e Utensílios...571
　　A Tétrade Fundamental..574
　　O Círculo..576
　　A Luz..578
　　O Sol e a Lua...579
　　A Cruz..582
　　Evolução da Cruz Primitiva...585
　　A Cruz Suástica ou Cruz Gamada..588
　　O Círculo e a Cruz..590
　　O Triângulo..593
　　O Enxofre...595
　　O Mercúrio...598
　　O Quadrado..602
　　O Esquadro...603
　　Cruz Simples...604
　　Cruz de Santo André..604
　　Tau ou Cruz de Santo Antônio..604
　　Cruz Quádrupla..605
　　Cruz Ansada...605
　　Cruz de Malta ou Cruz de São João...605
　　Cruz de Lorena ou Cruz Patriarcal..605
　　Cruz Forcada ou Teutônica..606
　　Cruz Rosa-Cruz...606
　　A Pedra dos Sábios..606
　　Proposição...616

Conclusão..621
Apêndice..633
   O Guia dos Maçons para os Maçons...633
      Introdução..633
Palavras Finais...651
Índice Remissivo..653
Bibliografia...659

Prefácio

*"Recebam, meus queridos Irmãos, minhas primeiras Emoções
Que em Meu Coração a Ordem faz Surgir.
Feliz se Nobres Esforços
Fazem merecer sua estima,
Elevam-me a esse Verdadeiro Sublime,
À Primeira Verdade,
À Essência Pura e Divina
Da Alma Celeste Origem,
Fonte de Vida e Claridade."*
Ramsay

O espírito da inquietude está no ar. Atualmente, na face aparente das coisas, o mercantilismo fala mais alto, na maioria das vezes. Grandes associações entre o capital e a massificação de milhões parecem ser a "Ordem do Dia". Dentro da classe política, tentam-se uma organização e uma cooperação em escala jamais vistas na história humana. Problemas econômicos estão sendo experimentados em uma medida que se torna impossível evitar sua somatória, de modo muito significativo, à experiência associada da Humanidade. Que consequências podem daí advir, somente os mais sábios poderiam agora opinar e, talvez, apenas os tolos se arriscariam a predizer.

Todavia, a natureza humana é um produto essencialmente estável, em que se pode depositar confiança sob qualquer circunstância. No âmago do coração do homem, mora o princípio da **justiça e da equidade**, e nenhum abuso arquitetado pelo egoísmo ou pela ganância teria vida longa. É possível que ainda estejamos longe do Reino Universal da Irmandade, porém há algo na recôndita essência do coração humano que se esforça no afã de alcançar a meta.

Tão relevantes quanto a agitação comercial e a disputa econômica, outros problemas estão igualmente em busca de uma solução. Usando o termo em seu sentido mais amplo, o problema psíquico caminha lado a lado com o econômico. Ética e Economia são inseparáveis. A conduta individual, o uso dos recursos vitais e a distribuição de renda sempre envolvem não só ética, mas também economia; em síntese, constituem-nas.

Fora das igrejas e da literatura religiosa, pouco se comenta a respeito de religião, hoje em dia. Na verdade, aliás, pessoas "excelentes" parecem achar a religião (espiritualidade) obsoleta; algo do passado, uma sobrevida – quando, na verdade, admite-se de qualquer modo a sua sobrevivência – das eras de trevas. Possivelmente, nenhum erro mais grave poderia ter sido cometido. Os problemas aparentes podem ter mudado; as organizações podem ter se fragmentado ou desaparecido, mas os temas de discussão vitais não apenas permanecem como jamais estiveram em tamanha evidência como hoje. Nem poderia ser diferente, já que a natureza humana permanece imutável.

Somente os tolos ou degenerados podem, se o fizerem, tentar ignorar o elemento religioso (espiritualidade) inerente à sua própria natureza. Tão inevitável quanto a água em busca de seu nível para finalmente encontrar o caminho rumo ao mar, exatamente assim *sente-se* o homem em busca desse *poder* – dê-lhe o nome que quiser –, cujo raio divino o torna Homem e cuja presença intrínseca o eleva em momentos extraordinários, acima do sórdido "eu", para o chamado da alma, no sentido do mais elevado, do imenso, do melhor, como em um toque de asas. Essa é uma experiência universal, igualmente vivenciada pelo selvagem ou pelo civilizado, e totalmente independente de teologias ou filosofias eclesiásticas. Teólogos, em todas as eras, têm se apossado dessa experiência humana comum e a têm formulado, com o propósito de direcioná-la, chegando frequentemente a explorá-la, segundo a conveniência de seus credos, exatamente como os capitalistas manipulam os problemas econômicos relativos aos recursos da natureza e à distribuição da riqueza.

Em termos gerais, esse é o problema psíquico que constitui o elemento religioso inerente à vida humana. Nunca foi tão evidente como o é hoje. Essa é a realidade que, em nossos dias, caminha *pari passu* com o mercantilismo. E, se por um lado, como já mencionamos, talvez faça menos alarde, por outro é algo evidente em toda parte.

Todo problema na vida humana e todo movimento que afeta a sociedade são, em última análise, questões psíquicas. Ambos dizem respeito ao corpo e têm incidência no meio ambiente, essencialmente na alma do indivíduo.

O progresso obtido pela ciência materialista, em meados do último século, é tão extraordinário que se torna difícil encontrar um adjetivo apropriado para nomeá-lo. Logo, os problemas econômicos devem ser necessariamente revistos.

Enquanto os problemas psíquicos atingirem igual proeminência, não se pode chamar tais resultados de organizados, como os dos experimentos econômicos. A espécie, como um todo, tem reunido fatos e realizado experimentos. Raramente foi sugerida, na Psicologia, uma hipótese funcional. Não obstante, não há nenhum acordo amplo ou geral quanto a quaisquer teoremas. Parece-me não haver nenhum projeto em estudo, e os trabalhadores, as legiões, acham-se confusos.

A grande maioria das pessoas, mesmo entre as mais cultas e esclarecidas, irá apressar-se em negar ter o homem, algum dia, conhecido tal teorema psíquico. Para essas pessoas, a hipótese de esse teorema ter sido descoberto em algum momento e, então, ter se perdido ou tornado hermético, é absurda; ainda assim, o conjunto das tradições e o Simbolismo da Maçonaria giram em torno desse *teorema*, essa hipótese funcional na vida psíquica do homem. Trata-se de algo fundamental para criar uma ordem na confusão dos problemas psíquicos, que afetam muitos hoje em dia.

Esse Grande Segredo, a *Palavra do Mestre*, foi dado a conhecer e preservado nos Mistérios da Antiguidade, tendo sido incorporado e mantido nas tradições e no simbolismo da atual Maçonaria. É um fato repetidamente mencionado ao longo desta singela obra, com o real propósito de despertar em iniciados, especialmente nos maçons, o desejo de buscar o real segredo. É a recompensa ao estudo e à devoção, e jamais foi obtido sob quaisquer outras condições. Nunca foi outorgado mediante os graus ritualísticos da Ordem maçônica, e isso possivelmente jamais ocorrerá. É o estabelecimento do *entendimento* na alma humana, entre aquele seu "Eu" mais elevado e o "Mais", e além do "Eu", a partir do qual ele fundamenta sua vida e de onde nascem suas intuições, seus *insights*. Esta é a real iniciação: **tornar-se uno em sua mente**.

Sinto-me gratificado e também encorajado pela acolhida e interesse manifestados à minha obra e pelos elogios, vindos de muitos amigos, Irmãos de diversos setores e sociedades.

Creio que em nenhum outro lugar, no seio da sociedade humana, pode-se encontrar hoje em dia uma abordagem tão próxima àquela da Fraternidade, Ideal do Homem, como nas Lojas maçônicas. Perfeita não o é, mas não pode sê-lo até que a evolução humana seja completada. Atualmente, dentre as centenas de milhares de maçons existentes no mundo, seria difícil encontrar um que não se empenhe, dando o melhor de si, na prática da beneficência e da fraterna bondade, particularmente em relação aos seus Irmãos nas Lojas. Além do mais, há milhares de maçons que percebem ser a Maçonaria algo que tem alcance e implicações muito maiores do que o **simples ato de comparecer aos Rituais e cerimônias da Loja**. Há um interesse realmente muito amplo e cada vez mais crescente nesse sentido, e esse é o escopo, acima de tudo, com que a Maçonaria Mística foi concebida, no intuito de fomentar, encorajar e auxiliar. Na verdade, na última década, houve um crescimento notável desse sentimento, e nós não temos a menor sombra de dúvida quanto ao resultado. Se isso for somente a minha **esperança**, que seja assim! Se, pois, isso morrer em mim, não terei mais o que fazer, pelo menos no que se refere à Ordem. Sei que estou sendo um tanto romântico, ou melhor, poético, mas sinto-me bem por encorajar todos os que vibram na mesma frequência, na mesma sintonia, na mesma harmonia de sincronicidade que eu e torcem para que nossa Ordem ressuscite, o mais rápido possível, antes que seja tarde demais. Continuemos...

São os preceitos éticos inculcados na Loja e amplamente praticados pelo ofício, mais que tudo, o que contribui para abrir as intuições mais elevadas do homem, permitindo-lhe intuir e finalmente compreender problemas mais complexos, ocultos, no profundo simbolismo da Maçonaria. Por conseguinte, a Moderna Maçonaria está se tornando rapidamente, como seu protótipo na Antiguidade, uma Escola de Mistérios; sendo o real Mistério, a origem e a natureza da alma humana, o destino transcendente e imortal do Homem. Os que já atingiram os mais altos graus da Ordem sabem a que estou me referindo.

A organização maçônica é muito grande, forte e amplamente difundida; seu espírito é tão fraterno e seus ensinamentos tão valiosos e inspiradores que parece estar fadada a obter os resultados mais gloriosos no aprimoramento e na elevação da raça humana, como um todo. Pelo menos é assim que o mundo profano nos vê e assim o foi.

As profundas e rígidas amarras que até aqui haviam segregado a Humanidade estão desaparecendo rapidamente. Credos e dogmas perderam seu valor, uma vez que o Estado não mais os protege, além do que se esvaiu o medo dos anátemas eclesiásticos. Homens e mulheres de todas as classes estão se familiarizando cada vez mais com a finalidade manifestada da compreensão, de maneira que podem ajudar-se mutuamente. Reconhece-se cada vez mais que o bem do indivíduo é o bem-estar de todos. O "pecado da separação" vai sendo, por conseguinte, lentamente solapado. Partindo daí, os problemas éticos, religiosos, econômicos e políticos são vistos como praticamente inseparáveis e todos eles definitivamente relacionados ao problema básico, que é a evolução do homem. Essa reconhecida unidade de pensamento bem como os interesses da comunidade são o prelúdio para a Irmandade Universal do homem, o que representa o estado ideal e o sonho de qualquer verdadeiro filantropo através dos tempos. A Maçonaria representa exatamente isso, na íntegra, essencialmente como nas eras em que se definiu e se promulgou claramente a filosofia que viabiliza a existência de um Estado ideal, tal como uma Grande República de Nações e Povos. Deve ela ser fundada nos alicerces da natureza intrínseca do homem e consolidada na afetuosa fraternidade individual e coletiva, a fim de que assim possa existir e perdurar.

Tomo a liberdade de pedir aos nossos Irmãos que voltemos a empreender, levando ao mundo um pouco mais de LUZ.

Promover esse glorioso resultado é a finalidade exclusiva desta singela obra. Essa é, na verdade, a *Obra* da sua Loja, como deve ser a de cada Irmão, em cada canto deste planeta, até que finalmente se torne a obra de cada ser humano.

Que o Grande Arquiteto do Universo possa iluminar nossos trabalhos. Fazer com que cada um dos homens que formam a Maçonaria seja alterado pela Luz Divina para que possa perceber qual é o seu papel, a sua missão, e que todos os seus trabalhos sejam abençoados!!!

Eu Sou o Que Sou,
Wagner Veneziani Costa

Introdução

"A Verdade está dentro de nós. Não surge das coisas externas, mesmo que assim acreditemos. Há um centro interno onde a Verdade habita em sua plenitude."
Buda

Antes mesmo de começar a escrever a introdução de nossa obra, quero frisar os meus mais sinceros respeitos a J. D. Buck, Saint-Ives d'Alveydre, Eliphas Levi e Oswald Wirth, que são, na verdade, os maiores idealizadores e motivadores desse meu sonho que se torna realidade. Fundamento, base e inspiração, além de diversos textos em seu pleno conteúdo das suas obras originais, foram aqui mantidos. Quero também dizer a eles, onde quer que estejam, que seus trabalhos não foram nem serão facilmente esquecidos, pois tomo a liberdade de ingressar, mergulhar com eles, manter o mesmo prisma, trazer à tona suas obras, recheadas de textos e referências atualizados.

Esta obra não apenas atrai a atenção e instiga o estudo, mas também reflete, por meio dos seus originais, a aprovação incondicional das maiores autoridades maçônicas de nossos dias. Homens com grandes ideais. Pelo menos deveriam ser. Essa é a obrigação de cada um que se coloca à disposição de exercer uma função.

E isso me entusiasmou a pegar os originais de J. D. Buck, assim como diversos outros, e compilá-los – prefiro esse termo a pesquisar. Ele próprio já o fizera antes e, não importa o motivo, colocou todos os textos aqui inseridos como sendo suas ideias, o que sabemos, por meio de pesquisas, que não os são. Mais isso é irrelevante perto da riqueza deste material que tenho a grata satisfação de editar e inserir nos textos da edição em língua portuguesa.

Parti do princípio de que tem havido, ultimamente, um amplo interesse quanto aos assuntos relacionados com a Maçonaria. Acreditando poder somar, abracei essa valiosa oportunidade de mostrar que a Arte Real, após centenas de anos, pode apresentar sua sublime filosofia ao mundo, para o aprimoramento da Humanidade.

Há outros autores que quero homenagear e ao mesmo tempo agradecer: Albert Pike, que não canso de citar durante todo o livro; Édouard Schuré; Fabre d'Olivet; J. M. Ragon; Helena Petrovna Blavatsky (Madame Blavatsky ou H.P.B.); A. Leterre; C. W. Leadbeater, além dos mais recentes e extraordinários escritores, historiadores e arqueólogos: Laurence Gardner; John J. Robinson; Christopher Knight; Robert Lomas; Martin Lunn; David Stevenson; Andrew Sinclair; Alfredo Lissoni; Richard Leigh e Michael Baigent.

Em sua apresentação, o autor J. D. Buck nos diz: "Meu livro, *Mystic Masonry* (*Maçonaria Mística*), é, em grande parte, uma compilação". Não era propósito do autor tornar-se um inovador, mas, em vez disso, modestamente, um inspirador e renovador. Imbuído desse princípio, apenas reprisou enunciados já formulados por figuras importantes, com autoridade no tema Maçonaria; enunciados estes que foram negligenciados ou esquecidos e que precisavam ser relembrados.

Outro ilustre autor, Albert Pike, prefaciando seu livro *Moral e Dogma*, declara: "(...) Aproximadamente metade de seu conteúdo é original, enquanto a parte restante constitui-se em material colhido em variadas fontes e, uma vez que não estava escrevendo por fama ou dinheiro, mas para beneficiar o ofício, a fonte na qual havia se baseado era assunto de importância secundária". Frequentemente, fez adaptações em vez de inserções de passagens, em muitos pontos, e bem raramente citou suas fontes. Abordava assuntos que, evidentemente, acreditava serem do conhecimento da Fraternidade maçônica e havia despido sua mente de toda motivação egoísta ou esperança de ganhos; portanto, não se deve atribuir-lhe o uso de plágio. Fez frequentes excertos, a partir dos escritos de Alphonse Louis Constant, mais conhecido como Eliphas Levi Zahed,[*] cujas obras à época eram publicadas apenas em francês e cujo conteúdo apresenta, sem dúvida, o saber mais profundo acerca das Ciências Ocultas e dos Mistérios da Antiguidade, revelados ao mundo desde os dias dos Antigos Iniciados.

É minha esperança que meus Irmãos percebam o real significado deste trabalho e que de nenhuma forma se sintam obrigados a aceitar a interpretação de seu conteúdo. Mais do que isso, peço que evoquem a tolerância e que por meio de sua inteligência busquem o saber e possam discernir, a partir de critérios de equidade e moderação, a sequência lógica de seu todo como reveladora da profunda filosofia da Natureza e da Vida, bem como a influência benéfica que tais ensinamentos seguramente irão exercer, se universalmente difundidos e adotados entre os homens, em seu dia a dia.

Precisamos observar a Natureza e aprender com ela, a exemplo da água, que nasce no útero da terra, cresce, enfrenta seus obstáculos, desenvolve-se, cumpre sua missão e volta ao centro da terra. E novamente nasce...

É possível que Liberdade e Igualdade baseadas na Fraternidade se tenham transformado em um *slogan* sangrento à época da Revolução Francesa; todavia, em tempos mais pacíficos, tal Fraternidade deve ser interpretada como a condição ideal para promover a Irmandade Universal e Incondicional do Ser Humano.

Wagner Veneziani Costa

---

* N.E.: Sugerimos a leitura de *Dogma e Ritual de Alta Magia* e *A Chave dos Grandes Mistérios*, ambos de Eliphas Levi, Madras Editora.

A Maçonaria e os Mistérios da Antiguidade

"A História das religiões visa, no final, à criação cultural e à modificação do homem."
Mircea Eliade

Poucos aspectos da história do espírito humano são mais fascinantes que os Mistérios da Antiguidade. Assim como todas as instituições humanas, eles tiveram sua fundação em uma necessidade real, à qual serviram pela dramatização de crenças, esperanças e desejos da Humanidade, evocando o misticismo eterno, que é ao mesmo tempo a alegria e o consolo do homem enquanto ele marcha ou rasteja, abrindo caminho por entre o emaranhado de dúvidas, perigos, doenças e morte, no processo que chamamos de vida.

De Pitágoras* a Plutarco, os professores do passado testemunharam em favor dos Mistérios, até Cícero, que declarou que "o aprendizado do homem na morada do lugar Oculto o compelia ao desejo de viver de maneira nobre e suscitava pensamentos felizes

---

* N.E.: Sugerimos a leitura de *Pitágoras – Ciência e Magia na Antiga Grécia*, de Carlos Brasílio Conte, Madras Editora.

para a hora de sua morte". O homem vivia sua época majestosa; eles não eram somente sublimes e nobres, mas também elevados e sutis.

Platão dizia que os Mistérios foram estabelecidos por homens de grande talento que, no início dos tempos, se esforçaram para ensinar a pureza, para superar a crueldade da raça, para exaltar sua moral e refinar seus modos e para conter a sociedade por meio de vínculos mais fortes do que aqueles impostos pelas leis humanas. Sendo esses os seus propósitos, aqueles que se importam com a vida do homem, em geral, entrarão em seus santuários desaparecidos com compaixão; e se nenhum Mistério mais se liga ao que eles ensinaram – nem mesmo à sua antiga alegoria de imortalidade –, há interesse permanente em seus ritos, em sua dramatização e em seus símbolos empregados no ensinamento da sábia, virtuosa e bela Verdade.

Estamos cada vez mais seguros em afirmar que a ideia e o uso da iniciação são tão antigos quanto a Casa dos Homens da sociedade primitiva, pois eram universais e assumiram formas diferentes em territórios distintos.

Jean Delumeau, em sua obra *Grandes Religiões do Mundo*, diz: "O homem precisa de ritos; e essas liturgias permitem-no penetrar no espaço sagrado, que sempre se situará para além do reduto da ciência. Esse espaço do sagrado é o lugar onde o homem depara com algo maior que ele, encontrando, ao mesmo tempo, a ordem universal e as razões para viver. E, além disso, as diversas religiões do mundo, cada qual na sua linguagem, exaltam a sabedoria e a compaixão, a sinceridade e a Humanidade: preciosos valores comuns cujo desaparecimento ninguém poderá desejar".

A esse respeito, Aristóteles dizia: "A semelhança do homem com o animal é o estar sujeito à mesma natureza animal. A diferença consiste em o animal estar sujeito à história, enquanto o homem possui a capacidade de ser sujeito da história. O grande problema dessa diferença é que um enorme número de pessoas não percebe a diferenciação".

∴

Bem, vamos buscar, durante todo o texto, a existência de um vínculo histórico ou filosófico, unindo essas áreas do pensamento e do comportamento humanos, que são bem conhecidas de qualquer estudioso inteligente da Maçonaria e também daqueles que se dedicam ao estudo do Simbolismo e do Misticismo. Um viajante, nas selvas da América do Sul, recorda-se do fato de ter lá encontrado uma estrada primitiva que atravessava montanhas e vales, percorrendo centenas de milhas. Saber quem construiu essa estrutura torna-se para nós mera conjectura. Hoje ela revela o desgaste sofrido pela ação do tempo, com grandes interrupções aqui e ali, e árvores enormes destruindo seu leito; porém, vê-se em seu todo o dedo da concepção humana. De forma semelhante, quando empreendemos a tarefa de seguir os pontos de referência que ligam a antiga sabedoria à era moderna, não devemos procurar tramas ininterruptas; entretanto, ainda assim, o estudioso atento irá descobrir as linhas de sequenciamento evidentes, e as interrupções existentes não o impedirão de achar a prova da transmissão ao longo das eras.

Krishna

A Maçonaria lida amplamente com a ética e o simbolismo dos Antigos Mistérios. Acreditamos que mediante os esforços oportunos de maçons, atualmente, as maiores realizações do conhecimento já obtidas pelo homem, originalmente ocultas nos Grandes Mistérios da Antiguidade e perdidas ao longo das eras, podem agora ser recuperadas. No sentido mais estrito, esse conhecimento jamais esteve realmente perdido, já que sempre houve pessoas que conheciam o Grande Segredo. Tal saber foi originalmente velado para que assim fosse oculto do profano, sendo escrito na linguagem universal do Simbolismo que os sábios, dentre todas as nações e durante o transcorrer das eras, podiam ler, por assim dizer, em sua própria língua. Também foi escrito em parábolas e alegorias, usando o que os Grandes Avataras já haviam feito, a exemplo de Rama, Amon, Melquisedeque, Krishna,

Melquisedeque

Hermes, Moisés, Orfeu, Pitágoras, Platão, Jesus, Buda e tantos outros,[*] a fim de que pessoas iletradas ou não iniciadas não fossem privadas de seus sábios preceitos e de sua força na formação do caráter, na erradicação da ignorância e ainda no sentido de fomentar a esperança. Acredito, após muitas pesquisas, que foi dessa Antiga Sabedoria que nasceu a Maçonaria. A verdadeira Ciência do Simbolismo perdeu-se no tempo. Os Templos Iniciáticos entraram em decadência ou foram destruídos por sacerdotes e potentados, invejosos de suas influências. Exaustivamente, ao longo dos séculos, o homem vem tentando recuperar a chave perdida e restaurar a antiga sabedoria a partir de parábolas e alegorias, nas quais foi ela oculta. Contudo, o progresso nesta ordem inversa é não apenas necessariamente lento e incerto, mas também tais tentativas deram origem, em maior ou menor grau, a fantásticos voos da imaginação, gerando confusão em vez de Iluminação. Em consequência disso, vemos que o assunto em sua totalidade é tratado com desdém, o que tornou o termo "misticismo" algo vago e impreciso, se não totalmente idiota, para aqueles que ignoram seu verdadeiro significado.

"Lembrem-se", diz o Irmão Albert Pike, "de que as lições e cerimônias desses graus (aqueles da Loja-Azul) têm sido cada vez mais complacentes, em razão de sua mutilação e queda para o lugar-comum, sob a capacidade e memória, não raras vezes, limitadas do Mestre e Instrutor e, também, para o intelecto e as necessidades do Aluno e Iniciado; que as herdamos de uma era em que símbolos eram usados não para revelar, mas para ocultar,[**] quando

---

[*] N.E.: Sobre esses grandes nomes da história, sugerimos a leitura de *Melquisideque ou a Tradição Primordial*, de Jean Tourniac; *Buda – Mito e Realidade*, de Heródoto Barbeiro; e *Moisés e Akhenaton – A História Secreta do Egito no Tempo do Êxodo*, de Ahmed Osman, todos da Madras Editora.

[**] N.R.: "Os Símbolos revelam velando e velam revelando" (Georges Gurvith).

Amon

a aprendizagem mais banal foi confinada a uns poucos escolhidos, e os mais simples princípios de moralidade pareciam verdades recém-descobertas; e que esses simples e antiquados graus agora parecem representar as colunas destruídas de um templo druida, sem teto, em sua grandeza mutilada; em muitos pontos, também, corroído pela ação do tempo e desfigurado por modernas inserções e interpretações absurdas" (*Moral e Dogma*, p. 106).

Eis aqui, então, duas causas que têm tornado difícil a recuperação da Antiga Sabedoria, ou seja, a ocultação, a alteração ou a má interpretação por ignorância. A elas deve-se acrescentar uma terceira fonte de impedimento que consiste no empenho direto de partes interessadas em destruir completamente todos os registros históricos. "Pensemos apenas nos milhares, talvez milhões, de manuscritos queimados; nos monumentos, com suas inscrições indiscretas e símbolos pictóricos reduzidos a pó; nos grupos de eremitas e ascetas primitivos em sua vida errante entre as ruínas das cidades do Alto e do Baixo Egito; nos desertos e montanhas, vales e colinas, procurando encontrar e prontos para destruir qualquer obelisco e pilar, rolos de papiro ou pergaminhos em que pudessem pôr as mãos, mesmo que ostentassem apenas o símbolo do *tao*, ou qualquer outro adotado ou apropriado pela nova fé: e verá ele claramente quão pouco restou dos registros do Passado" (Blavatsky, *A Doutrina Secreta*, p. 11, vol. I).

Qualquer maçom inteligente e isento de preconceitos é mais ou menos ciente desses fatos, bem como da enorme dificuldade em cuidar de todos os esforços para reaver a Palavra Perdida e reconstruir a Cidade e o Templo do Senhor – um glifo que tem muitos significados. E eu manifesto nesta obra nosso desejo de colaborar para esse nobre e glorioso empreendimento, naquilo que estiver ao meu alcance.

Pitágoras

No esforço de obter tal resultado, não se considera a necessidade de introduzir quaisquer inovações na atual organização da Maçonaria. Se a sublime filosofia, que é sua herança, vier a tornar-se difundida universalmente, sendo passível de ser compreendida por todas as pessoas inteligentes e não apenas por maçons, então, sua influência benéfica poderá estender-se a todos os seres humanos. Nesse sentido, poder-se-ia agilizar o nascimento da "Grande República em que cada Nação é uma família e cada indivíduo, uma criança". Parafraseando Ramsay: "O mundo nada mais é do que uma enorme república, na qual cada nação é uma família e cada indivíduo é um filho".

Naturalmente, será muito questionado se qualquer coisa poderá ser definitivamente averiguada, com respeito aos Grandes Mistérios da Antiguidade, visto que sempre foram ocultos, jamais revelados aos profanos, jamais levados ao conhecimento do grande público, porém apenas registrados em glifos, parábolas e alegorias. Já foi demonstrado que todas as tentativas no sentido de revelar o real segredo, por meio de procedimentos negligentes, partindo-se de parábolas e alegorias, resultaram em confusão e desalento. As interpretações foram tão fantásticas e variadas quanto o espírito de cada pesquisador; se qualquer um desses estivesse de posse de uma senha universal para o simbolismo, ou da plena filosofia da Secreta Doutrina, teríamos possivelmente um resultado muito diferente. A solução dessa questão é não apenas efetivamente simplificada quando a pesquisa é baseada em tal filosofia, ou em uma senha completa, mas também permite ao pesquisador a plena segurança de estar, em cada etapa, seguindo dados confiáveis.

Todavia, deve-se fazer neste ponto uma consideração muito mais importante. Há uma tradição no Extremo Oriente, frequentemente rastreada mais ou menos vagamente no Ocidente, de que a Grande Loja dos Magos, os Adeptos, os Perfeitos Mestres, também conhecida por muitas outras denominações, jamais deixou de existir; que essa Loja, embora secreta e desconhecida, tem amiúde traçado o curso do Império e controlado o destino das Nações. Conhecendo sempre o aspecto que apresenta a menor resistência, quando e como agir, ou seja, tendo sempre em vista um único objeto, a Ordem e o Bem-estar da Humanidade e a Fraternidade do Homem; desprezando a fama e honras mundanas e trabalhando **"sem o desejo de obter honorários ou recompensas"**, eles têm feito suas obras de forma oculta, sem usar de sua influência sobre seus pares com o intuito de não realizar suas tarefas, ou trabalhar por meio de agentes comprometidos em preservar sua real existência.

Para o público em geral é possível que esse assunto seja de pouco interesse ou importância, uma vez que o espírito do trabalho feito deve ser o único critério pelo qual este será avaliado. Para os maçons, entretanto, deveria despertar interesse, na medida em que mostra, em verdade, a função de um Mestre Edificador. Isso irá revelar-lhes o significado e a meta da evolução humana, além de lhes dar a certeza incondicional de que essa evolução está sendo agora auxiliada *por aqueles que sabem*, diferentemente do que vem ocorrendo há muitos séculos. Tal obra ora se tornou possível em função do ciclo de liberalismo e informação em que se vive, no qual os obreiros não estão passíveis de serem sacrificados ao Moloch do fanatismo e da superstição. Admitindo-se a existência de tais Mestres, dotados de profundo saber, prontos a ajudar o mundo, nesse caso, o mundo deve estar preparado e disposto a receber tal ajuda, caso beneficie-se dela e não destrua seus agentes. Guiados então por uma filosofia perfeita, munidos da chave do simbolismo e auxiliados por esses Grão-Mestres, os Mistérios Perdidos da Antiguidade podem ser restaurados e assim revelar seus segredos encanecidos pelo tempo, para o benefício de eras vindouras.

Os Deuses Moloch e Baal

"O acesso é talvez o pseudônimo de Deus, quando não deseja assinar."

Theophile Gautier

Os deuses cananeus Moloch e Baal exigiam o sacrifício humano. Esse sacrifício era feito comumente com crianças. Elas eram sangradas e depois queimadas no altar do sacrifício. As "primícias" eram dedicadas ao deus cruel Moloch, divindade semita mencionada na Torá (Levítico 18: 21; 20: 2-5; 1 Reis 11: 7; 2 Reis 23: 10). Trata-se da divindade cananeia Milk, cultuada desde o século XXIV a.C. em Ur (de onde proveio Abraão), Mari, Assíria, Ugarit, Canaã, e era o deus nacional dos amonitas. Exigia dos fiéis o sacrifício das "primícias" que tanto eram os primeiros frutos, as primeiras frutas colhidas, as primeiras crias do gado, em geral, incluindo o primeiro filho de seus adoradores. A lenda do "quase sacrifício" feito por Abraão, exigido por Javé, permite-nos entendê-la como a transição da adoração de Moloch para a adoração de outro deus único, menos violento. Já não exigia a vida, somente o prepúcio. Mas esse novo deus era ainda violento e exterminador com relação aos estrangeiros, gentios e aos

Moloch

próprios judeus, quando o desobedeciam. Era a representação externa do chefe do clã. Onipotente como todo líder dessa estirpe.

Abraão (AbRam), por se sentir um filho eleito pelo D'us Javé, passou a acreditar na promessa (desejos seus projetados no deus que agora os devolvia em forma de promessa) e nos seus direitos, já que o aceitou como único e se submeteu às suas imposições, para então "ter direito àquelas terras". O pacto com Javé foi uma transação em que, em troca da fidelidade eterna e exclusiva ao deus-único, Abraão recebia a promessa de ser aceito, bem como seus herdeiros, como o "filho eleito e único". Como Abraão procedeu com os outros filhos, Javé fez com os outros povos, filhos de deus. Baniu-os.

A essa altura cabe um parêntese: o D'us dos judeus, JAVÉ (YHWH, o tetragrama), tinha outras denominações: EL, EL-SHADAI ("O TODO-PODEROSO", como o designava Abraão), O ETERNO, ELOHIM (ou ELOÁ), JAHU, JO ou JAH e ADONAI. "Adonay" é usado quase com exclusividade pelos Sefaradis, em sua Bíblia de Ferrara escrita no dialeto latino. Os cristãos, em suas diversas seitas e ramificações, designam esse Deus, SENHOR DEUS, O SENHOR, O D'US DE ISRAEL, O CRIADOR, JEOVÁ, O ALTÍSSIMO, PAI CELESTIAL, ou simplesmente DEUS.*

Com o nome de Baal, os povos semitas ocidentais adoraram diversos deuses, todos de características semelhantes. Originariamente, Baal constituía, junto com El, a principal divindade do panteão cananeu. A principal fonte de informação a respeito do deus são as tábuas descobertas em Ras Shamra, localidade do norte da

---

* N.E.: Fonte: Mitologia Judaico-cristã (http://www.interativa.org/judaismo/Judeus3.htm).

Síria situada onde existiu o antigo reino de Ugarit, que se desenvolveu em meados do segundo milênio antes da era cristã. Baal era o deus da fertilidade e, associado à tempestade e à chuva, tinha lutas periódicas com Mot, Senhor da seca e da morte. Nessa mitologia, Baal representava as forças ativas da vida, enquanto El estava associado à sabedoria e à prudência da maturidade. Os fenícios adotaram o culto de Baal, que chamavam Baal Shamem, Senhor dos céus. Depois de chegar a Canaã, os israelitas passaram a chamar de Baal os deuses da região. No século IX a.C., Jezebel pretendeu substituir o culto de Iavé pelo de Baal, o que provocou seu repúdio. Baal passou a representar, para

Baal

os israelitas, a abominação e os falsos deuses. Essas circunstâncias, aliadas à crença de que os cartagineses sacrificavam seus primogênitos a Baal, atribuíram ao deus uma imagem sanguinária que em nada corresponde à sua origem.

Os fenícios conservaram os antigos deuses tradicionais dos povos semitas: as Divindades Terrestres e Celestes, comuns a todos os povos da Ásia antiga. Assinale-se, como fato estranho, que não deram grande importância às divindades do mar. Eram representantes do deus Sol, marido da rainha dos céus, Baalat. Os festivais de fertilidade dos *equinócios da primavera*, efetuados no Templo de Baalat, envolviam prostituição ritualística, considerando-a um dever sagrado imposto a todas as mulheres férteis do reino. Elas deviam entregar-se sem inibição a qualquer estranho que passasse e as desejasse.

Cada cidade tinha seu deus, Baal (senhor), associado muitas vezes a uma entidade feminina – Baalit ou Baalat. O Baal de Sidon era Eshmun (deus da saúde). Biblos adorava Adônis (deus da vegetação), cujo culto se associava ao de Ashtart (a caldeia Ihstar; a grega Astarteia), deusa dos bens terrestres, do amor e da primavera, da fecundidade e da alegria. Em Tiro, rendia-se culto a Melcart e Tanit.

Para aplacar a ira dos deuses, sacrificavam-se animais. E, às vezes, realizavam-se terríveis sacrifícios humanos. Queimavam-se, até mesmo, os próprios filhos. Em algumas ocasiões, recém-nascidos foram lançados, ao mesmo tempo, ao fogo – enquanto as mães assistiam, impassíveis, ao sacrifício.

Antes de prosseguirmos, vale a pena fazer uma rápida revisão nos primórdios da Mitologia Judaico-cristã. Desde Adão (Adan), há uma constante luta entre os Irmãos que, movidos pela cobiça, inveja e ciúme, competem entre si na intenção de serem os prediletos, os queridos dos pais e, portanto, únicos herdeiros. Algumas culturas dão ao primogênito do sexo masculino a responsabilidade de cuidar da herança, além de sua preferência.

Vemos isso claramente quando Caim, por ciúme, ao ver seu lugar de primogênito e preferido ameaçado, mata seu Irmão Abel (Gênesis 5: 32), "pois a oferenda deste, e não a sua, fora aceita por Javé". Javé estava elegendo Abel como o preferido.

Moloch era mais que um simples ídolo. Muitos estudiosos acreditam que ele era o deus cananeu do Sol e que seu nome, entre o povo judeu, estava associado ao sacrifício de crianças. Seu nome deriva da palavra *malak*, que significa "rei".

Antigas descrições do deus Moloch mostram-no como um homem com cabeça de touro. O tema central de seu culto era a imolação ritualística de crianças no "fogo de Moloch". A Bíblia chama esse infanticídio de "abominação dos amoneus", mas temos de aceitar que esse horrível ritual era praticado no tempo em que a lei judaica estava sendo escrita.

Aqui também nos cabe citar as similaridades com o mito do Minotauro, aquele que com as mesmas características de Moloch vivia em um labirinto de Minos, na Ilha de Creta. Resumindo o mito: o Minotauro era alimentado com sete meninas e sete meninos, todos os anos. Minos cobrava os suprimentos de crianças como um tributo anual da cidade de Atenas.

    Lembremos aqui também do que está no capítulo 22 do Gênesis, em que Abraão começa os preparativos para o sacrifício de Isaque, seu primogênito. Foi no Monte Moriá que o pai do Judaísmo construiu uma pira de madeira para matar seu filho nas chamas de Moloch. Mas os escribas do Velho Testamento tinham de mostrar como Abraão não levou adiante o sacrifício (ao estilo Moloch) de seu primeiro filho. Eles tentam explicar que Deus o livrou da situação – mas isso só depois que Abraão demonstrou toda a sua determinação de matar o filho em honra ao deus Sol, El Elyon, "O Mais Alto", o Altíssimo; O Mais Elevado. Veja mais sobre esse assunto no capítulo "A Fábula Feita sobre o Sol, Adorado com o Nome de Cristo".

Melquisedeque

"Oferece pão e vinho, pois essas duas espécies representam o mundo do Alto e o de Baixo"

Já que citamos os cananeus, há um em especial que não podemos deixar de comentar: Melquisedeque, que é o mais antigo cananeu a merecer uma descrição detalhada na Bíblia.

Melquisedeque aparece pela primeira vez no livro Gênesis, na Bíblia. Lá está escrito:

"E Melquisedeque, rei de Salém, trouxe pão e vinho. Ele era sacerdote do Altíssimo. E ele o abençoou e disse: *Bendito seja Abraão, em nome do Altíssimo, senhor dos Céus e da Terra. E abençoado seja o Deus Altíssimo, que arrebatou o escuro dos teus inimigos e os entregou às tuas mãos. E Abraão lhe deu o dízimo de tudo*" (Gênesis, 14: 18-20).

1. Porque esse Melquisedeque, rei de Salém, sacerdote do Deus Altíssimo, que saiu ao encontro de Abraão quando este regressava da matança dos reis e o abençoou.

2. A quem também Abraão separou o dízimo de tudo (sendo primeiramente, por interpretação do seu nome, rei de justiça e depois também rei de Salém, que é rei de paz).

3. Sem pai, sem mãe, sem genealogia, não tendo princípio de dias nem fim de vida (mas feito semelhante ao Filho de Deus), permanece sacerdote para sempre.

4. Considerai, pois, quão grande era este, a quem até o patriarca Abraão deu o dízimo dentre os melhores despojos.

5. E os que dentre os filhos de Levi recebem o sacerdócio têm ordem, segundo a lei, de tomar os dízimos do povo, isto é, de seus Irmãos, ainda que estes também tenham saído dos lombos de Abraão.

6. Mas aquele cuja genealogia não é contada entre eles tomou dízimos de Abraão e abençoou ao que tinha as promessas.

7. Ora, sem contradição alguma, o menor é abençoado pelo maior.

8. E aqui certamente recebem dízimos homens que morrem; ali, porém, recebe-os aquele de quem se testifica que vive.

9. E, por assim dizer, por meio de Abraão, até Levi, que recebe dízimos, pagou dízimos.

10. Porquanto ele estava ainda nos lombos de seu pai quando Melquisedeque saiu ao seu encontro.

11. De sorte que, se a perfeição fosse pelo sacerdócio levítico (pois sob este o povo recebeu a lei), que necessidade havia ainda de que outro sacerdote se levantasse, segundo a ordem de Melquisedeque, e que não fosse contado segundo a ordem de Arão?

12. Mudando-se o sacerdócio, pois, necessariamente se faz também mudança da lei.

13. Porque aquele, de quem estas coisas se dizem, pertence a outra tribo, da qual ninguém ainda serviu ao altar.

14. Visto ser manifesto que nosso Senhor procedeu de Judá, tribo da qual Moisés nada falou acerca de sacerdotes.

15. E ainda muito mais manifesto é isso se, à semelhança de Melquisedeque, levanta-se outro sacerdote.

16. Que não foi feito conforme a lei de um mandamento carnal, mas segundo o poder de uma vida indissolúvel.

17. Porque dele assim se testifica: Tu és sacerdote para sempre, segundo a Ordem de Melquisedeque.

18. Com efeito, o mandamento anterior é ab-rogado por causa da sua fraqueza e inutilidade.

19. (A lei nenhuma coisa aperfeiçoou.) E dessa sorte é introduzida uma melhor esperança, pela qual nos aproximamos de Deus.

20. E visto como não foi sem prestar juramento (porque, na verdade, aqueles, sem juramento, foram feitos sacerdotes).

21. Mas este com juramento daquele que lhe disse: Jurou o Senhor, e não se arrependerá: (Tu és sacerdote para sempre).

22. De tanto melhor pacto Jesus foi feito fiador.

23. E, na verdade, aqueles foram feitos sacerdotes em grande número, porque pela morte foram impedidos de permanecer.

24. Mas este, porque permanece para sempre, tem o seu sacerdócio perpétuo.

25. Portanto, pode também salvar perfeitamente os que por ele se chegam a Deus, porquanto vive sempre para interceder por eles.

26. Porque nos convinha tal sumo sacerdote, santo, inocente, imaculado, separado dos pecadores, e feito mais sublime que os céus.

27. Que não necessita, como os sumos sacerdotes, oferecer cada dia sacrifícios, primeiramente por seus próprios pecados e depois pelos do povo; porque isso o fez, uma vez por todas, quando se ofereceu a si mesmo.

28. Porque a lei constitui sumos sacerdotes a homens que têm fraquezas, mas a palavra do juramento, que veio depois da lei, constitui ao Filho, para sempre aperfeiçoado.

AbRam (Abraão) encontrou-se com Melquisedeque, que era rei de Salém e sumo sacerdote de um Deus chamado El Elyon, que significa "O Mais Alto". O lugar chamado Salém refere-se à Jerusalém, como deixa claro o Salmo 76: 2: "E em Salém está o seu tabernáculo, e a sua morada em Sião".

Abraão pagou dízimo a Melquisedeque, o que significa que entregou um décimo do que havia saqueado. Em retribuição, Melquisedeque consentiu em abençoar Abraão em nome do deus El Elyon e conduziu um ritual no qual Abraão recebeu pão e vinho, um ato que diversos especialistas bíblicos consideram precursor da eucaristia cristã.

AbRam tinha grande respeito pelo Deus cananeu, e o episódio de preparar o sacrifício do próprio filho pode representar uma tentativa de agradar e ganhar favores desse novo deus.

O Salmo 110 também descreve o rei Davi como um sacerdote da Ordem de Melquisedeque, e de uma maneira que certamente foi adotada por Jesus.

Também nas tábuas de Rãs Sharma, descobriu-se uma série de poemas de importância ritual e religiosa, do segundo milênio a.C. Elas deram uma grande contribuição para o entendimento das práticas e crenças de Canaã, o que nos trouxe muito mais conhecimento a respeito dos Rituais cananeus. Podemos notar interessantes semelhanças com os Rituais do terceiro grau da Maçonaria, que fazem com que o Candidato seja simbolicamente morto antes de ser ressuscitado. Os autores Robert Lomas e Christhofer Knight fazem uma comparação excepcional em sua obra lançada no Brasil pela Madras Editora, intitulada *O Livro de Hiram*. Eles pesquisam Melquisedeque a partir das práticas antigas cananeias, chegando a afirmar que AbRam, o pai de todos os judeus, ficou feliz em pagar o tributo a El Elyon, a divindade criadora dos cananeus. E que eventualmente Davi tomou a cidade de Jerusalém pela força e efetivamente se instalou como sucessor de Melquisedeque, cujo nome, de acordo com a Ordem maçônica, significa "rei da Retidão", e Salém significa "Paz". Mas vejamos o significado desses vocábulos. A palavra hebraica *zedek* ou *tzedek*, que faz parte do nome Melquisedeque, é realmente traduzida como "retidão", mas traz consigo um entendimento que é muito mais complicado do que simplesmente "não fazer coisas erradas". Ela aponta para os princípios fundamentais que sustentam a Ordem do Universo, devidamente estabelecida, e, além disso, deriva sua origem de um deus ancestral. E prosseguem, dizendo que poucas são as pessoas, hoje em dia, que pensam no Deus norueguês Woden quando falam a respeito da quarta-feira (*Woden's day: o dia de Woden*), que em inglês é *Wednesday*; ou na deusa Freyja, que em inglês é *Friday*, o dia de Freyja, de Vênus, quando falam da sexta-feira; e a maior parte dos judeus no tempo de Jesus não devia estar consciente de que *Zedek* era a essência de um deus cananeu. Não podemos deixar de citar que em muitos idiomas temos os dias da semana relacionados a deuses ou aspectos siderais. Se tomarmos o espanhol, vemos Lunes (segunda-feira) ou dia da Lua, Martes (terça-feira) ou dia de Marte, Miércoles (quarta-feira) ou dia de Mercúrio, Jueves (quinta-feira) ou dia de Júpiter, Viernes (sexta-feira) ou dia de Vênus, sábado equivale ao dia de Saturno, *Saturday* em inglês, como o *Sunday* ou dia do Sol equivalente ao domingo.

Zedek, para os cananeus, era a manifestação beneficente do deus Sol, com sua Luz brilhante revelando crimes escondidos e erros cometidos contra inocentes. Quando os deuses cananeus foram absorvidos por Javé, *Zedek* tornou-se um de seus atributos. Na realidade, o conceito de um Deus único veio à existência não porque haja necessariamente uma única divindade, mas porque todos os atributos positivos dos velhos deuses foram transferidos para essa divindade e todos os atributos negativos convergiam para uma segunda entidade que chamamos "demônio".

A organização maçônica conhecida como "A Ordem Sagrada do Sumo Pontífice" faz a seguinte referência a Melquisedeque:

> "A tradição de seu sacerdócio deve ter continuado por aproximadamente 900 anos, até o reinado de Davi. Sua importância

é que, diferentemente dos outros reis que capturaram o sobrinho de Abraão, ele também era um sacerdote. Apesar disso, é surpreendente que Abraão, o mesopotâmio, reconhecesse, pelo pagamento do dízimo, a autêntica autoridade de um rei sacerdote cananeu".

Ela depois descreve aspectos do ritual associados com grau:

"Em tempos remotos, era costume entre os Companheiros formar dois lados de um triângulo equilátero e ajoelhar durante a prece de abertura e no fechamento de uma sessão. Na maior parte dos conselhos, isso não é mais praticado".

René Guénon aproximava Melquisedeque ao *Roi du Monde* (Rei do Mundo) e ao "triplo poder". "Deve ter uma função essencialmente coordenadora e reguladora (e observaremos que não é sem razão que esta última palavra tem a mesma raiz de *rex* e *regere*), função que pode resumir-se em uma palavra como aquela de 'equilíbrio' ou de 'harmonia', o que traduz precisamente em sânscrito o termo Dharma: o que nós entendemos aí é o reflexo no mundo manifesto, da imutabilidade do príncipe Supremo" (*op. cit.*, *Royauté et Pontificat*, pp. 20-21). Uma passagem de *O Rei do Mundo* é significativa a esse respeito: Guénon aproxima o sentido do "duplo poder sacerdotal e real" das distinções que separam cada uma das funções tradicionais nas doutrinas hindus, e escreve:

"... ao Brahâtmâ pertence a plenitude dos dois poderes, sacerdotal e real, considerados primordialmente e de alguma maneira no estado indiferenciado; esses dois poderes se distinguiram depois para manifestar-se, o Mahâtmâ representa mais especialmente o poder sacerdotal, e o Mahânga, o poder real. Essa distinção corresponde àquela dos Brâhmanes e dos Kshatryas; mas, além disso, estando 'além das castas', o Mahâtmâ e o Mahânga têm neles próprios, tanto quanto o Brahâtmâ, um caráter ao mesmo tempo sacerdotal e real".

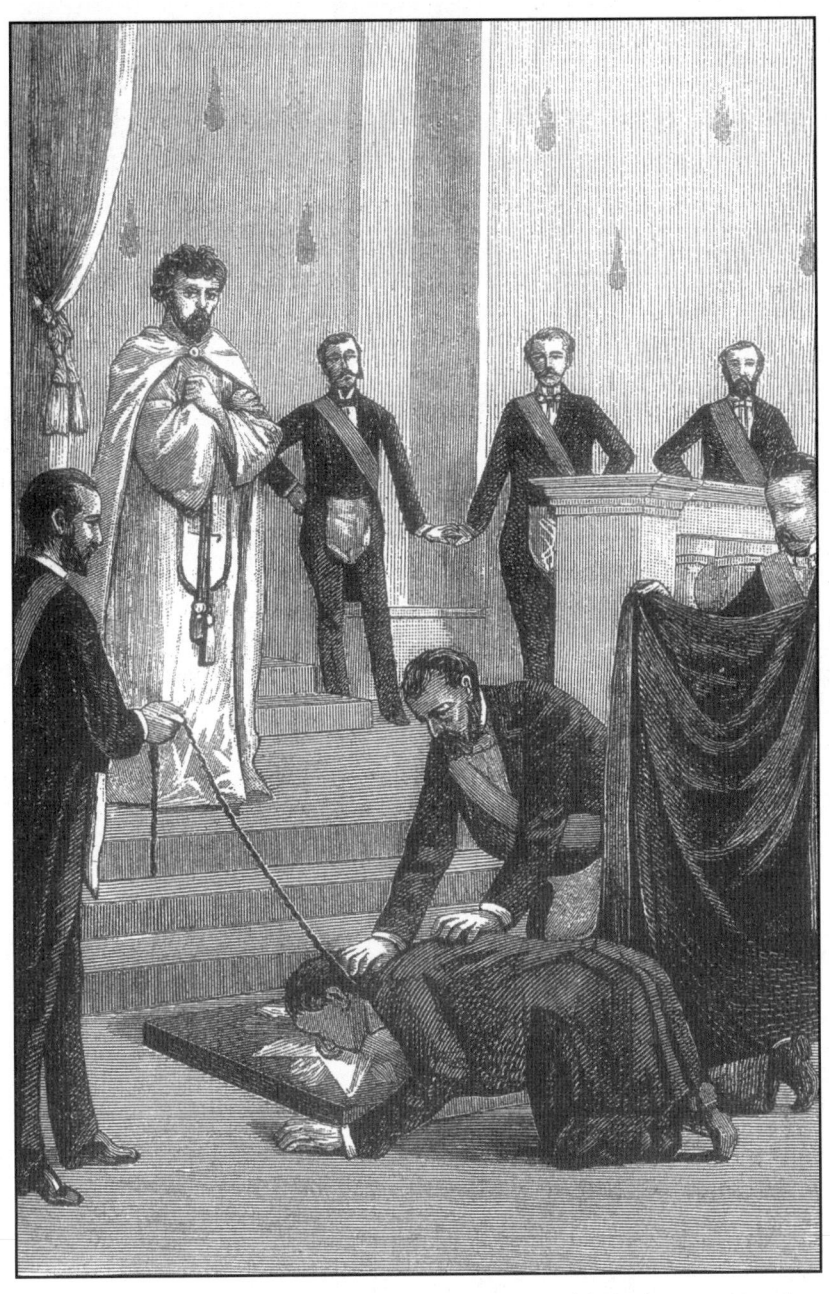

Iniciação do Grão-Mestre Arquiteto. O recipiendário abraça a Estrela Flamejante. (Extraída da obra *Histoire Abrégée de la Franc-Maçonnerie*)

É preciso, aliás, observar que *Melek*, "rei" e *Maleak*, "anjo" ou "enviado", não são na realidade senão duas formas de uma mesma e única palavra; além disso, *Malaki*, "meu enviado" (quer dizer o enviado de Deus, ou "o anjo no qual Deus está", *Maleak ha-Elohim*), é o anagrama de *Mikaël*.

"O propósito o levará a precisar um ponto que até então não lhe parecia ter sido explicado de maneira satisfatória, embora seja muito importante, e se refira à função dos 'Reis Magos' do Evangelho, que uniam neles os dois poderes. Esses personagens misteriosos não representam na realidade outra coisa senão os três chefes de *Agartha* (Reino Invisível)."

O *Mahânga* oferece a Cristo o *ouro* e o saúda como "Rei"; o *Mahâtmâ* lhe oferece *incenso* e o saúda como "Sacerdote"; enfim o *Brahâtmâ* lhe oferece a *mirra* (o bálsamo da incorruptibilidade, imagem da *Amritâ*) e o saúda como "Profeta" ou Mestre Espiritual por excelência. *A homenagem assim prestada ao Cristo que nasceu, nos três mundos que são seus domínios respectivos, pelos representantes autênticos da Tradição Primordial é, ao mesmo tempo, devemos observar bem, o penhor da perfeita ortodoxia do cristianismo em relação a ele.*[1] (cap. "Les trois fonctions suprêmes", p. 36.)

Guénon, quando faz o comentário sobre o esoterismo hebraico, depois de Paul Vulliaud e a respeito da obra *O Rei do Mundo*, nota que, entre os "intermediários celestes", designados pela cabala judaica (a *Shekhinah* e *Metatron*), a *Shekhinah* é a "presença real" da divindade. Ele também faz notar que quando a Escritura menciona essa presença real ela o faz em referência à construção do Tabernáculo ou dos Templos de Salomão e Zorobabel. Trata-se aí sempre de uma manifestação "luminosa" que Guénon, aliás, coloca em relação tanto em *O Rei do Mundo* como nas *Formas Tradicionais e Ciclos Cósmicos* (cap. "A cabala judia"), com a designação da Loja maçônica como "lugar muito luminoso e muito regular".

---

1. Destacado por nós.

Guénon observará finalmente, depois de Vuillard e sua *Cabala Judaica*, que a *Shekhinah* tem um mentor com nomes idênticos aos seus e que possui os mesmos caracteres e tantos aspectos diferentes como a própria *Shekhinah*. O nome desse mentor é *Metatron*, numericamente equivalente ao nome divino *Shaddaï*.

"*Mikaël* é o príncipe da clemência, o Anjo do Julgamento, a Glória da *Shekhinah*."

Melquisedeque, segundo Guénon, é, para esse mundo, a expressão e a própria imagem do Verbo Divino. É o *Manu*, o rei da Justiça e da Paz, o Eixo Central do Mundo, no seu sentido mais estrito e mais completo.

Jean Tourniac em sua obra *Melquisedeque ou a Tradição Primordial*, Madras Editora, que tomamos a liberdade de citar, apresenta a mesma tradução do *Sepher ha-Zohar* estabelecida por Jean de Pauly, Éditions E. Leroux, 1906, mesmo que ela possa sofrer críticas:

Tomo I (*Zohar*, I, 86 b, 87 a, 88 a), seção Lekh-Lekha diz: "E Melquisedeque, rei de Salém, ofereceu pão e vinho; pois ele era sacerdote do Deus Altíssimo".

O rabino Simeão abriu uma de suas conferências da seguinte maneira: "A Escritura diz: 'Ele escolheu a cidade de Salém para seu lugar e Sião para sua morada'". Observe que, quando o Santo, bendito seja, quis criar o mundo, ele fez uma faísca sair da Luz suprema; ele fez um vento soprar do alto contra um vento de baixo; e do choque desses dois ventos, um contra o outro, saiu uma gota, que subia das profundezas do abismo; essa gota uniu os dois ventos um ao outro; e foi a união desses dois ventos que deu nascimento ao mundo. A faísca subiu ao alto e se colocou do lado esquerdo, e a gota subiu por sua vez e se colocou do lado direito. Mas elas mudam de posição; uma vez é a faísca que ocupa o lado direito e a gota o lado esquerdo; e às vezes é o inverso. Dessa mudança contínua de posição, resulta um vaivém; enquanto uma desce do lado direito para se colocar do lado esquerdo, a outra deixa o lado esquerdo para subir ao lado direito. Quando se encontram, enquanto uma desce e a outra sobe, elas produzem um atrito, e esse atrito produz vento. Assim, o vento procede de ambas e forma também sua união. E é então quando a faísca é unida com a gota com a ajuda do vento (*rouah*) que procede de todas as duas que a paz está no alto e embaixo. É então que o Hé se une ao Vav e o Vav ao Hé; é então que o Hé sobe e se une com um vínculo perfeito. Tal é o sentido das palavras da Escritura: "E Melquisedeque, o rei de Salém (*schalem*)...". A palavra *schalem* significa "completo"; a Escritura então não quer dizer o rei de Salém, mas o rei completo. Quando o reino do rei está completo? No dia do "Perdão" (*Kippur*), quando todos os rostos irradiam alegria. Segundo outra interpretação, a palavra "Melchisedech" designa o mundo de baixo, e as palavras "rei de Salém" designam o mundo do alto. Deus colocou em comunicação esses dois mundos, de modo que não haja nenhuma separação entre eles; o mundo de baixo mesmo não forma senão um com o de cima. A Escritura acrescenta: "(...) Oferece pão e vinho"; pois essas duas espécies representam o mundo do alto e o de baixo. A Escritura acrescenta: "(...) Pois ele eleva o mundo de baixo à altura daquele do alto". O termo "Ele é sacerdote" designa o lado direito da essência divina; e as palavras: "(...) Do Deus Altíssimo" designam o mundo supremo. É por essa razão que o sacerdote deve abençoar o mundo. Observe que o mundo de baixo está coberto de bênçãos quando ele se vincula ao Grande Sacerdote. É porque a Escritura diz: "E ele o abençoa, e diz: Bendito seja Abraão do Deus Altíssimo, que criou o céu e a terra". Da mesma forma, a missão do sacerdote nesse baixo mundo consiste em vincular esse mundo ao do alto por um vínculo indissolúvel; o sacerdote deve igualmente abençoar o mundo, para que, graças a essa bênção, esse baixo mundo chegue à união com o do alto. Na bênção de Melquisedeque, encontramos a fórmula estabelecida para as bênçãos litúrgicas. As palavras "Bendito seja Abraão" correspondem a "Seja bendito", palavras que começam toda bênção litúrgica. As palavras "(...) Do Deus Altíssimo" correspondem às palavras "Senhor, nosso Deus (...)". As palavras "(...) Que criou o céu e a Terra" correspondem às palavras "rei do Mundo". Assim, encontramos nesse versículo o mistério das bênçãos litúrgicas. As palavras "(...) E ele o abençoa" significam que ele abençoa o mundo de baixo para que ele consiga se unir com aquele do alto. As palavras "(...) E que o Deus Altíssimo seja bendito" significam que ele implora o mundo do alto para vincular-se com o de baixo. A Escritura acrescenta: "(...) E ele lhe deu o dízimo de tudo". Essas palavras significam que ele operou o vínculo que une o mundo do alto com o de baixo.

O que diz a Escritura da época de Abraão? Ela diz: "E Melquisedeque, o rei completo (*schalem*) (...)", o que quer dizer que o trono de Deus era perfeito nesse momento e que não apresentava nenhuma brecha. A Escritura acrescenta: "(...) Ele fez sair (*hotzi*) pão e vinho", o que quer dizer que ele obteve o alimento para este mundo. A Escritura se serve da palavra "ele fez sair" (*hotzi*) para nos indicar que ele fez sair da hierarquia suprema o alimento e as bênçãos para todos os mundos; pois a palavra *hotzi* significa "produzir", assim como está escrito: "Que a terra produza (*hotzi*) (...)". A Escritura acrescenta: "(...) E ele é sacerdote do Deus Altíssimo", o que quer dizer que toda a ordem celeste se encontrava, nessa época, inteiramente completa. Essas palavras nos demonstram quanto é grande o crime dos culpados que provocam uma brecha no mundo celeste e impedem as bênçãos de descer. Essas palavras nos provam igualmente que é pelo mérito dos justos que as bênçãos celestes se espalham neste mundo, e que é pelo seu mérito que todos os habitantes deste mundo são abençoados.

Está escrito: "(...) E ele deu o dízimo de tudo". O que significam as palavras "(...) O dízimo de tudo"? A Escritura quer dizer: a décima parte dessa região de onde emanam as bênçãos; e essa região se chama "Tudo". Segundo outra interpretação, as palavras "(...) E ele lhe deu o dízimo de tudo" significam que o Santo, bendito seja, deu o dízimo a Abraão. E em que consistia esse dízimo? Ele consistia no grau sefirótico sobre o qual está baseada toda a fé, e que é a fonte de todas as bênçãos. Então, concedendo a Abraão a faculdade de alcançar essa séfira, ele lhe deu assim o dízimo que consiste na separação de um em dez e de dez em cem. Foi após ter recebido esse dízimo que Abraão atingiu o mais alto grau que é permitido a um homem alcançar.

Tomo II (*Zohar*, I, 263 a – 263 b), Apêndices, I Haschmatoth (omissões), Sithré Torah (segredos da Lei).

Assim, Abraão está à frente de todos os justos; ele está sentado à direita do Santo, bendito seja, e é chamado "sacerdote", assim como está escrito: "Tu és sacerdote eterno segundo a ordem de Melquisideque". Como Aarão é igualmente pontífice, está ligado a esse grau celeste que leva o nome de "sacerdote"; mas, na realidade, ele é a imagem de Hod.

Tomo V (*Zohar*, III, 193 b), seção Balac.

O rabino Eleazar lhe respondeu: "É um mistério que só é conhecido pelos ilustres iniciados". Ele começou a falar assim: "Senhor (*Jéhovah*), tu és (*Athâ*) meu Deus (*Elohaï*); eu te glorificarei, e bendirei teu nome, porque tu tens feito prodígios". Esse versículo encerra o mistério da fé. Jeová é o grau superior, o Ponto Supremo, eternamente oculto e desconhecido. Elohaï é a Voz doce e suave, o início da questão; mas ninguém pode ainda aprofundá-la, porque ela é misteriosa e oculta. Atha é o começo da questão e da resposta; a inteligência percebe isso melhor que os dois anteriores. É o sacerdote eterno, assim como está escrito: "Tu és sacerdote eterno segundo a Ordem de Melquisedeque". O que significam as palavras "dibrathi Melquisedeque"? Elas designam o sacerdote supremo que existe graças ao Verbo (*dabar*) que vem do lado direito. E "dabar" designa Melquisideque, porque é seu nome. Mas por que Davi diz "dibrathi" "minha palavra"? Porque o rei Davi está vinculado a esse grau. De onde todos esses louvores provêm. "Athâ" designa então o sacerdote.

Tomo VI (*Zohar*, III, 270 b – 271 b), seção Eqeb. Raaïah Mehemnah – Pastor fiel.

Se, após ter ouvido essas ordenanças, vós as guardais e as praticais, o senhor vosso Deus guardará também com relação a vós a aliança e a misericórdia, etc. "E tu comerás e te saciarás, e tudo bendirás o Senhor teu Deus, etc". É o mandamento de bendizer o Santo, bendito seja, ao comer, ao beber, e para todo gozo neste mundo; se não o bendizemos, roubamos o Santo, bendito seja, assim como está escrito: "Aquele que furta a seu pai e sua mãe (...)". Os colegas já explicaram. Quem quer que bendiga o Santo, bendito seja, lança neste mundo a vida da "Fonte de vida". Essas bênçãos se estendem sobre todos os graus e preenchem todos os mundos ao mesmo tempo. Também aquele que bendiz o senhor deve ter a intenção do bendizer ao mesmo tempo os pais e os filhos. Aquele que abençoa recebe uma parte dessas bênçãos para si, assim como está escrito: "Onde quer que a memória de meu nome seja estabelecida, eu virei a arte e tu e eu te bendirei". As bênçãos se espalham para começar sobre o "pomar das macieiras sagradas"; em seguida elas descem nos mundos inferiores e gritam: "É um dom que tal pessoa enviou ao Santo, bendito seja". Como aquele que pronuncia as bênçãos, aquele que a elas responde "Amém" lança igualmente para si mesmo uma parte dessas bênçãos. A fórmula da bênção: "Seja bendito, tu, Jeová nosso Deus" esconde um mistério: "Seja bendito" designa a Fonte suprema que ilumina todas essas "lâmpadas"; é uma fonte cujas águas não cessam jamais de correr. É nessa fonte que começa aquilo que chamamos de "mundo futuro" e que a Escritura designa sob o nome de "uma extremidade do céu à outra extremidade do céu"; pois a região mencionada também tende a uma extremidade, como um mundo daqui embaixo. Essa região é chamada "abençoada" em relação às regiões inferiores que são abençoadas por ela, já que ela faz chegar até lá as bênçãos da sabedoria suprema por meio de uma vereda estreita. "Tu" (*athâ*) designa a via oculta da fonte suprema. "Athâ" é o sacerdote dessa região, e é o mistério das palavras: "Tu és (*athâ*) sacerdote eterno segundo a Ordem de Melquisedeque".

Uma última observação a respeito de Melquisedeque, figura nas notas do tomo V, relativamente ao *Zohar* III, seção *Metzora*, 53 b:

É porque Aarão tinha por missão manter boas relações entre o rei e sua Matrona; e, para conseguir isso, ele devia ocupar-se da vida familiar; isso lhe valeu o nome de grande sacerdote. Sabemos disso pelas seguintes palavras da Escritura:

"Tu és sacerdote eterno segundo a Ordem de Melquisedeque" (*Cf. supra*).

O comentador observa: "Assim, por causa da Matrona, Aarão recebeu o nome de grande sacerdote, que é o 'sacerdote eterno segundo a Ordem de Melquisedeque'".

Essa precisão adquire seu pleno sentido na querela entre o Judaísmo e o Cristianismo após Paulo, como veremos, ter transferido a Ordem de Melquisedeque para Jesus. Aliás, se quisermos resumir todas as passagens do *Zohar* relativas a Melquisedeque em algumas ideias-chave, vemos que restam duas ou três essenciais, classificadas em três questões:

– O *sentido* das bênçãos: aquele que é designado como "bendito" é superior àquele que pronuncia a bênção?

– *A posição de Melquisedeque na escala de importância patriarcal, e especialmente em relação a Abraão e Moisés e em relação ao significado das sephiroths da Cabala, é superior ou inferior?*

– *A devolução do sacerdócio segundo "a Ordem de Melquisedeque"; a quem ela retorna?*

Ora, é exatamente esse debate inaugurado por Paulo, na Epístola aos Hebreus, que está em germe ou em discussão aqui, como sem tardar.

Em Busca de Fatos

*A Maçonaria tem muito mais do que se orgulhar
do que tem para esconder.*

O objetivo deste livro é apresentar um perfil desse trabalho da Maçonaria; é introdutório e, em certa medida, explanatório, mas, de forma alguma, exaustivo. Baseia-se em nossas sinceras convicções e em nossa capacidade de aprender o assunto. Ao maçom que esteja pronto a prospectar com mais profundidade e preencher o resumo aqui fornecido, recomenda-se ler atentamente, se ainda não o fez, o importante livro de Albert Pike, *Moral e Dogma*.

Na compilação e elaboração deste livro não se adotou o método de pesquisa histórica, embora nele estejam citados diversos fatos históricos. É muito menos significativo determinar a origem da Maçonaria. Mais importante é mostrar *o que ela realmente ensina*. Em resposta a essa questão, pode-se afirmar, corretamente, que emitimos nossas próprias interpretações, não contra fatos ou história, pois "contra fatos não se têm argumentos"; já a história foi e é narrada pelos vencedores, mas em face do que pode ser considerado insuficiência de prova histórica. Contra tal acusação, o maçom replicaria, primeiramente, dizendo não ser conhecida nenhuma história suficientemente autenticada da Ordem, existindo apenas fatos isolados ou fragmentos que registram a existência de determinadas organizações ou movimentos, em épocas diversas, e seu desaparecimento, por conta de dissensão interna ou perseguição externa. Então, outro movimento surgia, em época e local diferentes, talvez sob outra denominação, embora adotasse evidentemente as mesmas linhas mestras de trabalho, somente para ter um destino similar. Certo escritor afirma que um total de 800 diferentes ritos têm sido, assim, introduzidos nos Ofícios maçônicos, ao longo dos tempos. Em nenhum dos casos existe qualquer história consecutiva confiável acerca desses diferentes movimentos. Contudo, mesmo supondo-se ter existido tal história, esta de pouco serviria à finalidade da presente obra, como se pode ver claramente a partir do que ocorreu com todas as tentativas feitas para descobrir a Palavra Perdida, por meio da leitura negligente de formas aparentes do simbolismo. O teor de tal história seria curioso e interessante, na medida em que comprovaria a fertilidade da imaginação humana, bem como sua propensão a considerar valioso aquilo que é curioso e fantástico, por ser oculto. A mera curiosidade vulgar e o mistério, por si sós, jamais foram as senhas para o *Adytum* da real Iniciação. Por outro lado, se tal história realmente tivesse existido, seria influenciada por uma inflexão patética, em função dos inúmeros desapontamentos que teria de registrar, no caso das almas de boa-fé buscando, sincera e verdadeiramente, pela "Palavra Perdida do Mestre", apenas para serem depois oprimidas pela frustração ou publicamente executadas como malfeitoras ou inimigas do Estado ou da Igreja. Se tais histórias existem, bem merecem em muitos casos a denominação de "ficção organizada" e, quase invariavelmente, registram meramente as opiniões daqueles que eram favoráveis ou contrários a tais movimentos, com a correspondente esterilidade dos fatos.

Por essas razões, não se tentou imprimir nenhum caráter particularmente histórico a esta obra. A não ser em um ou dois capítulos, que são essencialmente históricos. Um dos pontos principais enfatizados são as deduções lógicas extraídas de tais fatos, como

Iniciação. "Eis a grande luz, Ilustre Irmão,
e contemple o seu grande brilho..."
(Extraída da obra *Histoire Abrégée de la Franc-Maçonnerie*)

é sabido que existem, sendo consenso geral, em toda a parte, que estes dominam a pureza original dos Antigos Mistérios. Que tais organizações sempre tenham existido através dos tempos e, ainda assim, não tenham uma história, parece um estranho paradoxo. Os inimigos da Maçonaria irão insistir nesse ponto, como uma desculpa para rejeitar todo o conteúdo desta obra, ignorando o fato de que poucas histórias de qualquer povo, em qualquer época, foram mais bem construídas, quando não, muitas delas encomendadas por biógrafos. Em primeiro lugar, dentre esses detratores ou contraditores, acham-se os sectários fanáticos e os materialistas modernos; não sei dos dois qual é o pior. Com cada um deles, o espírito da Maçonaria acha-se em perpétuo conflito. Para os primeiros, a Irmandade Universal e incondicional do homem é letra morta, pois acreditam que somente eles e seu povo "escolhido" podem ser salvos. Para os materialistas, reconhecer o Divino Arquiteto do Universo, na Maçonaria, como o *Princípio dos Princípios* e a crença na imortalidade da alma irão confirmar igual empecilho. Felizmente, o número de sectários fanáticos e materialistas cegos é pequeno. A deficiência histórica relacionada a isso não é de forma alguma sem um paralelismo. A superestrutura conhecida como Cristianismo tem, é verdade, muitas fases históricas; dos dogmas, os mais contraditórios; das doutrinas promulgadas em uma época, impostas com a autoridade de um vice-rei, com a execução de penas severas nos casos de apostasia e descrença, apenas para serem negadas e repudiadas como "infame heresia" em época posterior. Nesse ínterim, a origem dessas doutrinas e a personalidade do *Avatar da Compaixão*, em torno do qual essas tradições se agrupam, não recebem quaisquer incentivos da história autêntica. O que, então, deveremos concluir a respeito do real caráter do Cristianismo? É tudo uma fábula, criada e cultivada por homens que a tramaram com o objetivo de alimentar seu desejo de poder? Somente os fatos históricos e uma biografia pessoal garantem credibilidade? Por quanto tempo princípios eternos, como a Divina Beneficência, o altruísmo da abnegação de uma vida em favor de outras, não terão nenhuma importância?!

A crença que alimentou a esperança e iluminou as vidas de oprimidos e desesperados, ao longo de eras, é uma mera fantasia, uma mentira capciosa? Rasgue em pedaços a história da vida de Cristo hoje e prove acima de qualquer controvérsia que Ele nunca existiu e a Humanidade, a partir de suas depressões, o criaria novamente amanhã, justificando isso em cada intuição da alma humana, em cada necessidade de sua vida diária. Então, poderia ignorar suas controvérsias históricas e desistir delas e, não obstante, o conjunto de valores, como caráter, espírito e missão de *Jesus, o Cristo*, seria real, beneficente e eterno, com todos os seus episódios humanos e dramáticos. Explique isso da forma que desejar, porém, esse fato jamais será explicado racionalmente. Se histórico ou idealizado, não importa, ele é *real* e *eterno*.

"Um dos erros da cultura e erudição convencional é insistir em uma distinção rigorosa e artificial entre 'História' e 'Mito'. Segundo essa distinção, 'História' é somente aquilo que é um fato documentado – dados passíveis de serem submetidos a uma investigação e exame quase científico, que resistirão a diversos testes e, com eles, poderá se provar que algo 'aconteceu de fato'. Neste sentido, a 'História' consiste em nomes, datas, batalhas, tratados, movimentos políticos, conferências, revoluções, mudanças sociais e outros fenômenos 'objetivamente reconhecíveis'. Por outro lado, os 'Mitos' são rejeitados como irrelevantes ou incidentais à 'História'.

Qualquer relato histórico é, necessariamente, seletivo, incluindo alguns elementos e omitindo outros. Qualquer relato histórico, ainda que em virtude de sua seletividade, enfatiza certos fatores e negligencia outros. Daí, ele é parcial ou tendencioso; e, por ser assim parcial ou tendencioso, ele, inevitavelmente, falsifica 'o que aconteceu na realidade'. Se a mídia moderna não pode concordar com a interpretação de acontecimentos ocorridos apenas ontem, o passado está sujeito a uma maior amplidão de interpretação."

Essa digressão visa ilustrar um princípio de interpretação. As Tradições e os Símbolos da Maçonaria não têm seu real valor em razão de dados históricos, mas *em função das verdades universais e eternas que encarnam*. Fossem eles apenas episódios históricos, e o mundo, em suas revoluções cíclicas, já os teria deixado de lado há muito tempo, relegando-os ao eterno ostracismo. Essas verdades importantes, obscurecidas e perdidas em uma era por conta de más interpretações ou perseguições ressurgem, como a Fênix mitológica, rejuvenescidas na era seguinte. Por serem *Ideais Imortais*, não conhecem nem a decadência nem a morte. São como uma imagem Divina, disfarçada em um bloco de pedra (o tosco silhar), contra o qual muitos artistas investem munidos de martelinho, cinzel, esquadro e compasso, talvez para esculpir somente a imagem distorcida de um ídolo. Apenas o Perfeito Mestre pode, portanto, esculpir na pedra as formas que revelam em toda a sua grandeza e beleza o *Divino Ideal*, dando-lhe o sopro da vida. Assim é a construção do caráter. A fábula de Pigmalião e Galateia é, afinal de contas, mais real que a história. A trama da história não se baseia em fatos isolados, reunidos por meio de conjecturas, urdidas segundo as opiniões de homens ignorantes, fanáticos ou bajuladores. A trama verdadeira deve ser buscada no *tema*, que é o movimento da vida fluindo na sinfonia da criação; nos sublimes *Ideais* que inspiram a vida do ser humano e que o conduzem do chão da terra e seus baixios, onde pairam os espíritos da superstição e do medo, para as montanhas de Luz, onde habitam a inspiração e a paz eternas. Tais Ideais são o *Cristo, Hiram* e o *Mestre Perfeito*.

    Mesmo diante de todo o conhecimento existente acerca da Maçonaria, não se pode afirmar sua verdadeira origem. Essa escassez de referências documentais, pertinentes a essa época, associada a uma abordagem superficial, contribui sobremaneira para que apareçam ideias que não se relacionam a fatos reais e históricos, fazendo com que as origens reais da Ordem permaneçam sempre envoltas em contradições e obscuridades.

    Na verdade, conforme já mencionado, houve várias organizações que precederam as atuais, frequentemente desconhecidas e insuspeitas, funcionando sob nomes diversos e, ao mesmo tempo, fazendo uso dos mesmos grifos e simbolismos. Todavia, ainda não

1871: Manifestação dos franco-maçons nas muralhas de Paris.
(Extraída da obra *Histoire Abrégée de la Franc-Maçonnerie*)

se demonstrou claramente haver uma conexão direta entre tais organizações e as atuais. Porém, nossa busca é filosófica e não histórica, e nosso apelo direciona-se antes à razão. Não precisamos nos aprofundar mais que o eventualmente necessário, a fim de termos pontos de referência para o encadeamento lógico de nossa trama filosófica.

Desde as origens, a Maçonaria procurou o recato dos silêncios para agir, eis o porquê de alguma dificuldade em encontrar bases para estudar sua origem.

Em *A Maçonaria vista por Fernando Pessoa*, vimos que "(...) a Maçonaria não é uma Ordem Judaica, e o conteúdo dos graus fundamentais... não é judaico em espírito (...)" (*op. cit.*, p. 26) e, muito prosaicamente, Fernando Pessoa diz ainda: "(...) é que ela é, quanto à composição dos graus simbólicos, plausivelmente um produto do protestantismo liberal (...) um produto do século XVIII inglês, em toda a sua chatice e banalidade (...) O protestantismo foi, precisamente, a emergência, adentro da religião cristã, dos elementos judaicos, em desproveito dos greco-romanos (...)" (*op. cit.*, p. 26).

No entanto, Amando Hurtado, em *Por Qué Soy Masón*, apresenta outra versão: "Apareceram, (...) naquele século das Luzes, detentores de grandes 'segredos' transcendentais (...) Sociedades secretas de ocultistas, de magos, de conspiradores, de astrônomos (...) Todos desejavam vincular-se (...) com alguma Tradição maçônica (...) Nem sequer os jesuítas, sempre tão interessados em recuperar para a Igreja uma Maçonaria católica (...) Exigiu-se a defesa dos interesses de Roma por via da sua odisseia stuartista na Inglaterra, Escócia e França (...) Sua proverbial tenacidade e a sua nada desdenhável imaginação (...) levaram-nos a acalentar o aparecimento de vários dos chamados 'graus cavalheirescos' especificamente ligados aos escocismo stuartista e à Ordem de Santo André da Escócia. Os ritos crísticos 'templários' levam, segundo muitos investigadores especializados, à marca indelével dos 'companheiros de Jesus'" (*op. cit.*, p. 38).

Bem menos protestantista, portanto, essa origem da Maçonaria – da Operativa pelo menos – se seguirmos esta última via de pensamento... Ainda que não deixasse de ser útil estudar, não aqui certamente, as relações entre a Igreja Católica, as outras Igrejas cristãs e a proibição da Ordem dos Templários...

Acompanhando outro percurso, é certo que exista quem, até com algum cuidado científico, como Luis Nandim de Carvalho, em *Teoria e Prática da Maçonaria*, aceite procurar as origens da Maçonaria na hipótese do ser humano alienígena: "Ora, seriam os filhos de Deus seres celestiais ou extraterrestres? (...) E se considerar Adão como o primeiro homem (ou como um exemplo de um ser vindo do espaço exterior que se aclimatou à Terra), e como o primeiro maçom, isto é, o primeiro elo de espiritualidade terrestre?", ainda que entenda pertencer aos que "identificam aspectos históricos comprovados, e exprimem dúvidas sobre os antecedentes que se localizam em períodos anteriores às grandes civilizações da Antiguidade" (*op. cit.*, pp. 36-37).

Entretanto, continuamos a encontrar, ainda hoje, na internet, textos como este, de Jaime Leivas Piuma, *Pequena História Livre da Maçonaria*, retirado de www.lojasmaconicas.com.br/artigo2/pequena historia.htm: "A Maçonaria Antiga vem dos tempos de Noé, segundo algumas especulações, ou desde Moisés, segundo outras, e seguramente existiu entre os caldeus, continuou existindo durante o predomínio da Civilização Egípcia, chegou ao século IX (...)".

Outros procuram encontrar as origens da Maçonaria também em tempos remotos, a partir do Egito. Outro autor brasileiro, em uma palestra, de 30 de dezembro de 1999, que pode ser encontrada em www.mais.com/liberdade/P1_txt_start.asp?plfile=05/26/00&-cal=maso, por exemplo, defende essa tese assim: "Mesmo em toda a visão em que nos acostumamos a ter do Egito, as formas simbólicas, a proporcionalidade, as proporções musicais, as proporções áureas, a construção, a arquitetura de um modo geral, estão muito relacionadas (...) Uma reunião que procura fazer que o homem cresça e isso está relacionado com a arquitetura ou com a construção. Para mim isso é um grande indício de que a Maçonaria de hoje é herdeira de um conhecimento vindo daquela época".

Iniciação de um Mestre Secreto. O recipiendário passa do esquadro ao compasso.
(Extraída da obra *Histoire Abrégée de la Franc-Maçonnerie*)

Reparemos que em um texto citado por Amando Hurtado em *Por Qué Soy Masón* pode-se ler também: "Ao criar Adão, à sua imagem, pode dizer-se que criou o primeiro maçom, pois gravou no coração de Adão as artes liberais e, em particular, a Geometria, que deve ser considerada justamente o fundamento da Arquitetura (...) Houve imediatamente depois de Adão, um Set, um Jabal, um Enoch, Noé e seus três filhos, Mizraím, Nemrod, etc." (*op. cit.*, p. 106, referindo-se a uma obra de Bernard Picart, um não maçom, datada de 1787). Amando Hurtado não deixa de relevar a ingenuidade desta obra, mas que, conforme ele realça, "não é senão o resultado da compilação feita por Payne e Andersen das narrativas que figuravam nos textos medievais das confrarias de construtores (maçons operativos), como os manuscritos Cooke e Regius..." (*op. cit.*, p. 105).

No entanto, e para relevar os múltiplos caminhos que a busca das origens da Maçonaria implica, Francisco Aruza, em um texto respigado da internet, www.geocities.com/glolyam/ps1frar.htm, *A Simbologia da Franco-Maçonaria*, acentua: "A estrutura simbólica e ritual da Maçonaria reconhece numerosas heranças procedentes das diversas tradições que foram se sucedendo no Ocidente durante, pelo menos, os últimos dois mil anos (...) Procedendo de uma tradição de construtores, não deve parecer estranho que a Maçonaria desempenhe a função de arca receptora, pois a construção ou edificação não tem outra função além de pôr 'a coberto' ou 'ao abrigo' (...) Algo sagrado (...) Proteger e separar do mundo profano (...)".

Esse posicionamento é já um pouco diferente dos anteriores. Ele procura relevar influências antigas, herdadas, relacionando a função dos construtores de templos no decurso da História.

Mais cauteloso António Arnaut refere em *Introdução à Maçonaria*: "A origem da Maçonaria antiga está envolta na névoa dos tempos, das lendas e dos mitos. Alguns fazem mergulhar suas raízes nos Mistérios persas ou dos magos (100 mil anos), dos brâmanes (5 mil anos), dos egípcios (Ísis e Osíris – 3 mil anos), dos gregos

(Cabyres, Ceres e Elêusis*, – 1.700 anos), dos judeus (especialmente dos essênios e de Salomão), dos galos celtas (druidas) e mais modernamente à Ordem dos Templários, fundada em 1118" (*op. cit.*, p. 17), certamente procurando não esquecer as interinfluências e heranças referidas anteriormente.

E assim, com Francisco Aruza, e para entendermos os caminhos percorridos pela Maçonaria, podem-se constatar, do seu ponto de vista, as múltiplas correntes tradicionais que terão influenciado a Maçonaria e, portanto, gerado diferentes correntes de opinião no seu seio; poderão, inclusive, sentir-se na necessidade de buscar, para a Ordem, diversas origens "além do hermetismo, as que procedem do Cristianismo, do Judaísmo e da antiga tradição greco-romana e, mais concretamente, do pitagorismo" (texto citado do referido autor). Esse autor de novo regressa às origens egípcias citando os "símbolos cosmogônicos relacionados com a construção (...)".

Tal opinião é também defendida por Amando Hurtado, no livro já citado: "O que a Maçonaria consolida no século XVIII é a inserção da sua especulação filosófica na linha analógica do Hermetismo. O pensamento hermético considera que existe uma interação entre todos os elementos do Universo e que a metodologia do conhecimento consiste 'em reunir o disperso' estudando as interações" (*op. cit.*, p. 49), no que diz respeito ao Hermetismo.

Fernando Teixeira, em *Maçonaria e Siglas de Pedreiros*, acentua a vertente da construção de templos e o papel dos Templários, ao relacionar a Maçonaria com a Ordem do Templo: "(...) Interessa-nos recordar que os Templários se relacionaram no Oriente com associações de construtores que existiam nessas regiões, desde os Colégios romanos que ali tinham sobrevivido à sombra de Bizâncio, até os taruc, seus similares muçulmanos, tendo nascido possivelmente desses contatos a sua vocação de construtores. Fato é que o artigo 27 da Regra da Ordem dos Templários, cujo original se encontra na Biblioteca Orsini em Roma, estabelece as relações entre

---

* N.E.: Sugerimos a leitura de *Os Ritos e Mistérios de Elêusis*, Dudley Wright, Madras Editora. Ver também *Os Mistérios de Ísis*, de Traci Regula, Madras Editora.

os Irmãos Eleitos e os Mestres Maçons: 'Devem-se utilizar para os nossos trabalhos e construções homens das confrarias de construtores de igrejas e catedrais'. Posteriormente, as comendadorias dos Templários contavam sempre entre os seus membros com um *Magister Carpentarius*, verdadeiro arquiteto (...) estes homens passavam a ser considerados artesãos de mestres francos, ficando, por tal, isentos de muitos impostos e gozando de imunidades que lhes permitiam viajar e exercer livremente o respectivo ofício" (p. 46).

Mas de acordo com David Murray-Lyon, as atas mais primitivas conseguidas até agora são datadas de 1390, e as que se referem à reformulação da Maçonaria (Especulativa) datam de 1717.

Não podemos deixar de citar que, em meados do século XIV, na França, durante a Guerra dos Cem Anos, os canteiros das catedrais tornavam-se cada vez mais raros. Isso fez com que os construtores deixassem aquele país em busca de trabalho em outras regiões, principalmente na Inglaterra, para onde levaram seus conhecimentos. Não devemos nos esquecer também de que a arte gótica "viajou" da França para a Grã-Bretanha no século XII.

Entre os documentos ou Antigos Deveres estão:

Estatutos de Bolonha – 1248; O Regius – 1390; O Cooke – 1410; Estatutos de Estrasburgo – 1563; Manuscritos da Grande Loja – 1583; Estatutos de Schaw – 1598; Estatutos de Ratisbonne – 1628; Arquivos de Edimburgo – 1696; Manuscritos de Slone – 1700; Manuscrito Dumfries – 1710; Manuscrito do Trinity College – 1711; As Primeiras Constituições de Anderson – 1723; O Exame de um Maçom – 1723; Manuscrito de Grahan – 1726; A Maçonaria Dissecada de Samuel Prichard – 1730; A Recepção de um Franco-Maçom – 1737; As Três Batidas Distintas – 1760; Tratado entre o Grande Oriente da França e os Diretórios Escoceses – 1776; Convenção das Gálias – 1778; Instruções Secretas aos Grão-Professos, de J. B. Willermoz – 1781; e a Convenção de Wilhelmsbad – 1782 (todos esses documentos podem ser lidos na obra *A História da Franco-Maçonaria*, de Jean Ferré, Madras Editora). Além de todos os documentos serem de interesse geral, tomo a liberdade de destacar e transcrever o "Manuscrito de Cooke – 1410", um longo poema, provavelmente escrito por diversos autores, que utilizaram alegorias numerosas e ricas, e que constitui um verdadeiro tesouro:

> Demos graças a Deus,
> Nosso Pai glorioso,
> Criador do Céu
> E da Terra e de
> Todas as coisas neles existentes.
> Foi Ele que por seu poder divino
> Criou todas as coisas
> Muito úteis aos homens.
> Ele fez todas essas coisas
> Para que beneficiem o homem,
> Para que lhe obedeçam,
> Para que o maior número
> Encontre alimento e subsistência.
> Ele deu também ao homem
> O entendimento e a faculdade de saber
> Todas as coisas e ofícios
> Que nos permitem trabalhar
> Para ganharmos nossa vida e fazermos
> Coisas que agradem a Deus
> E a nós mesmos.
> Essas coisas são muito numerosas
> Para que eu possa dizê-las ou escrevê-las.
> Portanto não falarei a respeito delas,
> Mas vou mostrar-lhes
> Como nasceu a arte da geometria,
> Quais foram seus pais,
> E quais são os outros ofícios
> Dos quais falam o Livro da Lei e outras narrativas.
> Como acabo de dizer,
> Eu vou explicar-lhes

Como essa arte da geometria
Viu a luz do dia.
Estão lembrados de
Que há sete artes liberais.
Por meio delas, todas as ciências
E os ofícios do mundo foram inventados,
Principalmente aquela que está na base de tudo,
A arte da geometria.
A primeira arte é chamada fundamento das artes
E tem por nome gramática.
Por meio dela o homem pode falar corretamente
E escrever sem cometer erros.
A segunda é a retórica, que permite
Ao homem expressar-se com elegância.
A terceira é a dialética, que ensina
Ao homem distinguir o verdadeiro do falso.
É chamada também sofística.
A quarta é a aritmética,
Que mostra ao homem a arte dos números
Para que ele possa contar e somar
Todas as coisas.
A quinta é a geometria,
Que ensina ao homem as medidas
E as medições, assim como a arte
De medir nos diversos ofícios.
A sexta é a música,
Que é a arte do canto,
Por meio da voz ou do órgão,
Da trombeta, da harpa
Ou de qualquer outro instrumento.
A sétima é a astronomia
Que ensina o curso do Sol
Da Lua e de outros planetas
No céu.

Nossa intenção, principalmente,
É falar sobre a quinta arte,
A arte da geometria,
E sobre seus pais.
Eu já disse, sete
São as artes liberais,
O que significa que há sete ofícios
Que são independentes,
Mas que só existem por causa da geometria.
A geometria, podemos dizer,
É a medição da Terra.
Et sic dicitur a geo ge quin Rter
A latine et metrona quod est
Mensura. Unde Gemetria i.
Mensura Terre vel terrarum
O que se traduz por:
"Geometria vem, como eu disse,
De *geo* que significa Terra
E de *metrona*, medida. Sendo assim,
Geometria significa
A medida da Terra."
Não fiquem surpresos quando lhes digo
Que todas as artes só existem
Por causa da geometria.
Não há nenhum trabalho
Nem obra feita pelas mãos do homem
Que não provenha da geometria.
A razão disso é muito simples,
Pois, se um homem trabalha com um instrumento,
Não há um que não provenha
Da terra e que não retorne a ela ao final.
Não existe ferramenta ou instrumento
Usado no trabalho
Que não empregue a proporção.

Ora, a proporção é medida
E a ferramenta ou instrumento
É a Terra.
Se a geometria é
Medida da Terra,
Podemos dizer que todos os homens
Vivem pela geometria.
Todo homem aqui embaixo
Vive apenas pelo trabalho de suas mãos.
Eu poderia lhes dar
Muitas provas de que a geometria
É a arte pela qual vivem
Todos os homens,
Mas levaria muito tempo
E esse não é meu propósito.
Continuemos.
É importante que saibam
Que entre todos os ofícios da Terra,
Os ofícios do homem,
A Maçonaria tem a melhor reputação,
E que a parte mais bela desse ofício
É a geometria,
Assim como é dito no Livro da Lei
E em outras narrativas
Como as do Mestres das histórias,
Do *Polychronicon*,
No qual podemos confiar,
Nas histórias de Bède,
A *De Imagine Mundi*,
Isidorus Ethomolegarium e de
Methodius Episcopus Et Martiris.
Muitos já disseram
Que a Maçonaria é
A parte mais bela da geometria,

E eu penso como eles.
Podemos dizer isso,
Pois ela foi a primeira ciência,
Como está dito no Livro da Lei,
No primeiro livro do Gênesis,
No capítulo quatro.
Os eruditos são unânimes.
Alguns dentre eles afirmam
Ter uma tal certeza e uma
Tal força que são mais convincentes
Que as palavras do Gênesis.
Adão teve descendentes.
Sete gerações vieram dele.
Antes do Dilúvio, havia um homem
Que se chamava Lamec e que
Possuía duas esposas:
Uma era Ada, a outra Sela.
De Ada, sua primeira esposa,
Ele gerou dois filhos.
Um era Jabel
O outro Jubal.
Jabel, o filho mais velho,
Inventou a geometria
E a Maçonaria.
Ele construiu casas.
É por isso que no Livro da Lei
Ele é chamado
Pater habitancium in tento,
O que quer dizer:
"O pai dos homens
Que vivem sob tendas",
Isto é,
Que vivem em casas.
Caim era seu Mestre Maçom,

O chefe dos operários.
Quando ele construiu a cidade de Henoc,
Que foi a primeira cidade
A ser construída,
Foi Caim,
Filho de Adão,
Que a fez.
Ele a deu a seu filho,
Henoc, e deu à cidade
O nome de seu filho: Henoc.
Ela chamou-se depois Efraim.
Foi em seus muros que a arte
Da geometria
E da Maçonaria
Foi praticada até tornar-se
Um ofício.
Podemos dizer que
Foi o princípio fundador
De todos os outros ofícios,
De todas as outras artes.
Esse homem,
Chamado Jabel,
Foi denominado
Pater pastorum.
O Mestre das histórias
Conta, como Bède, a *De Imagine
Mundi*, o *Polychronicon*
E muitas outras,
Que ele dividiu o país
Para que todo homem
Pudesse conhecer sua terra,
Para trabalhá-la
Para seu maior proveito.
Ele dividiu o gado

Para que todo homem
Pudesse saber qual era seu rebanho.
É a prova
De que ele é o pai dessa arte.
Quanto a seu Irmão,
Jubal ou Tubal,
Ele criou a música
E o canto, em companhia de Pitágoras,
Como foi narrado no *Polychronicon*.
Isidoro não diz mais nada
No sexto livro de suas *Etimologias*.
Ele conta que ele foi
O primeiro a inventar o canto,
O órgão, a trombeta,
E que ele criou essa arte
Ao ouvir os sons
Do martelo de seu pai,
que era Tubalcaim.
O Livro da Lei diz ainda,
No capítulo quatro
Do Gênesis,
Que Lamec teve
De sua segunda esposa, Sela,
Um filho e uma filha.
O filho era
Tubalcaim
E a filha,
Noema. O *Polychronicon*
Diz isso.
Alguns pensam que ela foi a mulher de Noé.
É possível, mas não posso afirmá-lo.
Tenham em mente
Que Tubalcaim, seu filho,
Inventou o ofício

De ferreiro e os outros ofícios
Do ferro,
Do bronze, do ouro e da prata,
Como dizem os eruditos.
Noema, por sua vez,
Inventou a tecelagem, pois antes dela
Não se tecia o vestuário.
Fiava-se a lã
E tricotava-se para fazer o vestuário,
Da melhor forma que se podia.
Quando Noema inventou
A tecelagem,
Denominou-se ofício de mulher.
Ocorreu que os três Irmãos
Souberam que Deus queria se vingar
Do pecado, por meio do fogo
Ou por meio da água.
Eles se puseram a procurar
Como poderiam salvar
Os ofícios que acabavam de inventar.
Fizeram um conselho
E, depois de longas deliberações,
Procuraram uma pedra
Que tivesse a virtude
De não queimar.
O mármore é essa pedra.
Procuraram uma outra
Que não dissolvesse na água.
Tijolo é seu nome.
Sua ideia era gravar
As artes inventadas por eles
Sobre essas duas pedras. Assim,
Se Deus punisse pelo fogo,
O mármore não queimaria.

Se Deus fizesse chover,
O tijolo não dissolveria.
Eles pediram a Jabel
Que entalhasse dois pilares
Nessas duas pedras,
O mármore e o tijolo,
E escrevesse
Nos dois pilares
As artes ou ofícios
Que juntos haviam inventado.
Assim foi feito.
Nós podemos dizer que
Grande sábio ele foi
Nas artes,
Pois ele começou
E terminou sua obra
Antes do Dilúvio de Noé.
Todos estavam persuadidos de
Que Deus iria punir,
Mas ignoravam se isso seria feito
Por meio do fogo ou pela água.
Instruídos por uma profecia,
Souberam que Deus usaria
Um ou outro castigo.
Eles inscreveram sua arte
Sobre as duas Colunas de pedra.
Alguns dizem
Que eles gravaram nas pedras
As sete artes, pois estavam persuadidos
De que a vingança
Não tardaria.
De fato
Deus enviou sua vingança.
Ele fez cair um dilúvio

A Torre de Babel (miniatura de 1350 – Biblioteca Nacional – Praga)

Que afogou o mundo.
Todos os homens morreram,
Exceto oito que foram poupados.
Noé e sua mulher,
Seus três filhos
E suas mulheres.
Os três filhos
Geraram o mundo.
Eles tinham por nome,
A saber,
Sem, Cam e Jafé.
Esse dilúvio foi chamado
Dilúvio de Noé,
Pois ele e seus filhos
Salvaram-se dele.
Muitos anos mais tarde,
Diz a Crônica,
Foram encontrados esses dois pilares.
O *Polychronicon* afirma que
Um grande sábio chamado Pitágoras
Encontrou um e o filósofo
Hermes encontrou o outro.
A partir de então, eles puderam ensinar
As artes que eles haviam encontrado gravadas.
Muitas são as crônicas
E os sábios,
E evidentemente o Livro da Lei,
Que falam da construção
Da torre da Babilônia, que
Vocês podem encontrar no Livro da Lei,
No décimo capítulo do Gênesis.
Cam, filho de Noé,
Gerou Nemrod
Que reinou sobre a Terra.

Era um verdadeiro gigante
Que foi um grande rei.
Seu reino era
O célebre reino da Babilônia,
Arac, Acad e Calane
E a terra de Senaar.
Cam queria construir
A torre da Babilônia,
Por isso ele ensinou
A seus operários
O ofício da Maçonaria.
Ele possuía em torno de si
Muitos maçons.
Mais de 40 mil,
Que ele amava e valorizava,
Como diz o *Polychronicon*,
O Mestre das histórias,
Numerosas narrativas
E o Livro da Lei,
No mesmo capítulo dez.
Está escrito que Assur,
Um parente próximo de Nemrod,
Deixou a terra de Senaar
Para construir a cidade
De Nínive, Plateas e muitas
Outras:
De terra illa
I de sennare egressus est asure
Et edificavit Nunyven et plateas
Civitate et cale et jesu quoque
Inter nunyven et hec est civitatis
Magna.
Vou dizer-lhes
Sem esconder nada

A Construção do Templo (miniatura do século X segundo H. Bordier)

Como os Deveres
Do ofício da Maçonaria
Nasceram
E quem lhes deu seu nome.
Vocês devem saber o que está dito
E o que está escrito no *Polychronicon*
E na narrativa de Método, bispo e mártir,
Que contam que um bom senhor
De Senaar veio diante do rei
Nemrod para que ele lhe enviasse maçons
E pessoas do ofício
Para ajudá-lo a construir a cidade
Que ele desejava construir.
Nemrod prometeu enviar-lhe
Três mil maçons.
Antes que partissem,
Ele veio até eles,
Chamou-os em torno de si
E disse: "Vão
À casa de meu primo de Assur e o ajudem
A construir uma cidade. Tenham boa conduta
E lhes darei
Um Dever proveitoso para vocês
E também para mim.
Quando estiverem junto a esse nobre senhor,
Sejam fiéis a ele
Como são
Comigo.
Sejam leais no trabalho
E no ofício e vocês receberão
O digno salário
Que merecem.
Amem uns aos outros
Como Irmão e permaneçam

Unidos. Aquele que souber mais
Deverá ensinar seu Companheiro
Comportem-se bem
Com seu senhor
E com vocês mesmos, para que eu possa ter
Orgulho e reconhecimento
Por tê-los enviado e formado
No ofício." Eles receberam
Esse Dever
De seu senhor e Maçom
E foram para Assur,
Onde construíram a cidade de Nínive
No país de Plateas,
E outras cidades como Cale,
E Resen que é uma cidade
Entre Cale e Nínive.
Foi assim que o ofício
Da Maçonaria foi criado
E, como em toda arte,
Leis foram impostas.
Nossos ancestrais
Dentre os maçons possuíam
Essas regras para eles escritas,
E nós temos agora as nossas,
Na narrativa de Euclides,
Redigidas
Em latim e francês.
Como Euclides
Chegou à geometria,
Eu lhes direi,
Isso está no Livro da Lei
E em outras histórias.
No capítulo 12
Do Gênesis, está escrito que Abraão

Foi a Canaã, onde
Nosso Senhor lhe apareceu:
Eu darei este país
À sua descendência. Quando uma grande fome
Abateu-se sobre o país, Abraão tomou Sara,
Sua mulher,
E foi para o Egito,
Para lá esperar
Pelo fim da fome.
A crônica diz, Abraão
Era sábio e grande erudito.
Ele conhecia as sete artes
E ensinou
Aos egípcios a arte
Da geometria. O excelente
Erudito Euclides
Era seu aluno. Ele aprendeu com Abraão
A geometria,
À qual ele deu o nome.
Mas é evidente que
Ela era praticada antes que
Se chamasse geometria.
Está escrito nas *Etimologias* de Isidoro,
No quinto livro dos *Ethemolegarium
Capitolo primo*,
Que Euclides foi um dos primeiros
Inventores da geometria
E que ele lhe deu esse nome
Pois havia um rio
No país do Egito
Chamado Nilo, que inundava
Tão longe as terras
Que ninguém podia ficar lá.
Esse excelente

Erudito Euclides lhes ensinou
Como construir diques
E fossos para proteger-se
Das inundações. Por meio da geometria,
Ele mediu o país e o dividiu
Em diversos lotes,
Incentivando cada pessoa a cercar
Seu lote com muros
E fossos. O país começou então
A povoar-se
De descendentes,
De jovens homens e jovens mulheres.
A população tornou-se tão abundante
Em jovens que ela conheceu
A fome. Os senhores
No país realizaram
Um conselho para ver
Como poderiam ajudar
Esses descendentes, que não tinham nem meios
Nem ofício para sobreviver, a encontrar
Para eles e seus filhos
Os meios disponíveis.
Dentre os senhores
Estava esse excelente erudito Euclides.
Quando ele viu
Que ninguém tinha a solução
Para esse problema, ele disse:
"Vocês querem me confiar seus filhos?
Eu lhes ensinarei
Uma arte
Que lhes permitirá viver
Como senhores, se ao menos
Vocês jurarem obedecer às ordens,
Que darei a vocês

E também a eles".
O rei do país
E os senhores
Concordaram em aceitar.
Com razão,
Todos aceitaram,
Pois isso lhes seria proveitoso.
E colocaram seus filhos
Sob as ordens de Euclides
E de sua boa vontade.
Ele os ensinou o ofício
Da Maçonaria, que ele chamou
Geometria
Em virtude de divisão das terras
Que ele havia ensinado às pessoas
No tempo em que elas deviam construir
Diques e fossos,
Como eu já disse, a fim de proteger-se
Contra inundações. Isidoro disse
Em suas *Etimologias* que Euclides
Chamou o ofício geometria.
Assim como foi dito que Euclides
Deu-lhe esse nome e a ensinou
Aos filhos dos senhores
Que ele teve como alunos.
Ele lhes impôs o Dever
De se chamarem de Companheiro
E não de outra forma, pois eram
Todos do ofício e todos
De linhagem nobre,
Filhos de senhores. Aquele que fosse
O mais sábio
Dirigiria o trabalho
E seria chamado Maçom

Ele impôs outros Deveres
Que estão no livro
Dos Deveres. Eles trabalhavam
Com os senhores do país e construíam
Cidades, vilas, castelos,
Templos, palácios.
Durante todo o tempo em que os filhos
De Israel estiveram no Egito, eles aprenderam
A arte da Maçonaria.
Mas, infelizmente, eles foram
Expulsos do Egito
E foram para a terra prometida,
Hoje Jerusalém.
A arte foi praticada lá,
Os Deveres respeitados,
Com a construção
Do Templo de Salomão
Iniciada pelo rei Davi.
Esse rei amava os maçons
E lhes deu instruções
Que são como as de agora.
Quando da construção do Templo,
No tempo de Salomão,
Como está dito no Livro da Lei,
Livro três dos Reis *in tercio*
Regum capitolo quinto:
Salomão teve 80
Mil maçons em
Obras. E o filho
Do rei de Tiro era
Mestre Maçom.
Em uma outra crônica,
Tirada de velhos livros de Maçonaria,
Está escrito que Salomão aplicou os Deveres

Que Davi, seu pai, havia dado aos maçons.
Salomão iniciou-os nos usos
Que são aqueles de hoje em dia.
Essa arte, excelente
Entre todas, foi importada para a França
E para muitas outras regiões.
Estão lembrados
De um excelente rei de França,
Carolus Secundus,
Isto é, Carlos II.
Carlos tornou-se
rei da França
Pela graça de Deus e de seus pais.
Muitos dizem que ele foi
Escolhido por acaso,
O que é mentira, pois, segundo as crônicas,
Corria nele o sangue dos reis.
Ele era de linhagem real.
Esse rei Carlos
Foi maçom
Antes de ser rei.
Quando ele foi proclamado rei,
Ele estimava os maçons, valorizava-os,
E lhes deu Deveres
E outros costumes de sua invenção
Que ainda são praticados na França.
Ele lhes disse
Para realizarem assembleias
Uma vez por ano,
Assistirem a elas
E falarem,
Para que Mestre Maçom e Companheiros
Pudessem resolver qualquer problema.
Então chegou

Esboços de Villard de Honnecourt
(Lassus)

Esboços de Villard de Honnecourt
(Lassus)

Santo Adhabelle na Inglaterra.
Ele fez vir Santo Albano
Na religião do Cristo.
Santo Albano amava os maçons
E lhes deu Deveres e costumes
Na Inglaterra.
Graças a ele
Eles receberam o salário
De seu trabalho.
Depois dele veio um excelente rei
Da Inglaterra chamado
Athelstan. Seu filho mais jovem
Amava muito
A geometria.

Ele providenciou para que nenhum ofício
Possuísse como os maçons
A arte da geometria.
Ele solicitou o ensinamento
E aprendeu o ofício
E seus princípios. É verdade que em teoria
Ele era Maçom. Ele amava a Maçonaria
E os maçons. Por isso ele próprio tornou-se maçom
E lhes deu Deveres
E costumes que ainda existem
Na Inglaterra e
Em muitas outras regiões.
Foi ele que ordenou que lhes fosse dado
Um pagamento razoável.
E obteve do rei a possibilidade para que
Realizassem assembleias quando
Julgassem oportunas
Para discutir
Deveres, usos e o ofício,

Como está escrito
Em nosso livro dos Deveres.
Posso parar aqui com esse assunto.
Senhores,
Vou explicar-lhes
A gênese da Maçonaria.

Há muito tempo, senhores
Não possuíam a quantidade suficiente
De terras
Para criar
Seus filhos,
Que eram numerosos.
Eles se reuniram a fim de ver
Como eles poderiam alimentar seus filhos,
Proporcionar-lhes meios de vida
De total honestidade. Sábios foram convocados,
Mestre Maçons na arte da
Geometria, com esperança de que, com sua probidade
E sua sabedoria, eles lhes permitiriam
Viver corretamente.
Um deles,
Chamado
Euclides, era o Maçom mais erudito
E o mais sábio. Ele colocou ordem
Na arte, que veio a ser a Maçonaria.
Sua arte, por assim dizer,
Ele a transmitiu honestamente aos filhos
Dos senhores a pedido
De seus pais, e para o bem
De seus filhos.
Embora todos tenham estudado com
Assiduidade durante muito tempo,
Nem todos foram capazes de assimilar

Essa arte.
Por isso o Mestre
Disse que aqueles que eram mais dotados
Receberiam as honras. Ele pediu
Ao melhor dos alunos
Que instruísse os menos dotados.
Os melhores foram chamados
Mestres, tão nobre era seu espírito
E grandes seus conhecimentos.
Todavia, ele fez de modo que aqueles
Que tinham menos espírito não fossem
Nem súditos nem servidores,
Mas Companheiros, por conta
Da nobreza de sua linhagem. Foi assim
Que nasceu nossa arte nas terras do Egito,
sendo Euclides o seu Mestre. A arte difundiu-se,
De país a país, de reino
A reino.

Passaram-se muitos anos,
Refiro-me ao reino de Athelstan,
Que foi rei da Inglaterra,
Quando senhores desse país
Entraram em um acordo para lutar contra
Os defeitos que haviam maculado o ofício.
Estabeleceram uma regra,
Todos entre si: Uma vez por
Ano, ou a cada três anos, conforme a necessidade,
O rei, os senhores do país,
A comunidade das províncias e das
Regiões, poderiam solicitar
Que fossem realizadas assembleias,
Reunindo os Mestres Maçons e os Companheiros.
Além disso, aqueles que tinham possibilidade
De se tornarem Mestres Maçons seriam examinados

De acordo com os artigos que seguem, postos à prova
Com relação à sua capacidade e seus conhecimentos,
Tudo isso para o bem do senhor
Ao qual serviam,
E o bem do ofício.
Seu Dever lhes seria dito,
Para que pudessem utilizar com discernimento,
E honestamente,
Os bens colocados à sua disposição
Por seu senhor,
Fosse ele pequeno ou grande,
Pois todo empregador é senhor
Daquele que é pago por ele por um serviço
Ou um trabalho.

O PRIMEIRO ARTIGO DIZ

Que todo Mestre no ofício
Deve ser honesto e leal para com o senhor
A quem ele serve, utilizando os bens de que dispõe
Como se fossem seus, e que ele não deve aumentar
O salário dos maçons, pois sabe
Que deverá diminuí-lo se ocorrer penúria.
Ele não deverá fazer nenhum favorecimento,
Para que cada um seja pago conforme seu trabalho.

O SEGUNDO ARTIGO DIZ

Que todo maçom
Deve ser convocado para essa assembleia
De modo que ele possa comparecer,
A menos que tenha boa desculpa.
Se eles se recusarem
A assistir a essa assembleia
Ou cometerem alguma falta
Que possa prejudicar seu senhor
E o ofício,

Eles não serão liberados,
De maneira alguma,
Exceto se estiverem em grande perigo de morte,
E mesmo se esse for o caso,
Eles deverão informar sua doença
Ao Mestre que presidir a assembleia.

O TERCEIRO ARTIGO

É que nenhum Mestre
Deverá admitir um Aprendiz por menos
De sete anos, pois
Aquele que é admitido por um período inferior a esse
Não pode aprender o ofício
E não seria capaz
De servir o senhor
Como um bom e verdadeiro maçom.

O QUARTO ARTIGO DIZ

Que nenhum Mestre, mesmo que possa tirar proveito disso,
Poderá admitir um Aprendiz
Nascido de pais servis,
Pois o senhor ao qual pertence
Viria reclamá-lo,
Como tem direito de fazer.
Ele o levaria então consigo,
Para fora da Loja
Ou para fora do canteiro.
Os Companheiros poderiam querer ajudá-lo
E defendê-lo.
Alguém poderia ser morto.
O que não queremos
E a razão disso é simples.
Nossa arte iniciou-se com os filhos
De senhores bem-nascidos,
Como já dissemos.

O QUINTO ARTIGO DIZ

O Mestre não dará vantagens
A seu Aprendiz,
Pois ele não deve tirar proveito
A menos que mereça.
Não lhe será dado nem mais nem menos
Para que o senhor do canteiro
Onde ele é formado possa tirar proveito
De seu aprendizado.

O SEXTO ARTIGO É MUITO SIMPLES

Nenhum Mestre, por cobiça
Ou desejo de lucro,
Admitirá um Aprendiz
Que seja disforme,
Quer dizer, que tenha qualquer defeito
Que o impeça
De trabalhar verdadeiramente
Como deveria fazê-lo.

O SÉTIMO ARTIGO É ESTE

O Mestre não deve ser cúmplice
Nem auxiliar ou prestar assistência
E apoio a um ladrão.
O operário não pode, como os ladrões,
Trabalhar
De dia e à noite.
Se tal fosse o caso,
Os Companheiros teriam direito
De zangar-se.

O OITAVO ARTIGO DIZ

Se um maçom capaz,
Pleno de conhecimentos,

Vem buscar trabalho
E houver no canteiro
Um operário pouco zeloso e ignorante,
O Mestre deverá empregá-lo
E demitir o ignorante
Para o bem do senhor.

O NONO ARTIGO NÃO DIZ OUTRA COISA
Um Mestre não pode suplantar um outro,
Pois está dito na Maçonaria
Que ninguém mais pode terminar
Um trabalho
A não ser aquele que o começou.

∴

Aquele que o começou,
Para o bem do senhor,
Tem em si a ideia do bom término,
Com o aval de seu Mestre
Ou do empreiteiro das obras.

∴

PRIMEIRO PONTO
Quem quiser abraçar nossa arte
Deve principalmente
Amar a Deus e à Santa Igreja,
Assim como todos os santos, seu Mestre
E os Companheiros
Como seus Irmãos.

SEGUNDO PONTO
Ele deverá cumprir lealmente suas horas de trabalho
Que lhe valem um salário.

TERCEIRO PONTO

Ele deve manter segredo
Sobre as opiniões emitidas por seus Companheiros
Na Loja
Na câmara
Ou em qualquer lugar
Onde estejam os maçons.

QUARTO PONTO

Nunca deverá prejudicar
O ofício
Ou lhe causar danos,
Ou assumir posição contra o ofício
Ou auxiliar aqueles que desejam atacá-lo.
Ele deverá apoiá-lo
Com toda a honra
Que esteja a seu alcance.

QUINTO PONTO

O quinto ponto diz que,
Quando ele receber seu pagamento,
Deve mostrar-se humilde.
Quando o Mestre
Entregar-lhe o pagamento,
No momento escolhido por ele.
Ele deverá trabalhar
E repousar
Conforme as condições
Determinadas pelo Mestre.

SEXTO PONTO

Se uma disputa surgir
Entre ele e seus Companheiros,
Ele deve obedecer escrupulosamente
E permanecer às ordens
Do Mestre ou do supervisor

Do Mestre quando este
Estiver ausente.
No dia de licença
Ele deverá se reconciliar
Com os Companheiros
E não durante um dia de trabalho,
Para que não sejam deixados de lado
Nem o trabalho nem os interesses do senhor.

SÉTIMO PONTO

O sétimo ponto diz:
Que ele não deve cobiçar
A esposa nem a filha
De seus Mestres, nem as
Dos Companheiros, a não ser para casamento.
E não deve manter concubinas,
Pois uma desavença poderia surgir
No ofício.

OITAVO PONTO

O oitavo ponto é o seguinte:
Se ele for promovido a supervisor,
Sob as ordens do Mestre,
Ele deve ser um leal intermediário
Entre o Mestre e os Companheiros
E deve demonstrar zelo
Quando o Mestre estiver ausente,
Para a honra do Mestre
E o bem do senhor.

NONO PONTO

Aqui está o nono ponto.
Se ele for mais prudente
E instruído que o Companheiro
Que trabalhar a seu lado

Na Loja ou em qualquer outro lugar,
E perceber que o outro
Pode estragar a pedra
Por falta de habilidade,
Ele pode repreendê-lo
Para corrigir a pedra.
Ele o advertirá
E o ajudará
Com amor fraterno
Para que a obra do senhor
Não seja perdida. Quando o Mestre
E os Companheiros que tiverem sido convocados
Comparecerem às assembleias,
Se houver necessidade, o xerife,
O prefeito da cidade ou um
De seus conselheiros deverá ser
Amigo e associado do Mestre da assembleia
Para ajudá-lo contra os rebeldes ao ofício
E estabelecer as leis do reino.
Os novos que não tiverem
Tido conhecimento de seus Deveres
Serão instruídos
Para que nunca se tornem
Ladrões
Ou cúmplices,
E para que empreguem lealmente
Os dias de trabalho
Em vista do pagamento
Que receberão do senhor.
Eles deverão prestar contas aos Companheiros
Do que deve ser conhecido por eles.
Eles os escutarão
E os amarão como Irmãos.
Eles devem fidelidade ao rei
E ao reino,

Lápide de Libergier (Catedral de Reims)

De modo que sejam
Protegidos estes artigos.
Nós nos informaremos
Se um Mestre
Ou um Companheiro prudente
Violou um desses artigos.
Se isso acontecer,
Ele será julgado em seu local.
É preciso saber
Que um Mestre ou um Companheiro
Convocado para uma assembleia
Que se recusar a comparecer
Ou que tiver vilipendiado
Um dos artigos,
Deverá deixar a Maçonaria
E não mais praticar o ofício.
Se ele ousar fazê-lo,
O xerife da região
Onde for pego em flagrante delito
O colocará na prisão
E confiscará seus bens,
Que serão entregues ao rei
Até que uma graça lhe seja
Concedida.
As assembleias
São organizadas
Para que o mais humilde
E o mais elevado
Sejam equitativamente
Servidos no ofício
Sobre o qual acabo de falar,
Em todo o reino
Da Inglaterra.
Amém, amém,
Assim seja.

É bom falarmos um pouco mais sobre o aspecto histórico da Maçonaria.

Mesmo antes de entrarmos em contato com o próximo capítulo, "Os Templários", quero registrar uma passagem da obra intitulada *O Templo e a Loja*, de Richard Leigh e Michael Baigent, editada em português pela Madras Editora:

"Outra importante fonte de evidências para nós foi a '*Israeli Archaeological Survey Association*', que havia feito escavações no antigo Castelo Templário de Athlit na Terra Santa. Athlit fora construído em 1218 e finalmente abandonado, juntamente com todos os demais despojos dos Cruzados do Reino de Jerusalém, em 1291. Quando o castelo foi escavado, ele mostrou conter um cemitério com cerca de cem lápides. Certamente, sua maioria estava seriamente deteriorada, e as gravações superficiais, tais como as espadas retas que havíamos encontrado na Escócia não sobreviveram às intempéries. Mas algumas gravações, que foram talhadas com mais profundidade, resistiram; e estas eram particularmente interessantes. Uma estava sobre a lápide de um comandante naval templário – quiçá um almirante – e consistia em uma grande âncora. Outra, embora estivesse muito desgastada, ainda ostentava a gravação de um esquadro e um prumo de maçom. Uma outra – que se acreditava tratar de um 'Mestre dos maçons templários' – trazia uma cruz decorada, um esquadro e um malho de maçom. Com apenas duas exceções, estas são as lápides com símbolos maçônicos mais antigas de que se tem conhecimento. Uma das exceções é Reims, e data de 1263. A outra, da mesma época, também está na França – na antiga Preceptoria Templária de Bure-les-Templiers, em Côte d'Or. Eis aqui, então, uma convincente prova para dar suporte ao 'registro em pedra' que tentávamos decifrar em Kilmartin – um registro que, se é que o deciframos corretamente, atestava uma importante conexão entre os Templários e aquilo que viria mais tarde evoluir na Franco-Maçonaria".

Algo que me traz muita surpresa é o fato de os historiadores firmarem que a Ordem surgiu em determinada data. E o que parece pior é a forma como falam. Algumas Lojas, na verdade quatro, reuniram-se e fundaram a Grande Loja da Inglaterra. Ou que é fruto da época da Renascença ou do Iluminismo, que surgiu na Inglaterra. Que "fulano" não era maçom. Essa então, na minha opinião, é uma das piores. Como é que pode a Maçonaria ter surgido na Inglaterra? Ora, se todos os dias a história muda ou é completada com dados novos e com fontes muito mais seguras, onde está a garantia de ser a história obviamente narrada por certos tipos, inclusive no Brasil, que pouco visitaram ou pesquisaram seus estudos em fontes seguras? Para mim, os verdadeiros historiadores são aqueles que bebem diretamente das fontes; um exemplo disso são os arqueólogos. Se não fazem essa visita, ou um estudo diretamente na fonte, eles são pesquisadores. Outra situação estranha e muito questionável é o fato de os historiadores brasileiros, em sua grande maioria, não citarem a Maçonaria (ou que vários daqueles homens eram maçons) na Independência do Brasil, na Abolição da Escravatura e por aí vai... Porém, não podemos deixar de citar que o Brasil foi o último país a aderir à Abolição da Escravatura. Assim, pergunto: isso é motivo para se orgulhar?

O que soa mais estranho é o fato de ouvirmos, frequentemente, que a Maçonaria foi a grande ferramenta, e seus homens, os maiores culpados, da assinatura da Abolição, com a instituição da Lei Áurea.

Os Templários*

> *"Não por nós, Senhor, não por nós,*
> *mas para que seu nome tenha a Glória."*

A Ordem Templária foi fundada em Jerusalém em 1118, logo após a Primeira Cruzada, embora haja alguns indícios de ter sido fundada quatro anos antes. Seu nome está relacionado ao local de seu primeiro quartel-general, no lugar do antigo Templo de Salomão.

Nove monges veteranos dessa Primeira Cruzada, entre eles Hugues de Payens e Godofredo de Saint Omer, reuniram-se para fundar a Ordem em defesa da Terra Santa. Pronunciaram perante o patriarca de Jerusalém, Garimond, os votos de castidade, de pobreza e de obediência, comprometendo-se, solenemente, a fazer tudo aquilo que estivesse ao seu alcance para garantir as rotas e os caminhos, e a defender os peregrinos contra os assaltos e os ataques dos infiéis. Foi dada a fundação da *Ordre de Sion* (Ordem de Sião) a Godofredo de Bouillon, por volta de 1099. A original Ordem de Sião foi estabelecida para que os mulçumanos, judeus e outros indivíduos elegíveis pudessem aliar-se à Ordem cristã e tornarem-se Templários.

---

* N.E.: Sugerimos a leitura de *História dos Cavaleiros Templários*, de Elizé de Montagnac, e *Locais Sagrados dos Cavaleiros Templários*, de John K. Young, ambos da Madras Editora.

Frequentemente podemos encontrar os Templários sendo denominados Soldados de Cristo (*Christi Milites*), Soldados de Cristo e do Templo de Salomão. A regra que lhes foi concedida por ocasião do Concílio de Troyes, em Champagne, é: *Regula pauperum commilitonum Christi Templique Salomonici.*

Eles, no começo, viviam exclusivamente da caridade e tamanha era sua pobreza que não podiam ter mais do que um só cavalo para cada dois homens. O antigo sinete da Ordem, no qual aparece a representação de dois cavaleiros em um só cavalo, comprova essa humildade primitiva.

O bispo de Chartres escreveu a respeito dos Templários em 1114, chamando-os de *Milice du Christi* (Soldados de Cristo).

O primeiro Grão-Mestre da Ordem foi Hugues de Payens, certamente um homem superior. Durante toda a sua vida, demonstrou um pensamento seguro e uma indomável coragem. Inspirado pelo espírito cavalheiresco de seu século, ele não podia ter se tornado apenas um cruzado cujo nome caiu no esquecimento, como o de tantos outros nobres e bravos senhores. Era grandioso armar-se com oito soldados contra legiões numerosas; oferecer-se, sob um céu implacável, aos golpes de um inimigo que observava atentamente sua empreitada e que podia afogá-lo definitivamente, já no primeiro combate, no sangue de seu punhado de bravos.

E foi assim que viveram durante dez anos. Sem pedir reforços nem subsídios, nenhuma recompensa, nenhuma prebenda[*] esperava por eles. Viviam segundo suas próprias leis, vestidos e alimentados pela caridade cristã.

---

* N.R.: Recompensa material.

Martin Lunn, em seu livro *Revelando o Código Da Vinci*, da Madras Editora, fala-nos do **Priorado de Sião**, que compartilhava com a Ordem do Templo (Cavaleiros Templários) o mesmo Grão-Mestre; eram dois braços da mesma organização até o episódio conhecido como a "Corte do Olmo", que aconteceu em Gisors, em 1118. Essa separação entre as duas Ordens foi supostamente causada pela chamada "traição" do Grão-Mestre Gerard de Ridefort que, de acordo com os Dossiês Secretos, resultou na perda de Jerusalém pela Europa para os sarracenos.

Quando do Concílio de Troyes (1128), Hugues e outros seis Cavaleiros compareceram diante dos mais altos dignitários da Igreja. O papa e o patriarca Étienne lhes deram um hábito, e o célebre abade de Clairvaux, São Bernardo de Clairvaux, encarregou-se da composição de sua regra, modificando parcialmente os estatutos primitivos da sociedade. Foi também São Bernardo quem revitalizou a Igreja Celta da Escócia e reconstruiu o mosteiro de Columba em Iona (tal mosteiro havia sido destruído em 807 por piratas nórdicos). O juramento dos Cavaleiros Templários a São Bernardo exigia a "Obediência de Betânia – o castelo de Maria e Marta".

Durante a era das cruzadas, que perfazem um total de oito e as quais continuaram até 1291 no Egito, na Síria e na Palestina, apenas a primeira, de Godofredo, foi de alguma utilidade, como afirma Laurence Gardner,[*] um magnífico autor de nossa editora. "... Mas mesmo essa foi desfigurada pelos excessos das tropas responsáveis que usaram sua vitória como desculpa para o massacre de mulçumanos nas ruas de Jerusalém. Não apenas Jerusalém era importante para os judeus e cristãos, porém se tornara a terceira Cidade Santa do Islã, após Meca e Medina. Como tal, a cidade até hoje está no cerne de contínuas disputas. (Embora os mulçumanos sunitas considerem Jerusalém sua terceira cidade Sagrada, os mulçumanos xiitas colocam-na em quarto lugar após Carabala, no sul do Iraque.)

---

[*] N. E.: Desse autor, sugerimos a leitura de *Os Segredos Perdidos da Arca Sagrada*, *A Linhagem do Santo Graal* e *O Legado de Madalena*, todos da Madras Editora.

A segunda cruzada para Odessa, liderada por Luiz VII da França e pelo imperador alemão Conrado III, fracassou miseravelmente. Então, cerca de cem anos após o sucesso inicial de Godofredo, Jerusalém caiu sob o poder de Saladino do Egito, em 1187. Foi quando engatilhou a terceira cruzada de Felipe Augusto, da França, e Ricardo Coração de Leão, da Inglaterra, que, entretanto, não conseguiram recuperar a Cidade Santa. A quarta e quinta cruzadas concentraram-se em Constantinopla e Damieta. Jerusalém foi retomada brevemente dos sarracenos após a sexta cruzada, mas ficou longe de reverter a situação. Por volta de 1291, a Palestina e a Síria estavam firmemente sob o controle muçulmano e as cruzadas haviam terminado".

Vejamos alguns preceitos da nova legislação, mas é importante lembrarmos que nessa época os cavaleiros não eram classificados em graus como os nobres. Todo homem que não fosse sacerdote ou servo podia aspirar à Cavalaria, e a nobreza moderna tinha aí sua origem. A partícula *de* não indicava seus nomes, mas a cidade, a vila ou o lugarejo que habitavam. Mais tarde, o nome de sua residência transformou-se em seu nome de família.

> *Todos os cavaleiros que tenham professado vestem mantos brancos de comprimento médio. Os mantos usados são entregues aos Escudeiros e Irmãos servos, ou aos pobres.*
>
> *Os mantos brancos que os escudeiros e servos vestiam originalmente foram substituídos por mantos negros ou cinza.*
>
> *Apenas os cavaleiros vestem mantos brancos.*
>
> *Cada cavaleiro possui três cavalos, pois a pobreza não permite que tenham mais que isso.*
>
> *Cada cavaleiro tem somente um escudeiro ao qual não poderá castigar, já que ele o serve gratuitamente.*
>
> *Ninguém pode sair, escrever ou ler cartas sem autorização do Grão-Mestre.*

Os cavaleiros casados habitam à parte e não vestem clâmides ou mantos brancos.

Os cavaleiros seculares que desejam ser admitidos no Templo serão examinados e ouvirão a leitura da regra antes de seu noviciado.

O Grão-Mestre escolhe seu Capítulo dentre seus Imãos. Nos casos importantes que dizem respeito à Ordem ou à admissão de um Irmão, todos podem ser chamados para o Capítulo, se essa for a vontade do chefe.

Na obra A *História dos Cavaleiros Templários*, de Élize de Montagnac, da Madras Editora, encontramos um texto muito oportuno a respeito da iniciação, que passamos a transcrever: "(...) Os estatutos e regulamentos recomendavam, acima de tudo, a prece, a caridade, a esmola, a modéstia, o silêncio, a simplicidade, o desdém à riqueza e à opulência, a abnegação, a obediência, a proteção aos pobres e oprimidos; cuidar dos enfermos; o respeito aos mortos, entre outros". Tal Código de regras é composto de 72 artigos e foi descoberto em 1610, em Paris, por Aubert-le-Mire, cientista e historiador, decano de Anvers.

Mas a cada dia os regulamentos concernentes à hierarquia, à disciplina e ao cerimonial eram ajustados e adaptados ao Código Latino, assim declarado perfectível.

Portanto não é de se surpreender que, além desse, hoje são conhecidos outros três códigos manuscritos, os quais não são nada mais do que sua continuação. Um foi descoberto em 1794, na biblioteca do príncipe Corsini, pelo cientista dinamarquês Münster; o outro foi encontrado na Biblioteca Real por M. Guérard, conservador e restaurador; o terceiro foi encontrado nos arquivos gerais de Dijon por M. Millard de Cambure, mantenedor dos arquivos de Borgúndia.

E deste último, datado de 1840, é que extraímos a descrição do modo de iniciação dos Irmãos cavaleiros; a verdade sobre essas recepções nos sugere serem elas revestidas de um grande interesse, após as absurdas e terríveis lendas que as cercam. Por favor, observem a quantidade de coincidências com nossos Rituais (maçônicos).

Antes que um novo Irmão fosse recebido, era necessário sondar os espíritos para saber se eles vinham de Deus: *Probate Spiritus, si ex Deo Sunt*. Em razão disso, ao longo de certo período, impunham-se ao Candidato diversas privações de todas as naturezas; incumbiam-lhe os trabalhos mais pesados e baixos da casa, tais como: cuidar do fogão e da cozinha, girar o moinho, cuidar das montarias, tratar dos porcos, etc. Após isso, procedia-se à admissão, a qual era feita da seguinte forma:

A Assembleia reunia-se, ordinariamente, à noite. O Candidato esperava do lado de fora; por três vezes, dois cavaleiros se dirigiam a ele para perguntar-lhe o que ele desejava; e por três vezes o Candidato respondia que era sua vontade adentrar a Casa. A seguir, então, o Candidato era conduzido à Assembleia, e o Grão-Mestre, ou aquele que presidia a sessão em seu lugar, apresentava-lhe tudo de rude e penoso que o aguardava naquela vida em que estava prestes a entrar. Dizia-lhe: "Devereis ficar desperto e alerta quando mais quiserdes dormir, suportar o cansaço quando mais quiserdes repousar. Quando sentirdes fome e quiserdes comer, ser-vos-á ordenado que vades aqui ou acolá, sem vos ser dada nenhuma explicação ou motivo. Pensai bem, meu querido Irmão, se sereis capaz de sofrer todas as asperezas." Se o Candidato respondesse "Sim, eu me submeterei a todas, se assim agradar a Deus!", o Mestre complementava: "Estai ciente, querido Irmão, de que não deveis pedir a companhia da Casa para obter benesses, honrarias e riquezas, nem satisfazer o vosso corpo, principalmente em relação a três aspectos:

1º Evitar e fugir dos pecados deste mundo;

2º Servir ao Nosso Senhor;

3º Ser pobre e fazer a penitência nesta vida para a santidade da alma.

Sabei também que sereis, a cada dia de vossa existência, um servo e escravo da Casa.

— Estais certo de vossa decisão?"

— "Sim, se assim agradar a Deus, Senhor".

— "Estais disposto a renunciar para sempre à vossa própria vontade, e nada mais fazer além daquilo que vos for determinado?"

— "Sim, se assim agradar a Deus, Senhor".

— "Então, retirai-vos e orai a nosso Senhor para que Ele vos aconselhe".

Assim que o Candidato se retirava, o presidente da Assembleia continuava: "Beatos senhores, puderam constatar que essa pessoa demonstrou ser possuidora de um grande desejo de ingressar na Casa, e declarou estar disposta a dedicar toda a sua vida como servo e escravo. Se há entre vocês alguém que saiba alguma coisa nos dê conhecimento agora, pois, após sua admissão, ninguém mais terá crédito para fazê-lo". Caso nenhuma contestação fosse apresentada, o Mestre perguntava: "Admitamo-lo como oriundo de Deus?"

"Por inexistir qualquer oposição, fazei-o retornar como vindo de Deus."

Então um dos membros que se manifestaram saía ao seu encontro e o instruía como ele deveria pedir seu ingresso.

Retornando à Assembleia, o Recipiendário ajoelhava-se e, com as mãos postas, dizia:

"Senhor, eu compareço perante Deus, perante vós e perante os Irmãos, para vos pedir e implorar em nome de Deus e de Nossa Senhora que me acolham em vossa Irmandade, e nos benefícios da Casa, espiritual e materialmente, como um que será servo e escravo da Casa, em cada um dos dias de toda a sua vida."

O presidente da Assembleia lhe respondia: "Pensastes bem? Ainda pensais em renunciar à vossa vontade em favor do próximo?

Estais decidido a submeter a todas as dificuldades e asperezas que vigoram na Casa e a cumprir tudo aquilo que vos for mandado?"

— "Sim, se assim agradar a Deus, Senhor."

E continuava o presidente, agora se dirigindo aos cavaleiros presentes à Assembleia:

— "Então levantem-se, nobres senhores, e orem a Nosso Senhor e a Nossa Senhora Santa Maria pedindo que ele seja bem-sucedido."

Em seguida, cada um deles recitava um Pai-Nosso, enquanto os capelães recitavam a oração ao Espírito Santo e, em seguida, traziam o Evangelho, sobre o qual o Recipiendário prestava o seu juramento de responder com franqueza, sinceridade e lealdade às questões seguintes:

1º Não tendes nem esposa nem noiva?

2º Não estais engajado em nenhuma outra Ordem; não fizestes nenhum outro voto, juramento ou promessa?

3º Tendes alguma dívida convosco mesmo ou com algum outro, a qual não vos seja possível pagar?

4º Estais em plena saúde física?

5º Não destes, ou prometestes dar, dinheiro a nenhuma pessoa para que, assim, facilitasse vossa admissão à Ordem do Templo?

6º Sois filho de um cavaleiro e de uma dama; pertencem vossos pais à linhagem dos cavaleiros?

7º Não sois nem padre, nem diácono, nem subdiácono?

8º Não fostes excomungado?

Procurai não mentir, pois, se o fizerdes, sereis considerado perjuro e tereis de abandonar a Casa.

Concluído esse interrogatório, o Grão-Mestre, ou aquele que substituía, ainda se dirigindo à Assembleia, indagava se havia outras perguntas a serem formuladas e, caso reinasse o silêncio, ele se voltava ao recipiendário, dizendo:

"Ouvi bem, meu caro Irmão, o que ainda vos vamos pedir:

Prometei a Deus e a Nossa Senhora que, ao longo de toda a vossa vida, obedecereis ao Mestre do Templo e ao comandante sob cujas ordens estareis sujeito.

E mais: que todos os dias de vossa vida vivereis imaculado.

E mais ainda: prometei a Deus e a Nossa Senhora Santa Maria que, em todos os dias de vossa vida, respeitareis os bons costumes vigentes na Casa e aqueles que os Mestres e os doutos haverão de acrescentar.

Mais: que, em cada um dos dias de vossa vida, ajudareis, com todas as forças e com todo o poder que Deus vos outorgou, a conquistar a Terra Santa de Jerusalém e a proteger e defender as propriedades dos cristãos.

E ainda: que jamais abandonareis essa religião em favor de outra, seja ela qual for, sem permissão do Grão-Mestre e da Assembleia, etc."

E a cada vez o futuro Cavaleiro devia responder:

"Sim, se assim agradar a Deus, Senhor."

Isso feito, aquele que conduzia a Assembleia assim anunciava sua admissão:

"Vós, por Deus e por Nossa Senhora, por São Pedro de Roma, por nosso Padre Apóstolo e por todos os Irmãos do Templo, acolhei, vosso pai e mãe, e todos aqueles que foram acolhidos em vossa linhagem e em todos os benefícios que já fizeram e farão. E vos comprometeis sobre o pão e sobre a água e sobre a pobre vestimenta da Casa, do sacrifício e do trabalho farto."

A seguir, tomando o manto do templário, ele o colocava nos ombros do novo cavaleiro, seguido pelo Irmão capelão que entoava o salmo:

Ecce quam Bonum et quam jucundum habitare in unum..."

"Oh! Quão bom e quão agradável viverem unidos (os Irmãos!...)"

Segundo M. Mignard, algumas vezes, durante as iniciações, eles entoavam alguns versículos dos Salmos, ou alguma alocução em alusão ao espírito da fraternidade, como o Salmo 133:

"Oh! quão bom e quão suave é que os Irmãos vivam em união! É como o óleo precioso sobre a cabeça, que desceu sobre a barba, a barba de Arão, que desceu sobre a gola das suas vestes; como o orvalho de Hermom, que desce sobre os montes de Sião; porque ali o Senhor ordenou a bênção, a vida para sempre." E também a oração do Espírito Santo.

"O Espírito de Deus me criou e o sopro do Todo-Poderoso me deu a vida."

"Pois aquele que Deus enviou fala as palavras de Deus; porque Deus não dá o Espírito por medida." (João 3: 34)

Veni, Creátor Spíritus

Vem, Espírito Santo

Veni, Creátor Spíritus,
Mentes tuórum visita,
Imple supérna grátia,
Quae tu creásti péctora.

Espírito criador,
Visita a alma dos teus,
Nos corações que criaste,
derrama a graça de Deus.

Qui díceris Paráclitus,
Altíssimi donum Dei,
Fons vivus, ignis, cáritas,
Et spiritális únctio.

Ó fogo quem vem do alto,
Teu nome é consolador,
Unção espiritual,
perene sopro de amor.

Tu septifórmis múnere,
Dígitus patérnae déxterae,
Tu rite promíssum Patris,
Sermóne ditanas gútura.

Por Deus Pai tão prometido,
És dedo da sua mão,
Os teus sete dons são fonte,
De toda vida e oração.

Accénde lúmen sénsibus.
Infunde amórem córdibus.
Infirma nostri córporis,
Virtúte firmans pérpeti.

Acende o lume das mentes,
Infunde em nós teu amor;
nossa carne tão frágil,
sustenta com teu vigor.

Hostem repéllas lóngius,　　Atira longe o inimigo,
Pacémque dones prótinus,　　Conserva em nós tua paz,
Ductóre sic te praevio,　　A ti queremos por guia,
Vitémus omne nóxium.　　noss'alma em ti se compraz.

Per te sciámus da Patrem,　　Ao Pai e ao Filho possamos,
Noscámus atque Fíluim,　　Em tua luz conhecer,
Teque utriúsque Spíritum　　Dos dois tu és o Espírito
Credámus omni témpore.　　o Sol de todo saber.

Deo Patri glória　　Louvemos ao Pai celeste
Et Filio qui a mórtuis　　Ao Filho que a morte triunfou
Surréxit, ac Paráclito,　　Ressuscitou e está junto ao Paracleto,
In saeculórum saecula. Amen.　　Pelos séculos dos séculos. Amém.

... então aquele que tornou Irmão o novo cavaleiro levanta-o, beija-lhe a boca (era costume que o Irmão capelão assim o fizesse, como também era normal que os reis se cumprimentassem dessa mesma forma) e, convidando-o a sentar-se diante de si, diz: "Caro Irmão, Nosso Senhor vos conduziu ao vosso desejo e vos introduziu em uma fraternidade tão bela como esta Cavalaria do Templo, pela qual deveis dedicar extrema atenção para jamais cometer algo que vos faça perdê-la – que assim Deus vos conserve!"

Finalmente, depois de enumerar as causas que poderiam acarretar a perda do hábito e da Casa, depois de ter lido para ele os regulamentos disciplinares, acrescentava:

"Já vos dissemos as coisas que deveis fazer e as coisas das quais deveis manter-se afastado... E, se por acaso não abordamos tudo o que deveria ser dito sobre os nossos deveres, vós indagareis. E Deus vos ajudará a falar e a fazer o bem. Amém!" (Referência ao maior Deus egípcio: Amon.) (Nesse momento, o Grão-Mestre selava com os lábios o cóquis – cóccix –, o fim ou início da espinha dorsal, que é o equilíbrio do homem, seu eixo central, um chacra, que são pontos energéticos no corpo humano.)

Pois bem, aí está, segundo as únicas regras conhecidas, como eram realizadas as cerimônias de iniciação qualificadas de infames, e nas quais eram ultrajadas tanto a divindade como a moral; mas nas quais, na realidade, o maior crime cometido era o de continuarem secretas.

O mistério com o qual os Templários cercavam suas reuniões enchia de terror a imaginação dos contemporâneos daquela época, e não foge muito de nossa época também. Em geral, tudo o que os homens não podiam ver ou compreender adquiria, aos seus olhos, as mais sinistras tonalidades, como aconteceu também em 1789, quando a população sitiou a Bastilha, imaginava-se ser de boa-fé trabalhar pela libertação de grandes grupos de prisioneiros abandonados nas celas das prisões. Qual não foi o seu espanto ao ver as vítimas do *despotismo real*? Não havia mais do que sete, entre os quais falsários e dois desequilibrados mentais.

A influência templária cresceu rapidamente. Os Templários guerrearam heroicamente nas diversas cruzadas e também chegaram a ser os grandes financiadores e banqueiros internacionais da época; em consequência, acumularam grandes fortunas. Calcula-se que, antes da metade do século XIII, eles possuíam nove grandes propriedades rurais apenas na Europa. O Templo de Paris foi o centro do mercado mundial da moeda, e sua influência, assim como sua riqueza, era também muito grande na Inglaterra. No fim do mesmo século, diz-se que haviam alcançado uma receita cujo montante era equivalente a dois milhões e meio de libras esterlinas atuais, ou seja, maior que a de qualquer país ou reino europeu daqueles dias. Acredita-se que, a essa altura, os Templários eram cerca de 15 ou 20 mil cavaleiros e clérigos; porém, ajudando-os, havia um verdadeiro exército de escudeiros, servos e vassalos. Pode-se conceber uma influência com base no fato de que alguns membros da Ordem tinham a obrigação de assistir aos grandes Concílios da Igreja, como o Concílio de Lateranense, de 1215, e o de Lyons, de 1274.

Os Cavaleiros Templários trouxeram para o Ocidente um conjunto de símbolos e cerimônias pertencentes à tradição maçônica, e possuíam um certo conhecimento que agora é transmitido somente nos graus filosóficos e capitulares da Maçonaria. Desse modo, a Ordem era também um dos depositários da sabedoria oculta na Europa durante os séculos XII e XIII, embora os segredos completos fossem dados somente a alguns membros; portanto, suas cerimônias de admissão eram executadas pelo Grão-Mestre, ou Mestre que esse designasse, pois eram estritamente religiosas e em absoluto segredo, como já mencionamos. Por causa desse segredo, a Ordem sofreu as mais terríveis acusações.

Há também uma passagem no ritual templário, na qual o pão e o vinho eram consagrados em capítulo aberto durante uma esplêndida cerimônia: tratava-se de uma verdadeira eucaristia, um maravilhoso amálgama do sacramento egípcio com o cristão.

A ELIMINAÇÃO DOS TEMPLÁRIOS

A supressão dessa poderosa Ordem é uma das maiores máculas na **tenebrosa história da Igreja Católica Romana**. Os relatos do processo francês foram publicados por Michelet, o grande historiador, entre 1851-61, e existe uma excelente compilação das provas apresentadas, tanto na França como na Inglaterra, em uma série de artigos que apareceram em 1907 na *Ars Quattuor Coronatorum* (XX, 47, 112, 269). Vamos apenas apresentar um esboço do que aconteceu:

Filipe, o Belo, então rei da França, necessitava desesperadamente de dinheiro. Já havia desvalorizado a moeda e aprisionado os banqueiros lombardos e judeus e, depois de confiscar-lhes suas riquezas, acusando-os falsamente de usura – algo abominável para a mente medieval –, expulsou-os de seu reino. Em seguida, resolveu desfazer-se dos Templários, depois que eles haviam lhe emprestado bastante dinheiro e, como o papa Clemente V devia sua posição às intrigas de Filipe, o assunto não foi difícil de ser resolvido. Sua tarefa foi facilitada ainda mais pelas acusações apresentadas pelo ex-cavaleiro Esquin de Floyran, que tinha interesse pessoal no assunto e pretendeu revelar todo o tipo de coisas malévolas: blasfêmia, imoralidade, idolatria e adoração ao demônio na forma de um gato preto.

Essas acusações foram aceitas por Filipe com deleite. E em uma sexta-feira, 13 de outubro de 1307, todos os Templários da França foram aprisionados sem nenhum aviso prévio por parte do mais infame tribunal que jamais existiu, um aglomerado de demônios em forma humana, chamado, em grotesca burla, de Santo Ofício da Inquisição que, nesses dias, tinha plena jurisdição naquele e em outros países da Europa. Os Templários foram horrivelmente torturados, de modo que alguns morreram e os outros assinaram toda a classe de confissões que a Santa Igreja desejava. Os interrogatórios se relacionavam principalmente à suposta negação de Cristo e ao fato de terem cuspido na cruz e, em menor grau, com graves acusações de imoralidade. Um estudo das evidências revela a absoluta inocência dos Templários e a engenhosidade diabólica mostrada pelos oficiais do Santo Ofício, encarregados da prisão dos acusados pela Inquisição, que os mantinha incomunicáveis, carentes de defesa adequada e de consulta pertinente, ao mesmo tempo que faziam circular a versão de que o Grão-Mestre havia confessado diante do papa a existência de crueldades na Ordem. Os Irmãos foram convencidos por meio de adulações e promessas, subornados e torturados, até a confessarem faltas que jamais haviam cometido, e tratados com a mais diabólica crueldade.

Assim era a "justiça" daqueles que usavam o nome do Senhor do Amor durante a Idade Média; assim era a compaixão exibida em relação a seus fiéis servidores, cuja única falta foi a riqueza, obtida legalmente para a Ordem e não para si mesmos. Filipe, o Belo, obteve dinheiro. Mas, que carma, mesmo com 20 mil vidas de sofrimento, poderá ser suficiente para um ingrato vil? A Igreja Romana, sem dúvida, teve sua participação. E pergunto: como cancelar uma maldade tão incrível quanto essa?

O papa desejava destruir a Ordem e reuniu o concílio em Viena, em 1311, com tal objetivo, mas os bispos recusaram-se a condená-la sem primeiro escutá-la. Então, o papa aboliu a Ordem em um consistório privado efetuado em 22 de novembro de 1312, apesar de ter aceitado o fato de que as acusações não haviam sido comprovadas. As riquezas do Templo deviam ser transferidas à Ordem de São João; porém, o certo é que a parcela francesa foi desviada para os cofres do rei Filipe.

O último e mais brutal ato dessa desumana tragédia ocorreu em 14 de março de 1314, quando o venerável Jacques de Molay,

Grão-Mestre da Ordem Templária, e Gaufrid de Charney, Grande Preceptor da Normandia, foram queimados publicamente como hereges reincidentes, em frente à grande Catedral de Notre-Dame. Quando as chamas os rodearam, o Grão-Mestre profetizou que o rei e o papa, antes de um ano, iriam se reunir a ele diante do trono de julgamentos de Deus e, de fato, tanto o papa como o rei morreram dentro do prazo de 12 meses.

Temos notícias de que alguns cavaleiros Templários franceses se refugiaram entre seus Irmãos do Templo da Escócia e, naquele país, suas tradições chegaram a fundir-se, em certa medida, com os antigos ritos celtas de Heredom, formando, assim, uma das fontes das quais mais tarde brotaria o Rito Escocês Antigo e Aceito.

Há pouco tempo, a escritora Barbara Frale encontrou na biblioteca do Vaticano um documento denominado "Chinon". Trata-se de uma carta na qual o papa Clemente V perdoa o Grão-Mestre Jacques de Molay. Você poderá saber disso com mais detalhes na obra *Os Templários – e o Pergaminho de Chinon Encontrado nos Arquivos Secretos do Vaticano*, da Madras Editora.

O SANTO GRAAL E A ARCA DA ALIANÇA*

A Habrit Arca da Aliança é conhecida em hebraico como *Aron*. É sagrada para o Judaísmo e o Cristianismo.

Do ponto de vista historiográfico, essa versão é tida como a mais aceita e foi documentada. Não se pode, porém, excluir a hipótese de que os Templários estivessem de posse de algum segredo histórico ou alquímico visado pelo rei da França. Qual seria esse segredo, não se sabe.

Segundo Rocco Zíngaro, os Templários conservavam o Santo Graal, o cálice da Última Ceia, cuja posse conferiria poderes sobre-humanos. E segundo outros Templários sob investigação de são Bernardo de Chiaravalle, eles conservavam a Arca da Aliança, a caixa

---

* N.E.: Sugerimos a leitura de *Os Templários e a Arca da Aliança*, de Graham Phillips, Madras Editora.

em que Moisés guardava as tábuas da Lei, seu cajado e sobre a qual Deus se manifestava. Por outro lado ainda, o segredo dos Templários poderia estar ligado ao conhecimento da Sagrada Geometria, para a construção das catedrais góticas. Há, enfim, quem sustente que o segredo dos Cavaleiros estivesse relacionado com o Sudário. Nos processos contra os Templários, diz-se que eles guardavam uma "cabeça barbuda de um morto", que teria permanecido com eles entre 1204 e 1307. Para o cientista britânico Allan Mills, em linha com essa hipótese do italiano Carlo Giacchè, a imagem do Sudário seria de um cruzado templário morto em batalha, e não de Jesus. Algo mais recente abre a possibilidade de ser o Sudário uma obra do maravilhoso artista Da Vinci.

Para o pesquisador francês Jacques de Mahieu, os Templários possuíam, por exemplo, cartas geográficas atlantes que contrastavam com a visão oficial de mundo imposta pela Igreja e que revelavam a posição da América, séculos antes de seu descobrimento. E prossegue, dizendo que os cavaleiros Templários tinham alcançado, escondidos, o "novo continente", muito tempo antes de Colombo. Chegando ao México, teriam se apoderado de minas de prata, procurando obter para si imensas quantidades de dinheiro que permitiram ao Oriente expandir-se para toda a Europa e construir gigantescas fortificações e majestosas catedrais.

Quanto à América, não é estranho. Se analisarmos, as caravelas que descobriram o Brasil possuíam velas brancas com a cruz de malta em vermelho no centro. Conheça outro trecho da obra *O Templo e a Loja*, de Leigh e Baigent:

"Em Portugal, os Templários foram dissolvidos por um inquérito e, simplesmente, modificaram o seu nome, tornando-se os Cavaleiros de Cristo. Eles sobreviveram sob esse título até o século XVI, com as suas explorações marítimas deixando marcas indeléveis na História. (Vasco da Gama era um Cavaleiro de Cristo; o príncipe Henrique, o Navegador, era um Grão-Mestre da Ordem. As embarcações dos Cavaleiros de Cristo navegavam sob a conhecida cruz vermelha templária. E foi sob essa mesma cruz que as três caravelas de Colombo atravessaram o Atlântico rumo ao Novo Mundo. O próprio Colombo era casado com a filha de um Grão-Mestre anterior da Ordem, e teve acesso aos mapas e diários de seu sogro.)"

Alguns estudiosos supõem que os cavaleiros chantageassem o Vaticano,* ameaçando revelar que Jesus não havia morrido; outros explicam com a "descoberta" da América (diversas lendas mexicanas falam de misteriosos homens usando mantos brancos e longas barbas, vindos do Ocidente).

Assim, a italiana Bianca Capone, em seu *Guida all'Italia dei templari*, afirma:

> "Antes muito pobres, os cavaleiros Templários se expandiram rapidamente pela Europa, construindo pontes, igrejas, hospedarias, estradas e vilas. Uma rede de casas fortificadas recobria toda a Europa, da Suécia à Inglaterra, da França à Itália, da Alemanha à Hungria e até à Rússia. Os investimentos Templários surgiam por todos os lados. Nos centros mais importantes existiam duas e às vezes três dessas fortificações. Das cidades portuárias zarpavam os navios Templários para o Oriente, carregados de cruzados, peregrinos e alimentos para homens e animais".

Em poucos anos os Templários não só enriqueceram de maneira impressionante, como também conquistaram um poder imensurável. O já citado Michel Baigent sustenta que, graças à bula pontifícia de 1139, foi sancionado que eles não deviam obediência alguma, exceto ao papa, e que "tinham o poder de criar e depor os monarcas". Para deles se desvencilhar, Filipe, o Belo, foi obrigado a tramar intrigas palacianas e processos oportunistas. Mas Baigent faz notar que os Templários foram exterminados somente na França. Na Escócia, na Alemanha e em Portugal, os soberanos se negaram a prendê-los, ou, se o fizeram, os livraram de qualquer acusação. E

---

* N.E.: Sugerimos a leitura de *Os Enigmas do Vaticano*, de Alfredo Lissoni, Madras Editora.

quando a Ordem foi liberada oficialmente pelo papa, eles se transformaram em outras Ordens e grupos, entre elas: os Hospitalários de São Giovanni e os Cavaleiros Teutônicos.

A obra de um dos mais bem conceituados autores e sucesso de venda de nossa editora, A. Leterre, *Os Hierogramas de Moisés – Hilaritas*, nos dá notícias da Arca de Moisés.

"A Arca de Moisés era um tabernáculo no qual Deus deveria residir e falar com esse guia de massas hunas, visto que Deus não podia fazer surgir *sarças ardentes* a cada passo. A Arca do testemunho, como a chamavam, devendo conter o Fogo Princípio e o Livro da Lei, e cujo modelo Deus prometeu mostrar a Moisés no monte, o que se supõe não ter ocorrido, porque Moisés não relatou a audiência e construiu a Arca, apesar disso."

Essa Arca era destinada a receber o Fogo Princípio – a eletricidade – basta confrontar-se o capítulo 25 do Êxodo, com o Livro dos Mortos da Antiga Lei de Rama, capítulos 1: 1,9,10, que diz:

"Eu Sou o Grande Princípio da obra que reside na Arca sobre o suporte."

Só essa frase, escrita muitos séculos antes de Moisés aparecer no mundo, prova exuberantemente que já havia arcas idênticas no tempo de Rama e de AbRam, como veremos adiante.

Para Moisés, Deus é um Fogo Devorador (Deuteronômio 9: 3 – Hebreus 12: 29). Basta ler Êxodo 5: 1-26, 36 e Deuteronômio 1: 2, para se ver que Moisés sempre falava com Deus no Monte Sinai em chamas.

Mas, admitindo mesmo que Deus tivesse mostrado algum modelo de Arca a Moisés, e, embora isso pese aos israelitas e aos que têm a Bíblia como a Palavra de Deus, Jeová nada teria mostrado de original naquela ocasião, a não ser alguns detalhes modernizados e de acordo com os novos acontecimentos das academias templárias, mesmo porque, como vimos anteriormente e veremos mais adiante, esses aparelhos já existiam dezenas de séculos antes.

Assim é que os sumerianos, os acadianos, os caldeus, os persas, os indianos, os chineses, os etíopes, os tebanos e os egípcios, todos tiveram um Tabernáculo sobre o qual faziam descer o Fogo Celeste, por meios que nada tinham de material. Era nosso desejo reproduzir aqui esses monumentos da Antiguidade, conservados nos museus europeus e nas páginas da farta literatura arqueológica, mas não o fazemos para não alongar este capítulo, deixando que o leitor pesquisador recorra a esses livros de nossas bibliotecas públicas, até mesmo a da Federação Espírita. Contudo, para dar uma ideia do que eram essas Arcas Sagradas, reproduzimos na figura a seguir a Arca de Amon, cujo termo, em sua tradução, é carneiro, Lei de Rama, e era o santuário de Tebas, capital do Alto Egito, muitíssimo antes de Moisés existir, é bom frisarmos. No desenho, ficam notórias, nas extremidades da Arca, as cabeças de carneiro, símbolo da religião de Rama.

Ao centro do tabernáculo, veem-se dois querubins alados, defrontando-se; suas asas não tocam nas extremidades. Essa Arca é transportada por varais, no ombro de sacerdotes, tal qual veremos com a de Moisés. Mas essa Arca de Tebas já era derivada da Arca usada pelos caldeus, pois igualmente se veem nos livros arqueológicos, nas gravuras, dois cherub, touros alados, com rostos humanos, defrontando-se com as extremidades das asas desunidas.

Os persas, que são anteriores aos caldeus, já usavam igualmente um altar sobre o qual faziam descer o fogo do céu, que veneravam como sendo o símbolo de Orzmud. Era o Deus Agni, o deus do fogo da Índia.

Na Índia milenar, diz o Upnek Hat: "Conhecer a natureza real do fogo, da luz solar, do magnetismo lunar, da eletricidade atmosférica e terrestre, é o terceiro quarto da ciência sagrada".

O *Zend-Avesta*, que exploraremos mais um pouco adiante, diz: "Invoca e compreende o Fogo Celeste".

Phleton escreveu: "Se multiplicas teus apelos, ver-me-ás envolver-te, verás o raio, o fogo móvel que enche e inunda o espaço etéreo dos Céus".

Em Eusthastius, vemos Salomé construindo um altar na cidade de Olímpia, sobre o qual fazia descer o Fogo Celeste, fato confirmado por Servius.

Segundo Suidas, um dos Zoroastros, porque houve vários, para selar sua missão e poder comparecer perante os deuses superiores, deixou-se voluntariamente fulminar pelo raio que captara.

O bárbaro romano Tullus Hostilius, ignorante, mas rico, no começo da Era Cristã, pesquisando um manuscrito do sacerdote real da Ordem de Rama e encontrando ali alguns fragmentos de uma fórmula eletrodinâmica, quis empregá-la; mas, por falta de ciência, ele se afastou do rito sagrado, o raio explodiu nos Céus e Tulius morreu fulminado em seu palácio, que foi devorado pelas chamas.

Em Ovídio, em Diniz de Halicarnasse, é Silvius Alladas, 11º rei de Abba, desde Enéas, que projeta relâmpagos e raios; mas, por falta de um rito, não se isolou e morreu.

Esse fato se reproduziu com os filhos do pontífice Aarão, Nadabe e Abihu, quando eles penetraram no Santuário da Arca de Moisés, sem estar devidamente isolados, e foram fulminados.

Nas medalhas gregas ou romanas, veem-se os templos de Juno, na Itália, de Heré, na Grécia, armados de um sistema de para-raios.

Os brâmanes já conheciam os para-raios no tempo de Ktesias, os quais ainda são vistos em seus templos milenares.

O templo de Jerusalém, construído sob um plano egípcio e caldeu, por arquitetos sacerdotes de Tyr e de Mêmphis, tinha uma armadura metálica com pontas de ouro e 24 pára-raios comunicando-se com poços. O historiador Flavius Josephus, que viveu no primeiro século da nossa era, em *Guerra dos Judeus*, liv. V, cap. 14, registra o fato de o Templo jamais ter sido atingido por um raio, durante mil anos. Khondemir, Dion Chrisóstomo, São Clemente de Alexandria, Suidas e Amiano Marcellino atribuem aos diferentes Zoroastros, aos magos e aos caldeus os mesmos conhecimentos elétricos.

No começo da Era Cristã, vemos em Agathias, *De Rebus Justin*, liv. V, cap. 4, o arquiteto de Santa Sofia de Constantinopla, Antheme de Tralles, servir-se de eletricidade, de um modo pouco vulgar. Igualmente se vê Zenox projetar relâmpagos e raios e usar do vapor para deslocar um telhado.

Na história eclesiástica de Sazone, liv. IX, cap. 6, assiste-se à heroica resistência das corporações sacerdotais dos etruscos, que estiveram no Brasil, conforme nossa documentação, defendendo a cidade de Narmia, contra Alarico, a golpe de raios, a qual não foi tomada.

Esses mesmos sacerdotes ofereceram aos cristãos de Roma salvar-lhes a metrópole, mas os padres dessa religião, ignorantes, recusaram o auxílio, dizendo que essa ciência provinha do diabo, e Roma foi tomada.

Porsenna fulminou pelo raio, no território de Volsinium, um animal fantástico cuja espécie está extinta; provavelmente, o célebre dragão ou algum iconodonte.

O profeta Elias, conforme se vê em 2 Reis, 1: 10-12, fulminou por duas vezes com o raio duas escoltas de 50 homens cada, comandadas por seus capitães.

Em 1 Reis 18: 32 e seguintes, vê-se claramente a descrição da Arca que esse mesmo Elias construiu, semelhante à de Moisés. No versículo 38, lê-se que o fogo do Senhor, depois da invocação, caiu do Céu e consumiu o holocausto, que era um carneiro, bem como as pedras e o pó, além da água que estava no riacho. Nos versículos 24 e 45, assiste-se a Elias invocando esse Fogo Celeste e fazendo chover à vontade. Não é de se admirar que, na Bíblia, profetas e magos faziam chover quando era necessário. Tudo isso provinha da escola de Melquisedeque, de Rama e do deus Amon.

Os brâmanes fulminaram e derrotaram o exército de Semíramos, quando essa rainha de Sabá, ex-amante de Salomão, quis invadir a Índia, pelo rio Brahma-Putra, que a partir de então ficou amaldiçoado.

Moisés igualmente, com as mãos, fulminou os exércitos inimigos.

Na China, o catecismo reza que os magos do Tibete eram detentores de uma força que matava mais de mil pessoas de uma vez. Nessa mesma ocasião, falamos do templo da China, em que o último imperador pontífice fazia descer sobre o altar de pedra, encimado pela palavra *Sangté*, o terrível Fogo Celeste que consumia a oferta.

Em todos os templos de Júpiter e de IEVÉ,* cultivava-se cientificamente essa força elétrica, as faculdades morais e o princípio intelectual que se liga à vida do Cosmos.

Sabemos que se esta obra fosse apenas sobre o tema discutido neste capítulo, precisaríamos de no mínimo umas 300 páginas, o que não vamos fazer. Entretanto, por não acreditar ser uma ideia dispensável, então começarei a separar todo o material que pesquisei e escreverei uma obra apenas sobre Templários, Santo Graal, Sudário e a Arca da Aliança.

E Deus falou a Moisés, Êxodo 25:

---

* N.E.: Fabre d'Olivet explica o nome de IEVÉ da seguinte forma: "Esse nome oferece a princípio o signo indicador da vida, duplo e formando uma raiz essencialmente viva. Essa raiz não é jamais empregada como o nome e é a única que goza dessa prerrogativa. Ela é, desde sua formação, não somente esse verbo, mas um verbo único de que os outros não passam de derivados: em uma palavra, o verbo (EVA) ser. Aqui como vemos e como tive o cuidado de explicar em minha gramática, o signo inteligível (VAU) está no meio da raiz da vida. Moisés, tomando esse verbo por excelência para fazer dele o nome do Ser dos seres, adiciona o signo da manifestação potencial da eternidade (I), obtendo IEVÉ no qual o facultativo, *sendo*, está colocado entre um passado sem origem e um futuro sem termo. Esse nome admirável significa exatamente: o Ser que é, que foi e que será".

10. Também farás uma arca de madeira, de acácia; seu comprimento será de dois côvados e meio, e sua largura, de um côvado e meio, e de um côvado e meio a sua altura.

11. E cobri-la-á de ouro puro, por dentro e por fora a cobrirás; e farás sobre ela uma moldura de ouro ao redor.

12. E fundirás para ela quatro argolas de ouro, que porás nos seus quatro cantos; duas argolas de um lado e duas do outro.

13. Também farás varais de madeira de acácia, que cobrirás de ouro.

14. Meterás os varais nas argolas, aos lados da arca, para se levar por eles a arca.

15. Os varais permanecerão nas argolas da arca; não serão tirados dela.

16. E porás na arca o testemunho, que eu te darei.

17. Igualmente farás um propiciatório, de ouro puro; seu comprimento será de dois côvados e meio, e sua largura, de um côvado e meio.

18. Farás também dois querubins de ouro; de ouro batido os farás, nas duas extremidades do propiciatório.

19. Farás um querubim em uma extremidade e o outro querubim na outra extremidade; de uma só peça com o propiciatório farás os querubins nas duas extremidades dele.

20. Os querubins estenderão suas asas por cima do propiciatório, cobrindo-o com as asas, tendo as faces voltadas um para o outro; as faces dos querubins estarão voltadas para o propiciatório.

21. E porás o propiciatório em cima da arca; e dentro da arca porás o testemunho que eu te darei.

22. E ali virei a ti, e de cima do propiciatório, do meio dos dois querubins que estão sobre a arca do testemunho, falarei contigo a respeito de tudo o que eu te ordenar no tocante aos filhos de Israel.

23. Também farás uma mesa de madeira de acácia; seu comprimento será de dois côvados; sua largura, de um côvado e a sua altura, de um côvado e meio.

24. Cobri-la-á de ouro puro e lhe farás uma moldura de ouro ao redor.

25. Também lhe farás ao redor uma guarnição de quatro dedos de largura e ao redor na guarnição farás uma moldura de ouro.

26. Também lhe farás quatro argolas de ouro e porás as argolas nos quatro cantos, que estarão sobre os quatro pés.

27. Junto da guarnição estarão as argolas, como lugares para os varais, para levar-se à mesa.

28. Farás, pois, estes varais de madeira de acácia, e os cobrirás de ouro; e levar-se-á por eles à mesa.

29. Também farás os seus pratos, as suas colheres, os seus cântaros e as suas tigelas que serão oferecidas às libações; de ouro puro os farás.

30. E sobre a mesa porás os pães da proposição perante mim para sempre.

31. Também farás um candelabro de ouro puro; de ouro batido se fará o candelabro, tanto o seu pedestal como a sua haste; os seus copos, os seus cálices e as suas corolas formarão com ele uma só peça.

32. E de seus lados sairão seis braços: três de um lado e três do outro.

33. Em um braço haverá três copos a modo de flores de amêndoa, com cálice e corola; também no outro braço três copos a modo de flores de amêndoa, com cálice e corola; assim se farão os seis braços que saem do candelabro.

34. Mas na haste central haverá quatro copos a modo de flores de amêndoa, com os seus cálices e as suas corolas.

35. E um cálice debaixo de dois braços, formando com a haste uma só peça; outro cálice debaixo de dois outros braços, de uma só peça com a haste; e ainda outro cálice debaixo de dois outros braços, de uma só peça com a haste; assim será para os seis braços que saem do candelabro.

36. Seus cálices e seus braços formarão uma só peça com a haste; o todo será de obra batida de ouro puro.

37. Também lhe farás sete lâmpadas, as quais se acenderão para alumiar defronte dele.

38. Seus espevitadores e seus cinzeiros serão de ouro puro.

39. De um talento de ouro puro se fará o candelabro, com todos estes utensílios.

40. Atenta, pois, que os faças conforme o seu modelo, que te foi mostrado no monte.

O paradeiro atual da Arca da Aliança é desconhecido.

A história do Santo Graal inspirou vários livros de ficção e imaginação, incluindo filmes populares. A obra de que mais gosto é a de Laurence Gardner, *A Linhagem do Santo Graal – a Verdadeira História do Casamento de Maria Madalena e Jesus Cristo*, publicada no Brasil pela Madras Editora.

"O termo Graal derivou do Gra-al da Antiga Mesopotâmia, chamado 'o néctar da suprema excelência' e Ouro dos Deuses. Os corpos leves (os *ka*) dos antigos reis sumérios haviam sido alimentados com o Gra-al, que era substituído, no Egito, na Babilônia e na Assíria pela Pedra de Fogo superior, o *Shem-na-na*, o pó branco de ouro.

O Graal era muitas coisas, físicas e espirituais, mas, de uma forma ou de outra, sempre representava o Sangue Real: o *Sangreal* messiânico de Judá.

O conceito de Santo Graal permaneceu além do alcance da compreensão, porque a raiz do seu significado dinástico não era de conhecimento comum, uma vez que fora suprimida pela Igreja no início da Idade Média."

Uma outra versão para o Graal:

Normalmente em um país de maioria católica, a figura do Graal é tida como a da taça que serviu Jesus durante a Última Ceia e na qual José de Arimateia teria recolhido o sangue do Salvador crucificado proveniente da ferida no flanco provocada pela lança do centurião romano Longino ("Ao chegarem a Jesus, vendo-O já morto, não Lhe quebraram as pernas, mas um dos soldados perfurou-Lhe o lado com uma lança e logo saiu sangue e água" – João 19: 33-34). A Igreja Católica não dá ao cálice mais do que um valor simbólico e acredita que o Graal não passa de literatura medieval, apesar de reconhecer que alguns personagens possam realmente ter existido. É provável que as origens pagãs do cálice tenham causado descontentamento à Igreja. Em *Os Mistérios do Rei Artur*, Elizabeth Jenkins ressalta que "no mundo do romance, a história era acrescida de vida e de significado emocional, mas a Igreja, apesar do encorajamento que dava às outras histórias de milagres, a esta não deu nenhum apoio, embora esta lenda seja a mais surpreendente do ponto de vista pictórico. Nas representações de José de Arimateia em vitrais de igrejas, ele aparece segurando não um cálice, mas dois frascos ou galheteiros". Alguns tomam o cálice de ágata que está na igreja de Valência, na Espanha, como aquele que teria servido Cristo, mas, aparentemente, a peça data do século XIV. Independentemente da veneração popular, essa referência é fundamental para o entendimento do simbolismo do Santo Graal já que, como explica a própria Igreja em relação à ferida causada por Longino, "do peito de Cristo adormecido na cruz, sai a água viva do batismo e o sangue vivo da Eucaristia; deste modo, Ele é o cordeiro Pascal imolado".

A primeira referência literária ao Graal é *O Conto do Graal*, do francês Chrétien de Troyes, em 1190. Todo o mito – e uma série interminável de canções, livros e filmes – sobre o rei Arthur [*] e os Cavaleiros da Távola Redonda tiveram seu início ali. Tratava-se de um poema inacabado de 9 mil versos que relata a busca do Graal, da

Iniciação do Preboste e Juiz. O Presidente confia ao neófito uma chave tão grande quanto misteriosa, na qual todos dão um ósculo respeitoso.
(Extraída da obra *Histoire Abrégée de la Franc-Maçonnerie*)

qual Arthur nunca participou diretamente, que acaba suspensa. Um mito por si só, *O Conto do Graal* é uma obra de ficção baseada em personagens e histórias reais que servem para fortalecer o espírito nacionalista do Reino Unido, unindo a figura de um governante invencível a um símbolo cristão.

A seguir, estão relacionadas diversas ideias a partir das quais poderíamos refletir melhor sobre a missão da Ordem, segundo C. W. Leadbeater:**

"1. Por intermédio da Ordem, as crianças tomariam o primeiro contato com a tônica dos Mistérios, proporcionando que alguns deles retomassem uma vibração já conhecida e que outros iniciassem uma jornada nova.

2. Nós estamos vivendo atualmente em um momento importante. Encontramo-nos no fim do século, no início de um novo ciclo, no começo de uma nova sub-raça e possivelmente vivendo durante o advento de um novo Instrutor; por tudo isso, já é o momento adequado para acontecer um renascer dos Mistérios. Dentro dessa visão, a Távola (do rei Arthur) seria a primeira escala para aqueles egos mais adiantados que nessa época estão reencarnando. Assim, ela poderia transmitir aquilo que as escolas tradicionais não dariam, e desse modo já estaria preparando esses jovens para passos futuros.

3. O trabalho da Távola estaria ligado ao da Ordem maçônica. Ao crescerem, as crianças mais interessadas nesse tipo de atividade ritualista já estariam mais bem preparadas para o trabalho maçônico.

4. O fato de se escolher uma qualidade ao ingressar na Távola, qualidade esta que se deve desenvolver e praticar na vida diária, também acontecia nos ritos egípcios, como nos relata

---

* N.E.: A respeito do rei Arthur sugerimos a leitura de *Reinado de Arthur – Da História à Lenda*, de Christopher Gidlow, e também *Jesus, Rei Arthur e a Jornada do Graal*, de Maurice Cotterell, ambos da Madras Editora.
** N.E.: Deste autor, sugerimos a leitura de *A História Secreta da Maçonaria*, da Madras Editora.

C. W. Leadbeater em *A Vida Oculta na Maçonaria*, no capítulo "Dois maravilhosos Rituais", p. 243.

5. A cerimônia do pão, do sal e do vinho era uma característica de certos ritos dos Mistérios do passado. Essa cerimônia teria sido herdada pelos essênios dos ritos caldeus e, a partir delas, chegou-se aos Mistérios cristãos; passando pelos cavaleiros Templários foi que se chegou ao grau moderno da Rosa-Cruz de Heredom (grau 18 do Rito Escocês Antigo e Aceito) e dali à Ordem da Távola Redonda.

6. No seu livro *Pequena História da Maçonaria*, falando sobre o rei Arthur, o Irmão Leadbeater diz que a "sua Távola é também um fato e não uma ficção, e que seus cavaleiros usavam um rito dos Mistérios cristãos".

7. Em uma das aulas oferecidas na Escola de Sabedoria, em Adyar, o Irmão Geoffrey Hodson disse que "toda a lenda do Santo Graal é uma alegoria dos caminhos do discipulado e da iniciação. Todos os acontecimentos e as aventuras descrevem experiências interiores dos discípulos e iniciados, com o rei Arthur como Hierofante".

8. Os quatro graus da Távola Redonda se encontram nos graus do Rito Templário, segundo nos mostra Papus no livro *O que Deve Saber um Mestre Maçom*, p. 36. O primeiro grau dos Templários era "Aprendiz" (Pajem); o segundo, "Companheiro"; o terceiro, "Escudeiro"; e o quarto, "Cavaleiro".

9. Como o Irmão Leadbeater diz: "Os Mistérios do Santo Graal foram celebrados simultaneamente em vários centros, onde indubitavelmente se misturaram com outras linhas de tradição, e neles encontramos evidentes vestígios das Escolas Secretas, em que resplandeceu a chama da sabedoria oculta durante o começo da Idade Média" (*Pequena História da Maçonaria*, p. 159).

10. Parece-nos haver uma íntima relação entre o conteúdo do livro *A Mãe do Mundo*, do Irmão Leadbeater, e os objetivos da Ordem da Távola Redonda, principalmente pela chamada

feita por Nossa Senhora e pelo seu profundo interesse na educação das crianças. E também porque a dra. Annie Besant e Rukmini Devi Arundale, entre outras, foram pessoas ligadas ao movimento Mãe Universal, e tiveram participação ativa na Ordem da Távola Redonda".

Os Grão-Mestres do Priorado de Sião

A Ordem do Priorado de Sião tinha conexões com Rennes-le--Château, que Stenay e estavam relacionados com a influente família de Lorena. Mas o que todos os iniciados nessa Ordem tinham em comum era sua crença não ortodoxa. Citarei alguns nomes de Grão-Mestres dessa Ordem: Leonardo da Vinci, Issac Newton, Jean Cocteau, Nicolas Flamel, René d'Anjou, Sandro Filipepi, Robert Boyle, Carlos Nodier, Victor Hugo, Claude Debussy.

Segundo o *Journal Official* francês, o Grande Priorado de Sião foi expulso de Orleans, em 1619, surgindo novamente com registro de sua existência em 1956. E nesse ano os estatutos do Priorado de Sião são publicados e declaram que a organização tinha um total de 9.841 membros, divididos em nove classes. Consistia em 729 províncias, 27 distritos e o nível mais alto da hierarquia era um Arco, conhecido como "KYRIA". O Grão-Mestre é conhecido como "Nautonnier" (Navegante).

Outra curiosidade que nos chama bastante a atenção é o fato de o emblema que o Priorado de Sião sugeriu, em 1940, para a Europa Unida, que era um círculo de estrelas, ser hoje a bandeira da União Europeia. Segundo Baigent, "se o Priorado de Sião existe hoje depois da renúncia de Pierre Plantard de Saint-Claire como seu Grão-Mestre, é assunto de especulação". Pierre disse a Baigent, Leigh e Lincoln que renunciou em 1984 por causa da situação insustentável causada por um contingente de infiltração "anglo-americano", que queria voltar os objetivos do Priorado para outra direção. Outra razão para a renúncia, segundo o mesmo Baigent, é que havia uma informação explosiva que estava prestes a ser publicada em um livro chamado *The Scandals of the Prieure de Sion*, escrito por

"Cornelius". E no mesmo livro haveria informações que detalhavam várias transações financeiras de caráter duvidoso envolvendo o Priorado de Sião, um político italiano proeminente e banqueiros nos Estados Unidos; ligações do Priorado e da Máfia italiana e com uma Sociedade Secreta maçônica conhecida como P2, entre outros.

P2, cujo nome completo é *Raggruppamento Gelli Propaganda Due*, fundada em 1966, é uma facção maçônica que também se envolveu na luta contra o comunismo, segundo Martin Lunn, Grão-Mestre da Ordem do Dragão. Na opinião do líder do Partido Republicano da Itália na época, a P2 transformou-se no "centro de poluição da vida nacional – secreta, perversa e corrupta". Ela derrubou o governo do primeiro-ministro Arnaldo Forlani e agia como um canal para o fornecimento de fundos do Vaticano e da CIA para organizações anticomunistas na Europa e na América Latina.

Alguns dizem que a P2 foi, e provavelmente ainda é, controlada pela máfia. Outros, que a KGB, a CIA ou até mesmo o Priorado de Sião são responsáveis.

Martin Lunn vai mais fundo em seu livro *Revelando o Código Da Vinci*, página 136:

"A P2 foi exposta quando o 'banqueiro de Deus', Robert Calvi, foi encontrado morto, suspenso sob a ponte Blackfrias, em Londres, em 1982. **Calvi canalizava milhões de dólares do Vaticano para o grupo revolucionário polonês 'Solidariedade'.** Quando o banco privado de Calvi teve problemas, ele pediu ajuda ao Vaticano, fazendo vagas ameaças em expor a origem do apoio da Solidariedade. Ele viveu por mais 12 dias antes de sua morte repentina – e do desaparecimento de sua pasta – que o Vaticano mais tarde comprou por aproximadamente 10 milhões de Euros.

A P2 operava por intermédio do Grão-Mestre Licio Gelli, convencendo membros em potencial de que ele tinha grande influência, e eles acreditavam que Gelli poderia pavimentar o caminho para seu próprio sucesso pessoal. Esse sistema se autoperpetuava, e o poder de Gelli aumentava exponencialmente. Ele procurava extrair segredos oficiais de seus membros, segredos que poderia usar para aumentar seu poder e chantagear outros.

Em 1981, quando a polícia invadiu propriedades de Gelli, descobriu as listas de membros que eram publicadas na imprensa italiana. Um dos encabeçados era 'Opus Dei' e um dos membros estava relacionado como Giulio Andreotti, o político cristão democrata que foi seis vezes primeiro-ministro da Itália e alegava ser membro do Priorado de Sião. Em 1995, ele foi acusado de vender favores políticos para a máfia e de cumplicidade no assassinato de um jornalista em 1979. Em 1999, foi absolvido de ambas as acusações. Essa decisão foi sustentada na corte de apelação em 2003.

A Ordem Soberana Militar do Templo de Jerusalém também era mencionada na lista de membros da P2".

O Opus Dei é uma Prelazia pessoal da Igreja Católica. Foi fundado em Madrid em 2 de outubro de 1928 por São José María Escrivá. Atualmente pertencem a essa Prelazia cerca de 80 mil pessoas dos cinco continentes. A sede prelatícia – com a igreja do Prelado – encontra-se em Roma.

Essa organização vem crescendo muito nos últimos anos, pois o papa João Paulo II era muito ligado a ela.

Segundo Marco Aurélio Weissheimer e Verena Glass, "O fortalecimento das correntes mais conservadoras da Igreja foi uma das principais marcas da gestão de João Paulo II, o que ficou evidenciado tanto na nomeação de cardeais quanto na escolha dos seus colaboradores mais próximos – como o alemão Joseph Ratzinger, prefeito da Congregação para a Doutrina da Fé e *guardião* da moral e dos dogmas da Igreja; o espanhol Julián Herranz, presidente do Pontifício Conselho para os Textos Legislativos; e o também espanhol Joaquín Navarro-Valls, porta-voz do pontífice por muitos anos (os últimos, membros do Opus Dei)".

Em 2002, o papa João Paulo II canonizou José María Escrivá de Balaguer, o fundador da Opus Dei. Isso é brincadeira! Qual foi o milagre que esse cidadão fez para virar santo? Será que os católicos estão sempre dormindo?

Emilio J. Corbière, autor do livro *Opus Dei. El totalitarismo Católico*, definiu a organização como "a mais forte manifestação integralista de poder na Igreja". Segundo Corbière, o Opus Dei esteve intimamente ligado ao regime de Franco, na Espanha, ocupando altos cargos no governo, em bancos, editoras, revistas e em outras publicações. No Vaticano, a influência política do grupo teria crescido quando da quebra do Banco Ambrosiano e da consequente insolvência do Instituto de Obras Religiosas (IOR), instituição financeira da Santa Sé que mantinha negócios com o banco. O Opus Dei auxiliou financeiramente o Vaticano, evitando a quebra do IOR. Os negócios do Banco Ambrosiano sempre foram cercados de polêmica. A instituição financiava, entre outras coisas, o regime do ditador nicaraguense Anastásio Somoza e diversas empresas norte-americanas que falsificavam mísseis. O nome da instituição ficou conhecido mundialmente quando, em abril de 1992, o banqueiro Roberto Calvi foi encontrado enforcado sob uma ponte, em Londres, como já mencionamos. Na Itália, o Opus Dei também esteve envolvido em um escândalo político quando o semanário *L'Expresso* publicou, em 1986, alguns dos 479 artigos de um suposto regulamento secreto da organização, que teria estado em vigor até 1982. Parlamentares italianos solicitaram a instauração de um inquérito, pois, confirmada a veracidade das regras, o Opus Dei cairia no estatuto de sociedade secreta, proibida pela legislação italiana. A investigação não foi levada adiante. Ao longo da década de 1990, o Opus Dei foi se transformando em base política do conservadorismo teológico, servindo como contato entre o Vaticano e governos direitistas europeus e americanos. Vários "opusdeístas" ocuparam (e ainda ocupam) cargos-chave no Vaticano, como o então porta-voz do papa, Joaquín Navarro Valls, e o substituto do controvertido bispo Paul Marcinkus (ex-diretor do IOR), Eduardo Martínez Somalo, como secretário de Estado romano.

"A Igreja acabou de se separar do mundo com a designação de um inquisidor como papa", disse o historiador e analista político Gerardo Caetano, diretor do Instituto de Políticas da Universidade do Uruguai, comentando a respeito de Bento XVI. Para Caetano, Ratzinger foi "a pior escolha", porque é "ultraortodoxo":

"O alemão rompe com a ideia de uma Igreja em equilíbrio. Foi ele quem ordenou a supressão do debate sobre o sacerdócio feminino e fincou o pé em uma moral sexual que o mundo não cumpre. Temos de lembrar ainda que era o Candidato da conservadora prelazia Opus Dei".

Cabe aqui apenas o meu alerta... Principalmente se você for maçom.

Deixo o restante à sua livre vontade.

O Surgimento das "Lojas"*

"Trabalhando é possível alcançar todas as realizações a que nos propormos atingir."

Por volta de 1590, foram surgindo com espantosa rapidez evidências de que a Arte Real na Maçonaria era única. Naquele ano, um proprietário de terras no condado de Aberdeen teve confirmada sua jurisdição hereditária sobre os maçons de Aberdeen e outros dois condados. Em 1598, William Schaw, mestre de obras do rei, emitiu um código de estatutos regulamentando a organização e a conduta dos maçons. No ano seguinte, iniciaram-se as atas de duas Lojas: a Aitchison's Haven e Edimburgo; e a Loja de Haddington também teve, em alguma época, registros sobreviventes de 1599. No fim do ano, um segundo código de estatutos foi emitido por Schaw, parcialmente endereçado à Loja de Kilwinning e mencionando também as Lojas de Edimburgo e Stirling; e a Loja de St. Andrews é mencionada na ata de Edimburgo. Em 1600 ou 1601, William

---

*N.E.: Recomendamos a leitura do livro *As Origens da Maçonaria*, de David Stevenson, fonte inesgotável de consulta neste capítulo.

Schaw e representantes de cinco Lojas confirmaram a posição de William Sinclair de Rosslyn como patrono hereditário da arte; as cinco Lojas incluíam uma não citada antes, Dunfermline. A Loja de Glasgow existia por volta de 1613, e uma nova confirmação dos direitos dos Sinclair de Rosslyn, em 1627 ou 1628, foi assinada por representantes da Loja de Dundee, até então desconhecida. Em 1642, as notáveis atas de Edimburgo e de Aitchison's Haven, abrangendo todo o século XVII, juntaram-se às atas da Loja de Kilwinning. Na década de 1650, as Lojas de Linlithgow e Scone (Perth) foram reveladas; na década de 1670, apareceram as Aberdeen (talvez), Melrose, Canongate e Leith. A rapidez com que novas Lojas foram fundadas, ou emergiram da obscuridade, continuou alta nas duas últimas décadas abordadas por esse estudo, com Kirkcudbright (provavelmente), Dunblane e Hamilton na década de 1690 e Kelson, Haughfoot, Banff, Kilmolymock (Elgin) e Viajantes de Edimburgo na primeira década do século XVIII. Portanto, nós sabemos (com certeza ou, em alguns casos, com boas, porém inclusivas, evidências) de 25 Lojas espalhadas pelas terras baixas da Escócia e até as bordas das terras altas, incluindo Lojas em todos os grandes burgos: e seria estranho (considerando que algumas só se tornam conhecidas por causa de fragmentos únicos de evidências ainda existentes) se outras Lojas não existissem nesse período, das quais todos os traços estariam perdidos.

O termo "Loja" já fora usado muito antes de 1590, mas as Lojas que surgiram nesse período eram muito diferentes de suas antecessoras. Essas novas Lojas maçônicas estavam, desde o princípio, tão ou mais interessadas em Rituais e segredos do que em regulamentar o trabalho dos pedreiros. De um modo geral, só os últimos aspectos do trabalho das Lojas eram registrados em suas atas, mas isso não é uma surpresa; por definição, um segredo não poderia mesmo ser registrado, e os historiadores de qualquer instituição sabem, à própria custa, que as atas nada falam de muitas características interessantes de suas atividades. No entanto, outras evidências da existência de Rituais e segredos maçônicos logo parecem acrescentar-se às ocasionais referências intrigantes que acontecem nas atas. A partir da década de 1630, ocorre uma entrada constante de referências à Palavra do Maçom, um meio secreto de comunicação. Todas as mais antigas referências estão em fontes não maçônicas, mas logo são acompanhadas por outras, nos registros das Lojas. Desde meados do século XVII, também aparecem cópias escocesas dos Antigos Deveres. Finalmente, na década de 1690, apareceram os primeiros Catecismos maçônicos existentes, detalhando Rituais secretos de iniciação.

A partir dessa enorme coletânea de evidências escocesas, podemos ter uma imagem coerente da Maçonaria Escocesa do século XVII. Muito ainda não se conhece e permanecerá desconhecido; mas em comparação com a situação na Inglaterra, onde só sobrevivem ainda fragmentos isolados de evidências de atividade maçônica, o historiador do início da Maçonaria Escocesa tem uma riqueza de fontes à sua disposição.

Operários na Obra
(Vitrais da Catedral de Chartres)

Em Aberdeen, em 1483, o conselho do burgo se envolveu na resolução de uma disputa entre os seis maçons da Loja (*masownys of the luge*) e foram criadas multas para ofensas ou infrações, determinando a exclusão de maçons da Loja (esses maçons provavelmente não conseguiam mais trabalho) em caso de ofensas repetidas. Essa Loja de Aberdeen estava sob a supervisão do mestre de obras igrejeiras, sendo uma instituição permanente ou semipermanente associada à igreja St. Nicholas do burgo; e essas referências no fim do século XV à Loja coincidem com um período de atividade construtiva: o coro da St. Nicholas foi reconstruído. De fato, a Loja deve ter sido construída mais ou menos nessa época. Dizem que, em 1485, o burgo comprou a Loja de um burguês de Montrose por 100 *merks*, e é possível que ele a tenha construído para maçons empregados na construção da igreja, e que o conselho então estivesse assumindo o controle. Em 1493, três maçons se comprometeram a permanecer e residir na *luge* (Loja) e a trabalhar lá e em outros lugares. Cinco anos depois, um dos maçons se comprometeu a "prestar bons serviços na *luge*" e fora dela, e os outros dois juraram "permanecer na obra em Sanct Nicholas na *luge*" e em outros lugares, não saindo sem permissão. Em 1544, o edifício da Loja foi mencionado novamente, e, por fim, em 1605, foram dadas ordens para que ela fosse reparada e dividida para proporcionar acomodação para três escolas. Esta última referência indicando que o edifício devia ter um tamanho substancial e que, no início do século XVII, a "Loja" de Aberdeen no sentido medieval já não era mais ativa. A única outra referência conhecida na Escócia a uma Loja medieval que indica ser ela uma instituição, bem como um edifício, também aparece relacionada a uma igreja de um burgo. Em Dundee, em 1537, o conselho concordou em pagar uma taxa anual vitalícia a um maçom para assumir trabalho ou na igreja ou em outras edificações no burgo, e essas horas de trabalho seriam "determinadas pela discriminação da Loja de Dundee". Portanto, em Dundee, a Loja era a da igreja de St. Mary, do burgo, e suficientemente bem estabelecida para ter seus velhos usos e costumes reconhecidos e respeitados.

As nuanças de significado da palavra "Loja" são complexas. Podia ser um edifício, desde um barracão tosco até uma estrutura permanente, usado para um ou outro, ou todos os mais variados propósitos, desde esculpir em pedra até dormir. Era também um grupo social ou de trabalho, e podia ainda se desenvolver em uma instituição com seus próprios costumes ou regras.

Lojas associadas a edifícios específicos davam ao ofício de maçom uma espécie de organização que suas circunstâncias em particular exigiam.

Mas havia a necessidade de mais. Como todos os artesãos, os maçons eram exclusivos em suas atitudes. Eles queriam limitar a entrada ao ofício a homens que fossem devidamente treinados em seus "Mistérios", suas habilidades e técnicas. Tal conhecimento era secreto e cuidadosamente guardado de estranhos para limitar os números e manter a reputação da arte. Em um burgo estabelecido, o controle profissional de admissão pelas guildas era relativamente simples; os artesãos se conheciam e qualquer intruso sem treino e admitido seria logo detectado. Mas quando os maçons vinham de uma vasta área e se reuniam para um grande projeto de construção, como um maçom podia saber se os estranhos eram maçons qualificados que podiam ser aceitos como colegas? Era necessária uma organização acima do nível administrativo da cidade. Na Alemanha, no século XV, os *Steinmetzen* das Lojas (*Bauhütten*) associados a algumas das grandes catedrais se mantinham em contato em reuniões periódicas para regulamentar a arte em grandes áreas do país. Na Grã-Bretanha, a palavra Loja não era usada, pelo que se sabe, para denotar órgãos reivindicando jurisdição ou autoridade para suas regras e costumes, além de edifícios específicos, mas os Antigos Deveres falam de assembleias anuais. A organização que eles descrevem de reuniões regionais ou nacionais com o poder legislativo e o judiciário representa, sem dúvida, mais um ideal que uma realidade, mas provavelmente aconteciam assembleias informais de maçons de vez em quando para tentar regulamentar o ofício, talvez aproveitando as oportunidades oferecidas por fases intensivas de trabalho em importantes edificações, tomando decisões que os maçons reunidos, vindos de várias áreas, poderiam relatar em seu local de origem ao retornar para casa. Na tentativa de fixar salários, os maçons na Inglaterra foram esporadicamente bem-sucedidos, padronizando-os, pois tal atividade trazia repetidas denúncias contra eles nos séculos XIV e XV.

Algumas versões dos Antigos Deveres mencionam xerifes, prefeitos e cavaleiros frequentando (ou como seria ideal) as supostas assembleias anuais, para ajudar a impor a regulamentação aos desobedientes. O envolvimento de figuras locais tão importantes indica, sem dúvida, um desejo por patronos poderosos como protetores da arte, mas a intenção talvez fosse também que esses patronos supervisionassem as atividades dos maçons para garantir que não agissem contra o interesse público – tentando fixar salários, por exemplo. O envolvimento de oficiais e proprietários de terra locais no ofício do pedreiro e nas assembleias não pode, na prática, ser encontrado na Grã-Bretanha durante a Idade Média.

O texto a seguir foi retirado do Manuscrito *Kilwinning*, de meados do século XVII. Mas é preciso ressaltar que não há nada especificamente "escocês" em seu conteúdo, exceto os detalhes de vocabulário e ortografia.

O manuscrito começa, como é padrão, com uma breve invocação ou oração dirigida a Deus o Pai, o Filho e o Espírito Santo, e o narrador, em seguida, entra no assunto:

> "Bons Irmãos e Companheiros: nosso propósito é explicar-lhes como, e de que maneira, essa nobre ARTE DA MAÇONARIA começou, e como foi mantida por nobres reis e príncipes, e por muitos outros homens veneráveis. E também aqueles que aqui se encontram são comprometidos pelos Deveres que cabem a todo maçom livre seguir, pois, em boa-fé, e que todos atentem para isso, a Arte deve ser mantida, pois é uma Arte digna e uma curiosa ciência. Existem, pois, sete artes liberais, das quais esta é uma".

A Franco-Maçonaria no século XVIII. Sessões mágicas de Cagliostro, fundador do rito egípcio.
(Extraída da obra *Histoire Abrégée de la Franc-Maçonnerie*)

As sete ciências ou artes liberais, como definem os autores clássicos, eram Gramática, Retórica, Lógica, Aritmética, Geometria, Música e Astronomia. Um lugar para a Maçonaria foi encontrado, equiparando-a à Astronomia, "ciência a qual se chama Maçonaria (em inglês arcaico, *Massonrie*)". Além disso, afirmava-se, as sete ciências eram fundamentadas em uma ciência, a Geometria. Esta ensinava a medida da Terra e todas as artes baseadas em medidas e pesos, da Agricultura à Astronomia. Ela é, portanto, a mais nobre das ciências, subjacentes a todas as outras.

Quanto às origens da Maçonaria/Geometria, todas as artes no mundo foram fundadas pelos filhos de Lameque, que é mencionado no Gênesis. O filho mais velho de Lameque, Jabal, fundou a Geometria, mas ele e seus Irmãos temiam a ira de Deus por seus pecados e por isso registraram suas grandes descobertas em pilares de pedra, que sobreviveriam a incêndios ou dilúvios. E, de fato, um dia veio o Grande Dilúvio, mas subsequentemente um dos pilares foi descoberto pelo "Grande Hemário", bisneto de Noé. Esse era Hermes Trismegisto, e desse pilar ele ensinou as ciências ao homem. O conhecimento da Maçonaria/Geometria foi, então, difundido para outras áreas. Foi muito usado na construção da Torre de Babel, e o próprio rei da Babilônia era um maçom (pedreiro). De fato, ele foi o primeiro patrono real e legislador dos maçons, pois quando enviou maçons para seu primo, o rei de Nínive, ordenou-lhes que fossem leais uns aos outros e servissem ao seu senhor com honestidade para serem pagos – "aquela foi a primeira vez que um maçom se comprometia com um Dever da Arte". O estágio seguinte de desenvolvimento foi no Egito, pois Abraão e sua esposa Sara foram para lá e ensinaram as setes ciências aos egípcios. Abraão tinha um aluno chamado Euclides, que "aprendeu muito bem" e se tornou mestre de todas as ciências.

Agora os grandes homens do Egito, "os Senhores e os Estados do reino", tinham um problema oriundo do clima quente; possuíam um grande número de filhos com suas esposas e outras mulheres, "pois aquela terra é quente e abundante de geração!" Havia filhos demais para serem mantidos nas terras de seus pais. Por isso, o rei do Egito convocou o parlamento para discutir o problema, mas não encontrou uma solução. O rei, então, proclamou que qualquer homem que pensasse em uma solução deveria manifestar-se. O "nobre e sábio Euclides" assim o fez, e se ofereceu para ensinar às crianças uma das sete ciências para que pudessem viver honestamente como cavalheiros. O rei do Egito e seu conselho emitiram uma comissão para Euclides, sob um selo, e Euclides ensinou aos filhos dos senhores egípcios "a Ciência da Geometria na prática, para trabalho em pedra em todas as formas de obras nobres pertinentes a igrejas, templos, castelos, torres e propriedades, e toda espécie de edificação", e ele usou sua autoridade sobre eles para emitir novos preceitos, incluindo os de Ninrode, mas também os estendendo. Os maçons deveriam chamar uns aos outros de Irmão ou Companheiro, e não de valete, serviçal ou qualquer outro nome pejorativo. Os maçons deveriam trabalhar para seus mestres de forma honesta, escolhendo os mais sábios dentre eles para ser o mestre de obras; e era preciso que se reunissem uma vez por ano para legislar a arte e corrigir as falhas uns dos outros. "E assim era a Arte governada lá; e o nobre e sábio Euclides lhe deu o nome de Geometria; e agora é chamada em toda esta terra de Maçonaria."

Em seguida, a história retorna à Terra Santa. O rei Davi amava muito os maçons e lhes impunha deveres de acordo com Euclides (tendo aprendido os preceitos no Egito). Davi começou a construir o Templo de Jerusalém, que continuou com seu filho Salomão, o qual mandou chamar maçons de muitos países – ao todo, 80 mil trabalharam no templo. Como seu pai, ele lhes impunha deveres, e os maçons que tinham trabalhado no Templo de Salomão difundiram a Arte em outros países. Um deles a levou à França e conseguiu para aquele país a patronagem de Carlos Martel, que se tornou rei. Mas "a Inglaterra nesse período não tinha nenhum dever de Maçonaria". A cultura e os preceitos da Arte foram levados para a Inglaterra pelo Canal da Mancha por meio de Santo Albano, e ele apresentou aos maçons uma carta do rei; contudo, uma posterior confusão política levou à destruição do "bom regime da Maçonaria". Mais tarde, este foi restabelecido pelo rei Athelstan, que amava os maçons. Seu filho Edwin os amava mais ainda; ele mesmo era um praticante da Geometria "e, depois, por causa do amor que tinha pelos maçons e pela Arte, também foi feito maçom". Ele obteve uma carta de seu pai, comissionando a Arte a realizar uma assembleia anual, e coletou informações a respeito da Maçonaria em sua terra e no exterior. Compilou tudo em um livro, que deveria ser "lido e contado" a todos os que entravam para a Arte. O livro do rei Edwin era, evidentemente, os próprios *Old Charges*, os Antigos Deveres, ou "velhos preceitos", e concluem a história da Arte nesse ponto, terminando com deveres emitidos por Edwin. Estes estendem aqueles emitidos pelos antigos patronos da Arte.

Uma inscrição em latim na frente oeste da capela do King's College, Aberdeen, diz (traduzida): "Pela graça do mais sereno, ilustre e sempre vitorioso rei James IV: no dia quatro antes das nonas de abril, no ano de 1500, os maçons começaram a construir este excelente colégio". A importância da data, 2 de abril, é quase certamente a data que calcularam, segundo referências da Bíblia, o início da construção do Templo de Salomão.

É intrigante verificarmos que a primeira pedra da capela de outro King's College, em Cambridge, tenha sido colocada em 2 de abril (de 1441). Pode haver, nesses dois casos, traços de um costume maçônico medieval que fora até então ignorado, embora fosse necessário encontrar o início em 2 de abril de outras construções, para confirmar.*

---

* N.E.: R. Willis e J. W. Clark, *An Architectural History of the University of Cambridge* (4 vols., Cambridge, 1886), I, 321-2. Agradeço ao dr. G. P. Edwards por essa referência; 2 de abril de 1441 foi um domingo de Páscoa (o quinto da Quaresma), e como isso é mencionado no verso que registra a data de início, é possível que essa tenha sido a razão da escolha, sem nenhuma ligação com o Templo de Salomão, o que duvidamos.

A Reconstrução

"Reconhece-se o verdadeiro maçom por sua transformação moral e pelos esforços empregados em domar suas más inclinações."

Mostraremos as principais obras de reconstrução sob a supervisão de Sir Christopher Wren na Cidade de Londres após o grande incêndio de 1666, demonstrando a concentração daqueles envolvidos com as construções durante o período em que isto foi realizado. Outras localidades de interesse também estão assinaladas.

Os prédios indicados por números são os mencionados no Livro de Constituições de 1756. Uma chave é fornecida nas páginas seguintes. As datas constantes para cada edifício indicam o período durante o qual as obras foram realizadas, e foram extraídas das publicações da Wren Society. As datas de conclusão mencionadas coincidem, exceto em dois casos (e, nestes casos, apenas com um ano de diferença), com aquelas apontadas no Livro de Constituições.

A principal obra de Wren foi a construção da atual St. Paul's Cathedral. A limpeza do local onde estava a antiga edificação, consumida pelo incêndio, foi feita entre 1673 e 1675, a partir de quando foi iniciada a construção do novo prédio. A catedral atual teve os seus primeiros serviços realizados em 1697, embora tivesse sido concluída em 1708. Tanto o Livro de Constituições quanto os registros da Wren Society determinam o assentamento da derradeira pedra em 1710. Mais de 50 igrejas foram reconstruídas (ou sofreram importantes reformas), bem como diversas outras importantes construções. As assinaladas nas chaves com um "x" ainda se encontram em pé (embora possam ter sido revisadas desde então), enquanto as assinaladas com um "t" ainda mantêm eretas as suas torres. O local da St. Mary, Aldermanbury ("o") tem agora a configuração de um jardim; a igreja foi reconstruída em Fulton, Missouri, USA. Os prédios assinalados com um "d" não sobreviveram; novas estruturas foram erguidas mais tarde nos mesmos locais. A maior parte dos edifícios era de pedra; estão assinalados os lugares em que outros materiais foram empregados.

Também estão assinaladas as ruas com os locais onde se realizavam as reuniões de três das quatro Lojas envolvidas com a formação da Grande Loja em 1717, indicando o quão próximas elas estavam do principal local de trabalho em andamento. As quatro Lojas realizaram uma Sessão conjunta em 1716 na Apple Tree Tavern, na Charles-street (2), onde a Loja que hoje é a *Fortitude and Old Cumberland*, nº 12, então se reunia. Uma outra se reunia em Crown, em Parkers-lane (1) — que desapareceu em 1736. A Loja que mais tarde se tornou a

Arquiteto cercado por ferramentas (Catedral de Poitiers)

Lodge of Antiquity, agora sob nº 2, reunia-se na *Goose and Gridiron*, na área ao redor da própria St. Paul's Cathedral (12), e foi nessas dependências que a primeira *Great Feast* foi realizada para inauguração da nova Grande Loja em 24 de junho de 1717.

(Parkers-lane é atualmente chamada de Parker-street; Charles-street faz parte, atualmente, da Wellington-street)

1667-69	A Royal Exchange (a Bolsa de Valores)	43d
1667-68	St. Dunstan-in-the-East (grandes reformas)	60t
1667-70	St. Sepulchre-without-Newgate	6x
1668	A Custom House (a Alfândega)	61d
1670-71	St. Christopher-le-Stocks (grandes reformas)	40
1670-72	St. Mary-at-Hill (principalmente pedra)	58x
1670-72	St. Michael, Cornhill (principalmente pedra)	50x
1670-73	St. Mary-le-Bow (alvenaria e pedra)	24x
1670-73	St. Olave, Old Jewry (principalmente alvenaria)	33t
1670-74	St. Dionis Backchurch (principalmente pedra)	57
1670-75	St. Michael, Wood-street	22
1670-76	St. Mildred, Poultry	35
1670-77	St. Lawrence Jewry-next-Guildhall	29x
1670-77	St. Mary, Aldermanbury	28o
1670-77	St. Mary Woolnoth (grandes reformas)	41d
1670-80	St. Bride, Fleet-street (apenas a igreja)	5x
1670-90	St. Edmund the King, Lombard-street	48x
1671-74	St. George, Botolph-lane	56
1671-76	St. Magnus-the-Martyr (apenas a igreja)	52x
1671-77	St. Nicholas Cole Abbey	14x
1671-77	O Monumento (comemorando o início do incêndio)	51 x
1671-80	Torre da Igreja de St. Mary-le-Bow	24x
1672-76	St. Stephen, Walbrook	36x
1673-75	Demolição dos restos da antiga St. Paul Cathedral	11
1673-76	St. Stephen, Coleman-street	34
1673-79	St. Bartholemew-by-the-Exchange	45
1673-83	St. James, Garlickhythe	25

1675	Construção iniciada da St. Paul Cathedral	11x
1675-76	Novo Bethlem Hospital	44
1676-77	St. Michael, Queenhithe	20
1676-79	St. Michael, Basinghall-street (igreja em alvenaria, torre em pedra)	32
1676-80	St. Anne and St. Agnes, Aldersgate	17x
1677-79	St. Swithun London Stone	37
1677-81	St. Peter-upon-Cornhill (igreja em pedra, torre em alvenaria)	54x
1677-83	All Hallows-the-Great, Thames-street	38
1677-83	St. Benet, Paul's-wharf	9x
1677-84	St. Martin, Ludgate	7x
1677-84	Lombard-street	48x
1677-87	Christ Church, Newgate	10t
1678-82	St. Antholin, Watling-street	30
1680-82	St. Clement Danes	3x
1680-83	St. Augustin, Watling-street	15
1681-83	St. Mildred, Bread-street (um bloco frontal)	21t
1681-85	St. Benet, Gracechurch	55
1681-85	St. Matthew, Friday-street	18
1681-86	St. Mary Abchurch (alvenaria e algumas pedras)	42x
1682-85	St. Alban, Wood-street	26t
1682	Algumas obras na St. Mary Aldermary	27x
1683-85	St. Mary Magdalen (principalmente pedra)	13
1683-86	St. Clement, Eastcheap (alvenaria e pedra)	46x
1683	St. James, Piccadillyx	
1684	Torre da igreja St. Dionis Backchurch	57
1684-87	St. Margaret Pattens (alvenaria e pedra)	59x
1684-88	St. Michael, Crooked-lane	47
1685-92	St. Andrew-by-the-Wardrobe (principalmente alvenaria)	8x
1686-90	St. Margaret, Lothbury	39x
1686-94	All Hallows, Lombard-street	53

1686-94	St. Michael Paternoster Royal (principalmente alvenaria)	31x
1686-95	St. Mary Somerset	16t
1687	St. Andrew, Holborn (somente a igreja)	4x
1693	Outras obras na St. Benet Gracechurch	55
1695	Torre da igreja St. Augustin, Watling-street	15
1696	Outras obras na St. Christopher-le-Stocks	40
1697	Primeiros *services* realizados na St. Paul's Cathedral	11x
1697	Torre da igreja Ali Hallows, Bread-street	23
1698	Outras obras na St. Dunstan-in-the-East	60t
1698	Outras obras na St. Michael, Crooked-lane	47
1698-99	Spire of St. Bride, Fleet-street	5x
1701	Outras obras na St. Mildred, Poultry	35
1701	Outras obras na St. Michael, Cornhill	50x
1702	Outras obras na St. Anne and St. Agnes, Aldersgate	17x
1703-05	Steeple of St. Magnus-the-Martyr	52x
1704	Tower of St. Andrew, Holborn	4x
1705-06	Outras obras na St. Michael, Queenhithe	20
1706	Outras obras na St. Margaret, Lothbury	39x
1708	St. Paul's Cathedral quase pronta	11x
1710	Conforme consta, última pedra assentada na St. Paul's Cathedral	11x
1711	Prováveis outras obras na St. Mary Aldermary	27x

Ademais, em Londres, também foram construídos: o Christ Hospital, a Marlborough House e a Faculdade de Medicina em Warwick-lane, bem como obras em Temple Bar, todas sob o controle de Wren. Havia outra obra em andamento, ambas na Cidade de Londres e em Westminster sob o controle de outros. Além das obras em Londres, Wren também esteve incumbido do Greenwich Hospital e o Greenwich Observatory, o Chelsea Hospital, o Sheldonian e, entre outras obras mais, as de Oxford.

Efeitos da Reconstrução após o Grande Incêndio de Londres

Diversos conceituados Historiadores Maçônicos não levam em conta a maioria das declarações históricas de James Anderson sobre a Arte, entre as quais a sua descoberta de que Sir Christopher Wren teria sido Grão-Mestre. A reconstrução da cidade de Londres, após o grande incêndio de 1666, reuniu uma enorme assembleia de pessoas ligadas ao ramo de construção, não apenas de operários, numa área restrita de menos de dois quilômetros quadrados, ao longo de um período de mais de 40 anos. Tudo estava, durante todo o tempo, sob a supervisão de Wren, até a conclusão da Catedral de St. Paul, em 1710. É possível que a construção desse edifício, no período compreendido entre o início da demolição do antigo prédio em 1673 e o assentamento do último bloco da claraboia em 1710 (embora o edifício já estivesse em uso desde 1697), possa nos ofuscar fazendo com que não levemos em conta todo o trabalho que foi realizado. O incêndio destruiu cerca de 13.200 casas, 89 igrejas paroquiais, a *Royal Exchange*, o *Guildhall* (a Prefeitura), a *Bridewell* (a Cadeia), os dois *Compters*, 52 prédios de companhias fardadas, além de outros prédios públicos. É provável que a maioria dos prédios particulares não estava sob o controle de Wren, e que os operários empregados não fossem maçons. Nos edifícios em que ele estava diretamente envolvido, maçons foram contratados e a incorporação final da Companhia de Maçons da Cidade de Londres, mediante as Cartas Patentes de Charles II em 1677, pode ter acontecido em função dessa concentração de obreiros e outros envolvidos na reconstrução.

Os trabalhos se iniciaram em 1668 com a construção da *Custom House* (Alfândega), enquanto a *Royal Exchange* (Bolsa de Valores), que começara em 1667, foi concluída em 1669. Entre 1670 e 1700, 52 igrejas foram completamente reconstruídas ou sofreram importantes reformas; algumas delas tratadas em duas etapas e, em quatro casos, a segunda etapa não foi concluída antes de 1700; mais da metade dessas igrejas foi inteiramente construída em pedra e pelo menos outras 15 foram construídas em pedra ou em uma mistura de alvenaria e pedra. Assim, Sir Christopher Wren estava em contato direto com uma quantidade de homens ocupados na área da construção, muita da qual em pedra, ao longo de 40 anos, até pouco antes de uma porção de "Maçons Livres" decidir criar uma Grande Loja formal, reunindo-se à sombra de toda essa nova operação de construção. Anderson não faz menção a tudo isso em suas "Constituições" de 1723, apenas fazendo referência em sua edição de 1738. Maiores detalhes foram incluídos na edição de 1756 pelo Rev. John Entick, continuando na edição de 1784 de John Noorthouck.

A Ligação e Posterior Desenvolvimento

Assim, encontramos, em Londres, uma Sociedade de Franco--Maçons associada com a Companhia de Maçons de Londres nos últimos anos do século XVII. A Sociedade continuou a usar o nome "Livre" depois de ter sido abandonada pela Companhia Operativa, sendo também conhecida por "Aceitação" — uma Sociedade de Maçons Livres e Aceitos com caráter Especulativo. Ao mesmo tempo, havia muitas pessoas ao longo de mais de 40 anos envolvidas nas obras de construção de restauração após o grande incêndio e, especialmente, na reconstrução da Catedral de St. Paul, concluída em 1710. A primeira Grande Loja foi formada (entre outras coisas, para achar um Grão-Mestre) em Londres, em 1717. Quando esse novo Corpo procurou um Brasão para si, foi adotado o da Companhia de Maçons de Londres; e quando, alguns anos depois, uma Constituição estava sendo elaborada, o símbolo foi efetivado com base na descoberta de uma cópia de uma antiga exortação referente ao ofício de pedreiro. Pode ter sido coincidência, mas eles combinam muito bem.

Há menos importância na adoção das armas da Companhia de Maçons do que haveria nos dias de hoje. Naquela época não era comum pedir licença para usar as Armas ou Escudos de outrem e, em muitos casos, os Brasões eram adotados para proporcionar uma forma de identificação, tal como um ofício ou uma profissão. A postura do Colégio de Armas, provavelmente, também foi diferente. O que parece ter sido adotado pela Grande Loja foi o modelo de Armas, mas longe de ser uma cópia fiel, e a coloração também foi diferenciada. O Brasão original da Grande Loja jamais chegou a ser sancionado pelo Colégio de Armas; tudo indica que foi somente no século XX que algum tipo de autorização foi solicitada.

Em sua versão de 1738 das "Constituições" (porém, curiosamente, não na edição de 1723), Anderson declara que a busca por um novo Grão-Mestre em 1747 foi uma decorrência da negligência de Sir Christopher Wren. Qualquer indício da existência da ligação de Wren com Maçons Livres e Aceitos é tênue e pouco confiável. Seria perfeitamente possível que ele tenha demonstrado algum interesse tanto no lado Especulativo da Arte como no Operativo — afinal de contas, ele estava em contato diário com um grande número de pessoas envolvidas na área durante 40 anos. Ele pode bem tê-los abandonado depois de 1710 — mas ele já estaria com mais de 85 anos quando foi formada a Grande Loja!

Não resta dúvida de que, como um movimento, alguns Corpos semelhantes e paralelos estavam surgindo em outros lugares além de Londres naquela mesma época em que se desenvolvia a "Aceitação". Cada um deles podia ter tido pequenas ideias diferenciadas quanto à "espiritualização" de seu próprio ofício. Uma das Iniciações mais antigas de que se tem registro, a de Elias Ashmole, em 1646, não se realizou em Londres, mas em Warrington, Lancashire; porém alguma associação com a Aceitação de Londres pode ser deduzida dos registros de Ashmole, como tendo sido admitido naquele Corpo no *Mason's Hall*, Londres, em 1682. Uma menção especial deve ser feita à Escócia quanto ao precoce crescimento de suas Lojas independentes dotadas de certo conteúdo Especulativo.

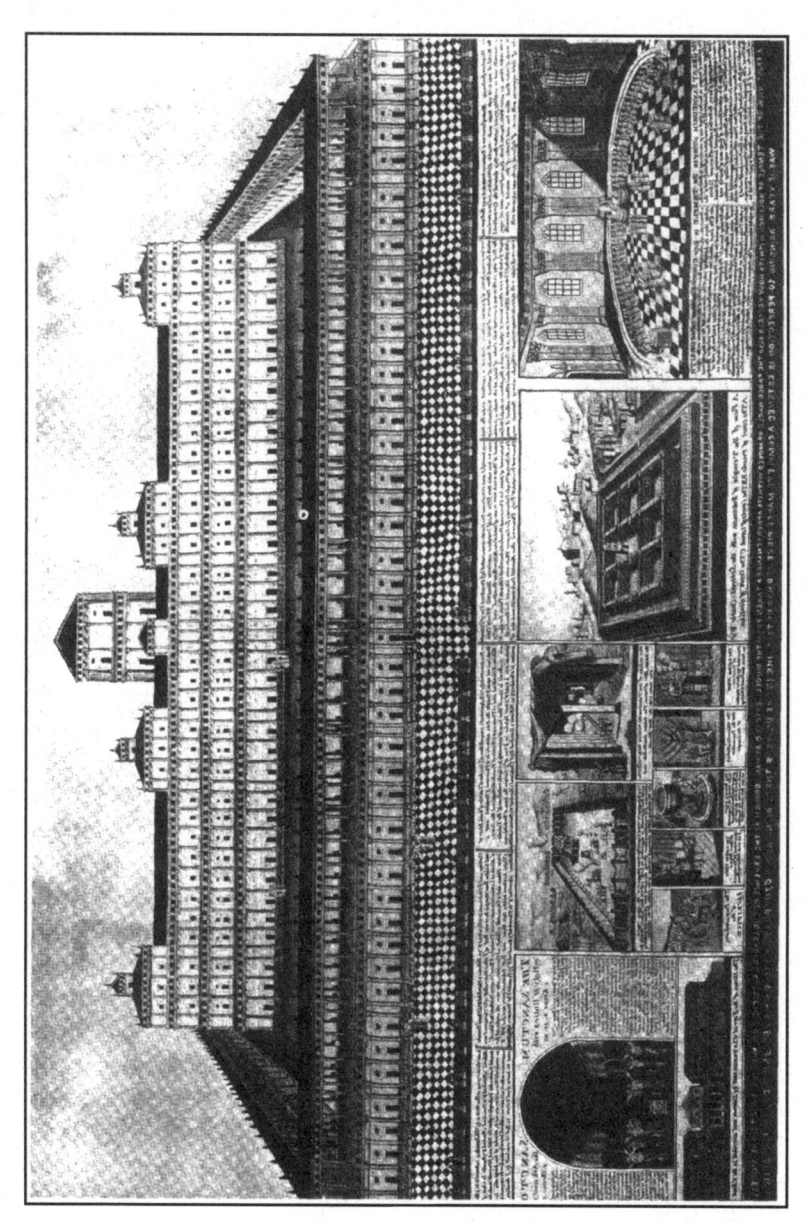

O Templo de Salomão
(Arquivos G.O.F. – Grande Oriente da França – Paris)

A Influência Cabalista

"As verdades dos fatos admitem opostos..."

Nas referências aos Antigos Mistérios extraídas da publicação *A Defense of Masonry*, é possível que aquelas que aludem aos Essênios e aos Cabalistas sejam as mais significantes. Ambas eram seitas judaicas, cujas práticas estavam bem documentadas. Em suas "Constituições" de 1723, Anderson se estende bastante sobre a História Judaica, e particularmente a respeito da construção do Templo do Rei Salomão, o qual chega a ser o tema central da Maçonaria de Anderson. Não é de se surpreender que as práticas das seitas judaicas, que tinham objetivos morais pretensamente semelhantes aos da Maçonaria, possam ter influenciado o desenvolvimento maçônico. Anderson também não foi o único maçom no século seguinte a mostrar interesse em assuntos judaicos e no idioma hebraico. Dois, especialmente, me vêm à lembrança — Laurence Dermott que, por muitos anos foi o Grande Secretário da Grande Loja dos Antigos, e o duque de Sussex, primeiro Grão-Mestre da Grande Loja Unida. Dermott tornou-se uma importante influência na Grande Loja dos Antigos logo após a sua assunção ao cargo em 1751, tendo sido um de seus Oficiais por mais de 40 anos. Ele conhecia o idioma hebraico e chamava as "Constituições" de sua Grande Loja por um nome hebraico — *Ahimon Rezon* — embora, atualmente, ninguém tenha muita certeza sobre o que queria dizer. O duque de Sussex era uma pessoa muito religiosa e um bom estudante de hebraico; nos catálogos que relacionam a sua biblioteca, que foi vendida após a sua morte, constam uma grande quantidade de livros sobre a História Judaica, muitos dos quais eram manuscritos, em hebraico, sendo alguns sobre a Cabala.

O periódico ressurgimento de questões referentes aos judeus na Inglaterra, durante os séculos XVII e XVIII, pode ter contribuído para despertar um interesse em sua história. Foi o ano de 1656 que assistiu à reinstalação dos judeus nesse país. Mesmo assim eles eram vistos como estrangeiros, mas uma proposta referente à naturalização de judeus em 1753 causou uma nova onda de interesse que continuou até a virada do século. O livro *A Defense of Masonry* menciona a obra *Antiquities of the Jews,* de Flavius Josephus; apareceram edições dessa obra em inglês em 1655 e 1670, enquanto uma outra foi publicada em 1737 e reeditada por volta de 1800. A existência de outra referência à obra de Josephus mais adiante naquele século é mostrada por ao menos três dos Graus "adicionais" que apareceram naquela época, e com a sua história ritual baseada em incidentes que estão em seu livro.

Os detalhes acerca das práticas dos Essênios, mencionados no livro *A Defense of Masonry,* alimentam a reflexão e o conceito em suas citações ao menos como fundamento à prática Maçônica. Uma refeição comunal após o trabalho formal e as boas-vindas estendidas aos visitantes são pontos de semelhança; o resumo de princípios expressos também é relevante, tal como também é a vestimenta em branco pelo Neófito. A referência mais interessante, principalmente pela data da publicação, 1730, é a feita quanto à entrada de um novo membro que tinha de passar por dois Graus de provação antes de se tornar um perfeito Mestre em seus Mistérios — ou seja, um sistema de três Graus. As antigas referências, que podem ser interpretadas como um sistema outorgando uma graduação ou Graus na Maçonaria na Inglaterra, denotam um sistema de apenas dois

Graus. Somente em meados da década de 1720 começa a aparecer uma referência a um sistema de três Graus. Isso significa quase cinco anos antes da data daquela publicação; e, além disso, há uma certa ênfase na natureza do Terceiro Grau daquela época que indica uma maior semelhança ao sistema dos Essênios. Se a influência ou os fundamentos vistos nas práticas dos Essênios Judeus eram tão grandes como foram mostrados na publicação de 1730, é possível que tenha também influenciado a mudança de dois para três Graus no sistema Inglês.

A Cabala (ou Kabala, ou Cabalá) com a qual os cabalistas estavam associados é uma expressão tradicional da religião judaica e tem uma tendência ao Misticismo. Ao aproximar-se o final do século XVIII, uma diferente tendência ao Misticismo pode ser observada em algumas áreas da Maçonaria inglesa. A partir do interesse mostrado na época pelas questões judaicas, e com base nas referências disponíveis, parece sim ter havido alguma influência da Cabala. Embora os seus textos não proporcionem a fonte original na qual eu apoio esta sugestão, o dr. William Wynn Westcott,[*] em 1887, num texto à Loja Quatuor Coronati (*Ars Quatuor Coronatorum* — vol. 1), também apresenta esta proposta, embora ele vá muito mais adiante. Ele era considerado por seus pares como um extremista e um místico quanto às suas perspectivas sobre o Simbolismo. Embora também atribuído a Pitágoras, a transmissão essencial dos Segredos por via oral e uma proibição a expressá-los de forma escrita ou impressa eram um dos pontos Cabalísticos equiparados na Maçonaria da época. Na época da União das duas antigas Grandes Lojas, o Duque de Sussex mostrou ter esse princípio muito presente em sua mente, e a sua adesão a ele evitou qualquer registro ou gravação formal daquilo que fora decidido como prática ritual padrão após a União. Por mais de 50 anos esse princípio foi estritamente observado por aqueles dotados de autoridade na Grande Loja Unida, e, apesar de suavizados na década de 1870, simplesmente pelo fracasso de agir

---

[*] N.E.: Sugerimos a leitura de *Uma Introdução ao Estudo da Cabala*, de William Wynn Westcott, Madras Editora.

contra os ofensores, foi apenas após 1945 que posturas mais liberais começaram a prevalecer.

A Cabala tinha por tradição reservar determinados conhecimentos a certas pessoas que poderiam se mostrar como sábias, no mesmo sentido que, com os Essênios e a Maçonaria do século XVIII, o Terceiro Grau continha a raiz do Mistério. Um dos mais notáveis aspectos da Cabala que pode ter encontrado algum reflexo nesse desenvolvimento da Maçonaria está na leitura do significado nos números. Uma análise da Segunda Preleção de William Preston apresenta inconfundíveis Sinais de influência Cabalística, e ele tenta mostrar um especial significado em certos números. Ao escrever sobre essa Preleção, Percy James, considerado uma autoridade nas Preleções de Preston, diz num texto incluído no *Ars Quatuor Coronatorum* — vol. 83:

> ... a Segunda Preleção esboça o novo caminho do Companheiro à Câmara do Meio numa série de discussões acerca de questões factuais e concretas, que vão se tornando cada vez mais técnicas, abstratas e místicas. Tudo baseado numa noção metafísica do Templo do Rei Salomão, o qual é visto como uma universidade Maçônica, com excursões à Teoria Platônica e à Cabala. Em certas áreas, a compreensão é difícil; com frequência é difícil enxergar o que é que isto tem a ver com a Maçonaria Especulativa. Muitas vezes, devemos reconhecer, isto se torna pura tolice.

A Autêntica Maçonaria

"Se as portas da percepção fossem purificadas, todas as coisas resultariam infinitas para os homens."

William Blake

Atualmente, na Europa e na América, atribui-se um caráter nitidamente cristão a alguns dos graus maçônicos. Sem a menor oposição à religião cristã, como tal, pode-se ver claramente que um preconceito sectário de qualquer natureza **é uma inovação totalmente injustificável e inteiramente contrária ao espírito da Maçonaria.** Esta, fundamentada em um amplo princípio de tolerância e fraternidade, não pode excluir nem judeus ou gentios, nem parsis ou budistas, de sua ampla congregação. Essa característica claramente cristã de alguns dos graus da Maçonaria deve-se, em grande parte, aos jesuítas franceses. Os graus Templários são puramente sectários e não podem, sob qualquer instância, reivindicar um caráter universal, o qual reconhece a fraternidade de todas as religiões e busca o relacionamento amistoso com todos os homens, como Irmãos partícipes na mesma Humanidade comum. Nenhum autêntico maçom, imbuído do espírito da generosidade, irá tratar qualquer religião com zombaria ou desprezo ou ainda excluir da condição de membro qualquer Irmão que acredita na existência de

Deus, na fraternidade dos homens e na imortalidade da alma. Esse espírito católico* é a pedra angular da Maçonaria e o abandono desse princípio é uma atitude antimaçônica que subverte os antigos pontos de referência e o Espírito da Maçonaria. Se os sacerdotes católicos** tiverem o direito de cristianizar a Maçonaria, iguais direitos terão judeus, budistas, hinduístas, mulçumanos ou maometanos de adaptá-la aos seus próprios credos. Essa transformação, sob qualquer ponto de vista, priva a Maçonaria de seu caráter universalista. A adoção de um credo religioso pela Maçonaria não traria benefício algum, além do que poderia acabar por destruí-la. A autêntica Maçonaria tem mantido, ao longo das eras, como supremo ponto de referência luminosa, os princípios da tolerância, da igualdade e da fraternidade. Os sectários fanáticos, sejam quais forem, dividem o mundo em duas classes: aqueles que, com zelo e fé cega, aceitam seus dogmas e os que não o fazem. Aos primeiros, chamamos de "Irmãos" e, aos da segunda classe, tratamos como estranhos, quando não, como inimigos. A Maçonaria, embora não adote nenhuma religião nem qualquer forma de doutrina ou credo, como tal, reconhece determinados princípios básicos que encarnam a ética ensinada em todas as religiões. Todo maçom pode formular o credo que lhe for mais conveniente e também estabelecer as formas de culto que lhe pareçam mais propícias ou benéficas. Nos dias atuais, em que vemos por toda a parte velhos credos perdendo sua influência e ruindo aos poucos, é mais que necessário mostrar que jamais algum deles constituiu parte legítima da Maçonaria. E esta, embora não se oponha a quaisquer credos, não pode adotar nenhum deles como maçônico. Tal espírito de imparcialidade fundamenta essa justiça imparcial ilustrada em mais de um grau maçônico. "A distinção entre as doutrinas esotéricas e exotéricas sempre foi preservada entre os gregos, desde tempos imemoriais. Isso remonta ao fantástico período de

---

* N.R.: O autor refere-se ao espírito universal (católico), na mais pura expressão do termo, e não católico no sentido que lhes atribuem os "católicos" da Igreja Católica Apostólica Romana.
** N.R.: Aqui, o sentido já é outro.

Orfeu... E, após a época de Alexandre, o Grande,* adotou-se em todas as escolas o ensino de dogmas e Mistérios. Naquelas do Egito e da Ásia, bem como nas antigas civilizações da Trácia, Sicília, Etrúria e Ática."

Um Pouco da História de Orfeu

Tanto na Trácia como na Grécia, os deuses masculinos, cosmogônicos e solares haviam sido relegados às altas montanhas, às regiões desertas. O povo preferia o cortejo inquietante das divindades femininas, que evocam paixões perigosas e as forças cegas da Natureza. Esses cultos davam à divindade suprema o sexo feminino.

Entre os trácios, as sacerdotisas da Lua ou da tripla Hécate haviam feito ato de supremacia, apropriando-se do velho culto de Baco e dando-lhe um caráter sangrento e terrível. Para assinalar sua vitória, elas tinham tomado o nome de bacantes, como para marcar sua supremacia, o reino soberano da mulher, a dominação do homem.

Ao mesmo tempo magas, sedutoras e sacrificadoras sangrentas de vítimas humanas, tinham seus santuários em vales selvagens e escondidos. À noite, com os braços enrolados de serpentes, elas se prosternavam diante da tripla Hécate; depois, em rodas frenéticas, evocavam o Baco subterrâneo, com duplo sexo e cara de touro. O Baco com cabeça de touro se encontra no XXIX hino órfico. É uma lembrança do antigo culto que não pertence à pura tradição de Orfeu. Ele depurou completamente e transfigurou o Baco popular em Dionísio celeste, símbolo do espírito Divino que evolui por todos os reinos da natureza. Coisa curiosa encontramos: o Baco infernal das bacantes no Satã de cara de touro, que invocavam e adoravam as feiticeiras da Idade Média em seus Sabás noturnos. É o famoso Bafomet de que a Igreja acusou os Templários de serem adoradores, para desacreditá-los.

---

* N.E.: Sugerimos a leitura de *O Gênio de Alexandre, O Grande*, de Nicholas Hammond, Madras Editora.

As bacantes primitivas foram, portanto, as druidesas da Grécia. Diversos chefes trácios continuaram fiéis aos velhos cultos masculinos. Mas as bacantes insinuaram-se a alguns de seus reis, que uniam modos bárbaros ao luxo e aos refinamentos da Ásia. Elas tinham seduzido pela voluptuosidade e domado pelo terror. Assim, os deuses haviam dividido a Trácia em dois campos inimigos. Mas os sacerdotes de Júpiter e Apolo, sobre seus picos desertos, tornavam-se impotentes contra Hécate, que ganhava nos vales brilhantes e que de suas profundezas começava a ameaçar os altares dos filhos da Luz.

Nessa época, surge um jovem de raça real e de maravilhoso poder de sedução. Diziam-no filho de uma sacerdotisa de Apolo. Um homem maravilhosamente lindo. E subitamente esse moço, que chamavam *filho de Apolo*, desapareceu. Diziam-no morto, descido aos infernos. Havia fugido secretamente para a Samotrácia, depois para o Egito, onde pedira asilo aos sacerdotes de Mêmphis. Tendo atravessado seus Mistérios, voltara após 20 anos com um nome de iniciação, que conquistara por meio de provas e recebera de seus mestres, como signo de sua missão. Ele se chamava agora *Orfeu* ou *Arfa* (palavra fenícia composta de *aur*, luz, e de *rophae*, cura), o que quer dizer *Aquele que cura com a Luz*.
O mais antigo santuário de Júpiter se eleva, então, no monte Kaukaion. Em outros tempos, seus hierofantes haviam sido grandes pontífices. Do pico dessa montanha, fora do alcance das mãos, eles reinaram sobre toda a Trácia. Mas desde que as divindades de baixo haviam tomado a dianteira, seus seguidores eram em pequeno número e seu templo, quase abandonado. Os sacerdotes do Monte Kaukaion acolheram o iniciado do Egito como a um salvador. Com sua ciência e seu entusiasmo, Orfeu cativou a maior parte dos trácios,

transformou completamente o culto a Baco e domou as bacantes. Logo sua influência penetrou em todos os santuários da Grécia. Foi ele quem consagrou a realeza de Zeus na Trácia, a de Apolo em Delfos, onde ele colocou as bases do tribunal dos Anfitriões, que se tornou a unidade social da Grécia. Enfim, com a criação dos Mistérios, formou a alma religiosa de sua pátria. Depois, fundiu a religião de Zeus com a de Dioniso em um pensamento universal. Os iniciados recebiam a pura luz das verdades sublimes; e essa luz chegava ao povo mais temperada, mas não menos benfeitora, sob o véu da poesia e das festas encantadoras. Foi assim que Orfeu tornou-se pontífice da Trácia, Grande Sacerdote do Zeus Olímpico e, para os Iniciados, o Revelador do Dioniso Celeste.

A verdadeira fonte da antiga sabedoria foi a Pérsia e a Índia milenar, mãe das civilizações, das religiões e também do saber esotérico ou oculto.

Nesta obra, não pretendo explicar todos os símbolos da Maçonaria, nem revelar totalmente a filosofia da doutrina secreta. Tal empreendimento extrapolaria não apenas o tempo como também a nossa capacidade. Em vez disso, visamos demonstrar alguns pontos de contato, delinear métodos de interpretação e incitar o leitor esclarecido a descobrir nos Antigos Mistérios a mina da sabedoria que se estende muito além de todas as conquistas da Era Moderna. Outrossim, solicitar a cooperação dos maçons na defesa dessas verdades milenares. Recuperar a *Palavra Perdida* é reviver a antiga sabedoria, o que irá ensejar a fraternidade e o progresso universais, muito mais que quaisquer outras instituições hoje existentes.

Em seu ritualismo e aulas monitorais, a Maçonaria não ensina nada, quer a respeito de ética, ciência, religião ou qualquer outra área do conhecimento ou interesse humano, que não seja ensinado em outros locais, nas formas atuais de pensamento, ou pelos sábios da Antiguidade. Nesse aspecto, não há segredos de nenhuma natureza. É nos símbolos milenares da Maçonaria que os verdadeiros segredos se acham ocultos e, estes, tanto para os maçons quanto para qualquer outra pessoa, estão sob um denso véu, a não ser que se tenha estudado a ciência do Simbolismo em geral e, em particular, os símbolos maçônicos. Em vez do termo Maçonaria e os Mistérios da Antiguidade, poderíamos ter usado apenas Maçonaria Simbólica; mas é justamente aí que reside a raiz do segredo, um profundo mistério, e, até hoje, poucos maçons tiveram o interesse e a paciência necessários para tal estudo. Isso é um fato e não representa uma crítica ou reprovação. Havendo falta de conhecimento a respeito do profundo significado do simbolismo maçônico e seu interesse e importância transcendentes, nesse caso, terão os maçons permitido que toda a organização venha não apenas a falhar na obtenção de seu progresso real, mas também a degenerar-se, o que é, na verdade, uma infâmia. O número de novos membros admitidos na Irmandade, em diferentes graus, não pode reparar tal degeneração; pelo contrário, enfatiza-a. Afirmarão, o que é absolutamente verdadeiro, não lhes ter sido exposto absolutamente nada a respeito disso anteriormente e que tal filosofia não faz parte das instruções da Loja. Por conseguinte, não podemos ser acusados de revelar ilegalmente quaisquer dos seus segredos. De qualquer forma, os mais profundos segredos da Maçonaria não são revelados na Loja. Pertencem a uns poucos apenas. Caso seja isso admitido como fato, parece-me uma injustiça. A despeito disso, o indivíduo deve buscar descobrir esses segredos por iniciativa própria, já que, unicamente em função de sua desatenção ou indiferença para com o assunto, não percebe as dicas fornecidas no ritual da Loja e, assim, fica excluído desse conhecimento. Por outro lado, se prefere tratar esse tipo de assunto com desdém, e ainda negar sua real existência, torna-se evidente sua atitude de não só fechar as portas à possibilidade de conhecer tal sabedoria, mas também de adotar uma postura impermeável a qualquer evidência desta, que poderia surgir eventualmente. Nesse caso, não poderá culpar ninguém, além de si próprio, se for deixado na ignorância.

Por outro lado, há um grande e crescente número de pessoas, entre os maçons, que realmente desejam mais Luz e estão convencidas de que devem haver outros significados mais profundos, ocultos nos Rituais e nas cerimônias da Loja. Alguns entenderam a mensagem e empreenderam sua "Jornada ao Oriente", em busca da Luz.

A representação da palavra *luz*, no Arco Real e em quase todos os demais Ritos: três luzes maiores e três menores, que deveriam mostrar a todo maçom inteligente que *a Luz* e a trindade, ou triângulo de luzes, têm um profundo significado, ou então que todo ritual é uma farsa sem sentido algum. À parte de todo o interesse que qualquer maçom possa ter a respeito do assunto, para sua iluminação pessoal, é obviamente seu dever, ao mesmo tempo que preserva inalterados usos e pontos referenciais da Ordem, promover os interesses e o renome da Maçonaria, utilizando-se de quaisquer meios justos e benemerentes de que disponha. Os nomes honrados nas tradições da Loja e na história da Ordem pertencem àqueles que obtiveram fama imorredoura e gozam de elevado apreço no ritual da Loja, como figuras exemplares a serem imitadas. Contudo, será que nem o presente nem o futuro irão acrescentar alguma coisa a essa lista de honra? Ou se necessário, à lista de mártires? Será que os dias de feitos sublimes da Maçonaria ficaram definitivamente no passado? E a necessidade de autossacrifício e devoção, uma coisa totalmente do passado? Jamais houve necessidade tão premente quanto a que vemos em nossos dias. Em nenhuma outra era a Maçonaria teve oportunidade tão grande como agora de assumir sua verdadeira posição entre as instituições humanas, bem como de viabilizar seu devido reconhecimento pelo simples poder do amor fraterno, assistência e verdade, baseados em uma filosofia que não pode ser encontrada em nenhum lugar, a não ser em seus símbolos milenares. Se a maioria dos maçons não percebe o verdadeiro significado e valor do poder que tem em mãos, urge, então, toda uma necessidade de pessoas que falem francamente, mesmo diante de eventuais desencorajamentos e difamações, e empenhem o melhor de si para demonstrar a verdade. Será que algum maçom inteligente imagina que as associações de maçons práticos, de um século e meio atrás, deram origem às atuais Ordens maçônicas? Houve, na verdade, arquitetos e mestres construtores dentre eles, porém a maioria dos maçons era muito mais ignorante, como serventes manuais, que a maioria de tais obreiros de hoje em dia. A Maçonaria é formada, segundo o plano dos Antigos Mistérios, com seus grifos e alegorias, e isso não é mera coincidência. Há um paralelismo muito grande nisso. O Irmão Pike chegou à conclusão, após longa e paciente pesquisa investigativa, de que certos filósofos herméticos haviam tomado parte na fundação da organização dos maçons livres e reconhecidos e, se encarnaram em seu simbolismo mais do que as aparências revelam, bem como verdades muito mais profundas que aquelas passíveis de serem compreendidas rapidamente por um estudioso superficial; então, percebe-se claramente ter sua concepção visado a que futuras gerações pudessem compreender e usar tais segredos mais profundos. A evidência nesse sentido é não só conclusiva como também preponderante, embora aqui se possam citar apenas seus fragmentos.

Para resumir, diríamos que os reais segredos da Maçonaria acham-se em seu simbolismo, e o significado dos símbolos revela uma profunda filosofia e ciência universais, jamais transcendidas pelo homem.

Para estudarmos a filosofia oculta é fundamental que façamos um estudo completo sobre o Simbolismo. E para entrarmos nesse campo, precisamos adentrar em um estado mental apropriado, sem falar do conhecimento, da criatividade e do desenvolvimento da imaginação. Devemos conhecer as forças da Natureza, assim como assimilar a linguagem esotérica. Outro fator muito importante é o de saber ouvir sua intuição.

O Simbolismo da Maçonaria está conectado diretamente aos Antigos Mistérios e às iniciações egípcias, o Tarô, que, sem sombra de dúvidas, é o mais completo código desse simbolismo hermético que possuímos.

Esse conjunto de cartas aparece historicamente na Europa, mas, como nos referimos ao Tarô, ele é muito mais antigo. Produções similares do Tarô existiam na China e na Índia. Sua origem ainda é discutível.

Segundo Eliphas Levi, o Tarô é uma verdadeira máquina filosófica que impede a mente de vagar, apesar de sua iniciativa e liberdade; é matemática aplicada ao absoluto e aliança entre o positivo e o ideal; uma loteria de pensamentos tão exatos quanto números, talvez mais simples e a maior criação do gênio humano... e também relaciona o Tarô com a Cabala: "(...) A Tétrade simbólica representada nos Mistérios de Memphis e Tebas pelos quatro aspectos da esfinge – HOMEM, ÁGUIA, LEÃO E TOURO – correspondia aos quatro elementos do mundo antigo: ÁGUA, AR, FOGO e TERRA (...) Agora esses quatro símbolos com todas as suas analogias explicam o mundo único e oculto em todos os santuários... Além do mais, a palavra sagrada que não era pronunciada era soletrada e expressada em quatro letras: YOD ', HEH ה, VAV ו, HEH ה".

Eliphas ainda afirma ter encontrado uma peça de Tarô cunhada no antigo Egito, e sobre ela diz: "(...) Essa Clavícula (pequena chave), considerada perdida durante séculos, foi por nós recuperada e temos sido capazes de abrir os sepulcros do mundo antigo, de fazer os mortos falarem, de observar os monumentos do passado em todo o seu esplendor, de entender enigmas de cada esfinge e de penetrar todos os santuários. (...) Ora, a chave em questão era esta: um alfabeto hieroglífico e numérico, expressando por caracteres e números uma série de ideias universais e absolutas".

Jung defendia que o Tarô tinha sua origem em padrões profundos do inconsciente coletivo, como acesso a potenciais de maior percepção à disposição desses padrões.

São muitos os estudiosos do Tarô, entre eles Ouspensky, que acreditam que este é um sumário das quatro ciências herméticas: Cabala, Astrologia, Alquimia e Magia, com as suas diferentes divisões. Todas essas ciências representam um sistema amplo e profundo de investigação psicológica da natureza humana em sua relação com o mundo "noumena" – Deus e o Mundo do Espírito – e com o mundo fenomênico – o visível, o Mundo Físico.

Oswald Wirth diz: "Os 22 Arcanos Maiores do Tarô representam pinturas hieroglíficas que foram encontradas nos espaços entre as colunas de uma galeria, onde os neófitos deviam passar em suas iniciações egípcias. Havia 12 colunas ao norte e 12 colunas ao sul, ou seja, 11 figuras simbólicas de cada lado eram arranjadas aos pares, uma oposta à outra. Essas figuras eram explicadas ao Candidato em ordem regular, e elas continham as regras e os princípios da iniciação. Essa opinião é confirmada pela correspondência que existe entre os arcanos quando eles são desta forma arranjados".

Assim, temos a seguinte organização para os 22 Arcanos Maiores, de acordo com a concepção:

```
                    11- A Justiça        12- O Enforcado
              10- A Roda da Fortuna      13- A Morte
                   9- O Eremita          14- A Temperança
Corredor ESQUERDO  8- A Força            15- O Diabo
                   7- O Papa             16- A Torre
                   6- Os Amantes         17- A Estrela
                   5- O Carro            18- A Lua
                   4- O Imperador        19- O Sol         Corredor DIREITO
                   3- A Imperatriz       20- O Julgamento
                   2- A Papisa           21- O Mundo
              1- O Mago                  0- O Louco
```

OS 22 CAMINHOS E OS ARCANOS MAIORES

"Eis a chave religiosa e cabalística dos Tarôs, expressa em versos técnicos à maneira dos antigos legisladores" (Eliphas Levi, *Dogma e Ritual de Alta Magia*).

1. Aleph – Tudo mostra uma causa inteligente, ativa.

2. Beith – O número dá prova da unidade viva.

3. Ghimel – Nada pode limitar aquele que tudo contém.

4. Daleth – Só, antes de qualquer princípio, está presente em toda parte.

5. He – Como é o único senhor, é o único adorável.

6. Vau – Revela aos corações puros seus belos dogmas.
7. Zain – Mas é preciso um só chefe às obras da fé.
8. Cheth – É por isso que só temos um altar, uma lei.
9. Teth – E nunca o Eterno mudará sua base.
10. Iod – Dos céus e dos nossos dias regula cada fase.
11. Caph – Rico em misericórdia, enérgico no punir.
12. Lamed – Promete a seu povo um rei no porvir.
13. Mem – O túmulo é a passagem para a terra nova; só a morte acaba, a vida é eterna.
14. Nun – O bom anjo é aquele que acalma e tempera.
15. Samech – O mau é o espírito de orgulho e cólera.
16. Ain – Deus manda no raio e governa no fogo.
17. Phe – Vésper e seu orvalho obedecem a Deus.
18. Tzadi – Coloca sobre nossas torres a Lua como sentinela.
19. Quph – O seu Sol é a fonte em tudo que se renova.
20. Resh – O seu sopro faz germinar o pó dos túmulos.

21. Shin – Aonde os mortais sem freios descem em multidão.
22. Thav – Sua coroa cobriu o propiciatório.

IOD – HE – VAU – HE – Quatro sinais que contêm todos os nomes.

(...) Os quatro signos, isto é, Paus, Copas, Espadas e Círculos ou Pentáculos, vulgarmente chamados de Ouros. Essas figuras são hieróglifos do tetragrama; assim Pau é o PHALLUS dos egípcios ou IOD dos hebreus; Copa é o CTEIS ou He primitivo; a Espada é a conjunção de ambos ou o lingham figurado do hebreu, anterior ao cativeiro pelo Vô; e o Círculo ou Pentáculo, imagem do mundo, é o He final do nome Divino.

A Árvore da Vida e os Arcanos Menores

1. Kether – Os quatro ases: A coroa de Deus tem quatro florões.

2. Hokmah – Os quatro dois: Sua sabedoria se espalha e forma quatro rios.

3. Binah – Os quatro três: De sua inteligência dá quatro provas.

4. Chesed – Os quatro quatro: Da sua misericórdia há quatro benefícios.

5. Gvurah – Os quatro cinco: Seu rigor quatro vezes pune quatro erros.

6. Tiphereth– Os quatro seis: Por quatro raios puros sua beleza se revela.

7. Netzah – Os quatro sete: Celebremos quatro vezes sua vitória eterna.

8. Hod – Os quatro oito: Quatro vezes triunfa na sua eternidade.

9. Yesod – Os quatro nove: Por quatro fundamentos seu trono é suportado.

10 Malkhuth – Seu único reino é quatro vezes o mesmo. E conforme os florões do divino diadema.

"(...) Vê-se, por esse arranjo tão simples, o sentido cabalístico de cada lâmina. Assim, por exemplo, o *cinco de paus* significa rigorosamente Gvurah de Iod, isto é, justiça do Criador ou cólera do homem; o *sete de copas* significa vitória da misericórdia ou vitória da mulher; *oito de espadas* quer dizer conflito ou equilíbrio eterno, e assim as outras. Dessa forma, podemos compreender como faziam os antigos pontífices para realizar este oráculo; as lâminas lançadas à sorte davam sempre um sentido cabalístico novo, mais rigorosamente verdadeiro na sua combinação, unicamente a qual era fortuita; e, como a fé dos antigos nada dava ao acaso, eles liam as respostas da providência nos oráculos do Tarô, que eram chamados Theraph ou Theraphins entre os hebreus, como o pressentiu primeiramente o sábio cabalista Gaffarel, um dos magos habituais do cardeal Rechelieu".

"Oh! Não deixeis apagar a Chama! Mantida de século em século, nesta escura caverna, neste Templo Sagrado! Sustentada por puros ministros do amor! Não deixeis apagar essa Divina Chama!" (*O Caibalion,* do qual incluímos uma parte desse texto mais adiante.)

A ciência secreta (sagrados conhecimentos), ensinada nas antigas escolas iniciáticas, que lutava pela liberdade moral e espiritual da Humanidade, sempre foi perseguida pelas trevas da ignorância e teve de ser velada pelos símbolos. Todos conhecemos o dito popular: "Uma imagem vale certamente mais do que mil palavras". Os símbolos, portanto, tornaram-se a partir daí a linguagem dos iniciados...

Daremos alguns exemplos:

Figura mágica do absoluto, no universo ocultista, Blavatsky relaciona Bafomet com Azazel, bode expiatório do deserto, segundo a Bíblia cristã. Mas Blavatsky explica que Azazel vem da união das palavras "Azaz" e "El", Deus da Vitória, vai além quando equipara Bafomet – O Bode Andrógino de Mendes – ao puro Akasha, a primeira matéria da Obra Magna. A cabeça do bode, reunindo atributos de outros animais, como o cão, o touro e o burro, representa a matéria e simboliza a expiação dos

Bafomet

Capa do livro *Dogma e Ritual de Alta Magia*

pecados corporais. O facho colocado entre os chifres representa a inteligência equilibrante do ternário, o intelecto que sobrepuja o animal. As mãos, humanas, simbolizam a santidade do trabalho do iniciado, a misericórdia e a justiça. Em cima e embaixo, ambas fazem o sinal do esoterismo, lembrando o antigo axioma: O que está em cima é igual ao que está embaixo! O caduceu, no ventre que é escamado, simboliza os Mistérios da geração, o *Kundalini*, o mercúrio filosofal; e, muito embora masculina, a figura tem seios femininos, lembrando a maternidade e o trabalho. Na sua fronte, o Pentagrama simboliza o microcosmo, a Luz da inteligência do homem como criatura divina.

A palavra "Bafomet" poderia ser uma corrupção de "Mohomet" ou "Mohammed", o profeta muçulmano. Alguns dizem que a palavra vem da união de duas palavras gregas, significando "absorção na sabedoria".

Sua imagem causou a perseguição dos cavaleiros Templários, acusados de adorar esse ídolo, o que admitiram sob tortura. Acreditava-se que a imagem do Bafomet derivava do antigo Deus egípcio Amon, significando "o oculto", que também é conhecido como o Bode de Mendes.

A origem de Bafomet também está relacionada com a cabeça de São João Batista, o padroeiro da Maçonaria, considerado pelos Templários o VERDADEIRO MESSIAS, em vez de Cristo, considerado falso.

A imagem de Eliphas Levi do Bafomet hoje representa o Demônio na versão Waite das cartas do Tarô, como andrógino metade macho, metade fêmea, metade humano, metade animal.

Quando a propriedade dos Templários, em Paris, foi invadida, outra cabeça de Bafomet foi encontrada com uma legenda "Caput 58M". Somando os dígitos 5 e 8 o resultado é 13, e combinado com a letra "M" fazem referência a Maria Madalena, visto que "M" é a 13ª letra do alfabeto.

Pitágoras, filósofo e matemático grego, grande místico e Iniciado nos grandes Mistérios, percorreu o mundo buscando possíveis explicações para a presença do Pentagrama, no Egito, na Caldeia e nas terras ao redor da Índia. A geometria do Pentagrama e suas associações metafísicas foram exploradas pelos pitagóricos, que o consideravam um emblema de perfeição. A geometria do Pentagrama ficou conhecida como "A Proporção Dourada", que, ao longo da arte pós-helênica, pôde ser observada nos projetos de alguns templos. Na Grécia antiga, era conhecido como *Pentalpha*, geometricamente composto de cinco letras A.

Para os agnósticos, o Pentagrama era a "Estrela Ardente" e, como a Lua crescente, um símbolo relacionado à magia e aos Mistérios do céu noturno. Para os druidas, era um símbolo divino e, no Egito, era o símbolo do útero da Terra, guardando uma relação simbólica com o conceito da forma da pirâmide. Os celtas pagãos atribuíam o símbolo do Pentagrama à deusa Morrigan.

Pitágoras e a Música das Esferas (Roma – 1650)

Na Maçonaria, o homem microcósmico era associado com o *Pentalpha* (a estrela de cinco pontas). O símbolo era usado entrelaçado e perpendicular ao trono do Mestre. As propriedades e estruturas geométricas do "Laço Infinito" foram simbolicamente incorporadas aos 72 graus do compasso – o emblema maçônico da virtude e do dever. Nenhuma ilustração conhecida associando o Pentagrama com o mal aparece até o século XIX. Eliphas Levi ilustra o Pentagrama vertical do homem microcósmico ao lado de um Pentagrama invertido, com a cabeça do bode de Bafomet. Em

Pentagrama

decorrência dessa ilustração e justaposição, a figura do Pentagrama foi levada ao conceito do bem e do mal. Contra o racionalismo do século XVIII, sobreveio uma reação no século XIX, com o crescimento de um misticismo novo que muito deve à santa cabala, tradição antiga do Judaísmo, que relaciona a cosmogonia de Deus e do Universo à moral e às verdades ocultas, e sua relação com o homem.

Foi Levi também quem criou o Tetragrammaton – ou seja, o Pentagrama com inscrições cabalísticas, que exprime o domínio do espírito sobre os elementos, e é por esse signo que se invocavam, em Rituais mágicos, os silfos do ar, as salamandras do fogo, as ondinas da água e os gnomos da terra.

Tetragrama (do grego *Tetragrammaton*: τετραγράμματον, *palavra de quatro letras*) é a expressão escrita constituída de quatro letras ou sinais gráficos, destinada a representar uma palavra, acrônimo, abreviatura, sigla e também a pauta musical de quatro linhas do cantochão.

Este artigo aborda especialmente o Tetragrama hebraico (YHWH, JHVH, JHWH, YHVH) que designa o nome pessoal e distintivo do Deus de Israel, como foi originalmente escrito em hebraico e aparece na Torá; yod ʾheh ה vav ו heh ה ou יהוה (YHWH). O Tetragrama, segundo algumas obras de referência, aparece mais de 6 mil vezes (sozinho ou em conjunção com outro "nome" divino) no Antigo Testamento (AT), escrito em sua maioria em hebraico com partes em aramaico. Os nomes *Jeová, Iehovah, Javé, Iavé* ou ainda *Yahweh* são transliterações para a língua portuguesa do Tetragrama.

A Golden Dawn, em seu período áureo (de 1888 ao começo da Primeira Guerra Mundial), muito contribuiu para a disseminação das raízes da cabala hermética moderna ao redor do mundo e, por meio de escritos e trabalhos de vários de seus membros, principalmente Aleister Crowley, surgiram algumas das ideias mais importantes da filosofia e da magia da moderna Cabala. Em torno de 1940, Gerald Gardner adotou o Pentagrama vertical como um símbolo usado em Rituais pagãos. O Pentagrama também era desenhado nos altares dos Rituais, simbolizando os três aspectos da deusa mais os dois aspectos do deus, nascendo, então, a nova religião de Wicca. Por volta de 1960, o Pentagrama retomou força como poderoso talismã, juntamente com o crescente interesse popular em Bruxaria e Wicca, e a publicação de muitos livros (incluindo vários romances) sobre o assunto, ocasionando uma decorrente reação da Igreja, preocupada com essa nova força emergente. Um dos aspectos extremos dessa reação foi causado pelo estabelecimento do culto satânico – "A Igreja de Satanás" – por Anton Szandor LaVey*. Como emblema de sua Igreja, LaVey adotou o Pentagrama invertido (inspirado na figura de Bafomet de Eliphas Levi). Isso agravou com grande intensidade a reação da Igreja Cristã, que transformou o símbolo sagrado do Pentagrama, invertido ou não, em símbolo do diabo. A configuração da estrela de cinco pontas, em posições distintas, trouxe vários conceitos simbólicos para o Pentagrama, que foram sendo associados, na mente dos neopagãos, a conceitos de magias. Esse fato ocasionou a formação de um forte código de ética de Wicca – que trazia como preceito básico: "Não desejes ou faças ao próximo o que não quiseres que volte para ti, com três vezes mais força do que aquela que desejaste". Apesar dos escritos criados para diferenciar o uso do Pentagrama pela religião Wicca, das utilizações feitas pelo Satanismo, principalmente nos Estados Unidos, onde os cristãos fundamentalistas se tornaram particularmente agressivos a qualquer movimento que envolvesse bruxaria e o símbolo do Pentagrama, alguns wiccanianos se colocaram contrários ao uso do símbolo, como forma de se proteger contra a discriminação estabelecida por grupos religiosos radicais. Apesar de todas as complexidades ocasionadas pelos diversos usos do Pentagrama, ele se tornou firmemente um símbolo indicador de proteção, ocultismo e perfeição. Suas mais variadas formas e associações em muito evoluíram ao longo da história e se mantêm com toda a sua onipresença, significado e simbolismo, até os dias de hoje. O Pentagrama é o símbolo de toda a criação mágica. Suas origens estão perdidas no tempo. O Pentagrama foi usado por muitos grupos

---

*N.E.: Sugerimos a leitura de *A Bruxa Satânica*, de Anton Szandor LaVey, Madras Editora.

de pessoas ao longo da história como símbolo de poder mágico. É conhecido como a estrela do microcosmo, ou do pequeno universo, a figura do homem que domina o espírito sobre a matéria, a inteligência sobre os instintos. Na Europa medieval, era conhecido como "Pé de Druida" e como "Pé de Feiticeiro"; em outras épocas, ficou conhecido como "Cruz dos Goblins". O Pentagrama simboliza o próprio corpo, os quatro membros e a cabeça. É a representação primordial dos cinco sentidos, tanto interiores como exteriores. Além disso, representa os cinco estágios da vida do homem:

Nascimento: o início de tudo.
Infância: momento quando o indivíduo cria suas próprias bases.
Maturidade: fase da comunhão com as outras pessoas.
Velhice: fase de reflexão, momento de maior sabedoria.
Morte: tempo do término para um novo início.

O Pentagrama é o símbolo utilizado na Bruxaria. Os bruxos usam-no para representar a sua fé e para se reconhecerem. O Pentagrama é tão importante para um wiccaniano, como uma cruz é vital para um cristão ou como um selo de Salomão é fundamental para um judeu. O Pentagrama representa o homem dentro do círculo, o mais alto símbolo da comunhão total com os deuses. É o mais alto símbolo da Arte, pois mostra o homem reverenciando a deusa, já que é a estilização de uma estrela (homem) assentada no círculo da Lua Cheia (deusa). Cada uma das pontas possui um significado particular:

PONTA 1 – ESPÍRITO: representa os criadores, a deusa e o deus, pois eles guiam nossa vida e nos ajudam na realização dos ritos e trabalhos mágicos. O deus e a deusa são detentores dos quatro elementos e estes elementos são as outras quatro pontas.

PONTA 2 – TERRA: representa as forças telúricas e os poderes dos elementais da terra, os gnomos. É a ponta que simboliza os Mistérios, o lado invisível da vida, a força da fertilização e do crescimento.

No dia seguinte ao golpe de Estado de 2 de dezembro de 1851, os membros do Grande Oriente da França cumprimentam o príncipe Napoleão.
(Extraída da obra *Histoire Abrégée de la Franc-Maçonnerie*)

PONTA 3 – AR: representa as forças aéreas e os poderes dos silfos. Corresponde à inteligência, ao poder do saber, à força da comunicação e da criatividade.

PONTA 4 – FOGO: representa a energia, a vontade e o poder das salamandras. Corresponde às mudanças, às transformações. É a força da ativação e da agilidade.

PONTA 5 – ÁGUA: representa as forças aquáticas e os poderes das ondinas. Está ligada às emoções, ao entardecer, ao inconsciente. Corresponde às forças da mobilidade e adaptabilidade.

Portanto, o bruxo que detém conhecimento sobre os elementos usa o Pentagrama como símbolo de domínio e poder sobre os mesmos.

Não temos a presunção de afirmar que esgotamos o tema ou aprendemos totalmente a íntegra dessa antiga filosofia. Entretanto, encontramos tal interesse em seu estudo e isso nos abriu uma mina de riqueza espiritual, com tais tesouros revelados em cada etapa, que sentimos o desejo de compartilhar essas joias preciosas com nossos Irmãos artífices e também que possam eles se aprofundar e, a partir dos arcos secretos, façam novas e importantes descobertas. Essas joias não foram ocultas acidentalmente, mas de maneira planejada, para que pudessem, em alguma era futura, ser restauradas. Até mesmo a *pedra*, rejeitada e perdida no entulho, não só possui um emblema e contém uma marca, como é ela mesma, da primeira à última, com seus limites, método de restauração e uso final: um símbolo. É o centro de uma estrela de cinco pontas, signo cabalístico do homem. Em uma direção, simboliza os cinco sentidos perdidos na futilidade da paixão e satisfação egoísta. Quando essa pedra perdida ou rejeitada for recuperada, enviada ao rei do templo (o "Eu" mais elevado, divino e sagrado), reconhecida e restaurada, estará, aí, concretizado o Arco e o Portal que dão entrada para o "Palácio do Rei". O resultado é a luz ou iluminação. Assim são os *Illuminati*.*

Corrigir, coordenar e adaptar, editar e escrever este livro foi um ato de amor absoluto. Foi concebido para ser igualmente um tributo aos heróis e mártires da Maçonaria no passado, e também uma humilde oferenda à Fraternidade do presente.

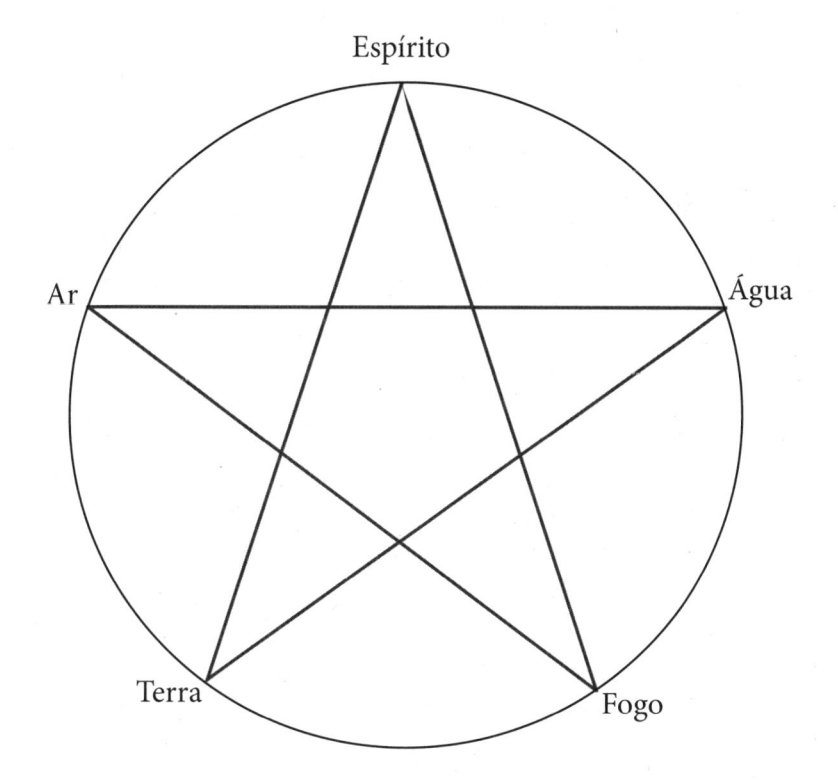

```
         Espírito

  Ar                   Água



      Terra      Fogo
```

---

* N.E.: Sugerimos a leitura de *O Gatilho Cósmico – O Derradeiro Segredo dos Illuminati*, de Robert Anton Wilson, Madras Editora.

Princípios da Educação e da Ética

"E possa isto nos imbuir de apreço pelo Homem, com a compreensão de seu valor efêmero, no afã de aprimorar sua natureza peculiar em busca de sua posição social e dignidade final. Para que essas coisas se dirijam sempre para o alto, o progresso é a Lei da Vida; o homem ainda não é Homem, até agora. Nem haverei Eu de considerar sua meta atingida, sua genuína força equitativamente gerada, enquanto apenas aqui e ali uma estrela dissipa as trevas; aqui e ali, uma mente altiva desdenha seus Irmãos prostrados. Quando a chusma for imediatamente expulsa para o desespero da noite... Quando toda a raça humana for igualmente aperfeiçoada, com o pleno florescer de seus poderes, compartilhado na forma equânime, nesse momento, e só nesse momento, direi, começa a infância universal do Homem."

Paracelso, de Browning.

Conquanto a simples batalha pela sobrevivência envolva, como hoje ocorre, a maior parte da energia, tempo e oportunidades do homem, este jamais descobrirá o real significado da natureza humana ou a finalidade de sua existência, até mesmo essa magnitude deve ser diferenciada da evolução física apenas, a partir de estudos do cérebro humano, em que se constata haver um aumento contínuo da porção de massa encefálica liberada para funções que incidem na preservação da estrutura física e, evidentemente, destinadas a usos mais específicos e elevados. As meras atividades intelectuais, por si sós, ligadas ao plano físico, como a preservação e o usufruto da vida, não explicarão a filosofia do desenvolvimento cerebral. É principalmente por essa razão que as áreas do encéfalo são muito pouco conhecidas atualmente. Existem poderes latentes e capacidades quase infinitas no homem, cujo significado ele provavelmente jamais sonhou possuir. Nem o lazer e o aprimoramento intelectual irão, por si sós, revelar tais poderes. Unicamente por intermédio de uma filosofia conclusiva acerca da autêntica natureza do homem, bem como dos potenciais e do destino da alma humana, e dotado desse conhecimento, poderá o homem eventualmente assumir a posse de seu direito de primogenitura. A partir desse momento, dessa "infância geral" – segundo a colocação de Browning –, inicia-se a jornada da verdadeira natureza humana rumo à perfeição.

Atualmente, duas condições de igual relevância colocam-se no caminho de tais realizações: a primeira delas, a anarquia e confusão, resultante do egoísmo em todas as relações sociais. Essa condição pode ser superada apenas de uma forma, ou seja, pelo reconhecimento da fraternidade incondicional do homem, não como teoria, obrigação religiosa ou mero assunto sentimental, mas como um fato da Natureza, uma lei divina e universal. A pena pela violação de tal princípio estabelece precisamente as condições sob as quais a Humanidade sofre hoje em dia.

A segunda condição, que deu origem à "confusão entre os obreiros" na edificação do templo social e na habitação individual do homem, é representada pelos falsos ideais, métodos ineficientes de educação e ignorância quase total a respeito da existência e da natureza da alma. O resultado dessa ignorância pode ser visto no fato de que apenas um indivíduo, em um milhão, que dispõe de lazer e oportunidades, desenvolve-se realmente no sentido de evoluir seus

poderes mais elevados ou até mesmo desconhece o fato de ser uma ALMA VIVENTE. A velhice está repleta não apenas de enfermidades, mas também de inúmeras misérias. Talvez um ser humano, em um milhão, possa dizer juntamente com o poeta:
"*É o ocaso da vida que me proporciona o saber místico,*
À medida que os eventos do futuro projetam suas sombras à frente".

Na maioria dos casos, os idosos encaram a morte com incerteza e medo ou como uma abençoada libertação do sofrimento e da tristeza. Dessa maneira, encaramos a vida como um mal necessário, sendo esta muitas vezes interpretada mais como um fracasso do que um sucesso. Com frequência, concebe-se como a vida deveria ser, a partir de nossos muitos fracassos. Essa percepção obscurecida da vida vem das intuições da alma, que os embates e o egoísmo da existência não foram capazes de destruir por inteiro.

Esta não deveria ser a verdade dos fatos, nem precisaria ser por mais tempo, se homens e mulheres sérios buscassem, de forma diligente, primeiro pela causa de todos os nossos males e, em segundo lugar, por medicamentos eficazes para sua cura total. Estes devem ser descobertos inicialmente no CONHECIMENTO; em segundo lugar, pela dedicação à verdade. Agora examinemos, mais detalhadamente, algumas das condições sob as quais sofremos.

Nossa época é orgulhosamente denominada era das ciências. A descoberta do DNA, a cura por meio de células-tronco, a arte da impressão perfeita, a força da eletricidade e da tecnologia, as armas atômicas e bacteriológicas, a robótica. A conservação e correlação da energia, bem como a teoria evolucionista, no campo da ciência especulativa, com os detalhes daí resultantes, constituem a maior parte de nossas reais descobertas. Uma máquina executa o trabalho de 20, 40 ou mais homens, enquanto os trabalhadores que perderam essas funções não partilham adequadamente seu quinhão nos lucros dessas invenções. Quem substitui o trabalho manual não são mais artífices, mas geralmente máquinas e há uma necessidade de detalhes específicos para os quais nenhuma máquina foi ainda inventada. Dessa forma, o trabalho das classes operárias foi reduzido a uma rotina cansativa, sem esperanças de progresso e, finalmente, sem qualquer outro incentivo que não o de evitar que a fome bata à porta. Um produto manufaturado que, estando pronto, serve mais para alimentar a extravagância e a luxúria do que para suprir necessidades, passa por várias mãos antes de ser concluído. Mesmo a despeito disso, o trabalhador sente-se feliz em ser útil, pois a inatividade significa fome, sem esquecer que o exército dos desempregados aumenta cada vez mais seu contingente. A ocupação do trabalhador comum é ainda mais precária que a do mecânico ou artífice. Não será nenhuma surpresa se, em tempos de insegurança econômica, quando milhares de trabalhadores estão desempregados e ameaçados de perto pela miséria, incapazes de entender as causas reais de seu sofrimento, naturalmente com inveja daqueles que desfrutam de todas as benesses da vida e, além disso, conscientes de que *alguma coisa* está radicalmente errada, em algum ponto, para que se tenha toda essa desigualdade e injustiça social, unam-se para assegurar o que imaginam ser seus direitos, pelo uso da força. Já vivenciamos isso todos os dias.

Todavia, isso tudo se refere à mera existência física, embora seus efeitos sejam sentidos no plano da vida moral. Com relação à ciência humana e tudo o que diz respeito à sua origem, natureza e destino, individual ou coletivamente, nem ciência nem religião nos ensinaram algo proveitoso. Da ciência ganhamos o *slogan* "A sobrevivência dos mais aptos" – que é um mero fraseado científico, baseado no mote de Robber Barons que diz: "pode ele apossar-se de quem detém o poder e aprisionar os incapazes". Nas indústrias da vida, é possível sintetizar o resultado em uma só palavra: COMPETIÇÃO. Na produção, no comércio, em todas as profissões – mesmo nas atividades clericais –, nas escolas, em toda parte, vê-se COMPETIÇÃO, disputa e "sobrevivência dos mais capazes".

"E possa isto nos imbuir de apreço pelo Homem,
Com a compreensão de seu valor efêmero,
No afã de aprimorar sua peculiar natureza,
Em busca de sua posição social e dignidade final."

Napoleão I na Loja, no arrabalde de Saint-Michel em Paris.
(Extraída da obra *Histoire Abrégée de la Franc-Maçonnerie*)

Até hoje, nossa civilização da jactância é, em escala gigantesca, uma carroça da *Jagannatha*,* que esmaga cabeças e corações tão implacavelmente quanto o ídolo de madeira de nossos Irmãos pagãos, com a única diferença que, à moda americana, fazemos a matança por atacado.

Será que não estão praticamente todas as energias e atividades da vida direcionadas e exauridas apenas no plano físico? E, além disso, não aumentou consideravelmente a luta pela sobrevivência, a despeito de nosso tão decantado progresso, nossa tão elogiada ciência e nossa civilização cristã? Nós não dispomos de tempo ou energia e sequer da vontade de descobrir o real sentido e a meta da vida, porque todas as nossas energias estão absorvidas na simples manutenção da existência.

"Ah! Quão fugaz é o prazer que a vida pode nos dar,
Se o medo pela certeza de que morreremos prova apenas que vivemos."

Se o verdadeiro conhecimento da natureza da alma e do destino do homem jamais houvesse existido, nossa atual situação seria extremamente lastimável. Porém, quando ficar claramente demonstrado ter essa sabedoria sido conhecida em algum momento no passado, inicialmente aviltada pelo egoísmo e então perdida intencionalmente e, durante séculos, sacerdotes astuciosos, para muitos dos quais a pena de enforcamento teria sido pouca desgraça ainda que canonizados como santos, empenharam-se ao máximo para privar a Humanidade desse conhecimento, que irá dizer o filantropo? Deverá ele pregar a fraternidade e a tolerância universais e ainda assim tentar vingar-se do clero? Mil vezes, não! Deve, em vez disso, deixar o clero e o proletariado cuidarem de seus próprios afazeres à sua maneira; vamos trabalhar *nós mesmos* para reaver o *conhecimento perdido* e, quando isso ocorrer, que o devotemos absolutamente à Humanidade.

---

* N.R.: Durante as festas de Sananayatra e Rathayatra, em Orissa, na Índia, a carroça de *Jagannatha* (literalmente: o Senhor do Mundo) é puxada pelos devotos, que são esmagados pelas suas rodas.

O mais auspicioso sinal dos tempos é o trabalho humanitário desenvolvido por milhares de pessoas bem-intencionadas, que se sensibilizam com os males existentes e desejam erradicá-los. Contudo, um número muito pequeno de casos obtém resultados proporcionais à energia e ao sacrifício despendidos, pois a autodoação é uma virtude não de todo desconhecida da cristandade. Por outro lado, em muitos exemplos, vemos que esses esforços humanitários nos lembram tentativas de destruir uma árvore *Upas*, a qual, quando cortada diariamente, cresce de novo, antes da manhã seguinte. Prendemos e às vezes executamos criminosos e nem assim diminui o nível de criminalidade onde quer que seja. Sequestramos e "tratamos" o insano, e a insanidade cresce continuamente. Construímos hospitais para enfermos e idosos, bem abaixo do necessário; mesmo assim, julgo ser uma atitude louvável. Porém, orfandade, doença, angústia e miséria senil não decrescem de modo algum. Em determinado momento, deveria ocorrer-nos que a sociedade está completamente equivocada ou que há alguma coisa radicalmente errada em todos os nossos métodos. Na agregação total, os lucros provenientes de descobertas científicas e máquinas que reduzem a mão de obra devem ser destinados às classes de criminosos ou indigentes. A única coisa de que podemos nos vangloriar como resultado disso é o aumento do número de milionários e, estes, como classe, em vez de serem a fruição de um nível evolutivo mais alto, são quase sem exceção a verdadeira fina-flor de uma civilização da competição e do egoísmo. Criaram uma aristocracia da riqueza, em muitos casos proveniente de jogos de azar, do tráfico, da política ou roubos, e ainda determinam o critério do que é "alta sociedade", ou seja, ostentação extravagante e afetação vulgar.

Então, qual é o verdadeiro problema de nossa civilização da fanfarronice? A resposta é IGNORÂNCIA e EGOÍSMO; este é o resultado da "desunião".

Se em nossos interesses sociopolíticos o fator precedente são os resultados, a despeito de todo progresso científico, e, em face de nossa "civilização cristã", no reino intelectual ou em assuntos educacionais, será que melhoramos nossa situação? Vejamos.

Uma das primeiras lições ensinadas a uma criança na escola é competição. Desde tenra idade, é-lhe instituído que deve tentar ser a líder de sua classe e tem seu empenho estimulado continuamente para que supere seus colegas. Muitos jovens, de ambos os sexos, que se graduam em instituições literárias, ostentando prêmios por sua proficiência ou escolaridade, sofrem um fracasso mental pelo resto de suas vidas. Não são as disciplinas ensinadas ou as áreas do conhecimento dominadas com maestria, pois, como ocorre na grande maioria dos casos, esses conhecimentos não têm nenhum valor prático no pós-vida. O volume de informações técnicas ministradas ao aluno é útil frequentemente no caso das profissões assim chamadas eruditas, porém, na vida rotineira comum, tais informações caem em desuso e raramente servem à finalidade de abrir para o indivíduo níveis mais elevados de conhecimento ou fornecer-lhe o verdadeiro conhecimento do seu "Eu".

Herbert Spencer menciona cinco objetivos a serem atingidos na educação infantil: a educação que prepara a criança para a autopreservação; a que a prepara para a autopreservação indireta; a que lhe ensina os princípios da família; a que ensina a cidadania; e a que lhe ensina os variados refinamentos da vida. Esses objetivos, apresentados por um dos mais importantes escritores atuais, podem ser vistos como pertinentes à autopreservação e ao "progresso" na vida, enquanto o último talvez tenha uma implicação de fundo social; porém, qualquer conhecimento mais elevado, destinado a revelar ao homem seus reais poderes e a promover a evolução da alma, não é sequer mencionado.

Ao longo de toda a nossa educação religiosa, desde a infância, em todas as informações de caráter espiritual pós-vida, aprendemos a cuidar com aguda atenção da salvação de nossa própria alma; e isso em face da assertiva de que uma parcela muito grande da raça humana estará em algum momento completamente perdida ou amaldiçoada, para toda a eternidade! A ciência completa esse quadro ao tentar demonstrar que *a luta pela sobrevivência é condição necessária a toda forma de evolução*. E, ainda, que somente o dente mais afiado e a garra mais longa podem sobreviver. Se assim for, o ideal entronizado tanto pela religião quanto pela ciência é o EGOÍSMO. Considera-se a autopreservação "A PRIMEIRA LEI DA VIDA". O resultado é o MATERIALISMO, no sentido mais estrito e amplo do termo, e isso paralisou, quando não destruiu totalmente, todos os ideais mais elevados.

Não é razoável supor que, se estivéssemos de posse do verdadeiro conhecimento, poderíamos assim controlar nossas ações e dessa forma configurar nossas vidas para evitar as armadilhas da ignorância e então começar a caminhada para um nível mais alto da evolução? A religião oferece a fé, com um sistema de recompensas e punições, e infunde a caridade, interpretada na maioria das vezes como doação de esmolas; entretanto, ela não nos revela o conhecimento. A ciência apresenta uma teoria ou hipótese funcional, mas ainda não nos ensina o conhecimento. Na medida em que tais demandas retiram todas as nossas energias – para simplesmente manter nossa existência no plano físico e ajudar aqueles que nem isso conseguem, porque são incapazes –, as chances de buscar algo mais elevado são mínimas.

O complicado sistema em que trabalhamos é o resultado de muitos séculos de *ignorância* e *superstição*, bem como de muitas gerações de perversidades, e tal situação não pode ser transformada em um dia. Muitas de nossas modernas instituições, totalmente dissimuladas como são, plenas de abusos e injustiças, não obstante, são tão profundamente enraizadas que precisarão se aprimorar muito a fim de conseguir o amargo fim da dor, da tristeza, e isso, provavelmente, só poderá acontecer de maneira ilegal, com derramamento de sangue. Isso *não precisaria* acontecer, ainda assim seria impossível convencer, subitamente, um número suficiente de indivíduos envolvidos nessas instituições, acerca da verdadeira causa de toda a nossa miséria e, ao mesmo tempo, induzi-los DE REPENTE a remover a causa. Não é de se esperar que tal fato ocorra, por conta da descrença total na existência do remédio proposto. Em vista disso, a justiça retributiva terá de aperfeiçoar seus próprios resultados.

É realmente necessário que a Humanidade tenha de permanecer na ignorância para sempre, repetindo a mesma ladainha e solicitando a retribuição que invocamos?

Nas próximas páginas, são indicadas duas fontes de conhecimento: Maçonaria e Filosofia, cujas origens se deram, direta ou indiretamente, a partir dos Mistérios da Antiguidade. A fraternidade incondicional do homem é a base de toda a ética, enquanto a grande República é o Estado ideal. Se esses conceitos fossem reconhecidos e adotados, haveria consequentemente tempo, oportunidade e energia para compreender os problemas mais profundos relativos à origem, à natureza e ao destino do homem. "Até agora o homem ainda não é Homem." O que poderia ele ser e realizar, sob condições favoráveis, é algo que raramente foi sonhado. Nunca construímos além de nossos ideais. Habitualmente, caímos abaixo deles.

Existem poucas pessoas, em quase todas as comunidades, cuja luta pela sobrevivência é reduzida ao mínimo. Sem dúvida, em sua maioria são mulheres. Sendo competentes na luta contra a pobreza ou estando amplamente dotadas para tal, elas realmente dispõem de tempo para o lazer, estudo e no autoaperfeiçoamento. Muitas dentre elas estão mais ou menos engajadas no trabalho assistencial. Todavia, em face de não terem um ideal mais elevado, além do mérito e da autossatisfação decorrentes dessa atividade caritativa e, ainda, por não possuírem um real conhecimento a respeito da natureza da alma e das leis que regem sua ascensão evolutiva, desperdiçam suas oportunidades na luxúria e na autoindulgência, o que imaginam ser algo justificado pelo fato de já se terem dedicado à caridade. Como resultado, vemos que são habitualmente consumidas pelo *tédio*. A par disso, são tão instáveis quanto a água, na busca de novas sensações ou de uma novidade excitante.

Se a maioria delas fosse constituída de mulheres que determinassem os padrões e usos daquilo a que chamamos "sociedade", os ideais de seus pares masculinos ficariam muito aquém dos delas, sendo os homens poupados do tédio em função da diversidade de sua vida social ou por demandas da vida profissional. O trabalhador comum que dispõe de um vínculo empregatício duradouro é, na maioria das vezes, menos miserável que esses filhos e filhas da riqueza, que geralmente perdem todo o seu entusiasmo pela vida e têm sua velhice preenchida na angústia pela juventude perdida, frequentemente com suas vidas abreviadas por enfermidades, quando não degeneram na imbecilidade. É um dos sinais atuais mais auspiciosos que, nessa classe favorecida, haja um número crescente de pessoas dedicando tempo, energia e dinheiro no empenho de melhorar a condição das massas. Sendo a reencarnação verdadeira, esses servos da Humanidade, ao agir assim, estão formando uma provisão de bom carma, o qual representa, literalmente, um "tesouro no Céu" e deverá lhes garantir seguramente oportunidades ainda mais amplas e uma natureza mais voltada para o bem, em outra encarnação. O melhor de tudo é o fato de estarem abrindo níveis de percepção espiritual mais elevados. Nada oculta tanto o "Eu mais elevado" do homem quanto o egoísmo e essa é a razão por que um número apenas limitado de pessoas consegue perceber claramente a distinção entre o verdadeiro e o falso.

Existe há muito tempo a convicção bem difundida e crescente de que a educação seria a panaceia para todos os males e que, se fosse possível começá-la com os jovens, bem como treinar as crianças, seria possível eventualmente reformar a sociedade, mesmo que essas crianças fossem descendentes de famílias corrompidas. O postulado "devemos educar, caso contrário, morreremos" contém, sem dúvida, uma grande verdade, porém equivale a outro dito: "A educação não pode reparar defeitos congênitos". O que é a educação, em sua essência, como e quando deveria começar e o que se espera dela, sob condições as mais favoráveis, ainda não se consegue vislumbrar. O adágio popular que diz: "Para se ter um cavalheiro são necessárias, no mínimo, três gerações", mesmo se o critério adotado para avaliar o que é um verdadeiro cavalheiro for imperfeito ou duvidoso. E, novamente, em alusão ao dito popular que a educação de uma criança deveria começar, no mínimo, nove meses antes de seu nascimento, demonstra que ao menos se reconhece a existência de condições e influências pré-natais. Contudo, neste último aspecto, ou seja, quanto ao meio ambiente em que vive a mãe durante a fase de gestação, os antigos gregos sabiam muito mais que nós e criaram leis com o propósito de prevenir a ocorrência ou propagação de deformidades físicas. O resultado foi uma simetria física tal, que o mundo raramente vira igual.

Agora que todos esses problemas são estudados à luz da reencarnação, desaparece a maior parte de toda a obscuridade. Tal estudo nos ensina o que é o Ego e exatamente aquilo que é determinado por hereditariedade, bem como quais os dons individuais e inalienáveis inerentes a ele. O referido estudo postula – por meio de uma Lei tão cega quanto a da gravidade, porque sempre absolutamente justa e tão inflexível quanto ao destino – que o carma da criança é associado ao dos pais, tanto no sentido da virtude quanto no do vício. Se esses se somam ao ego, como decorrência de todas as experiências encarnatórias anteriores e são manifestados pelas *tendências* do indivíduo, de uma forma ou de outra, então a ascendência, em todo caso, pode apenas fornecer as condições necessárias à expressão; a oportunidade de aprimorar as tendências inatas.

Agora, o que a educação pode e deve melhorar são essas tendências inatas. Essa é a única reforma genuína. Um grande passo para obter-se isso consiste na melhoria do ambiente individual. Se, entretanto, considerarmos que todo ambiente é resultado do carma, uma lei natural, veremos que o ambiente mais infeliz e privado da esperança pode às vezes oferecer as melhores condições de aperfeiçoamento. Pode-se imaginar que um Ego realmente inteligente e pleno de anseios, lançado pelo carma nessas condições, por conta de seus atos em vida pregressa, iria não apenas envidar todas as suas energias para elevar-se, mas também seria sempre cada vez mais repelido por tais influências degradantes em torno de si, até fugir delas como de uma pestilência.

Aqui, ficamos frente a frente com o real problema da educação. Como deveremos educar? No caso das crianças pobres e mesmo para muitas de classe média, o currículo comum da escola e da faculdade serve, frequentemente, para inculcar ideias de luxo, disputa por trabalho e resulta, em muitos casos, em ócio e libertinagem. Muitos pais almejam ver seus filhos educados para evitar que façam trabalho pesado e não passem pelas mesmas dificuldades que eles, porventura, passaram. Educam-se as crianças com determinados preceitos de moralidade ou ética, ou exige-se delas que recitem certas orações como o Credo e o Pai-Nosso. Isso é ridículo! Contudo, elas raramente aprendem noções de altruísmo ou autodomínio. O resultado é que as percepções inatas da criança – que são naturalmente muito mais aguçadas do que a maioria das pessoas pode supor e acabam se tornando invariavelmente, a menos que sejam cultivadas, embotadas com a idade e a experiência mundana – são totalmente negligenciadas ou ficam embotadas pelo verdadeiro sistema competitivo presente na educação, ao qual já nos referimos. Portanto, pode-se verificar que a forma de ministrar a educação faz toda a diferença e que os ideais nela aprendidos são de relevância maior que quaisquer outros meios.

É verdade que algumas das universidades mais modernas estão introduzindo métodos que enfatizam a individualidade e cultivam as percepções naturais, em um alcance até aqui quase desconhecido. Essa abordagem metodológica deve necessariamente resultar, no caso dos alunos inseridos em seu universo discente, no aprimoramento de suas próprias faculdades e percepção de seus potenciais. É um método que seguramente desenvolve uma forte individualidade no aluno. Assim, caso possa ser complementado por um conhecimento mais profundo dos poderes latentes da alma, bem como pelos verdadeiros ideais de ascensão evolutiva, poderemos obter um resultado ainda não compreendido pela maioria dos educadores.

Na discussão relativa a que tipo de conhecimento é mais importante, Herbert Spencer coloca o científico na primeira categoria. Não só por seus resultados práticos, mas também por conta dos ideais que enseja e pela percepção mais abrangente que ajuda a desenvolver. "Somente o homem que conhece a ciência", ele diz, "e não o mero calculador de distâncias, o analisador de compostos ou o classificador de espécies, porém aquele que, por meio de verdades medianas, busca níveis mais elevados e, eventualmente, o Altíssimo, pode verdadeiramente saber quão infinitamente além, não só do conhecimento humano e de sua concepção, acha-se o poder universal do qual a Natureza, a vida e o pensamento são manifestações".

De forma semelhante, o professor Huxley pensava a realização da Ciência no discernimento da ordem racional que ocupa o Universo. Daí, pode-se inferir serem nossos métodos falhos em sua maioria e nossa ignorância o fardo que nos mantém atrasados.

É na direção desse elevado conhecimento que todas as conquistas racionais se dirigem; e por que todos os nossos esforços cessam próximo do verdadeiro Altíssimo? Toda educação que não caminha nessa direção, tendo uma meta final contínua e consistentemente em vista é falsa, sendo uma falha. Agora, esse conhecimento mais elevado é o conhecimento da alma: de sua origem, natureza, poderes e leis que governam sua evolução. Este é, precisamente, o conhecimento que a moderna ciência deixa de oferecer, mas que a antiga ciência ensinou nos Mistérios da Antiguidade. Todo estudo e treinamento preliminar levaram até essa "real medida de um homem". Exatamente como toda vida é uma evolução, assim é todo verdadeiro conhecimento uma iniciação; e isso prossegue em uma ordem natural, avançando por meio de "graus" específicos. O Candidato deve ser sempre digno e bem qualificado, devida e verdadeiramente preparado. Ou seja, ele precisa perceber a existência de tal conhecimento, desejar possuí-lo e estar determinado a fazer qualquer tipo de sacrifício pessoal necessário à realização de seu propósito. Já deverá ter superado o estágio da crença ou superstição cegas, a escravidão do medo, a idade da fábula e o domínio do desejo e dos sentidos. Isso é o que significa estar "devida e verdadeiramente preparado". "Deverá ter provado sua qualificação nesses assuntos, não menor que a simples ausência nele, daquela forma mais sutil de egoísmo intelectual proveniente da posse do conhecimento e do desejo de usá-los, de maneira egoísta, a fim de exercer domínio sobre aqueles menos dotados intelectualmente. Sua motivação, por si só, pode determinar se é uma pessoa 'digna e bem qualificada."

É um fato verdadeiro, em cada plano da vida, que no processo de aquisição do conhecimento – sempre por meio da experienciação – o homem *torna-se* aquilo que conhece, ou seja, saber é um gradual *vir a ser*. Daí resulta, portanto, uma contínua transformação de motivações, ideais e percepções do indivíduo, sempre que suas experiências diárias ao longo da vida o colocam contra limites de menor resistência ou à ordem natural da evolução. Esse é o real sentido científico e filosófico de toda *iniciação*. Com referência ao capítulo em que se analisam os *Princípios e Planos da Vida*, veremos que o citado princípio é a dedução lógica da ideia do microcosmo e macrocosmo ou conceito filosófico que diz ser o homem envolvido pela divindade e que evolui com a natureza do Universo. Portanto, sua evolução ocorre *pari passu* com a da Terra em que habita.

Há tantas banalidades, desprovidas de qualquer significado, com a pretensão de serem conhecimento que, se o indivíduo não estiver familiarizado com essa linha de pensamento, não perceberá prontamente a verdade ou relação da assertiva de que o homem sempre se transforma naquilo que realmente conhece. Eis aqui a razão por que a mera inculcação de preceitos morais, na grande maioria dos casos, fracassa inteiramente na transformação de um caráter, sendo ainda a causa de tanto servilismo. Em suas viagens pela China e pelo Tibete, Abbe Huc fez relatos a respeito dos vendedores ambulantes que lá encontrou. Neles, descreve a sagacidade comercial, seu jeito aparentemente amistoso e a frase que nunca deixavam de repetir: "Todos os homens são Irmãos", a qual não os impedia de, sempre que possível, tirar vantagens em cima de seus clientes; com que facilidade um preceito moral degenera e torna-se gíria. **Consciência é o esforço da compreensão para assimilar a experiência; é o empenho do indivíduo em ajustar preceitos à prática ou, em outras palavras, é aquele processo vívido, ativo, que resulta no crescimento da alma e no aumento do poder que tem o homem de compreender a verdade.**

∴

Nos Mistérios Antigos, a própria Vida apresenta-se ao Candidato como um problema a ser resolvido e não como certas proposições a serem memorizadas e facilmente esquecidas. A solução desse problema constituía toda genuína iniciação e, a cada etapa ou grau, sua complexidade aumentava. À medida que a visão do Candidato ia se expandindo em relação aos problemas e sentido da vida, sua capacidade de compreensão e assimilação igualmente crescia. Isso também era uma evolução. É razoável supor que os graus inferiores de tal iniciação referiam-se aos afazeres comuns da vida, ou seja, ao conhecimento de leis e processos de natureza externa: a inter-relação do Candidato com esses temas por meio de seu corpo físico, bem como, no plano físico, pelos sentidos e instintos sociais, com seus companheiros. Sendo esses assuntos aprendidos, ajustados e dominados, o Candidato passava então ao grau seguinte. Aqui, aprendia, inicialmente, a parte teórica referente à natureza da alma, o processo de sua evolução, e começava a desenvolver aqueles instintos mais apurados a que temos referido frequentemente em determinadas seções desta obra. Se fosse considerado capaz de compreendê-los, ao manter seu "voto" no grau precedente, iria a partir desse momento descobrir em seu íntimo a evolução interior de sentidos e faculdades pertinentes ao "plano da alma". Por outro lado, seu progresso seria imediatamente interrompido e seus mestres se recusariam a continuar ministrando-lhe toda instrução posterior, caso se descobrisse sua negligência em relação aos deveres básicos da vida: aqueles para com sua família, vizinhos ou seu país. Antes que chegasse ao umbral de acesso, para se apresentar como Candidato ao conhecimento dos grandes Mistérios, haveria de ter comprovado plenamente o cumprimento desses deveres, pois, uma vez de posse do conhecimento, torna-se um servo altruísta da Humanidade, como um todo. Então, não mais tem o direito de restringir os dons do saber ou poder a ele conferidos, a membros de sua família ou amigos, em detrimento de estranhos. Nos graus mais altos, poderia ser impedido de usar esses poderes até mesmo para preservar sua própria vida. Tanto o mestre como seus poderes pertencem à Humanidade. Se o leitor parar por um momento para refletir como os judeus atormentaram Jesus, instigando-O: "Salve a si mesmo e desça da cruz"; fosse Ele o Cristo e se poderia constatar que a doutrina do supremo altruísmo deveria, há muito tempo, ter sido mais bem compreendida pelo mundo cristão; esse dom permanece até hoje um atributo divino e sinônimo de Cristo, é latente em toda a Humanidade e precisa ser desenvolvido da forma aqui descrita.

O que faz tal evolução parecer impossível ao leitor moderno é o fato de que não se concebe ser ela passível de ser obtida em uma única vida, nem pode ser. Ela representa o resultado do esforço persistente, guiado por altos ideais, ao longo de muitas vidas. Os que negam a existência de vidas pregressas podem logicamente negar toda essa evolução. Todavia, há de chegar o momento em que se atingirá a perfeição no espaço de uma vida. Esse é o sentido lógico das palavras de Cristo: "TUDO ESTÁ CONSUMADO".

O Espírito da Maçonaria

"A base de nossa Instituição é a Fraternidade e o Amor Incondicional."

"O mundo inteiro não é senão uma República, na qual cada nação é uma família e cada indivíduo, uma criança. A Maçonaria, de forma alguma depreciando a atenção aos diferentes deveres que a diversidade dos Estados requer, tende a criar um novo povo que, formado por seres humanos de muitas nações e idiomas, haverá de ser todo ligado pelos laços da ciência, moralidade e virtude." (*Moral e Dogma,* de Albert Pike, p. 220.)

"Em suma, o real objeto dessa associação (a Maçonaria) pode ser resumido nestas palavras: anular no seio da Humanidade preconceitos de casta, distinções convencionais de cor, origem, opinião e nacionalidade; aniquilar o fanatismo e a superstição; extirpar a discórdia nacional e extinguir a motivação da guerra; em síntese, chegar, mediante o progresso livre e pacífico, a uma fórmula ou modelo de direito universal e eterno, segundo o qual cada ser humano, individualmente, haverá de ser livre para desenvolver quaisquer faculdades de que possa ser dotado, bem como contribuir sinceramente com a plenitude de sua força, para que a felicidade seja vivenciada por todos e, por conseguinte, tornar toda a raça humana uma família de Irmãos, unidos pela afeição, sabedoria e trabalho." (*História da Maçonaria*, p. 62, Rebold.)

As duas citações apresentadas, de dois dos mais proeminentes escritores a respeito da Maçonaria – um deles abordando seu aspecto filosófico e o outro, o ângulo histórico –, podem representar claramente o caráter ou os ideais e metas da Maçonaria. Em que medida esse ideal maçônico é praticado atualmente não é objetivo desta obra demonstrar. Entretanto, ninguém absolutamente familiarizado com o assunto irá arriscar-se, em algum momento, a zelar para que nada deixe de ser cumprido. Na verdade, o fato de se ter concebido tal ideal e o esforço, em qualquer medida, no sentido de realizá-lo, representam algo grandioso e sublime. E isso a Maçonaria tem feito, desde os primórdios de sua história.

Existe um elo da tradição que liga a moderna Maçonaria aos mais Antigos Mistérios da Antiguidade. Pontos de referência primitivos podem ser encontrados em cada época e nação. "Não obstante a conexão que, de maneira bem evidente, existe", diz o dr. Rebold, "entre os Mistérios antigos e a atual Maçonaria, esta última deve ser considerada uma imitação em vez de continuação daqueles Mistérios antigos. A iniciação nesses Mistérios era comparável ao ingresso em uma escola onde se aprenderia arte, ciência, ética, leis, filosofia, filantropia e, ainda, as maravilhas e o culto à Natureza" (*História da Maçonaria*, p. 62).

A ciência do Universo e a sublime filosofia, da forma que foram ensinadas nos grandes Mistérios do Egito, da Caldeia, da Pérsia, da Índia e entre muitas outras civilizações da Antiguidade, são letra morta na moderna Maçonaria. O maçom inteligente, entretanto, deveria ser a última pessoa no mundo a negar que tal sabedoria tenha um dia existido, pelo simples motivo de que toda a superestrutura da Maçonaria fundamenta-se nas tradições de sua existência e seu ritual é um monumento vivo a isso, ou pelo menos deveria ser; mas, como sabemos, vários Irmãos sem o mínimo de conhecimento "palpitaram" em sua reformulação. Em todo lugar, a proficiência no grau precedente é a condição para a ascensão na Maçonaria. Essa proficiência consiste na habilidade de o Candidato repetir, palavra por palavra, certos Rituais e obrigações já ministrados, cujo sentido ou explicações constituem assunto das sessões dos diferentes graus. É prática corrente, no que tange a essa questão, assegurar direitos e benefícios da Loja aos seus membros e embargá-los para todos os demais, em vez de adiantar-lhes no verdadeiro conhecimento. Em outras jurisdições maçônicas, contudo, prevalece um costume diferente. Um Irmão, membro de Lojas belgas, narra o seguinte:

> "Nossa Loja, chamada de 'A Caridade,' em Orient Charlevoix, obedece ao Grande Oriente de Bruxelas e pratica o Rito Escocês. Não se exige de nenhum maçom que saiba de cor nada do ritual. (Isso nos lembra alguma coisa?) Todas as perguntas e respostas são lidas, especialmente na Iniciação. Supõe-se que o maçom deva, inicialmente, trabalhar seu interior, antes de se dedicar a uma obra exterior. Então, para obter seus graus, deve desenvolver alguma obra concebida por ele mesmo e também não se exige a memorização de nada, exceto palavras, sinais e senhas. Mas devo acrescentar que se espera de cada maçom a elaboração de alguma obra literária com temática genérica concernente ao bem-estar humano, suas instituições, sociologia, história, filosofia, filantropia, etc., e esse é o tipo de obra que se espera do jovem maçom. Então, após a leitura desse trabalho, ele é discutido por todos os membros da Loja, presentes talvez por três ou quatro sessões, até que o assunto pareça esgotado. E isso desenvolve a inteligência e o sentido da moral no jovem maçom".

Como será demonstrado em seção posterior, essa metodologia tem conformidade com aquela aplicada no ensino dos Mistérios menores da Antiguidade, que era preparatória aos grandes Mistérios.

Deve-se ter em mente que na moderna Maçonaria, nos Mistérios antigos e em todas as grandes religiões, sempre houve uma porção esotérica revelada ao mundo, aos iniciados, por meio de *graus*, conforme o Candidato demonstrasse estar preparado para receber, manter sob segredo e usar corretamente o conhecimento assim concedido. Poucos cristãos praticantes talvez saibam ter sido essa a prática do Cristianismo, durante os primeiros dois ou três séculos. As seguintes citações de *Moral e Dogma*, de Albert Pike, podem, portanto, ser de interesse. Na página 541 (e seguintes), ele diz:

"Esta, em sua pureza, como foi ensinada pelo próprio Cristo, foi a verdadeira religião primitiva, conforme comunicada por Deus aos patriarcas. Não se trata de nenhuma nova religião, mas da reprodução da mais antiga de todas elas e sua ética verdadeira e perfeita é a ética da Maçonaria e de todo credo da Antiguidade."

Santo Agostinho diz:

"O que hoje chamamos de religião cristã já existia entre os antigos e não esteve ausente da raça humana até o advento de Cristo, quando a verdadeira religião, que já existia, começou a ser chamada de cristã."[2]

Santo Agostinho nasceu em Tagasta, cidade da Numídia, de uma família burguesa, em 13 de novembro do ano 354. Seu pai, Patrício, era "pagão", e recebeu o batismo pouco antes de morrer. Sua mãe, Mônica, pelo contrário, era cristã fervorosa e exercia sobre seu filho grande influência. Santo Agostinho foi para Cartago, onde aderiu ao Maniqueísmo, que atribuía realidade substancial tanto ao bem como ao mal. Em Cartago, abriu uma escola. Logo depois, partiu para Roma, em seguida para Milão. Em 386, já com 32 anos de idade, afastou-se definitivamente dos estudos, por razões de saúde e de ordem espiritual.

---

2. Citado por Heckethorne – *Sociedades Secretas*, p. 12. Introdução: "Foram eles os primeiros a serem chamados de cristãos, na Antioquia".

Agostinho abandonou o Maniqueísmo e começou a inspirar-se em Platão, ou melhor, no Neoplatonismo, que lhe ensinou a espiritualidade de Deus e a negatividade do mal. Em 387, foi batizado, juntamente com seu filho Adeodato, em Milão, pelas mãos de Santo Ambrósio.

Em 391, foi ordenado padre e consagrado bispo em 395, governando a igreja de Hipona até sua morte, em 28 de agosto de 430, com 75 anos de idade.

Sua maior obra é *A Cidade de Deus*, um monumento da antiguidade cristã. Nessa obra-prima de Agostinho, está contida a metafísica original do Cristianismo, que é uma visão orgânica e inteligível da história humana. É uma grande visão unitária da história; não é uma visão filosófica, mas teológica.

"Dois amores construíram duas cidades: a da terra, pelo amor de si mesmo, até o desprezo de Deus, e a do céu, pelo amor de Deus, até o desprezo de si." (Santo Agostinho em *A Cidade de Deus*.)

Mas, prossigamos com nossas citações baseadas na obra *Moral e Dogma*:

"Nos primeiros dias do Cristianismo, havia uma iniciação parecida com a dos pagãos. As pessoas somente eram aceitas sob condições especiais. Para chegar a ter o conhecimento completo da doutrina, tinham de passar por três graus de catequese. Por conta disso, eram os iniciados divididos em duas classes: a primeira, de *ouvintes*; a segunda, dos *catecúmenos;* e a terceira, dos *fiéis*. Essas doutrinas, bem como a celebração dos Sagrados Sacramentos, particularmente da Eucaristia, foram mantidas sob profundo segredo. Esses Mistérios foram divididos em três partes: a primeira configurou a Missa dos Catecúmenos e a segunda, a Missa dos Fiéis. A celebração dos Mistérios de Mitra também se tornou uma Missa, sendo adotadas cerimônias iguais. Foram encontrados todos os sacramentos da Igreja Católica, incluindo até o Sacramento da Confirmação..." Os basilídeos, uma seita cristã surgida logo após a época dos apóstolos, celebravam os Mistérios, associados às figuras mitológicas do antigo Egito. Simbolizavam *Osíris* pelo Sol, *Ísis* pela

Lua, *Typhon* pelo Escorpião e usavam cristais com esses emblemas como amuletos ou talismãs para protegê-los de perigos, contra os quais também havia uma estrela brilhante e a serpente. Estes foram copiados de talismãs da Pérsia e da Arábia e dados a todo fiel em sua iniciação. Todos eles afirmavam – gnósticos, marcosianos, ofitas, etc. – ter uma doutrina secreta, por eles recebida diretamente de Cristo, diferente daquela dos Evangelhos e Epístolas, contendo ensinamentos mais profundos. Tal doutrina secreta não era por eles transmitida a qualquer um. E, entre as numerosas seitas dos Basilídeos, dificilmente alguém dentre mil a conhecia, segundo nos conta Ireneu. Só se conhece o nome da classe mais alta de seus iniciados. Era denominada *Eleitos* (ou *Elus*) e Estranhos ao Mundo. Tinham, pelo menos, três graus — material, intelectual e espiritual –, além dos Mistérios superiores e inferiores. O número daqueles que atingiam o grau mais elevado era muito reduzido.

"Em *Hierarchiae*, atribuído a São Dionísio, o Areopagita, primeiro bispo de Atenas, diz-se que a tradição do Sacramento foi dividida em três graus — *purificação, iniciação* e *realização* ou *perfeição* — e também menciona, como parte da cerimônia, *a revelação aos olhos*.

Dionísio ou Denis, de origem grega, comemoramos como o primeiro bispo de Paris. O historiador Gregório de Tours diz que Dionísio foi um missionário enviado pelo papa para evangelizar o norte da França. Ao formar a primeira comunidade cristã na cidade de Lutécia, hoje Paris, foi acusado e processado como pregador de uma religião ilegal e morreu mártir junto com dois membros, Rústrio e Eleutério, por volta do ano 264.

Sobre os túmulos desses mártires, foi construída a suntuosa Basílica de 'Montmartre', um dos maiores monumentos do Cristianismo em Paris.

As Constituições Apostólicas, atribuídas a Clemente, bispo de Roma, descrevem a fase inicial da Igreja, acrescentando: 'Estas leis não devem, em hipótese alguma, ser comunicadas a todo tipo de pessoas, em face dos Mistérios que contêm'".

É interessante notar o contraste existente entre as elocuções dos primeiros bispos da Igreja Católica com as bulas e anátemas de excomunhão dos papas de épocas posteriores, proferidas com violência contra os maçons por eles adotarem as mesmas doutrinas e a prática dos mesmos ritos. Entretanto, tal fato ocorreu depois que a ideia de dominação apoderou-se da moderna Igreja, que não tolerava nenhum rival e destruía qualquer oposição feita a ela. A supremacia papal deveria ser mantida a qualquer custo.

A palavra papa é um diminutivo familiar de papá, papai, atribuído ao bispo de Roma, como sendo o pai da família cristã. Percebam que Jesus, o Cristo, proibiu que o chamassem de Pai, porque esse título só pertence a Deus, que é o Pai de todos. E muitas vezes ouvimos o papa ser chamado de bom pai e até mesmo de santíssimo pai. Os papas consideram-se investidos de uma delegação sobrenatural; houve até um que se dizia Deus. Foi o papa Nicolau, na 96ª Distinção do Direito Canônico: "(...) é evidente que o pontífice romano não pode ser julgado por ninguém, porque ele é Deus!"

Em 1231, no Concílio de Toulouse, sob a liderança de Gregório IX, papa de 1227 a 1241, foi oficialmente criada a Inquisição ou Tribunal do Santo Ofício, um conselho eclesiástico que julgava os hereges e as pessoas suspeitas de se desviarem da ortodoxia católica. Em 1252, o papa Inocêncio IV (1243-1254) publicou o documento "Ad Exstirpanda", autorizando a tortura e declarando que "os hereges devem ser esmagados como serpentes venenosas". Referida ordem foi confirmada, renovada e reforçada pelos papas Alexandre IV (1254-1261), Clemente IV (1265-1268), Nicolau IV (1288-1292) e Bonifácio VIII (1294-1303).*

Na reforma da cúria realizada por Pio X em 1908, o Tribunal do Santo Ofício transformou-se na Congregação do Santo Ofício e, em 1965, após a reforma de Paulo VI, subsistiu como Congregação para a Doutrina da Fé. Oficialmente, a Inquisição durou mais de cinco séculos.

As perseguições e a matança, todavia, tiveram início muito antes de 1231. Adriano IV, papa de 1154 a 1159, "mandou executar [em 1155] o turbulento Arnaldo de Bréscia por enforcamento,

---

* N.E.: A respeito deste assunto, sugerimos a leitura de *Os Crimes dos Papas – Mistérios e Iniquidades da Corte de Roma*, de Maurice de Lachatre, Madras Editora.

depois mandou queimá-lo e atirar no Tibre suas cinzas". O crime do religioso italiano Bréscia foi opor-se ao poder temporal dos papas. Em 1179, o terceiro Concílio de Latrão decretou a perseguição permanente aos "hereges". Pelo quarto Concílio de Latrão, em 1215, os governantes seculares receberam ordens para confiscar os bens dos "hereges" e depois executá-los, sob pena de, não o fazendo, serem excomungados e sofrerem as sanções devidas.

Não houve nenhuma proposta ou movimento, em qualquer época, com o objetivo de apurar e julgar, mediante a constituição de um tribunal internacional, os bárbaros crimes cometidos pela sanguinária Inquisição, pelo menos para exigir indenização às famílias das incontáveis vítimas que tiveram seus bens confiscados, principal fonte de renda da Inquisição.

"Na Inquisição, uma defesa vale bem pouco para um preso, pois uma mera suspeita é considerada suficiente para a condenação. E, quanto maior a riqueza, maior o perigo. Grande parte das crueldades dos inquisidores deve-se à sua ambição: destroem vidas para possuir riquezas e, sob o pretexto de zelo religioso, saqueiam as pessoas a quem odeiam."

"Foi Inocêncio III o primeiro que estabeleceu, na célebre 'decretal' carta do papa Novit, a teoria posteriormente reproduzida por todos os papas, que ao bispo de Roma cabe o direito de intervir como juiz onde quer que se tenha cometido um crime importante, ou levantado alguma grave acusação, incumbindo-lhe impor penas e anular sentenças da justiça civil. Dadas as razões em que se fundava esse direito de recente invenção, cumpriria distribuí-lo igualmente nas respectivas esferas, a todo sacerdote, pastor ou bispo; de onde resulta uma dominação universal do clero sobre a sociedade leiga..."

Os vários pedidos de perdão formulados pelo papa João Paulo VI, além de demonstrar a falibilidade de seus predecessores, indicam que vivemos em outros tempos. São exemplos recentes os pedidos de perdão às vítimas pelos abusos sexuais cometidos por padres, e, em janeiro de 1998, pelos problemas causados ao astrônomo Galileu. Vejam:

A Igreja de Roma diz que fora dela não há salvação, "por isso não podem salvar-se aqueles que, sabendo que a Igreja Católica foi fundada por Deus por meio de Jesus Cristo como instituição necessária, apesar disso não quiseram nela entrar ou nela perseverar".

Mortes, envenenamentos, parricídios, adultérios, incestos. Isso é apenas uma pequena parte da história dos pontífices de Roma. Durante séculos o orgulho e a ambição desses **homens** guiam nossos Irmãos, que muitas vezes trouxeram fome, desgraças e até mesmo massacres, submetendo o povo às mais execráveis vontades, desses que são verdadeiros tiranos escondidos sob suas vestes eclesiásticas. Isso é apenas uma prova do que a ignorância e o fanatismo religioso obscuressem a sabedoria das nações.

Mas voltemos ao livro.

Tertuliano foi um dos mais efetivos teólogos de seu tempo. Nasceu em Cartago no ano de 155 d.C. Sua obra mais importante foi *Apologética* (Apologia) escrita em 197 d.C., e seu estilo literário era brilhante. Foi o primeiro a usar a palavra em latim *Trinitas*, que traduzida é Trindade, para se referir à natureza e essência do Pai, do Filho e do Espírito Santo.

Tertuliano, em seus últimos anos de vida, deixou a Igreja e se juntou ao Montanismo, um movimento ascético, excêntrico e herético, segundo a opinião de seus líderes, pois alegavam receber as revelações diretas do Espírito Santo. Diz em sua *Apologia*:

"Ninguém acessa os Mistérios religiosos sem o juramento secreto. Recorremos aos seus Mistérios tracianos e de Elêusis e estamos particularmente obrigados a ter essa cautela porque, se demonstrarmos nossa falta de fé, estaremos seguramente não só provocando a ira do Céu como atraindo sobre nossas cabeças o mais extremo rigor do desgosto humano."

Mas tem de ser sagrado. Os IIr∴ que convivem comigo saberão por que estou dizendo isso. Os Irmãos são obrigados (em quase todos os Ritos) a jurarem. Ajoelham-se e juram, colocando as mãos sobre "a Bíblia", que respeitarão "A Família", "O Irmão", "A Pátria", "A Constituição".

Até o Grau 33, que é o último grau do Rito Escocês Antigo e Aceito, os Irmãos chegam a fazer mais de 60 juramentos. Isso é um absurdo! Uma porque a maioria não respeita o próximo. Outra porque está escrito na Bíblia: "não jurem de jeito nenhum. Não jurem pelo céu, pois é o trono de Deus; nem pela terra, pois é o estrado onde ele descansa os seus pés; nem por Jerusalém, pois é a cidade do grande Rei. (...) Digam apenas 'sim' ou 'não', pois qualquer coisa mais que disserem vem do Diabo." (Mateus 5: 33)

Temos sim, em vez de jurar por tudo, de dar apenas a nossa palavra, olho no olho, perante a Assembleia de Homens Iniciados, e se faltar com sua palavra, temos que expulsá-lo, como um "cão sem dono". Processá-lo, expulsá-lo imediatamente, sem colocar "panos quentes", por ter "costas largas", por ter influência com esta ou aquela autoridade.

Se as autoridades "Dignas" não tomarem providências urgentemente, a Maçonaria terá seu fim muito em breve.

No processo de iniciação, temos de apresentar diversos documentos (certidões negativas). Mas por que não apresentar esses documentos periodicamente, ou seja, que cada maçom apresente esses documentos a cada três anos? Tenho certeza de que dificultaríamos a permanência de muitos "Irmãos", no seio de nossa Amada Ordem.

Clemente, bispo de Alexandria, nascido em 191 d.C., diz em seu *Stromata* não poder explicar os Mistérios porque assim estaria, de acordo com o velho provérbio, "colocando uma espada nas mãos de uma criança". Ele frequentemente compara a disciplina do segredo com os "Mistérios dos idólatras, quanto a sua sabedoria interior e recôndita".

São Clemente foi o terceiro sucessor de Pedro como bispo de Roma. Foi por algum tempo chefe da escola catequista de Alexandria, ensinou Filosofia Grega e as doutrinas éticas da cristandade. Clemente falava muito de uma tradição secreta ou Gnose, transmitida desde os apóstolos: "A Thiago e a Pedro foi entregue a Gnose pelo Senhor, depois da ressurreição".

"Ao procedermos à contemplação dos Mistérios do conhecimento, havemos de aderir à celebrada e venerável regra da tradição, começando pela origem do Universo, apresentando aqueles pontos da contemplação física que são necessários termos como base, e removendo quaisquer obstáculos que possam existir no caminho; de modo que o ouvido possa ser preparado para a recepção da tradição da Gnose, sendo limpo de ervas daninhas o solo e preparado para o plantio do vinhedo; pois há um conflito antes do conflito, e Mistérios antes dos Mistérios.

Que a amostra baste para os que têm ouvidos. Não se requer desvelar o mistério mas apenas indicar o que é suficiente." (*São Clemente de Alexandria.*)

Orígenes, nascido em 185-257 d.C., sucedeu Clemente como chefe da Escola de Alexandria. Foi considerado o primeiro grande teólogo da Igreja. Ficou mais conhecido pelos seus ensinamentos sobre a preexistência: "A alma não tem princípio nem fim". Foi um verdadeiro Universalista. Dizia que todos os homens seriam salvos porque são divinos em essência. Em resposta a Celso, que havia negado o fato de que os cristãos tinham uma doutrina secreta, disse:

"Considerando-se que os princípios e as doutrinas essenciais e importantes do Cristianismo são ensinados publicamente, é tolice arguir-se a existência de outras coisas recônditas, pois se trata de uma disciplina comum como a dos filósofos, em cujos ensinamentos havia algumas coisas exotéricas e outras esotéricas; basta dizer que ocorria o mesmo com alguns dos discípulos de Pitágoras".

Na Igreja primitiva, as palavras proferidas no momento da celebração de seus Mistérios eram: "Afastai-vos, profanos! Deixai que os catecúmenos e aqueles que ainda não foram aceitos ou iniciados se apresentem". Arquelau, bispo de Cascara, na Mesopotâmia, que no ano 278 criou uma controvérsia com os maniqueus, disse:

"Agora a Igreja revela estes Mistérios àquele que foi aprovado no grau introdutório. Não os revela, absolutamente, aos gentios, nem são eles ensinados nas aulas aos catecúmenos, porém grande parte desse conteúdo é transmitida usando-se uma terminologia simbólica para que os fiéis, que têm o conhecimento, possam ficar ainda mais informados e aqueles que ainda não estejam a par não sofram quaisquer prejuízos".

Cirilo, bispo de Jerusalém (316-386 d.C.), grande clérigo e doutor da Igreja, participou do Concílio de Constantinopla e tinha sempre uma resposta às heresias contra a divindade de Cristo. Sempre foi a favor da paz diante das diversas divisões que surgiam na Igreja. Um grande pregador de sermões e escritor de várias catequeses.

Diz em sua Catequese:

"O Senhor falou a todos que O escutaram, por meio de parábolas, mas aos Seus discípulos explicou, em particular, o sentido, destas, bem como o das alegorias que falava em público... Exatamente assim, a Igreja revela seus Mistérios àqueles que tenham passado da classe dos catecúmenos: nós empregamos termos obscuros com os outros".

São Basílio, o grande bispo de Cesárea (326-376 d.C.), diz:

"Os dogmas que recebemos nos foram transmitidos por escrito, e aqueles provenientes dos apóstolos, sob o mistério da tradição oral, e receamos que parte desses conhecimentos, assim legados, caia em poder de pessoas vulgares que se familiarizem o suficiente para entendê-los, mas não tenham o devido respeito por eles. Isso é o que não se permite ao não iniciado contemplar. Sendo assim, qual seria a utilidade de escrever e fazer circular entre as pessoas relatos desse teor?"

São Gregório Nazianzen, o Teólogo, bispo de Constantinopla, 379 d.C., diz:

"Vós tendes ouvido aquela parte do mistério que fomos autorizados a revelar abertamente a todos; o resto vos será comunicado em particular e esse conhecimento deverá ser guardado em vosso íntimo... Nossos Mistérios não devem ser conhecidos por estranhos".

As citações precedentes estão contidas na obra de Albert Pike, *Moral e Dogma*, pp. 141-145. Nessa lista de depoimentos são também incluídos: Santo Ambrósio, arcebispo de Milão, 340 d.C.; São Crisóstomo, de Constantinopla (354-417); Cirilo, de Alexandria, bispo em 412; Teodoreto, bispo de Cirópolis, na Síria, em 420; e outros, com a mesma finalidade.

Há quase nove séculos, os cristãos do Oriente celebram no dia 30 de janeiro, em uma única festa, os três santos bispos e doutores:

Basílio, o Grande; Gregório, o Teólogo; e João Crisóstomo. Seus atributos próprios são distinguidos assim:

De Basílio, louvavam-se sua inteligência excepcional e sua austeridade exemplar; de Gregório, louvava-se a sublime teologia expressa em estilo elegante; de Crisóstomo, louvava-se a excepcional eloquência e a força convincente de seus discursos. Embora haja entre eles essas qualidades diferentes, a fé, o amor à Igreja e a determinação em transmitir seus ensinamentos eram idênticos.

Não se tem dúvida da existência de uma doutrina exotérica e esotérica entre os primeiros cristãos e que as doutrinas esotéricas eram transmitidas oralmente nos Mistérios da iniciação. A par disso, tais Mistérios configuravam-se como os do mundo assim chamado pagão, sendo derivados originariamente destes. O mistério de Cristo recebeu uma nova interpretação após o primeiro Concílio de Niceia e, à medida que a Igreja se empenhava em dominar, perdia o Grande Segredo. Desde então, nega sua existência, fazendo uso de quaisquer meios ao seu alcance para impedir que se conheçam todos os seus registros e monumentos. Embora nosso tema seja a Maçonaria e não o Cristianismo, faz-se necessário demonstrar os elos, para que possamos não só compreender os "Antigos Pontos de Referência", mas também interpretá-los corretamente. Nem a cristandade nem a Maçonaria descendem, em linhagem direta, dos Grandes Mistérios da Antiguidade; porém, ambas são imitadoras destes, tendo ambas falhado em preservar a chave da interpretação e, em geral, não têm consciência de que tal chave tenha existido em alguma época. Nossa discórdia não é nem com a Maçonaria nem com o Cristianismo, mas, por ser favorável à renovação de ambas, por meio da restauração nelas da doutrina secreta. A moderna Maçonaria jamais possuiu a chave, ao passo que as primitivas seitas cristãs tinham-na em seu poder, mas, com o passar do tempo, perderam-na por conta da ambição, do domínio material e da perda da Espiritualidade. Creio ser oportuno aqui citar a que estamos assistindo com a Índia, pois o processo é muito parecido.

Para entendermos melhor, é necessário que se saiba um pouco mais sobre o primeiro Concílio de Niceia, que teve lugar durante o reinado de Constantino, primeiro imperador romano a aderir ao Cristianismo, em 325. Até essa data, o Cristianismo permanecia "apenas como uma seita do Judaísmo, tal como fariseus, saduceus ou os essênios. Os cristãos foram inicialmente conhecidos como 'os nazarenos'. Um outro detalhe muito importante é que até 135 d.C. todos os líderes da Igreja eram judeus. Só então surge um nome de família grega entre esses líderes".

O nome fariseu vem do grego *farisaioi*, derivado do hebraico *Perushim*, que quer dizer basicamente separar, afastar, explicar, esclarecer; saduceus vem do grego *saddoukaios;* hebraico: *bnê sadôq*, sadoquitas; essênios, na grafia portuguesa, constituíam um grupo ou seita judaica ascética. Sabemos dos essênios, já que a Bíblia não faz menção sobre eles, graças ao historiador Flavius Josephus e ao filósofo Filon de Alexandria.

Mas foram os gentios, cristãos sem origem judaica, que começaram a sentir a necessidade de diferenciar algumas comemorações, a exemplo da Páscoa (*Pesakh* no Judaísmo), que até então eram comemoradas no mesmo dia. E as igrejas concordaram em alterar a data do *Pesakh*. A palavra páscoa em português é uma derivação da palavra *pessach* hebraica, que significa passagem. Já nas línguas germânicas, o nome *Peschad* (hebreu), de origem judaica, acabaria por ser trocado por *Easter* (inglês) ou *Oster* (alemão) por preferência de "Eostre", nome da deusa pagã, ao nome da festa judaica.

Outra mudança que o Concílio de Niceia institui foi a transferência do dia de descanso semanal do sábado para o domingo.

O Concílio de Antioquia, que ocorreu em 341 d.C., proibiu os cristãos de comemorarem a Páscoa com os judeus. O Concílio de Laodicea proibiu os cristãos de observar o Sabá e de receber prendas de judeus, ou mesmo de comer pão ázimo nos festejos judaicos.

Pode-se descrever, de maneira mais pormenorizada, a origem dos Mistérios cristãos. No ano 525 a.C., Cambises, chamado "o louco", chefiou um exército que invadiu o Egito, devastou o país, destruiu suas cidades, palácios e templos, escorraçou seus sacerdotes iniciados e rebaixou o país à condição de província da Pérsia. Muitos de seus sacerdotes refugiaram-se na Grécia e transferiram para lá os

Mistérios egípcios, dos quais Pitágoras havia tomado conhecimento por ocasião de sua jornada ao Egito, meio século antes. Platão, um século mais tarde, elaborou sua sublime filosofia baseando-se nos Mistérios que, em sua época, viviam um período de florescimento. No começo de nossa era, estes haviam declinado. Restaram, contudo, os gnósticos e os essênios, terapeutas de Alexandria que, sem dúvida, conheciam os Mistérios cristãos. Os neoplatônicos, liderados por Ammonius Saccus, assumiram a responsabilidade de preservar a primitiva revelação, e as eloocuções dos bispos cristãos, aos quais me referi, mostram como a doutrina secreta foi adotada a partir dos Mistérios iniciais por cristãos primitivos, durante os três primeiros séculos de nossa era. Após o primeiro Concílio de Niceia, em 325 d.C., anteriormente citado, pouco se ouviu falar a respeito das primeiras doutrinas. O incêndio da grande biblioteca de Alexandria, a supremacia católica e a era de trevas ocasionaram a destruição da sabedoria primitiva no Leste Europeu, que também foi devastado por hordas de bárbaros vindos do norte. Os principais locais de aprendizagem eram os conventos. Chegamos agora ao início do século XVI, quando ocorreu a grande Reforma protestante e surgiu a figura de Johann Trithemius, abade de São Jacob, em Wurtzburg, celebrado como um dos mais importantes alquimistas e adeptos, além de Cornelius Agrippa e Paracelso, seus discípulos.* Desse período, citamos ainda Johnnes Reuchlin, famoso cabalista, considerado um dos homens mais sábios de seu tempo, na Europa, amigo e mestre de Lutero, que começou suas eloocuções públicas por meio de um ciclo de palestras cujo tema era a filosofia de Aristóteles. Fez-se um grande esforço para reviver a antiga sabedoria, porém, vivia-se, então, uma era de extremo obscurantismo e superstição, e a reforma luterana acabou resultando em séculos de fé cega e na supressão da doutrina secreta.

No mesmo século, a Europa foi abalada por uma série de movimentos religiosos que contestavam abertamente os **dogmas**

---

* N.E.: Sugerimos a leitura de *Vida de Henrique Cornelius Agrippa von Nettsheim*, de Henry Morley, e *Paracelso*, coletânea de Nicholas Goodrick-Clarke, lançamentos da Madras Editora.

da Igreja Católica e a autoridade do papa. A esses movimentos deram o nome de Reforma, pois eram de cunho religioso (contrário à forma de ser da Igreja Católica). Por outro lado, ocorria ao mesmo tempo mudança na economia europeia, juntamente com a ascensão da burguesia.

Nessa época, a Igreja, como alguns fatos já citados, havia se afastado muito de suas origens e de seus ensinamentos, como pobreza, simplicidade, sofrimento. Agora ela era uma religião de pompa, luxo e ociosidade.

As críticas não paravam, entre elas o grande clássico de Erasmo de Roterdam, *Elogio da Loucura*,* que serviu como base para que Martinho Lutero efetivasse o rompimento com a Igreja Católica.

Moralmente, a Igreja estava em decadência, assim como hoje, só que naquela época sua preocupação era maior com questões políticas e econômicas do que com as questões religiosas.

Preocupada em aumentar, ainda mais, suas riquezas, começou a vender cargos eclesiásticos, relíquias e as famosas **indulgências** (o papado dava ao indivíduo a garantia de que cada cristão "pecador" poderia comprar o perdão por intermédio da Igreja), que foram a causa imediata da crítica de Lutero. Havia um padre dominicano, Tetzel, que pregava sobre as indulgências com grande exibicionismo. Ele dizia: "Cada vez que a moeda cai na bolsa do frade, uma alma sai do purgatório".

Com o declínio da autoridade papal, o rei e a nação passaram a ser mais importantes. Os principais reformadores foram:

Martinho Lutero: nasceu na cidade de Eisleben, em 10 de novembro de 1483. Veio de uma família humilde; seu pai, Hans Luther, e sua mãe, Margarete Ziegler Luther, eram agricultores (proprietários agrários). Teve uma

Martinho Lutero

---

* N.E.: Sugerimos a leitura de *A Filosofia de Erasmo de Roterdã*, coletânea de John Patrick Dolan, Madras Editora, na qual está inserido o Clássico *Elogia da Loucura*, de Roterdã.

próspera carreira acadêmica: foi ordenado sacerdote em 1507, entrando na ordem agostiniana; estudou Filosofia na Universidade de Erfurt; doutourou-se em Teologia e lecionou como professor em Wittemberg. Também recebeu o grau de mestre em Artes. Lutero deixou oficialmente a Igreja Romana em 1521. Casou-se com uma ex-freira em 1525. Faleceu em 1546.

Huldreich Zwinglio: nasceu em 1484 no povoado de Wildhaus, de família de fazendeiros. Recebeu o grau de bacharel em Artes estudando nas Universidades de Viena e Basileia. Antes disso, havia se tornado sacerdote católico e teve Glarus como sua primeira paróquia. Por volta de 1519, já sob a influência dos escritos de Erasmo e Lutero, começou a pregar em Zurique contra certos abusos da Igreja Católica e logo em seguida a deixou, convertendo-se.

Huldreich Zwinglio

João Calvino: nasceu em 1509 na cidade francesa de Nóyon, na Picardia. Seu pai era cidadão abastado e por isso se valeu do benefício de estudar na Universidade de Paris. Mais tarde, estudou Advocacia na Universidade de Orleans e em Bourgs. Calvino converteu-se às ideias da Reforma em 1533. Foi forçado a abandonar a França por colaborar com a Reforma, instalando-se na Basileia onde terminou sua obra *As Institutas da Religião Cristã*.

João Calvino

João Knox: nasceu em 1515 e viveu até 1572. Era padre escocês. Em cerca de 1540, começou a pregar ideias da Reforma. Em 1547, foi preso pelo exército francês e mandado para a França. Passou por Genebra onde absorveu completamente a doutrina de Calvino. Em 1559, voltou à Escócia para liderar um movimento de Reforma Nacional.

João Knox

A moderna Maçonaria reverencia como seus grandes mestres da Antiguidade Zoroastro, Pitágoras, Platão e muitos outros; além disso, ministra, em alguns de seus graus, um breve sumário de suas doutrinas. Em certo sentido, a Maçonaria inclui todos e adota seus preceitos, uma vez que eram iniciados nos Mistérios e suas doutrinas tinham, fundamentalmente, um só teor. Todas ensinavam a existência do Grande Arquiteto do Universo (cuja sigla em inglês é G. A. O. U.), a imortalidade da alma e a fraternidade incondicional do homem. E a Maçonaria está de pleno acordo com essas verdades primitivas e fundamentais.

As sociedades de maçons ou edificadores, com as quais a moderna Maçonaria afirma ter ligação, sem dúvida sugeriram a denominação maçom, que é o simbolismo de edificador e talvez a forma de organização ou ascensão por graus, como os de Aprendiz, Companheiro e Mestre, com o objetivo de neles representar os três graus dos Mistérios antigos.

Os dois ou três últimos séculos, no máximo, abrangem toda a história da moderna Maçonaria. A organização é recente, porém seus princípios, quando claramente definidos e inteligentemente interpretados, são eternos e acordam plenamente com os grandes Mistérios da Antiguidade.

O comentário histórico precedente a respeito de alguns pontos referenciais antigos nos permitirá estabelecer comparações e deduzir interpretações dos símbolos e grifos maçônicos, com base nos Mistérios antigos e, dessa forma, desvendar a ciência e a filosofia que constituem o caráter da Maçonaria. A Maçonaria é uma imitação dos Mistérios da Antiguidade, mas deveria transmutar-se por meio de sua restauração e perpetuação, através dos séculos vindouros, não pelo relaxamento de sua disciplina ou alterações em seu ritual, mas pelo aprofundamento de seus ensinamentos, intensificação do zelo e elevação da meta de cada Irmão, em todo o planeta.

Todas as grandes religiões têm suas histórias internas e externas. As primeiras mais ocultas, com doutrinas de mistério, com uma tradição esotérica. Ela é passada no fundo dos templos, nas confrarias secretas, a ciência profunda. Já a história exterior são os dogmas e os mitos ensinados publicamente nos templos.

A exemplo disso, destaco a antiga Grécia, onde o pensamento esotérico era mais visível e mais oculto que em outros lugares. A escola de Alexandria nos fornece chaves úteis, pois foi a primeira a publicar em parte e a comentar o sentido dos Mistérios, em meio ao esquecimento da religião grega e diante do Cristianismo crescente.

Tradições da Maçonaria

*"Aquele que criou sem cessar os mundos é triplo.
Ele é Brahma, o Pai; Ele é Maya, a Mãe; Ele é Vishnu,
o Filho; Essência, Substância e Vida. Cada um encerra
os dois outros e os três são um no Inefável."*
Iniciação Bramânica

*"Tu trazes em ti mesmo um amigo sublime que não conheces.
Pois Deus reside no interior de todo homem,
mas poucos sabem encontrá-lo.
O Homem que faz o sacrifício de seus desejos e de suas obras,
ao Ser de onde precedem os princípios de todas as coisas
e por quem o Universo foi formado, obtém a perfeição.
Aquele que encontra em si mesmo sua felicidade, sua alegria e,
em si mesmo também, sua Luz, é alguém com Deus.
Ora, saiba, a alma que encontrou Deus está liberta do renascimento e da morte, da velhice e da dor e bebe a água da imortalidade."*
Baghavad-Gita

*"A Verdade só poderá ser atingida pela própria
experiência de cada Um."*

As tradições, os grifos e o ritual da Maçonaria giram em torno da construção do Templo; a lenda do filho da viúva, Hiram Abiff, que perdeu a vida em defesa de sua integridade e da palavra secreta (ficou perdida somente após a sua morte) do Mestre. À medida que o Candidato progride, grau após grau, lhe são fornecidas as ferramentas adequadas ao seu nível de conhecimento e de proficiência e as instruções pertinentes ao seu uso. São reveladas a ele as *luzes* menores e maiores, bem como seu significado. Então, é-lhe demonstrada a imanência em tudo, em cada forma exterior ou coisa material, de uma simbologia que representa um mistério mais profundo, um poder oculto.

Estas são, em suma, a linguagem e a filosofia do simbolismo ou o aspecto exotérico e esotérico da Verdade. O método em si, fora todos os detalhes e aplicações, tem um significado científico mais profundo do que a maioria das pessoas pode supor. Esse método de instrução não é quimérico ou arbitrário, mas desenvolvido segundo o processo da própria Natureza Eterna ao construir um átomo ou um planeta, uma margarida ou um ser humano. O Cosmos evoluiu a partir do caos e este ainda representa o poder eterno, ao que Platão chamou de *Mundo das Ideias Divinas*. Isso será explanado com mais detalhes em capítulo subsequente. Por ora, limitamo-nos a dizer que do espaço primitivo, do éter primordial ou do que a ciência moderna chamaria de matriz ou origem da "massa nebulosa", originou-se a Terra e tudo nela contido. A forma essencial, a *ideia* de todas as coisas, o poder ou a força e a matéria, como a concebemos, devem ter existido no espaço primordial. Portanto, esses dois princípios sempre existiram, a saber, o poder imanente e a ação extrínseca; a ideia oculta e a forma aparente; o sentido intrínseco e o evento extrínseco. Cada um por vez simbolizando o outro. Origina-se daí o ditado a respeito da lâmina gravada de Smaragdine, *tanto acima quanto abaixo*. Todas as coisas voltadas ao exterior são, portanto, símbolos ou personificações de ideias preexistentes, e todas as coisas visíveis *emanam* desse reino subjetivo do ideal. Tal doutrina das emanações é a chave da filosofia de Platão, bem como das seitas gnósticas, das quais se originaram os *Mistérios* dos primeiros cristãos. Esse fato é aqui mencionado para demonstrar os profundos fundamentos dos grifos da Maçonaria.

No *Ritual funerário egípcio*, a alma boa ou purificada, juntamente com seu espírito superior ou *incriado*, é mais ou menos vítima, no outro mundo, da negra influência do dragão *Apophis*. Conseguiu o conhecimento final dos Mistérios celestiais e infernais, a *gnose*, ou seja, a completa reunião com o espírito triunfaria sobre tal inimigo; do contrário, a alma não pode livrar-se de sua *segunda morte*. Essa morte consiste na dissolução gradual da forma astral em seus elementos primitivos; mas este tremendo destino pode ser evitado mediante o conhecimento do "Nome Misterioso e Inefável", "a Palavra Perdida", dos cabalistas, ou seja, a Iniciação.

"Os iluminados, os homens justos, aqueles que, por seu próprio esforço, chegaram à suprema ciência do Homem Interno e ao conhecimento da verdade, receberam, como Marco Antônio, instruções dos próprios deuses, ora durante o sono, ora de outro modo. Auxiliados pelos espíritos puros ou anjos 'que habitam as regiões da bem-aventurança eterna', sempre observaram o curso de tais fatos e alertaram a Humanidade, repetidíssimas vezes, sobre tais perigos. Pode o ceticismo, se podemos assim expressar, burlar-se de tudo isso; mas a fé, fundada no conhecimento e na ciência espiritual, assim vem acreditando e afirmando sempre. Nosso ciclo atual é um ciclo eminentemente caracterizado por tais mortes. A cada passo nos acotovelamos nas ruas com homens e mulheres que perderam sua alma, e por isso não podemos nos admirar, diante da presente situação, com o tremendo fracasso dos últimos esforços de Hegel e Schelling para construir um sistema metafísico. Quando vários fatos palpáveis e visíveis do 'moderno' espiritismo fenomênico se verificam todos os dias e, apesar de tudo, são negados pela maioria dos homens das nações chamadas civilizadas, bem pouca probabilidade existe para que uma metafísica puramente abstrata venha a ser aceita por parte do crescente hoste de materialistas e positivistas." (Helena P. Blavatsky)

No Ritual maçônico, adota-se o Templo do rei Salomão como um símbolo. Nos trabalhos da Loja, sua construção e restauração, em Jerusalém, são apresentadas de forma dramatizada, e, na cerimônia de iniciação, à medida que o drama é desenvolvido, este é aplicado ao Aprendiz, por meio de palavras de duplo sentido e paridade de eventos, com admoestações, avisos ou encorajamento. As medidas e as proporções do templo são apresentadas detidamente, a fim de incluir a ciência dos números, formas e proporções, tão manifestadas na arquitetura, bem como ligá-las ao "templo espiritual" com o qual todas elas se relacionam, embora de maneira menos óbvia. O simbolismo é ajustado nos termos de uma equivalência ideal, em vez de fatos reais ou históricos. SOL-OM-AON (Salomão) representa o nome da Divindade, em três línguas, e a história bíblica é, sem dúvida, um mito ou alegoria ao deus Sol. Não existe uma história confiável a respeito da construção de nenhum templo desse porte em Jerusalém, e recentes explorações e medições alteraram consideravelmente as dimensões que se estimavam. Na dramatização, Hiram Abiff morre quando o templo estava prestes a ser concluído e, apesar disso, registra-se que, após sua conclusão, ele trabalhou durante anos para construir e decorar um palácio do rei. Acrescente-se a esses fatos a assertiva de que o templo foi construído sem que se ouvisse o som de martelos ou de quaisquer outras ferramentas metálicas e, desse modo, assemelha-se mais àquele outro *Templo Espiritual*, não construído por mãos humanas, eterno, nos Céus". Assim, são eliminadas as características históricas e literais, destacando-se em alto-relevo o simbolismo. As Lojas maçônicas são dedicadas aos santos de nome João; um deles, o Evangelista, abre seu evangelho gnóstico com a filosofia grega do *Logos*, o princípio da emanação já referido. Outro, o profeta de Patmos, escreveu um livro com o simbolismo das antigas iniciações, que muitos não iniciados já tentaram em vão interpretar. Pode-se ver, por conseguinte, um profundo significado na dedicação das Lojas aos santos com esse nome. Tomemos como exemplo Apocalipse, 21: 16: "E a cidade estende-se em sentido quadrangular, sendo seu comprimento tão vasto quanto sua largura; e ele mediu a cidade com a vareta de junco: seu comprimento, largura e altura são iguais" (um cubo perfeito). "E disso mediu a muralha: cento e quarenta e quatro (144) cúbitos, conforme as medidas de um homem, ou seja, um anjo." Tais palavras foram evidentemente codificadas com o propósito de ocultar seu real significado dos não iniciados. Como a medida de um homem, ou seja, um homem perfeito ou "anjo", temos o cubo como símbolo da proporção perfeita. Daí, um *Homem Perfeito*. O templo de Sol-om--aon (Salomão), a Cidade Cúbica – que, ao ser desdobrada, se torna uma *cruz* e, portanto, a "medida de um homem" – , isso tudo se refere ao trabalho de regeneração ou iniciação. A reconstrução do templo, após o plano traçado no quadro-Trípode, que deverá ser como a do templo espiritual, não construído com as mãos, refere-se claramente à iniciação, da qual resultam harmonia e proporção perfeitas. Essa base matemática e geométrica da virtude e da sabedoria ou conhecimento e poder será descrita com mais detalhes em seção posterior desta obra. Essa relação não é conhecida nas artes da Maçonaria, senão por meio de princípios gerais e simbolismo imperfeito: em lugar nenhum se faz alusão à existência de uma relação inerente e plena equivalência entre matemática pura e poder espiritual.

O rito mais popular no Brasil é o Rito Escocês Antigo e Aceito (R∴E∴A∴A∴). Esse rito surgiu na antiga Escócia. Para alguns outros historiadores, ele teria surgido na França, pela criação do Rito de Perfeição ou Heredom. Os jacobistas exilados na França muito contribuíram para a formação desse rito, que compreende 33 graus.

Passemos à nomenclatura dos Altos Graus do R∴E∴A∴A∴, onde é conveniente falarmos da divisão relacionada ao ensinamento e à concessão, pela Loja, dos diversos graus do R∴E∴A∴A∴, os quais são relacionados como segue:

Tipo de Loja	Tipos de Graus	Graus Concedidos
Loja Simbólica	Graus Simbólicos	1º, 2º e 3º
Loja de Perfeição	Graus Inefáveis	4º ao 14º
Loja Capitular	Graus Capitulares	15 ao 18º
Conselho Kadosh	Graus Filosóficos	19º ao 30º
Consistório	Graus Administrativos	31º e 32º
Supremo Conselho	Grau Administrativo	33º

A nomenclatura dos Altos Graus do R∴E∴A∴A∴, bem como algumas considerações sobre o seu significado, é a que segue abaixo*:

Graus Inefáveis Concedidos pelas Lojas de Perfeição

Grau	Nomenclatura	Breves Considerações
4º	Mestre Secreto	Grau de meditação; os verdadeiros segredos da Maçonaria devem ser objeto de pesquisas;
5º	Mestre Perfeito	Grau de meditação; estuda a filosofia da natureza e a solução da quadratura do círculo filosófico;
6º	Secretário Íntimo	O Grau é baseado na ideia de aprendizagem do comando, e sua moral resume-se no respeito que devemos Ter aos segredos alheios;
7º	Proboste e Juiz (ou Mestre Irlandês)	É consagrado à equidade severa com a qual devemos julgar nossas ações;
8º	Intendente dos Edifícios (ou Mestre em Israel)	A liberdade é o único traço de união entre o trabalho e a propriedade;
9º	Mestre Eleito dos Nove	Grau de Iluminação. Consagra-se ao zelo virtuoso e ao talento esclarecido que, por bons tempos e generosos esforços, vingam a verdade e a virtude do erro e do vício;
10º	Ilustre Eleito dos Quinze	Consagrado à extinção de todas as paixões e de todas as tendências censuráveis;
11º	Sublime Cavaleiro Eleito	Consagrado à regenaração dos costumes, às ciências e às artes;
12º	Grão-Mestre Arquiteto	Representa-se o povo e consagra-se à coragem perseverante;
13º	Real Arco	Destinado à interpretação dos primeiros instituidores da Ordem;
14º	Grande Eleito, ou Perfeito e Sublime Maçom	Consagrado ao Grande Arquiteto do Universo

*N.E.: Extraído do livro *Maçonaria – A Filosofia do Conhecimento*, de João Francisco Guimarães, Madras Editora.

Graus Capitulares Concedidos pelos Capítulos Rosa-Cruz

Grau	Nomenclatura	Breves Considerações
15º	Cavaleiro do Oriente	Esse Grau aborda o momento histórico do fim do exílio dos hebreus na Babilônia;
16º	Príncipe de Jerusalém	O Grau é consagrado ao retorno à Terra Santa;
17º	Cavaleiro do Oriente e do Ocidente	Grau Consagrado dos Cruzados;
18º	Cavaleiro Rosa-Cruz	Esse grau celebra o advento de Cristo;

Graus Administrativos Concedidos por um Conselho Kadosh

Grau	Nomenclatura
19º	Grande Pontífice ou Sublime e Escocês, dito da Jerusalém Celeste
20º	Soberano Príncipe da Maçonaria ou Mestre *ad-vitam*
21º	Noaquita ou Cavaleiro Prussiano
22º	Cavaleiro do Real Machado ou Príncipe do Líbano
23º	Chefe do Tarbernáculo
24º	Príncipe do Tarbernáculo
25º	Cavaleiro da Serpente de Bronze
26º	Príncipe de Merci ou Escocês Trinitário
27º	Grande Comendador do Templo ou Soberano Comendador do Templo de Jerusalém
28º	Cavaleiro do Sol ou Príncipe Adepto
29º	Grande Cavaleiro Escocês de Santo André ou Patriarca dos Cruzados
30º	Grande Inquisitor ou Cavaleiro Kadosh ou Cavaleiro da Águia Branca e Negra

Graus Administrativos Concedidos pelo Consistório

Grau	Nomenclatura
31º	Grande Inspetor, Inspetor Comendador
32º	Sublime Príncipe do Real Segredo

Último Grau Administrativo Concedido pelo Supremo Conselho

Grau	Nomenclatura
33º	Soberano Grande Inspetor Geral

Os 33 Graus

O aprendizado maçom está dividido por etapas. Cada etapa é desenvolvida numa Câmara própria, com seus respectivos graus. São elas: Lojas Simbólicas (do 1º ao 3º grau), Lojas de Perfeição (do 4º ao 14º grau), Capítulos (do 15º ao 18º grau), Conselhos de Kadosch (do 19º ao 30º grau), Consistórios (31º e 32º graus) e Supremo Conselho (33º grau).

1º GRAU: APRENDIZ – O Aprendiz deve, acima de tudo, saber aprender. É o primeiro contato com o Simbolismo Maçônico. Aprende as funções de cada um no templo e sempre busca o desenvolvimento das virtudes e a eliminação dos vícios. Muitos maçons antigos afirmam que este é o mais importante de todos os graus.

2º GRAU: COMPANHEIRO – A fase de Companheiro propicia ao maçom um excepcional conhecimento de símbolos, além de avanços ritualísticos e desenvolvimento do caráter.

3º GRAU: MESTRE – É o chamado grau da plenitude maçônica. No âmbito do Simbolismo (Lojas Simbólicas), é o grau mais elevado que permite ocupar quaisquer cargos. O Mestre possui conhecimentos elevados da história e objetivos maçônicos.

4º GRAU: MESTRE SECRETO – Neste grau, além de outros conhecimentos, o maçom aprende as virtudes do Silêncio. Avança, fantasticamente, no conhecimento de símbolos utilizados na Maçonaria em geral.

5º GRAU: MESTRE PERFEITO – Aprende-se no 5º grau a meditação interior. Privilegia este grau, o princípio moral de render culto à memória de honrados antepassados. Completa o conhecimento dos graus anteriores.

6º GRAU: SECRETÁRIO ÍNTIMO ou MESTRE POR CURIOSIDADE – É dedicado à necessidade de se buscar o conhecimento, sem o qual não há progresso. Contudo, adverte para a vã curiosidade, capaz de gerar malefícios. Investiga-se a miséria social e as maneiras de combatê-las, dentre outras coisas.

7º GRAU: PREBOSTE E JUIZ ou MESTRE IRLANDÊS – Neste grau, estuda-se a equidade, os princípios da Justiça, o Direito Natural e alguns princípios éticos da liderança.

8º GRAU: INTENDENTE DOS EDIFÍCIOS ou MESTRE EM ISRAEL – Dedica-se a estudar a fraternidade do homem por meio de valores como o trabalho e o direito à propriedade. Combate a hipocrisia, a ambição e a ignorância.

9º GRAU: MESTRE ELEITO DOS NOVE – Estuda-se a realidade dos ciclos, as forças negativas e a força da reconstrução.

10º GRAU: MESTRE ELEITO DOS QUINZE – Estuda-se a extinção de todas as paixões e as tendências pouco proveitosas, censuráveis.

11º GRAU: SUBLIME CAVALEIRO ELEITO ou CAVALEIRO ELEITO DOS DOZE – Dedica-se à regeneração.

12º GRAU: GRÃO-MESTRE ARQUITETO – Estuda o poder da representação popular.

13º GRAU: CAVALEIRO REAL ARCO – Estuda os magos pontífices do Egito e de Jerusalém.

14º GRAU: GRANDE ELEITO ou PERFEITO E SUBLIME MAÇOM – É o grau mais alto das Lojas de Perfeição. Proclama o direito inalienável da liberdade da consciência. Defende uma educação digna para que o homem possa ter governantes que assegure direitos e obrigações compatíveis.

15º GRAU: CAVALEIRO DO ORIENTE – Dedica-se à luta incessante para o progresso pela razão.

16º GRAU: PRÍNCIPE DE JERUSALÉM – Estuda a vitória da liberdade como conseqüência da coragem e da perseverança.

17º GRAU: CAVALEIRO DO ORIENTE E DO OCIDENTE – Explora o direito de reunião.

18º GRAU: CAVALEIRO ROSA-CRUZ – É dedicado ao triunfo da Luz sobre as Trevas. É a libertação pelo Amor.

19º GRAU: GRANDE PONTÍFICE – Fala sobre o triunfo da Verdade, estuda o pontificado.

20º GRAU: MESTRE AD VITAM – É consagrado aos deveres dos Chefes das Lojas Maçônicas.

21º GRAU: NOAQUITA ou CAVALEIRO PRUSSIANO – Estuda os perigos da ambição e o arrependimento sincero.

22º GRAU: CAVALEIRO DO REAL MACHADO ou PRÍNCIPE DO LÍBANO – Estuda o trabalho como propagador de sentimentos nobres e generosos.

23º GRAU: CHEFE DO TABERNÁCULO – Dedica-se à vigilância dos valores propagados pela Ordem e ao combate da superstição.

24º GRAU: PRÍNCIPE DO TABERNÁCULO – Dedica-se à conservação das doutrinas maçônicas.

25º GRAU: CAVALEIRO DA SERPENTE DE BRONZE – Dedica-se ao combate ao despotismo.

26º GRAU: PRÍNCIPE DA MERCÊ ou ESCOCÊS TRINITÁRIO – Estuda princípios de organização social por meio da Igualdade e Harmonia.

27º GRAU: GRANDE COMENDADOR DO TEMPLO – Defende princípios de governo democrático.

28º GRAU: CAVALEIRO DO SOL ou PRÍNCIPE ADEPTO – Estuda a Verdade.

29º GRAU: GRANDE ESCOCÊS DE SANTO ANDRÉ – É dedicado à antiga Maçonaria da Escócia.

30º GRAU: CAVALEIRO KADOSCH – Fecha o ciclo de estudos no Kadosch. É um grau de estudos profundos a respeito do Simbolismo e Filosofia Maçônicos.

31º GRAU: GRANDE JUIZ COMENDADOR ou INSPETOR INQUISIDOR COMENDADOR – Estuda o exame de consciência detalhado. Só os conscientes podem ser justos. Estuda-se História.

32º GRAU: SUBLIME CAVALEIRO DO REAL SEGREDO – Estuda-se o poder militar.

33º GRAU: SOBERANO GRANDE INSPETOR-GERAL – É o último grau. Fecha o ciclo de estudos. É, em última análise, o maçom mais responsável (pois todos o são!) pelos destinos da Maçonaria no país (no que tange ao Filosofismo). É o guardião, mestre e condutor da Maçonaria.

OBS.: O nosso objetivo foi dar uma visão geral de cada um dos graus. Evidentemente, eles têm muito mais conteúdo do que foi comentado. Bons livros de Maçonaria, dedicados ao público em geral, podem – com certeza – subsidiar de forma mais apropriada àquele que pretenda saber mais detalhes. Há livros que comentam quase tudo da Maçonaria. Os verdadeiros segredos, contudo, permanecem exclusivos: palavras de passe, os toques e os diversos sinais.

De acordo com Albert Pike, "A Gnose* é a essência e o miolo da Maçonaria". Por Gnose, devemos entender aqui esse conhecimento tradicional que constitui o fundo comum de todas as iniciações, cujas doutrinas e símbolos se têm transmitido, desde a mais remota Antiguidade até os nossos dias, por meio de todas as fraternidades secretas cuja extensa cadeia jamais foi interrompida. Toda doutrina esotérica pode unicamente se transmitir por meio de uma iniciação e cada iniciação inclui necessariamente várias fases sucessivas, às quais correspondem outros tantos graus diferentes. Tais graus e fases podem ser reduzidos, em última instância, sempre a três; podemos considerar que marcam as três idades do iniciado, ou as três épocas de sua educação, e caracterizá-los respectivamente com estas três palavras: nascer, crescer e produzir. A esse respeito, o Irmão Oswald Wirth escreveu: "A iniciação maçônica tem como objetivo iluminar os homens, a fim de ensinar-lhes a trabalhar utilmente, em plena conformidade com as finalidades de sua existência. Ora, para iluminar os homens, em primeiro lugar se faz necessário liberá-los de tudo o que pode impedir-lhes de ver a Luz. Isso se consegue submetendo-os a certas purificações, destinadas a eliminar as escórias heterogêneas, causas da opacidade daquelas envolturas que servem como cortes protetoras do núcleo espiritual humano. Quando as mesmas se tornam cristalinas, sua perfeita transparência deixa penetrar os raios de Luz exterior até o centro consciente do iniciado. Todo seu ser, então, satura-se progressivamente, até chegar a converter-se em um Iluminado. No sentido mais elevado da palavra, vale dizer que um adepto é transformado já em um foco irradiante de Luz. Consequentemente, a iniciação maçônica divide-se em três fases distintas, consagradas sucessivamente ao descobrimento, à assimilação e à propagação da Luz. Essas fases estão representadas pelos três graus: Aprendiz, Companheiro e Mestre, que correspondem à tripla missão dos maçons, que consiste em buscar primeiro, para possuir depois e, finalmente, poder difundir a Luz".

---

* N.E.: Sugerimos a leitura de *A Biblioteca de Nag Hammadi*, de James Robinson, Madras Editora.

Quando se estuda gnose, pode-se perceber que ela não está baseada em conceitos ou preceitos, mas na sensibilidade do espírito, do coração da alma. Trata-se de um conhecimento divino, superior e intuitivo.

Todo o conhecimento sobre os Mistérios da vida não está fora mas dentro de você. Lembre-se do que Tales de Mileto escreveu no frontispício do Templo:

"Noce te Impsum" – Homem, conheçe a ti mesmo e conhecerás o Universo."

"Um conhecimento muito limitado da história dos cultos e Mistérios primitivos é necessário para que uma pessoa se habilite a reconhecer no Mestre Maçom Hiram, o Osíris dos egípcios, o Mitra* dos persas, o Baco dos gregos, Átis dos frígios, quais deles no hemisfério sul celebravam a paixão, a morte e a ressurreição, como os cristãos celebram atualmente as de Jesus Cristo. Além do mais, esse é o tipo eterno e invariável de todas as religiões que sucederão umas às outras na Terra. Em uma conexão astronômica, Hiram é a representação do Sol, o símbolo de seu progresso aparente, que, aparecendo no portal sul, por assim dizer, é gradualmente abatido, enfraquecido, à medida que avança para o Leste, sendo aí imediatamente subjugado e eliminado pelas trevas, simbolizadas, segundo esta mesma alegoria, pelo espírito do mal; porém, retorna novamente, ao nascer de um novo dia, conquistador e ressuscitado."

Após uma discussão demorada e muito erudita a respeito do sentido filológico e fonético, usos e raiz etimológica de certos nomes de deuses, Albert Pike diz, à página 79 do livro *Moral e Dogma*:

"KHURUM, portanto, impropriamente chamado *Hiram*, é KHUR-OM, o mesmo que *Her-ra*, *Hermes* e *Her-acles*, a personificação da Luz e do Sol, o mediador, redentor e salvador".

E, novamente, à página 81, ele diz:

"É simplesmente absurdo acrescentar a palavra '*Abif* ou '*Abiff* como parte do nome do artífice. *Abin* (que se lê Abif) significa 'é meu

---

* N.E.: Sugerimos a leitura de *Os Mistérios de Mitra*, de Franz Cumont, Madras Editora.

Albert Pike

pai' (...) 'outrora, um dos servos do meu pai' ou 'escravos'. Hiram, em sua tradução é Hórus. Então Hiram Abiff em sua tradução é: Hórus é meu pai".

Quanto aos demais membros envolvidos na trama, possuem mais de um significado; do ponto de vista da Astrologia, relacionam-se aos signos do zodíaco, os "três perversos", que representam o solstício de inverno ou morte do ano e, em consequência, a sujeição do deus Sol! Outros significados serão mencionados mais adiante. "É uma coincidência fortuita?", pergunta o Irmão Pike, página 82, "que no nome de cada um dos assassinos acham-se os dois nomes das divindades do Bem e do Mal dos hebreus: pois *Yu-bel* é, no entanto, *Yehu-bal* ou *Yeho-bal*; e que as três sílabas finais dos nomes: *a, u, m*, formam o termo A∴ U∴M∴, o mantra sagrado dos hindus, que significa o Deus-Triunfo, aquele que origina a Vida (Brahma), que a preserva (Vishnu) e a destrói (Shiva), cuja representação mística é o caractere **Y**".

O som emitido quando da pronúncia OM ou AUM é primordial, pois contém todos os outros sons e foi dele que toda a criação surgiu. Dizem que, quando o Universo foi criado, o som da criação era exatamente esse "AUM". Também é uma invocação dos três aspectos de Deus, como vimos anteriormente. É a trindade na unidade.

Mantra (ou *mantram*) é uma palavra em sânscrito na qual *man* é mente e *tra* significa controle. Sendo assim, mantra é o controle da mente, uma palavra cósmica.

Os tântricos ensinam-nos que os lábios do devoto ao se movimentarem para pronunciar o mantra são como Shiva e Shakti em *maithuna* (relação sexual), que finalmente concebem a divindade adorável do devoto. Tal divindade, que é uma expansão do absoluto

(Brahmam), por amor aos seus devotos, manifesta-se neste mundo de formas e nomes. Nessa ocasião, o iniciado diz:

"Eu e o Pai Somos Um Só!"

Os mantras foram usados para diversos fins: curativos, mágicos, ritualísticos, conscientivos, espirituais. Para os descrentes, a pronúncia contínua e concentrada de certos mantras induz a um estado hipnótico, autossugestivo e enganador. Na verdade, por causa do desconhecimento da anatomia oculta do homem, somente os iniciados percebem os efeitos das palavras mantramizadas, que vibram primeiramente em nossa alma, ressoando nos chacras, nos canais energéticos (Meridianos) e sobre os estados de consciência.

Alguns desses mantras permanecem até os dias de hoje, graças às Escolas de Mistérios que conseguiram resguardar alguma coisa dessa língua mágica falada pelos ancestrais, na forma de nomes divinos, palavras misteriosas e sem significado aparente:

ADONAI, YAH, YOM, EHEIEH, ISIS, ALLAH, IAO, AOM, KWAN, YIN e outras.

Diz Eliphas Levi sobre o poder do Verbo: "Toda Magia está em uma palavra, e esta palavra, pronunciada cabalisticamente, é mais forte que todos os poderes do céu e do inferno. Com o nome IOD-HE--VAU-HE comandamos a natureza; os reinos são conquistados em nome de ADONAI e as forças ocultas que compõem o nome de HERMES são todas obedientes àquele que sabe pronunciar o nome incomunicável de AGLA. Por isso, os sábios de todos os séculos temeram diante dessa Palavra absoluta e terrível".

Segundo Madame Blavatsky, "a Magia dos antigos sacerdotes consistia, naqueles tempos, em invocar os deuses na sua própria linguagem".

Eliphas Levi

Madame Blavatsky

A linguagem dos homens da Terra não pode alcançar os Senhores. A cada um destes é preciso falar na linguagem do respectivo elemento.

Assim diz o *Livro das Leis* em uma sentença que, como se verá, encerra um sentido profundo; e acrescenta a seguinte explicação quanto à natureza da linguagem dos elementos:

"Ela se compõe de **SONS**, não de palavras; de sons, números e formas. Aquele que souber combinar os três atrairá a resposta do poder dirigente (*Orixá*, do elemento específico a que se recorre).

Essa *linguagem* é, portanto, a dos encantamentos ou dos mantras, como se chama na Índia, sendo o som o agente mágico mais poderoso e eficaz, e a primeira das chaves que abrem as portas de comunicação entre os mortais e os imortais.

Tanto as palavras pronunciadas pelos indivíduos como os nomes de que são portadores têm grande influência em seu destino futuro.

Quando nossa alma (mente) cria ou evoca um pensamento, um signo representativo desse pensamento fica automaticamente gravado no fluido astral, que é o receptáculo e, por assim dizer, o espelho de todas as manifestações da existência.

Esse signo expressa a coisa; a coisa é a virtude (latente ou oculta) desse signo.

Pronunciar uma palavra é evocar um pensamento e fazê-lo presente; o poder magnético da palavra humana é o começo de todas as manifestações no mundo oculto. Pronunciar um nome é não somente definir um ser (uma entidade) mas submetê-lo à influência desse nome e condená-lo, por força da emissão da palavra (*verbum*), a sofrer a ação de um ou mais poderes ocultos. As coisas são, para cada um de nós, o que a palavra determina quando a nomeamos. A palavra ou a linguagem de cada homem é, sem que ele disso tenha consciência, uma **bendição** ou uma **maldição**; e é por isso que nossa atual ignorância acerca das propriedades ou atributos da ideia, assim como sobre os atributos ou propriedades da matéria, é-nos tantas vezes fatal. Sim, os nomes (e as palavras) são benéficos ou maléficos; em certo sentido, são nocivos ou salutares, conforme as influências ocultas que a sabedoria suprema associou a seus elementos, isto é, às **letras** que os compõem e aos números que correspondem a essas letras.

    É esse o ensinamento esotérico aceito por todas as escolas orientais de ocultismo. No sânscrito, como no hebraico e em todos os demais alfabetos, cada letra tem sua significação oculta e sua razão de ser; é uma causa e também o efeito de uma coisa precedente, e a combinação de letras produz muitas vezes efeitos mágicos. As vogais, sobretudo, encerram tremendos poderes ocultos. Os **mantras** (exotericamente, mais invocações mágicas que religiosas) são cantados pelos brâmanes, como nos *Vedas* e em outras escrituras.

    A ciência esotérica ensina que todo o som do mundo visível desperta seu correspondente som nos reinos invisíveis e põe em ação alguma força oculta da Natureza. Além disso, cada som se corresponde com uma cor, um número e uma sensação em um e em outro plano. Todo som tem o seu eco nos elementos superiores e, ainda, no plano físico, e põe em ação as forças que transitam na atmosfera terrestre.

    A grande invocação maometana oriunda do minarete (pequena torre de mesquita de três ou quatro andares e balcões salientes, de onde se anuncia aos muçulmanos a hora das orações) participa desse caráter, conquanto também tenha em si algo do tipo que acabamos de considerar. É uma declaração de fé: *Não há nenhum deus, senão Deus* (ou como alguns o têm traduzido, *Nada existe senão Deus*, que é a verdade eterna), *Maomé é o profeta de Deus* e ainda *Tudo são forças, mas só Deus é o poder absoluto*. É interessante observar o efeito produzido no povo por essas palavras. É muito mais que o mero pensamento do significado dessas palavras, pois suscita naqueles que o ouvem uma ardente fé, uma explosão de devoção, muito bela em sua forma e muito característica das várias religiões.

Esse poderia ser um simples exemplo de associação, não fosse o fato de que anjos de certo tipo são invocados pelo chamado, e é sua ação que provoca muito entusiasmo demonstrado.

Em todas as ramificações da Igreja cristã que celebram a Santa Eucaristia, em qualquer circunstância, na forma que foi estabelecida por Cristo, usam-se certas palavras como parte de sua liturgia e em todas elas se produz um resultado maravilhoso.

Todas as ramificações da Igreja também invocam as hostes angélicas para assistir no serviço, e isso é feito não somente por uma forma particular de palavras, mas igualmente (quando o serviço é cantado, como na Umbanda) por uma forma particular de música, por uma disposição de sons, que tem persistido com apenas leves variações desde os primórdios da civilização. Os anjos de um tipo especial recebem essas palavras como um chamado e imediatamente atendem para executar sua parte no serviço que está sendo realizado.

Um tal mantra usualmente consiste em diversos sons ordenados, de caráter muito ressoante e sonoro. Às vezes se emprega uma única sílaba, como a palavra sagrada **OM**; mas há diversas maneiras de proferi-la, que produzem resultados semelhantes, de acordo com as notas em que as sílabas são cantadas e o modo como são pronunciadas. Também podem ser empregadas muitas notas diferentes em sucessão, como um arpejo. Supõe-se haver cerca de 170 maneiras de pronunciar a palavra sagrada hindu, que corresponde à egípcia **Aivum**. Dessa palavra também se derivou a **Aion** dos gregos e a **Amém** dos latinos, o **Assim Seja** do Espiritismo e **o Saravá** da Umbanda; é a palavra que representa o nome do *Logos*, nome inefável, em nossa quinta raça-raiz, e que é a palavra usada de maneira similar na quarta raça-raiz (*da Atlântida foi TAU*); essas palavras foram substituídas e são dadas em cada raça-raiz; são todas sílabas de uma grande palavra que será completada na sétima raça-raiz".

E, novamente, na página 620, o Irmão Pike afirma:

"Dizia-se que esse mantra não poderia ser pronunciado, a não ser letra por letra, pois caso fosse verbalizado como uma palavra ocasionaria tremores na Terra e faria até os anjos do Céu (elementais) tremerem de medo".

Nosso objetivo, neste momento, é demonstrar a estreita ligação entre os grifos maçônicos com os dos tempos antigos. Seu real significado será apresentado mais adiante.

Conforme já relatamos, a moderna Maçonaria representa nada mais que uma imitação dos genuínos Mistérios antigos, mas não está este autor imbuído de qualquer intenção de ver nisso um sentido que não possa ser totalmente comprovado. No que tange à parte mais importante, os maçons estão lidando com símbolos e sabe-se que não possuem a chave para sua interpretação ou nem suspeitam de sua eventual existência. Pertence ao futuro determinar se há um número considerável de nossos Irmãos maçons realmente interessados em conhecer, na íntegra, a verdade viva, que o texto extraviado mantém oculta. Esta existe e é acessível a todo Maçom, apesar desse texto sem destinatário ou da postura de mutismo, com a qual é dissimulada em cada Loja.

A Acácia

Com relação ao raminho de *acácia*, o Irmão Pike diz: "A genuína *acácia* também é o tamarisco espinhoso, a mesma árvore que crescia em volta do corpo de Osíris. É uma planta sagrada entre os árabes que a transformaram no ídolo Al-Uzza, destruído por Maomé. É abundante sob a forma de arbusto no deserto de Thur e dela foi feita a 'coroa de espinhos', colocada como cetro em Jesus de Nazaré. É uma espécie perene de planta, por conta de sua resistência e adaptabilidade ao meio ambiente. Como sabemos, quando plantada no umbral de uma porta, cria raízes e projeta vergônteas (ramos) floridas sobre a soleira".

Aqui vemos novamente um símbolo que vem de priscas eras, revivido e adotado sob muitas formas e, ademais, que a imortalidade não foi "trazida à tona" pela primeira e única vez pelo "Avatar da Compaixão" dos cristãos. Ainda assim, de qualquer modo, esse símbolo não deixa de ser verdadeiro. Contudo, se qualquer deus

Sol ou Redentor destes foi um personagem histórico ou não, o simbolismo ensina em qualquer crença as mesmas verdades eternas: a Ressurreição e a Vida; Redenção e Imortalidade.

A acácia é a árvore da vida. Suas flores cegam, suas sementes matam, suas raízes curam. A semente é o veneno; a raiz, o antídoto.

Trata-se de uma árvore sagrada para os egípcios. Na Maçonaria, simboliza a imortalidade da alma. No grau Rosa-Cruz e em diversos ritos maçônicos, ensina-se que a acácia lembra que foi dessa madeira a cruz em que morreu o Divino Mestre. Existem várias especulações a respeito da acácia. A planta é também citada na história dos Templários, mencionada quando alguns cavaleiros disfarçados colocavam ramos de acácia sobre suas cinzas quando estas eram levadas para o monte de Heredom. É considerada sagrada por Moisés, pois a pedido do Senhor ele ordenou a seu povo que usasse a acácia – pau de cetim – na fabricação do tabernáculo e nos móveis nele usados: a Arca da Aliança, a mesa dos Pães da Proposição, os varais da Arca e seus adornos.

A Lenda de Hiram Abiff[*]

"(...), Ao cair da noite, conduziram-no para o Monte Mória, onde o enterraram em uma sepultura que cavaram e que assinalaram com um ramo de acácia (Ritual de Mestre).

Quando, extenuados, os exploradores chegaram ao ponto de encontro, seus semblantes desencorajados só expressaram a inutilidade de seus esforços. (...) Caindo literalmente de fadiga, (um) mestre tentava agarrar-se a um ramo de acácia. Ora, para sua grande surpresa, o ramo soltou-se em sua mão, pois havia sido enterrado em uma terra há pouco removida." (Oswald Wirth.)

"Os mestres que foram à procura do mestre Hiram Abiff encontraram um monte de terra removida que parecia cobrir um cadáver, plantaram ali um ramo de acácia para reconhecer o local.

---

* N.E.: Sugerimos a leitura de *O Livro de Hiram*, de Christopher Knight e Robert Lomas, Madras Editora. Ver também: *Girando a Chave de Hiram*, de Robert Lomas, Madras Editora.

Conforme outra versão, a acácia teria brotado do corpo do respeitável mestre morto, anunciando a ressurreição de Hiram." *(Manual de Instrução para o Grau de Mestre da Grande Loja de Chile)*

Sendo a morte de Hiram Abiff uma lenda, torna-se evidente que existam diferentes versões, mas o importante é que todas elas coincidem que em sua sepultura surgiu um ramo de acácia.

"A lenda do mestre construtor Hiram Abiff é a grande alegoria maçônica. Na realidade, sua história figurativa é baseada em uma personalidade das Sagradas Escrituras, mas seus antecedentes históricos são de acontecimentos e não da essência; o significado reside na alegoria e não em nenhum fato histórico que possa estar por detrás." (A. E. Waite)

"Alguns desses manuscritos do século XVII (preservando as *Old Charges*) não se referem a Hiram Abiff, o que levou alguns a crer que esse 'personagem' seria uma invenção de um período mais recente. Todavia, o nome Hiram Abiff era meramente uma das designações dessa figura fulcral; ele é também mencionado como sendo Aymom, Amim, Aymem, Amnom. É dito que Amem é a palavra hebraica para 'aquele em quem se confia', o que se aplica perfeitamente ao papel de Hiram Abiff. Mas também é sabido que Amon ou Amen é o nome do Deus ancestral da criação de Thebas, a cidade de Sequenere Tao II." (Cristopher Knight e Robert Lomas)

"Para o construtor Iniciado, o nome Hiram Abiff significa, como já vimos, 'Hórus é meu Pai', o Espírito Universal, uno em essência, três em aparência. Ainda que o mestre assassinado seja estereótipo do mártir cósmico — o espírito crucificado do bem, o Deus moribundo — cujo mistério é celebrado por todo o mundo."

"É habitualmente reconhecido pelos estudiosos maçônicos que a história de Hiram é baseada em antigos Rituais egípcios do deus Osíris, cuja morte e ressurreição retratam a morte espiritual do homem e sua regeneração por meio da iniciação dos Mistérios. Hiram é também identificado como Hermes por meio da inscrição na *Tábua de Esmeralda*.*

---

* N.E.: *Tábua de Esmeralda* é uma obra que editaremos para a língua portuguesa.

"De acordo com as escrituras, Hiram não era um arquiteto, mas um mestre no trabalho do latão e do bronze. Ele não terá sido assassinado, mas terá vivido para ver o templo construído, tendo então regressado à sua terra natal." (Baigent e Leight, *O Templo e a Loja*, Madras Editora.)

"No antigo Egito, aos engenheiros, projetistas e maçons que trabalhavam nos grandes projetos arquitetônicos era concedido um estatuto especial. Eram organizados em corporações (ou associações) de elite...

Foram encontradas, pelo arqueólogo Petrie, provas da existência dessas corporações especiais, durante suas expedições ao deserto do Líbano em 1888 e 1889. Nas ruínas de uma cidade construída por volta de 300 a.C., a expedição do dr. Petrie descobriu diversos registros em papiro. Uma parte descrevia uma corporação que mantinha reuniões secretas por volta de 2000 a.C. A corporação reunia-se para discutir o número de horas de trabalho, salários, regulamentos do trabalho diário. Reunia-se em um local de culto e providenciava o apoio a viúvas, órfãos e trabalhadores em dificuldades. Os deveres organizacionais descritos nos papiros são extremamente semelhantes àqueles atributos ao 'Vigilante' e 'Venerável' em um ramo moderno da (...) Maçonaria." (William Bramley)

"Eu Sou o Grande Deus na barca divina (...) Eu Sou um simples padre no inferno da sagração de Ábidos, subindo a degraus mais altos da iniciação (...) Eu Sou o Grande Mestre dos artífices que elevaram o Arco Sagrado como suporte." (Dr. Ramses Seleem, *O Livro dos Mortos do Antigo Egito*, Madras Editora)

"Os maçons consideravam Thoth* como seu patrono. De acordo com a velha tradição maçônica, o deus Thoth teve grande participação na preservação do conhecimento do ofício maçônico e na transmissão à Humanidade após as grandes cheias (...)." (David Stevenson, *As Origens da Maçonaria*, Madras Editora.)

---

*N.E.: Sugerimos a leitura de *Thoth – O Arquiteto do Universo*, de Ralph Ellis, Madras Editora.

"(...) *O Livro de Enoch** foi sempre de grande significado para a Maçonaria, e certos Rituais anteriores à época de Bruce (1730-1794) identificavam Enoch com Thoth, o deus egípcio da sabedoria. Na *Royal Masonic Cyclopaedia* há uma entrada referindo que 'Enoch é o inventor da escrita', 'que ensinava aos homens a arte da construção' e que, antes das cheias, ele 'temia que os verdadeiros segredos se perdessem' – para preveni-lo, ele escondeu o Grande Segredo, gravado em uma pedra de pórfiro e enterrado nas entranhas da terra." (Graham Hancock, *The Sign and the Seal*)

"A história maçônica refere-se ao rei Salomão, enquanto a versão bíblica refere-se ao rei Davi. De fato, essa talvez seja mais uma explicação do que um problema. Apesar de a construção do Templo de Jerusalém ser atribuída ao rei Salomão, a iniciativa da compra dos materiais e da construção foi do rei Davi. Além disso, tanto os textos bíblicos quanto os históricos egípcios indicam que houve duas gerações de Hiram ATIFS, provavelmente correlacionadas. Como havia dois Hiram Atif – talvez pai e filho – que trabalhavam para dois reis diferentes (Salomão e Davi), não é de se estranhar que possa ter havido uma pequena confusão. Embora os textos bíblicos indiquem que Hiram Atif era o mais novo dos dois Hirams, a ligação com o príncipe Absalão denuncia a probabilidade de o herói maçônico ser, na verdade, Hirão, o Ancião, o 'rei de Tiro'.

Hiram Atif não era de Tiro (Tchar), no Líbano. Esse nome refere-se na verdade tanto à pedreira em que o arquiteto trabalhou quanto à cidade de Tânis, conhecida como Thar. Para decidir a identidade de Hiram Atif, devemos procurar, portanto, um príncipe ou rei de Tânis conhecido tanto como um arquiteto antigo quanto como um arquiteto maçônico, brutalmente assassinado. Para decifrar esse mistério, não precisamos ir muito além do príncipe Absalão, que preenche todos esses requisitos.

Absalão não foi somente o príncipe de Tânis mas também o rei durante o tempo em que fez a rebelião contra seu pai, o rei Davi

---

* N.E.: *O Livro de Enoch – O Profeta* é uma obra da Madras Editora.

[Psusennes II]. Além disso, o Kebra Nagast (*O Livro da Glória dos Reis*) explica deliberadamente que o rei Salomão era arquiteto e, como era um príncipe substituto em virtude do assassínio do príncipe Absalão, é muito provável que Absalão fosse arquiteto também. Naturalmente, a profissão aludida aqui era arquiteto; portanto, tanto Salomão quanto Absalão teriam sido maçons.

Os três assassinos de Hiram Atif eram chamados de 'os três Jubes', Jubela, Jubelo e Jubelum; três nomes idênticos que foram diferenciados pelo uso de sufixos de gênero distintos. São conhecidos de forma coletiva nos círculos maçônicos como os Jewes, palavra derivada de Jubes. A partir disso, surge a seguinte pergunta: por que esses três *ruffians* (desalmados) teriam o mesmo nome? E a resposta óbvia é que não são nomes mas títulos. O que estamos procurando, portanto, é uma posição ou cargo antigo conferido a essas três pessoas e que levava o título de 'Jube'.

É essa evidência bíblica que narra a história notavelmente semelhante da execução do príncipe Absalão por um comandante do exército chamado Joabe (Juabe). Mas o nome 'Joabe' era, na verdade, um título militar que significa 'Comandante de Cem Mil', e como o rei Davi tinha três comandantes militares no campo de batalha quando o príncipe Absalão foi morto, pode-se argumentar que Absalão e seu exército foram assassinados pelos 'três Joabes' (três Juabes) – os três comandantes do rei Davi. Há um grau de sinergia notável nesse ponto, entre a história maçônica dos três 'Jubes' que mataram um Grande Mestre e a consideração bíblica dos três 'Joabes', que impediram uma insurreição contra o rei e mataram um príncipe.

Tanto Hiram Atif quanto o príncipe Absalão foram mortos por três golpes dados pelos três Jubes (três Joabes). Tanto a sabedoria maçônica quanto a evidência tirada da múmia em Deir el Bahri indicam que esses três golpes foram dados na cabeça de Hiram Atif, enquanto a Bíblia afirma que foram no coração de Absalão.

Embora essa possa ser uma diferença genuína entre esses textos, é mais provável que tenha sido apenas uma pequena confusão de significados. Em termos egípcios, o órgão do saber e da consciência era o coração e não o cérebro; portanto, o último tradutor pode ter confundido esses dois termos. A palavra hebraica usada aqui, *lebab* לבב, reflete exatamente essa mesma confusão que, além de 'coração', pode ser também 'mente', 'conhecimento', 'memória' e 'pensamento'. Essa mesma confusão ocorre ainda em textos egípcios conhecidos como as *Instruções de Amenhotep*, em que foi dito que o coração era a base do conhecimento.

Hiram Atif era notoriamente conhecido na literatura maçônica como o 'Filho da Viúva', mas o príncipe Absalão ainda tinha um pai – o rei Davi –, fato que parece invalidar essa comparação entre Absalão e Hiram Atif. De fato, isso não é possível. A mãe de Absalão era Maaca Tamar I, cujo papel como primeira esposa foi usurpado por sua própria filha, Maaca Tamar II. É provável que, após a perda de seu *status* como primeira esposa, Maaca Tamar I tenha ficado conhecida como 'a viúva', em razão do fato de não poder ter mais contato sexual com o rei.

Os textos bíblicos parecem confirmar que essa era a terminologia usada na época, quando mencionam as concubinas do rei Davi. Dez delas tornaram-se guardiãs da casa (harém), e como esse novo cargo não lhes permitia mais o contato sexual com o rei, ficavam então conhecidas como viúvas.[3]

Essa explicação é sustentada posteriormente pela história contada ao rei Davi acerca da luta entre dois Irmãos e a morte subsequente de um e o exílio do outro. Essa história foi, na verdade, um conto alegórico que diz respeito à luta de Absalão com seu 'Irmão' Amom e seu exílio no Egito [Tebas]. O interessante, no entanto, eram os rumores de que a mãe desses dois Irmãos era viúva. A viúva em questão teria sido uma alusão a Maaca Tamar I, tirada do posto de primeira esposa por sua filha, Maaca Tamar II. Essa história confirma o fato de que o próprio Absalão era conhecido como o 'Filho de uma Viúva'.[4]

---

3. Bíblia, 2 Samuel 20: 3.
4. Bíblia, 2 Samuel 14: 5.

Os textos maçônicos indicam que Hiram Atif foi um herói, enquanto os bíblicos indicam o príncipe Absalão como traidor do reino. Mais uma vez, é menos uma questão de contenda e mais de perspectiva – aquele que faz terrorismo com um homem é inevitavelmente o que luta pela liberdade de outro. A Bíblia era simplesmente um livro escrito pelos escribas da corte do rei Salomão, vencedores dessa batalha singular, enquanto os textos maçônicos devem ter sido escritos pelos apoiadores de Absalão.

O historiador Flavius Josephus disse que o pai de Hiram Atif foi chamado de Ur, um nome que já estava ligado a Absalão, que era chamado Urias.[5]

A evidência parece indicar que o Hiram maçônico era na verdade Hirão, o Ancião, o 'rei de Tiro'; portanto, deve ter sido um 'filho' de Absalão que terminou a construção do Templo de Jerusalém durante o reinado de Salomão. Como foi Salomão quem herdou o cargo de Absalão de príncipe regente e, como o Kebra Nagast afirma que o rei Salomão era o arquiteto supervisor da construção do Templo, não seria tão absurdo afirmar que Hiram, o jovem, era na verdade o próprio rei Salomão.

Da mesma forma, tanto Josephus quanto o livro de Crônicas afirmam que foi o rei Salomão quem fez os artefatos de metal para o Templo, incluindo o 'mar de bronze'. Como a maioria dos pesquisadores, presumi inicialmente que Salomão havia *comissionado* esses materiais e que Hiram os tinha fabricado, mas os textos falam em várias ocasiões que o rei Salomão os fez. Sendo o rei Salomão o arquiteto maçônico Chefe (Grão-Mestre), é possível que tenha recebido todo o crédito para a construção do Templo, e foi considerado ainda como seu arquiteto antigo.

Por alguma razão, quando da construção do templo, parece que esses dois arquitetos, Absalão e Salomão, eram chamados de Hiram.

De modo geral, um bom exemplo pode ser dado para mostrar que o Hiram Atif maçônico era na verdade Hiram, o Ancião – um

---

5. Josephus, Ant 8,76.

príncipe ou rei de Tânis e arquiteto principal da Monarquia Unida –, também conhecido nos textos bíblicos como o príncipe Absalão, filho favorito do rei Davi, morto enquanto organizava um golpe militar contra seu pai. Embora o nome Hiram Atif não se pareça em nada com aqueles dados a Absalão ou Ankhefenmut (possível nome egípcio de Absalão), sabe-se que os príncipes do Egito tiveram uma sequência de títulos ao longo de suas vidas. É bem possível que Absalão tenha recebido o título de Hiram Atif, ou quando estava exilado em Tebas ou talvez quando fora iniciado no Ofício. Se ocorreu dessa forma, então a história maçônica pode ser melhorada para refletir as novas realidades que a história bíblica fornece.

Hiram Atif foi famoso desde o nascimento, já que era o príncipe mais velho e herdeiro legítimo do rei Davi [Psusennes II], rei do Baixo Egito e da Judeia. Após um pequeno desentendimento com seu pai, em razão do 'rapto' da irmã-esposa de Absalão e a consequente morte de seu 'Irmão' Amom, Hiram Atif foi exilado na província de sua mãe, Tebas. Sendo príncipe, ele teria conquistado muitos dos altos postos do sacerdócio, incluindo possivelmente o título de Arquiteto Chefe. Os segredos da Astronomia, da Alquimia, da Geometria e da Matemática não eram dominados somente pelos artesãos e juízes eclesiásticos, mas faziam parte do mistério e do poder da monarquia, nessa época. Conhecimento é poder e, assim como cita o verso do Kebra Nagast no último capítulo, o rei Salomão em particular vangloriou-se de seu grande conhecimento maçônico. Sem dúvida alguma, Salomão estava simplesmente seguindo os passos de seu Irmão mais velho (Absalão).

Apesar de Absalão ter sido o príncipe regente e sucessor do trono quando da morte do rei Davi [Psusennes II], decidiu organizar uma rebelião contra seu pai; e há suspeita de que ele estava sendo incitado e apoiado militarmente pelo sacerdócio tebano, o qual teria feito qualquer coisa para diminuir o poder de Tânis e Jerusalém. Os exércitos opositores encontraram-se na Grande Planície e, durante a batalha subsequente, Absalão foi morto por três golpes na cabeça, dados pelos três comandantes militares do rei Davi, os chamados 'Joabe'. O corpo de Absalão foi jogado em um precipício e não foi descoberto por alguns dias, fato que comprova o porquê de sua múmia estar semidecomposta quando descoberta em Deir el Bahri. Embora o rei Davi tivesse 'sentido' a morte de seu filho, ele não permitiria que um traidor fosse enterrado em seu mausoléu em Tânis; portanto, o nome de Absalão foi retirado da câmara designada para ele e seu corpo foi mandado de volta para Tebas, para lá ser enterrado, justamente onde foi por fim descoberto.

Como Absalão era o legítimo herdeiro ao trono do Egito, um sarcófago de prata já lhe havia sido encomendado; porém, após seu lapso de conduta precipitado e posterior execução, sua múmia havia sido mandada de volta a Tebas em um caixão de madeira maciça. Isso fez dois artesãos de Tânis ficarem com dois magníficos sarcófagos novos (um interior e um exterior), usados posteriormente pelo rei Salomão, Irmão mais novo de Absalão. Mas o título dado a Absalão enquanto viveu em Tebas foi Hiram Atif, que significa 'Hórus é meu pai'; portanto, esses dois sarcófagos pertencentes a Absalão haviam sido fabricados à imagem de Hórus, o deus do Egito com cabeça de falcão. Na verdade, Absalão havia sido o 'Falcão de Sabá'; no entanto, era para o rei Salomão ter herdado tal título."*

Nome histórico do maçônico Hiram Abiff (Hiram Atif).

---

* N.A.: Texto extraído da obra: *As Chaves de Salomão – O Falcão de Sabá*, de Ralph Ellis, Madras Editora. Trata-se de uma obra fantástica e creio ser indispensável a todo leitor.

Após seu compromisso e iluminação ritual, **o Aprendiz de terceiro grau é ridicularizado com a afirmação de que agora, sem dúvida, imagina ser um Mestre Maçom**. Então, é informado de que não é esse o caso e também que não se tem certeza alguma de ele algum dia vir a alcançar tal condição. Posteriormente, ele inicia sua jornada na busca por descobrir a Palavra Perdida. O método que adota na tarefa de encontrá-la e os nomes dos três Irmãos membros a que já me referi como Irmãos têm um profundo significado. Após muitas experiências, recebe um termo substituto, o qual deve ser oculto com grande fidelidade "até que as futuras gerações possam descobrir a Palavra Perdida".

O método pelo qual deve receber e eventualmente transmitir ou usar conhecimentos secretos, mesmo o termo substituto, é tornado preciso, definido e protegido em solene compromisso. Tanto o significado do grande segredo quanto o uso da palavra são deixados inteiramente ao terreno das hipóteses, além da assertiva de que é um nome sagrado e jamais deverá ser profanado, tomado em vão ou usado de maneira negligente; e me arrisco a opinar que menos que um maçom, entre 10 mil, já foi capaz de descobrir o porquê.

A força do compromisso reside, portanto, no juramento (compromisso) e não na razão. A bem da verdade, a razão é científica, em última análise. Científica em um nível que extrapola o alcance, até o presente momento, da "matéria radiativa" ou *Raio Roentgen*[*] da moderna Ciência. A *Palavra* diz respeito à ciência das vibrações

---

[*] N.E.: Quando o físico alemão Willhelm Roentgen, em 1895, descobriu a estranha radiação emanada da ampola de Crooks, capaz de atravessar os corpos opacos e impressionar uma chapa fotográfica, denominou essa radiação de *raios-X*, por desconhecer a sua verdadeira natureza.
A fotografia obtida com os *raios-X* ou *raios Roentgen* passou a ser chamada de radiografia (do latim **radius**, raio) ou roentgenografia. Em muitos países da Europa, sobretudo na Alemanha, esta última denominação é a preferida, assim como os termos que lhe são correlatos: roentgenoscopia, roentgenograma, roentgenologia, roentgenologista, etc. Nos Estados Unidos e em países latinos, a preferência é para a raiz latina: radiografia, radioscopia, radiologia, radiologista, etc.

rítmicas e é a chave para o equilíbrio de todas as forças, bem como para a harmonia da Natureza eterna.

Kolliker propôs à Sociedade de Física de Würzburg, onde Roentgen comunicou pela primeira vez a sua descoberta, que os *raios-X* fossem chamados *raios Roentgen*.

A Grande Ciência dos Mistérios

"Desvendar – Ó Tu, que és o sustentáculo do Universo, de quem todas as coisas provêm e a quem haverão de retornar – aquela face do verdadeiro Sol, agora escondido pelo vaso de Luz Dourada, para que possamos conhecer a Verdade, e cumprir plenamente nosso dever, em nossa jornada ao Teu sagrado trono."

Essa tradição do *Nome Inefável* foi introduzida na Maçonaria a partir da Cabala judaica e seu desaparecimento tem certa base histórica, pelo menos. Os primitivos sacerdotes hebreus, evidentemente, encarregaram-se de adaptar os nomes de suas divindades tribais ao simbolismo e às tradições do Extremo Oriente. Se a palavra do Mestre fosse realmente um vocábulo apenas, a deidade dos hebreus a representaria tão bem quanto qualquer outra. Todavia, é uma questão de fonética e não mera ortografia. Nas entrelinhas do texto hebreu, o Pentateuco, acha-se oculta a ciência da Cabala. Os anátemas que ameaçavam quem ousasse alterar, mesmo que uma simples letra ou "Yod", do texto aparente, tinham, portanto, um sentido mais profundo. Os sacerdotes de muitas civilizações antigas eram iniciados nos Mistérios e, como tal, monoteístas, ao passo que as massas ignorantes eram idólatras. O monoteísmo dos judeus tinha um caráter forte e seus sacerdotes e profetas tiveram muita dificuldade para evitar que seu povo fosse seduzido pelo politeísmo e abominações das nações vizinhas. O nome *Inefável* não era apenas oculto, mas também "terrível como um exército com suas bandeiras". Jeová era ciumento, vingativo, punia os infratores e não tolerava nenhum rival em toda a extensão do Cosmos. Em nenhuma outra religião prístina, a imagem antropomórfica da divindade é tão claramente definida assim: o Criador do homem e dos mundos tornado tão exageradamente humano.

A Cabala, pelo contrário, encarnando uma parte considerável da primitiva e autêntica doutrina secreta, cultuava uma imagem diferente da divindade. Portanto, enquanto mantinha a tradição da Palavra Perdida como o nome Inefável da divindade, considerava o simbolismo um fato literal, e o povo, que era ensinado a "não esculpir quaisquer imagens", terminou construindo um ídolo gigantesco, metade *moloch*, metade homem. Cercado de tais contradições, o simbolismo adotado dos ários, um povo mais simples e liberal, revelou-se deslocado e longe de suas origens. O reverendo dr. Garrison assegura em *Contribuição à História da Palavra Perdida*, anexo à obra de Foot, *História Inicial e Antiguidades da Maçonaria*, que o nome de quatro sílabas, Jeová (Jehovah), era adotado pelos hebreus como o Inefável e que *Adonai* era usado como opção. O sumo sacerdote, uma vez a cada ano, na época da expiação dos pecados, entrava sozinho no santuário e lá repetia o nome. Por conseguinte, o nome foi retirado do uso popular e finalmente se perdeu. Isso é engenhoso e literal demais para encobrir o caso. É a velha questão: "O que há em uma palavra?" Não é, afinal de contas, tão fácil de responder, ou a resposta poderia ser "tudo ou nada", dependendo do nosso ponto de vista em relação a ela. Antes da adoção dos pontos massoréticos, ou índices de sons vocálicos, as consoantes eram lidas por meio de entonação métrica do texto. O princípio do mantra era, portanto, conhecido pelo sumo sacerdote, no mínimo, e então, a Palavra, o nome, que conhecido em toda a sua plenitude e usado com poder "fazia a terra inteira tremer", pode ter sido usado ou invocado no santuário, pelo hierofante cabalístico. Algumas pessoas ao lerem esse trecho talvez ainda estejam muito mal informadas a respeito do poder que tem o som, a ponto de sorrirem diante da credulidade e simplicidade de quem o escreve, e outras são tão supersticiosas a respeito das *letras de um nome* que acreditam que, se escrito de uma forma e não de outra, pode ser mais sagrado! Não obstante, é a letra que mata, e o espírito (o Sopro) que mantém a vida. As consoantes que constituem o alfabeto hebreu são quase tão sagradas quanto toras de madeira. Se alguém souber como dispor tais toras e dar--lhes vida, para que assim possam desabrochar e florescer como o cajado de Aarão, então, é claro, teremos outra história bem diferente.

Diz J. D. Buck: "Existem perigos inseparáveis do simbolismo, o qual fornece uma lição impressionante em relação aos riscos inerentes ao uso da linguagem. A imaginação chamada a ajudar a razão usurpa seu lugar ou a deixa indefesa, enredada em sua trama. Nomes que representam coisas confundem-se com elas. Meios são tomados erroneamente por finalidades; o instrumento a ser interpretado pelo objetivo; portanto, símbolos usurpam uma característica independente como verdades e pessoas. Embora sejam talvez um atalho necessário, apresentam perigos para o acesso a uma deidade, no qual muitos, segundo Plutarco, ao interpretarem o símbolo de maneira errada, caem em uma superstição ridícula, enquanto outros mergulham no abismo não menos abominável do ateísmo e da impiedade."

"É por meio dos Mistérios, segundo Cícero, que temos aprendido os princípios básicos da vida e, por esse motivo, o termo 'iniciação' é usado acertadamente."

"Empregar o simbolismo universal da natureza, em vez das sutilezas da linguagem, recompensa o inquiridor mais humilde e revela seus segredos a cada um, na proporção de seu treinamento preparatório para compreendê-los. Se o sentido filosófico do simbolismo está além da compreensão de alguns, seus significados moral e político estão, no entanto, ao alcance de todos..."

"Essas obras e ensinamentos místicos não fizeram parte da leitura de uma palestra, porém do começo de um problema. Por demandarem pesquisa, foram planejados para despertar o intelecto adormecido. Não implicam nenhuma hostilidade à Filosofia, uma vez que esta é a grande intérprete do simbolismo."

Há uma grande ciência, conhecida por Magia, e todo verdadeiro mestre é um mago. Temida pelos néscios e ridicularizada pelos "cultos", a divina ciência e seus mestres, não obstante, atravessaram todas as eras e existem até hoje. A Maçonaria, em seu sentido mais profundo e Mistérios recônditos, constitui e possui essa ciência, e toda verdadeira iniciação consiste em revelar, ordenadamente, os poderes naturais do neófito, para que este se transmute na real meta que deseja atingir. Ao buscar a magia, ele finalmente se torna o mago. Toda genuína iniciação é como uma evolução e regeneração que começam em nosso interior. Destituídos dessa força e significado interior, todos os Rituais não passam de um jargão ridículo e todas as cerimônias, de uma farsa vazia. Para muitos, os Rituais da Maçonaria tornaram-se assim. Que a vida de Cristo e o poder que O fez ser chamado de *Christos*, Mestre, com o qual curava os doentes, expulsava demônios e previa fatos futuros, é a mesma Vida revelada e obtida pela iniciação nos Grandes Mistérios da Antiguidade, é perfeitamente manifestado. O descrédito em que a divina ciência caiu nasceu de seu abuso e degradação.

Na Idade Média e, na verdade, em todas as eras, houve falsos magos, bruxos e necromantes que, conhecendo alguns segredos e totalmente destituídos do seu sentido de beneficência, usaram seu conhecimento e poder unicamente com fins pessoais e egoístas. Hipnotismo e espiritismo fenomenal são suficientes ilustrações do poder a que me refiro e dos abusos que o mau uso dele pode envolver. A Magia é sempre uma ciência e, até determinado ponto, pode ser cultivada sem muita preocupação com seu uso ou com o bem-estar humano, *embora qualquer abuso seja fatal para o mago*.

A Necromancia era muito usada na Antiguidade, principalmente entre os gregos. É a arte de invocar os mortos para obter deles conhecimentos do futuro.

Essa arte foi utilizada pelos magos que, nas cerimônias ritualistas, evocavam os mortos para conseguir deles o apoio cultural e científico.

Os feiticeiros tinham outro interesse. Invocavam os mortos para auxiliá-los em sortilégios e malefícios.

Já os religiosos sempre buscavam nos mortos as ligações entre o Criador e as criaturas.

Há uma evidência muito clara de uma antiga crença judaica, segundo a qual alguns homens sábios (magos) tinham o poder de falar com os mortos e conhecer os segredos.

Oesterley e Robinson comentam: "Eliseu também é tido como capaz de levantar os mortos com complicados Rituais (2 Reis 4: 32-35). Isso talvez surgisse sob uma aura de magia; isso em nenhum momento é sugerido pelo ritual; então Eliseu deitou-se sobre o garoto morto e pôs sua boca com boca, olhos com olhos e mãos com mãos; assim como Eliseu estava vivo, também o garoto morto voltaria à vida".

No ritual do terceiro grau da Maçonaria, grau de Mestre Maçom, o Candidato também é ressuscitado. O Venerável sussurra em seu ouvido e o traz de volta para a vida. Significa que o Irmão Companheiro morre ritualisticamente e renasce. Ele sofre, figurativamente, a morte e a seguir, usando de um toque e uma terminologia, o Irmão é "elevado" a Mestre Maçom.

Há uma interessante imagem desse ritual em um episódio envolvendo o profeta Elias no livro de 1 Reis 17: 17-24. Em uma visita a Sidon, perto do portão da cidade, Elias encontra uma viúva apanhando lenha e é levado para sua casa. Durante a caminhada junto à mulher, seu filho – o "Filho da Viúva" – adoece e morre. Elias "estendeu-se sobre o menino três vezes" e clamou de novo ao Senhor por ajuda – ao que o Senhor ouviu, e "a alma do menino voltou a entrar nele e o menino recuperou a vida".

O Antigo Testamento refere-se muitas vezes à proibição das práticas de consulta com os mortos. Mas, então, por que proibir alguma coisa, se ela não é praticada?

Suas magias drenam a vitalidade de criaturas vivas e restauram a vida de criaturas mortas. Ossos, sangue, espíritos e aparições... Todas essas coisas são associadas às energias mágicas criadas e controladas pelos magos.

"Consulte as gerações passadas e observe a experiência de nossos antepassados. Nós nascemos ontem e não sabemos nada. Nossos dias são como sombra no chão. Nossos antepassados, no entanto, vão instruí-lo e falar a você com palavras tiradas da experiência deles." (Jó 8: 8-10)

Uma coisa nós podemos considerar. Ocorrendo manifestações naquela época, por que não aconteceria o mesmo nos dias de hoje? Veremos agora a mais notável de todas as manifestações de espíritos que podemos encontrar na Bíblia, pois ela acontece, nada mais nada menos, com o próprio Cristo. Leiamos:

"Seis dias depois, Jesus tomou consigo Pedro, os Irmãos Tiago e João, e os levou a um lugar à parte, sobre uma alta montanha. E se transfigurou diante deles: seu rosto brilhou como o Sol e suas roupas ficaram brancas como a luz. **Nisso lhes apareceram Moisés e Elias**, conversando com Jesus. Então Pedro tomou a palavra, e disse a Jesus: 'Senhor, é bom ficarmos aqui. Se quiseres, vou fazer aqui três tendas: uma para ti, outra para Moisés e outra para Elias'. Pedro ainda estava falando, quando uma nuvem luminosa os cobriu com sua sombra, e da nuvem saiu uma voz que dizia: 'Este é o meu Filho amado, que muito me agrada. Escutem o que ele diz'. Quando ouviram isso, os discípulos ficaram muito assustados e caíram com o rosto por terra. Jesus se aproximou, tocou neles e disse: 'Levantem-se, e não tenham medo'. Os discípulos ergueram os olhos e não viram mais ninguém, a não ser somente Jesus. Ao descerem da montanha, Jesus ordenou-lhes: **Não contem a ninguém essa visão**, até que o Filho do Homem tenha ressuscitado dos mortos'" (Mateus 17: 1-9).

A ideia popularizada é que a educação consiste amplamente em se cultivar atributos intelectuais. Educadores sempre recomendam a adoção de um padrão mediano de ética e sua forma aparente é ilustrada pelas cerimônias religiosas. Contudo, o aprimoramento intelectual isoladamente, não importa que nível possa ele alcançar — e quanto mais longe ele vai, dessa forma unilateral, pior para tudo que lhe diz respeito —, representa, absolutamente, uma evolução. O desenvolvimento intelectual perfeito, sem discernimento espiritual e compromisso ético, é o manual de símbolos de *Satã*. Inteligência sem generosidade caminha em sentido contrário ao do Plano Divino, na evolução do Cosmos. Intelecto e altruísmo, de modo algum, andam necessariamente de mãos dadas. Alguém pode ter um intelecto brilhante, ser extremamente perspicaz, possuir bom nível de raciocínio e, ainda assim, ser muito mau. Por sua vez, outra pessoa pode ser muito lenta intelectualmente e, ainda assim, amável, fraterna e simpática ao extremo. Um mundo formado por pessoas com o primeiro perfil citado seria um péssimo lugar para se viver; mil vezes melhor conviver com pessoas que tenham o segundo perfil. A magia contempla um tipo de desenvolvimento holístico, pleno que, ao libertar a mente do cativeiro dos sentidos e iluminar as percepções espirituais, coloca o indivíduo nas linhas de menor resistência quanto às leis inflexíveis da Natureza, tornando-o seu colaborador ou cioso defensor. Para todos que assim são, a Natureza presta obediência, delega seus poderes e eles se tornam Mestres. O verdadeiro Mestre oculta seus poderes, usando-os apenas para o bem dos outros. Trabalha "sem almejar lucro ou recompensas".

Ao perceberem que o conhecimento é poder, homens de má índole e insidiosos buscam possuí-lo para assim obter poder, com fins inteiramente egoístas. Pode-se perceber facilmente que quanto mais conhecimento e poder um homem puramente egoísta possui, mais nocivo ele se torna à Humanidade. Pode causar menos malefícios caso permaneça na ignorância. Este é especialmente o caso das ciências que conferem um conhecimento mais profundo e lidam com a mente, influenciando pensamentos e ações de terceiros.

Suponhamos que alguém fosse capaz de hipnotizar um grande número de pessoas rapidamente e as compelisse a executar uma ordem sua, movido por interesses não só egoístas, mas que também fossem lesivos a elas. Tal pessoa até poderia ser um mago, porém sua motivação, puramente egoísta, faria dela um "bruxo de magia negra".

A propósito, a palavra *magia* vem do grego *mageia* e designa as artes de um mago. Entretanto, o nome foi importado dos antigos povos da Mesopotâmia. Porfírio (232-304 d.C.), por exemplo, em sua *Vida de Pitágoras*, relata que o mestre, depois de aprender por 22 anos a magia egípcia, foi feito prisioneiro do rei persa Cambises, que invadiu o Egito. Enviado à Babilônia, viveu um exílio de 12 anos. Porfírio diz: *Vários historiadores o atestam, Pitágoras aprendeu a astronomia dos caldeus, a geometria dos fenícios e as artes ocultas dos magi.* Estes últimos, esclarece-nos Heródoto em sua História 1;140, compunham uma tribo meda não ariana, uma das seis tribos da Ásia Menor, e sua classe sacerdotal dedicava-se à magia, da qual os gregos assimilaram o termo.

Também o profeta Jeremias (650-586 a.C.), capítulo 39, ao descrever o séquito de Nabucodonosor, rei da Babilônia, quando da conquista de Jerusalém, informa que dentre os oficiais invasores estava Nergal-Sereser, chefe dos magos, a quem o profeta chama em aramaico de *rab mag*. Entre os assírios, os magos eram ditos *mahhu*; e os persas chamam *magusk* ao "homem sábio".

Não gosto, particularmente, de usar denominações, como magia branca ou magia negra. Fiz isso apenas para dirigir os leitores, dar referência ao que realmente queria dizer. Para mim, um bruxo não tem por regra ser mal; o mesmo acontece com a magia "negra". Posso simplesmente fazer uma magia – e a cor fica por conta dos leitores – para tentar "curar" um espírito ou corpo físico de algum mal desconhecido. Pergunto: qual o pior dos infernos? O do fogo? Ou o do gelo? Poderia também me dirigir à magia negra, quando fizesse de acordo com a Lua (lunar). Estamos muito mais envoltos de "pensamentos negros" do que de "pensamentos brancos" e isso sim é preocupante. Com isso, sinto muita pena pelo "negro", que por si só faz a mente se dirigir a coisas ruins. Isso também é ignorância. Todos os mecanismos que uso para magia são os mesmos. A intenção, a vontade, essa sim é um instrumento que precisamos vigiar. Somente para esclarecer, também não acredito no mal; o que existe é ausência do bem. Quanto ao termo bruxo, este é designado para aquele que faz bruxaria. Particularmente, gosto muito das técnicas de Bruxaria. Eu Sou um Bruxo. Só tenham em mente que todos os meus trabalhos são canalizados para as coisas que julgo serem boas e onde aprimoro meu ser, em seu sentido mais amplo e sutil. Para você ser um bruxo, primeiramente precisa conhecer a si mesmo; conhecer a Natureza; celebrar a vida; ser equilibrado; honrar o deus e a deusa assim como todas as criaturas.

Em Magia ou na Ciência dos Arcanos, mais conhecida como Alta Magia, tratamos de conhecimentos sagrados que são conhecidos apenas pelos magos.

E a Magia nasce da vontade de ser livre! Surge da necessidade do homem de descobrir sua identidade, seu verdadeiro papel no palco da Natureza; da vontade de compreender melhor o enigma do Cosmos e de si mesmo, missão à qual se entrega fazendo valer todos os artifícios possíveis para exercê-la. Comprova-se assim a primeira tese: *o pensamento mágico é um estado primordial da consciência humana.*

Magia é, portanto, a arte ou a ciência oculta com que se pretende produzir, por meio de certos atos e palavras e por interferência de espíritos, gênios e demônios, efeitos e fenômenos extraordinários, contrários às leis da Física, mas concordantes com as leis sutis do Universo. Magia, Bruxaria: religião ou doutrina dos magos. Magnetismo, fascinação, encanto: instituição baseada na crença da força sobrenatural, regulada pela tradição e constituída de práticas, ritos e cerimônias, em que se apela para as forças ocultas e se procura alcançar o domínio do homem sobre a Natureza.

Os Mistérios das Antigas Civilizações

> "Eu vos digo: mesmo que os Homens permaneçam calados, as pedras um dia falarão."
>
> Lucas

Quando a forma de Maçonaria Livre e Aceita começou a ter uma vida própria, separada da Maçonaria Operativa, ela usava símbolos e emblemas para lembrar a seus membros os princípios morais e espirituais inerentes à sociedade. Ao longo do período em que se deu esse desenvolvimento, como já vimos, o uso geral dos símbolos era uma prática comum e de uso cotidiano; assim, a sua incorporação em qualquer instituição esmerada, tal como a dos Maçons Especulativos, não seria nada extraordinária. Existia no passado — e no passado distante, em diferentes partes do mundo — sistemas morais, hoje em dia geralmente chamados de "Mistérios", que, ao serem estudados, parecem ter características semelhantes àqueles da Franco-Maçonaria, e fizeram uso de símbolos em seus trabalhos. O dr. James Anderson, que compilou o *Book of Constitutions* ("Livro das Constituições") da Grande Loja da Inglaterra, publicado em 1723 e 1738, incluiu um fantástico registro da contínua sucessão maçônica, e que remonta aos mais Antigos Mistérios. A história de Anderson foi adotada por autores mais recentes de forma que essa descendência direta pode ser, em geral, digna de crédito pela maioria dos maçons. Certamente, existem provas concretas de que os maçons do século XVIII realizaram estudos muito sérios acerca dos Mistérios da Antiguidade, e bem podem ter sido influenciados por eles, ou tê-los copiado sob a forma de símbolos incorporados, no desenvolvimento da Maçonaria Especulativa. Um dos casos do qual pode ser extraída alguma prova foi a palestra dada por George Downing em sua Instalação como Grão-Mestre Provincial para Essex, em 15 de maio de 1797:

> "Os mais famosos Mistérios de que temos notícia são os da Pérsia, que são celebrados em homenagem ao Deus Mitra, e os dedicados em Elêusis, na Grécia, à Deusa Ceres.
> Muitos argumentos poderiam ser alegados para provar que ambas as deidades seriam corruptelas da Franco-Maçonaria, e doravante não tentarei a inclinação, se não quiser a oportunidade de discuti-los. No entanto, neste momento, eu me contentarei em apontar a semelhança que pode ser observada entre os ritos iniciáticos praticados pelos professores daqueles Mistérios e aqueles praticados por nossos Irmãos, sejam eles antigos ou modernos. E mais especificamente na parte alegórica de suas Cerimônias".

W. L. Wimshurst, em seu *The Meaning of Masonry*, de 1922, tem muito a dizer sobre os Mistérios das Civilizações antigas:

> "Em todos os períodos da História do Mundo, e em cada parte do Globo, ordens e sociedades secretas têm existido, à margem dos limites das Igrejas, com o propósito de ensinar aquilo que chamamos de 'Mistérios'; para comunicar e divulgar às mentes preparadas e adequadas certas verdades acerca da vida humana, certas instruções sobre as coisas Divinas, acerca das coisas

que pertencem à nossa paz, sobre a natureza humana e sobre o destino humano, coisas que seriam de publicação indesejável às multidões que nada fariam além de profanar aqueles ensinamentos e aplicar a propósitos perversos o conhecimento esotérico que recebessem, e que, talvez, levassem a desastrosos fins.

... Certamente, é de conhecimento público que importantes sistemas secretos ligados aos Mistérios (aos quais fazemos referência em nossas Preleções como 'nobres Ordens da Arquitetura', isto é, da construção da alma) existiam no Oriente, na Caldeia, na Assíria, no Egito, na Grécia, na Itália, entre os judeus, os maometanos, e entre os cristãos... e até entre raças africanas semelhantes sistemas podem ser encontrados. Todos os grandes mestres da humanidade: Sócrates, Platão, Pitágoras, Moisés, Aristóteles, Virgílio, o autor dos poemas homéricos, e dos grandes trágicos gregos, além de São João, São Paulo, só para citar alguns entre os muitos — todos iniciados nos Sagrados Mistérios. A forma de comunicação dos ensinamentos tem variado bastante ao longo das gerações; eles eram apresentados sob diferentes mantos e véus, mas uma vez que a principal verdade que os Mistérios tem por finalidade ensinar é sempre única e a mesma, ela sempre foi ensinada, e somente pode ser ensinada por uma só e mesma doutrina. Qual seria esta doutrina, que era e ainda é, será abordada aqui até o ponto que podemos falar, e até onde a Maçonaria a expressa. Por ora, permita-me apenas dizer que por detrás de todas as religiões do mundo, e por detrás de todos os grandes movimentos e progressos da História da Humanidade, está aquilo que São Paulo chamava de guardiões ou "Vigilantes dos Mistérios"....

É mais do que provável que o conhecimento desses Antigos Mistérios representaram uma fonte de material que foi agregado a esse desenvolvimento. Na publicação *A Defense of Masonry*, de 1730, ao qual já nos referimos anteriormente, existem referências aos Mistérios:

> "Não pude evitar de imediatamente pensar nos antigos egípcios, que ocultavam os principais Mistérios de sua Religião sob sinais e símbolos, denominados hieróglifos. E tão grande era a sua observância ao silêncio e segredo, que eles tinham uma Deidade chamada Harpocrates, a quem respeitavam com especial honra e veneração. Um versado autor fez uma descrição deste ídolo: Harpocrates, o Deus do Silêncio, tinha a sua mão direita colocada perto do coração, coberto por uma pele, cheio de olhos e orelhas, significando, assim, que muitas coisas são para serem vistas e ouvidas, mas muito poucas para serem faladas. Esse mesmo povo tinha a sua grande Deusa Ísis... que tinha sempre a imagem de uma Esfinge colocada à entrada de seus templos, para que seus segredos fossem preservados sob sagradas Cobertas, ocultando-os do conhecimento do vulgar tanto como eram os enigmas da Esfinge".

Pitágoras, ao viajar pelo Egito, instruiu-se acerca dos Mistérios daquela nação, e ali apoiou os alicerces de todo o seu aprendizado simbólico. Os diversos autores que citaram este filósofo dando conta de sua seita e instituições, convenceram-me plenamente de que a Franco-Maçonaria, tal como publicada pelo *Dissector*, está muito próxima da antiga Disciplina Pitagórica: donde estou convencido ser possível, em algumas circunstâncias, de que ela tem todo o direito de reivindicar a sua descendência. Para mencionar apenas algumas:

Na admissão de um discípulo, ele era obrigado, por um solene juramento, a ocultar os Mistérios dos vulgares e não iniciados.

As principais e mais eficazes entre as suas doutrinas eram (segundo Jâmblico) mantidas em segredo entre eles; elas jamais eram escritas, sendo guardadas e transmitidas de cor a seus sucessores, a quem eram passadas como Mistérios dos Deuses.

Eles se comunicavam por meio de sinais e possuíam determinadas palavras que recebiam ao ser admitidos, que eram guardadas com grande reverência como distintivas de sua seita: (conforme o oportuno lembrete de Laertius) assim como os generais usam senhas e sinais de passe para distinguir os seus soldados dos demais, também é próprio comunicar ao iniciado os peculiares sinais e palavras como marcas distintivas de uma Sociedade.

Os pitagóricos professavam um grande respeito por aquilo que o *Dissector* chama de os "Quatro Princípios da Maçonaria": um ponto, uma linha, uma superfície, e um sólido; e, particularmente, sustentavam que um esquadro era um emblema muito próprio da Essência Divina. Diziam eles que os deuses, que são os autores de tudo aquilo que existe na sabedoria, na força e na beleza, estão inapropriadamente representados pela imagem de um esquadro.

Muitos outros exemplos poderiam ser apresentados se os limites de meu projeto admitissem; mas me limitarei apenas a observar que existia um falso Irmão nessa seita, um certo Hipparchus, que, levado por má-fé ou desapontamento, quebrou as obrigações do seu juramento e comprometeu os segredos da sociedade, escrevendo para trazer à tona a doutrina. Assim, ele foi imediatamente expulso da Escola como uma pessoa infame e abandonada, como alguém morto para todo o sentido de virtude e mérito; e os pitagóricos, conforme o seu costume, fizeram uma tumba para ele como se, de fato, ele tivesse morrido. A vergonha e a desgraça que, devidamente, advieram da violação de seu juramento, jogou o pobre miserável numa crise de loucura e desespero, levando-o a cortar a sua garganta, perecendo por suas próprias mãos; e (o que me deixou surpreso) a sua lembrança foi tão abominada após sua morte, que o seu cadáver jazia na praia da Ilha de Samos, sem qualquer outro sepultamento além das areias do mar.

Entre os judeus, os essênios* eram uma espécie de pitagóricos, e, em muitos detalhes, correspondiam com a Prática da Fraternidade,

---

* N.E.: Sugerimos a leitura de *O Mistério do Pergaminho de Cobre de Qumran*, de Robert Feather, Madras Editora.

tal como apresentado pelo *Dissector*. Por exemplo: quando uma pessoa desejasse ser admitida em sua Sociedade, ela devia passar por dois graus de provação antes de poder ser um Mestre perfeito em seus Mistérios. Quando era admitida na classe de neófitos, a pessoa estava trajada numa vestimenta branca; e quando ali já estivesse por tempo suficiente para dar algumas provas de seu sigilo e virtude, ela era admitida a mais conhecimentos; porém, ela ainda continuava sob a triagem de sua integridade e boas maneiras, para somente depois ser totalmente aceita na Sociedade. Porém, antes de ser recebido como um membro efetivo, ele teria, antes, de se comprometer, por meio de solenes obrigações e profissões, a praticar a justiça, a não errar, a manter a fé em todos os homens, a abraçar a verdade, a afastar as suas mãos do roubo e dos negócios fraudulentos, a não ocultar de seus Companheiros professores qualquer um dos Mistérios, nem comunicar nenhum deles a um profano, ainda que isto fosse para salvar a sua vida; a não comunicar nada além daquilo que recebera, e se esforçar para preservar o princípio que professa. Eles comem e bebem numa mesma mesa em comum, e a fraternidade que chegar vinda de qualquer outro lugar tem a certeza de ser ali recebida; eles se reúnem numa Assembleia, a mão direita é colocada sobre a parte entre o pescoço e o peito, e a mão esquerda pendente junto ao tronco.

Uma outra seita, os Cabalistas, trabalhava misteriosas cerimônias. Os judeus tinham uma grande reverência por esta ciência — a Cabala, e assim, por meio dela, realizaram incomuns descobertas. Eles dividiam os seus conhecimentos em Especulativos e Operativos. Conforme diziam, Davi e Salomão eram incrivelmente versados nela, e, inicialmente, ninguém se arriscou a escrevê-la; porém, no que tange ao nosso atual propósito, a perfeição de sua habilidade consistia naquilo que o *Dissector* chama de desenhar suas letras, ou no arranjo e combinação das letras de uma palavra em determinadas formas.

O último exemplo que mencionarei é o dos druidas* em nossa própria nação. Eles eram os únicos sacerdotes entre os antigos bretões. Em suas solenidades, eles se vestiam de branco e as suas cerimônias eram sempre encerradas com uma grande festa. Pomponius Mela se refere a eles dizendo que a sua ciência era apenas um esforço de memória, uma vez que nada escreviam, e eles nunca deixavam de repetir muitos versos que recebiam por tradição. Caesar observa que eles tinham um chefe que tinha um poder soberano; esse presidente aplicava uma espécie de excomunhão, acompanhada de terríveis penalidades sobre aqueles que divulgassem ou que profanassem os seus Mistérios.

---

* N.E.: Sugerimos a leitura de *Os Druidas*, de H. D'arbois de Jubainville, Madras Editora.

Conhecendo Um Pouco Mais sobre os Mistérios

"As imagens, os símbolos, os mitos, não são criações irresponsáveis da psique, elas respondem a uma necessidade e preenchem uma função: revelar as mais secretas modalidades do ser."
Mircea Eliade

Este texto foi compilado de diversas fontes de pesquisa, com algumas inclusões nossas.

Origem da Iniciação, dos Símbolos, Hieróglifos, Mistérios e da Veneração que se Tinha por Eles

A obscuridade que ainda reina sobre a origem da iniciação primitiva deve ser atribuída principalmente à crença geral dentro da qual sempre estivemos: de que os diversos graus dessa antiga instituição foram todos estabelecidos na mesma época por uma reunião de filósofos, vivendo em comum, e dos trabalhos dos quais surgiu no mesmo momento o grande sistema da iniciação. Se, antes de examinar esse sistema como um todo homogêneo, tivéssemos previamente estudado cada uma das partes que o constituem, não teríamos tardado a nos convencer de que os fatos, os eventos, as épocas e as ciências que abrangem a maior quantidade dos graus indicam, de maneira indubitável, que eles não puderam ser estabelecidos a não ser sucessivamente e após o progresso mais ou menos lento que fez a civilização do mundo primitivo. Essa consideração importante deve fazer pressentir suficientemente que o desenvolvimento do sistema da Iniciação deveu seguir a marcha do espírito humano: essa afirmação é tão positiva que cada um dos três graus simbólicos cuja reunião forma, não obstante, o triângulo místico sobre o qual repousa todo o sistema da Iniciação, representa separadamente o elemento sob influência do qual cada um deles foi instituído; e se isso é verdade, como não saberíamos duvidar disso, que o elemento que predomina dentro de um século imprime sua característica especial à religião, à indústria, ao estado, às leis, às artes, às ciências, à filosofia e a todas as instituições. Ao examinar atentamente o elemento predominante de tal século, poderemos antecipadamente indicar a característica dos vários conhecimentos humanos e das instituições desse século, porque existirá uma tal relação entre o elemento predominante e a marcha do espírito humano da mesma época, que resultará em uma identidade uniforme e perfeita, seja de estagnação, seja de progresso. Se aplicarmos esses mesmos princípios à Iniciação primitiva, não tardaremos a nos convencer de que ela deve ter nascido em um século no qual o elemento do infinito e do absoluto predominava, e que, nessa época, o governo devia ser despótico, a indústria limitada, as artes gigantescas e sem formas regulares, as ciências ainda engatinhando, a força física devia ser a lei geral, a religião, exclusivamente dominante, devia manter os povos sob escravidão, e a filosofia dessa época teogônica devia estar incluída na Teologia. A investigação rígida à qual nos entregamos terá de provar que a Iniciação foi instituída no Oriente, onde o elemento do infinito predominava e onde, durante uma longa série de séculos, a religião, a indústria, as leis, as artes, as ciências e a filosofia foram representadas, a princípio, pelos símbolos e, mais tarde, pelos hieróglifos, de onde resulta que é mais que provável que a maior parte dos conhecimentos humanos do Oriente foi concentrada dentro do simbolismo. Ora, os símbolos e os hieróglifos, tendo sempre formado o caráter distintivo da Iniciação, põem fora de dúvida que ela deve tirar sua origem dessa época; mas antes de descrevê-la, para proceder com método, examinemos aqueles que foram os símbolos e veremos a seguir em que consistiam os hieróglifos.

Devemos entender por símbolo uma figura ou imagem que sirva para designar qualquer coisa, seja por meio da pintura ou da escultura, seja pelo discurso. O triângulo, o esquadro, o compasso, a régua, etc., são símbolos. A imagem do Sol, da Lua, das estrelas também são símbolos, da mesma maneira que as estátuas de todas as formas. Os tecidos e as cores com as quais os imprimimos também são símbolos; um estilo obscuro e mais ou menos enigmático constitui as alegorias e a linguagem parabólica. Em Filosofia, entendemos por símbolo uma verdade obscura representada por uma imagem viva e mais ou menos expressiva. Os primeiros filósofos serviram-se de símbolos para revelar os sentidos de seus pensamentos. Os padres, os legisladores e os filósofos adotaram essa linguagem emblemática até a época do Egito, onde Menés, segundo Mercúrio egípcio, substituiu por imagens simbólicas os hieróglifos, cuja invenção, de acordo com os anais do Egito, é atribuída ao primeiro Mercúrio.

Os hieróglifos eram signos, caracteres dos quais os egípcios se serviam para exprimir seus pensamentos, sem a segurança da palavra. A madeira, as pedras, as plantas, os animais, os procedimentos das artes, as partes do corpo humano serviram a essa comunicação, e tomaram-se muitos caracteres e enigmas para representar sobretudo as coisas sagradas; o método hieroglífico foi empregado colocando-se a parte pelo todo, ou substituindo uma coisa que tinha qualidades semelhantes no lugar de outra. Dois métodos hieroglíficos foram estabelecidos: o primeiro se chamou *curiológico*; assim, a Lua era por vezes representada por um semicírculo e outras vezes por um cinocéfalo; o segundo método, chamado *trópico*, produziu o hieróglifo simbólico, que se mostrou sutil e complicado, de tal maneira a tornar-se não mais do que uma linguagem misteriosa e cujo conhecimento exclusivo foi reservado aos sacerdotes; e veremos no 30º grau por quais meios o Hierofante podia explicar os hieróglifos, pois as combinações dos hieróglifos tornaram-se tão multiplicadas para ensinar uma ciência qualquer que nenhum espírito humano teria podido reter o sentido para poder explicá-las.

Alguns exemplos darão uma ideia da ciência hieroglífica, desde sua instituição, e das dificuldades que ela teve para apresentar-se à medida que se tornava complexa.

Para representar a natureza quase totalmente inteira, um homem com um rosto de fogo, os chifres e uma barba, uma cruz na mão direita, sete círculos à esquerda e asas agregadas às suas costas formava o hieróglifo: o fogo no rosto exprimia o calor do astro que vivifica todas as coisas, os chifres sendo os raios; a barba figurava os elementos; a cruz era o centro do poder que esse astro exerce sobre todos os corpos sublunares; suas coxas representavam a terra carregada de árvores e a colheita; as águas saíam de seu umbigo; seus joelhos indicavam as montanhas e as partes ásperas da terra; suas asas, os ventos e a prontidão de sua marcha; os sete círculos eram enfim os símbolos dos sete planetas; assim, o retrato de um homem gigante e alguns atributos expressavam o céu e a terra; duas mãos, sendo que uma tinha um aro e outra, uma flecha, representavam dois exércitos enfileirados em batalha; uma serpente enrolada em forma de círculo simbolizava o Universo; para mostrar que nada escapa a Deus, representavam-se os olhos e as orelhas sobre um muro e principalmente sobre o frontispício dos templos: o próprio Egito foi simbolizado, mas às vezes por um crocodilo, às vezes por um candelabro aceso e sobreposto com um coração. Não se pode negar que os hieróglifos não foram engenhosos para representar qualquer coisa de particular, e eles eram mais expressivos que os símbolos; mas, para retratar uma época, relatar um fato ou uma sentença somente, seria necessário reunir vários hieróglifos cuja explicação era muito difícil; um único exemplo será suficiente para demonstrar a verdade de nossa afirmação.

Haviam pintado sobre a porta interior do templo de Minerva em Sais uma criança, um velho, um falcão, um peixe e um cavalo marinho. Esse grupo não expressava nada além da seguinte sentença moral: "Vós que nasceis e que morreis, saibais que Deus odeia todos aqueles cuja fronte jamais se avermelha". Podemos ver, depois desses exemplos, que os hindus, os persas, os caldeus e os egípcios, em lugar de se servir como nós dos sistemas de escritura em curvas e barras, transmitiam seus pensamentos por meio dos símbolos, das figuras de homens, de animais, de flores, etc., e em vez de condenar as imagens, assim como faziam as religiões espiritualistas (tais como o Maometismo, por exemplo), encorajá-los e propagá-los, não como ídolos, mas como símbolos, eram os meios próprios para favorecer potencialmente as artes e a indústria. Mas a memória humana era insuficiente para explicar a grande quantidade de hieróglifos que era necessário reunir para representar uma época, um evento ou conservar as descobertas científicas do Egito. Os hieróglifos foram a escritura do povo e não aquela dos Mistérios, e ainda que a Iniciação tenha sido sempre caracterizada por símbolos e hieróglifos, podemos nos convencer, depois do que precedeu, de que os símbolos são bem mais antigos que os hieróglifos e que a iniciação primitiva deve ter tido sua origem na Índia e não no Egito. Já não podemos mais compartilhar da opinião do cientista Cousin, que assegura que a filosofia surgiu nos Mistérios; acreditamos, ao contrário, que a Filosofia primitiva dos magos constituiu a doutrina dos Mistérios e que ela foi a causa de sua instituição, e a filosofia do Oriente nos pareceu tanto mais sublime; que os símbolos da Maçonaria que a representam envolvem todos os elementos da filosofia moderna. Para provar que nosso método é lógico, depois de haver exposto o valor dos símbolos e dos hieróglifos dos quais nos servimos no Oriente e notadamente nos diversos cultos que nós faremos conhecer mais tarde, devemos examinar o que constitui os Mistérios: conhecimento que nos levará a expor os Mistérios que têm conexões mais ou menos diretas com a Maçonaria.

A palavra *mistêrion*, mistério, deriva primitivamente de *mu*, que significa silêncio, encontrando-se igualmente no sânscrito *muka*, mudo, e *muni*, silencioso (espécie de eremita). Essa palavra tem o mesmo significado no grego, no latim e no francês.

Os Mistérios Hindus, que são os mais antigos, parecem ter sua origem em uma instrução secreta que se dava somente aos padres, cuja alma foi penetrada de pavor que eles inspiravam. Somente após ter percorrido rotas tenebrosas, foram conduzidos enfim a um lugar muito iluminado, o que fez nascer a ideia de copiar os fenômenos do raio e do trovão; e todas as seitas religiosas que existem desde esses tempos mais esquecidos até os nossos dias eram os Mistérios; mas uma grande quantidade desses Mistérios tinha por objeto apenas o culto particular que as seitas queriam simbolizar, enquanto muitos outros tinham, ao contrário, por objetivo, os conhecimentos científicos, e a sátira excessivamente genérica que Chénier declamou nos versos:

Ora, notem bem, o que é feito de alegoria,
Tudo o que é da parte de um sacerdote é considerado picardia

não nos parece aplicável ao sacerdócio primitivo. Devemos julgar os sacerdotes da alta Antiguidade como se eles não tivessem tido sucessores, e nós seremos a partir daí convencidos de que eles não tiveram necessidade de enganar o povo, porque a ignorância desses séculos grosseiros ia adiante dos erros. É verdade que os sacerdotes não acreditavam que deviam subtraí-los a essa ignorância, e que eles não instruíram mais do que poucos iniciados; mas eles pensaram que a sociedade seria mais bem organizada se a extensão dos conhecimentos não fosse encontrada jamais sem a elevação da alma. Eles estavam persuadidos de que a doutrina reservada para os generosos, os espíritos sublimes, não devia mais ser semelhante àquela do comum dos mortais, que a alimentação do homem deveria ser semelhante àquela da criança que acaba de nascer. A conduta deles teve por base as duas máximas seguintes: "Tudo para o povo; nada pelo povo". Máximas justas a um povo ignorante, máximas absurdas a um povo esclarecido. O que confirma nossa opinião é que eles pensavam, com razão, que não era preciso dizer a verdade a ninguém além das pessoas de bem. E que poderiam conhecer o pouco suficiente dos gênios dos séculos mais longínquos, para que não fossem tocadas as grandes visões dos primeiros preceptores do gênero humano e para não perceberem suas instituições animadas de um poderoso espírito de vida e todos dirigidos de intenções para com a utilidade geral, muito mais que o cálculo frio e único do sacerdócio; porque nós não tardaremos a demonstrar que nos Mistérios do Egito, os sacerdotes de Ísis, penetrando nas ciências mais abstratas, descobriram os famosos teoremas geométricos que Pitágoras veio lhes tomar, porque, depois de sua Iniciação, ele descobriu o quadrado da hipotenusa sobre as colunas subterrâneas de Hermes, que passavam por ser anteriores ao dilúvio. Os iniciados egípcios calculavam eclipses que remontavam a 13 séculos antes de César, o ano que chamamos Juliano. Essa forma de ano era conhecida dos sacerdotes de Heliópolis pelo menos desde o reinado de Aseth, 1.325 anos antes de nossa era. Depois eles realizavam as pesquisas práticas sobre as necessidades da vida e entregavam então aos seus compatriotas o fruto de suas descobertas, tais como a incubação artificial, que ainda ignoramos e que nos seria útil, uma vez que em Berme eclodiram em um dia tantos passarinhos que se via brilhar as estrelas do firmamento em uma bela noite. Essa metáfora dá a medida dessa importante descoberta; depois, entregando-se às belas-artes, eles inspiraram o entusiasmo naquele povo que construiu as avenidas de Tebas, o labirinto, os admiráveis templos de Dendera, de Edfu e de Filae. Esse foi o povo egípcio que levantou vários obeliscos monolíticos; que cruzou, sob o nome de Lac-Moeres, um oceano que enterra o colorido das mais belas pinturas nos túmulos de seus antepassados. Percebe-se, do que precede, que existiam dois modos de ensinamento, ou duas doutrinas, o que dava a ideia de estabelecer dois graus de Mistérios, os Pequenos e os Grandes.

    Tudo leva a crer que nos Pequenos Mistérios ensinava-se a moral e algumas artes mecânicas, em que se davam noções de náutica e de estratégia, e que o segredo deles consistia em grande parte de uma interpretação histórica da mitologia; dali tirávamos somente o aspecto bom do politeísmo e não seus aspectos bizarros e suas imoralidades. O último dogma consistia em convencer os iniciados de que o Olimpo era povoado de mortais que haviam adquirido características de divindades por causa de suas virtudes; foi essa doutrina que levou vários filósofos a praticar quase exclusivamente a virtude e a preferi-la a todas as grandezas da Terra.

Nos Grandes Mistérios, ao contrário, as pessoas se ocupavam somente das ciências mais ou menos positivas; portanto, nós as demonstraremos dentro das provas de cada grau dos Mistérios Egípcios, e assim que os iniciados houvessem adquirido uma instrução profunda e sólida, começava-se a explicação das alegorias, a única que satisfazia a todas as dificuldades e que conciliava os mitos mais díspares. Foi então que o politeísmo foi enterrado em sua base e que a doutrina da unidade de Deus era ensinada de forma tão pura como quando na época de Jerusalém; foi descoberta a imortalidade da alma. Foi demonstrado o erro da metempsicose, de maneira que se fazia encorajar aos bons e tremer aos maus, somente pela perspectiva de uma verdadeira imortalidade; lançavam-se à luz todas as verdades da filosofia simbólica, de onde resulta que os Pequenos Mistérios tinham por objetivo formar cidadãos virtuosos e úteis a seus semelhantes, e que os Grandes Mistérios tinham por objetivo formar por sua vez filósofos virtuosos, úteis e sábios: estes últimos foram a luz da civilização.

Poderíamos fornecer detalhes mais extensos, mas nos anteciparemos e sairemos das generalidades dentro das quais devemos nos restringir; por outro lado, entre esses detalhes, alguns pertencem aos diversos Mistérios que vamos expor e outros aos graus que desenvolveremos mais tarde.

DESCRIÇÃO DOS MISTÉRIOS CORRELATOS À MAÇONARIA

Entre o número prodigioso de Mistérios que envolvem a *História geral das diversas eras do mundo*, alguns foram puramente religiosos, outros não exprimem além dos costumes, os usos e a crença de que alguns povos, na verdade muitos povos, têm relações mais ou menos diretas com nossa Instituição, e acreditamos não dever expor além destes últimos, porque o conjunto deles está incluso nos diversos graus da Maçonaria. Os Mistérios que nos pareceram ter conexões mais ou menos íntimas com nossa Ordem são os Mistérios dos Brâmanes ou da Índia, os de Ísis ou do Egito, os dos Cabírios, os dos Cabírios da Ilha de Samotrácia, os de Elêusis, de Ceres e de Orfeu; enfim, os Mistérios dos Judeus e os do Cristianismo primitivo.

Os Mistérios da Índia

Os Mistérios dos Brâmanes são de uma antiguidade já tão distante que não temos fazer remontar sua origem a vários milhares de anos antes da Era Vulgar, e preferimos ficar na dúvida a esse respeito do que assinalá-los a uma época cuja data nos pareça arbitrária, ainda que ela tivesse servido de ponto de partida a Buret de Long-Champs para estabelecer a *História geral* e abreviar os diversos ângulos do mundo, que ele dividiu em 50 séculos antes de nossa era. Diríamos, de qualquer forma, que as datas que envolvem o seu imenso repertório são perfeitamente concordantes com os personagens, os fatos, as épocas e as ciências que englobam os diversos graus da Maçonaria, e essa cronologia geral nos serviu para revelar uma imensidade de erros mencionados em obras bastante científicas e que tratam da Iniciação.

Os Mistérios dos Brâmanes, dos quais nos ocupamos, consistiam da Iniciação dos sacerdotes. Parece bastante incontestável que os brâmanes tivessem uma Instituição na qual os iniciados hindus foram originariamente eleitos. O uso se introduziu depois de receber, com provas débeis, os filhos dos adeptos, mais ou menos como na Maçonaria os *Lowton* são favorecidos. Viemos de lá, enfim, até substituir totalmente os direitos de sangue aos de mérito real, e o corpo dos brâmanes se transformou em casta. Depois de Estrabão, os sacerdotes egípcios tinham nos brâmanes a primeira ideia dos Mistérios, e Pitágoras, que alguns séculos depois foi consultá-los na Índia, trouxe luzes semelhantes, e os segredos de sua filosofia diferem pouco dos de Mênfis e da Samotrácia; o nome de *Magos*, honorável por tanto tempo, estabelecido pelos persas e pelos caldeus, pertencia no princípio apenas aos sacerdotes assírios; eles se chamavam magos por causa da palavra caucasiana *Mâgh*, que significa grandeza, elevação, supremacia; mas, depois desse tempo, prevaleceu o uso de não entender por magos ninguém além dos iniciados persas, que foram os discípulos de Zoroastro, e, ainda que admitamos vários Zoroastros, realmente não existiu mais do que um, que floresceu sob Gustasb (Darius Hystaspe), um pouco perto da época de Pitágoras, da qual ele foi o mestre, e que foi também o período de Confúcio,* o oráculo dos chineses.

Estes últimos documentos de onde extraímos a poesia da Maçonaria são bastante errôneos para que nós os deixemos passar em silêncio; com efeito, vários filósofos persas e caldeus se reuniram para formar uma associação. Eles tomaram o nome de magos, e sua instituição remonta a cem mil anos antes de nossa era, enquanto os Mistérios Egípcios são bem posteriores, e nós os apresentaremos em breve; de onde resulta que os magos não puderam ser os discípulos de Zoroastro e, apesar da afirmação bastante positiva do autor do *Poema da Maçonaria*, existiram três Zoroastros. O primeiro viveu em 2164 antes da Era Vulgar e retificou o culto do fogo que havia sido estabelecido pelos magos, de modo que o mostraremos no 29º grau. O segundo Zoroastro viveu em 1096 antes de nossa era. Calculem a distância enorme que separa os magos dos três Zoroastros, e vejam se os magos puderam ter sido os discípulos de algum dos Zoroastros; o único Zoroastro admitido pelo Ir∴ Guerin-Dumas floresceu sob Gustasb e Darius Hystaspe, mais ou menos na mesma época de Pitágoras. Antes de qualquer coisa, Gustasb vivera por volta do ano 720 antes de nossa era, Darius Histaspe em 522 e Pitágoras em 580, de onde se segue que Gustasb viveu 260 anos antes de Pitágoras, e três séculos antes de Darius Hystaspe. Não obstante, resulta de nosso exame que Pitágoras, Darius Hystaspe e o terceiro Zoroastro viviam mais ou menos na mesma época, o que induziu sem dúvida a um erro por parte do sábio autor do *Poema da Maçonaria*, do qual não cessamos de admirar a profunda sabedoria, e que pertence à Loja dos Irmãos Artistes, reservatório de homens letrados e de cientistas.

---

* N.E.: Sugerimos a leitura de *Os Aforismos de Confúcio*, Madras Editora.

Essa digressão nos autoriza a concluir que a filosofia primitiva deu à luz os Mistérios estabelecidos pelos magos, mas que ela não nasceu dos Mistérios, uma vez que Cousin o assegura em suas lições de filosofia. Qualquer que ela seja, a doutrina dos Mistérios dos Brâmanes era toda teogônica, e suas provas físicas se aproximam muito das provas da Maçonaria; sua teogonia se encontra quase toda relatada no *Vedam* e no *Shastal*, livros sagrados dos brâmanes escritos em sânscrito. Essa teogonia admitia como primeiro princípio Para-Brahma ou Deus, aquele que criou Brahma e que o encarregou de criar o mundo. Ele lhe deu dois anjos, *Vishnu* e *Shiva*; o primeiro desses anjos veio para a conservação do mundo e o segundo foi encarregado de sua destruição, de maneira que *Brahma*, *Vishnu* e *Shiva* ou *Iswana* constituem a trindade indiana,* que, ainda que toda mitológica, ao menos se acha em conformidade à dos hebreus, que se compõe de Jeová e de duas classes de anjos, na qual uns representam o bem e outros simbolizam o mal.

Sendo os brâmanes os únicos homens letrados da Índia e os vizinhos mais próximos da Pérsia, tiveram, sem dúvida, o conhecimento da filosofia primitiva dos magos, o que nos leva a crer que eles a adotaram, e explica a possibilidade de os sacerdotes egípcios terem podido tirar da Índia a primeira ideia dos Mistérios, porque, antes dos magos, os Mistérios Hindus eram exclusivamente religiosos. Apesar da nossa hipótese, duvidamos ainda de que esses Mistérios possam ter sido científicos, uma vez que os anais do mundo não fazem nenhuma menção a eles, enquanto nos representam os Mistérios Egípcios como os mais científicos e os mais regulares de todos os Mistérios do Egito.

Os Mistérios Egípcios

A instituição destes últimos Mistérios conhecidos sob o nome de Ísis e praticados em Mênfis remonta a 2.900 anos antes de nossa era, e eles tinham por objetivo o culto egípcio, por um lado, e por outro, os conhecimentos humanos, o que os fez serem divididos

---

* N.E.: Sugerimos a leitura de *Mitologia Hindu*, de Aghorananda Saraswati, Madras Editora.

em dois graus: o primeiro foi exclusivamente religioso, e o segundo, científico. O culto dos egípcios foi aquele do Sol e da Lua, porque, depois da metempsicose, os egípcios acreditavam que a alma de Osíris residia no Sol e a de Ísis, na Lua, de maneira que esse primeiro grau foi ostentador e público, e era representado pelos hieróglifos* tanto no exterior como no interior do templo estabelecido em Copta, e os sacerdotes desse templo explicavam esses hieróglifos às pessoas.

Destacaremos, entretanto, que a principal festa dos Mistérios de Ísis era celebrada no mês de março, época do equinócio da primavera,** quando a navegação era mais perigosa. Essa festa foi instituída somente para pagar um tributo de homenagem ao navio de guerra de Ísis, uma vez que ele foi em busca de Osíris, e para propiciar ventos prósperos aos navegantes. Essa solenidade foi muito bem descrita por Apuleio, e se encontra descrita na sábia obra do Ir∴ Lenoir.

O segundo grau, reservado exclusivamente aos iniciados, foi secreto e dividido inicialmente em três partes: a primeira foi consagrada ao desenvolvimento dos princípios de uma moral pura e austera, e as almas dos iniciados eram testadas por provas longas e perigosas. A segunda parte era consagrada exclusivamente ao estudo da Astronomia e da Teogonia; e na terceira ensinava-se os iniciados a fazer uma aplicação consciente da Astronomia, para conceber melhor o sistema de formação do Universo; essa parte era chamada de cosmogenia, e mais tarde os sacerdotes egípcios, tendo incorporado os conhecimentos científicos do Oriente, dividiram a Iniciação em sete graus. Foi nos Mistérios Egípcios que os reis legisladores, os sacerdotes, os filósofos e os grandes homens que formavam o governo do Egito adquiriram altos conhecimentos que os fizeram destacar-se, e os egípcios tiveram a felicidade de serem governados por homens muito instruídos.

Os sacerdotes egípcios, desejando dar uma ideia da sublimidade de sua teogonia, fizeram gravar sobre o frontispício do Templo

---

* N.E.: Sugerimos a leitura de *O Guia dos Hieróglifos Egípcios*, de Richard Parkinson, Madras Editora.
** N.E.: Ver também: *Celebrando os Solstícios*, de Richard Heinberg, Madras Editora.

da Natureza a seguinte inscrição: "Eu sou tudo aquilo que foi, tudo o que é e tudo o que será, e nenhum mortal até hoje foi capaz de desvendar o véu que me cobre".

OS MISTÉRIOS DOS CABÍRIOS

Os Mistérios dos Cabírios, instituídos 2.522 anos antes de nossa era, e consequentemente cerca de cinco séculos depois dos de Ísis, não foram mais do que uma imitação dos Mistérios dos Dióscuros e dos Sidônios; o objetivo deles era totalmente astronômico, e eles celebravam seus Mistérios somente à noite. O neófito suportava as provas assustadoras e perigosas às quais muitos sucumbiram.

Após as provas, o neófito era colocado sobre um trono cintilante de luz; era cercado por uma cintura de púrpura e ornavam sua cabeça com uma coroa de oliveira; todos os iniciados executavam ao redor dele as danças hieroglíficas destinadas a essa cerimônia, e nós encontraremos essas danças no 6º grau das iniciações egípcias. Esta semelhança é tão mais positiva que o Templo de Mênfis foi então consagrado aos Mistérios dos Cabírios, que foram, como aqueles de Ísis, divididos em três graus, e cada grau foi consagrado a uma divindade em particular; a do primeiro grau foi *Prosérpina*, que representava a terra; dava-se a cada iniciado os desenvolvimentos fortemente estendidos sobre o globo terrestre e suas produções, e a maneira pela qual se deveria governar o povo; o segundo grau era consagrado a *Plutão*, que representava o inferno, e os princípios da moral eram desenrolados aos iniciados; eram-lhes indicados os meios adequados para combater as paixões que escravizam o homem; era-lhes inspirado o horror aos delitos e aos crimes por meio da pintura assustadora de castigos eternos que deveriam suportar após a morte todos os homens perversos... O terceiro grau era consagrado a *Mercúrio*, que representava a força divina; era apenas neste último grau que se ensinavam a Astronomia, a Teogonia e o Politeísmo, e, com a ajuda desta última crença religiosa, dava-se aos iniciados a esperança de que eles participariam, após sua morte, da força divina. Por mais que esses Mistérios fossem mitológicos na aparência, eles eram na realidade religiosos, morais e científicos.

Os Mistérios dos Cabírios da Samotrácia

No ano de 1950 antes de nossa era, os Mistérios Egípcios passaram pela Grécia, e os primeiros Mistérios foram aqueles que os cabírios estabeleceram na Ilha de Samotrácia e presumimos que os pelasgos, que foram seus instituidores, foram iniciados somente até os Pequenos Mistérios, porque a principal ciência dos Mistérios da Samotrácia foi a estratégia e, juntos aos atenienses, os oficiais que comandavam os exércitos se chamavam *stratéges*. Todos os gregos que se distinguiam por sua coragem militar eram coroados e figuravam a cada ano na celebração pública dos Mistérios da Samotrácia, e nós não os relatamos porque eles têm uma ligação direta com o 3º e o 4º ponto do 30º grau do Rito Escocês, pois esses Mistérios eram consagrados, aparentemente, apenas à coragem e ao valor; mas eles foram, na realidade, uma escola militar científica, e dos quais os grandes capitães da Grécia são uma prova incontestável.

Os Mistérios Gregos

Tendo os atenienses dado a realeza à família de Erecteu e a dignidade de Hierofante àquela de Eumolpo, Erecteu, primeiro rei de Atenas, instituiu, em 1373 antes de nossa era, os Mistérios de Elêusis, e a família de Eumolpo conservou, durante 1.200 anos, a dignidade de Hierofante. Esses Mistérios foram divididos em Pequenos e Grandes; os filósofos e os sábios da Grécia foram iniciados, e os estrangeiros não foram admitidos ou pelo menos eram raramente aceitos.

Os hieróglifos desses Mistérios foram menos multiplicados do que aqueles do Egito, porque os sacerdotes que foram encarregados de instruir os iniciados, e que eram chamados de Eumólpides, possuíam os Mistérios de Ceres, que foram escritos e conservados sobre folhas de chumbo, de maneira que havia hieróglifos somente no exterior do templo, e os sacerdotes eram encarregados de explicá-los ao povo, reservando o desenvolvimento dos símbolos científicos aos iniciados. Presumimos que toda a ciência desses Mistérios se reduzia às explicações mitológicas, depois das quais se prometia aos iniciados recompensas sem fim;

deveriam conseguir tudo durante o curso de suas vidas e, depois de suas mortes, estariam certos de obter os primeiros lugares nos Campos Elíseos, enquanto os profanos deveriam ser jogados no Tártaro, o que dava aos iniciados um poder e uma superioridade sobre todo o povo. O autor dos anais do mundo assegura que esses Mistérios foram uma verdadeira charlatanice.

Essa afirmação nos parece um tanto mais fundamentada porque os filósofos esclarecidos da Grécia, pouco satisfeitos sobre a instrução que haviam obtido, foram buscar nos Mistérios de Mênfis os conhecimentos positivos; e entre os nomes desses filósofos destacaremos o de Orfeu, príncipe de Giconiens, na Trácia, que, depois de ter tido contato com os profundos conhecimentos científicos do Egito, retornou à Grécia e, em 1330 antes de nossa era, regulamentou os Mistérios de Elêusis e destruiu os erros que lhes serviram de base. Ele fundou uma doutrina verdadeiramente instrutiva, e consequentemente útil; ele instituiu na Grécia a adivinhação mediante os dogmas que havia aprendido no Egito, uma vez que ele foi iniciado nos Mistérios de Ceres e de Baco. Sempre respeitando os preceitos populares, ele estabeleceu sobre as bases mais racionais e menos supersticiosas as festas de Baco e de Hécate; os eleusianos, as panateneias e as tesmofórias. Como a mitologia dos gregos era apenas uma confusão de superstições isoladas, Orfeu formou um corpo de doutrina, e ele admitia os espíritos, os demônios e os heróis, e esta última parte era concordante com os Mistérios da Samotrácia. Era o espírito nacional sobre o qual repousava a certeza da pátria. Orfeu teve somente uma fraqueza: a de não poder garantir uma superstição egípcia, que consistia em colocar uma moeda dentro das urnas funerárias para obter de *Caronte* a passagem dos rios infernais; foi Orfeu que instituiu esse costume junto aos gregos. À parte desse erro inocente, Orfeu foi um filósofo acima dos de seu século; porque, depois de ter regulamentado os Mistérios de Elêusis e tendo-os levado ao verdadeiro objetivo científico dos Mistérios de Mênfis, ele os dividiu em dois graus de Iniciação, e apesar das provas físicas terríveis às quais todo iniciado era submetido, o silêncio que Orfeu exigia de cada iniciado era tão rigoroso que divulgar os Mistérios ou escutá-los eram dois crimes iguais; tanto aqueles que traíssem os segredos como aqueles que tivessem tido a fraqueza de ouvi-los serem contados eram banidos da sociedade, e a eles a entrada de todos os templos ficava proibida; as pessoas evitavam encontrar-se com eles; não se podia mais habitar a mesma casa nem respirar o mesmo ar que eles; e essa punição moral impunha mais do que a detenção moral e as torturas, porque nenhum iniciado jamais promulgou os Mistérios, seja verbalmente, seja por escrito.

No primeiro grau dos Mistérios de Elêusis reorganizados por Orfeu era desenvolvida a teogonia, e os objetos do culto que Orfeu estabeleceu consistiam em emblemas que representavam sob uma imagem sensível alguns pontos da teogonia egípcia, de maneira que eram desenvolvidos os princípios de uma moral sã; eram dadas algumas noções gerais sobre a natureza dos deuses e do culto que se devia render a eles.

O segundo grau era totalmente científico: expunha-se em detalhe todo o sistema físico da natureza; procurava-se demonstrar a formação do Universo e dos seres que o povoavam; e sentia-se o quanto os estudos deveriam ser longos e difíceis para se adquirir os conhecimentos que deveriam conduzir a resultados suficientemente positivos para que sua utilidade pudesse tornar-se benéfica à civilização. Asseguramos que os dois graus da Iniciação foram sugeridos a Orfeu pelo conhecimento que ele adquiriu da doutrina dupla que professavam os magos da Pérsia e, mais tarde, os brâmanes na Índia, os druidas da Gália, os sacerdotes egípcios e a maior parte dos antigos teologistas. Orfeu chamou a primeira doutrina de exotérica, porque ela poderia ser ensinada a todo o mundo, e a segunda de esotérica, exclusivamente reservada aos iniciados. Deve-se destacar que Moisés e Orfeu, imbuídos desses antigos princípios, imitaram os sacerdotes egípcios, porque eles foram, por sua vez, legisladores e juízes, e o bom público foi o principal objetivo de suas pesquisas e de suas atenções. Também foi nos Mistérios reformados por Orfeu que todos os legisladores gregos aprenderam o uso da doutrina dupla, da qual eles fizeram uma das partes mais essenciais de seus estabelecimentos políticos.

OS MISTÉRIOS DOS JUDEUS OU DOS ESSÊNIOS

Chegamos aos Mistérios dos Judeus, que, ainda que menos célebres do que aqueles que os precederam, não são menos interessantes para se conhecer, porque eles tiveram a vantagem de sobreviver aos seus predecessores; e vários eruditos pensaram que os Mistérios dos Judeus foram a fonte das Maçonarias modernas. Os iniciados de Israel se denominavam essênios. Com relação a isso, podemos analisar o retrato que Filon, Josefo, o historiador, e Plínio nos deixaram.

Os essênios viviam como Irmãos. Eles professavam uma fé enorme com relação ao Ser Supremo. Sua entrada nessa sociedade não passava indiferentemente. Quando um postulante se apresentava, ele era posto à prova durante três anos, um ano fora de casa e dois anos dentro dela.

Antes de admiti-lo, faziam-no prometer, com sermões terríveis, servir a Deus, amar aos homens, fugir dos perversos, proteger as pessoas de bem, manter a fé para com todo o mundo, e, sobretudo, para com o príncipe. Faziam-no jurar também que ele não contaria jamais a outras pessoas sobre os segredos da associação, que ele os esconderia do perigo de sua vida, não ensinaria nada além daquilo que aprendeu de seus mestres; conservaria os livros misteriosos da Ordem e os nomes tradicionais dos anjos.

Os essênios não falam antes da aparição do Sol, tanto que não pronunciam quaisquer orações recebidas de seus pais, a não ser para convidar esse astro a levantar-se. Eles ficam no trabalho até a noite, colocam roupas brancas para as refeições e com eles vão comer os seus hóspedes, caso aconteça de aparecerem.

Eles habitaram o mais longe possível das bordas do mar. Seu principal estabelecimento foi nos vales de Engaddi. Eles empregavam purificações frequentes e temiam manchar a luz de Deus.

Eles mesmos não ofereciam sacrifícios sanguinários dentro do Templo de Jerusalém. Os símbolos, as parábolas, as alegorias são para eles de um uso muito familiar: nisso eles imitam os antigos. Hábeis nos conhecimentos dos minerais e das plantas medicinais, eles tomavam conta gratuitamente de pessoas enfermas que eram levadas a eles; ainda que estivessem sob a dependência de seus superiores, era-lhes dada a liberdade de eles mesmos socorrerem a seus próximos e de fazer o bem, tanto e quanto quisessem. Não tinham escravos a seu serviço: eles viam a escravidão como injuriosa à natureza humana. Assim eram os membros dessa Instituição destacável: esclarecidos em meio a um povo ignorante, benfeitores em meio a um povo avaro, tolerantes em meio a um povo fanático, eles apresentavam o espetáculo de uma classe de homens dotados de todas as superioridades morais. Josefo, o historiador, é tocado pela semelhança deles com os pitagóricos.

Salomão, que passava por seu instituidor, ainda que fosse apenas o restaurador de sua ordem, tomou em parte as bases dentro da hierarquia e as recepções observadas por Moisés por meio dos levitas, em parte nos estatutos dos *énoséens*, seita de data imemorável e de origem árabe ou caldeia, em que os Mistérios eram repletos de lembranças do sabeísmo primitivo e muito mais favoráveis pelo seu espírito aos laços com a benevolência universal que à Iniciação de Moisés.

Dom Calmet observa que é bem alarmante que nem os evangelistas nem os outros autores do Novo Testamento pronunciem sequer uma vez o nome de uma seita tão célebre entre os judeus e que honrava tanto a sua religião.

Os autores alemães, apoiando-se em certas passagens dos evangelistas, tais como estas: "Que aquele que puder adivinhar, adivinhe; que aquele que tenha ouvidos para ouvir, ouça; o Cristo não falava senão por parábolas", afirmaram que a doutrina do Cristo é a simples revelação de seus iniciados; que os primeiros cristãos teriam sido os essênios. Esses sábios propunham, por exemplo, os terapeutas do Egito, que formavam um ramo dos essênios e dos quais não se pôde jamais dizer se foram cristãos ou judeus; e a comunidade de bens ensinada pelos apóstolos, como prova a história de Safira e de Ananias, eles acreditavam reconhecer sob os termos obscuros no capítulo 14 de São Lucas as provas do Cristo e a manifestação completa de todos os seus segredos diante de alguns discípulos escolhidos no capítulo 17 de São Mateus. Que essas ideias tenham podido somente ser conhecidas, não importa como, acrescenta o autor do *Poema da Maçonaria*, do qual tomamos emprestados o conhecimento destes últimos Mistérios, já é para os essênios o mais magnífico elogio.

Por mais positivos que pareçam esses importantes documentos, quisemos nos assegurar de sua exatidão ou de sua suposição, e, ao percorrer a história geral do mundo, descobrimos que no ano 1550 antes da Era Vulgar os judeus que retornaram do Egito se dividiram em três seitas.

A primeira foi a seita *cineneia*, a segunda foi a seita *recabita* e a terceira foi a seita *esseniana*. Os judeus essênios, acrescenta a história, sendo espécies de *quakers*, foram dentre os judeus como monges no meio dos cristãos; eles fugiam das cidades, viviam em comunidade e sua disciplina era bastante austera.

Esses documentos históricos não deixam nenhuma dúvida sobre a existência dos Mistérios Essênios, de cuja instituição precediam de quatro séculos os de *Salomão*, e encontramos em outro que, em 55 antes da Era Vulgar, *Judas* de Jerusalém — que foi profeta e não deve ser confundido com *Judas* ou Aristóbulo, filho de Hircan, que foi apenas um judeu filósofo que passava por entre os seus discípulos para obter o dom da profecia — restabeleceu a seita dos *essênios* com todas as suas austeridades; eram também chamados de judaístas, pelo nome de seu fundador.

Este último documento confirma tudo isso que Dom Calmet adiantou e que relatamos anteriormente.

Depois da classificação cronológica que adotamos para os Mistérios que têm conexões mais ou menos íntimas com a Maçonaria, terminaremos pela exposição sucinta dos Mistérios do Cristianismo, que são uma sequência imediata daqueles dos essênios.

Os Mistérios do Cristianismo

Que o Cristo, em sua qualidade de homem, tenha adquirido sua moral admirável dentro dos Mistérios dos Judeus ou dos Essênios, ou que em sua qualidade divina possuía a presciência, parece-nos provável que ele tenha desejado retificar os Mistérios nos quais se presume que ele tenha sido iniciado e substituí-los pelos Mistérios do Cristianismo Primitivo, no qual a simplicidade e a sublimidade encerravam ao menos a base principal dos Mistérios dos Judeus e toda a moral que seus sectários ensinavam e praticavam. Aflito, sem dúvida, pela escravidão da maior parte dos homens, chocado pelas doutrinas errôneas que eram professadas então e que ele combateu com tanta superioridade entre os doutores da lei, reunidos no templo para esse fim, instruído por suas observações e pela experiência do abuso do poder sacerdotal e das castas privilegiadas, o homem-Deus estava resoluto, em sua grande sabedoria, em substituir os Antigos Mistérios pelos novos, para que fossem levados aos homens menos instruídos.

Como conceber que intenções tão louváveis, que uma moral pura, que uma conduta irreprovável e exemplar como a Dele, e que uma doutrina assim tão sublime tenham podido fazer condenar o Cristo a um suplício tão infame? Tanta perfeição não poderia lançar sobre ele nada além do respeito e da veneração, e o povo deu uma grande prova disso no dia em que ele entrou em Jerusalém. Mas, em sua qualidade de iniciado, Cristo estava ligado por um juramento grave e solene.

Os sacerdotes e as autoridades que dirigiam os Mistérios, encontrando-se humilhados pela reforma filantrópica do Cristo, uma vez que o poder lhes escapava, tiveram de se reunir para escandalizar o povo que, sem motivos e sem discernimento, pedia a morte do reformador, tão obstinadamente.

Tendo o Cristo previsto ou não os perigos aos quais Ele se exporia ao apresentar sua doutrina, instruído pela coragem nobre de Sócrates, nada pôde desviá-lo de cumprir não a sua missão, mas sim o seu grande e audacioso projeto.

Três grandes princípios constituem toda a doutrina dos Mistérios do Cristianismo Primitivo: a unidade de Deus, a liberdade e a igualdade. O Cristo não deu a Deus um outro nome, ou outra denominação a não ser a de Seu Pai, e nisso Ele seguiu o exemplo de todos os povos, que designaram Deus sob a denominação geral de pai da natureza; Ele se apresentou como seu mandatário, mas não falou jamais da trindade cristã, que não é nada além de uma imitação da trindade dos hindus, dos caldeus, dos egípcios e dos filósofos de todos os tempos. A trindade cristã é uma instituição sacerdotal, e os sacerdotes foram forçados a reconhecer a unidade de Deus, ainda que composta na aparência de três essências diferentes; é uma alegoria, e não uma realidade.

O Cristo proclamou como segundo princípio de Sua doutrina a liberdade do homem, e, consequentemente, a liberdade da consciência. O sacerdócio, na opinião do autor do Cristianismo, violou esse princípio, porque, ao torturar a consciência, ele tinha certeza de estar tirando do homem a liberdade que o Criador lhe havia concedido e que o Cristo queria restabelecer. O autor dos Mistérios do Cristianismo fundou a mais perfeita igualdade por meio dos membros da mesma família, e a única denominação que ele impôs a todos foi o doce nome de Irmãos.

Doutrina admirável! A qual, longe de ser o patrimônio de uma única seita religiosa, é aplicável a todas as crenças! Em sua qualidade de legislador religioso, e não político, o Cristo se baseava na teogonia e na moral. As passagens obscuras de São Lucas e de São Mateus, que alguns sábios da Alemanha interpretaram, não provam, em nossa opinião, que o Cristo tenha adotado a doutrina dupla de Orfeu nem a doutrina da maior parte dos Antigos Mistérios. Ele não admite, ao contrário, que a doutrina exotérica que ele demonstrou em suas explanações públicas, e para não atacar nenhuma crença, ele empregava sempre a linguagem das parábolas, porque ela é aplicável a todas as seitas religiosas. Ele instituiu apenas um único grau de Iniciação, que foi o batismo, nada além de uma única prova, que foi a da água, e para estar de acordo com a sua doutrina exotérica ele se fez iniciado publicamente por São João Batista sobre as margens do Rio Jordão, e como todo o seu sistema repousava sobre a unidade de Deus, não teve além de um único hieróglifo, que foi a cruz, e observem que todos os discípulos do Cristo que foram iniciados nos Mistérios do Cristianismo Primitivo foram chamados de Irmãos galileus, fiéis nazarenos, e eles conservaram essas diversas denominações até o 41º ano da Era Vulgar, que foi a época na qual lhes foi dado o nome de cristãos na vila de Antioquia.

Durante quase dois séculos, os Mistérios do Cristianismo foram praticados em lugares retirados ou em subterrâneos, porque somente no ano 221, Severo VII, diz Alexandre, o imperador romano, permitiu aos iniciados levantarem um templo, que foi o primeiro templo cristão, e 89 anos depois, ou seja, em 312 de nossa era, o grande Constantino, atormentado pelos remorsos de sua consciência, apresentou-se aos Mistérios de Mênfis para se purificar de todos os seus crimes, mas o grande hierofante o recusou com a mesma severidade que Nero havia tido 242 anos antes daquela época. Essa recusa inatendida produziu uma profunda impressão sobre a alma do imperador romano, mas um cortesão de boa índole se encarregou de sinalizar a ele um novo culto no qual os sacerdotes tinham o poder de absolver os maiores criminosos.

Constantino retornou a Roma e abraçou o Cristianismo, que era mais tolerante, em sua opinião, que o suposto Paganismo,* e em troca da absolvição geral que recebeu do sacerdote cristão, aboliu as leis severas e injustas estabelecidas contra os cristãos, assim como o suplício da cruz; ele deu livros aos sacerdotes, que, contrariamente às intenções de seu instituidor, adotaram a doutrina dupla, porque eles uniram às pregações — que constituíram a doutrina exotérica do Cristo — a doutrina esotérica reservada aos iniciados e que eles dividiram em três graus, a saber: o Subdiaconal, o Diaconal e o Sacerdócio. Enfim, no ano 1139, no 11º Concílio Geral, um papa estabeleceu a Teocracia, depois da qual os bispos não são mais

---

* N.E.: Sugerimos a leitura de *Cristianismo e Paganismo*, de J. N. Hillgarth, Madras Editora.

do que subdelegados do soberano pontífice, nova transgressão da doutrina do Cristo, que fundou a igualdade, porque se o papa não era menos que o *primus interpares*, essa dignidade estaria em conformidade com a doutrina exotérica do Cristo, que simboliza a unidade de Deus, e concebemos que a unidade da Igreja era uma consequência natural do princípio da unidade de Deus; mas era necessário abster-se de juntar-se ao poder temporal e mais ainda de ansiar por ele, de onde resulta que os sacerdotes dos Mistérios do Cristianismo primitivo desfiguraram sua instituição originária.

Depois da explicação que acabamos de expor sobre os diversos Mistérios, podemos nos convencer de que o aperfeiçoamento de cada um deles seguiu uma marcha lenta e progressiva da civilização, e que todos os Mistérios tiveram dois objetivos principais: a religião e as ciências. E entre os Mistérios exclusivamente religiosos, os do Cristianismo são os mais simples, mas ao mesmo tempo os mais sublimes, se tivermos o cuidado de não confundi-los com o Catolicismo, que os desfigurou completamente.

Os Mistérios exerceram uma influência tão poderosa sobre os povos do vasto Oriente que nos cativam, apesar de que isso nos fez conhecer a veneração que se tinha por eles, o que nos determina a expor a opinião emitida a seu respeito por vários filósofos, assim como aquela de alguns padres da Igreja.

Não devemos nos enganar, diz Ouvaroff em sua obra interessante a respeito dos Antigos Mistérios, sobre a impossibilidade de se poder determinar de uma maneira positiva as noções que recebiam os *époptes*, ou seja, aqueles que olhavam do alto. Mas a relação que reconhecemos entre as iniciações e a fonte verdadeira de todas as nossas luzes foi suficiente para acreditar que eles adquiriram não somente as noções justas acerca da divindade, sobre as relações do homem com ela, acerca da dignidade primitiva da natureza humana, sobre sua queda, sobre a imortalidade da alma, sobre os meios de seu retorno a Deus, enfim, sobre uma outra ordem de coisas após a morte, mas ainda que lhes foram descobertas as relações orais e mesmo as tradições escritas. Possivelmente juntamos a esses documentos históricos as noções acerca do sistema do Universo, assim como nós as expusemos nos Mistérios Egípcios e Gregos, algumas doutrinas teúrgicas; talvez mesmo as descobertas positivas nas ciências humanas. Esta última dúvida é um tanto menos fundamentada que a estada das tradições orientais no Egito terá dado lugar a essas grandes descobertas, a essa sabedoria dos egípcios, que a própria Escritura atesta em vários lugares.

Não é provável, com efeito, continua Ouvaroff, que se limite à Iniciação superior para demonstrar a unidade de Deus e a imortalidade da alma pelos argumentos filosóficos. Clemente de Alexandria disse expressamente, ao falar dos Grandes Mistérios: "Aqui termina todo o ensinamento, vê-se a natureza das coisas". Por outro lado, as noções morais eram difundidas demais para que os Mistérios merecessem somente os elogios magníficos dos homens esclarecidos da Antiguidade, porque, se supusermos que a revelação dessas verdades teve por único objeto os Mistérios, não teriam eles deixado de existir no momento em que as verdades foram ensinadas publicamente? Píndaro, Platão, Cícero, Epicleto, teriam eles falado com tanta admiração? Se o Hierofante se contentou em expor-lhes em viva voz suas opiniões, ou aquelas de sua ordem, sobre as verdades nas quais eles mesmos penetraram, de onde o Hierofante tirou suas ideias? Quais fontes ele tinha à sua disposição que permaneceram inacessíveis à Filosofia? Concluímos então que eram reveladas aos iniciados não somente as grandes verdades morais, mas também as tradições orais e escritas que remontam à primeira era do mundo. Esses fragmentos, colocados no meio do Politeísmo, formavam a essência da doutrina secreta dos Mistérios. O que concilia as contradições aparentes do sistema religioso dos antigos ainda está perfeitamente de acordo com nossas tradições sagradas.

Devemos salientar aqui que os primeiros sacerdotes da Igreja que nos passaram noções bem interessantes sobre os Mistérios fizeram, cada um a seu tempo, grandes discursos e pinturas muito odiosas. São Clemente de Alexandria, que se passava por iniciado, ora lhes dava o objetivo mais frívolo e mesmo o mais vergonhoso e os transformava em escola de ateísmo, ora afirmava que as verdades que se ensinava tinham sido reveladas pelos filósofos a Moisés e aos profetas, porque, de acordo com ele, foram os filósofos que estabeleceram os Mistérios, e nós partilhamos desta última opinião.

Tertuliano atribui isso à invenção do Diabo; Arnóbio, Atenágoras e São Justino, praticamente todos falaram sobre isso da mesma maneira; os seus elogios e suas reprovações podiam ser igualmente verdadeiros, sem serem igualmente desinteressados; por isso, é preciso distinguir as épocas, e é certo que no momento em que os padres escreviam, os grandes abusos derrapavam nos Mistérios; eles tinham degenerado, uma vez que haviam sido gerados pelo Politeísmo, e com relação a isso parece que os padres, que os viam como um santuário do erro, não podiam colocar muito ardor ao desacreditá-los. A corrupção tinha começado a difundir algumas noções sobre as cerimônias que eram praticadas: a indiscrição dos mitos tinha divulgado os símbolos, tudo tendia a profanar os Mistérios, já decaídos de sua dignidade primitiva.

Mas nos reportemos aos tempos em que eles floresceram; não nos faltarão testemunhos a seu favor: eles são sobretudo apresentados como origem das artes, das ciências, do trabalho e sobretudo das leis. Concebe-se, com efeito, que a associação religiosa e de uma moral filantrópica tenha servido como um núcleo para a formação do primeiro povo civilizado no meio dos ferozes pelasgos e que as regras de sua hierarquia acabaram por originar aquelas de ordem social. É sob essa relação que Atenas celebrava as Tesmofórias em memória da legisladora Ceres.

Plutarco, Isócrates, Diodoro, Platão e Eurípedes falam dos Mistérios nos termos mais honráveis. Veremos a mesma opinião compartilhada por Cícero, Sócrates, Aristófanes. Se os Mistérios tivessem sido inventados apenas pelo interesse dos padres, se realmente eles não tivessem merecido toda espécie de elogios, como poderiam eles tocar de admiração justamente os personagens estimados, os filósofos inimigos do espírito sacerdotal, os historiadores colocados pelo estado para pesquisar a verdade e, até mesmo, os poetas cômicos?

Qualquer coisa que seja dita, e apesar de alguns abusos, os Mistérios sempre foram estimáveis, mesmo na época de seu declínio. Podemos considerar nesse sentido o julgamento de dois homens, tais como Epíteto e Marco Aurélio. No século IV de nossa era, Prétextat, procônsul de Achaïe, homem provido de todas as virtudes, dizia ainda que seria tornar a vida dos gregos insuportável privá-los dos *Mistérios sagrados que situam o gênero humano*. Seria papel somente dos bárbaros mudar o monumento conservador dos princípios da civilização. E Alarico primeiro, chefe dos godos, precedeu o zelo cego dos Césares do Baixo Império. Em 396, ele destruiu totalmente o Templo de Elêusis. Esse edifício era grande e magnífico, todo construído em mármore pentílico e voltado para o Oriente. Ele era muito mais moderno que os Mistérios, porque sua construção remontava de não antes do século de Péricles. Sob o domínio visigótico pereceu a maior parte dos padres; outros morreram de dor; entre eles estava o venerável Priscus, de Éfeso, que tinha então 90 anos de idade. Os documentos históricos que acabamos de expor são positivos demais para que se possa recusar pôr em dúvida o alto renome que alcançaram os Mistérios Egípcios e Gregos, assim como aqueles da Samotrácia; ao longo de nosso grande trabalho, acabaram nos sendo positivas todas as dúvidas emitidas por M. Ouvaroff, que negligenciou muito o estudo dos símbolos e das alegorias que caracterizam todo o sistema da Iniciação.

Os Mistérios Sagrados de Zoroastro e de Mitra

*"A experiência mais bela que podemos viver é o mistério.
Ele é a fonte de toda verdadeira arte e de toda verdadeira ciência.
Quem não conhece esta emoção, quem já não possui
o dom de se maravilhar, mais valeria que não estivesse vivo,
pois seus olhos, certamente, estariam fechados."*

Albert Einstein

A ciência moderna, puramente materialista em suas metas e conclusões, ridicularizou, até recentemente, o conceito representado pela Magia; não tivesse sido compelida a reconhecer, sob o nome de hipnotismo, desde o tempo de Braid, a verdadeira força, por ela negada e condenada ao tempo de Mesmer, seria difícil encontrar uma exemplificação palpável e inegável do tipo de poder que está envolvido na Magia.

Contudo, o hipnotismo não é nem mesmo o alfabeto do vocabulário conhecido pelo verdadeiro mestre ou mago. Não passa de um leve toque empírico em um poder de proporções gigantescas, cuja chave torna seu possuidor um salvador ou destruidor de sua espécie.

Temos apenas de refletir acerca do uso que se tem feito do hipnotismo em exibições públicas, por ambição pessoal, por seus "professores" – com perdão da palavra – para determinar em que medida uma maior divulgação do conhecimento oculto seria benéfica à Humanidade como um todo.

A Palavra Perdida tradicional do Mestre é a chave de toda ciência da magia. O conhecimento do Mestre não é empírico. Não constitui umas poucas fórmulas isoladas, com as quais determinados efeitos extraordinários ou impressionantes podem ser produzidos. A arte da Magia baseia-se em uma ciência muito mais profunda e exata do que a moderna Física jamais sonhou poder existir e, por trás dessas ciências, acha-se uma filosofia tão ilimitada quanto o Cosmos, tão inesgotável quanto o tempo e tão benéfica quanto o "Pai do Céu". Se o significado maçônico de *Mestre: perfeito e sublime; mestre: príncipe adepto*, etc. fica aquém daquilo que afirmei, então é uma farsa escandalosa ou mistificação capaz de deixar qualquer um pasmo. A concepção da Maçonaria é verdadeira, embora tenha adotado ou imitado grifos e Rituais de uma ciência, cuja chave nem um maçom em 10 mil possui, uma vez que a tradição da Palavra Perdida tem sentido literal, não menor que seu significado simbólico. O neófito recebe a palavra "Substituta" – "até que as futuras gerações possam descobrir a Verdadeira Palavra". A questão agora proposta a todo "compromissado", ou assim chamado Mestre Maçom, é: haverá de ser encontrado na geração atual o que foi perdido? E cada um responde individualmente. Assim que entra em sua Loja, primeiro vê a luz e, então, recebe sua obrigação, exatamente como todo verdadeiro mestre ou "adepto" faz desde o começo das eras. No acervo de obras da literatura maçônica, incluem-se muitos ensaios eruditos que abordam a história, a ortografia e a filologia da *Palavra Perdida*; devemos dizer, entretanto, que não conhecemos nenhum tratado que apreenda a natureza do real segredo, com propriedade similar à do Irmão Albert Pike em sua importante obra e, se conhecia o teor desse segredo, manteve-o oculto, enfim.

A fonte mais imediata de lendas inseridas na Maçonaria é a Cabala judaica, oriunda dos caldeus e da forma de doutrina secreta adotada no Zoroastrismo, cujos princípios e métodos foram revelados pelo pranteado Irmão J. Ralston Skinner. Entretanto, os trabalhos mais importantes do Irmão Skinner, além de sua obra *Fonte de Medidas* e um grande número de folhetos impressos, estão apenas manuscritos, sendo seu conteúdo tão abstruso que se tornam de pouca utilidade, exceto para profundos estudiosos. Examinando a íntegra do Talmude, encontram-se referências à sabedoria secreta, enquanto em *Zohar*, a *Cabala Desnudada* e em outras obras cabalísticas, foram todas escritas em estilo velado, a fim de ocultar o segredo para os não iniciados e, ainda, não terem nenhum sentido sem a chave. As descobertas do Irmão Skinner foram a recompensa ao seu talento, feitas quando encontrou por acaso uma das chaves que "abriam os portões dourados do palácio do rei". Suas descobertas representam os fundamentos para um estudo sistemático e científico, que revela a fórmula cabalística da doutrina secreta, oculta nas entrelinhas do texto hebreu, o Pentateuco, a respeito do qual jamais se ouviu nenhum comentário revelador ou atitude nesse sentido. Talvez outra geração de estudiosos da Bíblia dos hebreus possa despir-se de opiniões formadas, preconceitos e superstições acerca da mera verbosidade do texto, a ponto de dispor-se a descobrir o real significado do Pentateuco, com relação à criação do homem e do Universo. Cópias de pesquisas inéditas do Irmão Skinner foram feitas, por ato especial de sua vontade, na intenção de preservar essas informações para estudos futuros, a fim de evitar a perda de seu conteúdo.

Todavia, a Cabala dos hebreus não é senão uma das muitas fontes das quais a ciência secreta pode ter se originado, e não se podem considerar sua forma de simbolismo e método de interpretação mais adequados à época atual. Quando se lê o simbolismo da Cabala, utilizando a chave descoberta pelo Irmão Skinner, esse processo requer uma nova interpretação, por meio da tradução de seu conteúdo em ideias ou formas de pensamento modernas. A base para isso foi o *Livro dos Números* dos caldeus, do qual nenhuma cópia autêntica se acha disponível para estudo atualmente. É sabido que há várias cópias espúrias e é possível que uma cópia autêntica seja editada em ocasião mais propícia. Deve-se lembrar que os genuínos Mestres, "príncipes adeptos maçons", sempre existiram e nenhum livro ou registro digno de ser preservado ou necessário ao bem da Humanidade acha-se perdido. Em criptas secretas, praticamente inacessíveis à mão destruidora do homem, à corrosão do tempo e à deterioração, tais tesouros devem estar preservados.

O fundador do Zoroastrismo às vezes é chamado de Zaratustra, e em outras de Zoroastro. Ele foi um mensageiro de Deus, nasceu na Pérsia (hoje Irã) mais ou menos mil anos antes de Cristo.

Desde muito cedo, Zoroastro já mostrava uma sabedoria fora do comum. Aos 15 anos de idade, realizava valiosas obras religiosas. Era muito conhecido e respeitado pela grande bondade para com os pobres e animais e pelo sistema religioso-filosófico que criou. Seus sacerdotes, os **magi** ou magos, dedicavam o culto a ele, eram vegetarianos, reencarnacionistas e conheciam muito bem a Astrologia (a palavra **mago** significa **sábio**). Tudo leva a crer que Zoroastro reformula o Masdeísmo ou Mazdeísmo, a antiga religião da época. Possuía uma visão positiva e alegre do mundo.

As reformas de Zoroastro não podem ser entendidas fora de seu contexto social. A sociedade dividia-se em três classes: a dos chefes e sacerdotes, a dos guerreiros e a dos criadores de gado. Essa estrutura se refletia na religião, e determinadas deidades (daivas) estavam associadas a cada uma das classes. Ao que parece, os ahuras (senhores), que incluíam Mitra e Varuna, só tinham relação com a primeira classe. Os servos, mercadores, pastores e camponeses eram considerados insignificantes demais para serem mencionados nas crônicas e estelas,* embora tivessem seus próprios deuses.

O Zoroastrismo prescreve a fé em um deus único, Ahura Mazda (divindade suprema), a quem se credita o papel de criador e guia absoluto do Universo. Dessa divindade suprema emanam seis espíritos,

---

* N.R.: Monolito; espécie de coluna destinada a ter uma inscrição.

os Amesas Spenta (Imortais Sagrados), que auxiliam Ahura Mazda na realização de seus desígnios: Vohu-Mano (espírito do bem), Asa--Vahista (retidão suprema), Khsathra Varya (governo ideal), Spenta Armaiti (piedade sagrada), Haurvatat (perfeição) e Ameretat (imortalidade). Juntos, Ahura Mazda e esses entes travam luta permanente contra o princípio do mal, Angra Mainyu (ou Ahriman), por sua vez acompanhado de entidades demoníacas: o mau pensamento, a mentira, a rebelião, o mau governo, a doença e a morte.

Após a adoção oficial do Zoroastrismo pelos aquemênidas, no reinado de Dario I, redigiu-se o *Avesta* ou *Zend-Avesta* (comentários sobre o conhecimento), livro sagrado no qual – na parte denominada *gathas*, hinos metrificados em língua arcaica – encontra-se a sistematização tardia dessa religião, que teria sido feita pelo próprio Zoroastro.

Zoroastro encontrou muita dificuldade em converter as pessoas à sua nova religião. Por pregar e não ser entendido, foi perseguido e hostilizado pelos sacerdotes de sua época.

A grande questão, colocada para ser resolvida por todos os sistemas filosóficos e religiosos, o bem e o mal, para Zoroastro se resolve dentro da mente humana. O bom pensamento ou boa mente cria e organiza o mundo e a sociedade. Já o mau pensamento ou má mente faz o contrário. Cabe ao ser humano fazer uma escolha e ele tem o poder e a capacidade de fazê-la. O Cosmos inteiro está a seu favor quando escolhe a boa mente, enquanto a má mente isola e, portanto, angustia aquele que por ela opta. Essa escolha é feita no dia a dia da pessoa, em cada ação. Ninguém pode fazer uma opção definitiva; esse é um mecanismo dinâmico e progressivo.

Asha é o princípio organizador de Deus, o qual traz em si todas as qualidades: justiça, retidão, cooperação, verdade, bondade e outras. Asha age no mundo, em todos os setores e especialmente nas pessoas que lhe abrem a mente. Ela estimula, provoca, incentiva e capacita à escolha e à prática do bem. Asha poderia ser comparada à tomada que nos conecta à energia vital e criativa de Deus.

Seus principais mandamentos são: falar a verdade; cumprir o prometido; manter-se livre de dívidas; **agir como gostaria que agissem com você**. Dizia: "O que mais vale em um trabalho é a dedicação do trabalhador; o que semeia milho, semeia a religião. Não trabalhar é um pecado". Como podemos notar, ele deixou seus traços nas principais religiões, como Judaísmo, Cristianismo e Islamismo.

O nome Mitra (Sol) está nos livros sagrados dos vedas e dos persas, que possuem uma origem comum, apesar das diferenças teológicas.

Em ambas as religiões, ele era visto como o deus da Luz, invocado junto com o céu. Os vedas o chamavam Varuna e os persas, como já mencionamos, Ahura Mazda. Nos *Vedas*, o nome de Mitra significa "tratado". No *Avesta* dos persas, uma ode lhe é consagrada. Mitra é o gênio da Luz Celestial. Ele aparece antes do nascer do Sol nos picos rochosos das montanhas. Durante o dia, atravessa o grande firmamento em sua carruagem puxada por quatro cavalos. Quando cai a noite, ele ilumina com laivos de claridade a superfície da Terra, "sempre acordado", "sempre atento".

Mitra tudo ouve, tudo vê, tudo sabe: nada pode enganá-lo. É a Luz que dissipa as Trevas, restaura a felicidade e a vida na Terra. Mitra é o Senhor das grandes pastagens, aquele que as torna férteis. Não só proporciona as bênçãos materiais como também as espirituais.

No período do pré-Zoroastrismo, Mitra, associado com o Supremo Ahura-Mazda, era um deus de primeira magnitude. Possuía força e ao mesmo tempo conhecimento, pois em essência era Luz. No entanto, a força de Mitra foi reduzida pela personalidade de Zoroastro que, sendo sacerdote e um aedo,[*] posteriormente se tornou reformador, esforçando-se para converter o politeísmo em um monoteísmo no qual Ahura-Mazda seria a única divindade suprema.

Zoroastro opôs-se às concepções litúrgicas mitraicas, tais como os sacrifícios sangrentos, ou seja, a imolação do touro e a

---

[*] N.R.: Poeta que executa composições religiosas, acompanhado por uma lira.

ingestão do *haoma*, uma bebida sagrada, tomada durante as cerimônias mitraicas e que provocava um estado de êxtase. O fim de Zoroastro se deu pela forte oposição dos adeptos do deus Mitra, que o assassinaram no templo do fogo de Balkh. Depois da morte de Zoroastro, a religião mitraica renasceu com todo o seu vigor.

No mito de Mitra, no dia 25 de dezembro se celebra a vinda da **Nova Luz** e o nascimento do deus. Nascimento miraculoso, pois foi proporcionado por uma força mágica interior: o jovem deus saiu de uma rocha, nu, usando o boné frígio. Ele traz em suas mãos um punhal e uma tocha. É o **Genitor da Luz** (*Genitor Luminis*) e saído (*saxigenus*) da rocha (*petra genitrix*). Recebeu do deus Ahura-Mazda a incumbência de matar o touro primordial. E pela morte do touro dará a Mitra os frutos da terra aos humanos.

Certas divindades, como Oceanus, Cautopates, Saturno e Celus, representam forças elementares da criação que se fazem presentes ao nascimento de Mitra, divindade criadora (Demiurgo), e continuam a lhe prestar favores.

Em uma outra versão, Mitra nasce em uma gruta e sua abóbada, o céu, de onde a Luz sairá para iluminar a Terra, é um acontecimento cósmico. Matar o touro é o motivo principal do culto mitraico. Sua carne e seu sangue são consumidos em companhia do Sol. Em diversas inscrições, Mitra era invocado como o deus *Solis Invictus*, o Invencível deus Sol.

Nos Mistérios de Dionisos, em que também *eram* oferecidos para os fiéis carne e sangue da vítima ainda viva ou palpitante, seus fiéis normalmente se encontravam em estado de transe orgiástico, provocado pelo vinho, e alcançavam o êxtase e o entusiasmo – Comunhão com o Deus.

Posteriormente, a carne foi substituída pelo pão e o sangue, por vinho. Tertuliano, que anteriormente foi citado, presenciou as cerimônias do culto a Mitra e chama este ritual de "paródia diabólica da Eucaristia".

Para C. G. Jung, "o *transitus* do culto de Mitra corresponde, como tema, ao carregamento da cruz, tal como a transformação do animal sacrificado corresponde à ressurreição do Deus cristão sob a forma de alimento e bebida".

Somente os magos (homens) participavam das festas celebradas ao deus Mitra, que normalmente eram realizadas em grutas e cavernas, naturais ou artificiais. Consagravam os sete dias às sete divindades planetárias e o primeiro dia, ao Sol. Isso se dava no solstício de inverno, em 25 de dezembro, data do nascimento de Mitra (Hemisfério Norte).

Assim como Mitra havia sido o criador, também deveria ser o salvador. O corvo leva a Mitra, a mando do Sol, a ordem de matar o touro, e ele, com pesar, executa a ordem recebida.

Na representação mais solene da religião, Mitra está em uma caverna, sobre o touro; com a mão esquerda, levanta o queixo do animal, cuja cabeça se volta para o céu, e, com a direita, crava um punhal no seu pescoço. Mitra volta a cabeça para trás de si com uma expressão de tristeza. Geralmente um corvo à esquerda se inclina para ele. No ângulo esquerdo, está a figura do Sol; à direita, da Lua; abaixo, um cachorro que se lança sobre o sangue que brota da ferida e também uma serpente; um escorpião toma com seus ferrões os testículos do animal e os aferroa; às vezes, também participa uma formiga; por debaixo do touro, vê-se uma cratera com um leão que parece olhá-lo ou beber nela. Em algumas representações, a cauda do touro levantada termina em um feixe de espigas; ou da ferida do touro brotam espigas em lugar de sangue, relembrando Rituais persas da fertilidade.

A representação de Mitra e do touro configura diretamente um mito cosmogônico e um mito escatológico. Trata-se de um mito acompanhado de ritual de sacrifício, que se pode interpretar como princípio universal da vida no mundo visível e da imortalidade no mundo invisível.

Os Mistérios mitraicos, praticados na Pérsia e depois em Roma, possuíam graus de iniciação. Os Candidatos passavam por provas severíssimas antes de poderem iniciar-se nos Mistérios. Faziam rigoroso e prolongado jejum e abstinência sexual. Eram instruídos sobre os mitos acerca da origem do Cosmos, da criação da Terra e do homem; aprendiam os hinos sagrados ou a linguagem litúrgica. Adquiriam também ensinamentos que os preparavam para a cerimônia da Iniciação. Ignora-se em que consistiam tais ensinamentos.

O iniciado, antes de fazer o voto sagrado (*sacramentum*), prometia não trair o que lhe havia sido revelado.

Os sete graus de iniciação dos Mistérios de Mitra eram denominados Córax (corvo), Nymphus (Criptus), Miles (soldado), Leo, Perses, Heliodromos e Pater. O iniciado subia os sete degraus, em cada um deles recebendo novo nome. Os titulares dos graus se fantasiavam, adquirindo características dos graus que representavam. Lembrem-se de que para subirmos até o trono do Venerável Mestre, passamos por sete degraus.

O taurobólio. O ritual de iniciação nos Mistérios de Mitra era o taurobólio, que consistia em um ritual de sacrifício do touro. Sobre uma forte estrutura em forma de rede entrelaçada de aço ou ferro, era imolado um touro pelos sacrificadores, e seu sangue escorria sobre o iniciado que ficava abaixo dessa estrutura, nu, em uma fossa cavada ao chão. Aí, recebia o sangue, piedosamente, sobre a cabeça e banhava com ele todo seu corpo. O iniciando abria a boca para beber avidamente o sangue. Ao sair da fossa, todos se precipitavam à sua frente, saudavam-no, jogavam-se aos seus pés e o adoravam. Tal liturgia é vagamente relembrada na Maçonaria, na instalação do Venerável Mestre. Ele estava agora purificado de suas faltas e regenerado para a eternidade.

A festa continuava após a imolação do touro. Recolhiam-se os órgãos genitais da vítima sacrificada, que eram conduzidos em grande pompa, em uma procissão que dava continuidade ao ritual de iniciação à religião mitraica. Depois, era erigido um monumento chamado "a pedra do taurobólio". Decoravam-no com baixos-relevos, representando as cabeças de touros entrelaçadas de guirlandas de flores, e a consagração do monumento era motivo de novas festas.

Ignoram-se os caminhos de difusão dessa prática da religião mitraica que, por fim, chegou até o mundo ocidental (Inglaterra, Alemanha, Itália, etc.).

Difusão do Mitraísmo no Império Romano. Diversas expedições de Trajano, Lúcio Vero e Septímio Severo; a sujeição da Mesopotâmia e a fundação de numerosas colônias desde Oshoene até Nínive formaram os laços de uma grande cadeia que ligou o Irã ao Mediterrânio.

As sucessivas conquistas dos Césares foram a principal causa da difusão da religião mitraica no mundo latino. Por volta do ano 70 a.C., o Mitraísmo penetrou em Roma. Começou a espalhar-se sob o império dos Flavianos e no tempo dos Antoninos e Severos, desenvolveu-se enormemente.

No fim do século I d.C., encontra-se efetivamente em Roma, conforme foi dito anteriormente, a representação de Mitra tauróctone, aspecto característico do culto esotérico e dos Mistérios do deus. Entretanto, segundo os estudiosos, o sacrifício do touro já não era mais praticado nos templos romanos, mas a representação simbólica desse ritual, mostrando que bem antes do advento do Cristianismo, a religião mitraica já havia alcançado um grau maior de desenvolvimento, embora, na Ásia, nos templos dedicados a Mitra, persistissem ainda durante muito tempo os sacrifícios sangrentos do touro.

Em razão de seu caráter de força e beligerância, Mitra obteve a maioria de seus adeptos no exército romano. A todos que se engajavam sob as águias romanas, o deus podia prestar seu apoio. A assistência no campo de batalha e a disciplina militar que ele exigia foram importantes na propagação do culto de Mitra e seu reconhecimento oficial. Mitra era o protetor e patrono das armas.

Um dos sete graus dos Mistérios de Mitra chama-se soldado, sendo seu culto um serviço militar e a vida terrestre, um campo de batalha dedicado a um deus vitorioso. Esse grau se caracteriza pelo ritual da coroa. Há um batismo no qual o iniciado é marcado a ferro na fronte com um sinal.

Oferecia-se ao vencedor das provas exigidas nesse grau de iniciação uma coroa. Este, porém, recusava-a no momento em que iam colocá-la em sua cabeça, dizendo que não queria outra coroa senão a de Mitra, seu salvador.

O Mitraísmo manteve-se no Império Romano até o fim do século IV de nossa era, coexistindo com o Cristianismo. Em 325, o Concílio de Niceia, convocado de acordo com o papa pelo imperador Constantino, fixou pelo credo ou símbolo dos apóstolos os princípios da fé católica.

Decretado o direito de praticar livremente a religião cristã e com o triunfo de Constantino, iniciou-se a queda do culto de Mitra, sendo seus templos destruídos e levantadas igrejas sobre suas construções. Assim foi na basílica de Santa Prisca sobre o Aventino e na basílica de São Clemente, perto do Coliseu, em Roma.

C. G. Jung faz uma comparação entre o sacrifício mitraico e o cristão, mostrando que "(...) enquanto o primeiro representa a sujeição da instintividade animal, isto é, a lei da espécie, o homem natural significa, além disso, o especificamente humano, o poder-desviar-se-da-lei, o que, na linguagem religiosa, quer dizer a capacidade de 'pecar'. Só por causa dessa variabilidade, que sempre mantém em aberto ainda outros caminhos, é possível o desenvolvimento do *Homo sapiens*".

Entretanto, não basta a sujeição da vida instintiva. Será necessária a integração do aspecto animal inconsciente na natureza humana. Somente assim o homem poderá evoluir no sentido da busca da consciência, sem precisar sacrificar, com Rituais arcaicos e brutais como nos Mistérios de Mitra, aquilo que de mais caro possui, ou seja, sua própria natureza. Só a integração do touro interno propiciará a mudança de nível do humano, que almeja chegar mais perto do divino e, com ele e por meio dele, comungar e experimentar o que os adeptos de Mitra, em seu sentido mais profundo, ansiavam por vislumbrar: A LUZ.

Uma matéria da revista *Superinteressante*, cujo contexto abordava o fato de comer ou não comer carne, trouxe uma ótima notinha curiosa sobre a época de Natal:

"(...) Como já vimos, o culto a Mitra tornou-se muito popular no Império Romano. Para contê-lo, a Igreja adotou sua data sagrada, o dia de Mitra – 25 de dezembro. Estava estabelecido o Natal. Depois, no Concílio de Toledo, em 447, a Igreja publicou a primeira descrição oficial do diabo, a encarnação do mal: um ser imenso e escuro, com chifres na cabeça. Como Mitra (...)".

Esse texto pode insinuar que Mitra seja o próprio demônio, mas não é o caso. Ele era um deus do bem, criador da luz (por isso mesmo era associado ao Sol), em luta permanente contra a divindade obscura do mal. Seu culto estava associado à crença na existência futura absolutamente espiritual e libertada da matéria. Protetor dos justos, agia como mediador entre a Humanidade e o ser supremo. Ele encarnou para viver entre os homens e finalmente morreu para que todos fossem salvos. Os persas adoravam-no por influência dos babilônios, os primeiros astrólogos da Antiguidade. Seu nome, de raiz indo-europeia, significa "troca", "contrato" e "amizade" (será que foi daí que surgiu o costume de trocar presentes?). Era o correspondente iraniano do deus sumério Tamuz.

Os romanos tinham a "Festa da Saturnália" em honra do deus Saturno. Esse festival era celebrado entre 17 e 23 de dezembro. Nos últimos dois dias, trocavam-se presentes em honra de Saturno. Já em 25 de dezembro, acontecia a celebração do nascimento do Sol invencível (*Natalis Solis Invicti*). Posteriormente, à medida que as tradições romanas iam sendo suplantadas pelas tradições orientais importadas, os maiores festejos realizavam-se em honra do deus Mitra, cujo nascimento se comemorava em 25 de dezembro. O culto de Mitra – que se tornou difundido como o deus da luta e o protetor dos soldados – penetrou em Roma no primeiro século a.C. A data entrou no calendário civil romano em 274, quando o imperador Aureliano declarou aquele dia o maior feriado em Roma, comparável ao nosso carnaval. Os adeptos do Mitraísmo costumavam reunir-se na noite de 24 para 25 de dezembro, a mais longa e mais fria noite do ano, quando ficavam fazendo oferendas e preces pela volta da luz e do calor do Sol. A nossa data, então, deveria ser comemorada no dia 24 de junho, que é a noite mais comprida do ano, no Hemisfério Sul.

Em 313 d.C., Constantino, imperador de Roma, decretou o Édito de Milão, dando liberdade de culto aos cristãos e trocando, dessa forma, a perseguição pela tolerância tão desejada. Segundo uma lenda, antes da batalha de Mexêncio, ele teve uma visão da cruz contra o Sol, e uma mensagem que dizia, *In hoc signo vincius*, "com este sinal vencerás". Constantino era adorador do deus Sol. De certa forma, o que temos hoje é justamente isso: a união de Mitra (Sol) e Jesus (Cruz) no Catolicismo.

E é provavelmente por isso que a Igreja Católica adotou Mitra como "padrinho", já que as missas são celebradas no domingo, dia dedicado ao Sol, e aquele chapéu que os papas, cardeais e bispos usam é chamado de Mitra. E se você acha que as coincidências param por aí, não param não.

Mitra também nasceu de uma virgem; pastores que assistiram ao evento foram os primeiros que o adoraram; o líder do culto mitraico era chamado de **papa** e ele governava de um "mithraeum" na colina Vaticano, em Roma; uma característica iconográfica proeminente no Mitraísmo era uma grande chave, necessária para destrancar os portões celestiais pelo qual se acreditava passar as almas dos defuntos; os mitraístas consumiam uma comida sagrada (Myazda) que era composta de pão e vinho. Assim como os cristãos, eles celebraram a morte reconciliada de um salvador que ressuscitou em um domingo; um grande centro principal da filosofia mitraica ficava em Tarso – cidade natal de São Paulo –, que agora é Sudeste da Turquia.

O acontecimento mais marcante da história de Mitra foi a luta simbólica contra o touro sagrado (o primeiro criado por Ahura Mazda), que ele derrotou e sacrificou em prol da Humanidade. Todavia, como nos antigos textos persas, o próprio Mitra era o touro. Esse gesto adquire o duplo significado de vitória sobre o mundo terreno e de autossacrifício da divindade a fim de redimir o gênero humano de seus pecados (assim como Jesus).

Só para constar, existiam na Suméria, o Tamuz, filho de Ninrod (equivalente ao deus Sol), e a Semíramas (mãe/esposa, equivalente à Lua). Ninrod morreu de forma violenta, mas Semíramis criou o mito da sua sobrevivência pós-morte ao afirmar que passaria a existir como um ente espiritual, exemplificando que um grande pinheiro cresceu de um dia para o outro de um pedaço de árvore morta. Esse pinheiro era o símbolo vivo da passagem de Ninrode para outra forma de vida.

Todos os anos, por ocasião do seu aniversário, o espírito de Ninrode visitava o pinheiro e deixava nele oferendas. A data do aniversário é (por acaso) 25 de dezembro.

A história da Gênese foi uma adaptação feita por Moisés, como todas de seu livro, da lenda do *Zenda-Avesta*, quando os persas andaram pela Mesopotâmia, 2.300 anos antes daquele legislador, cujas doutrinas deixaram raízes aqui e ali. Eis a lenda, segundo Marius Fontane, em sua obra *Historie Universelle*, uma parte extraída do *Bundedesh*, na última parte do *Avesta*:

"Ormzud, o deus bom, colocou na Terra o primeiro homem e a primeira mulher, *Meshia* e *Meshiahé*, destinados a morrer como todos os seres criados. Prometeu-lhes constante felicidade neste mundo, com a condição de o adorarem como sendo o autor de todos os bens. Durante muito tempo, o casal se conformou com isso, e suas palavras, pensamentos e ações eram puros, e executavam santamente a vontade de Ormzud *quando se aproximavam um do outro*. Mas, um dia, o deus do mal, *Arimã*, apareceu-lhes sob a pele de uma serpente, sua forma habitual; enganou-os, pela habilidade de suas palavras, e fez-se adorar por ele, como sendo o princípio de tudo quanto era bom: desde então, suas almas foram condenadas ao inferno até a ressurreição. A vida tornou-se-lhes cheia de penas e sofrimentos; tiveram frio, fome e sede, e, aproveitando-se dos seus tormentos, um demônio veio e lhes trouxe uma fruta, sobre a qual eles se atiraram sedentos. Foi a segunda fraqueza, em consequência da qual seus males dobraram. Sobre cem prazeres anteriores só lhes restou um. Caminhando, então, de tentação em tentação, de queda em queda, joguetes dos demônios e da matéria, só conseguindo prover a existência à força de improvisações e de fadigas, eles se esqueceram de se unir durante 50 anos, e *Meshia* só concebeu após esse lapso de tempo".

A Fábula Feita sobre o Sol, Adorado com o Nome de Cristo[*]

> *"Não posso crer que nossa existência não tenha sentido, que seja mero acidente, como nos querem convencer alguns cientistas. A vida e a morte são determinadas demais, por demais implacáveis, para que sejam puramente acidentais."*
> Charles Chaplin

Se há uma fábula que parece escapar à análise que estamos fazendo dos poemas religiosos e das lendas sagradas, pela Física e pela Astronomia, é sem dúvida a fábula de Cristo ou a lenda que, com esse nome, tem o Sol por objeto. O ódio que os seguidores dessa religião, no desejo de tornar seu culto dominante, juraram aos adoradores da Natureza, do Sol,

---

[*] N.E.: Este capítulo foi compilado da obra *Abrégé de l´Origine de Tous les Cultes (Resumo da Origem de Todos os Cultos)*, de Dupuis, tradução de Eni Tenório dos Santos.

da Lua e dos Astros, às divindades gregas e romanas cujos templos e altares eles destruíam, faria pensar que sua religião não fazia parte da religião universal, se o erro de um povo acerca do verdadeiro objeto de seu culto pudesse provar algo mais que sua ignorância, e como se o culto de Hércules, Baco, Ísis deixasse de ser o culto do Sol e da Lua, porque, na opinião dos gregos, Hércules e Baco eram homens colocados no nível dos deuses, e que, na opinião do povo egípcio, Ísis era uma princesa benévola que havia reinado em outra época no Egito.

Os romanos ridicularizavam as divindades adoradas nas margens do Nilo. Eles proscreviam Anúbis, Ísis e Sérapis e, no entanto, eles próprios adoravam Mercúrio, Diana, Ceres e Plutão, isto é, absolutamente os mesmos deuses com outros nomes e outras formas, tanto era o domínio que os nomes exerciam sobre o ignorante.

Platão dizia que os gregos, desde a mais alta Antiguidade, adoravam o Sol, a Lua, os Astros; e Platão não via que eles conservavam ainda em sua época os mesmos deuses, com os nomes de Hércules, Baco, Apolo, Diana, Esculápio, etc. Convencidos da verdade de que a opinião que um povo tem do caráter de sua religião não prova nada além de sua crença e não muda de natureza, levaremos nossas pesquisas até os santuários da Roma moderna e veremos que o deus Cordeiro, que é adorado lá, é o antigo Júpiter dos romanos, que assumia muitas vezes as mesmas formas com o nome de Amon, isto é, de Áries ou Cordeiro da primavera; que aquele que derrotou o Príncipe das Trevas, na Páscoa, é o mesmo deus que, no poema das Dionisíacas, derrota Tífon na mesma época e que repara os males que o Príncipe das Trevas havia introduzido no mundo, nas formas de serpente assumidas por Tífon.

Reconheceremos também, com o nome de Pedro, o velho Janus, com suas chaves e sua barca, à frente das 12 divindades dos 12 meses, cujos altares estão a seus pés. Sentimos que temos de vencer muitos preconceitos e que aqueles que concordam conosco que Baco e Hércules nada mais são que o Sol, não concordarão tão facilmente que o culto de Cristo seja apenas o culto do Sol. Mas que eles reflitam que os gregos e os romanos teriam concordado conosco mediante as provas que vamos mostrar, de modo que eles não teriam consentido tão facilmente em não reconhecer em Hércules e Baco os heróis e príncipes que tinham merecido ser elevados ao nível dos deuses por causa de suas proezas. Cada um fica em guarda contra tudo o que pode destruir as ilusões de um antigo preconceito que a educação, o exemplo, o hábito de crer fortificaram.

Além disso, apesar de toda a força das provas mais luminosas com as quais sustentaremos nossa asserção, esperamos convencer apenas o homem sábio, o sincero amigo da verdade, disposto a sacrificar seus preconceitos assim que a verdade se mostre a ele. É verdade que só escrevemos para ele; o resto é dedicado à ignorância e aos sacerdotes que vivem à custa de sua credulidade e que os conduzem como um vil rebanho.

Não examinaremos, portanto, se a religião cristã é uma religião revelada: somente os tolos acreditam nas ideias reveladas e nos espectros. A filosofia de nossos dias fez muitos progressos para que estejamos ainda debatendo sobre as comunicações da divindade com o homem, a não ser as que são feitas por meio das luzes da razão e pela contemplação da Natureza.

Não começaremos nem mesmo examinando se existiu um filósofo ou um impostor chamado Cristo, que tenha estabelecido a religião conhecida com o nome de Cristianismo; pois, mesmo se tivéssemos concordado com este último ponto, os cristãos não ficariam satisfeitos se não chegássemos a reconhecer em Cristo um homem inspirado, um filho de Deus, um deus ele próprio, crucificado por nossos pecados. Sim, é um deus que lhes falta; um deus que outrora comeu sobre a terra e que hoje é comido por nós.

Ora, estamos muito longe de levar a condescendência até lá. Quanto aos que ficarão contentes se o considerarmos simplesmente um filósofo ou um homem, sem lhe atribuir um caráter divino, nós os convidamos a examinar essa questão, independentemente dele ou daqueles que podem tê-lo estabelecido, seja porque sua instituição seja devida a um ou a vários homens, seja porque sua origem date do reino de Augusto ou de Tibério, como a lenda moderna parece indicar e como se crê vulgarmente; seja porque ela remonte a uma Antiguidade mais distante e porque ela tenha sua fonte no culto mitraico estabelecido na Pérsia, Armênia, Capadócia e até em Roma, como pensamos. O ponto importante é conhecer bem a fundo a natureza do culto dos cristãos, qualquer que seja seu autor. Ora, não nos será difícil provar que é também o culto da natureza e o do Sol, seu primeiro e mais brilhante agente; que o herói das lendas conhecidas com o nome de Evangelhos é o mesmo herói que foi cantado com muito mais genialidade nos poemas sobre Baco, Osíris, Hércules, Adonis, etc.

Quando tivermos demonstrado que a história pretensa de um deus que nasceu de uma virgem no solstício de inverno, que ressuscita na Páscoa ou no equinócio da primavera,* depois de ter descido aos infernos; de um deus que leva com ele um cortejo de 12 apóstolos, cujo chefe tem todos os atributos de Jano; de um deus vencedor sobre o Príncipe das Trevas, que faz os homens passarem para o império da luz e que repara os males da Natureza, nada mais é que uma fábula Solar, como todas as fábulas que analisamos, será mais ou menos tão indiferente examinar se houve um homem chamado Cristo, quanto examinar se algum príncipe se chamou Hércules, desde que fique demonstrado que o ser consagrado por um culto, com o nome de Cristo, é o Sol, e que o maravilhoso da lenda ou do poema tem por objeto esse astro; pois então parecerá provado que os cristãos nada mais são que os adoradores do Sol e que seus sacerdotes têm a mesma religião que aqueles do Peru, que eles mataram. Vejamos, então, quais são as bases nas quais repousam os dogmas dessa religião.

A primeira base é a existência de uma grande desordem introduzida no mundo por uma serpente que convidou uma mulher a colher frutos proibidos; erro cuja consequência foi o conhecimento do mal que o homem não tinha ainda experimentado e

---

* N.E.: A referência aqui é o Hemisfério Norte.

que só pôde ser reparado por um deus que derrotou a morte e o príncipe das Trevas. Eis o dogma fundamental da religião cristã; pois, na opinião dos cristãos, a encarnação do Cristo só se tornou necessária porque era preciso reparar o mal introduzido no Universo pela serpente que seduziu a primeira mulher e o primeiro homem. Não podemos separar esses dois dogmas um do outro; sem pecado, não há reparação; sem culpado, não há reparador. Ora, a queda do primeiro homem ou a suposição do duplo estado do homem, inicialmente criado pelo bom princípio, que desfruta de todos os bens que ele derrama no mundo e passa em seguida para o domínio do mau princípio e para um estado de infelicidade e degradação do qual ele só pode ser tirado pelo princípio do bem e da luz, é uma fábula cosmogônica, da mesma natureza das que faziam os magos sobre Ormuz e Ariman, ou mais que isso, ela é apenas uma cópia delas. Consultemos seus livros. Os magos haviam representado o mundo com o emblema de um ovo dividido em 12 partes, das quais seis pertenciam a Ormuz ou ao deus autor do bem e da luz, e as outras seis a Ariman, autor do mal e das trevas; e o bem e o mal da Natureza resultavam da ação combinada desses dois princípios. As seis porções do império do bom princípio compreendiam os seis meses que decorrem desde o equinócio da primavera até o equinócio do outono e que as seis porções do império do mau princípio abrangiam os seis meses do outono e do inverno. Era assim que o tempo da revolução anual se distribuía entre esses dois chefes, sendo que um organizava os seres, amadurecia os frutos; e o outro destruía os efeitos produzidos pelo primeiro e perturbava a harmonia que a Terra e o Céu demonstravam espetacularmente durante os seis meses de primavera e verão. Essa ideia cosmogônica foi apresentada ainda de uma outra maneira pelos magos. Eles supunham que do tempo sem limites ou da eternidade tinha nascido um período limitado que se renovava sempre. Eles dividiam esse período em 12 mil pequenas partes que chamavam de anos, no estilo alegórico. Seis mil dessas partes pertenciam ao bom princípio e as outras seis ao mau; e a fim de que não nos equivocássemos, eles faziam corresponder cada uma dessas divisões milesimais ou cada período de mil anos a um dos signos que percorre o Sol durante cada um dos 12 meses. O primeiro período de mil anos, dizem eles, corresponde a Carneiro; o segundo, a Touro; o terceiro a Gêmeos, etc. É sob esses seis primeiros signos ou sob os signos dos seis primeiros meses do ano equinocial que eles colocam o reino e a ação benéfica do princípio da luz, e é sob os seis outros signos que eles colocam a ação do mau princípio. É no sétimo signo, que corresponde a Balança ou ao primeiro dos signos do outono, da estação das frutas e do inverno, que eles fazem começar o império das trevas e do mal. Seu reino dura até o retorno do Sol ao signo de Áries, que corresponde a março e à Páscoa. Eis a base de seu sistema teológico sobre a distribuição das forças opostas dos dois princípios, a cuja ação o homem fica submisso durante cada ano ou a cada revolução solar; é a árvore do bem e do mal, perto da qual a Natureza o colocou. Vejamos o que eles têm a dizer.

O tempo, diz o autor do *Boundesh*, é de 12 mil anos: os mil anos de Deus compreendem *Áries, Touro, Gêmeos, Câncer, Leão* e *Espiga* ou *Virgem*, o que totaliza seis mil anos. Substituam a palavra anos por partes ou pequenos períodos de tempo e os nomes dos signos por meses, e então vocês terão germinal, floreal, prarial, messidor, termidor, frutidor, isto é, os belos meses da vegetação periódica. Depois dos mil de Deus, veio Balança. Então Ariman correu o mundo. Depois veio o Arco ou Sagitário e Afrasiab fez o mal, etc.

Substitua o nome dos signos ou Balança, Escorpião, Sagitário, Capricórnio, Aquário e Peixes, pelos meses *vendemiário, brumário, frimário, nivoso, pluvioso e ventoso*, e vocês terão os seis tempos dedicados ao mau princípio e a seus efeitos, que são as geadas, as neves, os ventos e as chuvas excessivas. Vocês observarão que é no *vendemiário* ou na estação das maçãs que o mau gênio vem espalhar no mundo sua funesta influência, o frio e a desorganização das plantas, etc. É então que o homem conhece os males que ele havia ignorado durante a primavera e o verão, nos belos climas do hemisfério setentrional.

Aí está a ideia que quis expressar o autor da Gênese na fábula da mulher que, seduzida por uma serpente, colhe a maçã funesta, que, como a caixa de Pandora, foi uma fonte de males para todos os homens.

"O Deus supremo", diz o autor do *Modimel el Tawarik*, "criou primeiramente o homem e o Touro em um lugar elevado, e eles ficaram durante três mil anos sem nenhum mal. Esses três mil anos compreendem *Carneiro, Touro e Gêmeos*. Depois disso, ficaram ainda na Terra durante três mil anos sem experimentar sofrimentos nem contrariedades e esses três mil anos correspondem a Câncer, Leão e Espiga ou Virgem". Eis então os seis mil, designados antes com o nome de mil anos de Deus e os signos dedicados ao domínio do bom princípio.

"Depois disso, no sétimo milênio, que corresponde a Balança, isto é, *vendemiário*, segundo nossa maneira de contar, o mal surgiu e o homem começou a trabalhar."

Em um outro ponto dessa mesma cosmogonia, diz-se "que toda a duração do mundo, do começo ao fim, foi fixada em 12 mil anos; que o homem, na parte superior, isto é, no hemisfério boreal e superior, permanece sem mal durante três mil anos. Ele ainda ficou sem mal durante outros três mil anos. Em seguida, surgiu Ariman, que fez nascer os males e os combates no sétimo milênio, isto é, sob Balança, sobre a qual está situada a Serpente celeste. Então foi produzida a mistura dos bens e dos males".

Era aí, de fato, que os limites do domínio dos dois princípios se tocavam; aí estava o ponto de contato do bem e do mal, ou, para falar a linguagem alegórica da Gênese, era aí que estava plantada a árvore da ciência do bem e do mal, na qual o homem não podia tocar sem logo passar para o império do mau princípio, ao qual pertenciam os signos do inverno e do outono. Até esse momento, ele havia sido o favorito dos céus. Ormuz o havia cumulado de todos esses bens; mas esse deus bom tinha em Ariman um rival e um inimigo, que devia envenenar seus presentes mais preciosos, e o homem tornava-se sua vítima no momento em que o deus do Dia se retirava para os climas meridionais. Então, as noites retomavam seu domínio, e o sopro assassino de Ariman, na forma ou sob o ascendente da Serpente das constelações, devastava os belos jardins onde Ormuz havia colocado o homem. Aí está a ideia teológica que o autor da Gênese tomou da cosmogonia dos persas e bordou à sua maneira. Eis como se exprime Zoroastro ou o autor da Gênese dos magos, descrevendo a ação sucessiva dos dois princípios no mundo.

Ormuz, diz ele, deus Luz e bom princípio, deu ao homem um local de delícias e abundância. "Se eu não tivesse dado esse lugar de delícias, nenhum outro ser o teria feito. Esse lugar é Eiren, que no começo era mais bonito que o mundo inteiro, que existe por meu poder. Nada igualava a beleza desse lugar de delícias que eu havia concedido. Eu agi primeiro e depois Petiare (que é Ariman ou o mau princípio). Esse Petiare Ariman, cheio de morte, fez no rio *a grande cobra, mãe do inverno*, que espalha o frio nas águas, na terra e nas árvores."

"O que resulta dos termos formais dessa cosmogonia é que o mal introduzido no mundo é o inverno. Quem será seu reparador? O deus da Primavera ou o Sol em sua passagem sob o signo de Áries, do qual o Cristo dos cristãos toma as formas." Pois ele é o cordeiro que repara os infortúnios do mundo e é sob esse emblema que ele é representado nos monumentos dos primeiros cristãos.

É evidente que só se trata aqui do mal físico e periódico, cujos efeitos são sentidos pela Terra todos os anos com a retirada do Sol, fonte de vida e de luz para tudo o que habita a superfície de nosso globo. Essa cosmogonia só contém então o quadro alegórico dos fenômenos da Natureza e da influência dos signos celestes; pois a Serpente ou a grande Cobra que traz os invernos é, como a Balança, uma das constelações situadas nos limites que separam os impérios dos dois princípios, isto é, nesse caso sobre o equinócio do outono. Eis a verdadeira Serpente cujas formas são assumidas por Ariman na fábula dos magos, assim como na fábula dos judeus, para introduzir o mal no mundo. Os persas chamam esse gênio mau de o *Astro Serpente* e a Serpente celeste, de a *Serpente de Eva*. É no céu que eles fazem caminhar Ariman, na forma de serpente. Eis o que diz o *Boundesh* ou a Gênese dos persas: "Ariman ou o princípio do mal e das trevas, aquele que traz o mal ao mundo, penetrou no Céu na forma de uma cobra, acompanhada pelos *dews* ou maus gênios, que só querem destruir". E em outros lugares: "Quando os maus gênios desolavam o mundo e *o Astro Serpente* fazia para si um caminho entre o Céu e a Terra, isto é, subia no horizonte, etc."

Ora, em que época da revolução anual a serpente celeste, unida ao Sol, sobe no horizonte com esse astro? É quando o Sol chega em Balança, sobre a qual se estende a constelação da Serpente, isto é, no sétimo signo a partir de Áries ou no signo sob o qual, como vimos anteriormente, os magos fixavam o começo do reino do mau princípio e a introdução do mal no Universo.

A cosmogonia dos judeus ou a Gênese põe em cena a Serpente com o homem e a mulher. Ela lhe empresta um discurso; mas sentimos que tudo isso resulta do gênio oriental e do caráter da alegoria. O fundo da ideia teológica é absolutamente o mesmo. Não se diz, é verdade, entre os judeus, que a Serpente trouxe o inverno, que destrói todo o bem da Natureza; mas diz-se que o homem sentiu a necessidade de se cobrir e que foi condenado a trabalhar a terra, operação que corresponde ao outono. Não se diz que foi no sétimo milênio ou sob o sétimo signo que aconteceu essa mudança no estado do homem; mas se distribui em seis tempos a ação do bom princípio e é no sétimo que se coloca seu repouso ou a cessação de sua energia; assim como a queda do homem na estação das frutas e a introdução do mal pela Serpente, sendo que o mau princípio ou o Diabo assume sua forma para tentar os primeiros mortais. O local da cena é supostamente as regiões compreendidas com o nome de Eiren ou Iran e perto das fontes dos grandes rios, o Eufrates, o Tigre, o Fison ou o Araxe. Mas em vez de Eiren, os copistas hebreus colocaram Éden, uma vez que as duas letras — r e d — nessa língua são muito semelhantes. Não se usa na Gênese hebraica a expressão milesimal, que é empregada na Gênese dos persas; mas a Gênese dos antigos toscanos, concebida nos mesmos termos, quanto ao resto, que a dos hebreus, conservou essa denominação alegórica das divisões do tempo, durante o qual é exercida a ação toda poderosa do Sol, alma da Natureza. Eis como ela se exprime:

"O Deus arquiteto do Universo empregou e consagrou 12 mil anos às obras que produziu, e ele as dividiu em 12 tempos, distribuídos nos 12 signos ou casas do Sol.

No primeiro milênio, ele fez o Céu e a Terra.

No segundo, o firmamento, que ele chamou de Céu.

No terceiro, fez o mar e as águas que correm na Terra.

No quarto, fez as duas grandes chamas da natureza.

No quinto, fez pássaros, répteis, quadrúpedes, animais que vivem no ar, na terra e nas águas.

No sexto milênio, fez o homem.

Parece que como os seis primeiros mil anos precederam a formação do homem, a espécie humana deve subsistir durante os outros seis mil, de maneira que todo o tempo de execução dessa grande obra esteja contido em um período de 12 mil anos."

Vimos que esse período era um dogma fundamental na Teologia dos persas e que ela se dividia entre os dois princípios, em iguais porções. Essas expressões de mil anos foram substituídas por dias na Gênese dos hebreus; mas o número seis sempre foi conservado, como na Gênese dos toscanos e dos persas.

Os antigos persas também, segundo Chardin, consideravam os meses do ano como os seis dias da semana que Deus empregou na criação; do que resulta que, no estilo alegórico e místico, as expressões de mil anos, dias, *ghaambars*, expressam simplesmente meses, uma vez que fazem com que correspondam aos signos do zodíaco, que são sua medida natural. De resto, a Gênese hebraica usa absolutamente as mesmas expressões que a dos toscanos e ela tem algo mais que esta não tem, a distinção dos dois princípios e a serpente que desempenha um papel tão grande na Gênese dos persas, com o nome de Ariman e de Astro serpente. A que reúne os traços comuns às duas cosmogonias, isto é, a dos persas, e que nos dá a chave dos dois outros, parece-me ser a cosmogonia original. Veremos também no resto desta obra que é sobretudo da religião dos magos que deriva a dos cristãos.

Não procuraremos, portanto, na Gênese dos hebreus, nada além do que encontramos na dos magos; e veremos em suas narrativas maravilhosas não a história dos primeiros homens, mas a fábula alegórica que faziam os persas sobre o estado dos homens submetidos aqui embaixo ao império dos dois princípios, isto é, o grande mistério da administração universal do mundo, consagrado na teologia de todos os povos, representado de todas as formas nas iniciações antigas e ensinado pelos legisladores, filósofos, poetas e teólogos, como nos disse Plutarco. A alegoria era então o véu que encobria a ciência sagrada para imprimir mais respeito aos iniciados, se acreditarmos em Sanchoniaton.

Os próprios doutores hebreus, assim como os doutores cristãos, afirmam que os livros atribuídos a Moisés são escritos no estilo alegórico; que eles contêm muitas vezes um significado muito diferente da letra, e que teremos ideias falsas e absurdas da divindade, se nos limitarmos à superfície que cobre a ciência sagrada. É, sobretudo, no primeiro e no segundo capítulos da Gênese que eles reconheceram um significado oculto e alegórico, com o qual, dizem eles, devemos ter cuidado para não fazermos a interpretação ordinária. Eis o que diz Maimonide, o mais sábio dos rabinos:

"Não devemos entender nem tomar literalmente o que está escrito nos livros da criação, nem ter as mesmas ideias sobre eles que têm os homens comuns, se não nossos antigos sábios não nos teriam recomendado, com tanto cuidado, que escondêssemos seu significado e não levantássemos o véu alegórico que esconde as verdades contidas neles. Tomada à letra, essa obra dá as ideias mais absurdas e mais extravagantes da divindade. Quem adivinhar seu verdadeiro significado deve evitar divulgá-lo. É uma máxima que nos repetem todos os nossos sábios, sobretudo em relação à compreensão da obra dos seis dias. É possível que, por si mesmo ou com o auxílio da inteligência de outra pessoa, alguém consiga adivinhar seu significado: então ele deve calar-se ou, se falar, só deve falar obscuramente, como eu faço, deixando o resto para ser adivinhado por aqueles que podem me ouvir". Maimonide acrescenta que esse gênio enigmático não era exclusivo de Moisés e dos doutores judeus, mas era comum a todos os sábios da Antiguidade; e ele tem razão, ao menos no que se refere aos orientais.

Filon, escritor judeu, pensava o mesmo sobre o caráter dos livros sagrados dos hebreus. Ele fez dois tratados principais, intitulados *Alegorias*; e menciona no sentido alegórico a Árvore da Vida, os rios do Paraíso e as outras ficções da Gênese. Embora ele não tenha sido feliz em suas explicações, não deixou de perceber que seria absurdo tomar essas narrativas à risca. É algo admitido por todos aqueles que conhecem um pouco as Escrituras, diz Orígenes, que tudo é envolto no véu do enigma e da parábola. Esse doutor e todos os seus discípulos consideram uma alegoria toda a história de Adão e Eva e a fábula do Paraíso terrestre.

Agostinho, em sua *Cidade de Deus*, afirma que muitas pessoas viam na aventura de Eva e da Serpente, assim como na do Paraíso terrestre, uma ficção alegórica. Esse doutor, depois de apresentar várias explicações que eram dadas para isso e que tinham sido tiradas da moral, acrescenta que podiam ser encontradas melhores explicações; que ele não se opõe desde que, todavia, se veja aí também uma história real.

Não sei como Agostinho conciliou a Fábula com a História, uma ficção alegórica com um fato real. Se ele acredita nessa realidade, com o risco de ser inconsequente, é porque caiu em uma contradição ainda maior, ou seja, reconhecer a missão real de Cristo, reparador do pecado do primeiro homem, e ver nos dois primeiros capítulos da Gênese uma simples alegoria. Como ele queria que a reparação do mal por Cristo fosse um feito histórico, era preciso que a aventura de Adão, Eva e a serpente fosse um fato igualmente histórico; pois uma é ligada essencialmente à outra. Mas, por outro lado, a inverossimilhança desse romance lhe arranca uma preciosa confissão, a da necessidade de recorrer à explicação alegórica, para salvar tantos absurdos. Podemos até dizer, como Beausobre, que Agostinho abandona de certa forma o Velho Testamento aos maniqueus, que contestam os três primeiros capítulos da Gênese, e que ele admite que não há meio de conservar seu sentido literal sem ferir a piedade, sem atribuir a Deus coisas indignas; que é preciso, absolutamente, para a honra de Moisés e de sua história, recorrer à alegoria.

De fato, que homem de bom senso, diz Orígenes, será algum dia persuadido de que houve um primeiro, um segundo, um terceiro dia, e que esses dias tenham tido, cada um deles, sua noite e sua manhã, sem que houvesse ainda nem Sol, Lua ou Estrelas? Que homem seria tão simples para acreditar que Deus, fazendo o papel de jardineiro, tenha plantado um jardim no Oriente? Que árvore da vida teria sido uma árvore verdadeira, palpável, cujo fruto teria a virtude de conservar a vida? Esse doutor continua e compara a fábula da tentação de Adão à do nascimento do Amor, que teve como pai Porus ou a Abundância, e por mãe, a Pobreza. Ele afirma que há várias histórias do Antigo Testamento que não poderiam ter ocorrido como o autor sagrado as relata e que são somente ficções que escondem alguma verdade secreta.

Se os doutores cristãos e os Pais da Igreja, que eram nada menos que filósofos, não puderam, apesar de sua invencível tendência a crer em tudo, digerir tantos absurdos e sentiram a necessidade de recorrer à chave alegórica para encontrar o significado desses enigmas sagrados, como será permitido a nós, que vivemos em um século em que sentimos mais a necessidade de raciocinar do que de crer, supor nessas histórias maravilhosas o caráter que toda a Antiguidade deu aos dogmas religiosos e retirar o véu alegórico que as esconde? Tudo choca, de fato, nessa narrativa romanesca, quando nos obstinamos a tomá-la por uma história de fatos que realmente ocorreram nos primeiros dias que iluminaram o mundo. A ideia de um Deus, isto é, da causa suprema e eterna que assume um corpo pelo prazer de passear em um jardim; a de uma mulher que conversa com uma serpente, escuta-a e recebe conselhos dela; a de um homem e uma mulher, organizados para se reproduzirem e todavia destinados a serem imortais e a produzir ao infinito outros seres imortais como eles e que se reproduzirão também e se alimentarão de frutos de um jardim que vai abrigar a todos durante a eternidade; uma maçã colhida que vai causar a morte e imprimir a mancha hereditária de um crime a tantas gerações de homens que não tiveram nenhuma participação nele; crime que só será perdoado quando os homens tiverem cometido um outro infinitamente maior, um deicídio, se fosse possível que tal crime existisse; a mulher, desde essa época, condenada a gerar com dor, como se as dores do parto não decorressem de sua organização e não fossem comuns a todos os outros animais, que não experimentaram da maçã fatal; a serpente, forçada a se arrastar, como se o réptil sem pés pudesse mover-se de outra forma: tantos absurdos e loucas ideias não podem ser admitidos como história pelo homem que não apagou inteiramente a chama sagrada da razão na lama dos preconceitos. Se houver alguém entre nossos leitores, cuja credulidade corajosa esteja em condições de digeri-las, pedimos muito francamente que não continue a nos ler e retorne à leitura dos contos de Pele de Asno, do Barba Azul, do Pequeno Polegar, do Evangelho, da Vida dos Santos e dos Oráculos do asno de Balaam. A Filosofia é somente para os homens; os contos são para as crianças. Quanto àqueles que admitem reconhecer em Cristo um deus reparador e que podem todavia se decidir a admitir a aventura de Adão e Eva, a Serpente e a Queda que tem necessidade de reparação, nós os convidaremos a se desculparem pela inconsequência. De fato, se a falta não for real, o que será da reparação; ou se os fatos tiverem ocorrido de forma diferente do que a Gênese anuncia, que confiança dar a um autor que engana desde as primeiras páginas e cuja obra, entretanto, serve de base para a religião dos cristãos? Se nos limitamos a dizer que há um significado oculto, concordamos, então, que é preciso recorrer à alegoria, e é o que fazemos. Só resta examinar se a explicação alegórica que damos é boa e, então, é preciso julgar nossa obra e é isso o que pedimos. Pois estamos muito longe de querer que as pessoas também tenham fé quando se trata de admitir nossas opiniões. Citamos textos; apresentamos posições celestes, que são verificadas; tiramos consequências, que são apreciadas. Eis a recapitulação resumida de nossa explicação.

Segundo os princípios da cosmogonia ou da gênese dos magos, com a qual a dos judeus têm a maior afinidade, uma vez que ambas colocam o homem em um jardim de delícias, no qual uma serpente introduziu o mal, nasce do tempo sem limites ou da eternidade um período limitado, dividido em 12 partes, das quais seis pertencem à luz, seis às trevas; seis à ação criadora e seis à ação destrutiva; seis ao bem e seis ao mal da Natureza.

Esse período é a revolução anual do céu ou do mundo, representado entre os magos por um ovo místico, dividido em 12 partes, das quais seis pertencem ao chefe do bem e da luz e seis ao chefe do mal e das trevas. É representado por uma árvore que dá o conhecimento do bem e do mal e que tem 12 frutos; pois é assim que ela é descrita no evangelho de Eva; em outros lugares, é por 12 mil anos, dos quais seis são chamados milênios de Deus; e seis, milênios do Diabo.

Há o mesmo número de emblemas do ano, durante o qual o homem passa sucessivamente sob o domínio da luz e sob o das trevas; sob o dos longos dias e sob o das longas noites; e experimenta o bem e o mal físicos que se encontram, se perseguem ou se misturam, conforme o Sol se aproxima ou se afasta de nosso hemisfério, conforme ele organiza a matéria sublunar pela vegetação ou o abandona a seu princípio de inércia, do qual resulta a desorganização dos corpos e a desordem que o inverno traz a todos os elementos e sobre a superfície da Terra, até que a primavera restabeleça a harmonia.

É então que, fecundada pela ação do fogo Éter, imortal e inteligente, e pelo calor do Sol do Áries equinocial, a Terra se torna um local de delícias para o homem. Mas quando o astro do Dia, chegando em Balança e na Serpente celeste ou nos signos do outono, passa para o outro hemisfério, então com sua retirada ele entrega nossas regiões aos rigores do inverno, aos ventos impetuosos e a todas as tormentas que o gênio mau das trevas exerce no mundo. Só resta ao homem esperar o retorno do Sol ao signo primaveril ou em Áries, o primeiro dos signos. Eis o reparador que ele espera.

Vejamos, então, atualmente, se o deus dos cristãos, o que João chama de luz que ilumina todos os homens que vêm ao mundo, tem o caráter do deus Sol, adorado em todos os povos com uma porção de nomes e com atributos diferentes, e se sua fábula tem o mesmo fundamento que todas as outras fábulas solares que decompusemos. Duas épocas principais do movimento solar, como já dissemos, impressionaram todos os homens.

A primeira é a do solstício de inverno, quando o Sol, depois de parecer nos ter abandonado, retoma seu caminho para nossas regiões, e quando o dia, em sua infância, recebe acréscimos sucessivos. A segunda é a do equinócio da primavera, quando esse astro vigoroso espalha o calor fecundo na Natureza, depois de ter atravessado a famosa passagem ou a linha equinocial que separa o domínio luminoso do domínio tenebroso, a morada de Ormuz da de Ariman. É a essas duas épocas que foram ligadas as principais festas dos adoradores do astro que proporciona a luz e a vida ao mundo.

O Sol não nasce nem morre na realidade. Ele é em si mesmo sempre muito brilhante e muito majestoso; mas nas relações que os dias gerados por ele têm com as noites, há nesse mundo uma gradação progressiva de crescimento e diminuição que deu lugar a ficções muito engenhosas por parte dos teólogos antigos.

Eles assimilaram essa geração, esse crescimento e essa diminuição periódica do dia à geração do homem, que, depois de ter começado, ter crescido e ter atingido a idade viril, degenera e decresce até que enfim tenha chegado ao termo do trajeto que a Natureza lhe deu a percorrer. O deus do Dia, personificado nas alegorias sagradas, foi então submetido a todos os destinos do homem; ele teve seu berço e seu túmulo com os nomes de Hércules, Baco, Osíris,

Cristo, etc. Ele era criança no solstício de inverno, no momento em que o dia começava a crescer; é nessa forma que sua imagem era exposta nos antigos templos, para receber as homenagens de seus adoradores, "porque então, segundo Macróbio, sendo o mais curto dos dias, o deus parece ser ainda apenas uma frágil criança. É o filho dos mistérios, aquele cuja imagem os egípcios tiravam do fundo de seus santuários todos os anos em um dia marcado".

É essa criança da qual a deusa de Sais se dizia mãe, na inscrição famosa em que se liam as palavras: *o fruto que pari é o Sol*. É essa criança frágil e fraca, nascida no meio da noite mais obscura, que essa virgem de Sais dava à luz por volta do solstício de inverno, de acordo com Plutarco.

Esse deus teve seus mistérios e seus altares e estátuas que o representavam nas quatro idades da vida humana.

Os egípcios não são os únicos que celebraram no solstício de inverno o nascimento do deus Sol, do astro que repara todos os anos a Natureza. Os romanos também tinham fixado aí sua grande festa do Sol novo e a celebração dos jogos solares, conhecidos pelo nome de jogos de circo.

Eles a haviam colocado no oitavo dia antes das calendas de janeiro, isto é, no dia exato que corresponde a nosso 25 de dezembro ou ao nascimento do Sol, adorado com o nome de Mitra e Cristo. Encontramos essa indicação em um calendário impresso na *Uranologia*, do Padre Pétau, e podemos ler: em 8 antes das calendas de janeiro, *natalis Invicti*, nascimento do Invencível. Este era Mitra ou o Sol. "Celebramos, segundo Juliano, o filósofo, alguns dias antes do dia de ano, magníficos jogos em honra do Sol, a quem damos o título de Invencível. Possa eu ter a felicidade de celebrá-los por muito tempo, ó Sol, rei do Universo, você que em toda a eternidade foi o primeiro Deus a gerar de sua pura substância, etc." Essa expressão é platônica, pois Platão chamava o Sol de filho de Deus. O epíteto Invencível é o que todos os monumentos da religião mitraica dão a Mitra ou ao Sol, a grande divindade dos persas. *Ao deus Sol, o invencível Mitra*.

Assim Mitra e Cristo nasciam no mesmo dia, o mesmo do nascimento do Sol. Dizia-se de Mitra que ele era o mesmo deus que o Sol; e de Cristo, que ele era a luz que ilumina todo homem que vem ao mundo. Diziam que Mitra nascera em uma gruta, Baco e Júpiter em um antro e Cristo em um estábulo. É um paralelo que fez o próprio São Justino.

Era, segundo dizem, em uma gruta que Cristo repousava quando os magos vieram adorá-lo. Mas o que eram os magos? Os adoradores de Mitra ou do Sol. Que presentes eles trazem ao Deus que nasce? Três tipos de presentes consagrados ao Sol pelo culto dos árabes, dos caldeus e dos outros orientais. Quem os avisou desse nascimento? A Astrologia, sua ciência favorita. Quais eram seus dogmas? Eles acreditavam, conforme Chardin, na eternidade de um primeiro ser, que é a *luz*. O que eles devem fazer nessa fábula? Cumprir o primeiro dever de sua religião, que lhes ordenava adorar o *Sol nascente*. Que nome dão os profetas a Cristo? O de Oriente. O Oriente, dizem eles, é seu nome. É a Leste e não no Oriente que eles veem nos céus sua imagem. De fato, a esfera dos magos e dos caldeus representava, nos céus, uma jovem criança recém-nascida, chamada Cristo e Jesus; ela era colocada nos braços da Virgem celeste ou da Virgem dos signos, a mesma a quem Eratóstenes dá o nome de Ísis, mãe de Hórus. A que ponto do Céu correspondia essa Virgem das esferas e sua criança? À hora de meia-noite, em 25 de dezembro, no exato instante em que se fazia nascer o deus do ano, o Sol novo ou Cristo, na margem oriental, no ponto exato em que nascia o Sol do primeiro dia.

É um fato independente de todas as hipóteses, independente de todas as consequências que eu queira tirar delas, que na hora exata de meia-noite, em 25 de dezembro, nos séculos em que surgiu o Cristianismo, o signo celeste que subia no horizonte, e cujo ascendente governava a abertura da nova revolução solar, era a Virgem das constelações. É ainda um fato que o deus Sol, nascido no solstício de inverno, reúne-se com ela e a envolve com seus fogos na época de nossa festa da Assunção ou da reunião da mãe com seu filho. É também um fato que ela emita raios solares heliacamente, no momento em que celebramos sua aparição no mundo ou sua Natividade.

 Não precisa examinar o motivo que faz situar essas festas; basta dizer que são três fatos que nenhum raciocínio pode destruir e do qual um observador atento, que conheça bem o gênio dos antigos mistagogos, pode tirar grandes conclusões, a menos que se queira ver aí um puro jogo do destino; o que não é fácil de convencer àqueles que estão em guarda contra tudo o que pode desviar de sua razão e perpetuar seus preconceitos. Ao menos é certo que a mesma Virgem, a única que pode alegoricamente se tornar mãe sem deixar de ser virgem, cumpre as três grandes funções da Virgem, mãe de Cristo, seja no nascimento de seu filho, seja no seu, seja na reunião com ele nos céus. É sobretudo sua função de mãe que examinamos aqui. É bastante natural pensar que aqueles que personificaram o Sol e que o fizeram passar pelas diversas idades da vida humana; que lhe atribuíram aventuras maravilhosas, cantadas em poemas ou contadas em lendas; não deixam de tirar seu horóscopo, como se tirava o horóscopo das outras crianças, no momento preciso de seu nascimento. Esse era um costume, sobretudo, dos caldeus e dos magos. Essa festa era celebrada depois com o nome de *dies natali* ou festa do nascimento. Ora, supôs-se que a Virgem celeste, que governava o nascimento do deus Dia personificado, era sua mãe e cumpria a profecia do astrólogo que havia dito: "Uma virgem conceberá e dará à luz"; isto é, ela dará à luz ao *deus Sol*, como a virgem de Sais: daí as pinturas traçadas na esfera dos magos, das quais Abulmazar nos deu a descrição, e das quais falaram Kirker, Selden, o famoso Pic, Roger-Bacon, Albert-Le-Grand, Blaëu, Stofler e uma porção de outros. Vamos extrair aqui a passagem. "Vemos no primeiro decano ou nos dez primeiros graus do signo de Virgem, segundo as tradições mais antigas dos persas, dos caldeus e dos egípcios, de Hermes e Esculápio, uma jovem chamada, em língua persa, *Seclenidos de Darzama*, nome traduzido em árabe como *Adrenedefa*, isto é, uma virgem casta, pura, imaculada, de bela figura, rosto agradável, com longos cabelos e um ar modesto. Ela traz em suas mãos duas espigas; está sentada em um trono; segura e amamenta uma criança que alguns chamam de Jesus, e os gregos, de Cristo." A esfera persa, publicada por Scaliger depois de suas notas sobre Manilius, descreve mais ou menos da mesma forma a Virgem celeste; mas ela não dá nome à criança que ela amamenta. Ela coloca a seu lado um homem que só pode ser o Bootés, chamado o pai adotivo do filho da virgem Ísis, ou de Hórus.

Encontramos, na Biblioteca Nacional, um manuscrito árabe que contém os 12 signos desenhados e iluminados, e vemos também uma jovem criança ao lado da Virgem celeste, que é representada mais ou menos como nossas virgens e como a Ísis egípcia, com seu filho. É mais que provável que os antigos astrólogos tenham colocado nos céus a imagem infantil do Sol novo, na constelação que governava seu renascimento e na constelação do ano do solstício de inverno, e que daí nasceram as ficções sobre o deus Dia, concebido nos castos flancos de uma virgem, uma vez que essa constelação era efetivamente uma Virgem. Essa conclusão é mais natural que a opinião daqueles que se obstinam a crer que existiu uma mulher que se tornou mãe sem deixar de ser virgem e que o fruto que ela pariu é esse Ser eterno que move e rege toda a Natureza. Assim, os gregos diziam de seu deus na forma de cordeiro ou carneiro, o famoso Ammon ou Júpiter, que ele foi criado por *Themis*, que é também um dos nomes da Virgem das constelações; ela leva também o nome de Ceres, a quem era dado o epíteto de *Santa Virgem* e que era a mãe do jovem Baco ou do Sol, cuja imagem era exposta, no solstício de inverno, com os traços da infância, nos santuários, segundo Macróbio.

Seu testemunho é confirmado pelo autor da crônica de Alexandria, que se expressa nestes termos: "Os egípcios até hoje têm consagrado o parto de uma virgem e o nascimento de seu filho, que são expostos em um presépio para adoração do povo. O rei Ptolomeu perguntou a razão desse costume; eles lhe responderam que era um mistério ensinado a seus pais por um profeta respeitável." Sabemos que o profeta, entre eles, era um dos chefes da iniciação.

Alega-se, não sei segundo que testemunho, que os antigos druidas prestavam também homenagem a uma virgem, com esta inscrição — *virgini pariturae* — e que sua estátua ficava no território de Chartres. Ao menos é certo que nos monumentos de Mitra ou do Sol, cujo culto foi estabelecido antigamente na Grã-Bretanha, vemos uma mulher que amamenta uma criança e que só pode ser a mãe do deus Dia. O autor inglês, que fez uma dissertação sobre esse monumento, detalha todos os traços que podem estabelecer as relações que havia entre as festas do nascimento de Cristo e as do nascimento de Mitra. Esse autor, mais piedoso que filósofo, as considera festas imaginadas segundo noções proféticas sobre o nascimento futuro de Cristo. Ele observa com razão que o culto de Mitra era difundido em todo o império romano e, sobretudo, na Gália e na Grã-Bretanha. Ele cita também o testemunho de São Jerônimo, que se queixa que os pagãos celebram as festas do Sol nascente ou de Adonis, o mesmo que Mitra, no exato local onde se supunha nascer Cristo em Belém; o que, acreditamos, nada mais é que o mesmo culto com um nome diferente.

Depois de ter mostrado sobre que base astronômica repousa a fábula da encarnação do Sol no seio de uma virgem, com o nome de Cristo, vamos examinar a origem da fábula que o faz morrer e depois ressuscitar no equinócio da primavera, nas formas do cordeiro pascal.

O Sol, único reparador dos males que produz o inverno, que devia nascer, nas ficções sacerdotais, no solstício, deve ficar ainda três meses nos signos inferiores, na região dedicada ao mal e às trevas, e ser submetido ao poder de seu chefe, antes de atravessar a famosa passagem do equinócio da primavera, que assegura seu triunfo sobre a noite e que renova a face da Terra. Vamos, então, durante todo esse tempo, fazê-lo viver, exposto a todas as enfermidades da vida mortal, até que ele tenha retomado os direitos da divindade em seu triunfo. O gênio alegórico dos mistagogos vai lhe compor uma vida e imaginar aventuras análogas ao caráter que eles lhe dão e que entra no objetivo que se propõe a iniciação. Foi assim que Esopo, querendo retratar o homem forte e injusto que oprime o fraco, colocou em cena animais, aos quais ele deu características opostas e imaginou uma ação própria para atingir o objetivo moral de seu apólogo. Assim, os egípcios inventaram a fábula de Osíris ou do Sol benévolo, que percorre o Universo para espalhar os bens inumeráveis dos quais ele é fonte, e lhe opuseram o princípio das trevas, Tífon, que o contraria em suas operações e lhe dá a morte. É sobre uma ideia tão simples que eles construíram a fábula de Osíris e de Tífon, na qual nos apresentam um como um rei legítimo e o outro como o tirano do Egito. Além dos fragmentos dessas antigas ficções sacerdotais que nos conservaram Diodoro e Plutarco, temos uma vida de Osíris e de Tífon, composta pelo bispo Sinésio, pois nessa época os bispos fabricavam lendas. Nesta, os aventureiros, o caráter e os retratos dos dois princípios da teologia egípcia foram traçados de imaginação, no entanto, segundo a ideia do papel que cada um deles devia desempenhar, para expressar em uma fábula a ação oposta dos princípios que se contrariam e se combatem na Natureza. Os persas também tinham sua história de Ormuz e de Ariman, que continha a narrativa de seus combates e da vitória do bom princípio sobre o mau. Os gregos tinham uma vida de Hércules e de Baco que continha a história de suas proezas gloriosas e dos benefícios que eles haviam distribuído por toda a Terra. Essas narrativas eram poemas engenhosos e eruditos. A história de Cristo, ao contrário, nada mais é que uma lenda aborrecida que leva o caráter de tristeza e de secura que têm as lendas dos indianos, nas quais se trata apenas de devotos, de penitentes e brâmanes que vivem na contemplação. Seu deus, Vishnu, encarnado em Krishna, tem muitos traços comuns com Cristo. Observamos certas travessuras do pequeno Krishna, muito semelhantes às atribuídas ao Cristo pelo evangelho da infância; quando se torna adulto, ele ressuscita dos mortos como Cristo.

Os magos também tinham a lenda do chefe de sua religião: prodígios haviam anunciado seu nascimento. Ele foi exposto a perigos desde sua infância e obrigado a fugir para a Pérsia, como Cristo no Egito; ele foi perseguido como Cristo por um rei inimigo que queria livrar-se dele. Um anjo o transportou ao Céu, de onde ele trouxe o livro de sua lei. Como Cristo, foi tentado pelo Diabo, que lhe fez magníficas promessas para convencê-lo a se submeter a ele. Foi caluniado e perseguido pelos sacerdotes, como Cristo pelos fariseus. Ele lhes opôs milagres para confirmar sua missão divina e os dogmas contidos em seu livro. Sentimos facilmente com esse paralelo que os autores da lenda de Cristo, que fazem chegar os magos até seu berço, conduzidos pela famosa estrela que se dizia ter sido prevista por Zoroastro, chefe de sua religião, não deixaram de introduzir nessa lenda muitos traços que pertencem ao chefe da religião dos persas, da qual o Cristianismo é apenas um ramo, e com a qual ele tem a maior conformidade, como podemos observar na religião de Mitra ou do Sol Mitra, a grande divindade dos persas.

Os autores dessa lenda não tinham muita instrução nem muito gênio para fazer poemas, tais como: os cantos sobre Hércules, sobre Teseu, Jasão, Baco, etc. Aliás, o fio dos conhecimentos astronômicos estava perdido e eles se limitavam a compor lendas com os fragmentos de antigas ficções que não compreendiam mais. Acrescentemos a tudo isso que o objetivo dos chefes da iniciação nos mistérios de Cristo era puramente moral e que eles tentavam pintar menos o herói que derrotou os gigantes e todos os gêneros de males espalhados na Natureza e mais um homem doce, paciente, benévolo, que veio à Terra para pregar, com seu exemplo, as virtudes cuja prática queriam ensinar aos iniciados em seus mistérios, que eram aqueles da luz eterna. Fizeram-no agir nesse sentido, pregando e comandando as práticas austeras dos essênios, muito semelhantes às dos brâmanes e dos devotos da Índia. Ele teve seus discípulos como o Sommona--Kodon dos siameses, deus nascido também de uma virgem pela ação do Sol, e o número de seus apóstolos retraçou a grande divisão duodecimal que se encontra em todas as religiões das quais o Sol é o herói; mas sua lenda foi mais maravilhosa que engraçada e percebe-se um pouco o ouvido do judeu ignorante e crédulo. Como o autor da fábula sagrada o havia feito nascer entre os hebreus, submeteu-os, ele e sua mãe, às práticas religiosas desse povo. Ele foi, como todos os meninos judeus, circuncidado no oitavo dia; e sua mãe, como todas as outras mulheres judias, foi obrigada a se apresentar no templo para se fazer purificar. Sentimos que tudo isso teve de resultar necessariamente da ideia primeira, ou da que o fez nascer, pregar e morrer para ressuscitar em seguida; pois não há ressurreição quando não houver morte. Uma vez que fizeram dele um homem, fizeram-no passar pelos degraus da adolescência e da juventude, e ele apareceu cedo já instruído, a ponto de, com 12 anos, surpreender todos os doutores. A moral que queriam inculcar foi colocada em lições em seus discursos ou como exemplo em suas ações. Imaginavam milagres que o apoiavam e apontavam fanáticos que se diziam testemunhas; pois quem não faz milagres em toda parte onde se encontra espíritos dispostos a crer neles? Viram ou acreditaram ver milagres no túmulo do bem-aventurado Paris, em um século tão esclarecido quanto o nosso e em meio a uma imensa população, que podia fornecer mais de um crítico, mas principalmente entusiastas e patifes. Todos os chefes de religião deviam ter feito milagres. Fo, entre os chineses, faz milagres, e 40 mil discípulos divulgam em toda parte que eles os viram. Odin também faz milagres entre os escandinavos; ele ressuscita dos mortos, ele desce também aos infernos e faz uma espécie de batismo nas crianças recém-nascidas. O maravilhoso é o grande impulso de todas as religiões: nada é tão fortemente crível quanto o que é incrível. O bispo Sinésio disse, e ele tinha conhecimento para isso, que o povo precisava de milagres a qualquer preço e que não se podia conduzi-lo de outra forma. Toda a vida de Cristo foi então composta com esse espírito. Os que a fabricaram associaram acontecimentos fictícios não apenas a lugares conhecidos, como fizeram todos os poetas antigos, nas fábulas sobre Hércules, Baco, Osíris, etc., mas também a uma época e a nomes conhecidos, como: o século de Augusto, de Tibério, de Pôncio Pilatos, etc.; o que prova não a existência real de Cristo, mas apenas que a ficção sacerdotal é posterior a essa época: do que não duvidamos. Foram feitas várias vidas, uma vez que existem até 50 evangelhos ou vidas de Cristo e que foram atribuídas a ele tantos contos, que imensos volumes teriam dificuldade em contê-los, segundo a expressão de um dos autores dessas lendas. O gênio dos mistagogos teve uma vasta carreira; mas todos concordaram em dois pontos fundamentais: sobre a encarnação que explicamos e a respeito da morte e da ressurreição que vamos mostrar que corresponde ao Sol e nada mais é que a repetição de uma aventura trágica, retratada em todos os mistérios e descrita em todos os cantos e todas as lendas dos adoradores do Sol, com uma porção de nomes diferentes.

Lembramos aqui o que provamos anteriormente, que Cristo tem todos os caracteres do deus Sol, em seu nascimento ou em sua encarnação no seio de uma Virgem; que esse nascimento chega no exato momento em que os antigos celebravam o nascimento do Sol e de Mitra, e que ele ocorre sob o ascendente de uma constelação que, na esfera dos magos, traz uma criança chamada Jesus. Trata-se, na verdade, de demonstrar que ele tem também todos os caracteres do deus Sol em sua ressurreição, seja pela época em que esse acontecimento supostamente aconteceu, seja pela forma na qual Cristo se mostra em seu triunfo.

Terminando nossa explicação da pretensa queda do homem e da fábula na qual a Serpente introduz o mal no mundo, dissemos que esse mal era de natureza a ser reparado pelo Sol da primavera e só podia sê-lo por ele. A reparação feita por Cristo, se ele for o deus Sol, deve, então, acontecer nessa época.

Ora, é precisamente no equinócio da primavera que Cristo triunfa e repara as infelicidades do gênero humano, na fábula sacerdotal dos cristãos, chamada vida de Cristo. É a essa época anual que estão associadas as festas que têm por objeto a celebração desse grande acontecimento, pois a Páscoa dos cristãos, como a dos judeus, é necessariamente fixada na Lua cheia do equinócio da primavera, isto é, no momento do ano em que o Sol atravessa a famosa passagem que separa o império do deus da Luz do império do Príncipe das Trevas, e onde reaparece em nossos climas o astro que dá a luz e a vida a toda a Natureza.

Os judeus e os cristãos a chamam de festa da passagem; pois é nessa data que o deus Sol ou o senhor da Natureza vem em nossa direção para nos distribuir seus benefícios, dos quais a Serpente das trevas e do outono nos havia privado durante todo o inverno. Lá está o belo Apolo, cheio de todas as forças da juventude, que derrota a serpente Píton. É a festa do senhor, uma vez que se dava ao Sol esse título respeitável; pois Adonis e Adonai designavam esse astro, Senhor do mundo, na fábula oriental sobre Adonis, deus do Sol, que, como Cristo, saía vitorioso do túmulo depois de terem lamentado sua morte. Na consagração dos sete dias aos sete planetas, o dia do Sol se chama *o dia do Senhor*. Ele precede a segunda-feira, ou o dia da Lua, e segue o sábado ou o dia de Saturno, dois planetas que ocupam os extremos da escala musical, da qual o Sol é o centro e ele forma a quarta. Assim, o epíteto de senhor convém ao Sol sob todos os aspectos.

Essa festa de passagem do Senhor foi fixada originariamente em 25 de março, isto é, três meses, dia por dia, depois da festa de seu nascimento, que é também o dia do nascimento do Sol. Era nessa data que esse astro, retomando sua força criadora e toda a sua atividade fecunda, devia rejuvenescer a Natureza, restabelecer uma nova ordem de coisas, criar, por assim dizer, um novo Universo sobre os destroços do antigo mundo e fazer, por meio do Carneiro equinocial, passar os homens para o domínio da luz e do bem trazidos por sua presença.

Todas essas ideias místicas estão reunidas nesta passagem de Cedreno: "O primeiro dia do primeiro mês é o do mês *nisan*; ele corresponde ao 25 de março dos romanos e ao mês *phamenot*, dos egípcios. Nesse dia, Gabriel saúda Maria para lhe fazer conceber o Salvador". Observo que é nesse mesmo mês *phamenot* que Osíris dava a fecundidade à Lua na teologia egípcia. "É nesse mesmo dia, acrescenta Cédrénus, que nosso deus salvador, depois de ter terminado seu trajeto, ressuscitou dos mortos; o que nossos pais ancestrais chamaram de *páscoa* ou a passagem do Senhor. É nesse mesmo dia que nossos antigos teólogos fixam também seu retorno ou seu segundo advento, sendo que o novo século devia contar dessa época, porque é nesse mesmo dia que começou o Universo." Isso combina bem com o último capítulo do Apocalipse, que faz partir do trono do Carneiro equinocial o novo tempo que vai regular os destinos do mundo de luz e dos amigos de Ormuz.

O mesmo Cedreno faz o Cristo morrer em 23 de março e ressuscitar no dia 25: daí vem o costume, na Igreja, de celebrar a páscoa em 25 de março, isto é, no 8º dia antes das calendas de abril ou três meses depois do 8º dia das calendas de janeiro, época do nascimento do deus Sol. Esse 8º dia das calendas, seja de janeiro ou de abril, era o dia exato em que os antigos romanos fixavam a chegada do Sol no solstício de inverno e no equinócio da primavera. Se o 8º dia das calendas de janeiro era um dia de festa na religião dos adoradores do Sol, como vimos anteriormente, o 8º das calendas de abril ou o 25 de março também era um dia de festa entre eles. Eram celebrados os grandes mistérios que lembravam o triunfo que o Sol, nessa época, obtinha todos os anos sobre as longas noites de inverno.

Personificava-se esse astro nas lendas sagradas; chorava-se por ele durante alguns dias, como se estivesse morto, e cantava-se sua ressurreição em 25 de março ou no 8º dia antes das calendas de abril. Foi Macróbio que nos ensinou isso, ou seja, que nos disse que no solstício de inverno ou no 8º dia antes das calendas de janeiro pintava-se esse mesmo deus Sol na forma de uma criança recém-nascida, e na primavera, sob o emblema de um jovem forte e vigoroso. Ele acrescenta que essas festas da paixão ou da morte e da ressurreição do deus do Dia, fixadas no equinócio da primavera, eram encontradas em todas as seitas da religião do Sol. Entre os egípcios, era a morte e a ressurreição de Osíris; entre os fenícios, era a morte e ressurreição de Adonis; entre os frígios, eram retratadas as aventuras trágicas de Atys, etc. Portanto, o deus Sol, em todas as religiões, sofre os mesmos tormentos que Cristo, triunfa como ele do túmulo e isso nas mesmas épocas da revolução anual. Cabe àqueles que se obstinam em fazer de Cristo um outro ser que não o Sol, dar-nos as razões de tal singular coincidência. Para nós, que não acreditamos nesses golpes do destino, diremos muito claramente que a paixão e a ressurreição de Cristo celebradas na Páscoa fazem parte dos mistérios da antiga religião solar ou do culto da Natureza universal.

É sobretudo na religião de Mitra ou do deus Sol, adorado com esse nome pelos magos, que encontramos mais traços de semelhança com a morte e a ressurreição de Cristo e com os mistérios dos cristãos. Mitra, que nascia também em 25 de dezembro, como Cristo, morreu como ele; e tinha um sepulcro, no qual seus iniciados vinham derramar suas lágrimas. Os sacerdotes levavam sua imagem, durante a noite, a um túmulo que havia sido preparado para ele; ele era deitado sobre uma liteira, como o Adonis fenício. Essa pompa, como a da Sexta-Feira Santa, era acompanhada de cantos fúnebres e de gemidos de seus sacerdotes; eles faziam algumas vezes expressões de uma dor simulada; acendiam a chama sagrada ou sua vela pascal; ungiam com creme ou perfume a imagem; e depois disso, um deles pronunciava gravemente estas palavras: "Fiquem tranquilos, rebanho sagrado de iniciados, seu deus ressuscitou; as dores e os sofrimentos dele serão a salvação de vocês". Por que vocês, retoma o escritor cristão de quem recebemos esses detalhes, exortam esses infelizes a se regozijarem? Por que enganá-los com falsas promessas? A morte de seu deus é conhecida; sua vida nova não está provada. Não há oráculo que garanta sua ressurreição; ele não se mostrou aos homens depois de sua morte, para que pudéssemos acreditar em sua divindade. É um ídolo que vocês enterram; é um ídolo que vocês choram; é um ídolo que vocês tiram do túmulo e depois de terem estado infelizes, vocês se regozijam. São vocês que libertam seu deus... Eu lhes pergunto, continua Firmicus, quem viu seu deus com chifres de boi, cuja morte lhes preocupa? E eu perguntaria a Firmicus e a seus crédulos cristãos: e você, que se aflige com a morte do Carneiro decapitado para lavar com seu sangue os pecados do mundo; quem viu seu deus nas formas de carneiro, do qual vocês celebram o triunfo e a ressurreição?

Vocês ignoram que dois mil anos antes da era cristã, época a que remonta a religião dos persas e o culto de Mitra ou do touro de Mitra, o Sol atravessava a passagem equinocial sob o signo de Touro, e que é somente pelo efeito da precessão dos equinócios que ele atravessa em sua época sob o signo de Áries, que só há mudança nas formas celestes e no nome, que o culto é absolutamente o mesmo? Parece também que, nesse lugar, Firmicus, ao atacar as antigas religiões, assumiu a tarefa de reunir todos os traços de semelhança que seus mistérios tinham com os dos cristãos. Ele examina sobretudo a iniciação mitraica, da qual faz um paralelo muito cuidadoso com a de Cristo e que para ele é tão semelhante porque é uma seita dela. É verdade que ele explica toda essa conformidade que têm entre si essas duas religiões, dizendo, como Tertuliano e São Justino, que muito tempo antes de haver cristãos, o Diabo havia se deleitado em fazer seus adoradores copiarem seus mistérios e suas cerimônias futuras. Excelente razão para os cristãos, assim como encontramos ainda muitos hoje, mas lamentável para dar a homens de bom senso. Para nós, que não acreditamos no Diabo, e que não compartilhamos como eles de seus segredos, diremos muito simplesmente que a religião de Cristo, baseada, como todas as outras, no culto do Sol, conservou os mesmos dogmas, as mesmas práticas, os mesmos mistérios, com exceção de algumas formas; que tudo foi comum porque o deus o era; que apenas os acessórios podem ter sido diferentes, mas a base era a mesma. Os mais antigos apologistas da religião cristã concordam que a religião mitraica tinha seus sacramentos, seu batismo, sua penitência, sua eucaristia e sua consagração com palavras místicas; que os catecúmenos dessa religião tinham provas preparatórias, mais rigorosas ainda que as dos cristãos; que os iniciados ou os fiéis marcavam sua fronte com um sinal sagrado; que eles admitiam também o dogma da ressurreição; que eles recebiam a coroa que orna a fronte dos mártires; que seu soberano pontífice não podia ter sido casado várias vezes; que eles tinham suas virgens e a lei de continência; enfim, que encontrávamos entre eles tudo o que era praticado desde então pelos cristãos. É verdade que Tertuliano recorre também ao

Diabo para explicar uma semelhança tão completa. Mas como, sem a intervenção do Diabo, é fácil perceber que quando duas religiões se assemelham tão perfeitamente, a mais antiga é a mãe e a mais jovem, a filha? Nós concluiremos, uma vez que o culto de Mitra é infinitamente mais antigo que o de Cristo e suas cerimônias muito anteriores às dos cristãos, que os cristãos são incontestavelmente ou sectários ou copistas da religião dos magos.

Eu acrescentaria, como o sábio Hyde, que os persas tinham uma teoria sobre os anjos ainda mais completa que a dos judeus e dos cristãos. Eles admitiam a distinção dos anjos em anjos de luz e anjos de trevas. Eles conheciam as narrativas de seus combates e os nomes de anjos que passaram para nossa religião. Batizavam suas crianças e lhes impunham um nome. Tinham a ficção do Paraíso e do Inferno, que encontramos igualmente entre os gregos, entre os romanos e em muitos outros povos. Eles tinham uma ordem hierárquica e toda a constituição eclesiástica dos cristãos, que, segundo Hyde, remonta entre eles a mais de três mil anos. Mas não direi, como ele, que devemos ver nessa semelhança a obra da providência, na qual queria que os persas fizessem por antecipação e por espírito profético o que os cristãos deviam fazer um dia. Se Hyde, nascido em uma ilha onde a superstição quase sempre se coloca ao lado da Filosofia e forma com ela uma aliança monstruosa, não foi impedido pelo medo de chocar os preconceitos de seu tempo e de seu país, disfarçando assim a opinião que devia brotar nele diante de uma semelhança tão impressionante, é preciso dizer que o saber nem sempre é o bom senso e não o substitui. Concordarei, portanto, com Hyde que as duas religiões se assemelham em quase todos os pontos; mas eu concluiria que elas formam uma mesma religião ou então que elas são duas seitas da antiga religião dos orientais, adoradores do Sol, e que suas instituições, assim como seus principais dogmas, ao menos quanto ao fundo, têm uma origem comum. É também o Sol que é o deus dessa religião, seja seu nome Cristo, Mitra, Osíris, Baco, Adonis, Atys, etc. Passemos agora ao exame das formas que caracterizam o deus Sol dos cristãos em seu triunfo.

Essas formas foram tomadas muito naturalmente do signo celeste, sob o qual passava o astro do dia no momento em que trazia os longos dias e o calor a nosso hemisfério. Esse signo, na época em que o Cristianismo ficou conhecido no Ocidente, mais de 15 séculos atrás, era Áries, que os persas, em sua cosmogonia, chamam de *Cordeiro*, como dissemos anteriormente. Era o signo da exaltação do Sol no sistema dos astrólogos, e o antigo sabismo havia fixado aí sua maior festa. Era, então, o retorno do Sol ao Carneiro celeste, que todos os anos regenerava a Natureza. Eis a forma que tomava, em seu triunfo, esse astro majestoso, esse deus benevolente, salvador dos homens. Eis, no estilo místico, o *cordeiro que repara os pecados do mundo*.

Assim como Ariman ou o Príncipe das Trevas havia tomado emprestadas as formas da constelação que no outono trazia as longas noites e os invernos, o deus da Luz que o derrotava devia assumir na primavera as formas do signo celeste sob o qual ocorria seu triunfo. Sabemos, aliás, que os adoradores do Sol geralmente pintavam esse astro em todas as formas e com os atributos dos signos celestes aos quais ele se unia cada mês. Daí as diversas metamorfoses de Júpiter entre os gregos e de Vishnu entre os hindus. Assim, pintavam um jovem homem conduzindo um carneiro ou tendo sobre os ombros um carneiro ou com os chifres do carneiro em sua fronte. É nesta última forma que se manifestava Júpiter Ammon. Cristo tomou também o nome e a forma do cordeiro, e esse animal foi a expressão simbólica com a qual ele era designado. Não se dizia o Sol do Cordeiro, mas simplesmente o Cordeiro; como se disse, muitas vezes, do Sol do Leão ou de Hércules, o Leão. São apenas expressões diferentes da mesma ideia e um uso diverso do mesmo animal celeste nas pinturas do Sol da primavera.

Essa denominação de Cordeiro por excelência, dada ao Cristo ou ao deus da Luz em seu triunfo equinocial, aparece em toda parte nos livros sagrados dos cristãos, mas sobretudo em seu livro de iniciação, conhecido pelo nome de Apocalipse. Os fiéis ou os iniciados são qualificados nesse livro como os discípulos do cordeiro. No livro, o cordeiro é representado degolado no meio de quatro animais, que também estão nas constelações e que estão situados nos quatro pontos cardeais da esfera. É diante do cordeiro que os gênios das 24 horas, designados sob o emblema de idosos, prosternam-se. Segundo dizem, é o cordeiro degolado que é digno de receber todo o poder, divindade, sabedoria, força, honra, glória e bênção; é o cordeiro que abre o livro da fatalidade, designado sob o emblema de um livro fechado com sete selos.

Todas as nações do Universo vêm se colocar diante do trono e diante do *Cordeiro*. Elas se vestem de branco; trazem palmas nas mãos e cantam em voz alta: Glória a nosso Deus que está sentado nesse trono! Lembramos que o Cordeiro celeste ou Áries é o signo da exaltação do deus Sol e que esse astro vitorioso parece ser carregado em seu triunfo. O cordeiro é cercado pelo cortejo duodecimal, sendo que ele é o chefe dos signos celestes. Ele aparece de pé sobre a montanha, cercado pelas 12 tribos, que são destinadas a segui-lo aonde quer que ele vá.

Vemos aqueles que derrotaram o Dragão e que cantam o cântico do Cordeiro. Seria supérfluo multiplicar aqui as passagens nas quais esse nome misterioso é repetido. Em toda parte, via-se que o deus da Luz, com o nome de Cordeiro, era a grande divindade à qual as pessoas se consagravam na iniciação dos cristãos. Os mistérios de Cristo são, então, muito simplesmente os mistérios do deus Sol, em seu triunfo equinocial, no qual ele assume as formas do primeiro signo ou Cordeiro celeste; a figura do Cordeiro também era o caráter ou o selo com que outrora eram marcados os iniciados dessa seita. Era sua *téssera* e o atributo simbólico pelo qual os Irmãos dessa Franco-Maçonaria religiosa se reconheciam entre si. Os cristãos desse tempo colocavam no pescoço de seus filhos a imagem simbólica do cordeiro. Todo mundo conhecia o famoso *Agnus Dei*.

A mais antiga representação do deus dos cristãos era uma figura de cordeiro ora unida a um vaso no qual seu sangue corria, ora deitado ao pé de uma cruz. Esse costume subsistiu até o ano 680, até o pontificado de Agathon e no reinado de Constantino Pogonat.

Ele foi ordenado pelo sexto sínodo de Constantinopla (*cânon* 82), que no lugar do antigo símbolo, que era o cordeiro, seria representado um homem preso a uma cruz; o que foi confirmado pelo papa Adriano I. Ainda vemos esse símbolo no tabernáculo ou no pequeno armário no qual os sacerdotes guardam o Sol de ouro ou de prata que contém a imagem circular de seu deus Sol, assim como na frente de seus altares. O cordeiro é, muitas vezes, representado deitado, às vezes na cruz, às vezes no livro da fatalidade, que é fechado com sete selos. Esse número sete é o de sete esferas das quais o Sol é a alma e das quais o movimento ou a revolução é contada a partir do ponto de *Áries* ou do cordeiro equinocial.

É esse cordeiro que os cristãos dizem ter sido imolado desde a origem do mundo. *Agnus occisus ab origine Mundi*. Ele fornece a matéria de uma antítese ao autor da prosa de Páscoa, *victimae paschali*, etc. *Agnus redemit oves*, etc. Todos os cantos dessa festa de alegria e que correspondem às *hilárias* dos antigos adoradores do Sol, celebradas na mesma época, retratam-nos a vitória obtida pelo Cordeiro sobre o Príncipe das Trevas. Eles acendem a vela, conhecida pelo nome de vela pascal, para retratar o triunfo da Luz. Os sacerdotes se vestem de branco, cor dedicada a Ormus ou ao deus da Luz. O fogo novo, assim como a água lustral, são consagrados; tudo é renovado nos templos, assim como na natureza. Os antigos romanos faziam o mesmo no mês de março e substituíam os novos louros nas casas de seus flâmines e nos locais destinados às assembleias. É assim que os persas, em sua festa de Neurouz ou da entrada do Sol em Áries na primavera, cantam a renovação de todas as coisas e o novo dia do novo mês, do novo ano, do novo tempo, que deve renovar tudo o que nasce do tempo. Eles têm também sua festa da cruz, poucos dias antes; apenas alguns dias depois da festa da vitória.

É nessa época que seu antigo Perseu, gênio colocado no ponto equinocial, supostamente havia tirado do céu e consagrado em suas piras o fogo eterno que era mantido pelos magos, o mesmo fogo que as vestais conservavam em Roma, e do qual, todos os anos, na primavera, tirava-se o fogo que era aceso nos templos. A mesma cerimônia era praticada no Egito, como podemos ver em um antigo monumento da religião dos egípcios. Observamos uma fogueira, formada de três pilhas de madeira com dez pedaços cada uma, número igual ao dos decanos e das divisões dos signos de dez em dez graus. Assim, há 30 pedaços de madeira, o mesmo número de graus que contamos no signo. Sobre cada uma das três pilhas está deitado um carneiro ou Áries e acima uma imensa imagem do Sol, cujos raios se prolongam até a Terra. Os sacerdotes tocam esses raios com a ponta dos dedos e levam o fogo sagrado que vai acender a fogueira do cordeiro e aquecer o Universo. Esse quadro nos lembra a festa equinocial da primavera, celebrada no Egito sob *Áries* ou sob o Cordeiro, em memória de que o fogo do Céu havia aquecido o mundo. Nessa festa, marcava-se tudo de vermelho ou da cor do fogo, como na páscoa dos judeus ou em sua festa do Cordeiro. Essa ressurreição do fogo sagrado eterno, que borbulha no Sol e que todos os anos na primavera vem dar a vida à Natureza em nosso hemisfério, foi a verdadeira ressurreição do Sol Cristo. É para representar essa ideia que todos os anos o bispo de Jerusalém se encerra em uma pequena cela, que é chamada de túmulo de Cristo. Ele tem pacotes de pequenas velas; ele bate o isqueiro e as acende; ao mesmo tempo, há uma explosão de luz, tal como a de nossos fogos do teatro, para dar ao povo a crença de que o fogo sagrado caiu do Céu sobre a Terra. Depois o bispo sai da cela gritando: "O fogo do Céu desceu e a santa vela está acesa." O povo crédulo corre em multidão para comprar essas velas, pois o povo em toda parte é enganado pelos sacerdotes.

    O nome de cordeiro somente foi dado a Cristo e ele antigamente só foi representado com esse emblema porque o Cristo é o Sol e porque o triunfo do Sol ocorre todos os anos sob o signo celeste do Carneiro ou sob o signo que era então o primeiro dos 12 e no qual ocorria o equinócio da primavera. Os troianos tinham consagrado como vítima ao Sol o *cordeiro branc*, e seu país era célebre pelos mistérios de Atys, nos quais o Cordeiro equinocial desempenhava um grande papel.

    Assim como os cristãos supõem que seu deus Sol Cristo foi pregado na madeira da cruz, os frígios adoradores do Sol com o nome de Atys o representavam na paixão como um jovem homem ligado a uma árvore que era cortada em cerimônia. Ao pé da árvore estava um cordeiro ou o Áries equinocial da primavera.

Esses mistérios de Atys duravam três dias. Esses dias eram dias de luto que seguiam imediatamente a festa das hilárias, dia de alegria, no qual era celebrada, como já dissemos, a época feliz em que o Sol Atys retomava seu domínio sobre as longas noites.

Essa festa era a do 25 de março ou do 8º dia antes das calendas de abril, isto é, ela caía no mesmo dia em que se celebrava originariamente a páscoa e o triunfo de Cristo, e quando se canta *Aleluia*, verdadeiro canto de alegria das hilárias, e *Haec dies*, etc. Eis o dia que fez o Senhor; que seja para nós um dia de alegria e felicidade. Também é cantada a famosa prosa *O filii et filiae*, etc. Não há diferença nessas duas festas a não ser no nome do herói da tragédia, que em ambas as fábulas é absolutamente o mesmo deus. O mesmo acontece na Frígia, onde foi feito o famoso livro da iniciação aos mistérios do Cordeiro, chamado *Apocalipse*. O imperador Juliano examina as razões que levaram a escolher o equinócio da primavera para situar essa solenidade, e ele nos diz que é porque o Sol atravessa a linha que o separava de nossos climas e porque ele vem prolongar a duração dos dias em nosso hemisfério; o que acontece, acrescenta ele, quando o rei Sol passa sob o Áries ou o Cordeiro. Com sua aproximação, celebramos nos mistérios a presença *do deus salvador e libertador*.

O Áries ou o Cordeiro somente desempenha entre os cristãos um papel tão importante porque é esse o papel que fora outrora do Touro nos mistérios de Baco e Mitra. Osíris e Baco, representados ambos com as formas do antigo Touro equinocial, morriam e ressuscitavam como Cristo: nos santuários eram representados os mistérios de sua paixão, como os de Atys e do Cristo, entre os frígios e entre os cristãos.

Os patriarcas da igreja e os escribas da seita cristã falam, muitas vezes, dessas festas celebradas em honra de Osíris, morto e ressuscitado, e eles fazem um paralelo com as aventuras de seu deus. Atanásio, Augusto, Teófilo, Atenagore, Minutius Felix, Lactance,

Firmicus, assim como os autores antigos, que falaram de Osíris ou do deus Sol, adorado com esse nome no Egito, concordam em nos retratar o luto universal dos egípcios, na festa em que era feita a comemoração dessa morte todos os anos, como fazemos a do Sol Cristo na Sexta-Feira Santa. Eles nos descrevem as cerimônias que são praticadas em seu túmulo, as lágrimas que eram derramadas durante vários dias e, em seguida, as festas de alegria que sucediam essa tristeza, no momento em que se anunciava sua ressurreição. Ele havia descido aos infernos, depois retornava de lá para se unir a Hórus, deus da primavera, e triunfar sobre o Príncipe das Trevas, Tífon, seu inimigo, que o havia matado. Eram chamados mistérios da noite, aqueles em que era apresentado o espetáculo de sua paixão. Essas cerimônias tinham o mesmo objetivo que as do culto de Atys, segundo Macróbio, e se referiam ao Sol que derrotava as trevas, representadas pela Serpente, cujas formas eram assumidas por Tífon no outono, quando da passagem desse astro sob Escorpião.

    Podemos dizer o mesmo de Baco, que, segundo o testemunho de todos os antigos, era o mesmo que o Osíris egípcio e que o deus Sol, cuja imagem infantil era apresentada para a adoração do povo no solstício de inverno. Baco era assassinado, descia aos infernos e ressuscitava, e todos os anos eram celebrados os mistérios de sua paixão: essas festas eram chamadas *titânicas e festas da noite perfeita*. Supomos que esse deus foi destruído pelos gigantes, mas que sua mãe ou Ceres reuniu seus membros e ele reapareceu jovem e vigoroso. Para retratar sua paixão, matava-se um touro, do qual se comia a carne crua, porque Baco ou o deus Sol, pintado com as formas do boi, havia sido destroçado pelos titãs. Não era a representação do cordeiro degolado, e sim a do boi destroçado e cortado em pedaços que era feita nos mistérios. Em Mingrelie, é um cordeiro assado que o príncipe destrói com suas mãos e distribui a toda a sua corte na festa de Páscoa.

    Julius Firmicus, que nos relata a lenda cretense sobre a vida e a morte de Baco e que se obstina em fazer dele um homem, como fazia com Cristo, concorda, entretanto, que os pagãos explicavam essas ficções por meio da Natureza e que eles também consideravam essas narrações fábulas solares. É verdade também que ele rejeita todas essas razões, como muitas pessoas recusarão nossas explicações, seja por ignorância, seja por vontade de caluniar o que não entendem, como fizeram todos os patriarcas da igreja na crítica que fizeram ao Paganismo. Firmicus assume até a defesa do Sol, que lhe parece ultrajado por essas ficções e lhe atribui um discurso, no qual o deus do Dia se queixa de que tentam desonrá-lo com fábulas impertinentes, ora submergindo-o no Nilo, com o nome de Osíris e Hórus; ora mutilando-o com os nomes de Atys e Adonis; ora fazendo-o cozinhar em uma caldeira ou assar em um espeto, como Baco. Ele poderia ter acrescentado: ora fazendo-o enforcar com o nome de Cristo. Ao menos, segundo Firmicus, está claro que tinha sido conservada entre os pagãos a tradição de que todas essas aventuras trágicas e incríveis eram apenas ficções místicas sobre o Sol. É o que provamos também aqui com nossa explicação da fábula de Cristo, morto e ressuscitado no equinócio da primavera.

Como ao Cristo, dava-se a Baco o epíteto de *Salvador*, assim como a Júpiter ou ao deus com chifres de carneiro, que tinha sua estátua no templo da virgem Minerva Polias, em Atenas.

De resto, a ideia de um deus que desceu sobre a Terra pela salvação dos homens não é nem nova nem particular aos cristãos. Os antigos pensaram que o deus supremo havia enviado, em diversas épocas, seus filhos ou netos para se ocuparem da felicidade dos humanos. Estavam entre eles Hércules e Baco, isto é, o deus Sol, cantado com esses diferentes nomes.

Assim como Cristo, Baco havia feito milagres: ele curava doentes e predizia o futuro. Desde sua infância, foi ameaçado com a perda da vida, como Cristo, que Herodes quis matar. O milagre dos três cântaros que se enchiam de vinho em seu templo equivale ao das Bodas de Canaã. É em 6 de janeiro que se faz a festa comemorativa desse milagre do herói da religião cristã; era nas nonas do mesmo mês que um milagre semelhante acontecia na ilha de Andros, no templo de Baco. Todos os anos viam correr uma fonte, cujo licor tinha o gosto de vinho. Parece que o autor da lenda de

Cristo reuniu diferentes ficções maravilhosas, difundidas entre os adoradores do Sol, com diversos nomes. Baco era chamado, como Cristo, deus filho de Deus, e sua inteligência unia-se à matéria ou ao corpo. Como Cristo, Baco estabelece iniciações ou mistérios, nos quais a famosa Serpente, que desempenhou depois disso um grande papel na fábula do Cordeiro, era posta em cena, assim como as maçãs das Hespérides. Essas iniciações eram um compromisso com a virtude. Os iniciados esperavam também seu último advento; eles esperavam que ele retomasse um dia o governo do Universo e que entregasse ao homem sua primordial felicidade. Eles foram muitas vezes perseguidos, como os adoradores de Cristo e de Sérapis ou como os adoradores do Sol venerado com esses dois nomes. Eram imputados muitos crimes àqueles que se reuniam para a celebração desses mistérios, como se fazia com os primeiros cristãos e, em geral, com todos aqueles que celebram mistérios sagrados e novos. Em algumas lendas, atribuíam-lhe por mãe Ceres ou a Virgem celeste. Nas lendas mais antigas, era a filha de Ceres ou Prosérpina que o havia concebido em seus amores com o deus supremo, metamorfoseado em serpente. Essa serpente é a famosa serpente de Esculápio, que, como a que Moisés criou no deserto, e à qual Cristo se compara, curava todas as doenças. Nascia então um Baco com chifres de touro, porque efetivamente todas as vezes que o Sol se unia a essa serpente do outono, então subia o Touro da primavera, que dava suas formas a Baco, e conduzia as Híades a suas amas. Nos séculos posteriores, ele deve ter assumido as formas do Cordeiro, e é então que Ceres ou a Virgem celeste se torna sua mãe, no sentido de que ela presidia a seu nascimento; pois já vimos que ele era representado como uma criança recém-nascida, no solstício de inverno, para expressar a espécie de infância do deus Sol ou do Dia, adorado com o nome de Baco na Grécia, na Trácia, na Ásia Menor, na Índia e na Arábia; com o nome de Osíris no Egito; Mitra na Pérsia e Adonis na Fenícia; pois Adonis é o mesmo que Osíris e Baco, conforme testemunho dos antigos autores. Mas com este último nome, sua lenda é diferente da de Osíris e de Baco; ela é menos pomposa. Não é a história de um conquistador nem de um rei; é a história de um jovem homem de rara beleza, assim como se pintava o Sol na época da primavera. A deusa, que preside à geração dos seres, torna-se perdidamente apaixonada por ele. Ele é arrebatado por ela até a morte; um enorme javali, na estação da caça, fere-o nas fontes da fecundidade. O amante infortunado de Vênus morre; ele desce aos infernos. Choram por ele na Terra. A deusa dos infernos, a mãe de Baco, que este também visita nos infernos, o mantém junto dela durante seis meses. Mas ao final de seis meses ele é devolvido à vida e à sua amante, que desfruta dele também durante seis meses, para perdê-lo novamente e reencontrá-lo depois. A mesma tristeza e a mesma alegria sucediam-se e renovavam-se todos os anos. Todos os autores que falaram dessa fábula sagrada concordaram em ver em Adonis, o Sol; em sua morte, o seu afastamento de nossos climas; em sua estada nos infernos, os seis meses que ele passa no hemisfério inferior, estada de longas noites; em seu retorno à luz, sua passagem ao hemisfério superior, onde ele permanece igualmente seis meses, enquanto a Terra fica risonha e ornada com todas as graças que lhe dão a vegetação e a deusa que governa a geração dos seres.

    É assim que Macróbio entendeu essa fábula, e sua explicação só precisa ser completada com posições astronômicas. De resto, esse sábio viu muito bem que essa ficção, como as de Osíris e Atys, às quais ele a assimila, só tinha por objeto o Sol e sua marcha progressiva no zodíaco, comparada ao estado da Terra nas duas grandes épocas do movimento desse astro, aquela que o aproxima de nossos climas ou aquela que o afasta. Esse fenômeno anual foi assunto de cantos lúgubres e de cantos de alegria, que se sucediam em cerimônias religiosas, nas quais se chorava a morte do deus Sol Adonis e depois se cantava seu retorno à vida ou sua ressurreição. Preparavam para ele um soberbo leito ao lado da deusa da geração e da primavera, da mãe dos Amores e das Graças. Preparavam corbelhas de flores, essências, bolos, frutas para oferecer-lhe, isto é, as primícias de todos os bens que o Sol faz florescer. Ele era convidado por meio de cantos para que se rendesse aos apelos dos mortais. Antes de cantarem seu retorno à vida, eram celebradas festas lúgubres em honra de seus sofrimentos e de sua morte. Ele tinha seus iniciados que iam chorar em seu túmulo e que compartilhavam da dor de Vênus e depois de sua alegria. A festa de retorno à vida era, segundo Corsini, fixada em 25 de março ou oito dias antes das calendas de abril.

Na Alexandria, eram feitos com muita pompa os funerais de Adonis, cuja imagem era carregada solenemente a um túmulo que servia para lhe prestar as últimas honras. Eles eram celebrados também em Atenas. Plutarco, na vida de Alcibíades e Nícias, diz que era no momento da celebração da morte de Adonis que a frota ateniense se preparava para sua infeliz expedição da Sicília; que nas ruas só se encontravam imagens de Adonis morto e que ele era levado à sepultura, no meio de um cortejo de muitas mulheres que choravam, batiam no peito e imitavam em tudo a triste pompa dos enterros. Concluíram disso prognósticos sinistros, que os acontecimentos em muito concretizariam. As mulheres de Argos (pois em toda parte são as mulheres que sustentam as superstições) iam, como Marta e Maria, chorar a morte de Adonis, e essa cerimônia lúgubre ocorria em uma capela do *deus salvador* ou do deus Cordeiro, ou Áries, Júpiter, invocado sob o nome de *Salvador*.

Procópio e Santo Cirilo falam também dessas festas lúgubres celebradas em honra da morte de Adonis e das festas de alegria que lhes sucediam por ocasião de sua ressurreição. Choravam pelo amante de Vênus; mostravam o grande ferimento que ele havia sofrido, como era mostrada a chaga feita em Cristo pelo golpe de lança. É com o auxílio dessas ficções e da pompa que retratava todos os anos a infeliz aventura de Adonis, que se procurava persuadir um povo da realidade; pois acostumamos a acreditar em supostas aventuras como se fossem fatos verdadeiros, quando uma porção de narrativas e monumentos parecem atestar sua existência. Todavia, apesar dessas lendas sagradas, apesar do prestígio das cerimônias que tendem a fazer crer que Adonis havia sido um homem real, como nossos doutores cristãos querem fazer os pagãos crerem sobre o Sol Cristo; os pagãos que me desculpem. Por serem tão pouco instruídos em sua religião, não perceberam como nós a mudança. Eles sempre viram em Adonis, por exemplo, o Sol personificado e acreditaram que deviam relacionar à Física e aos fenômenos anuais da revolução desse astro toda a aventura maravilhosa do amante de Vênus, morto e ressuscitado. Os cantos de Orfeu e de Teócrito sobre Adonis indicavam muito claramente que se tratava nessa ficção do deus que conduzia o Ano e as Estações. Esses poetas o convidam a vir com o novo ano, para espalhar a alegria na Natureza e fazer nascer os bens que a Terra faz florescer em seu seio. Era às Horas e às Estações que estava confiado o cuidado de conduzi-lo ao 12º mês. Orfeu chama de Adonis o deus dos mil nomes, o benfeitor da Natureza, o deus cuja luz se apaga e se acende com a revolução das horas, e que ora desce em direção ao Tártaro, ora sobe em direção ao Olimpo, para nos conceder o calor que coloca a vegetação em atividade. O Sol, com o nome de Hórus, filho da virgem Ísis, sofria infelicidades semelhantes. Ele havia sido perseguido pelo negro Tífon, que assumia as formas da serpente. Antes de triunfar, ele havia sido destroçado como Baco, mas depois foi trazido de volta à vida pela deusa sua mãe, que lhe concedeu a imortalidade. É nos escritores cristãos e entre os patriarcas da igreja que encontramos os principais traços desse romance sagrado. Eles nos descrevem a dor que Ísis sofre com a morte de seu filho e as festas que ela institui nessa ocasião, festas de início lúgubres e que logo se transformam em festas alegres e em cantos de alegria quando ela o reencontra. Mas Hórus, segundo o testemunho dos antigos, é o mesmo que Apolo e Apolo é o deus Sol: do que se conclui que as festas lúgubres às quais sucediam as festas de alegria em honra de Hórus morto e ressuscitado tinham também o Sol por objeto. Era, então, um ponto fundamental da religião do Sol fazê-lo morrer e ressuscitar, e representar esse duplo acontecimento por meio de cerimônias religiosas e nas lendas sagradas; daí esses túmulos construídos em toda parte à divindade do Sol, com diversos nomes. Hércules tinha seu túmulo em Cádis, e mostravam suas ossadas; Júpiter tinha o seu na Grécia; Baco também tinha o seu; Osíris tinha vários no Egito. Havia em Delfos o túmulo de Apolo, onde ele havia sido colocado, depois que a serpente Píton o matou. Três mulheres tinham vindo derramar lágrimas em seu túmulo, como as três mulheres que também vão chorar no túmulo de Cristo. Apolo derrotou em seguida seu inimigo ou a temível Píton, e essa vitória era celebrada todos os anos na primavera, com jogos muito solenes. Era no equinócio da primavera que os hiperboreanos, dos quais Apolo era a grande divindade, festejavam o retorno do Sol ao signo de Áries, e eles prolongavam essas festas até o nascer das Plêiades. Apolo também tinha o título de *Salvador*; era esse nome que lhe davam os habitantes da Ambracia. Eram celebradas em sua honra, em Atenas e em Esparta, festas de alegria na Lua cheia da primavera, isto é, na Lua cheia em que a festa do Cordeiro ou a Páscoa é fixada entre os judeus e entre os cristãos.

Era no começo da primavera que os *tschouvaches* (povo do meio Volga), povos do Norte, faziam sacrifícios ao Sol. A festa mais solene dos tártaros é o *iour* ou a festa da primavera. A festa dos *kalmoucks* cai na primeira Lua de abril; eles chamam esse primeiro dia equinocial e essa festa de o *dia branco*. Em todas as ilhas da Grécia, eram celebradas festas em honra do amável deus da primavera, aquele que derrotava o inverno e a serpente Píton, e essas festas eram chamadas festas de felicitação, em júbilo pela salvação, de acordo com Eustate.

Seria inútil enumerar mais exemplos de festas semelhantes de alegria, celebradas em todo nosso hemisfério, em memória da famosa passagem do Sol por nossas regiões e em júbilo pelos benefícios que ele distribui com sua presença.

Nós provamos suficientemente que quase em toda parte essas festas de alegria eram precedidas por alguns dias de luto, durante os quais se chorava a morte do Sol personificado, antes de cantar seu retorno até nós, ou alegoricamente sua ressurreição e seu triunfo sobre o príncipe das Trevas e sobre o gênio do inverno. Os frígios chamavam essas festas de festas do despertar do Sol, que eles fingiam estar adormecido durante os seis meses de outono e inverno. Os *paphlagonianos* o supunham em ferros no inverno e cantavam na primavera o feliz momento em que ele era libertado de seu cativeiro. A maioria o fazia ressuscitar depois do espetáculo dos acontecimentos trágicos de sua pretensa morte. Todas essas ficções místicas, como vimos, nada mais tinham por objeto que retratar a alternância das vitórias obtidas pela Noite sobre o Dia e pelo Dia sobre a Noite e essa sucessão de atividade e repouso da Terra, submetida à ação do Sol. Esses fenômenos anuais eram descritos no estilo alegórico, sob as formas trágicas de morte, crucificação, dilaceração, seguidos sempre por uma ressurreição. A fábula de Cristo, nascido como o Sol no solstício de inverno e triunfante no equinócio da primavera nas formas do Cordeiro equinocial, tem então todos os traços das antigas fábulas solares, às quais a comparamos. As festas da religião de Cristo são, como todas as festas das religiões solares, ligadas essencialmente às principais épocas do movimento anual do astro do dia: o que concluiremos que, se Cristo foi um homem, é um homem que se parece muito com o Sol personificado; que seus mistérios têm todas as características dos adoradores do Sol, ou melhor, para falar sem rodeios, que a religião cristã tanto em sua lenda como em seus mistérios tem por objetivo único o culto da luz eterna, tornada visível ao homem pelo Sol.

Não somos os únicos nem os primeiros que tiveram essa ideia sobre a religião dos cristãos. Tertuliano, seu apologista, afirma que desde os primeiros tempos em que essa religião passou para o Ocidente, as pessoas um pouco esclarecidas que desejaram examiná-la sustentaram que ela era apenas uma seita da religião de Mitra e que o deus dos cristãos era, como o dos persas, o Sol. Eram observadas, no Cristianismo, várias práticas que revelavam essa origem; os cristãos sempre rezavam voltados para o Oriente ou para a parte do mundo onde o Sol nasce. Todos os seus templos ou todos os locais de suas assembleias religiosas eram antigamente voltados para o Sol nascente. Seu dia de festa, em cada semana, correspondia ao dia do Sol, chamado de domingo ou dia do *senhor Sol*. Os antigos francos denominavam o domingo o dia do *Sol*. Todas essas práticas decorriam da própria natureza de sua religião.

Os maniqueus, cuja religião era composta de Cristianismo e Magismo, voltavam-se sempre, em suas orações, para o lado onde estava o Sol. Zoroastro havia dado o mesmo preceito a seus discípulos. Os maniqueus também, que não tinham perdido completamente o fio das opiniões religiosas dos antigos persas sobre os dois princípios e sobre o Sol Mitra, do qual Cristo é uma cópia, diziam que Cristo era o Sol ou que Cristo tinha sua morada no Sol, como os antigos também colocavam lá Apolo e Hércules. Esse fato foi atestado por Teodoreto, São Cirilo e São Leon. Foi em decorrência dessa opinião que os outros cristãos que se diziam os melhores crentes, sem dúvida porque eram os mais ignorantes, somente os admitiam em sua comunhão, fazendo-os abjurar a heresia ou o dogma de sua religião, que consistia em crer que Cristo e o Sol eram uma mesma coisa. Há ainda, no Oriente, duas seitas cristãs que supostamente adoram o Sol. Os gnósticos e os basilidianos, que são os sectários mais sábios dessa religião e que ao mesmo tempo são quase os mais antigos, tinham conservado muitos traços que revelavam a origem desse culto solar. Eles davam a seu Cristo o nome de Iaô, que o oráculo de Claros, em Macróbio, dá ao Sol. Eles tinham seus 365 Éons ou gênios em número igual ao dos 365 dias que gera o Sol e seu *ogdoade*, representante das esferas. Enfim, o Cristianismo tinha tanta conformidade com o culto do Sol, que o imperador Adriano chamava os cristãos de os adoradores de Sérapis, isto é, do Sol; pois Sérapis era o mesmo que Osíris e as medalhas antigas, que levam a marca de Sérapis, têm esta legenda: *Sol Sérapis*. Não somos, portanto, os primeiros nem os únicos que classificamos os cristãos na classe dos adoradores do Sol, e se nossa afirmação parece um paradoxo, ao menos ele não é novo.

Depois de ter explicado as fábulas que formam a parte maravilhosa do Cristianismo e de seus dogmas, vamos entrar no exame de sua parte metafísica e em sua teologia mais abstrata, a que é conhecida pelo nome de mistério da Santa Trindade. Seguiremos o mesmo caminho que seguimos até aqui e mostraremos até o fim que os cristãos não têm absolutamente nada que pertença a eles. São plagiários ignorantes que vamos denunciar: nada lhes pertence a não ser os crimes de seus sacerdotes.

Para explicar a fábula da morte e da ressurreição de Cristo, reunimos as lendas das diferentes religiões que, nascidas no Oriente, se propagaram no Ocidente, mais ou menos nos mesmos séculos que a dos cristãos, e provamos que todas as alegorias cósmicas de sua religião lhes são comuns com os adoradores de Mitra e Ísis, com os mistérios de Atys, Baco, Adonis, etc. Vamos mostrar paralelamente que sua teologia é baseada nos mesmos fundamentos que a dos gregos, dos egípcios, dos indianos, etc.; que ela encerra as mesmas ideias abstratas que encontramos nos filósofos que escreviam naqueles tempos e que toma emprestado, sobretudo, muitos dogmas dos platônicos; que, enfim, a religião cristã, em sua parte teológica, como em sua lenda sagrada e nas aventuras trágicas de seu Deus, não tem nada que não se encontre em todas as outras religiões, muitos séculos antes do estabelecimento do Cristianismo. Seus escritores e seus doutores nos fornecerão ainda aqui as autoridades próprias a convencê-los do plágio.

O dogma da unidade de Deus, primeiro dogma teológico dos cristãos, não é particular à sua seita. Ele foi admitido por quase todos os antigos filósofos e a religião, mesmo popular entre os pagãos, no meio de um politeísmo aparente, reconhecia sempre um primeiro chefe ao qual todos os outros eram submissos, com os nomes ou de deuses, ou de gênios, ou de anjos, *izeds*, entre outros, como anjos e santos são submissos ao Deus supremo. Assim era o grande Júpiter entre os gregos e os romanos; esse Júpiter, pai dos deuses e dos homens, que preenchia o Universo com sua substância. Ele era o monarca soberano da Natureza, e os nomes de deuses que assumiam as outras divindades eram uma associação de título mais que de poder, tendo cada divindade seu departamento particular sob o domínio do deus primeiro, soberano e mestre absoluto de todos os outros. A própria escritura dá o nome de deuses aos seres subordinados ao primeiro deus, sem prejudicar a unidade do chefe ou da primeira causa. O mesmo acontecia com Júpiter dos gregos: eles repetem sem cessar o epíteto de um ou de único, que eles dão a seu Júpiter. Júpiter é um, dizem eles. O oráculo de Apolo admite também um deus incriado, nascido de si mesmo, que habita em meio ao fogo Éter, deus colocado à frente de toda a hierarquia.

Nos mistérios da religião dos gregos, cantavam um hino que expressava claramente essa unidade. O grão-sacerdote, dirigindo a palavra ao iniciado, dizia-lhe: "Admira o mestre do Universo; ele é *um*; ele existe em toda parte".

É uma verdade reconhecida por Eusébio, Agostinho, Lactance, Justino, Atenagore e por uma multidão de outros escritores apologistas do Cristianismo, que o dogma da unidade de Deus foi recebido entre os antigos filósofos e que ele era a base da religião de Orfeu e de todos os mistérios dos gregos.

Eu sei que os cristãos nos dirão que os filósofos antigos, que existiram muitos séculos antes do estabelecimento do Cristianismo, tinham esses dogmas da revelação feita aos primeiros homens. Mas além do fato de a revelação ser um absurdo, respondo que não é necessário recorrer a essa máquina sobrenatural, quando se conhece a série de abstrações filosóficas que levaram os antigos a reconhecer a unidade de um primeiro princípio e quando eles próprios nos dão os motivos que os determinaram a admitir a mônada ou a unidade primeira. Esses motivos são simples; eles nascem da natureza das operações de nosso espírito e da forma na qual a ação universal do Grande Tudo se apresenta a nós.

A correspondência de todas as partes do mundo entre si e sua tendência para um centro comum de movimento e de vida, que parece manter sua harmonia e produzir seu acordo, levou os homens, que consideravam o Grande Tudo como um imenso deus, a admitir sua unidade, não concebendo nada além da reunião de todos os seres ou além do Tudo. O mesmo aconteceu com aqueles que consideravam o Universo como um grande efeito. A união de todas as partes da obra e o conjunto regular de todo o sistema do mundo também os fez admitir uma causa única do efeito único, de maneira que a unidade de Deus entrou em princípio no espírito daqueles que colocavam Deus ou a causa primeira fora do mundo e no espírito daqueles que confundiam Deus com o mundo e que não distinguiam o criador da obra, como Plínio e como todos os filósofos mais antigos. "Todas as coisas, segundo Marco Aurélio, são ligadas entre si por um encadeamento sagrado, e não há nenhuma que seja estranha à outra, pois todos os seres foram combinados para formar um conjunto, do qual depende a beleza do Universo. Há apenas um mundo que compreende tudo, um só Deus que está em toda parte, uma única matéria eterna, uma única lei, que é a *razão* comum a todos os seres."

Vemos, nessas poucas palavras desse imperador filósofo, o dogma da unidade de Deus, reconhecido como consequência da unidade do mundo, isto é, a opinião filosófica e o motivo que a fez nascer. Os próprios patriarcas da igreja concluíram a unidade de Deus da unidade do mundo, isto é, a unidade de causa da unidade de efeito; pois entre eles o efeito é distinto da causa, ou Deus é separado do mundo, isto é, eles admitem uma causa abstrata, em lugar do ser real, que é o mundo. Vejam como se expressa um deles, Atanásio: "Como só há uma Natureza e uma ordem para todas as coisas, devemos concluir que só há um Deus, artista e ordenador, e da unidade da obra deduzir a do criador."

Vemos, aqui então, os cristãos deduzirem a unidade de Deus da unidade do mundo, como todos os filósofos pagãos o haviam feito antes deles. Em tudo isso, reconhecemos a marcha natural do espírito humano e não sentimos necessidade de fazer intervir a divindade pela suposição absurda de uma revelação.

Todos os platônicos admitiam a unidade do arquétipo ou do modelo pelo qual Deus criou o mundo, assim como a unidade do demiurgo ou do deus artista, por uma sequência dos mesmos princípios filosóficos, isto é, segundo a própria unidade da obra, como podemos ver em Proclus e em todos os platônicos.

Aqueles que, como Pitágoras, empregavam a teoria dos números para explicar as verdades teológicas, davam igualmente à mônada o título de causa e de princípio; eles expressavam pelo número *um* ou pela unidade a causa primeira; e concluíam a unidade de Deus conforme as abstrações matemáticas. A unidade se reproduz em toda parte nos números; tudo parte da unidade. O mesmo acontecia com a mônada divina. Colocavam abaixo dessa unidade diferentes tríades, que expressavam faculdades emanadas delas e inteligências secundárias.

Outros, observando a forma das administrações humanas e sobretudo a dos governos do Oriente, na qual, em todos os tempos, a monarquia era a única administração conhecida, acreditaram que o mesmo ocorria com o governo do Universo, em que todas as forças parciais pareciam reunidas sob a direção e sob a autoridade de um único chefe, para produzir essa concordância perfeita da qual resulta o sistema do mundo. O próprio despotismo favoreceu essa opinião, que retratava a monarquia como a imagem do governo dos deuses; pois todo despotismo tende a concentrar o poder na unidade e a confundir a legislação e a execução.

Assim, o quadro da ordem social, as matemáticas e os argumentos da filosofia, por rotas diferentes, mas todas muito humanas, levaram os antigos a preferir a unidade à multiplicidade, na causa primeira e suprema ou no princípio dos princípios, como dizia Simplicius: "Como o primeiro princípio é o centro de todos os outros, ele contém todos em si próprio por uma única união; ele está antes de tudo; ele é a causa das causas, o princípio dos princípios, o deus dos deuses. Chamemos, então, simplesmente princípios esses princípios particulares, e chamemos princípio dos princípios esse princípio geral ou a causa dos seres, colocada acima de todas as coisas."

É assim que o Universo ou a causa universal, encerrando em si todas as outras causas, que são suas partes, foi considerado o princípio dos princípios e a unidade suprema da qual tudo decorria. Aqueles que criaram um mundo abstrato ou ideal e um deus igualmente abstrato ou separado do mundo, e por quem o mundo havia sido criado segundo um modelo eterno, raciocinaram da mesma forma sobre o deus causa do Universo; pois o mundo material sempre forneceu o tipo do mundo intelectual, e é segundo o que o homem vê que ele cria suas opiniões sobre o que ele não vê. O dogma da unidade de Deus, mesmo entre os cristãos, tem então origem em argumentos puramente humanos e que foram feitos muitos séculos antes de haver cristãos, como podemos ver em Pitágoras, em Platão e seus discípulos. O mesmo acontece com sua tríade ou trindade, isto é, a subdivisão da causa primeira em inteligência ou sabedoria divina, e em espírito ou vida universal do mundo.

    Quanto à alma ou à vida do mundo e sua inteligência, é desse dogma filosófico que surgiu a trindade dos cristãos. O homem foi comparado ao Universo e o Universo ao homem; e como o homem era chamado de microcosmo ou de pequeno mundo, transformaram o mundo em um gigante imenso, que encerrava, como era grande e como era fonte, o que o homem tinha de pequeno e por emanação. Observou-se que havia no homem um princípio de movimento e de vida que lhe era comum com os outros animais. Esse princípio se manifestava pelo sopro, em latim *spiritus*, ou espírito. Além desse primeiro princípio, existia um segundo, aquele pelo qual o homem, raciocinando e combinando ideias, chega à sabedoria; é a inteligência que está nele, em um grau muito mais eminente que nos outros animais. Essa faculdade da alma humana chama-se, em grego, *Logos*, que se traduz em latim por *ratio* e *verbum*. Essa palavra grega expressa duas ideias distintas, transmitidas por duas palavras diferentes em latim e em francês, por *razão*, por *verbo* ou *palavra*. A segunda é apenas a imagem da primeira, pois a palavra é o espelho do pensamento; é o pensamento tornado sensível aos outros e que assume, de certa forma, um corpo no ar modificado pelos órgãos da palavra. Esses dois princípios no homem não fazem dois seres distintos dele: podemos, entretanto, fazer deles seres distintos personificando-os; mas é sempre o homem *vivo* e *pensante*, na unidade do qual se confundem todas essas faculdades como em sua fonte. O mesmo aconteceu no Universo, deus imenso e único que encerrava tudo nele. Sua vida ou seu *spiritus*, assim como sua inteligência ou seu *Logos*, eternos, imensos como ele, confundiam-se em sua unidade primeira ou radical, chamada pai, uma vez que era dela que essas duas faculdades emanavam. Não se podia conceber o Universo-Deus sem concebê-lo, vivendo a vida universal e inteligente com uma inteligência igualmente universal.

A vida não era a inteligência, mas ambas eram a vida ou o *spiritus,* e a inteligência ou a sabedoria divina, que pertenciam essencialmente à divindade do mundo, e que faziam parte de sua substância única, uma vez que não existia nada que não fosse uma de suas partes. Todas essas distinções pertencem à filosofia platônica e pitagórica e não supõem ainda nenhuma revelação. Não há expressão mais familiar aos antigos filósofos que esta: "O Universo é um grande ser animado que encerra em si todos os princípios de vida e de inteligência difundidos nos seres particulares. Esse grande ser, soberanamente animado e soberanamente inteligente, é o próprio Deus, isto é, Deus, verbo ou razão, espírito ou vida universal."

A alma universal, designada com o nome de *spiritus* e comparada ao espírito de vida que anima toda a natureza, distribuía-se principalmente nas sete esferas celestes, cuja ação combinada devia regular os destinos do homem e espalhar os germes de vida em tudo o que nasce aqui embaixo. Os antigos pintavam esse sopro único que produz a harmonia das esferas com uma flauta de sete canos, que eles colocavam nas mãos de Pã ou da imagem destinada a representar a Natureza universal: de lá vem também a opinião de que a alma do mundo estava contida no número sete; ideia que os cristãos tomaram emprestada dos platônicos e que eles expressaram pelo *sacrum sentenarium,* ou por seus sete dons do Santo Espírito. Como o sopro de Pã, o do Santo Espírito era, segundo são Justino, dividido em sete espíritos. A unção dos prosélitos era acompanhada por uma invocação ao Santo Espírito: ela era chamada a mãe das sete casas; o que significava, segundo Beausobre, mãe dos sete céus, sendo que a palavra *spiritus,* em hebreu, é feminina.

Os muçulmanos e os cristãos orientais dão à terceira pessoa da trindade sua propriedade essencial, *a vida*: é, segundo os primeiros, um dos atributos da divindade que os cristãos chamam de *pessoa*. Os sírios a chamam de *méhaia,* vivificando. O *credo* dos cristãos lhe dá o epíteto *vivificantem*. Está, portanto, em sua teologia o princípio de vida que anima a Natureza ou a alma universal, princípio do movimento do mundo e daquele de todos os seres que têm vida.

Aí está a força vivificante e divina, emanada do deus que, segundo Varrão, governa o Universo pelo movimento e pela razão; pois é o *spiritus* que distribui a vida e o movimento no mundo, e é a razão ou sabedoria que lhe dá a direção e que regulariza seus efeitos. Esse *spiritus* era Deus, no sistema dos antigos filósofos que escreveram sobre a alma universal ou sobre o *spiritus mundi*. É a força nutridora do mundo, segundo Virgílio: *spiritus intùs alit*. A divindade, emanada da mônada primeira, estendia-se até a alma do mundo, segundo Platão e Porfírio, ou até o terceiro Deus, usando suas expressões. Assim o *spiritus* era Deus, ou melhor, uma faculdade da divindade universal.

Além do princípio de vida e de movimento, esses mesmos filósofos admitiam um princípio de inteligência e de sabedoria, com os nomes de *nous* e de *Logos*, ou de razão e de Verbo de Deus. Era principalmente na substância luminosa que eles o faziam residir. A palavra *luz*, em francês, designa igualmente a inteligência e a luz física, pois a inteligência é para a alma o que a luz é para o olho. Não é surpreendente ver os cristãos dizerem de Cristo que ele é a luz que esclarece todo homem que vem ao mundo e fazerem dele o filho do pai de toda luz; o que é verdadeiro no sentido metafísico, e no sentido físico, sendo Cristo a parte luminosa da essência divina, tornada visível ao homem pelo Sol, no qual ela se incorpora ou se encarna. É nesta última forma que ele é suscetível de aumento e de diminuição e que ele pôde ser o objeto das ficções sagradas que foram feitas sobre o nascimento e sobre a morte do deus Sol, Cristo.

Os estoicos colocavam a inteligência de Júpiter, ou a inteligência soberanamente sábia que rege o mundo, na substância luminosa do fogo Éter, que eles consideravam a fonte da inteligência humana. Essa opinião sobre a natureza da inteligência a torna um pouco material; mas os homens raciocinaram sobre a matéria que eles viam e que impressionava seus sentidos, antes de sonhar com o ser imaterial que eles criaram pela abstração. A maior ou menor sutileza na matéria não impede que ela seja matéria; e a alma, entre os antigos, era apenas uma emanação da matéria sutil, que eles acreditaram ser dotada da faculdade de pensar. Como dizemos o sopro da vida, dizemos o fogo do gênio e as luzes do espírito; e o que hoje nada mais é que uma metáfora, era outrora uma expressão própria e natural para designar o princípio da vida e da inteligência.

Pitágoras caracterizou essa parte da divindade com a palavra *lúcido* ou luminoso, chamando não apenas Deus de a substância ativa e sutil que circula em todas as partes do mundo, mas distinguindo-a também pelo epíteto de luminosa, para indicar a inteligência, como ele havia designado o princípio de vida pela força ativa e vivificante que move e anima o mundo. Por esta última parte, o homem pertencia aos animais; pela primeira, ele pertencia aos deuses naturais ou aos astros formados da substância etérea; é por isso que os próprios astros eram supostamente inteligentes e dotados de razão.

Segundo Santo Agostinho, a criação das inteligências celestes está contida na criação da substância da luz. Elas participam dessa luz eterna que constitui a sabedoria de Deus e que chamamos de seu filho único. Essa opinião é muito semelhante à de Varrão e dos estoicos sobre os astros, que acreditam serem inteligentes e viverem no meio da luz do Éter, que é a substância da divindade.

Zoroastro ensinava que quando Deus organizou a matéria do Universo, ele enviou sua *vontade* na forma de uma *luz* muito brilhante; ela surgiu na figura de um homem.

Os valentinianos, em sua geração alegórica dos diversos atributos da divindade, fazem nascer da inteligência divina o verbo ou a razão e a vida. É evidentemente, conforme Beausobre, a alma do Universo, cuja vida e a razão são as duas propriedades.

Os fenícios atribuíam à substância da luz a parte inteligente do Universo e a de nossas almas, que é uma emanação dela.

A Teologia egípcia, cujos princípios estão consignados no *Pimandro*,* qualquer que seja o autor dessa obra, fazia residir na substância luminosa o *Logos* ou o Verbo, em outras palavras, a

---

* Sugerimos a leitura de *Corpus Hermeticum – Discurso de Iniciação*, lançamento da Madras Editora, que apresenta um conjunto de textos atribuídos a Hermes Trismegistos, entre os quais está o *Pimandro*.

inteligência e a sabedoria universal da divindade. Em lugar de duas pessoas acrescentadas ao primeiro ser, ele lhe dá dois sexos, a *luz e a vida*. A alma do homem nasceu da vida e o espírito puro da luz. Jâmblico considera também a luz como a parte inteligente ou o intelecto da alma universal.

Os oráculos dos caldeus e os dogmas de Zoroastro, conservados por Pleton e Psellus, falam muitas vezes desse fogo inteligente, fonte de nossa intelecção.

Os *maguseus* acreditavam que a matéria tinha percepção e sentimento e o que lhe faltava era a inteligência, perfeição *que é própria da luz*.

Os guebros ainda hoje reverenciam na luz o mais belo atributo da divindade. "O fogo, dizem eles, produz a luz e a *luz é Deus*." Esse fogo é o fogo Éter, no qual a antiga Teologia colocava a substância da divindade e a alma universal do mundo, da qual emanam a luz e a vida, ou, usando as expressões dos cristãos, o *Logos* ou o Verbo que ilumina todo homem que vem ao mundo e o *spiritus* ou o Santo Espírito que vivifica tudo.

Manès chama Deus de "uma luz eterna, inteligente, muito pura, que não é misturada com nenhuma treva. Ele diz que Cristo é o filho da luz eterna". Assim Platão chamava o Sol o filho único de Deus, e os maniqueus colocavam Cristo nesse astro, como já observamos.

É também a opinião dos valentinianos: "Os homens, segundo Beausobre, como não podiam conceber nada de mais belo, nada de mais puro, nem de mais incorruptível que a luz, imaginaram facilmente que a mais excelente natureza era apenas uma luz muito perfeita. Encontramos essa ideia difundida entre todas as nações que passaram por sábias. A própria Escritura Santa não desmente essa opinião. Em todas as aparições da Divindade, ela é sempre vista cercada de fogo e luz. É do meio de um arbusto ardente que o Eterno fala a Moisés. O Thabor é supostamente cercado de luz quando o pai de todas as luzes fala a seu filho. Conhecemos a famosa disputa dos monges do monte Athos sobre a natureza dessa luz, incriada e eterna, que era a própria divindade."

Os patriarcas mais instruídos da Igreja e os escritores ortodoxos dizem constantemente que "Deus é uma luz e uma luz muito sublime; que tudo o que vemos de claridades, por mais brilhantes que sejam, são apenas um pequeno escape, um frágil raio dessa luz; que o filho é uma luz sem começo; que Deus é uma luz inacessível que ilumina sempre e que não desaparece jamais; que todas as virtudes que cercam a divindade são luzes de segunda ordem, raios da primeira luz".

É, em geral, o estilo dos patriarcas, antes e depois do Concílio de Niceia. "O Verbo, dizem eles, é a luz vinda ao mundo; ele jorra do seio dessa luz que existe por si mesma; ele é Deus, nascido de Deus: é uma luz que emana de uma luz. A alma é ela própria luminosa, porque ela é o sopro da luz eterna, etc."

A teologia de Orfeu ensina paralelamente que a luz, o mais antigo de todos os seres e o mais sublime, é Deus, esse Deus inacessível, que envolve tudo em sua substância e que chamamos *conselho, luz* e *vida*. Essas ideias teológicas foram copiadas pelo evangelista João, quando dizia que "a vida era a luz e que a luz era a *vida*, e que a luz era o Verbo ou o conselho e a sabedoria de Deus".

Essa luz não era uma luz abstrata e metafísica, como observou judiciosamente Beausobre, mas uma luz verdadeira que contemplava no céu os espíritos imortais: ao menos vários Patriarcas acreditaram nisso, como prova o mesmo Beausobre.

Não podemos duvidar, segundo as autoridades que acabamos de citar, que não fosse um dogma aceito nas mais antigas teologias, que Deus era uma substância luminosa e que a luz constituía propriamente a parte inteligente da alma universal do mundo ou do Universo-Deus. Resulta disso que o Sol, que é seu maior foco, deve ter sido considerado como a própria inteligência do mundo ou ao menos como seu principal foco: de lá os epítetos de *mens Mundi* ou de inteligência do mundo, de olho de Júpiter, que lhe dão os teólogos antigos, assim como da primeira produção do pai ou de seu filho primogênito.

Todas essas ideias passaram para a teologia dos adoradores do Sol com o nome de Cristo, que fazem dele o filho do pai ou do primeiro

Deus; sua primeira emanação, Deus consubstancial ou formado pela mesma substância luminosa. Assim, o deus Sol é também o *Logos*, o Verbo ou a inteligência do grande Ser ou do grande Deus Universo, isto é, que ele tem todos os caracteres que os cristãos dão ao reparador, que é, analisando bem sua religião, nada mais que o Sol.

Sei que os cristãos, profundamente ignorantes sobre a origem de sua religião, rejeitam todo o materialismo dessa teoria e que eles, como os platônicos, espiritualizaram todas as ideias da antiga teologia. Mas não é menos verdade que o sistema dos espiritualistas é calcado completamente sobre o dos materialistas; que ele nasceu depois dele e que tomou emprestadas todas as divisões para criar a quimera de um deus e de um mundo puramente intelectual. Os homens contemplaram a luz visível antes de imaginar uma luz invisível; eles adoraram o Sol que chegava a seus olhos, antes de criar por abstração um Sol intelectual; eles admitiram um mundo, Deus único, antes de colocar a divindade na própria unidade do grande Ser que continha tudo em si. Mas desde então argumentou-se sobre esse mundo factício, da mesma maneira que os antigos tinham feito sobre o mundo real, e o deus intelectual teve também seu princípio de inteligência e seu princípio de vida igualmente intelectual, de onde se fez emanar a vida e a inteligência que se manifestam no mundo visível. Houve também *um* Sol intelectual, do qual o Sol visível era apenas uma imagem; uma luz incorporal, cuja luz desse mundo era uma emanação muito corporal; enfim, um Verbo incorporal e um Verbo revestido de um corpo e tornado perceptível ao homem. Esse corpo era a substância corporal do Sol, acima da qual era colocada a luz incriada e intelectual ou o *Logos* intelectual. É esse refinamento da filosofia platônica que forneceu ao autor do Evangelho de João o único trecho teológico que consta dos evangelhos. "O verbo tomou um corpo; ele habitou entre nós e nós vimos sua glória; é a glória do filho único do pai."

Este último Verbo ou essa luz incorporada ao disco do Sol, o único a quem cabia ver seu pai, de acordo com Martianus Capella, no hino que dirige a esse astro, estava sujeito ao tempo e preso à sua revolução periódica. Somente ele sofria alterações em sua luz, que parecia nascer, crescer, diminuir e acabar, sucumbir alternadamente sob os esforços do Príncipe das Trevas e triunfar sobre elas, enquanto o Sol intelectual, sempre radioso no seio de seu pai ou da unidade primordial, não conhecia nem mudança nem diminuição e brilhava com um brilho eterno, inseparável de seu princípio.

Encontramos todas essas distinções de Sol intelectual e de Sol corporal no soberbo discurso que o imperador Juliano dirige ao Sol e que contém os princípios teológicos desses séculos. É com isso que explicarão as duas naturezas de Cristo e sua encarnação, que deu lugar à fábula feita sobre Cristo revestido de um corpo, nascido de uma virgem, morto e ressuscitado.

Proclus, em seu comentário sobre a *República,* de Platão, considera o Sol sob dois aspectos: como Deus não gerado e como Deus gerado. No aspecto de princípio luminoso que ilumina tudo, ele é sagrado; ele não o é considerado como corpo. Sob o aspecto de ser incriado, ele reina sobre os corpos visíveis; sob o aspecto de ser criado, ele faz parte dos seres regidos e governados. Vemos nessa sutileza platônica a distinção das duas naturezas do Sol e consequentemente de Cristo, que provamos anteriormente não ser nada mais que o Sol. Esse era o caráter da Filosofia nas mais famosas escolas, quando os cristãos compuseram seu código teológico; os autores dessas obras, os patriarcas, falaram a linguagem da Filosofia de seu tempo. Assim, São Justino, um dos mais zelosos defensores dos dogmas dos cristãos, diz que há duas naturezas a distinguir no Sol; a natureza da luz e a do corpo do Sol ao qual ela está incorporada. O mesmo acontece, acrescenta esse patriarca, com as duas naturezas de Cristo: Verbo ou *Logos,* quando ele é considerado unido a seu pai, e homem ou verbo encarnado, quando ele habita entre nós. Não diremos, como Justino, que o mesmo acontece com as duas naturezas de Cristo, mas que aí estão as duas naturezas de Cristo ou do Sol adorado com esse nome.

A luz supostamente incorporal e invisível no sistema dos espiritualistas, ao qual pertence o Cristianismo, é esse *Logos* puro da divindade, que reside no mundo intelectual e no seio do primeiro

Deus. Mas a luz, tornada perceptível ao homem ao se reunir ao disco radioso desse corpo divino chamado Sol, é a luz incriada que assume um corpo e que vem habitar entre nós. É esse *Logos* incorporado ou encarnado, descido ao mundo visível, que devia ser o reparador das infelicidades do mundo. Se ele tivesse sempre permanecido no seio do ser invisível, sua luz e seu calor, que eram os únicos que podiam reparar a desordem que a serpente do inverno havia introduzido na Terra, estariam perdidas para nós e sua ausência tornaria nosso mal sem remédio. Mas o princípio luz, unindo-se ao Sol e comunicando-se por meio desse órgão com o Universo sensível, vem expulsar as trevas e as longas noites de inverno com sua luz; e com seu calor, banir o frio que havia provocado a força fecunda que a primavera todos os anos imprime a todos os elementos. Eis o reparador que toda a Terra espera e é na forma ou sob o signo do Cordeiro, na Páscoa, que ele consuma essa grande obra da regeneração dos seres.

Vemos, então, que também aqui os cristãos não têm nada em sua teologia que lhes pertença, e que tudo o que se refere às sutilezas da metafísica, eles tomaram emprestado dos filósofos antigos e sobretudo dos platônicos. Sua opinião sobre o *spiritus* ou sobre a alma do mundo e a inteligência universal, conhecida com o nome de Verbo ou de sabedoria ou de sabedoria de Deus, era um dogma de Pitágoras e de Platão. Macróbio nos mostrou um trecho de teologia antiga ou de platonicismo que contém uma verdadeira trindade, da qual a trindade dos cristãos é apenas uma cópia. Ele diz que o mundo foi formado pela alma universal: essa alma corresponde a nosso *spiritus* ou espírito. Os cristãos, invocando seu Santo Espírito, o chamam também de criador: *Veni, creator spiritus,* etc.

Ele acrescenta que desse espírito ou dessa alma *procede* a inteligência que ele chama de *mens*. É o que provamos anteriormente ser a inteligência universal, da qual os cristãos fizeram seu *Logos* ou Verbo, sabedoria de Deus; e essa inteligência, ele a fez nascer do primeiro deus ou do Deus supremo. Não estão aí o pai, o filho ou a sabedoria, e o espírito que cria e vivifica tudo? Não há nem mesmo a expressão *proceder* que não tenha sido comum às duas teologias na filiação dos três primeiros seres.

Macróbio vai mais longe: ele lembra os três princípios de uma unidade primária, que é o soberano Deus. Depois de ter lançado as bases de sua teoria sobre essa trindade, ele acrescenta: "Vocês veem como a unidade ou a mônada original da primeira causa se conserva inteira e indivisível até a alma ou o *spiritus* que anima o mundo". São esses dogmas da teologia dos pagãos, que, passando para a dos cristãos, geraram não apenas o dogma dos três princípios, mas também o de sua reunião em uma unidade primordial. É dessa unidade primordial que os princípios emanavam. Eles residiam primitivamente na unidade do mundo, *inteligente* e *viva*, ou do mundo animado pelo sopro da alma universal e regida por sua inteligência, que uma e outra se confundiam na unidade do grande Deus chamado mundo ou na ideia do Universo, Deus único, fonte da inteligência e da vida de todos os outros seres.

Tudo o que havia de material nessa antiga teologia foi espiritualizado pelos platônicos modernos e pelos cristãos que criaram uma trindade inteira de abstrações, que se personificava, ou para falar sua língua, da qual fizeram as pessoas que compartilhavam a divindade primeira e única da causa primeira e universal.

Assim, o dogma da trindade ou da divisão da unidade de um primeiro princípio em princípio de inteligência e em princípio de vida universal, que contém em si o ser único que reúne todas as causas parciais, é apenas uma ficção teológica, e que uma dessas abstrações que separam por um momento por meio do pensamento, o que em si é indivisível e inseparável por essência, e que isolam, para personificá-los, os atributos constitutivos de um ser necessariamente *uno*.

É dessa maneira que os indianos, personificando o soberano poder de Deus, deram-lhe três filhos: um é o poder de criar; o segundo, o de conservar; e o terceiro, o de destruir. Essa é a origem da famosa trindade dos indianos; pois os cristãos não são os únicos que têm trindades. Os indianos também tinham a sua muitos séculos antes do Cristianismo. Eles tinham encarnações semelhantes à segunda pessoa dessa trindade, conhecida pelo nome de Vishnu.

Em uma dessas encarnações, ele assume o nome de Krishna. Eles consideram o Sol depositário desse triplo poder e lhe dão 12 formas e 12 nomes, um para cada mês, como nós damos a Cristo 12 apóstolos. É no mês de março ou sob Áries que ele assume o nome de *Vishnu*. O triplo poder em sua teologia apenas representa a unidade.

    Os chineses têm paralelamente uma espécie de trindade misteriosa. O primeiro ser gera um segundo, e os dois geram um terceiro. Entre nós, o Santo Espírito procede também do pai e do filho. Os três fizeram todas as coisas. O grande trio ou a grande unidade, dizem os chineses, compreende três: um é três e três são um. O jesuíta Kirker, dissertando sobre a unidade e sobre a trindade do primeiro princípio, faz remontar a Pitágoras e aos Mercúrios egípcios todas essas sutilezas metafísicas. O próprio Agostinho afirma que em quase todos os povos do mundo eram encontradas opiniões sobre a divindade, muito semelhantes às que tinham os cristãos; que os pitagóricos, os platônicos, e muitos outros filósofos atlantes, líbios, egípcios, indianos, persas, caldeus, sitas, gauleses, espanhóis tinham vários dogmas em comum com eles sobre a unidade do deus Luz e Bem. Ele deveria ter acrescentado que todos esses filósofos existiam antes dos cristãos e concluir conosco que os cristãos tinham tomado emprestado deles seus dogmas teológicos, ao menos nos pontos que lhes são comuns.

    Resulta de tudo o que dissemos neste capítulo que o Cristianismo, cuja origem é moderna, ao menos no Ocidente, tomou tudo emprestado das antigas religiões; que a fábula do Paraíso terrestre e da introdução do mal por uma serpente, que serve de base ao dogma da encarnação de Cristo e a seu título de reparador, foi emprestada dos livros de Zoroastro e que contém apenas uma alegoria sobre o bem e sobre o mal físico, que se misturam em dose igual nas operações da Natureza em cada revolução Solar; que o reparador do mal e o vencedor das trevas é o Sol da Páscoa ou do Cordeiro equinocial; que a lenda de Cristo morto e ressuscitado parece, em termos de gênio, a todas as lendas e aos poemas antigos sobre o astro do Dia personificado, e que os mistérios de sua morte e de sua ressurreição são aqueles da morte e da ressurreição de Osíris, de Baco, de Adonis e sobretudo de Mitra ou do Sol, adorado com uma porção de nomes diferentes entre os diferentes povos; que os dogmas de sua teologia e sobretudo o dos três princípios pertencem a muitas teologias mais antigas que a dos cristãos e são encontradas entre os platônicos, em Plotino, em Macróbio e em outros escritores estranhos ao Cristianismo e imbuídos dos princípios professados por Platão vários séculos antes do Cristianismo e em seguida por seus sectários, no tempo em que os primeiros doutores cristãos escreviam; enfim, que os cristãos não têm nada que se possa dizer que seja sua obra, ainda menos a da divindade.

Depois de ter, ouso dizer, demonstrado que a encarnação de Cristo é a do Sol, que sua morte e sua ressurreição têm igualmente o Sol por objeto, e que, enfim, os cristãos não são de fato nada mais que adoradores do Sol, como os peruanos que eles mataram, chego à grande questão de saber se Cristo existiu, sim ou não. Se com essa questão pensamos em perguntar se o Cristo, objeto do culto dos cristãos, é um ser real ou um ser ideal; evidentemente que é um ser real, uma vez que demonstramos que ele é o Sol. Não há nada, sem dúvida, de mais real que o astro que ilumina todo homem que vem ao mundo. Ele existiu, existe ainda e existirá por muito tempo. Se questionamos se existiu um homem charlatão ou filósofo, que tenha dito ser Cristo e que tenha estabelecido sob esse nome os Antigos Mistérios de Mitra, Adonis, etc., pouco importa para nosso trabalho se ele existiu ou não. Todavia, acreditamos que não e pensamos que, assim como os adoradores de Hércules acreditavam que havia existido um Hércules, autor dos 12 trabalhos, e eles se enganavam, uma vez que o herói desse poema era o Sol, do mesmo modo os adoradores do Sol-Cristo se enganaram dando uma existência humana ao Sol personificado em sua lenda; pois, enfim, que garantia temos da existência de tal homem? A crença geral dos cristãos, desde a origem dessa seita ou ao menos desde que esses sectários escreveram? Mas evidentemente eles só admitem o Cristo que nasceu de uma virgem, morreu, desceu aos infernos e ressuscitou; aquele que eles denominam o cordeiro que reparou os pecados do mundo, e que é o herói de sua lenda. Mas provamos que aquele é o Sol e não um homem, seja filósofo ou impostor; e eles mesmos não queriam mais convir que é um filósofo que honram como deus, que eles não consentiriam, tanto são ignorantes, em reconhecer o Sol em seu Cristo.

Vamos procurar testemunhos da existência de Cristo como filósofo ou impostor nos escritos dos autores pagãos? Mas nenhum deles, ao menos aqueles cujas obras tenham chegado até nós, tratou *ex professo* essa questão ou relatou sua história. Apenas perto de cem anos depois da época em que sua lenda alega que ele tenha vivido, encontramos alguns historiadores que dizem algo a respeito, e ainda falam menos dele que dos supostos cristãos. Se essa palavra é usada por Tácito, é para dar a etimologia do nome cristão, que diziam vir do nome de um certo Cristo morto sob Pilatos; isto é, Tácito relata o que essa lenda dizia e nós vimos que essa lenda era uma ficção solar.

Se Tácito tivesse falado sobre os brâmanes, ele teria igualmente dito que eles tomavam seu nome de um certo Brahma, que havia vivido na Índia, pois sua lenda também era feita; e, todavia, Brahma não existiu, tampouco como homem, uma vez que Brahma é apenas o nome de um dos três atributos da divindade personificada. Tácito, ao ter de falar em sua história sobre Nero e a seita cristã, apresentou a etimologia conhecida desse nome, sem se inquietar se Cristo havia existido realmente ou se era o nome do herói de uma lenda sagrada. Esse exame era absolutamente estranho à sua obra.

Foi assim que Suetone, ao falar dos judeus, supõe que eles tenham abalado muito Roma no tempo de Cláudio e que fossem liderados por um certo Cristo, homem turbulento, que foi a causa de esse imperador expulsá-los de Roma. Em qual dos dois historiadores acreditar, Tácito ou Suetone, que concordam tão pouco sobre o local e o tempo em que viveu o pretenso Cristo? Os cristãos preferirão Tácito que parece mais de acordo com a lenda solar. Quanto a nós, diremos que esses dois historiadores só falaram de Cristo com base em rumores vagos, sem lhe atribuir importância, e que, nesse aspecto, seu testemunho não pode oferecer garantia suficiente da existência de Cristo como homem, legislador ou impostor. Se essa existência tivesse sido tão indubitável, não teríamos visto, no tempo de Tertuliano, autores, que discutiram mais seriamente a questão e examinaram a origem do Cristianismo, escreverem que o culto dos cristãos era o culto do Sol e não era dirigido a um homem que tinha outrora existido. Convenhamos de boa-fé que aqueles que alegam que Cristo era um legislador ou um impostor só são levados a isso porque não têm fé suficiente para fazer dele um deus, nem compararam sua fábula o bastante com as fábulas solares para ver nelas apenas o herói de uma ficção sacerdotal. Foi assim que aqueles que não podem admitir como fatos verdadeiros as proezas de Hércules, nem ver um deus, limitam-se a fazer dele um grande príncipe cuja história foi embelezada pelo maravilhoso. Sei que essa maneira de tudo explicar é muito simples e não custa grandes esforços; mas nem por isso ela nos dá um resultado verdadeiro e Hércules não deixa de ser o Sol, personificado e cantado em um poema. Sei que os tempos em que alegam ter vivido Cristo são mais próximos de nós que o século de Hércules. Mas quando um erro é aceito e os doutores incluem entre os muitos crimes uma crítica esclarecida; quando eles fabricam livros ou os modificam e queimam outros, não há mais como voltar atrás, sobretudo depois de um longo lapso de tempo.

Se há séculos de luz para os filósofos, isto é, para um número muito pequeno de homens, todos os séculos são séculos de trevas para a maioria, sobretudo com relação à religião. Imaginamos a credulidade dos povos de então pela impudência dos autores das primeiras lendas. Se acreditarmos neles, eles não ouviram dizer, eles viram o que relatam. O quê? Coisas absurdas, extravagantes pelo maravilhoso e tidas como impossíveis por todo homem que conhece bem a marcha da Natureza? São, dizem, homens simples que escreveram. Sei que a lenda é bastante tola; mas homens muito simples para crer em tudo ou para dizer que viram quando não podem ter visto nada não nos oferecem nenhuma garantia histórica. De resto, eram na maioria simplesmente homens sem educação e sem luzes que nos deixaram os evangelhos. Ainda reconhecemos neles o traço da impostura. Um dentre eles, depois de ter escrito aproximadamente o que está nos outros três, diz que o herói de sua lenda fez uma porção de outros milagres, sobre os quais se podia fazer um livro que o Universo não poderia conter. A hipérbole é um pouco forte; mas como enfim acontece que, de todos esses milagres, nenhum tenha chegado até nós, e que os quatro evangelistas se limitam mais ou menos ao círculo dos mesmos fatos? Será que não houve intenção naqueles que nos transmitiram esses escritos? E eles não tentaram fornecer uma concordância apropriada a estabelecer a semelhança nas narrativas de pessoas que supomos não terem concordado? Até parece! Há milhares de acontecimentos na vida de Cristo e todavia os quatro autores de sua vida concordam em só falar dos mesmos fatos! Eles são calados por todos os discípulos de Cristo; a tradição e os escritores sagrados são mudos. O autor gascão da lenda, conhecido pelo nome de São João, imaginou sem dúvida que ele só teria por leitores bons crentes, isto é, tolos. Enfim, admitir o testemunho desses livros como prova da existência de Cristo é comprometer-se a crer em tudo; pois se eles são verdadeiros quando eles nos dizem que Cristo viveu entre eles, qual razão teríamos de não crer que ele viveu como eles contam e que sua vida foi marcada pelos acontecimentos maravilhosos que relatam? Também os bons cristãos acreditam neles, e se eles são imbecis, ao menos são bastante consequentes. Sei que seria possível que nos tivessem enganado ou que eles se tivessem enganado sobre os detalhes da vida de Cristo, sem que o mesmo erro atacasse sua existência. Mas, ainda uma vez, que confiança ter, mesmo sobre a existência, em autores que enganam ou que se enganam em todo o resto, sobretudo quando sabemos que há uma lenda sagrada, da qual o Sol, como o nome de Cristo, é o herói? Não somos levados naturalmente a crer que os adoradores do Sol-Cristo lhe terão dado uma existência histórica, como os adoradores do mesmo Sol, com os nomes de Adonis, Baco, Hércules e Osíris, lhe davam, embora os chefes instruídos dessas religiões soubessem bem que Baco, Osíris, Hércules e Adonis nunca tinham existido como homens e que eles eram apenas o deus Sol personificado?

Ninguém é tão ignorante, aliás, e tão crédulo quanto os primeiros cristãos, que puderam, sem dificuldade, ser convencidos a adotar uma lenda oriental sobre Mitra ou sobre o Sol, sem que os próprios doutores, que a haviam recebido de outros sacerdotes mais antigos, duvidassem que eles adoravam também o Sol.

É uma velha fábula rejuvenescida por homens pouco instruídos, que apenas procuraram ligar os elementos da moral, com o nome de doutrina de Cristo, filho de Deus, que faziam com que falasse e cujos mistérios eram celebrados há muitos séculos na obscuridade dos santuários, com os nomes de Mitra, Adonis. Poderiam ter colocado essa fábula na boca deste último, se suas aventuras galantes muito conhecidas o tivessem permitido. Tomaram um nome místico do Sol, menos conhecido, e os autores da lenda aproximaram dele os acontecimentos de seu século, sem temer a crítica em uma seita na qual a credulidade é um dever sagrado.

Não podemos levar a impudência – de fato, a impostura – mais longe que a levaram os primeiros escritores cristãos, que foram fanatizados ou que fanatizavam. Uma carta de São Denis, o areopagita, que atesta que ele e o sofista Apolofane estavam em Heliópolis ou na cidade do Sol, quando ocorreu o pretenso eclipse do Sol, que, em plena Lua, isto é, contra todas as leis da Natureza, ocorreu na morte do Sol ou de Cristo: também isso é um milagre.

Ele afirma que eles viram distintamente a Lua que veio se colocar sob o Sol, que aí permaneceu durante três horas e retornou depois ao Oriente no ponto de oposição, onde ela só devia estar 14 dias depois. Quando encontramos falsários tão desavergonhados para fabricar semelhantes peças e para esperar que conseguiriam que as aceitassem, é uma prova de que há um grande número de tolos prontos a acreditar nelas e que podem tudo ousar. Vemos em Flegon uma porção de narrativas maravilhosas que atestam a vergonhosa credulidade desses séculos. A história de Dião Cássio não é menos fecunda em prodígios de toda espécie; o que indica a grande facilidade com a qual acreditavam então nos milagres.

Os pretensos prodígios operados por Simão, o Mago, e a fé, que pareceram acrescentar a esse emaranhado de imposturas, anunciam que o povo estava então disposto a crer em tudo e é entre o povo que nasceu e se propagou o Cristianismo. Se lermos com atenção o martirológio dos três primeiros séculos e a história dos milagres do Cristianismo, ficaremos envergonhados pela espécie humana cuja impostura de um lado e a credulidade de outro tão estranhamente desonraram, e é sobre essas bases que queremos apoiar a história e a existência de um deus ou de um homem divino, sobre o qual ninguém de senso ou nenhum escritor estranho à sua seita falou, no tempo exato, que ele devia surpreender o Universo com seus milagres. Ficamos limitados a procurar, perto de cem anos depois, em Tácito, a etimologia da palavra cristão, para provar a existência de Cristo, interpolando, com uma piedosa fraude, uma passagem em José. Se este último autor tivesse conhecido Cristo, ele não teria deixado de falar sobre sua história, sobretudo ao falar de um homem que havia desempenhado um papel tão grande em seu país. Quando somos obrigados a recorrer a tão lamentáveis meios, revelamos a dificuldade que temos para persuadir os homens que querem compreender sua crença.

O próprio Tácito, se tivesse efetivamente existido na Judeia um homem que tivesse se destacado, como grande legislador ou filósofo, ou como insigne impostor, limitaria-se a dizer de Cristo simplesmente que ele tinha morrido na Judeia? Quantas reflexões um homem extraordinário morto dessa forma não teria fornecido a um escritor filósofo como ele? É muito evidente que Tácito não dava importância a isso, e que para ele, Cristo era apenas uma palavra que dava a etimologia do nome de cristãos, sectários recentemente conhecidos em Roma e bastante desacreditados e odiados originalmente. Ele disse, portanto, simplesmente o que devia ter ouvido dizer, segundo os testemunhos dos crédulos cristãos e nada mais. São, então, os cristãos também aqui, e não Tácito nem Suetônico, que são nossas garantias. Sei que vão fazer valer a fé universal dos adoradores de Cristo, que século após século atestaram sua existência e seus milagres, como eles atestaram as de muitos mártires e santos, em cujos milagres, todavia, não cremos mais.

Mas já demonstrei, quando falei de Hércules, que a crença de várias gerações em fato de religião não provava absolutamente nada além da credulidade daqueles que acrescentavam a ela a fé, e que Hércules não deixava de ser o Sol, não importando o que tenham acreditado e dito os gregos. Um grande erro propaga-se ainda mais facilmente que uma grande verdade, porque é mais fácil crer do que raciocinar, e os homens preferem o maravilhoso dos romances à simplicidade da História. Se adotássemos essa regra de crítica, contrastaríamos os cristãos com a firme crença que cada povo teve e tem ainda nos milagres e nos oráculos de sua religião, para provar sua verdade, e duvido que eles admitam essa prova. Faremos então o mesmo quando se tratar da sua religião. Eles dirão, eu sei, que só eles têm para si a verdade; mas os outros dirão o mesmo.

Quem será o juiz? O bom senso e não a fé nem a opinião aceita, por mais geral que seja. Seria derrubar todos os fundamentos da História, dizem, não crer na existência de Cristo e na verdade das narrativas de seus apóstolos e dos escritores sagrados. O Irmão de Cícero dizia também: seria derrubar todos os fundamentos da História negar a verdade dos oráculos de Delfos. Eu perguntaria aos cristãos se eles creem derrubar os fundamentos da História quando atacam os pretensos oráculos e se o orador romano teria acreditado derrubar também os fundamentos da História ao negar a verdade de suas profecias, supondo que ele as tivesse conhecido? Cada um defende sua quimera e não a História.

Não há algo tão universalmente conhecido e em que se tenha acreditado por mais tempo que a Astrologia e nada que tenha tido uma base mais frágil e resultados mais falsos. Ela colocou seu selo em quase todos os monumentos da Antiguidade; nada faltou em suas previsões a não ser a verdade; e o Universo, todavia, acreditou nisso ou acredita ainda.

O mesmo Cícero prova a realidade da adivinhação com uma porção de fatos que ele relata com o apoio de sua afirmativa e sobretudo pela crença universal; ele acrescenta que essa arte remonta à mais distante Antiguidade; que não há povo que não tenha tido seus oráculos, seus adivinhos, seus augúrios, seus profetas; que não tenha acreditado nos sonhos, nas sortes, etc. Isso é verdade; mas o que concluir disso? Que a credulidade é no homem uma doença muito antiga, uma epidemia inveterada, espalhada em todo o gênero humano e que o mundo se divide em duas classes: em gatunos que conduzem e em tolos que se deixam levar. Provaríamos igualmente a realidade dos fantasmas pela Antiguidade e pela universalidade dessa opinião e os milagres de São Roque e de Esculápio pelos *ex-voto* depositados em seus templos. A razão humana tem limites muito estreitos. A credulidade é um abismo sem fundo, que devora tudo o que queremos jogar nela e que não rejeita nada. Eu não acreditaria, então, na certeza da ciência augural, porque me disseram que Accius Navius, para provar a infalibilidade dessa ciência, convidou Tarquínio a imaginar alguma coisa que ele devia fazer e Tarquínio pensou em cortar uma pedra com uma navalha, o que o augúrio fez no ato. Uma estátua erigida na praça pública perpetuou a lembrança desse prodígio e atestou a todos os romanos que a arte dos augúrios era infalível. As roupas de Cristo e a madeira de sua cruz não provam mais sua existência que a marca do pé de Hércules constata a existência desse herói e que as colunas construídas na planície de Saint-Denis me convencerão de que ele tenha passado nesses lugares carregando sua cabeça. Eu veria em São Denis ou em Dionísio o antigo Baco grego e o Osíris egípcio, cuja cabeça viajava todos os anos desde as margens do Nilo até Biblos, como a de Orfeu sobre as águas do Ebro; e cabe aqui ver até que ponto a impostura e a ignorância conduzem o povo quando o sacerdote se torna mestre de seu espírito.

Notamos que o calendário pagão e os seres físicos ou morais que aí estavam personificados entraram em grande parte no calendário cristão, sem encontrar muitos obstáculos.

Não levarei mais longe essas reflexões porque meu objetivo, nesta obra, não é repertoriar todos os menosprezos da ignorância e a impudência da impostura, mas lembrar a religião cristã de sua verdadeira origem; fazer ver sua filiação; mostrar o elo com todos os outros e provar que ela também está contida no círculo da religião universal ou do culto prestado à Natureza e ao Sol, seu principal agente. Terei alcançado meu objetivo se tiver convencido um pequeno número de leitores (pois deixo a multidão para os sacerdotes) a julgar provado que Cristo é apenas o Sol; que os mistérios da religião cristã têm por objeto a luz, como os mistérios dos persas ou de Mitra, como os de Adonis, de Osíris, etc. E essa religião somente difere de todas as religiões antigas quanto aos nomes, formas e alegorias e que os fundamentos são absolutamente os mesmos.

Enfim, que um bom cristão é também um adorador do astro, fonte de toda luz. Depois disso, que se obstinem a crer na existência de um Cristo que não é o da lenda nem o dos mistérios, pouco nos importa.

Não sentimos a necessidade desse segundo Cristo, uma vez que ele seria absolutamente estranho ao herói da religião cristã, isto é, aquele cuja natureza temos interesse em determinar. Quanto a nós, pensamos que esse segundo Cristo nunca existiu e acreditamos que haverá mais de um leitor judicioso que concordará com nosso sentimento e que reconhecerá que Cristo não é mais real como homem que o Hércules dos 12 trabalhos.

Não vamos nos enganar que haverá muitos outros que, admitindo nossas explicações sobre a base dos mistérios do Cristianismo, persistirão em fazer de Cristo ou um legislador, ou um impostor, porque antes de nos ler eles haviam formado essa ideia e dificilmente as pessoas reexaminam suas primeiras opiniões. Como sua filosofia só pode chegar até aí, não vamos nos estender em longos argumentos para lhes fazer ver a revelação de provas verdadeiramente históricas, que podem levar a crer que Cristo tenha existido como homem. Enfim, há um grande número de homens tão mal organizados que acreditam em tudo, exceto no que é ditado pelo bom senso e pela sã razão, e que rejeitam a filosofia, como o hidrófobo rejeita a água; esses não nos lerão nem nos preocupam; não escrevemos para eles, como já dissemos. Seu espírito é a pastagem dos sacerdotes, como os cadáveres são dos vermes. É apenas para os amigos da humanidade e da razão que escrevemos.

O resto pertence a um outro mundo; aliás, o Deus deles lhes diz que seu reino não é deste mundo, isto é, do mundo onde raciocinamos, e os bem-aventurados são os pobres de espírito, pois o reino dos céus pertence a eles. Deixemos então para eles suas quimeras e não invejemos aos sacerdotes tal conquista.

Continuemos nossa marcha sem parar para contar mais ou menos sufrágios que possamos obter, chocando de frente com a credulidade, e depois de ter desnudado o santuário em que se encerra o sacerdote, não esperemos que ele diga àqueles enganados por ele que nos leiam. Basta-nos uma feliz revolução, que se faça totalmente em benefício da razão, e que quem estiver a favor dela os impeça de prejudicar ou arrancar dos escritores as vergonhosas retratações como de Buffon.

A seguir, apresentaremos o resumo da lenda egípcia sobre Ísis, que só chegou até nós muito fragmentada e que deve ter feito parte de um poema sagrado sobre Osíris, Ísis e Tífon, seu inimigo. Apesar das lacunas imensas que se encontram nessa história alegórica, não nos será difícil reconhecer uma correspondência perfeita entre os traços principais que nos restam dessa antiga fábula sagrada e os quadros apresentados pelo Céu nas diferentes épocas do movimento dos dois grandes astros que regulam o curso das estações, a marcha periódica da vegetação e do tempo, e a sucessão dos dias e noites. Como no poema sobre Hércules, vamos fazer a comparação desses diversos quadros, aqueles apresentados pela fábula feita sobre o Sol e os apresentados pelo Céu. Nós os fixaremos em 12.

Primeiro quadro celeste
O escorpião, signo que é ocupado pelo Sol no momento da morte de Osíris, tem por *paranatellons* ou astros que nascem ou se põem em conjunção com ele as serpentes, que fornecem os atributos a Tífon. A essa divisão celeste corresponde, com seu poente, Cassiopeia, rainha da Etiópia, que anuncia no outono os ventos impetuosos.

Primeiro quadro da lenda
Osíris é assassinado por Tífon, seu rival, gênio inimigo da luz. Esse acontecimento ocorre em escorpião. Tífon associa à sua conspiração uma rainha da Etiópia que, segundo Plutarco, designa os ventos violentos.

Segundo quadro celeste
O Sol une-se então ao serpentário, que, segundo todos os autores, é o mesmo que Esculápio e que empresta suas formas a esse astro, em sua passagem nos signos inferiores, em que ele se torna Sérapis e Plutão.

Segundo quadro da lenda
Osíris desce ao túmulo ou aos infernos. É então, segundo Plutarco, que ele se torna Sérapis, o mesmo deus que Plutão e Esculápio.

Terceiro quadro celeste

No momento em que o Sol desce aos signos inferiores e quando ele corresponde ao 17º grau de escorpião, época em que é marcada a morte de Osíris, a Lua está cheia no touro celeste. É nesse signo que ela se une ao Sol da primavera, quando a Terra recebe do Céu sua fecundidade e quando o dia retoma seu domínio sobre as longas noites. O touro, oposto à localização do Sol, entra no cone de sombra que projeta a Terra e que forma a noite com a qual nasce e se põe o touro, que ela cobre com seu véu durante toda a estada no horizonte.

Terceiro quadro da lenda

Nesse exato dia, Ísis chora a morte de seu esposo e na cerimônia lúgubre que todos os anos representava esse acontecimento trágico, as pessoas carregavam com pompa um boi dourado, coberto por um véu negro, e diziam que esse boi era a imagem de Osíris, isto é, Apis, símbolo do touro celeste, segundo Luciano. Expressavam o luto da Natureza, que o afastamento do Sol privava de seus adornos, assim como da beleza do dia, que ia ceder o lugar ao deus das trevas ou das longas noites. Choravam, acrescenta Plutarco, a retirada das águas do Nilo e a perda de todas as benesses da primavera e do verão.

Quarto quadro celeste

A Lua vai regular doravante sozinha a ordem da Natureza. Todos os meses, seu disco cheio e redondo nos apresenta, em cada um dos signos superiores, uma imagem do Sol, que não encontra mais e do qual ela toma o lugar durante a noite, sem ter nem sua luz nem seu calor fecundo. Ela é cheia no primeiro mês de outono, no signo no qual, no equinócio da primavera, Osíris

Quarto quadro da lenda

Os egípcios, no primeiro dia que seguia essa morte, iam ao mar durante a noite. Lá eles formavam, com terra e água, uma imagem da Lua, que eles enfeitavam e gritavam que tinham reencontrado Osíris. Eles diziam que a terra e a água, com os quais eles compunham essa imagem, representavam essas duas divindades, Osíris e Ísis, ou o Sol e a Lua: alusão feita, sem dúvida, havia colocado o lar de sua fecundidade, signo consagrado à Terra, enquanto o Sol ocupa escorpião, signo consagrado ao elemento da água.

à natureza dos elementos que presidiam os signos, nos quais esses dois astros se encontravam.

Quinto quadro celeste
O touro, a que corresponde o cone de sombra da Terra, designada com o emblema de um cofre tenebroso e ocupado pela Lua cheia, tinha sob ele o rio de Órion, chamado Nilo, e acima, Perseu, deus de Chemmis, assim como a constelação do cocheiro que leva a cabra e seus cabritos. Essa cabra se chama a mulher de Pã e ela fornecia os atributos a esse deus.

Quinto quadro da lenda
O cofre que encerra Osíris é lançado no Nilo. Os Pãs e os Sátiros, que habitavam nas proximidades de Chemmis, foram os primeiros a perceber essa morte; eles anunciaram com seus gritos e eles espalharam em toda parte o luto e o terror.

Sexto quadro celeste
A Lua cheia seguinte chega ao signo de gêmeos, no qual estão representadas duas crianças que presidem os oráculos de Didime e um deles se chama Apolo, deus da adivinhação.

Sexto quadro da lenda
Ísis, avisada da morte de seu esposo, viaja para procurar o cofre que encerra seu corpo. Ela encontra primeiramente crianças que haviam visto o cofre; ela as interroga, recebe informações e lhes concede o dom da adivinhação.

Sétimo quadro celeste
A Lua cheia que vem depois acontece em câncer, domicílio desse planeta. As constelações,

Sétimo quadro da lenda
Ísis fica sabendo que Osíris, por erro, dormiu com sua irmã. Ela encontra a prova disso em uma

em conjunção com esse signo e que se põem quando ele nasce, são a coroa de Ariadne, princesa com a qual se deitou Baco, o Osíris egípcio; o cão Procion e o grande cão, do qual uma estrela se chama estrela de Ísis. O próprio grande cão foi venerado com o nome de Anúbis no Egito.

coroa que ele deixou na casa dela. Nascera uma criança que ela procura com o auxílio de seus cães; ela a encontra, cria e faz com que se apegue a ela: é Annubis, seu fiel guardião.

Oitavo quadro celeste
A Lua do mês seguinte fica cheia no signo de leão, domicílio do Sol ou de Adonis, deus adorado em Biblos. Os astros em conjunção com esse signo são o rio de aquário e o Cefeu, rei da Etiópia, chamado *Régulus*, ou simplesmente o *rei*. Em seguida, nasce Cassiopeia, sua esposa e rainha da Etiópia; Andrômeda, sua filha, e Perseu, seu genro.

Oitavo quadro da lenda
Ísis se transporta para Biblos e se coloca perto de uma fonte, na qual ela é encontrada por mulheres da corte do rei. A rainha e o rei querem vê-la; ela é conduzida à corte e lhe propõem o emprego de ama do filho do rei. Ísis aceita o cargo.

Nono quadro celeste
A Lua que segue fica cheia no signo de virgem, chamada também de *Ísis* por Erastótenes. Representava uma mulher amamentando uma criança. Em conjunção com esse signo está o mastro da nau celeste e o peixe com cabeça de andorinha.

Nono quadro da lenda
Ísis, que se tornou ama, amamenta a criança durante a noite; ela queima todas as partes mortais de seu corpo, depois se metamorfoseia em andorinha. É vista alçando voo e se colocando perto de uma grande coluna que se formou, de repente, de uma pequena haste, à qual estava preso o cofre que continha seu esposo.

Décimo quadro celeste

Nas divisões que separam o signo da virgem, que deixa a Lua, do signo da balança, onde ela vai ficar cheia, estão situados a nau e o Bootes que dizem ter amamentado Hórus. No poente está o filho ou o genro do rei da Etiópia, Perseu, assim como o rio de Órion. Os outros astros em conjunção com a balança e que nascem em seguida são o porco de Erimanto ou a ursa celeste, chamada o cão de Tífon; o dragão do polo, o famoso Píton, que fornece os atributos a Tífon. Esse é o cortejo que cerca a Lua cheia da balança ou do último dos signos superiores: ela vai preceder a Neomênia da primavera, que ocorrerá em touro, no qual o Sol ou Osíris deve se reunir à Lua, ou a Ísis, sua esposa.

Décimo quadro da lenda

Ísis, ao encontrar o cofre que contém o corpo de seu esposo, deixa Biblos; ela sobe em uma nau com o filho mais velho do rei e dirige sua rota para *Butos*, onde estava o pai adotivo de Hórus. Ela seca de manhã um rio de onde surgia um vento muito forte. Coloca de lado o cofre precioso; mas esse cofre é descoberto por Tífon, que caçava ao luar da Lua cheia, e que perseguia um porco ou um javali. Ele reconhece o cadáver de seu rival e o corta em tantas partes quanto o número de dias desde essa Lua cheia até a nova: essa circunstância, segundo Plutarco, faz alusão à diminuição sucessiva da luz lunar, durante os 14 dias que seguem a Lua cheia.

Décimo primeiro quadro celeste

A Lua, ao final de 14 dias, chega em touro e se une ao Sol, cujo fogo ela vai reunir em seu disco durante os outros 14 dias que vão seguir. Ela está então em conjunção, todos os meses, com ele na parte superior dos signos, isto é, no hemisfério onde o Sol,

Décimo primeiro quadro da lenda

Ísis reúne os 14 pedaços do corpo de seu esposo; ela lhes dá uma sepultura e consagra o Falo, que carregavam com pompa nas festas da primavera, conhecidas com o nome de Paamyhes. Era nessa época que era celebrada a entrada de Osíris na Lua. Osíris que venceu as trevas e o inverno, traz a luz, a ordem e a harmonia. Ela toma emprestada dele a força que vai destruir os germes do mal que Tífon, durante a ausência de Osíris ou durante o inverno, colocou na parte boreal da Terra. Essa passagem do Sol a touro, quando ele volta dos infernos ou do hemisfério inferior, é marcada pelo nascer noturno do cavalo, do centauro e do lobo, e pelo poente de Órion, chamada astro de Hórus. Este último está, todos os dias seguintes, unido ao Sol primaveril, em seu triunfo sobre as trevas e sobre Tífon que os produz.

voltava então dos infernos em socorro de Hórus, seu filho, e de Ísis, sua esposa, a quem ele uniu suas forças contra Tífon ou contra o chefe das trevas: a forma sob a qual ele surge é de um lobo, segundo uns, de um cavalo, segundo outros.

Décimo segundo quadro celeste
O ano equinocial acaba no momento em que o Sol e a Lua estão reunidos com Órion, ou com o astro de Hórus, constelação situada sob o touro, e que se une à Neomênia da primavera. A nova Lua se rejuvenesce em touro, e poucos dias depois ela se mostra na forma de um crescente, no signo seguinte ou em gêmeos, domicílio de Mercúrio. Então Órion, unido ao Sol, precipita o escorpião, seu rival, nas sombras da noite; pois ele se põe todas

Décimo segundo quadro da lenda
Ísis, durante a ausência de seu esposo, havia encontrado com o terrível Tífon quando ela colocava o cofre no local onde estava seu inimigo. Tendo enfim encontrado Osíris no momento em que ele se dispunha a combater Tífon, ela é privada de seu antigo diadema por seu filho; mas recebe de Mercúrio um capacete na forma da cabeça de um touro. Então, Hórus, com as características e a atitude de um guerreiro temível, assim como

as vezes que Órion sobe no horizonte. O dia prolonga sua duração e os germes do mal são pouco a pouco destruídos. É assim que o poeta Nonnus nos retrata Tífon vencido no final do inverno, quando o Sol chega em touro e Órion sobe nos céus com ele; pois são suas expressões.

é retratado Órion ou o astro de Hórus, combate e derrota seu inimigo, que havia atacado seu pai na forma de um dragão do polo ou do famoso Píton. Assim, em Ovídio, Apolo derrota o mesmo Píton no momento em que *Io*, que se torna depois Ísis, recebe os favores de Júpiter, que a coloca depois no signo celeste do touro. Todas essas fábulas tratam do mesmo assunto.

Explicação de Heráclito, ou do Poema Sagrado, sobre os 12 Meses e sobre o Sol Venerado com o Nome de Hércules

(...) Os egípcios, segundo Plutarco, pensavam que Hércules tinha sua morada no Sol e que ele viajava com ele ao redor do mundo.

(...) Os fenícios também conservaram a tradição de que Hércules era o deus Sol e que seus 12 trabalhos designavam as viagens desse astro pelos 12 signos. Porfírio, nascido na Fenícia, garante-nos que se dava o nome de Hércules ao Sol, e que a fábula dos 12 trabalhos expressa o percurso desse astro pelos 12 signos do zodíaco.

É evidente que se Hércules é o Sol, a fábula dos 12 trabalhos é uma fábula solar; que só pode se referir aos 12 meses e aos 12 signos, que são percorridos pelo Sol, um a cada mês. Essa consequência vai se tornar uma demonstração, pela comparação que vamos fazer de cada um dos trabalhos com cada um dos meses ou com os signos e as constelações que marcam nos céus a divisão do tempo, durante cada um dos meses da revolução anual.

Mas antes de comparar, mês a mês, a série dos 12 trabalhos de Hércules com a dos astros, que determinam e marcam a rota anual do Sol, é bom observar que os antigos, para regular seus calendários sagrados e rurais, empregavam não apenas os signos do zodíaco, mas, mais frequentemente ainda, estrelas marcantes, situadas fora do zodíaco, e as diversas constelações que por meio de sua aurora ou poente anunciavam o lugar do Sol em cada signo. Encontraremos a prova do que dizemos nos *Faustos* de Ovídio, em Columelle, e sobretudo nos calendários antigos que mandamos imprimir depois de nossa grande obra. É de acordo com esse fato conhecido que vamos esboçar o quadro dos assuntos dos 12 cantos, comparados com as constelações que governam os 12 meses, de maneira a convencer nosso leitor de que o poema dos 12 trabalhos nada mais é que um calendário sagrado, embelezado pelas maravilhas que a alegoria e a poesia, nesses séculos distantes, usaram para dar alma e vida a suas ficções.

Eis o quadro comparativo dos cantos do poema dos 12 trabalhos e dos aspectos celestes durante os 12 meses da revolução anual realizada pelo Sol, com o nome do infatigável Hércules. Cabe ao leitor julgar as relações e ver até que ponto o poema e o calendário concordam. Basta-nos dizer que não modificamos a série dos 12 trabalhos. Ela está aqui tal como a relata Diodoro de Sicília. Quanto aos quadros celestes, cada um pode verificá-los com uma esfera, fazendo passar o coluro dos solstícios por Leão e Aquário e o dos equinócios por Touro e Escorpião, posição que tinha a esfera na época em que Leão abria o ano solsticial, aproximadamente 2.400 anos antes de nossa era.

CALENDÁRIO	POEMA
PRIMEIRO MÊS	
Passagem do Sol sob o Leão celeste, chamado de Leão de *Nemeia*, fixado pelo poente da manhã do *ingeniculus* ou da constelação de Hércules celeste.	TÍTULO DO PRIMEIRO CANTO OU DO PRIMEIRO TRABALHO Vitória de Hércules sobre o leão de Nemeia.

SEGUNDO MÊS
Passagem do Sol ao signo de Virgem, marcada pelo poente total da hidra celeste, chamada hidra de Lerna, e cuja cabeça renasce de manhã com câncer.

SEGUNDO TRABALHO
Hércules derrota a hidra de Lerna, cujas cabeças renasciam enquanto um lagostim ou câncer atrapalhava seu trabalho.

TERCEIRO MÊS
Passagem do Sol ao signo da balança, na entrada do outono, fixada pelo nascer do centauro celeste, aquele que dá a hospitalidade a Hércules. Essa constelação é representada nos céus com uma bota cheia de vinho e um tirso ornado de pâmpanos e uvas, imagem das produções da estação. Então, levanta-se à noite a ursa celeste, chamada por alguns de porco e animal de *Erimanto*.

TERCEIRO TRABALHO
Hospitalidade dada a Hércules por um centauro e combate dos centauros por um tonel de vinho; vitória de Hércules sobre eles; derrota de um terrível javali que devastava as florestas de Erimanto.

QUARTO MÊS
Passagem do Sol ao signo de escorpião, fixada pelo poente de Cassiopeia, constelação na qual outrora se pintava uma corça.

QUARTO TRABALHO
Triunfo de Hércules sobre uma corça com chifres de ouro e pés de bronze, que Hércules prendeu à beira do mar em que ela repousava.

QUINTO MÊS
Passagem do Sol ao signo de Sagitário, consagrado à deusa Diana, que tinha seu templo em

QUINTO TRABALHO
Hércules, próximo de Stymphale, caça pássaros conhecidos pelo nome de pássaros do lago

Stymphale, no qual se viam os pássaros *stymphalides*. Essa passagem é fixada pelo nascer dos três pássaros, o abutre, o cisne e a águia ferida com a flecha de Hércules.

Stymphale e representados em número de três nas medalhas de Perinthe.

SEXTO MÊS
Passagem do Sol ao signo do bode ou do capricórnio, filho de Netuno, segundo uns; neto do Sol, segundo outros. Essa passagem é marcada pelo poente do rio de aquário, que corre sob a casa do capricórnio e cuja fonte está entre as mãos de Aristeu, filho do rio Pénée.

SEXTO TRABALHO
Hércules limpa os estábulos de Augias, filho do Sol, ou, segundo outros, filho de Netuno. Ele faz correr o rio Pénée.

SÉTIMO MÊS
Passagem do Sol ao signo de aquário e ao lugar do Céu onde estava todos os anos a Lua Cheia, que servia como época para a celebração dos jogos olímpicos. Essa passagem era marcada pelo abutre, situado no Céu ao lado da constelação que chamamos de Prometeu, ao mesmo tempo que o touro celeste, chamado touro de Pasiphaé e de Maratona, culminava no meridiano, no poente do cavalo Arion ou Pégaso.

SÉTIMO TRABALHO
Hércules chega a Elide. Ele está montado no cavalo Arion. Leva consigo o touro de Creta, que Pasiphaé havia amado e que devastava em seguida as planícies de Maratona. Fez celebrar os jogos olímpicos que ele instituiu e onde ele combateu primeiro; mata o abutre de Prometeu.

OITAVO MÊS
Passagem do Sol aos peixes, fixada pelo nascer matinal do cavalo celeste, que leva sua cabeça para Aristeu ou para aquário, filho de Cyrene.

OITAVO TRABALHO
Hércules conquista os cavalos de Diomede, filho de Cyrene.

NONO MÊS
Passagem do Sol ao signo de Áries, consagrado a Marte e que ainda chamamos de Áries do tosão de ouro. Essa passagem é marcada pelo nascer do navio Argo; pelo poente de Andrômeda ou da mulher celeste e de sua cintura; pelo da baleia; pelo nascer de Medusa e pelo poente da rainha Cassiopeia.

NONO TRABALHO
Hércules embarca no navio Argo, para ir à conquista do carneiro de tosão de ouro. Ele combate mulheres guerreiras, filhas de Marte, de quem arrebata uma soberba cinta. Liberta uma jovem exposta a uma baleia ou a um monstro marinho, assim como foi exposta Andrômeda, filha de Cassiopeia.

DÉCIMO MÊS
O Sol deixa Áries de Frixo e entra sob o touro. Essa passagem é marcada pelo poente de Orion que foi apaixonado pelas Atlântides ou Plêiades; pelo do vaqueiro condutor dos bois de Ícaro; pelo do rio Eridan; pelo nascer das Atlântides e pelo da cabra, mulher do Fauno.

DÉCIMO TRABALHO
Hércules, depois da viagem que fez com os Argonautas para conquistar o carneiro, retorna a Hespéria para a conquista dos bois de Géryon. Ele mata também um príncipe cruel que perseguia as Atlântides e chega à Itália na casa de Fauno, ao nascer das Plêiades.

DÉCIMO PRIMEIRO MÊS
Passagem do Sol a gêmeos, indicada pelo poente do cão Procion; pelo nascer cósmico do grande cão, depois do qual se alonga a hidra; e pelo nascer noturno do cisne celeste.

DÉCIMO PRIMEIRO TRABALHO
Hércules triunfa sobre um cão terrível, cuja cauda era uma serpente e a cabeça era cheia de serpentes. Ele derrota também Cycnus ou o príncipe Cisne no momento em que a canícula vem arder a Terra com seu fogo.

DÉCIMO SEGUNDO MÊS
O Sol entra no signo de câncer, ao qual correspondia o último mês; no poente do rio de aquário e do centauro; no nascer do pastor e de seus carneiros; no momento em que a constelação do Hércules *ingeniendus* desce para as regiões ocidentais, chamadas *Hespéria*, seguido pelo dragão do polo, guarda das maçãs do jardim das Hespérides; dragão que ele esmigalha aos pés na esfera e que cai perto dele no poente.

DÉCIMO SEGUNDO TRABALHO
Hércules viaja para Hespéria, para lá colher maçãs de ouro guardadas pelo dragão que, em nossas esferas, está próximo do polo. Segundo outros, para roubar ovelhas de tosão de ouro. Ele se dispõe a fazer um sacrifício e se veste com uma túnica tingida com o sangue de um centauro que ele havia matado na passagem de um rio. Essa túnica o queima com fogo; ele morre, para retomar sua juventude nos céus e desfrutar da imortalidade.

Zodíaco

> *"Numerosas são as formas*
> *daquilo que procede da minha boca."*
> Amon-Rá

DESCRIÇÃO DO ZODÍACO DE DENDRA, QUE AGORA ESTÁ NO MUSEU DE PARIS

As pessoas dissertavam de forma eloquente, mas vagamente, sobre a idade do mundo; os teólogos nos mostravam muito próximo de nós o berço do gênero humano porque essa origem recente convinha perfeitamente a suas especulações, quando a descoberta do zodíaco em questão vem mudar muitas ideias, desmentir muitos textos sagrados e levar para muito além do ponto original, imposto pela Igreja, as pesquisas dos eruditos e dos filósofos.

O general Desaix, de gloriosa memória, era mestre no Alto-Egito e visitava seus antigos monumentos com uma profunda veneração. Ele percorria com o sr. Denon o grande templo de Ísis, em Dendra, situado a 12 léguas próximo das ruínas de Tebas, quando percebeu o zodíaco circular que nós possuímos agora, no teto de uma pequena sala construída na plataforma desse templo. Como homem instruído, o general sentiu que esse monumento poderia lançar alguma luz sobre a história dos tempos antigos ao qual pertence, mais particularmente sobre os conhecimentos astronômicos dos egípcios. O sr. Denon descobriu imediatamente o zodíaco de Dendra; os srs. Jollois e Devilliers, eruditos também ligados à expedição do Egito, fizeram então um desenho perfeito desse monumento e é a partir dele que o descrevemos.

O zodíaco parecia ter sido esculpido no local para formar par com um outro objeto astronômico, separado do primeiro por uma grande figura de mulher, esculpida em alto-relevo; o conjunto demonstra uma arte ainda na infância e a ausência de toda escola acadêmica. O recinto onde o quadro zodiacal foi descoberto compunha-se de três peças, com a retirada desse monumento, a peça do meio, o teto em que ele estava preso está completamente descoberto, o que deixa exposta às intempéries das estações a figura sobre a qual falei e o segundo objeto astronômico, assim como diversos baixos-relevos dignos de serem conservados.

O zodíaco de Dendra, então, divide-se em duas partes principais: a primeira é uma plataforma circular que se projeta em saliência sobre o fundo; a segunda, um espaço que separa essa plataforma dos lados do quadrado que apresenta o conjunto do monumento. Ao sul e ao norte (veja figura no final deste capítulo), reinava, sobre os lugares, uma larga faixa coberta de impressões em forma de zigue-zague que não pareceu merecer interesse e que deixaram no teto do recinto egípcio. O espaço em questão é preenchido por 12 grandes figuras, em forma de cariátides, isto é, que parecem sustentar com suas mãos o teto circular e estão dispostas em direção ao centro. Quatro dessas figuras, esculpidas nos cantos, são mulheres de pé; as outras oito representam homens ajoelhados: a cabeça deles é a do falcão; é assim que se apresentam todas as máscaras dos personagens esculpidos nos templos consagrados a Osíris.

O lado do quadrado, que continha o zodíaco propriamente dito, oferece um comprimento de 7p. 3l.; a plataforma tem 4p. 8p. 2l. de diâmetro. Somente com uma escrupulosa atenção é que conseguimos distinguir as figuras zodiacais dispostas assim: o *Leão*, colocado à direita e na parte que estava voltada para o fundo do templo, é seguido pela representação que em termos de Astronomia estamos convencidos de que se chama *Virgem*; aqui essa figura leva uma espiga. Em seguida estão a *Balança*, o *Escorpião*, o *Sagitário* e o *Capricórnio*. Na outra metade do círculo estão esculpidos o *Aquário*, os *Peixes*, o *Áries*, o *Touro*, os *Gêmeos*, o *Câncer*. Todos esses signos, exceto o último, estão voltados para o mesmo lado; sua reunião forma uma linha mais ou menos circular que apresenta esses mesmos signos em uma posição excêntrica. Devemos observar, no entanto, que o Câncer, em vez de estar colocado de frente para o Leão, está acima de sua cabeça; de maneira que o primeiro desses signos pareceria destinado a marcar um ponto inicial sobre a circunferência. Por essa disposição, o Câncer ocupa uma posição muito mais central que o Capricórnio. O mesmo acontece com os Gêmeos que sobem igualmente um pouco para o centro. Daí a semelhança da curva formada pelos 12 signos com uma espiral de uma só revolução.

Notemos agora que todas essas constelações zodiacais nos lembram, pela forma ou pela atitude, os signos astronômicos consagrados ao mesmo uso por gregos e os romanos. Assim, o Sagitário é um centauro; o Capricórnio, um monstro com cauda de peixe. Esse é sem dúvida o motivo sobre o qual vários eruditos se apoiaram para dar uma origem puramente grega ao zodíaco que descrevemos; mas cálculos astronômicos desmentiram essas presunções fundadas em simples analogias; e a opinião geral, esclarecida por esses cálculos, atribui a esse monumento uma Antiguidade muito anterior ao estabelecimento das colônias egípcias no país que se tornou a Grécia.

Independentemente da série de figuras zodiacais, o centro da plataforma é ocupado por um chacal, em torno do qual se agrupam várias figuras emblemáticas que parecem corresponder a diversas constelações circumpolares. Sob a pata anterior direita do chacal, está situado o ponto exatamente central da plataforma.

Uma circunstância digna de atenção é que as 12 figuras, como os 12 signos, ocupam no zodíaco um espaço conforme ao que as constelações ocupam no céu. Assim, o Câncer, os Gêmeos e o Aquário, que ocupam um pequeno lugar na abóbada celeste, são igualmente restritos no zodíaco a um espaço pequeno; enquanto a Virgem e as duas figuras vizinhas, o Leão e os Peixes, inclusive o espaço que os separa, ocupam uma parte considerável no céu e no zodíaco de Dendra.

A intenção dos autores desse quadro astronômico parece ter sido a de designar várias das constelações extrazodiacais. Reconheceríamos, com o auxílio de um pouco de conjecturas, sob o Leão, a figura da *Hidra*; perto de lá, o *Corvo*; depois, entre a Virgem e a Balança, o *Boiadeiro*, muito fácil de reconhecer por sua cabeça de boi; no espaço que separa o Touro e os Gêmeos, vemos o gigante Órion; à sua esquerda está a vaca com a estrela de Ísis ou *Sírius*, deitada em uma barca; vem depois o *Cisne*, colocado entre o Capricórnio e o Sagitário; enfim, a *pequena Ursa*, colocada perto do centro, completa essa série de constelações, correspondendo aos 12 signos principais, seja em sua posição boreal, seja em sua posição austral.

A circunferência da plataforma está repleta por uma multidão de figuras emblemáticas, agrupadas diversamente, mas sempre voltadas para o centro; os hieróglifos que as cercam, as estrelas dispostas simetricamente perto delas; as distâncias desiguais que as separam poderão talvez servir um dia para explicar o emblema que essas figuras expressam.

Independentemente das 12 figuras, seja de pé, seja ajoelhadas, que ocupam o vazio existente entre a plataforma e os lados do quadrado, observamos uma *zona* ornamentada com hieróglifos e dividida em oito faixas iguais. Há ainda outras quatro inscrições hieroglíficas, formadas por três, quatro ou cinco colunas cada uma.

Duas inscrições menores, situadas entre a *zona* e a plataforma circular, ocupam as duas pontas de um diâmetro que passa por Câncer. Dois grupos hieroglíficos são igualmente situados nas duas extremidades de um diâmetro que atravessa o Touro e o Escorpião. Esses dois grupos absolutamente idênticos são acompanhados, de ambos os lados do eixo, por dois círculos hemisféricos; eles só diferem entre si pelo emblema que os coroa. Acrescentemos que um pequeno disco parece sair da boca de uma das grandes figuras em pé e se dirige no prolongamento do raio que passa pelo Câncer.

Sem dúvida poderíamos explicar com mais ou menos probabilidade a forma e a situação das figuras emblemáticas esculpidas no interior da plataforma, desde o centro até a curva zodiacal, particularmente as que, em número de seis, são acompanhadas por uma estrela. Mas para não concordar com vagas conjecturas, limitemo-nos a dizer aqui: 1º) que o ponto inicial da série dos 12 signos está entre o Leão e o Câncer; 2º) que uma analogia impressionante existe entre os 12 signos principais dessa plataforma e os do zodíaco grego; 3º) que o quadro que acabamos de descrever retrata, se não com uma exatidão matemática, ao menos com certa precisão, a situação das principais constelações no sistema celeste. Podemos acrescentar, com uma certeza resultante da evidência, que as grandes figuras que suportam a plataforma representam os 12 meses, colocados em relação aos 12 signos; e mais hipoteticamente, que o primeiro mês de cada estação poderia bem se oferecer sob a forma de uma figura de pé, enquanto os outros oito meses seriam representados por figuras de joelhos. Essa hipótese poderia se apoiar na presença das inscrições hieroglíficas e signos complexos, colocados diante das figuras de pé; duas dessas inscrições e signos podemos presumir que se referem ao equinócio da primavera.

Não arriscaremos qualquer opinião acerca da época cronológica à qual remonta esse monumento; foram emitidas muitas conjecturas a esse respeito; todas atribuem ao zodíaco de Dendra uma origem de vários milhares de anos anteriores ao começo do período adamita, assim como os sacerdotes estabeleceram; tudo leva a crer que a menos provável dessas conjecturas esteja mais próxima da verdade que os cálculos teológicos... Esperemos que o conhecimento dos símbolos egípcios e os progressos astronômicos afastem um dia, ao menos em parte, o véu que tentamos até aqui em vão eliminar, consultando o zodíaco de Dendra. Os srs. Saulnier e Le Lorrain, investigadores tão zelosos quanto corajosos, depois de terem obtido do paxá do Egito a permissão para destacar esse monumento do templo de Ísis, conseguiram transportá-lo para a França; o governo fez sua aquisição pelo preço de 150 mil francos, e a partir de agora os eruditos não terão de se deslocar para poder estudar esse grande fragmento dos primeiros tempos do mundo.

Planisfério ou Zodíaco de Dendra

Tal como aparece no templo de Tentira no Egito

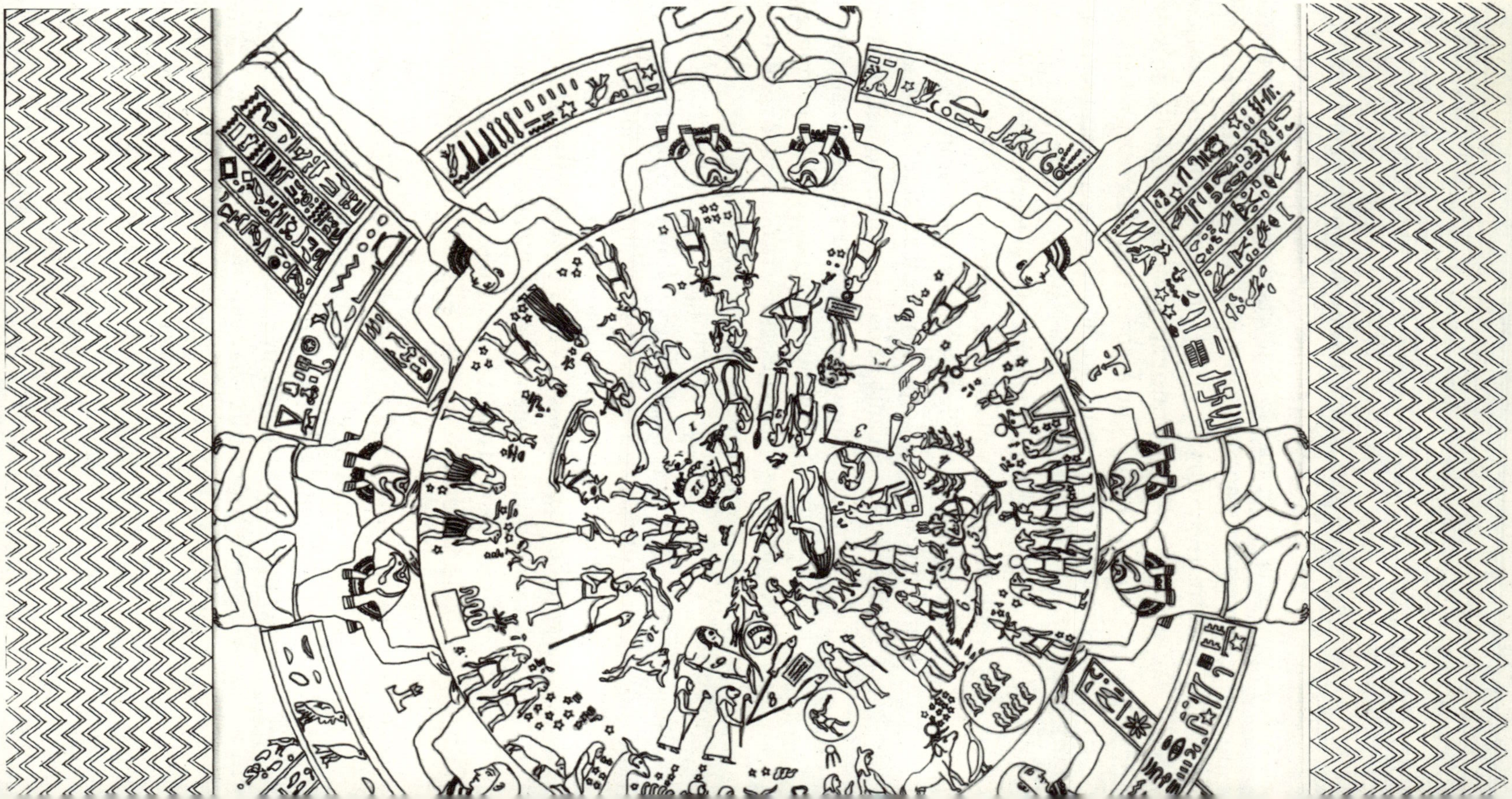

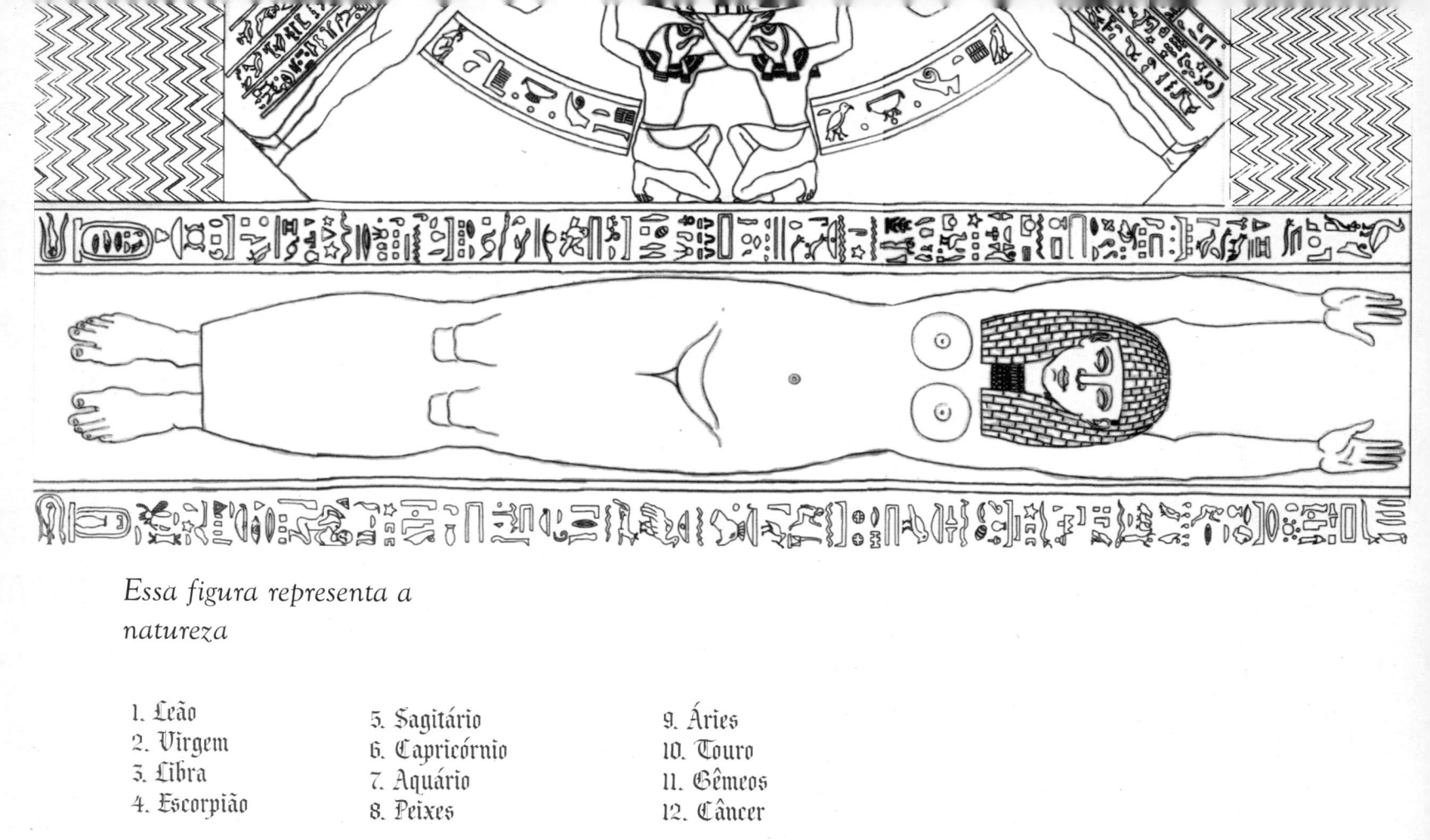

Essa figura representa a natureza

1. Leão
2. Virgem
3. Libra
4. Escorpião
5. Sagitário
6. Capricórnio
7. Aquário
8. Peixes
9. Áries
10. Touro
11. Gêmeos
12. Câncer

Planisfério Egípcio

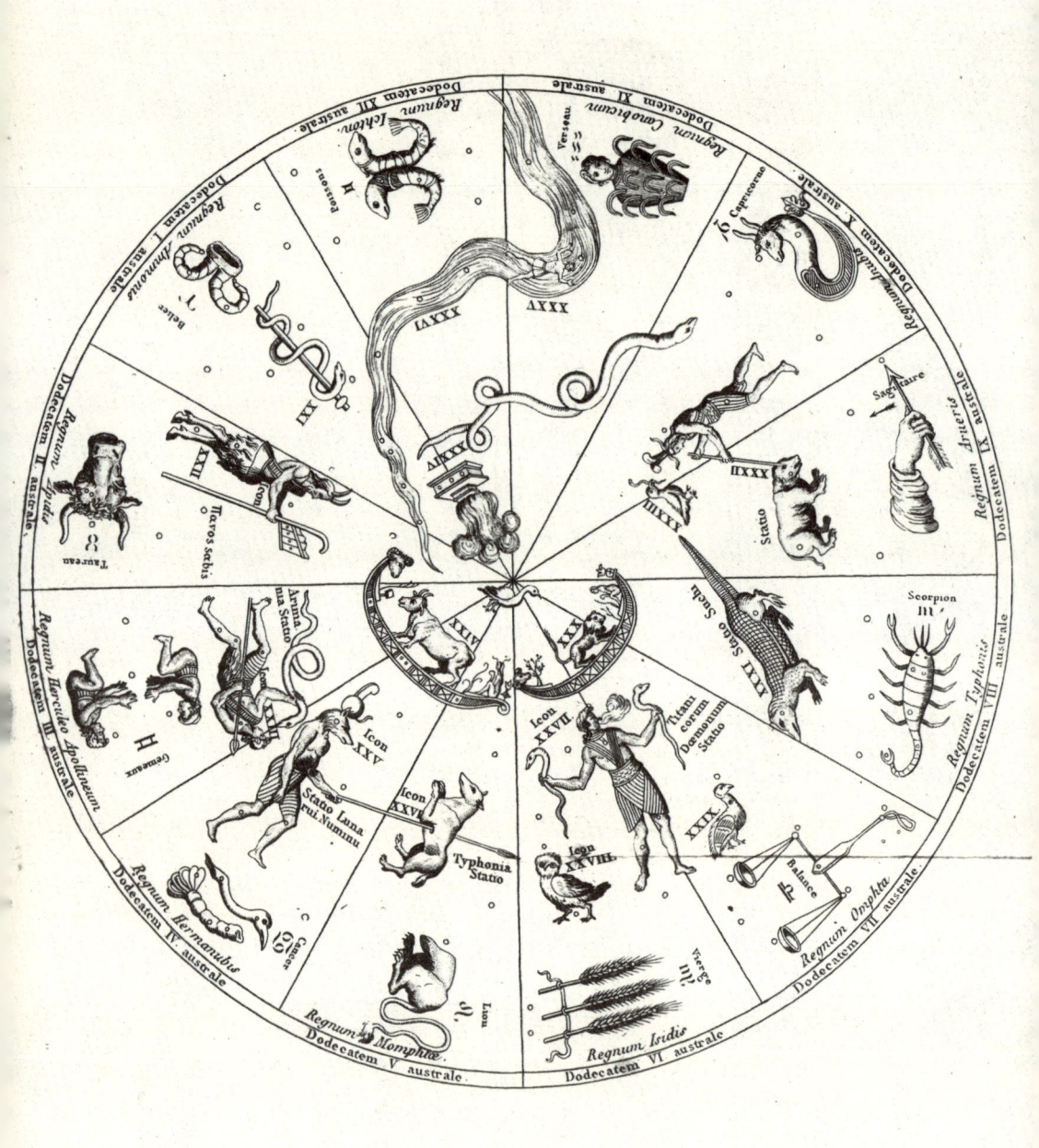

Planisfério Egípcio

O Tabernáculo da Alma Humana e o Espírito Imortal

"Nada é oculto àquele que conhece."

Fabre d'Olivet* diz: "Os dez primeiros capítulos da Gênese, filha do passado e cheia do futuro, herdeira de toda tradição do Egito, trazem germens das ciências futuras.

O que a Natureza tem de mais profundo, o que o espírito pode conceber de mais maravilhoso, o que a inteligência tem de mais sublime, ele o possui".

Todo o progresso humano ocorre em ciclos. A moderna ciência materialista vive sua era fugaz, enquanto a Filosofia já solapou seus fundamentos. A nova era irá mostrar um autêntico renascimento desta.

Os princípios imortais enunciados por Platão, interpretados à luz do pensamento moderno, menos complicado e dialético, vão

---

* N.E.: De Fabre d'Olivet, sugerimos a leitura de *Música Apresentada como Ciência e Arte*, Madras Editora.

despertar novamente a atenção do mundo pensante. Todos sabem que a fonte do conhecimento de Platão foram os Mistérios; ele era um iniciado e percebe-se, na maioria das páginas que escreveu, o compromisso que assumiu de não revelar às pessoas comuns os segredos ensinados somente aos iniciados, sob juramento.

A digressão anterior pareceu-me necessária, com vista a demonstrar a base real das tradições da Palavra Perdida e colocar além do sofisma, pelo menos com os mais racionais, a ideia de que a palavra do Mestre é algo verdadeiro, cuja autenticidade e poder não são exagerados nas parábolas e grifos da Maçonaria.

"A verdadeira Palavra de um maçom deve ser encontrada no profundo sentido oculto do *nome inefável da divindade,* transmitido por Deus a Moisés, cujo significado esteve perdido por muito tempo em função das precauções tomadas para ocultá-lo. A verdadeira pronúncia desse nome era, na verdade, um segredo no qual estava envolvido, contudo, outro segredo muito mais profundo: seu significado."

"Portanto, o nome *inefável* não só encarna a grande ideia filosófica de que a divindade é o *Ens,* o *To On,* a existência absoluta, que é a essência do existir, a substância única de Spinoza, o *ser,* que jamais poderia não ter existido, em contraposição àquilo que apenas vem a ser; não a Natureza ou a alma da Natureza, porém aquilo que A criou; mas também a ideia dos princípios masculino e feminino, em seu sentido mais profundo e mais elevado, a saber: que Deus originalmente cingia em Si mesmo tudo o que é; que a matéria não coexistia com Ele, nem era independente d'Ele; que Ele não apenas criou e deu forma ao Universo, a partir do caos original; mas que Seu pensamento se manifestou de forma extrínseca nesse Universo, que assim veio a ser o que antes não era, exceto enquanto nele compreendido; que o poder procriador, ou espírito, e a matéria fértil, considerada entre os prístinos a Fêmea, estavam originalmente em Deus e Ele foi e é tudo aquilo que era, ou seja, é aquilo que haverá de ser; em quem tudo o mais vive, move-se e tem seu ser."

"Este era o grande mistério do nome *inefável*... e, é claro, sua verdadeira pronúncia e sentido foram considerados perdidos por todos, menos por uns poucos escolhidos, a quem tais segredos foram confiados. Dessa forma, isso foi ocultado das pessoas comuns, por conta da deidade, então tratada metafisicamente, que não era aquele Deus pessoal, bizarro e, por assim dizer, tangível, em quem acreditavam e que era o único ao alcance de sua tosca capacidade de compreensão. (...) Essa era a profunda verdade oculta na alegoria primitiva e mantida preservada do alcance de todos por um duplo véu de mistério. Era o sentido exotérico, a geração e produção das cosmogonias hindu, caldeia e fenícia. Dos poderes ativo e passivo; dos princípios masculino e feminino; do céu e a de seus luminares gerando, enquanto a Terra produzia, toda essa sabedoria, oculta do vulgo, por estar além de sua compreensão; a doutrina de que a matéria não é eterna, senão que Deus era a única existência original, o absoluto, de quem tudo provém e a quem tudo retorna. (...) E se diz, com plena convicção, ter sido esta Palavra Verdadeira perdida em razão da perda de seu significado, mesmo entre os hebreus, embora ainda encontremos esse nome (seu real significado insuspeito), no *Hu* dos druidas e no *Fo-Hi* dos chineses."[6]

"Existe na Natureza a força mais poderosa, por meio da qual um homem, apenas que a possuísse e soubesse como direcioná-la, poderia revolucionar e mudar a face da Terra.

Essa força era conhecida dos antigos. É um princípio universal cuja lei suprema é o equilíbrio; e, por meio da qual, caso a ciência venha a aprender como utilizá-la, será possível alterar a ordem das estações, para produzir à noite os fenômenos do dia; para transmitir um pensamento instantaneamente ao redor do globo; para matar ou curar a distância; para conferir pleno êxito às nossas palavras, em escala universal, e fazê-las reverberar em todos os cantos do planeta. Esse princípio ativo, parcialmente revelado pelas teses empíricas de Mesmer, é precisamente aquilo que os adeptos da Idade Média chamavam de 'matéria elementar da grande obra'".[7] E esta é a força motriz

---
6. *Moral e Dogma*, p. 700 e ss.
7. *Moral e Dogma*, p. 734.

Keely, bem como a *fohat* (essência da energia ígnea), da doutrina secreta. Mas, continuando nossas citações:

"Há um princípio vital no mundo, de origem cósmica, no qual duas naturezas dualísticas oscilam entre o amor e o ódio. Esse fluido ambiente permeia tudo. É um raio desprendido da glória do Sol e fixado por meio do peso da atmosfera e da atração central. É a corporificação do espírito divino, o agente universal, a Serpente devorando sua própria cauda."

O Oroborus

"Com esse éter eletromagnético, essa energia calórica e vital, os antigos e alquimistas eram familiarizados. A respeito desse agente, essa fase de moderna ignorância chamada Física fala de modo incoerente, dele nada sabendo salvo seus efeitos, enquanto a Teologia lhe atribuiria falsas definições de espírito."

"Quiescente,* não é percebido por nenhum dos sentidos humanos; vibratório ou em movimento, ninguém sabe explicar sua forma de ação (exceto um verdadeiro mestre); chamá-lo de 'fluido' e falar a respeito de suas 'correntes' não passa de encobrir uma profunda ignorância, sob uma torrente de palavras."[8]

"Apenas a Cabala consagra a aliança da razão universal com a palavra divina; ela estabelece, por meio da contraposição de duas forças aparentemente opostas, o eterno equilíbrio do ser; somente ela reconcilia a razão com a fé, o poder com a liberdade, a ciência com o mistério; e tem as chaves do presente, passado e futuro."

"A Bíblia, com todas as suas alegorias, expressa apenas de maneira velada e incompleta a ciência religiosa dos hebreus. A

---

* N.R.: Que está em descanso.
8. *Moral e Dogma*, p. 734.

doutrina de Moisés e dos profetas, no fundo idêntica à dos antigos egípcios, também tem seu sentido aparente e seus Mistérios. Os livros hebreus eram escritos usando-se símbolos ininteligíveis ao profano, apenas para preservar na memória as tradições. O Pentateuco e os poemas proféticos eram simplesmente livros elementares de doutrina, ética e liturgia. O verdadeiro segredo e a filosofia tradicional só foram escritos mais tarde, sob um simbolismo ainda mais profundo. Foi, por conseguinte, uma segunda Bíblia que passou a existir, mas permaneceu desconhecida, ou antes, incompreendida pelos cristãos" (de épocas posteriores), "uma coletânea, pelo que se diz, de absurdos monstruosos; um monumento, dizem os adeptos, no qual se acha incluído tudo que os gênios da filosofia e da religião já formularam ou idealizaram a respeito do sublime; um tesouro cercado de espinhos; um diamante oculto em uma misteriosa pedra em estado bruto."

"Quando alguém adentra um santuário da Cabala, admira-se ao ver uma doutrina tão lógica, simples e, ao mesmo tempo, tão absoluta. A necessária união de ideias, símbolos e a consagração das realidades mais fundamentais por meio de caracteres primitivos; a trindade das palavras, letras e números; uma filosofia simples como o alfabeto, profunda e infinita como o mundo; teoremas mais completos e claros que os de Pitágoras; uma teologia que pode ser resumida na contagem dos dedos da mão; um infinito que a mão de uma criança pode abarcar; dez cifras, 22 letras, um triângulo, um quadrado e um círculo – estes são todos os elementos da Cabala. São os princípios elementares da palavra escrita, símbolos da palavra expressa na criação do mundo."[9]

E, dessa maneira, poderíamos seguir apresentando citações desse verdadeiro "mestre dos Mistérios", um autêntico príncipe adepto entre os maçons, cuja relevante obra, mesmo sob a forma de compilação, é um monumento que resistirá ao tempo, mais nobre que a coroa dos reis. Se não compreendeu até o último dos enigmas daquilo que transcreveu – e ele também fez uso de enigmas –, discerniu o

---

9. *Moral e Dogma*, p. 475.

suficiente para aprender como descobrir o todo. Pode-se, portanto, inferir que a Bíblia sagrada como uma das grandes luzes na Maçonaria tem um significado muito profundo quando associada ao nome inefável ou Palavra Perdida. Os termos apresentados ao neófito, em sua busca pela Palavra Perdida, explicitam que poderá viajar a países estrangeiros e receber honorários de Mestre.[10] Os honorários de um *verdadeiro* mestre são o *conhecimento* e o *poder* para sua viagem no interstício reencarnatório.

A forma aparente desse grifo foi adotada a partir de seu uso pelas sociedades de maçons práticos, de dois ou três séculos atrás. As leis que então governavam o sinal de um membro ou do mestre edificador eram muito rígidas, jamais sendo esse sinal concedido de forma indigna; e, quando recebido, representava um passaporte entre construtores sobre um vasto domínio. Porém, em um sentido mais profundo ou cabalístico, a palavra do Mestre que habilitava seu possuidor aos honorários de Mestre era, na verdade, algo muito diferente. Os honorários do verdadeiro Mestre eram a satisfação e o poder que emanavam da posse do real conhecimento. O conhecimento é poder apenas quando alguém compreende aquilo que possui e é, portanto, capacitado a usá-lo para finalidades que se acham no íntimo do seu coração. Assim também ocorre para o mago. O Irmão Pike demonstra conclusivamente que o poder da *palavra* se acha no conhecimento da Filosofia, que é sua perfeita síntese. Este é, em parte, o significado de "saber como pronunciar a palavra".

Como já apresentado, a Cabala dos antigos hebreus, que Moisés aprendeu em sua iniciação nos Mistérios do Egito e da Pérsia, a qual Pike e muitos outros declararam ser idêntica entre os hebreus, egípcios, hindus e outras nações da Antiguidade, era conhecida então como *doutrina secreta*. A razão para tal nome é revelada na íntegra, no que já mencionamos até agora. O que Pike diz, referindo-se à relação do Pentateuco com a Cabala, é a verdade das escrituras exotéricas de cada nação da Antiguidade.

---

10. Os honorários de um Mestre *real* e *conhecimento* e *poder* para viajar para onde ele desejar no espaço.

Quantas gerações de imbecis ou materialistas, julga você, meu Irmão, seriam necessárias para recuperá-la? A maioria da Humanidade, em todas as eras, não só não possuiu o segredo e o poder da palavra do Mestre, mas também foi incapaz de compreendê-los. Não conhecemos alguma coisa porque alguém nos disse como ela é. Deixemos que os deuses gritem para sempre a verdade de todas as eras nos ouvidos de um idiota, e esse idiota, ainda assim, estaria ligado à sua futilidade, para sempre. Aqui está a concepção e o princípio de todas as iniciações. É o conhecimento revelado por etapas, de maneira ordenada, sistemática, passo a passo, à medida que o neófito vai aprimorando sua capacidade de aprendizagem. O resultado é um crescimento, uma evolução e não a simples posse. Além do mais, conhecimento não é uma mera soma, algo adicionado a uma coisa já existente, e sim uma mudança progressiva ou transformação da estrutura original, no sentido de transmutá-lo, a cada etapa, em um novo ser. O verdadeiro conhecimento ou o crescimento da sabedoria no homem é um eterno vir a ser; uma progressiva transformação no sentido da similaridade da bondade divina e do supremo poder.

A iniciação e a regeneração são sinônimos.

O ritual da Maçonaria baseia-se nessa lei natural e a cerimônia de iniciação ilustra a cada passo esse princípio. Se o resultado obtido é uma posse em vez da regeneração, na maioria dos casos o princípio permanece, não obstante, verdadeiro. A mera repetição de princípios morais ou lições de ética e sua ilustração simbólica e representação dramatizada são absolutamente infrutíferas. Estas apelam à consciência e ao senso moral em cada indivíduo, e ninguém regrediu após as lições recebidas na Loja. Por intermédio desses "ritos e benefícios", o maçom é, com relação a toda a Humanidade, em nossa civilização assim chamada de moderna, o que mais se aproxima da antiga sabedoria. Ele tem a posse do território no qual se acham ocultas as joias da coroa da sabedoria. Pode contentar-se, se o desejar, simplesmente revirando o chão e obtendo uma colheita de cascas ou restolhos. Pode cavar mais profundamente e encontrar não apenas a pedra angular da arca, a Arca da Aliança, os pergaminhos da Lei, porém usando o espírito oculto nas asas do querubim, pode elevar-se liberto por meio da escória do tempo e, ao conhecer *Alohim*, face a face, também aprender a dizer *Eu Sou aquilo que sou!* A leitura disso é semelhante à de uma rapsódia, e os pontos de referência, tradições e grifos da Maçonaria, nada representam além disso?

O verdadeiro templo ao qual nos referimos, do começo ao fim, na Maçonaria, como em todas as iniciações primitivas, é o Tabernáculo da alma humana.

Ele é construído sem o uso de martelos ou quaisquer outras ferramentas metálicas. É semelhante (feito à semelhança) àquele outro, o templo espiritual, não construído por mãos humanas, eterno nos céus; pois a antiga filosofia (Cabala) ensina que o espírito imortal do homem é o artífice do corpo e sua fonte de vida; que está não apenas imanente nele, como nele se projeta, enquanto a alma, o veículo imediato do espírito, habita o corpo e é dissipada ao morrer. *O espírito é imortal*, puro e eternamente imaculado. É o *Christos* ou *Hiram*, o mediador entre a alma ou a porção física do homem e o espírito universal – o Pai no Céu. O "pobre Candidato cego", ou seja, o homem de sentidos imersos na matéria, aprenderia o *nome inefável* para obter a Palavra Perdida, buscando um atalho "ascenderia de alguma outra forma". Ele obteria sabedoria sem autodomínio, poder sem sacrifício. Ele não irá ouvir a voz que intercede, "seja paciente, meu Irmão, e quando o templo estiver concluído, se o achar digno, irá recebê-lo por aquilo que por tanto tempo se empenhou em obter". Não! Ele vai querer isso *agora*! E silencia a voz que por ele intercede, derrotando apenas a si mesmo, foge para os desertos do remorso e implora aos rochedos para escondê-lo do clamor de sua consciência acusatória. Hiram (Christos) ressuscitou. Por ser imortal, na verdade, não pode morrer. *Nenhum pecado humano é final.* Quando percebe seu erro e é purificado pelo sofrimento, o espírito humano ascende novamente, e até mesmo derrotado pode aspirar à vitória, e, então, recebe um termo substituto para a Palavra Perdida. Ouve, não importa se desfalecido ou confuso, a divina harmonia. As futuras gerações, ou seja, as encarnações posteriores, e um empenho mais sincero garantem uma recompensa maior. Ele aprende a "conhecer, querer, ousar e permanecer em silêncio" (saber, querer, ousar, calar). **Amor Fraterno, Libertação e Verdade**; **Prudência, Temperança, Justiça e Compaixão** – todas as virtudes e beatitudes são nele infundidas.

O Candidato aprende não meramente a tolerar a religião de outros, mas a respeitá-la como a sua própria, embora seja ainda adepto daquela à qual foi apresentado quando nasceu. Para tornar essa obrigação razoável, ele aprende, por meio da Cabala ou doutrina secreta, que no coração de toda grande religião se acham as mesmas verdades eternas. Divergem apenas quanto às formas e observâncias. O *nome inefável* é expresso de muitas maneiras. Ainda assim, a palavra é única e eterna. A Maçonaria não é apenas uma ciência universal, mas uma filosofia mundial; não deve fidelidade a nenhum credo e não pode adotar nenhum dogma sectário como tal, sem cessar, portanto, de ser maçônica. Oriunda da Cabala, e adotando conteúdos ou símbolos judaicos ou cristãos, ela, porém, neles percebe verdades universais as quais reconhece em todas as demais religiões. Muitos graus têm sido cristianizados apenas para sucumbir; na medida em que cada grau eventualmente será, se for restringido por credos tacanhos, aviltado pelo medo fanático, e assim venham a excluir homens bons de quaisquer outras fraternidades. Será Jesus menos *Christos*, só porque Krishna era chamado "o Bom Pastor"? Ou por que o Cristo Mexicano foi crucificado entre dois ladrões? Ou ainda, por que Hiram esteve três dias em uma tumba antes de ressuscitar? Não somos nós tão egoístas em nossa religião quanto em relação aos outros bens que possuímos? Então por que um homem, enquanto reverencia como seu bem mais sagrado a religião de seus antepassados, procura sempre depreciar e destruir a de seu Irmão?

A Grande República, à qual o Irmão Pike se refere, é o ideal da Maçonaria; o espírito que paira como anjo protetor sobre a Loja. É o que torna impossível a qualquer judeu ou parsi, budista ou brâmane entrar em qualquer Loja sem testemunhar a profanação de seus altares sagrados ou desprezar sua religião, e o anjo esconder sua face, retirando-se dos altares já profanados pela ausência de fraternidade. *A Maçonaria é a religião universal apenas porque abraça, e continuará sendo enquanto abraçar, todas as religiões.* Por essa razão, exclusivamente, é ela universal e eterna. Nem a perseguição nem a má representação podem algum dia destruí-la. É possível que não haja lugar para ela em uma geração de fanáticos; retirar-se-ia por um século; porém, novamente, eis que surge um novo Mestre edificador com a chave do "Palácio Fechado do rei", abre as cortinas, acende as luzes, atiça novamente a tocha do altar sagrado, limpa os entulhos, e, quando contempla, o pavimento de lajedos está tão brilhante como quando veio originalmente das pedreiras da verdade, as joias são de puro ouro e reluzem ao toque, e as grandes luzes permanecem majestosas e intactas. "Quando o aprendiz se acha preparado, surge o mestre." E ainda assim, os homens são tão tolos e vis, a ponto de imaginar que podem destruir esse legado das eras, essa herança dos imortais! Nenhuma era é tão obscura a ponto de eliminar totalmente a Luz da Loja. Nenhuma perseguição é tão sangrenta a ponto de macular seus membros. Não há anátemas de papas tão duradouros que perdurem sequer um segundo no relógio do tempo. Essas razões servem apenas para manter o povo nas trevas e retardar o reino da fraternidade universal. Portanto, a Humanidade – a grande órfã – o verdadeiro Mestre lamenta. Sorri das paixões dos papas ou reis e apieda-se da loucura humana. *Apenas aguarda* indiferente os resultados, sabendo estarem eles sob uma lei eterna; todavia, feliz e condescendente, sempre que, não importa onde, seus ensinamentos alcancem mentes receptivas e encontrem guarida no âmago da fidelidade. Ao longo de eras, reis, papas e sínodos empenharam-se ao máximo em eliminar essa doutrina secreta, excomungando ou queimando seus mestres. **Os jesuítas apossaram-se de suas Lojas, tornando completamente irreconhecíveis muitos de seus graus, deles fazendo um instrumento desprezível a serviço da hierarquia sacerdotal.**

Finalmente, os jesuítas tornaram-se fartos do ouro e insolentes com o poder adquirido, e a Igreja, ao sentir-se ameaçada, destruiu ou baniu os destruidores. Será que o poder em altas esferas irá algum dia desistir ou dar uma trégua em suas guerras? Jamais! Contudo, pode-se ignorá-lo ou desafiá-lo; porém ele jamais permitirá que seus segredos sejam desnudados ou que outro poder maior lhe tome o lugar. Quem acredita em tal benesse leu a história em vão. O Reino Celestial é tomado pela força, mas pela força moral ou coragem moral, e a primeira grande batalha é pela conquista do Eu. O domínio do espírito servil, que, ligado aos ídolos carnais, torna-se cego às verdades do espírito eterno. Aquele que vence essa batalha pode, finalmente, tornar-se *Mestre*.

Com base em tudo o que escrevemos até agora, temos de exigir o retorno de nossos Rituais; não podemos cruzar os braços, admitir que pessoas, e acreditem, as mais ignorantes que já tive o desprazer de conhecer, simplesmente mudem e com toda certeza sem saber absolutamente nada do que estavam fazendo, e outros, ainda mais tolos, assinem suas modificações. No mínimo vislumbravam uma troca de favores pessoais. Porque não é possível que todos concordem com as alterações infundadas que fizeram. Nossos Rituais perderam sua fonte, sua ligação com o eterno.

É comum hoje em dia, em todos os cantos do mundo, e são poucas as exceções, encontrarmos todos os nossos Rituais impressos e à venda para quem quiser comprá-los, e essa é uma ideia que não posso dispensar. Isso foi apenas mais um parêntese.

E já que tocamos, neste capítulo, nos mais diversos nomes das mais diversas religiões,* permitam aprofundar-me um pouco mais, fazendo algumas comparações.

O Plágio Católico

Pecado original, venial ou capital, batismo, confissão, comunhão, céu, purgatório e inferno (...) tudo isso foi adaptação feita pelos bispos romanos, que beberam de crenças básicas das religiões antigas, chamadas de pagãs.** Pagão vem de *paganu*, o homem do

---

* N.E.: A respeito das religiões, sugerimos a leitura de *História das Religiões e a Dialética do Sagrado*, de Leonardo Arantes Marques, Madras Editora.
** N.E.: Sugerimos a leitura de *Paganismo*, de Joyce e River Higginbothan, e *Caminhos Pagãos*, de Gwydion O'Hara, ambos da Madras Editora.

campo* que não possuía religião alguma. Esses campônios serviam de intermediários entre o campo e a cidade e professavam vários credos orientais, fazendo com que o Catolicismo bebesse seus dogmas e ritos. A própria missa também é uma adaptação de cerimônias da Etiópia, do Egito e, ainda hoje, das ilhas da Oceania.

O báculo, a mitra, a dalmática, o pluvial, o ofício dos dois choros, a salmodia, o exorcismo, o incensório suspenso por cinco correntes, podendo abrir-se ou fechar-se à vontade, as bênçãos dadas com as palmas da mão direita sobre a cabeça dos fiéis, o rosário, o celibato eclesiástico, os retiros espirituais, os cultos dos santos, o jejum, as procissões, as litanias, a água-benta, a consagração do pão e do vinho ofertados ao Criador, a extrema-unção, as rezas para os doentes e para os mortos, a manutenção dos mosteiros que honram sua religião, as missões de proselitismo feitas por missionários descalços e desprovidos de dinheiro, tudo isso foi retirado do culto lamaico do Tibete, uma modalidade do Budismo hindu. O ritual, o cerimonial, o aparelhamento católico, nada mais são do que cópias de religiões orientais e do Paganismo, até se sentirem bem fortes para persegui-los em dezenas de sanguinolentas cruzadas, como hereges.

As medalhinhas de santos e santas são imitações do escaravelho da medalha egípcia hieroglífica.

Lembremos que Moisés, Jesus e outros fundadores de religiões eram TOTALMENTE CONTRA a idolatria; no entanto, a Igreja Católica faz disso seu maior comércio, colocando a cruz como tabuleta de reclame.

Como coisa rendosa para seus cofres, o Vaticano não faz outra coisa senão canonizar santos e santas, e isso aos centos, de uma vez, para economizar cera!

A religião de Cristo também foi fundada como todas as demais, sob o culto do Sol, recebendo as mesmas ideias, as mesmas práticas, os mesmos Mistérios: LUZ E TREVAS (João 1: 5).

Todas as festas do Catolicismo têm semelhança com as do Paganismo. E o que fizeram os santos bispos e papas (que são re-

---

* N.R.: O popular "caipira".

presentantes legais do Cristo)? Além de copiarem, começaram a deturpar as palavras latinas usadas nas festas pagãs! Vejam alguns exemplos:

Os pagãos adoravam Baco, conhecido pelos latinos como Líber. Celebravam duas festas, uma chamada urbana, na cidade, e a outra, rústica, nos campos. Para honrar o rei da Macedônia – Demétrio – acrescentaram mais uma, como veremos:

Demétrio tinha sua corte no Golfo de Tessalônica. Pois bem, desse rei fizeram um mártir desse golfo, no ano 303, e o canonizaram como São Demétrio.

Eleutério, que estabeleceu essas festas com denominação de Festim Dionísio, Festim Eleutério, Festim Rusticum, passou a ser Santo Eleutério, e as festas passaram a chamar-se São Diniz, Santo Eleutério e Santa Rústica!

O deus Baco tinha uma amante chamada Aura, e o vento plácido personificava a douçura. Desses termos, fizeram Santa Aura e Santa Plácida!

Os pagãos felicitavam-se com os termos *perpetuum, felicitatum*; os católicos fizeram disso Santa Perpétua e Santa Felicidade!

No Ano-Novo eles usavam a fórmula: *Quid Faustum Felixque sit*; os católicos transformaram isso em São Fausto e São Félix!

Das palavras *Rogare* e *Donare* fabricaram São Rogaciano e São Donaciano!

De Gobineau diz que "a ignorância e mesmo a política apostólica contribuíram para agravar a devoção rústica. Via-se Júpiter com Thor transformado em São Pedro; Apolo, em São Miguel; Wodan ou Marte, em São Martinho; as mães célticas tornaram-se as três Santas Marias; Ísis, a virgem que deve engendrar, assimilada à mãe de Cristo; e, a coisa mais estranha, Buda colocado nos altares cristãos com o nome de São Josafá!

Citando Henri Estienne, apologista do Catolicismo, lê-se: "Há grande conformidade em várias coisas entre os deuses dos pagãos e São Bento, entre as deusas e suas sonatas; não há conformidade da parte dos verdadeiros santos e santas, a fim de que meu dito não seja caluniado; mas sim por parte de seus adoradores. Se bem considerarmos a adoração dos deuses e das deusas pelos pagãos, e a adoração dos santos e santas pelos da religião romana, acharemos completa semelhança, afora o modo de sacrificar. E, assim, do mesmo modo os pagãos se dirigiram a Apolo ou a Esculápio, fazendo desses deuses da profissão de medicina e de cirurgia. Católicos não se dirigem também a são Cosme e a são Damião?

E Santo Elói, o santo dos ferreiros, não ocupará a mesma função do deus Vulcano?

E São Jorge, não dão a ele, os católicos, o título que se dava outrora a Marte?

A São Nicolau, não fazem eles a mesma honra que os pagãos faziam ao deus Netuno?

São Pedro como porteiro não corresponderá ao deus Janus?

Por pouco eles fariam crer ao anjo Gabriel que ele é o deus Mercúrio!

Pallas como deusa das ciências não estará representada em Santa Catarina?

E, em vez de Diana, não têm eles Santo Humberto, o santo dos caçadores?

Idêntico ofício é atribuído a santo Estáquio.

E quando vestem João, o Batista com pele de leão, não será para ofender à vista o deus Hércules?

Não se vê comumente Santa Catarina com uma roda, como se quisessem representar a deusa da fortuna?

Delfos decidia as questões religiosas fabricando deuses, como Roma fabricava santos".

Ora, quem fala assim é um católico de quatro costados!

Qualquer turista pode constatar que na Capela Sistina do Vaticano, por ordem do papa e pelo genial pincel de Michelângelo, veem-se ali agrupadas as sibilas do Paganismo com os profetas do Catolicismo. É que, naquela época, a Igreja Católica ainda vivia dos ensinos dos invisíveis; invisíveis estes que ainda se manifestam no Vaticano, como acontece com as aparições de Pio X, testemunhadas pelos eclesiásticos ali residentes, de cujas inscrições têm-se conhecido aqui fora, apesar da expressa proibição de Pio XI, de serem divulgados esses fenômenos.

Se perguntarmos a qualquer pessoa católica qual foi o grande chefe religioso que, segundo as escrituras, nasceu de uma virgem, escapou da degolação dos inocentes, confundiu os sábios pela precocidade de sua ciência, começou pregando aos 30 anos, foi tentado no deserto pelo Diabo, expulsou demônios, deu vista aos cegos, realizou outros atos milagrosos e ensinou a existência de um Deus supremo de luz, de verdade, de bondade, provavelmente essa pessoa responderá imediatamente: **Jesus Cristo,** pois tal é o ensino dos livros sacros.

Mas se a mesma pergunta for feita para um persa, ele também responderia de imediato: **ZOROASTRO**, pois assim foi a vida desse reformador e o ensino do *Avesta* que existiu milhares de anos antes de Cristo.

Os maniqueístas têm bispos, patriarcas, anciãos, batismo, eucaristia, jejum, ofício com orações cantadas, comemoração anual da morte do seu fundador – Mani –, tal como Cristo.

A Igreja Católica, pela pena de São João Damasceno, na lenda de Barlaão e Josafá, que também foi copiada do *Ramayana*, no século XVII, e da qual La Fontaine* fez a fábula dos *Patos do Mano Philippe*, tomou a virtude búdica como modelo de santidade e, como tal, aceita e aprovada por Gregório XIII, Xisto V, Urbano VIII, Alexandre VII e Pio IX. Tirou igualmente do Apólogo Búdico, por parábolas e contos,** fartos exemplos de moral que foram introduzidos nos seguintes livros da Igreja Romana: *Gesta Romanorum, Vida Sanctorum, Vida Patrum, Disciplina Clericales*, etc.

No rito xintoísta, verifica-se uma completa semelhança com o culto católico. Assim: benzer pedra fundamental, consagrar casa

---

* N. E.: Sugerimos a leitura de *Fábulas de La Fontaine*, Jean de La Fontaine, Madras Editora.
** N. E.: A respeito de parábolas e contos, sugerimos a leitura de *Além do que se Vê* e *Além do que se Ouve*, ambos de Cláudio Roque Buono Ferreira e Wagner Veneziani Costa, Madras Editora.

nova, exorcismo para afastar o espírito da raposa, venda de amuletos, água-benta para a cura de doenças, assistência aos moribundos e preces ante o defunto, preces para chover, preces para ganhar a vitória em combates, culto dos mortos, etc.

Segundo sérios estudos, o Budismo foi escrito cerca de 1.300 anos antes de Cristo. É originado do Bramanismo, religião de Rama (Ba-Rama, Brahma) e foi implantado na Índia, na Pérsia e no Egito, oriundo provavelmente da Atlântida, por se encontrarem vestígios na América, no México, no Norte europeu e na própria África.

A Doutrina Secreta – Os Vedas

"Não vim para abolir as leis dos profetas, mas sim para cumpri-las."
Yeschouá

Os brâmanes da Índia, os hierofantes do Egito, os profetas de Israel, os essênios cabalistas, os gnósticos, os druidas, os cristãos, como ainda todos os filósofos e pensadores, possuíram doutrinas esotéricas, ou melhor, a mesma sabedoria infinita das idades.

O *Livro dos Mortos do Antigo Egito* contém a doutrina esotérica do Egito; a filosofia Yoga, o esoterismo da Índia; a Cabala, a doutrina dos hebreus. E assim por diante.

Pela tradição, ela tem vindo até os nossos dias, embora com certas lacunas e erros, em razão de falsas interpretações.

Os ensinamentos da doutrina arcaica, por sua vez, de acordo com Blavatsky, tem uma origem divina, que se perde na noite dos tempos. E "origem divina" não quer dizer uma revelação feita por um deus antropomorfo, em cima de uma montanha, cercado de raios e trovões, mas, segundo o compreendemos, uma linguagem e um sistema de ciência comunicados à Humanidade primitiva por outra tão adiantada, que parecia divina aos olhos daquela.

Diz-se que, no começo, não havia necessidade de Mistérios iniciáticos. O conhecimento (*Vidya*) era propriedade de todos, e predominou universalmente durante a Idade de Ouro ou Satya-Yuga. Segundo o comentário, "os homens não haviam ainda praticado o mal, naqueles dias de felicidade e pureza, por serem justamente de natureza mais divina do que terrena".

"O verdadeiro maçom é um filósofo prático que, sob símbolos adotados em todas as eras pela sabedoria, constrói em planos traçados pela Natureza e fundamenta o edifício moral do conhecimento." Como Soberano Grão-Mestre de todas as Lojas simbólicas, é seu dever especial auxiliar na restauração da Maçonaria à sua pureza primitiva."*

"Entre todas as nações antigas havia uma fé e uma concepção da deidade para os iluminados, inteligentes, educados, e outra para as pessoas comuns. Os hebreus não fugiam a essa regra."* "Ela (a Maçonaria) é filosófica porque ensina as grandes verdades concernentes à natureza e existência de uma suprema divindade, bem como a existência e imortalidade da alma."(...) "O Universo, que é a palavra de Deus verbalizada, é a extensão infinita. Não há qualquer espaço vazio além da Criação, em nenhum sentido. O Universo, que é o pensamento de Deus pronunciado, jamais deixou de existir, uma vez que Deus jamais esteve inerte."

"Eu, meu próprio Ser, jamais deixei de existir, nem Vós, nem todos os Príncipes da Terra; tampouco haveremos de algum dia no futuro, deixar de ser."

"Todas as coisas emanam de um princípio único e de um amor primitivo, que é o poder que tudo move e tudo governa."

"A Maçonaria ensina e tem preservado, em sua pureza, os dogmas principais da antiga fé primitiva, que estruturam e são os fundamentos de todas as religiões."*

Não há sequer um fato na história que seja mais fácil e completamente demonstrável que a existência da doutrina secreta, ao

---

* N.E.: Trechos retirados da obra *Moral e Dogma*.

longo de todas as eras, entre todos os povos, bem como entre adeptos e mestres, familiarizados com seus ensinamentos e capazes, em maior ou menor grau, de expor seus princípios.

É igualmente demonstrável que essa doutrina secreta foi o real alicerce de cada uma das grandes religiões conhecidas pelo homem; que somente o sacerdote iniciado ou hierofante conhecia as verdadeiras doutrinas, em todos os casos, e apenas essa via de regra, na fase histórica inicial de cada religião.

Outrossim, os livros sagrados de todas as religiões, inclusive aqueles dos judeus e cristãos, foram e são até hoje não mais que parábolas e alegorias da doutrina secreta, transcritas para as massas ignorantes e supersticiosas. Todos os comentários escritos nesses livros sagrados, seja nos de Moisés, nos salmos e profetas do judaísmo, nos Evangelhos gnósticos e cristãos, ou aqueles escritos nos textos sagrados do Oriente – dos *Vedas*, *Puranas* e *Upanishads* – todos eles se tornam ainda mais confusos se lidos por alguém que desconhece a doutrina secreta ou por iniciados que usam todo tipo de expedientes ou ainda tornam parábolas e alegorias muito mais elaboradas.

Ademais, é facilmente demonstrável que a doutrina secreta é originária do Extremo Oriente e constitui a religião da sabedoria primitiva. Seus registros mais antigos foram encontrados na Índia e no Tibete; a partir daí, parece ter se difundido na Etiópia e então no Egito e na Caldeia. Essa rota ou ordem em que se difundiu não é facilmente determinada, com precisão, nem é assunto de todo relevante na presente obra. É encontrada em toda parte, sendo essencialmente a mesma, sempre; apenas seu brilho aparente, parábolas e alegorias que a mantêm oculta diferem entre os diversos povos.

A doutrina secreta ensina o progressivo desenvolvimento de todas as coisas, tanto de mundos como de átomos. Nosso Universo não passa de uma unidade em um número infinito de Universos, todos eles "Filhos da Necessidade", elos da grande cadeia cósmica de universos, cada qual em relação de EFEITO com o que o precedeu e de CAUSA com o que lhe sucede. O aparecimento e o desaparecimento do Universo são descritos como expiração e inspiração do Grande Sopro, que é eterno e que, sendo movimento, é um dos três aspectos do absoluto; os outros dois são o espaço abstrato e a duração.

Fundamentando essa doutrina secreta, havia uma profunda filosofia da Gênese e Evolução dos mundos e do homem. A Humanidade atual, em muitas partes do globo, tem avançado tanto no aspecto do desenvolvimento intelectual, que hoje deve haver um número muito grande de pessoas capazes de compreender essa antiga filosofia e, ao mesmo tempo, de entender a responsabilidade em que incorrem caso façam mau uso ou má interpretação dela. Um grande número de pessoas alcançou, no plano intelectual, a plena capacidade do ser humano, sendo capazes de partilhar o "fruto da árvore do conhecimento do bem e do mal". Por esse motivo, não faz mais sentido manter essa antiga filosofia oculta por mais tempo. Por outro lado, existem razões que tornam sua revelação necessária. O conhecimento empírico fez avanços, expandindo-se em determinadas direções para a área do psiquismo, bem como as artes que em priscas eras eram chamadas de *magia* e, desse modo, torna-se imperativo indicar e demonstrar os perigos inerentes a esse tipo de busca, a fim de que possam ser evitados pelo benemérito, protegendo assim os inocentes e aqueles que desconhecem os malefícios. Poucos parecem perceber toda a extensão das atuais incursões na área do ocultismo ou da antiga magia. Portanto, já está mais do que na hora de a filosofia oriental iluminar a ciência do Ocidente e assim aplicar um golpe mortal no satanismo intelectual, no niilismo espiritual, conhecido por materialismo, e isso, somente a doutrina secreta pode conseguir. Contudo, tal revelação acarreta uma séria responsabilidade.

Para recapitular: "a doutrina secreta foi a religião difundida universalmente no mundo pré-histórico e antigo. Prova de sua difusão, registros autênticos de sua história, uma cadeia completa de documentos, demonstrando seu caráter e presença em cada local, com ensinamentos de todos os seus adeptos importantes, existem até hoje em criptas secretas de bibliotecas pertencentes à Fraternidade Oculta". Quanto ao perigo de revelar o conteúdo dessas doutrinas ao profano, encontramos:

"O perigo era este: doutrinas como a cadeia planetária ou a das sete gerações fornecem indícios imediatos a respeito da natureza setenária do homem, pois cada princípio correlaciona-se a um plano, um planeta e uma geração; e os princípios humanos estão, em cada plano, correlacionados às forças ocultas sétuplas – tendo aquelas dos planos mais elevados um poder tremendo. Ninguém que se intitule 'erudito', não importa em que área de ciências exatas, se permitirá considerar esses ensinamentos seriamente, serão ridicularizados e rejeitados, *a priori*; porém, é chegada a hora em que estudiosos começarão a reconhecer que a doutrina secreta não foi nem inventada nem exagerada, mas, pelo contrário, simplesmente delineada; e, finalmente, que seus ensinamentos antecedem os dos *Vedas*. E, em uma nota de rodapé, leia-se: 'Não se tem aqui nehuma pretensão à profecia, mas simplesmente declarar algo baseado no conhecimento dos fatos'".

Ao falar da fonte da qual se origina a versão atual da doutrina secreta, nosso autor diz, referindo-se ao "velho livro": "Realmente tão antigo, que nossos modernos antiquários poderiam examinar suas páginas durante muito, muito tempo, e, ainda assim, não concordariam plenamente a respeito da natureza do tecido em que foi escrito... O mais antigo documento hebreu de ensinamentos ocultos, o *Siphrah Dzeniouta*, foi compilado dele e isso em um tempo em que o primeiro já era considerado à luz de uma relíquia literária".

A Palavra Perdida é um grande mistério que somente pode ser conhecido em seu inteiro significado pelos iniciados, os quais sempre mantiveram o mais absoluto segredo sobre o assunto. Pensamos que ela poderia estar relacionada ao mistério das regiões sagradas dos deuses no interior da Terra, sobejamente conhecidas pelos grandes filósofos, santos, iogues, etc., homens livres cujas mentes jamais se submeteriam aos aspectos da vida puramente materiais. Helena Petrovna Blavatsky escreve sobre esta possibilidade:

"A grandiosa poesia dos quatro *Vedas*; o *Livro de Hermes*; o *Livro dos Números* caldeu; o *Códex* nazareno; a Cabala dos Tanaïm; o *Sepher Yetzirah*; o *Livro da Sabedoria de Shlômôh* (Salomão); o tratado secreto sobre Mukta e Baddha, atribuído pelos cabalistas budistas a Kapila, o fundador do sistema Sânkhyâ; os Brâhmanes, o *Bstan-hgyur* dos tibetanos; todos esses livros têm a mesma base. Variando apenas as alegorias, eles ensinam a mesma doutrina secreta que, uma vez completamente expurgada, provará ser a ÚLTIMA THULE da verdadeira filosofia, e revelará o que é essa PALAVRA PERDIDA".

"Os dias de Constantino foram o último momento de mudanças na história. O período da suprema refrega que terminou com o mundo ocidental sufocando as antigas religiões, favorecendo as novas, construídas sobre as carcaças daquelas. A partir daí, a vista retrospectiva ao distante, remoto passado, além do 'dilúvio' e do 'jardim do Éden', começou a ser fechada de maneira forçada e inexorável, com a utilização de quaisquer meios lícitos ou ilícitos, a fim de evitar a indiscreta contemplação da posteridade. Todo documento foi bloqueado, todo registro tocado por mãos humanas, destruído."[11]

Esse mesmo Constantino que, com seus soldados, sitiou os bispos, no primeiro Concílio de Niceia, em 325 d.C., ditando, então, os termos de suas deliberações, aplicadas à iniciação nos Mistérios, sendo informado, pelo sacerdote que oficiava as cerimônias, de que nenhuma purgação poderia libertá-lo do crime de ter executado sua mulher ou de seus inúmeros perjúrios e assassinatos. Todo estudioso da história, atento e livre de preconceitos, sabe por que se tem ouvido falar tão pouco a respeito da doutrina secreta, desde a época de Constantino. Uma religião exotérica e a crença em um deus pessoal a difamaram por uma questão de autoproteção; e, ainda assim, oh, que ironia da história!, o verdadeiro Pentateuco a traz oculta em suas entrelinhas e, para muitos estudiosos, seus Mistérios serão revelados.

---

11. Retirado de *A Doutrina Secreta*, H. P. Blavatsky.

Ao tentar compreender um perfil, pelo menos, da doutrina secreta, deve-se ter em mente duas ideias, a saber, **Espaço e Consciência**; a primeira, relacionada a tudo o que é pensamento ou assertiva referente à Natureza e deidade; a segunda, relacionada à deidade, à Natureza e ao homem. Em última análise, tanto Espaço quanto Consciência nos iludem. O que são, *per se*, dificilmente saberemos. Podemos também considerá-los fatos de nossa experiência e, ao analisá-los, estaremos expandindo nossa Consciência e nosso Conhecimento.

"O que era, é e será, se existe ou não um Universo: devem existir deuses ou não? Pergunte ao Catecismo Senzar e a resposta será: Espaço."

Agora, espaço não é Natureza nem divindade. Dele podemos dizer que contém a Natureza ou a Criação e oculta a divindade. É, por conseguinte, o ponto de emanação e o ponto de fuga.

O Catecismo Oculto contém as seguintes perguntas e respostas:

"O que é o que sempre é?" "Espaço, o eterno Anupadaka" (órfão). "O que é o que sempre foi?" "A semente na raiz." "O que é o eterno vaivém?" "O Grande Sopro." "Então, existem três eternos?" "Não, os três são **um**." "Aquilo que sempre é, é **um**; aquilo que sempre foi, é **um**; aquilo que sempre está sendo e vindo a ser, é também **um**: e isso é o Espaço."

"Para a melhor compreensão do leitor em geral, deve-se declarar que a ciência oculta reconhece sete elementos cósmicos – quatro inteiramente físicos e o quinto (éter), semimaterial, à medida que é visualizado no ar, direcionado do quarto ciclo, para reinar supremo sobre todos os demais, durante o decurso completo do quinto. Os dois remanescentes acham-se, até agora, absolutamente além do alcance da percepção humana. Estes últimos, entretanto, surgem como pressentimentos, durante os sexto e sétimo ciclos, respectivamente. Esses sete elementos, com seus inúmeros subelementos (de longe, mais numerosos que aqueles conhecidos pela ciência), são simplesmente modificações condicionais e aspectos do elemento UNITAL e único. Este último, que não é o éter, nem mesmo o *akasa*, mas a fonte destes. O quinto elemento, atualmente defendido com muita ênfase pela ciência, não é o éter, em *Hipothesis*, de *sir* Isaac Newton – embora ele tenha denominado assim, provavelmente por tê-lo associado em sua mente ao *Aether*, 'Pai-Mãe' da Antiguidade. Como Newton diz intuitivamente: 'A Natureza é a artífice perfeita do movimento circulatório; de sólidos gera fluidos, coisas estáveis, de voláteis, e, de voláteis, coisas estáveis. O sutil do bruto e o bruto, do sutil.'... Portanto, é possível que todas as coisas se tenham originado do éter." (*Hypothesis, I,* 675.)[12]

É interessante notar, nessa conexão, que Newton era familiarizado com os escritos de Jacob Boehme,[*] "Teólogo Teutônico", e, entre seus ensaios póstumos, foram encontradas notas e traduções das obras de Jacob. Quanto às "gerações" referentes à citação anterior, é necessário apenas acrescentar, *en passant*, ser uma afirmação da doutrina secreta, que na evolução da Humanidade deverá haver sete gerações,[**] das quais a nossa é a quinta.

Cada geração completa sete ciclos em nossa cadeia planetária, dos quais nossa geração se acha no quarto, com o surgimento esporádico de um "ser da quinta geração". A doutrina secreta ensina não apenas a imortalidade da alma mas também a perfectibilidade da Humanidade por meio da evolução ordenada, na Terra. Essa doutrina diz respeito à evolução geral, que a presente obra toca apenas incidentalmente; é complicada e necessariamente assim.

Jacob Boehme disse:

"Eu reconheço um Deus universal, sendo uma Unidade, e o poder primordial do Bem no Universo, autoexistente, independentemente de formas, que não necessita de lugar para sua existência, imensurável e não sujeito à compreensão intelectual de nenhum ser. Reconheço esse poder como sendo uma Trindade em Um, onde cada um dos três seres, Pai-Mãe, Filho e Espírito Santo, tem o

---

12. Retirado de *A Doutrina Secreta*, H. P. Blavatsky.
[*] N.E.: Sugerimos a leitura de *Jacob Boehme*, coordenado por Robin Waterfield, da Madras Editora.
[**] N.R.: Também denominadas raça-raízes ou civilizações.

mesmo poder. Reconheço que esse princípio ternário preenche de uma só vez, e ao mesmo tempo, todas as coisas; que esta tem sido e continua sendo a causa, o fundamento e o princípio de todas as coisas. Eu acredito e reconheço que o poder eterno desse princípio causou a existência do Universo; que seu poder de certa forma comparável a um hálito (alento) ou palavra (o Verbo, o Filho ou o Cristo) radiou de seu centro, produzindo os germes dos quais surgiram as formas visíveis, e que neste alento exalado ou Verbo (o *Logos*) está contido o céu interno e o mundo visível com todas as coisas existindo dentro deles".

Aqui temos um fato importante que é a Tríade Primordial, presente em todas as religiões até hoje conhecidas (bramânica: Brahma, Vishnu e Shiva; egípcia: Osíris, Ísis e Hórus; budista mahayánica: Amithaba, Avalokitezvara, Mahastarnaprata; zoroastriana: Mitra, Hariman e Ormuz; cristã: Pai, Filho e Espírito Santo).

Existem três proposições fundamentais que representam os alicerces da doutrina secreta. O primeiro, um princípio onipresente, eterno, infinito e imutável a respeito do qual toda especulação é vã, uma vez que este transcende a capacidade de concepção humana e apenas seria aviltado por meio de qualquer expressão ou similitude humanas. Situa-se além da amplitude de alcance do pensamento humano – nas palavras de Mandukya, "impensável e inefável". Essa causa eterna e infinita – palidamente formulada no "inconsciente" e "incognoscível", da atual filosofia europeia – é a raiz sem base do "tudo que era, é ou sempre haverá de ser". Em sânscrito, é o *Sat*. Essa "condição de ser" é simbolizada, na doutrina secreta, sob dois aspectos:

De um lado, o Espaço Absoluto abstrato, representando a pura subjetividade, algo que nenhuma mente humana pode excluir de qualquer concepção ou concebê-lo por si mesmo.

De outro, o Movimento Absoluto abstrato, representando a "Consciência Incondicional". "Espírito (ou consciência) e matéria não devem, contudo, ser considerados realidades independentes, mas as duas facetas ou aspectos do Absoluto, o qual constitui a base do ser condicionado, quer subjetivo ou objetivo." "Considerando-se esta tríade metafísica" (a única realidade, espírito e matéria) "como a raiz da qual procede toda manifestação, o 'grande Sopro' assume o caráter da idealização pré-cósmica" (em *Mundo das Divinas Ideias*, de Platão).

"Representa a *fons et origo** da força e de toda consciência individual e fornece a inteligência mentora, no vasto esquema da evolução cósmica. Por outro lado, a substância-matriz pré-cósmica (*mulaprakriti*) é o aspecto do Absoluto que fundamenta todos os planos objetivos na Natureza." O segundo dos três postulados da doutrina secreta é: "A eternidade do Universo *in toto*, como um plano infinito: periodicamente 'o imenso cenário onde um número incontável de universos manifesta-se e desaparece ininterruptamente', chamado de 'estrelas manifestas' e 'centelhas da eternidade'. 'A Eternidade do Peregrino' (a Mônada ou Eu do ser humano) é como um piscar do olho da autoexistência. 'O nascer e o desaparecer de mundos é como o movimento das marés em seu fluxo e refluxo.'"

O terceiro postulado é: "A identidade fundamental de todas as almas com a Alma-superior universal, esta última, um aspecto em si da raiz incógnita; e a peregrinação obrigatória de cada alma – uma centelha da matriz – por meio do ciclo de encarnação (ou necessidade) de acordo com a lei cármica e cíclica, durante seu tempo íntegro". (...) "A doutrina centralizada em seu eixo, da filosofia oriental, não admite quaisquer privilégios ou talentos especiais no homem, salvo aqueles obtidos por seu próprio ego, mediante esforço e mérito pessoal ao longo de uma série de metempsicoses e reencarnações."[13]

Toda alma deve "desenvolver sua própria salvação" e "tomar o Reino do Céu pela virtude". A salvação pela fé e a expiação vicária não foram ensinadas, segundo a atual interpretação, por Jesus, nem são tais doutrinas ensinadas nas escrituras exotéricas. São perversões indoutas posteriores às doutrinas originais. Nos primórdios da Igreja, assim como na doutrina secreta, não havia um Cristo para toda a Humanidade, mas um *potencial* Cristo em cada ser humano. Os

---

* N.R.: Fonte e origem.
13. *A Doutrina Secreta*, "Introdução", H. P. Blavatsky.

teólogos criaram inicialmente um fetiche da divindade impessoal onipresente e, então, arrancaram o *Christos* dos corações de toda a Humanidade, para deificar o homem Jesus; assim, poderiam ter um Deus-homem tipicamente criado ao seu estilo!

Todos os Antigos Mistérios encarnavam a verdadeira doutrina, que era conhecida dos primeiros cristãos. A Maçonaria, não corrompida pelos discípulos de Loyola,* também a conhece desde sempre.

O princípio Imutável, mencionado na primeira proposição, chama-se, na Cabala, *Ain Soph*; a palavra *Ain* significa "nada". Este não é Jeová, Adonai, nem o Grande Arquiteto do Universo, uma vez que não é Criador, em si, porém a *causa* da criação ("Causa sem causa").

Os "criadores" (plural) judeus são *Elohim*; as "primazias e poderes". Nessa concepção da divindade, acha-se o segredo do *Nome* INEFÁVEL, isto é, INCÓGNITO. A Palavra Perdida é, para o Mestre que a conhece e sabe "pronunciá-la", aquilo que o *Logos* ou poder criador é para o INCÓGNITO. Portanto, o verdadeiro Mestre cria e, nesse sentido, é um deus. Este assunto será abordado mais detalhadamente associado aos sete princípios da natureza humana.

A segunda proposição – a eternidade do Universo *in toto* – revela a lei dos ciclos e a obra "incessante" da criação.

Em outras palavras, o processo da criação nunca teve princípio e jamais terá fim. Existe uma eterna sucessão de universos. Mundos e sistemas solares nascem e morrem continuamente.

Cada sol, estrela ou sistema solar tem um período de atividade e um de repouso; emana do todo e único e para ele é atraído de volta. Esses períodos são chamados de "Dias e Noites de Brahman".

A ideia de um deus com virtudes e paixões humanas, que fez a Terra a partir do nada, em seis dias, é suficientemente miraculosa e infantil para aqueles que estão prontos a queimar todos os que não aceitam sua interpretação.

Dotar um deus do poder de realizar algo impossível e inconcebível era considerado a atribuição de honra suficiente.

---

* N.E.: Sugerimos a leitura de *Os Exercícios Espirituais de Inácio de Loyola*, Madras Editora.

A lei da periodicidade é o corolário necessário da ordem dos eventos e passagem do tempo. Os movimentos rítmicos, ordenados e harmoniosos no espaço estabelecem nosso conceito de tempo, quanto à sua rapidez, lentidão, frequência, regularidade, etc. O ouvido é um órgão temporal e a propriedade básica do éter é o som. O conceito da periodicidade ou lei dos ciclos é simbolizado na Maçonaria de muitas maneiras. Nos três, cinco ou sete anos de peregrinação ou penitência; nos sete anos de abundância e sete de carência; nos "12 inferiores" e "12 superiores"; no chamado dos membros da Obra para a pausa revigorante, e várias outras.

No terceiro postulado temos a "identidade fundamental de todas as almas com o Único", que alicerça a fraternidade eterna e universal do homem e constitui a base de toda a teoria da evolução humana.

Quando essas doutrinas forem compreendidas com clareza, será observado que estão muito à frente de qualquer moderna teoria evolucionista, embora seguindo linhas de raciocínio, de certa forma, similares. Nelas, irá se descobrir que o plano integral da evolução cósmica e humana já foi desenvolvido há muitas eras. Pitágoras e Platão encontraram a total revelação dessas doutrinas nos Mistérios. O Irmão Pike diz repetidamente que elas foram, com frequência, muito mais desfiguradas que compreendidas, e jamais transcendidas em tempos modernos. A Maçonaria baseia seu caráter, inspiração, grifos e tradições nessa filosofia, conforme era ensinada nos Mistérios. Como deve ser triste para a Maçonaria, em uma atitude míope e servil, permitir que suas grandes tradições, sua inestimável herança, sejam aviltadas e submetidas a interpretações ilógicas, baseadas em registros que estavam apenas em seu começo, e, antes de serem desfiguradas pela falta de conhecimento ou pela ambição, eram apenas uma alegoria das verdadeiras doutrinas, elaboradas por "aqueles que sabiam" para as massas incultas, que buscavam um sinal e jamais puderam ir além do fetiche. Isso é como trocar um belíssimo diamante por um bloco de barro comum. Irão os maçons agora completar o desatino, tentando convencer a si mesmos e aos outros que o barro é o único diamante?

Raramente percebemos quanto nossa ideia a respeito de Deus permeia todos os nossos pensamentos e ações. A concepção tosca e desinformada de um deus personificado resulta mais frequentemente no medo servil, de um lado, e no ateísmo, de outro. Nas palavras de Carlyle, isso é "um deus ausente, que nada mais fez desde os seis dias da Criação, além de ficar sentado alheio, apenas observando os acontecimentos!" Essa concepção de Deus carrega consigo, é claro, a ideia da Criação como algo já concluído em algum momento no tempo; quando, na verdade, isso é um processo que não tem começo nem fim. O mundo – todos os mundos – está sendo "criado" hoje, tanto quanto em qualquer outro período no passado. Até mesmo a aparente destruição de mundos é um processo de criação ou evolução, que emana do íntimo do absoluto e cumpre seu curso cíclico; o dia alternando-se com a noite, no plano físico aparente, sendo novamente *sugados* para o plano invisível, somente para reemergir após uma noite mais demorada e, então, recomeçar tudo, agora em um ciclo evolutivo mais elevado. Teólogos tentaram em vão associar a tese da *imanência* com a da personalidade, e acabaram criando um jargão de termos e uma conceituação ainda mais confusa. Um absoluto pessoal Ele não é, exceto em poder. Deus não *pensa*, mas é a *causa* do pensamento. Deus não *ama*, Ele é o amor, em seu sentido perfeito ou absoluto, e assim é com todos os atributos divinos. Deus é, por conseguinte, o *Logos* oculto, a "Causa sem causa", a "Origem sem origem". Deus jamais manifesta a Si mesmo (para ser visto pelos homens). A Criação é a Sua manifestação: e, como esta não está concluída e jamais o será, visto que nunca teve um princípio, existe um poder oculto ou misterioso que a estrutura e projeta-se além de toda a Criação, que é o eterno Deus. Outrossim, o espaço é o símbolo mais perfeito dessa *ideia* da divindade, pois se encaixa em todos os nossos conceitos, além de ser a base de tudo que vivenciamos. É impenetrável, não podemos defini-lo nem excluí-lo de um simples pensamento ou experiência. É ilimitado, infinito, insondável, incognoscível: está em tudo, acima de tudo e através de tudo. Sabemos que existe: e isso é tudo o que sabemos a seu respeito.

Mas essas não são exatamente as mesmas qualidades que atribuímos à deidade infinita e absoluta? E todas são *negações*? Deus, de acordo com a Cabala, é *Nenhuma Coisa*. Um teólogo, porém, iria se apressar em dizer que isso é puro panteísmo. Não é mais panteísmo que ateísmo, pois, como já demonstramos, o *Ain Soph* é anterior e posterior à Criação ou Cosmos. Não é Deus por dedução ou derivação da Natureza, mas precisamente o oposto; a Natureza que se origina em Deus e, ainda assim, Ele permanece "o mesmo ontem, hoje e sempre" – o IMUTÁVEL. A estabilidade da Natureza baseia-se na imutabilidade de Deus. Ele jamais se cansa, não fica exausto ao fazer Sua Obra nem precisa de descanso. Essa concepção era tão humana quanto pueril e talvez tenha origem na lei cíclica da Cabala, que menciona os "dias e as noites do Brahman", os "manvantaras e pralayas," ou períodos de "inspiração" e "expiração", nos ciclos evolutivos.

Daí, portanto, a parábola ensinada aos leigos ou aos profanos, que cita o descanso de Deus, após fazer Sua Obra. Se o leitor parar, só por um momento, para refletir a respeito de seu próprio processo respiratório, vai descobrir que a inspiração (inalação) e a expiração (exalação) são processos iguais e ativos, embora bem diferentes, sendo cada um deles o oposto do outro: cada um, por sua vez, é a causa do outro. Pare um e o outro também cessará. Quanto mais refletimos a respeito do símbolo do *grande Sopro*, que é a Criação, mais entendemos não só a Natureza eterna mas também nosso próprio ser.

Todavia, pode-se perguntar: deve o homem ser privado de toda ideia de personalidade, exceto de sua própria? De forma alguma. Deus é o autor do ser, é o autor da personalidade. Personifica a Si mesmo, ou seja, expressa Seu poder, Sua personalidade, por meio do homem. A mão da providência é sempre uma mão humana. A Humanidade é tanto veículo quanto agente do que o homem chama de Providência Divina.

A Humanidade, *in totum*, é a única personificação de Deus; e o *Christos* é a realização ou perfeição de Sua divina *persona* na experiência consciente individual. Quando se atinge essa perfeição, obtém-se o estado denominado *Christos*, segundo os gregos, e *Buddha*, para os hindus. Logo, Cristo é Uno com o Pai. "Sede vós perfeitos, como Vosso Pai no Céu o É."

    Humanidade *in totum!* Que é isso? Isso se refere às atuais gerações? Ou a qualquer era passada ou futura? Apenas a essas? A Justiça governa o Universo e é o fundamento de toda Lei. A Justiça é o "reino", a "permanência" da deidade. Humanidade, portanto, significa *todos os seres humanos já nascidos, em qualquer era, ou que venham a nascer em eras vindouras, neste Planeta.* Todos estão "na palma de sua mão". Um Deus, uma lei, para todos! Fora disso, não existe nenhuma justiça.

    E caso sua aplicação se faça necessária, ela ocorrerá de acordo com as ações praticadas pelo indivíduo; se for fato que "o ser humano colhe aquilo que plantou", a única dedução lógica é que a lei governa as ações e determina resultados em conformidade com a justiça absoluta. E isso, a Cabala, a doutrina secreta, a Maçonaria e todos os textos sagrados ensinam em toda parte. Considerando símbolos a coisa simbolizada, os homens criaram contradições a partir de detalhes, elaborando um sistema de recompensas e punições finais, associando-as aos atos da vida temporal; e alegavam ser seus *desatinos* e *injustiças* condicionados a punições eternas. O resultado é ateísmo e materialismo, uma vez que o ser humano tem um instinto, que é parte de sua herança divina, e esse instinto é um sentido inato de justiça. Destrua isso, e o resultado será o ateísmo, puro e simples. A destruição do senso de justiça fragmentou as Igrejas e foi a origem do materialismo atual. É fato que o materialismo não é um resultado lógico, mas é o real. Logicamente, a questão não se coloca entre um Deus injusto e nenhum deus, porém entre um deus que é inconcebível, porque injusto, e outro Deus que é concebível, por ser justo e, portanto, emana da suprema razão.

    Todavia, esse conceito filosófico de divindade tem outro ponto de apoio ainda mais amplo. Diz respeito não apenas à vida pessoal do ser humano, como determinam as relações com seus pares. É à base da ética e, além disso, coordena toda a sua experiência e conhecimento, o que leva à verdadeira sabedoria. "Conhecer Deus é a Suprema Sabedoria."

Teólogos modernos insistirão na tese de que essa visão destrona Cristo. Como resposta a tal objeção, dizemos que nenhuma concepção diferente torna a Humanidade órfã. É muito mais importante que o ser humano se empenhe em atingir o estado crístico do que se devote apenas à crença de que Jesus era Cristo. Se o estado crístico não puder ser atingido por ao menos um ser humano durante todo o ciclo evolutivo de sua geração, então a evolução do homem é uma farsa e a perfeição humana, uma impossibilidade.

Jesus não é menos divino porque todos os homens podem alcançar a mesma perfeição divina. Novamente, surgirá outra objeção: "Não há nenhum outro nome sob os Céus ou entre os homens, a quem podeis implorar por vossa salvação". Este, porém, é o nome inefável, que todo Mestre deve possuir e vir a ser, e *salvação e perfeição são sinônimos*. Também já se demonstrou que cada ato no drama da vida de Jesus, bem como todas as qualidades atribuídas a Cristo, devem ser encontrados na vida de Krishna e na lenda de todos os Deuses-Sol, a partir da mais remota Antiguidade.

O aspecto que o cristão ortodoxo irá lançar mão para opor-se a essa tese não é pelo fato de que destrona ou degrada Cristo, mas por refutar a ideia de Cristo como sua posse exclusiva e negar que todas as demais religiões são menos divinas que a sua. Adotamos, para com nossas religiões, a mesma atitude egoísta em que incorremos em relação aos nossos outros bens, tais como cônjuge, filhos, casas, terra e país. Vemos esse mesmo espírito sectário em nossa política e isso, mais que qualquer outra coisa, parece justificar que o egoísmo generalizado se engaje contra a fraternidade do homem e evite a fundação da "grande República, composta por muitas nações e todos os seres humanos". Essa concepção da irmandade universal, que era uma doutrina fundamental nos Antigos Mistérios – já que está envolvida no primeiro postulado da doutrina secreta, e claramente exposto no terceiro, e à qual é atribuída uma posição de extrema importância na Maçonaria –, é a dedução lógica do nosso conceito de divindade e da natureza essencial e significado do *Christos*. A Humanidade *in totum*, conforme já explanado, é a personificação do divino na Criação, e a ideia da justiça exata e universal é favorecer cada indivíduo, em todas as miríades que constituem a Humanidade, de forma equânime. Na concepção divina, não há favoritos; a Justiça de Deus, em seu pleno sentido coletivo, implica a justiça interpessoal entre os seres humanos. Esse princípio de justiça é uma lei universal, e o princípio da irmandade e a perfectibilidade da natureza humana, por meio da evolução, precisam da reencarnação. O número de almas que constituem a Humanidade, embora praticamente incontável, é, não obstante, definido. Logo, a doutrina da preexistência, ensinada em todos os Mistérios, aplica-se a "cada criatura nascida de um ventre de mulher", sendo todas as condições de cada vida determinadas pela encarnação anterior. Portanto, a paternidade de Deus na personificação da divindade, entre a Humanidade, inclui a fraternidade universal e incondicional do ser humano.

Os verdadeiros Mestres, em todas as eras, por conhecerem isso a partir do que aprenderam nos Mistérios da iniciação, sempre foram inimigos de autocratas, oligarquias e de todas as formas de opressão, quer eclesiásticas ou políticas. **Os maçons são ensinados a obedecer às leis dos países em que vivem. Não são agentes da revolução mas da evolução.** Um maçom não tem nação, seu país é o planeta Terra e seu povo é a Humanidade. Por meio da informação e persuasão, podem colaborar efetivamente para reformar uma nação ou Igreja. A verdadeira república é o resultado da irmandade, e uma autoridade zelosa, da Igreja ou do Estado, irá naturalmente se opor à difusão de doutrinas que tendem a libertar e esclarecer o povo.

É verdade, contudo, que todos os Mestres ou adeptos podem não ser esclarecidos ou prudentes em igual medida.

Místicos como Jacob Boehme, adeptos como St. Germain, maçons como De Molay, filósofos como Giordano Bruno ou outros agentes da Grande Loja (Grande Fraternidade) procuraram apenas instruir e esclarecer a Humanidade.

A plebe era surda às suas doutrinas e apelos, e voltou-se contra eles, como lobos vorazes.

"Por não ter a Maçonaria se acovardado, mas defendido os ideais de **Liberdade e Igualdade de direitos**, rebelando-se contra a tirania espiritual, teve suas Lojas proscritas em 1738, por um decreto dos Estados da Holanda. Em 1737, Luís XV as proibiu na França. Em 1738, o papa Clemente XII emitiu contra ela sua famosa Bula da Excomunhão, prorrogada por Benedito XIV; e, em 1743, o Concílio de Berna também a proibiu."[14]

"A Maçonaria tem a mais vívida lembrança dos tormentos terríveis e fictícios, usados para destruir novas formas de religião ou extinguir as antigas. Ela guarda na memória o extermínio cruel de pessoas de todas as idades e sexos – apenas pela desgraça de não conhecerem o deus dos hebreus, ou por cultuarem-no sob nome errado – perpetrado pelas tropas selvagens de Moisés e Josué. Como esquecer os parafusos de orelha, os cavaletes de tortura, o açoite, a forca, o pelourinho, as vítimas de Diocleciano e Alva, os miseráveis adeptos da aliança, os não conformistas, Servetus queimado e o inofensivo membro da seita Quaker enforcado. A Maçonaria ainda vê as cenas de perseguição a Pedro e Paulo, o martírio de Estêvão, os interrogatórios de Inácio, Policarpo, Justino e Ireneu; e, então, por sua vez, o sofrimento dos pobres pagãos, sob o jugo dos imperadores cristãos, bem como o dos papistas, na Irlanda, sob Elizabeth e o presunçoso Henrique; a virgem romana, nua, diante dos leões esfomeados; a jovem Margaret Graham, amarrada a uma estaca, colocada na marca da maré vazante, para afogar-se, cantando hinos a Deus até que as águas revoltas da maré cheia a cobrissem totalmente; e fatos assim ocorreram em todas as eras, da fome à nudez, ameaças e prisões, cavaletes e instrumentos de tortura, o pelourinho, a espada; e, ao recordar essas cenas terríveis, sente-se estremecer diante do longo rol de atrocidades humanas. Vê a opressão que ainda é praticada em nome da religião – homens

---

14. Retirado de *Moral e Dogma*, p. 50.

assassinados em uma prisão, na Itália cristã, por terem cometido o pecado de ler a Bíblia cristã; em quase todo Estado cristão, as leis proíbem a liberdade de expressão, no caso de assuntos relativos à cristandade, e a forca estende seu braço sobre o púlpito."

"As fogueiras de Moloch, na Síria, as severas mutilações em nome de Astarte, Cibele e Jeová; as barbáries dos torturadores pagãos imperiais; os tormentos ainda mais repugnantes, que os cristãos góticos romanos, na Itália e Espanha, causavam a seus cidadãos; as crueldades diabólicas que Suíça, França, Holanda, Inglaterra, Escócia, Irlanda e América têm testemunhado ainda não são tão terríveis, a ponto de alertar o homem a respeito dos males inenarráveis, decorrentes de erros e enganos em matéria de religião e, especialmente, do perigo em cultuar um deus do amor – dotado de paixões vingativas e cruéis, em sua Humanidade pecadora – que faz o sangue ter um doce aroma em suas narinas e os gemidos da agonia soarem deliciosos aos seus ouvidos."

"O homem jamais teve o direito de usurpar a não exercida prerrogativa de Deus e condenar e punir outros por suas crenças."[15]

Todos os homens são Irmãos, segundo todas as leis da Natureza e pelo verdadeiro ser de Deus. Mas, enquanto a religião definir a heresia como crime, ou idealizar um Deus com atributos humanos, "a atitude desumana entre os homens" vai continuar a causar o "luto de milhões sem conta" e a ter uma razão para desafogar todas as paixões diabólicas, justificadas por sua ideia de Deus. Contudo, alguns dirão que isso tudo é coisa do passado. A Humanidade, especialmente em países cristãos, já superou essas relíquias da barbárie. Ai de mim se isso fosse mesmo verdade! Não afogamos, queimamos ou torturamos fisicamente, mas, para o sensível, é tal qual uma espécie de tortura sutil o escárnio, o desprezo, a ridicularização e o ostracismo, na calúnia e difamação do caráter. Será que hoje estamos mais próximos da genuína fraternidade do que estávamos há um século? Ou apenas sofisticamos nossas crueldades e

---

15. Transcrito de *Moral e Dogma*, p. 162 e ss.

simplesmente disfarçamos as garras do tigre? O supremo egoísmo e a ganância implacável não se acham nas entranhas da competição? Os membros dos sindicatos em geral não estão se encarando de forma ameaçadora, como bestas selvagens em jaulas? Ah, meu Irmão, não estamos nem um pouco livres da barbárie; afinal de contas, faz uma enorme diferença a ideia que nutrimos a respeito de Deus e no que baseamos nossa ética. Uma ideia da moderna Teoria da Salvação é a autopreservação. Precisamos ser salvos, não importa se todos os demais forem condenados. E a competição e o egoísmo, em todos os níveis, são os resultados legítimos.

A Maçonaria não prega uma nova religião, mas reitera o novo mandamento, anunciado por Jesus, o qual também foi anunciado por todo grande reformador da religião, desde os primórdios da história. Retire os percevejos teológicos da religião de Jesus, conforme ensinada por Ele, pelos essênios e gnósticos dos primeiros séculos, e ela se torna a Maçonaria. A Maçonaria em sua pureza, fundamentada na antiga Cabala dos hebreus, como parte da grande sabedoria-religião universal, da mais remota Antiguidade, que representa dignamente a fraternidade incondicional e universal do homem, o tempo todo, em todas as eras. Cristianizar a Maçonaria, ou ajustá-la aos limites sectários de qualquer credo, é não apenas aviltá-la e impedir seu crescimento, mas também criar inevitavelmente, como entre as seitas beligerantes, religiões que resultaram em lutas fratricidas, ao jogar Irmão contra Irmão, Loja contra Loja, e, no fim, desaparecer. Este é um dos significados mais claros da lenda da Palavra Perdida.

O véu mais sutil, sobre o sublime mistério do nome inefável, é fraternidade e amor! Esta é a Luz do *Logos*.

A densa escuridão que paira, como um véu de trevas, sobre o *Shekinah* é o egoísmo e o ódio. Muito embora tenha sido assim, e assim haverá de ser, até que o amor fraterno, a compaixão e a verdade reinem universalmente nos corações de toda a humanidade. Os refinamentos da chamada civilização não alteram a natureza essencial do ser humano. Nas entranhas dessa dualidade, há um anjo ou demônio, adormecido ou desperto, um deles sempre acorrentado, pois ninguém pode servir a dois senhores.

A Doutrina Secreta – Ciência e Religião

*"Tudo vem de Deus. Nada pode emanar
de qualquer outra parte..."*
Cabala

A ciência e a religião (Teologia) estão em eterno conflito, no Ocidente, e hoje muito mais forte no Oriente (Islamismo). O caráter das religiões ocidentais considera a fé e o milagre seus fundamentos dogmáticos. A ciência adota como seus ideais o fato e a lei. Essa filosofia religiosa é necessariamente ilógica, ao passo que a ciência é materialística e, graças a ambas, a raça humana está tão longe de qualquer real conhecimento da natureza e do destino da alma quanto há mil anos. É um conflito que existe há muito tempo; é uma guerra contra a morte; tanto a religião quanto a ciência estão sendo reformadas e, assim que a batalha terminar, veremos que nenhum dos campeões originais existe, exceto em sua progênie de linhagem duvidosa ou paternidade adventícia.

Já houve algumas tentativas de reconciliação, sempre descartadas. A teoria ou "hipótese funcional" da ciência é mecânica até o último grau: matéria, força, movimento e lei sem uma inteligência subjacente. Diz-se que a matéria é essencialmente inanimada, inerte, sendo a mente considerada o resultado da combinação e agregação, conhecida por "organização". A evolução é tida como o resultado da modificação e aprimoramento, pelo uso e seleção, sendo o incremento transmitido geneticamente. Em outras palavras, autonomia.

A teoria da religião é a de um Deus personificado e uma criação arbitrária e igualmente mecânica, embora miraculosa; sua revelação é igualmente miraculosa; segundo ela, as almas são criadas conforme o capricho arbitrário da deidade, com a cooperação acidental do ser humano, mesmo quando há transgressão da Lei Divina. Fala-se de leis, mas admite-se sua anulação pela vontade (capricho) de Deus. É verdade que nem a ciência nem a religião formularam seus credos precedentes; no entanto, elas são deduções claras dos postulados assumidos, a resultante lógica de uma natureza desprovida de inteligência; e um Deus que cria leis somente para anulá-las, ao Seu bel-prazer! A reconciliação entre ciência e religião, portanto, torna-se impossível porque cada uma delas é a contradição de si mesma.

Uma reconciliação ocorreu na doutrina secreta, há muitas eras.

A prístina religião da sabedoria universal era científica, na plena acepção do termo, pois, estruturando tanto a Ciência quanto a Religião, estava a Filosofia, que conhecia os processos ordenados da natureza eterna, sem quaisquer "elos perdidos" na evolução, nem caprichos ou contradições, em qualquer ponto do Cosmos.

O primeiro postulado da doutrina secreta, já referida, estabelece a firme fundação dessa antiga Filosofia.

Um princípio onipotente, eterno, infinito e imutável, ambivalente e coextensivo ao espaço: em tudo, por meio de tudo e acima de tudo: a divindade imanente na Natureza: o espelho da eterna causa e resultado, cada um deles, sem princípio ou fim, alternando-se pela eternidade!

A lei na Natureza é a indestrutibilidade, a imutabilidade do divino ser. A inteligência na Natureza é a harmonia da ordem divina.

Logo, o "reino", a "fundação", a "coroa", a "beleza" da séfira cabalística ou atributos divinos do *Ain Soph*, o ilimitado. A doutrina da emanação, ensinada por Platão e praticada pelos gnósticos e primeiros cristãos, legou a chave da evolução cósmica e humana. Plotino disse: "Deus não é o princípio dos seres, mas o princípio dos princípios". A substância, energia, lei, vida e inteligência universais são, todas elas, emanações ou manifestações do princípio único.

Isso não é panteísmo mas puro e genuíno teísmo.

O todo é único e esse único é divindade. Spinoza chegou, talvez, mais perto que ninguém da verdade, desde os dias dos antigos iniciados.

Todo átomo da matéria, assim como todo "ponto" no espaço, é pleno de divindade.

Não há uma referência temporal nem espacial que expresse onde Ele (o Isso) não esteja. Os sacerdotes-iniciados, entre os hebreus, conheciam essa doutrina, aprendida por eles no antigo Egito ("Moisés era versado em toda a sabedoria dos egípcios"), e nem Jeová nem Adonai eram o inefável ou o ilimitado.

Aqui, no primeiro postulado, acha-se a plena reconciliação entre Ciência e Religião. Por meio da divina imanência na Natureza e permeando tudo, no espaço dos enigmas, cada átomo da matéria recebe o dom da vida, inteligência e o compromisso com a Lei. A evolução é a formação, transformação e reformação, em sequência infinita, mediante um processo em que os postos avançados da Criação são continuamente atraídos para o alto, em direção ao centro da divindade. Ou seja, o espaço envolve a divindade e evolve o Cosmos. No núcleo de cada átomo ou Sol vive a divindade (unidade); na circunferência, revela-se a natureza (diversidade), e estas duas sempre estão no princípio único e uno.

Como pode qualquer mente racional deixar de perceber nessa filosofia uma completa reconciliação entre Ciência e Religião é algo difícil de entender.

No princípio, quando o mundo emanou, ou começou a manifestar-se visível, o espaço tornou-se *túrgido* (chamado de "coalhos" ou "coágulos", na antiga cosmologia hindu) de substância. O invisível tornou-se visível. Esta é a "matéria" *prima*, denominada *akasha*. Na vertente da energia, coincidente com essa turgidez (precursora da "nebulosa"), o "movimento abstrato absoluto, que representa a consciência incondicional", um dos dois *aspectos* do estado de ser – a energia potencial latente torna-se ativa. A consciência latente torna-se a concepção cósmica. Essa energia primal é chamada *fohat*, "o misterioso elo entre mente e matéria, o princípio calórico que faz a vida pulsar em cada átomo". Agora temos matéria, força e movimento, em que a lei é a inteligência-guia (ativa) e a consciência (latente), como concepção cósmica, revela o plano; e tudo em perfeita harmonia, evoluindo a sinfonia da criação. É claro que aqui só podemos apresentar essa cosmogênese, em linhas gerais.

O "torvelinho de fogo" é a poeira cósmica incandescente. (...) Contudo, essa poeira cósmica é alguma coisa a mais: porque cada átomo do Universo traz em si a potencialidade de sua própria consciência e, em última análise, como as mônadas de Leibnitz, é um Universo em si mesmo e *por* si mesmo. *É um átomo e um anjo...* Fohat é uma coisa no Universo manifestado, e outra coisa no mundo fenomenal e cósmico. Neste último, ele é aquele poder oculto, elétrico e vital que, sob a vontade do *Logos* criador, une e relaciona todas as formas, dando-lhes o primeiro impulso (...) força que une os átomos elementais e faz que se aglutinem e se combinem entre si.

Temos, então, *akasha*, como a substância universal e *fohat*, como energia universal, guiadas pela inteligência, com apoio da consciência, e as raízes de todas, no *Ain-Soph* oculto, o incognoscível. O professor Crooks deu um grande passo nesse sentido, em sua excursão metafísica em busca da "origem dos elementos" ao apresentar seu postulado em *Protyle*. Abordou com mais profundidade a chave setenária, na ordem da emanação dos chamados elementos conhecidos da ciência moderna. Seria impossível em uma obra como esta, além de estar fora de nosso foco, assumir a tarefa de traçar o processo que ocorre, há milhões de anos, de evolução de um planeta; como a turgidez dá origem a uma substância mais densa, ao "entrar em combustão" por causa do atrito (*fohat*) e como a "névoa-ígnea" esfria e solidifica-se em matéria, em nosso plano. Embora pareça um caos, essa é a formação e a ordem do Cosmos, tanto quanto podemos compreendê-la, no estado atual de nosso planeta, a Terra. O verdadeiro caos no espaço é, no entanto, o Cosmos potencial, latente ou criação adormecida. Rastreando esse processo de formação de mundos, a partir do "princípio", o *único* (negativo), o espaço abstrato e o movimento abstrato absoluto (o *nome inefável* ou deidade, que ainda se acha em posição posterior a estes, "incógnito" e jamais manifestado), agora se torna *ativo* e aqui ocorre a primeira "manifestação"; uma dualidade: "Pai-Mãe"; espírito e matéria; consciência e inteligência. A partir de uma dualidade latente ou potencial espaço e movimento, surge uma dualidade ativa manifestada. Considerando-se latência como o único, o *Logos* original, temos então a primeira tríade ou o "Segundo *Logos*". À medida que a diferenciação continua, a primeira tríade torna-se o módulo. *Fohat* (essência ígnea) "atiça o fogo", põe as "engrenagens" (átomos) em movimento e a concepção cósmica (consciência latente tornando-se ativa) agora dá forma à substância evolvente. Ao simbolizar isso, temos a primeira tríade refletindo-se na matéria, sob a forma de um triângulo duplo,[16] ou quadrado perfeito, com o nome inefável *inscrito no primeiro triângulo*; com o qual os três refletidos se tornam seis e com a adição do nome chega-se à primeira setenária. Isso é a nota tônica de tudo o que vem a seguir; o tom, o ritmo e a harmonia da Criação: a primeira oitava na melodia da Estrela Dalva. A primeira setenária no espectro universal das cores e a primeira expressão da forma na qual a matéria foi moldada.

Sintetizando todos esses movimentos em uma só palavra, temos *fohat*, como agente; a *vibração*, como a manifestação. O Mestre que conhece o tom, qualidade e amplitude dessa primeira vibração, que sabe produzir a primeira setenária do som, cor e forma, pode assim elevar sua consciência ao primeiro ou ao sétimo plano (de

---

16. Na Cabala, o "Primevo dos Dias", o "Antigo dos Antigos", "A Face refletida nas Águas". *Akasha* também é chamada "as puras águas do espaço".

acordo com nossa forma de contagem, se decrescente ou a inversa). Alguém assim sabe como *pronunciar* o *nome inefável*. Não é apenas uma questão de ciência pura, lidando com leis ou ritmo; um fato, não uma tradição ou sentimento, porém implica uma absoluta condição unívoca, de conhecimento e poder, entre tudo que vai constituir o que chamamos de homem, e tudo a que chamamos Natureza. É a consumação da evolução humana. Então, disse o Cristo: "Está consumado". Ao doar-se ao mundo, obteve o estado unívoco perfeito. No sentido ético, ou seja, no plano das relações interpessoais, a *Palavra* é renúncia, ou autossacrifício. Na tradição hindu, com relação à palavra do Mestre, há sete maneiras de pronunciá-la, cada uma envolvendo poderes e resultados diferentes. A *Voz do Silêncio* diz:

> "Antes que ponhas teu pé no degrau mais alto da escada, a escala dos sons místicos, tens de ouvir a voz do teu Deus interior (o Eu mais elevado), de sete maneiras:
>
> A primeira é como o terno gorjeio do rouxinol, cantando uma canção de despedida à sua companheira.
>
> A segunda ecoa feito o som de um címbalo de prata de Dhyanis, despertando as estrelas cintilantes.
>
> A terceira é o lamento melodioso do espírito do oceano, aprisionado em uma concha.
>
> A quarta é acompanhada pelo canto de Vina.
>
> A quinta lembra o som da flauta de bambu ao soar estridente em teus ouvidos.
>
> A sexta muda a seguir para o som de um piston.
>
> A anterior vibra como o sombrio ribombar de uma nuvem de trovões. A Sétima absorve todos os outros sons. Estes desaparecem, não sendo mais ouvidos.

Quando as seis são eliminadas e, aos pés do Mestre, colocadas, nesse ponto o discípulo funde-se ao ÚNICO, torna-se o ÚNICO e nele vive".

Embora sejam essas as descrições de símbolos de sons, não obstante, representam vibrações definidas no éter ou *Akasha* e aquele que for capaz de induzi-las em si mesmo poderá elevar sua consciência, plano após plano, até o sétimo e tornar-se uno com o Todo. Se alguém já teve um desmaio ou tomou algum anestésico e recorda-se do som do burburinho que precede o silêncio, quando a consciência cessa no plano exterior, tal vivência lhe dá a chave para *Samadhi*. Se for capaz de produzir a mesma condição em si mesmo, sem desmaio ou clorofórmio, por exemplo, porém pelo conhecimento das leis da vibração, então é um adepto, conhece e sabe como pronunciar a palavra do Mestre.

Os "desenhos na prancheta para a construção do templo" são as leis que determinam a evolução do Eu mais elevado no Homem: enquanto a execução do plano ou a construção do templo, segundo o plano, significa uma transformação do tabernáculo terreno – a natureza inferior – em uma semelhança com "aquele outro templo, espiritual, não construído por mãos humanas, eterno nos Céus".

Isso é simbolizado novamente pelo *triângulo inscrito no quadrado*.

O triângulo no quadrado simboliza o Ser potencial, antes da evolução: o homem no jardim do Éden. O quadrado no triângulo simboliza a regeneração, a purificação da natureza terrena inferior, para que possa "ascender ao Pai", retornar ao paraíso. Isso é simbolizado pela posição cuidadosa do compasso e do esquadro, em relação à Bíblia Sagrada, enquanto as três luzes maiores e as três menores formam novamente um triângulo duplo; o maior, em cima e o menor, embaixo, simbolismo este que todo maçom entenderá.

Há poucos anos, essas explanações teriam parecido puramente fantasiosas para a maioria das pessoas. Porém, desde os recentes progressos na eletricidade e na fotografia, desde que o pensamento e a emoção, como luz e sombra, foram fotografados usando-se a luz emitida pelo próprio corpo humano, direcionada pela vontade, a síntese filosófica das forças inerentes ao homem é a próxima etapa, na busca da ciência pelo mistério do ser humano.

Essa é precisamente a síntese que a Maçonaria possui em seu simbolismo e podemos apenas ler um pela luz do outro, checando a ambos por meio de fatos oriundos de experimentos, à medida que a ciência avança.

Passando agora desses aspectos metafísicos mais amplos para a complexa natureza do ser humano, temos também a chave para a sua plena natureza e evolução.

Comecemos com o fato da consciência. O homem não é somente um feixe de órgãos ou faculdades: é essencialmente ÚNICO. O que mais poderia significar a frase "feito à imagem de Deus"?

O homem é a imagem, Deus a realidade. A divindade situa um centro da consciência e esta evolui para o homem. Exatamente como na Cosmogênese, a consciência latente como movimento absoluto abstrato tornou-se com o espaço abstrato a dualidade cósmica. Falamos a respeito desse centro da consciência no homem como uma "centelha da divindade". O que a divindade é para o Cosmos, a centelha o é para o homem. Oculta, jamais manifestada, mas dando origem a todas as manifestações humanas, ela é o ápice do triângulo, ao passo que vida e pensamento são os dois outros ângulos.

O verdadeiro restaurador da cosmogonia de Moisés é um homem genial, hoje em dia quase esquecido e ao qual a França fará justiça no dia em que a ciência esotérica, que é a ciência integral e religiosa, for reedificada sobre bases indestrutíveis. Fabre d'Olivet não podia ser compreendido por seus contemporâneos, pois estava adiantado um século em relação à sua época. Espírito integral, possuía no mesmo grau três faculdades cuja união faz as inteligências transcendentes: a intuição, a análise e a síntese. Nascido em Ganges (Hérault), em 1767, abordou o estudo das doutrinas místicas do Oriente após ter adquirido uma noção profunda das ciências, das filosofias e das literaturas do Ocidente. Court de Gébelin, em seu *Mundo Primitivo*, abriu-lhe pela primeira vez os olhos sobre o sentido simbólico dos mitos da Antiguidade e sobre a língua sagrada dos templos. Para se iniciar nas doutrinas do Oriente, aprendeu chinês, sânscrito, árabe e hebreu. Em 1815, publicou seu livro capital: *A Língua Hebraica Resgatada*. Essa obra encerra: 1º) uma dissertação introdutória sobre a origem da palavra; 2º) uma gramática hebraica fundada em princípios novos; 3º) as raízes hebraicas encaradas do ponto de vista da ciência etimológica; 4º) um discurso preliminar; 5º) uma tradução francesa e inglesa dos dez primeiros capítulos da Gênese, que contém a cosmogonia de Moisés. Essa tradução é acompanhada por um comentário do mais alto interesse. Aqui posso apenas resumir os princípios e a substância desse livro revelador. Ele é penetrado do espírito esotérico mais profundo e construído segundo o mais rigoroso método científico. O método de que Fabre d'Olivet se serve para penetrar o sentido íntimo do texto hebraico da Gênese é a comparação do hebreu com o árabe, o siríaco, o aramaico e o caldeu, sob o ponto de vista das raízes primitivas e universais, de que ele fornece um léxico admirável, apoiado em exemplos tomados em todas as línguas; léxico que pode servir de chave para os nomes sagrados de todos os povos. De todos os livros esotéricos sobre o Antigo Testamento, o de Olivet dá as chaves mais seguras. Dá, além disso, uma luminosa exposição da história da Bíblia e as razões aparentes pelas quais o sentido oculto se perdeu e é, até nossos dias, profundamente ignorado pela ciência e teologia oficiais.

Tendo falado desse livro, direi algumas palavras sobre outra obra mais recente que o sucede e que, além de seu mérito próprio, teve o de atrair a atenção de alguns pesquisadores independentes sobre seu primeiro inspirador. Esse livro é *A Missão dos Judeus*, de Saint-Yves d'Alveydre,[*] (1884, Calmann-Lévy). Saint-Yves deve sua iniciação filosófica aos livros de Fabre d'Olivet. Sua interpretação da Gênese é essencialmente a da *Língua Hebraica Resgatada*; sua metafísica, a dos *Versos Dourados de Pitágoras*; sua filosofia da história e o quadro geral de sua obra são emprestados à *História Filosófica*

---

[*] N.E.: De Saint-Yves D'Alveydre, sugerimos a leitura de *Missão da Índia na Europa* e de *O Arqueômetro*, ambos da Madras Editora.

do Gênero Humano. Retomando essas ideias-mãe, juntando seu material e talhando-as à sua vontade, construiu um novo edifício de grande riqueza, valor único e de gênero composto. Seu objetivo é duplo: provar que a ciência e a religião de Moisés foram o resultante necessário dos movimentos religiosos que o precederam na Ásia e no Egito, o que Fabre d'Olivet já havia trazido à luz em suas obras geniais; provar em seguida que o governo ternário e arbitral, composto de três poderes: econômico, judiciário e religioso ou científico, foi em todos os tempos um corolário da doutrina dos iniciados e uma parte constitutiva das religiões do antigo ciclo, antes da Grécia. Tal é a ideia própria de Saint-Yves, fecunda e digna da mais alta atenção. Ele a chama sinarquia ou governo segundo os princípios; encontra aí a lei social orgânica, única salvação do futuro. Não é aqui o lugar de imaginar até que ponto o autor demonstrou historicamente sua tese. Saint-Yves não gosta de citar suas fontes; procede frequentemente por simples afirmações e não teme as hipóteses arriscadas, quando elas favorecem sua ideia preconcebida. Mas seu livro, de rara elevação, de vasta ciência esotérica, abunda em páginas de grande fôlego, em quadros grandiosos, em visões profundas e novas. Minha visão é diferente da sua em vários pontos, notadamente na concepção de Moisés, ao qual Saint-Yves dá, em minha opinião, proporções demasiadamente gigantescas e legendárias. Isso dito, apresso-me a reconhecer o alto valor desse livro extraordinário, ao qual eu devo muito. Qualquer que seja a opinião que se tenha da obra de Saint-Yves, há um mérito diante do qual é preciso se inclinar: o de uma vida inteira consagrada a uma ideia. Ver sua *Missão dos Soberanos* e sua *França Verdadeira*, nos quais Saint-Yves prestou justiça, embora um pouco tarde e contra a vontade, a seu mestre Fabre d'Olivet.

Começando, então, por esse conceito metafísico, temos o divino ego, o Eu superior; uma abstração metafísica, é verdade, como o zero, na matemática, ou como movimento e espaço, sendo a causa posterior a todos os fenômenos, a potência de toda realidade.

Esse é o ego, o pensador, do "Eu Sou Eu" **humano**. Até aqui, não é consciente, mas consciência; ou sua causa na complexa natureza humana. É o "olho que tudo vê". Potencialmente, o *Christos*. É a consciência; o "Sol da honestidade", no mundo do ser humano. Está ligado ao corpo e à vida inferior, por intermédio da mente, da qual é o poder, porém não o ato; o pensador, mas não o pensamento.

A mente é o veículo imediato da consciência, enquanto a matéria é chamada de veículo da força.

Portanto, dos três postulados da doutrina secreta temos: primeiro, divindade e natureza unas; segundo, temos espírito e substância, como o princípio da dualidade, da qual toda força e toda matéria se originam; terceiro, religião e ciência são consistentes individualmente e em perfeita harmonia entre si; quarto, temos uma filosofia acerca da origem, natureza e destino do homem, de acordo com e fortalecida por todos os conceitos prévios. O primeiro postulado ensina a origem e a natureza essencial de todas as coisas. O segundo postulado ensina a lei dos ciclos e o processo de construção do mundo. O terceiro postulado ensina, em harmonia com o primeiro e o segundo, a "identidade fundamental" de todas as almas com a alma-suprema universal; fraternidade, leis do carma e reencarnação, que são os fatores da evolução humana.

Voltando agora ao primeiro postulado, revemos o princípio único, com quaisquer "aspectos" ou "manifestações" que a mente humana possa conceber e todas as coisas, todos os princípios, potências, poderes, derivados ou manifestações deste único; não importa se matéria ou espírito; homem ou besta; anjo ou verme; *tudo* provém do único; e, após sua plena manifestação, como antes, oculta-se; inexaurível, incognoscível. Conhecemos — e é tudo que podemos fazer — seus trajes e manifestações.

O homem é chamado de microcosmo ou mundo infinitesimal. Em seu íntimo, vive o único, como na Natureza, a causa do seu ser; e, como no macrocosmo, ou mundo principal, o único manifesta-se em termos de grandeza, segundo uma ordem decrescente ordenada ou diferenciação; assim como no homem, a partir do princípio unital, temos uma tríade e, então, um quaternário. Os três envolvem quatro e, daí, somam sete. Então, a partir dos primeiros sete, "sete vezes sete", obtêm-se como resultado as "49 chamas" da antiga Filosofia hindu. Antes que o leitor opine ser esta uma concepção totalmente fantasiosa, vamos aproveitar o ensejo para citar as pesquisas da moderna física a respeito de cor e som. Helmholtz estimava que entre a taxa mais alta de vibrações, que produzem ondas sonoras audíveis pelo ouvido humano, e a vibração mais baixa da luz, que origina o vermelho do espectro solar, haveria a interferência de aproximadamente 34 oitavas de vibrações consonantes ou dissonantes; e, a não ser que existam grandes lacunas da natureza, essas 34 oitavas estão associadas à produção dos fenômenos na Natureza. Outrossim, demonstrou-se haver uma equação exata entre cores e vibrações sonoras; e essas cores têm seus tons complementares, e estes, por sua vez, suas cores virtuais. Em outras palavras, podemos *ver* sons e *ouvir* cores.

A moderna teoria (muito antiga) da correlação e conservação da força define as variadas forças como "modos especiais de movimento", ou seja, vibrações definidas. A matéria existe em diversos planos, possuindo diferentes densidades, estruturas moleculares ou atômicas diferentes e, consequentemente, múltiplas vibrações. Altere o plano, ou ainda, transfira matéria de um plano a outro e irá modificar a vibração inerente ou normal. Inverta o processo e, fazendo uso de quaisquer meios, altere a vibração. Irá então transferir a matéria aí envolvida para outro plano. Precisamos ir mais além. Observações e experimentos têm demonstrado que, quanto a esses diferentes planos, temos não apenas uma forma única de matéria, com um modo de vibração; porém, todo plano é complexo e composto. Todas as cores do espectro e todos os tons de uma escala musical podem ser decompostos em uma série consonante de oitavas (setenárias). Logo, em todos os planos anteriormente referidos há uma interpenetração de planos e vibrações.

Em cada plano há um acorde dominante com o qual todas as vibrações se ajustam. Exatamente como podemos ter, em uma oitava ou ao longo de toda uma sinfonia, um acorde dominante. Essa interpenetração, contudo, ocorre em ordem descendente. Os mais altos penetram os inferiores, enquanto estes se acham apenas latentes nos superiores. Tome, por exemplo, sete planos, dos quais o mais elevado (sétimo) representa o espírito, e o mais inferior, a matéria ou substância física. O primeiro plano, ou mais inferior, é totalmente ilusório. Não ter existência real ou permanente é o que no Hinduísmo denomina-se *Mayá*. Está não só em mudança e movimento contínuos (formação, dissolução e reformação), como também são essas as suas características. Sob determinadas condições, desaparece (dissolve-se) totalmente do 1º plano, passa ao 2º, ao 3º, 4º e assim por diante. Ocorre uma atividade cada vez maior no sentido ascendente dos planos, e o pico dessa atividade verifica-se no plano mais elevado; até que todos se fundam ou retornem ao único e imutável, do qual emanaram. Todos os fenômenos conhecidos da Natureza comprovam a existência de tal lei. Daí advém o ditado da antiga Filosofia: "A Natureza prefere que a matéria seja eterna apenas nos planos mais elevados".

A substância física mais densa, portanto, é penetrada ou saturada por energias e substâncias de menor densidade. Estas são mantidas em posições subordinadas pelo acorde dominante, o qual é, digamos, "F", e assim ficam latentes ou ativas, à medida que o tema se desenvolve ou há ocorrência de variações na combinação. Pode alguém imaginar uma condição complexa assim, bem como tais resultados coordenados, que ocorrem o tempo todo, e ainda assim não acreditar que exista uma lei absoluta governando todo esse processo? Em termos gerais, não é difícil formular essa lei.

Tome o primeiro plano, o mais inferior. É penetrado pela matéria do plano 2, o imediato, em sentido ascendente. Digamos que cada plano represente matéria e energia, a dualidade cósmica. A chamada energia, do plano 1, é a chamada substância do plano 2. Contudo, o plano 2 é, por sua vez, saturado pela substância e energia do plano 3. Logo, a força ou energia do plano 2 é a substância do plano 3, enquanto o aspecto energético do plano 3 se acha latente no plano 2, porém ativo no plano 3. A lei, portanto, pode ser assim formulada: do mais elevado para o mais inferior, sendo o inferior veículo (*upadhi*) do superior; e cada plano em ordem ascendente deriva sua força ou energia da substância do plano superior seguinte. Em última análise, no ponto em que todos eles se fundem no ÚNICO, substância e energia transformam-se em nada mais que dois aspectos do princípio único eterno: o "Pai-Mãe" da antiga Filosofia.

Passando agora dessas considerações gerais para a natureza orgânica do homem e aplicando-se essas leis universais à sua natureza física, sensitiva, intelectual, moral e espiritual, iremos descobrir que elas projetam um poderoso foco de luz no problema de sua natureza, origem e destino.

É bom ter em mente que nossa *concepção* de Deus e nossa teoria a respeito da religião (Teologia) foram os pontos de partida nessa filosofia. Negar a existência de Deus, ou concebê-Lo como ilógico, injusto, caprichoso, personificado e portador de todas as enfermidades humanas, leva igualmente à confusão, à ignorância e ao desalento, quando não ao desespero.

Essa filosofia, apresentada aqui apenas de forma sucinta, representa não apenas os fundamentos de todos os textos sagrados, em todas as religiões, mas, enquanto neles se achava oculta nas parábolas e alegorias, nos Mistérios de cada religião era ensinada abertamente, constituindo a parte teórica das genuínas iniciações. Antes de demonstrar em que medida os símbolos da Maçonaria encarnam essa filosofia, na construção do templo e na lenda de Hiram, faz-se necessário revelar, com mais profundidade, os ensinamentos pertinentes à complexa natureza do homem.

Pode-se analisar o homem a partir de dois pontos de vista: como um todo concreto (um indivíduo, uma unidade consciente) e como uma agregação de órgãos e faculdades. Do aspecto anatômico, o homem é composto de fluidos, tecidos e órgãos. Os fluidos podem ser divididos em compostos químicos orgânicos e inorgânicos e, novamente, subdivididos em elementos. Os tecidos e órgãos originam-se das células; estas, das moléculas, que, por sua vez, são compostas de átomos ou dos chamados elementos químicos. A Fisiologia classifica as funções humanas como *orgânica* – a mera associação de tecidos dotados de vida, como em uma planta, razão pela qual se costuma inferir a denominação funções vegetativas; *anímicas,* vistas do plano dos instintos, e comuns a toda forma de vida animal; e intelectuais – nas quais geralmente se incluem a moral e a espiritual. A consciência é normalmente considerada incidental na medida em que surge ou desaparece do plano físico. Já foi aqui demonstrado que, na doutrina secreta, se considera ser a consciência o fator básico ou permanente no ser humano. Jamais é destruída, interrompida, mas pode retirar-se de um plano para outro. Nesse sentido, pode ser retirada do plano físico. Essa antiga teoria do ego, ou pensador, bem como seus planos de consciência, em qualquer um deles pode ele estar latente ou ativo durante sua ligação com o corpo, torna possível ou presumível supor-se que o ego, em seus vários estados de consciência, transcenda totalmente os limites do corpo físico e forneça a concepção da natureza e existência da alma humana. Esses elementos da verdade, deve-se observar, derivam-se dos fenômenos e experiências do ego, no corpo físico, e a chave para a solução do problema acha-se nos planos da consciência. Essa situação deve-se ao fato de ter a moderna ciência materialista subestimado a importância ou falhado ao tentar entender a filosofia da consciência, porquanto adota uma atitude agnóstica ou de negação em relação à existência da alma. Além disso, deve-se lembrar que não postulamos uma teoria da consciência como hipótese funcional, porém a consideramos inicialmente um fato empírico em toda a experiência humana. Com relação à natureza da consciência, em si, somos agnósticos o bastante para nos enquadrar aos *Spencers* e *Huxleys* da ciência, já que a consideramos o ponto mais sublime da natureza humana; uma "centelha" do incognoscível; o "eterno oculto".

    Quanto aos estados alterados e extensão dos limites da consciência, estes têm sido comprovados empiricamente por meio de experimentos no hipnotismo e na ingestão de drogas (alucinógenos, pscitrópios, etc.). Extrapolando a capacidade do tato, além do alcance da visão e da audição, como funções ordinárias dos sentidos, os assuntos sob hipnose são influenciados pela vontade silente e tornam-se conscientes no pensamento não expresso do hipnólogo. Portanto, mesmo o materialismo moderno, com sua hipótese funcional mecânica, tem apresentado avanços no que tange ao estudo da consciência.

Naquilo que ficou a desejar, nesse sentido, as pistas, pelo menos, foram fornecidas pelos experimentos na área da Psicofotografia, do dr. Baraduc, relatadas à Academia Francesa de Medicina, e por muitos outros pesquisadores que estão trabalhando nessa área, adotando as mesmas linhas de trabalho. Em sendo verdadeiros os relatos, o dr. Baraduc terá provado, por meio do uso da fotografia, a existência do *Mayavi-Rupa*, a imagem do pensamento, conhecida de muitos adeptos na Antiguidade. Muito antes disso, M. Rusk, de McConnelsville, Ohio, Estados Unidos, fotografou as "formas de um pensamento", mediante uso da luz resultante de uma profunda concentração da vontade. Exemplos poderiam ser multiplicados, porém já se dispõe de evidências suficientes para o golpe mortal na hipótese mecânico-materialista da moderna ciência e, assim, abrir as portas à psicociência do Oriente.

Agora, a Anatomia e a Fisiologia, às quais já nos referimos, apresentam um método específico de pesquisa e, embora sua utilização tenha viabilizado a obtenção de resultados magníficos, não se pode considerá-lo, de forma alguma, o único nem o mais proveitoso para todas as finalidades.

Os planos na Natureza e no homem, aos quais já me referi, e o princípio setenário, com suas divisões e relações, oferecem outro método investigativo.

A Doutrina Secreta – A Natureza Setenária do Homem

"Nos números, nos sons e nas cores estão contidos todos os mistérios da vida."

Podemos falar acerca da vida, da vontade, do desejo e do amor, como princípios manifestados na Natureza, cujos resultados são reconhecidos. Podem não ter formas definidas, em si mesmos, ainda assim, não deixam de ser poderosos. Tais princípios podem tomar a forma do corpo humano, assim como a água assume a forma do vaso que a contém, a qual, se congelada, retém sua forma. É, outrossim, verdadeiro que a água, como um corpo, não possui, *per se*, formas definidas. Assim ocorre com os princípios que ora consideramos. São conceitos metafísicos, não coisas tangíveis; entretanto, suas causas levam a resultados tangíveis.

Já mencionamos ser cada princípio correlacionado a um plano, um planeta e uma geração, bem como os princípios humanos, em quaisquer planos, correlacionados a forças ocultas sétuplas. Já ficou demonstrado como as substâncias dos diferentes planos interpenetram-se, com o "acorde dominante" determinando a vibração em cada plano. Quanto ao sistema geral evolutivo da raça humana, ou à relação entre antropogênese e cosmogênese, pode-se notar aqui que nos diversos processos de "arrefecimento e solidificação" por meio dos quais a Terra atingiu seu estado atual, desde a "névoa-ígnea" ou "massa nebulosa", reconhecida pela moderna Ciência, há o transcurso de longas eras, e diferentes estágios definidos são observados. A doutrina secreta ensina que o homem, como a Terra, existia em potencial na névoa-ígnea e que evoluiu no sentido descendente em matéria, *pari passu*, com o planeta em que habita, do qual é parte integral.

Portanto, cada ser humano é uma Terra em miniatura (Microcosmo), evoluindo dentro do planeta maior (Macrocosmo). Esse é um dos significados da frase de Ezequiel "rodas dentro de rodas". Em sentido metafísico, cada átomo de matéria é formado da mesma forma e experimenta processo similar. Logo, pode-se ver a chave de todo o processo evolutivo na *Analogia*. Ela deve ser, naturalmente, o resultado de tal processo e, a partir da íntima relação humana com cada princípio, processo e plano, o ser humano sumariza o todo; e, pela expansão da consciência e diferenciação ao longo de toda sua plena experienciação, o homem atingirá sua consumação evolutiva, tornando-se, então, uno com o TODO. O *saber* e o *ser* serão UNOS em si. Logo, será um Deus, em sentido platônico. Essa é precisamente a visão formulada por Herbert Spencer acerca da consumação da evolução humana, na qual são obtidos poder absoluto e supremo conhecimento. Contrapondo-se a essa tese de infinitas possibilidades e destino transcendente do homem, acham-se quaisquer outras, das religiões exotéricas às da ciência materialista, e então vê-se que a religião da sabedoria é a única que representa a mais autêntica revelação divina já feita à Humanidade.

Durante a vida humana, em seu corpo animal, no plano físico, o homem compõe-se de sete princípios, de acordo com o Budismo esotérico:

1º) **Âtma** (ESPÍRITO OU AUTO – um com o Absoluto como sua radiação).

2º) **Buddhi** (ALMA ESPIRITUAL, veículo do espírito).

3º) **Manas** (ALMA HUMANA, a mente inteligente, ego espiritual).

4º) **Kama Rûpa** (VEÍCULO DOS DESEJOS E PAIXÕES).

5º) **Prana** (PRINCÍPIO DE VIDA, ANIMA, PRINCÍPIO VITAL).

6º) **Linga Sharira** (CORPO ASTRAL, ou duplo, fantasma).

7º) **Sthúla Sharira** (CORPO FÍSICO).

Os três primeiros, a saber, Âtma, Buddhi e Manas, são simbolizados por um triângulo. Esta é a mais antiga "Trindade" conhecida pelo homem, sendo a origem de todas as "Trindades" encontradas em todas as religiões exotéricas do mundo. O NOME INEFÁVEL, escrito no triângulo, refere-se ao princípio único universal, que precede a criação e fundamenta toda a evolução. *Christos* é chamado a *Palavra*, porém não é o AIN SOPH. O Âtma representa no homem o *Ain Soph* no Cosmos. Daí ser chamado de uma "centelha da divindade"; são unos em essência. Âtma, Manas e Buddhi representam o Pai, o Filho e o Espírito Santo. Quando Cristo "ascendeu ao Pai", elevou Sua consciência ao sétimo plano, ou Plano Átmico, e tornou-se, na verdade (não mais em essência, apenas), UNO COM DEUS.

Esses três princípios constituem a alma espiritual no homem, sua parte imortal, enquanto Âtma-Buddhi constitui seu Eu-superior, o Deus latente ou potencial no ser humano. O corpo quaternário inferior, ou princípio vital, corpo físico e Kama (ou desejo), é simbolizado por um quadrado. Para expor isso mais claramente, digamos que o triângulo encarna no quadrado: ou seja, a alma (espiritual) "desce à matéria". O corpo é o *veículo* da vida; a vida é o *veículo* do corpo astral; o corpo astral é o *veículo* do Kama; o Kama é o *veículo* do Manas; o Manas é o *veículo* do Buddhi; e o Buddhi é o *veículo* do Âtma. Essa é a relação ou sequência ordenada dos princípios. Todavia, o ser humano não é uma mera agregação de princípios, nada além de um conglomerado de átomos, moléculas ou células agregados. Da mesma forma que os átomos formam moléculas; moléculas, células; células, tecidos; tecidos, órgãos; e órgãos, todo o organismo humano, assim os princípios, enquanto preservam uma sequência ordenada similar, em sua inter-relação são, ao mesmo tempo, *organizados* em relação ao todo. Ou seja, o ego, o pensador, une-se ao seu *veículo*, o corpo orgânico.

Imanifestado – Parabrahman, o princípio eterno, a única realidade Absoluta.

Adi – O primeiro, primitivo, primordial.

Anupâdaka – "Sem pais", existentes por si mesmos.

Âtman Superior – ou átmico superior – O espírito universal ou a Mônada divina, assim chamada a constituição setenária do homem. Alma suprema.

Âtman Inferior – veículo de Buddhi.

Buddhi – mente ou alma universal.

A Fisiologia estabeleceu que determinadas funções são executadas por órgãos específicos e que certos tratos são sensoriais e outros, motores; que existem centros de coordenação motora ou sensorial, como o cerebelo, a medula ou os gânglios sensoriais, e atribuiu ao cérebro as funções de pensamento, memória, raciocínio e vontade. Apesar disso, nem a Fisiologia nem a Ciência moderna foram capazes de elaborar a mais primária concepção acerca da real natureza da mente ou alma, além das funções orgânicas ou dos resultados de sua organização. Os fatos empíricos no hipnotismo revelam processos que realmente ocorrem, os quais não podem ser classificados sob nenhuma lei fisiológica conhecida.

Situa-se na mente o ponto em que o triângulo toca o quadrado, ou seja, onde a alma-espiritual forma seu elo com o corpo-físico. O Kama (o quarto princípio, do apetite, desejo, paixão, etc.) não se encontra no triângulo superior, mas é o primeiro no quadrado, ou quaternário inferior; o Kama foi chamado de *veículo* do Manas. Temos, assim, a resultante dessa associação Kama-Manas: o órgão central dessa união, ou dualismo de princípios, é o cérebro humano. Aqui se dá a união de pensamento e sensação; ou conhecimento e sentimento; a associação do desejo de saber com o de sentir. Situa-se aqui, também, a origem, sede e natureza da consciência do Eu, no ser humano. No ângulo superior desse ponto de união, acha-se a vontade; no inferior, o desejo. Essa união do Manas ao Kama, ou mente e desejo, é denominada mente inferior (Manas inferior), porque sempre envolve a *equação pessoal*. Quando nessa união existe uma total subordinação e impessoalidade do desejo, então, a mente-superior torna-se livre. Os termos da equação pessoal unem-se ou fundem-se no princípio superior imediato. Aqui, atinge-se a condição unívoca do homem inferior com o divino: ou Cristo, uno com o Pai. Enquanto a mente inferior estiver presa ao cativeiro do desejo, não pode o ser humano buscar ou discernir entre o bom ou o verdadeiro. Ele indaga: "O que é bom *para mim*?" Libertado do desejo, ou preconceito pessoal, passa a questionar-se e buscar aquilo que é bom e verdadeiro *em si mesmo*. Quando essa condição é atingida, e rotineiramente mantida, diz-se que o quadrado se acha inscrito no triângulo. A íntegra da natureza inferior é considerada una com o divino, ou alma espiritual. O conhecimento e o poder humanos não mais são confinados ou circunscritos ao plano inferior, ou corpo físico, porém transcendem-nos por meio da regeneração (autodomínio) e, ao tornar-se perfeito em sua Humanidade, o homem atinge a divindade. Em outras palavras, torna-se CHRISTOS. Esse é o sentido, meta e consumação da evolução humana; e essa filosofia define o exclusivo processo único, que permite atingir essa colimação. O homem perfeito é Cristo e Cristo é Deus. Esse é o direito inato e destino de toda alma humana. Foi ensinado em todos os grandes Mistérios da Antiguidade, exceto nos credos exotéricos da cristandade, oriundos das parábolas e alegorias nas quais foi essa doutrina oculta dos leigos e profanos, tendo tais credos concordado em atribuir essa suprema consumação apenas a Jesus, tornando-a obscura ou impossível para todo o restante da Humanidade. Em vez desta, a mais importante doutrina já revelada ao homem, teólogos estabeleceram a salvação pela fé, em um credo feito pelo homem e debaixo da autoridade da Igreja para "unir ou desunir na Terra ou no Céu". Anula-se a lei; a justiça é destronada; o mérito, ignorado; o esforço é desencorajado e obtém-se, como resultados, o sectarismo, o ateísmo e o materialismo.

Toda verdadeira Iniciação é um processo interno, não externo. A ostentação cerimonial é inútil e sem valor, na medida em que apenas simboliza e ilustra e, por tal meio, torna clara a mudança interior. A cerimônia instrui, mas não tem o poder de transformar. Transformação significa regeneração; e isso nasce das tentativas, pelo esforço, pelo autodomínio, pela tristeza, desapontamentos, pelas *falhas*; e da renovação diária do conflito. Deve o homem, por conseguinte, "desenvolver sua própria salvação". A consumação da iniciação é o Mestre perfeito, o *CHRISTOS*, pois ambos são iguais. São a meta, a perfeita consumação da evolução humana.

Agora, com a ideia da evolução humana e à luz da ciência moderna, o que é ser um Mestre? Não aquele mestre mítico, nem alguém tão sagrado, tão divino, tão incompreensível, a ponto de ser apenas o objeto de uma devoção cega e impossível de ser imitado, um ídolo, um fetiche, porém alguém digno de ser reverenciado, amado e, acima de tudo, capaz de congregar as pessoas e ser imitado; um Irmão mais velho, um professor compassivo, um **benfeitor da estirpe humana.**

Por meio da luta constante e dos conflitos diários, o Mestre conquista o Eu. Vida após vida, reúne experiência. Verdadeiramente, terá ele sido um "homem que vivenciou dores, familiarizado com o sofrimento". Terá enfrentado todo tipo de problemas, estudado todas as ciências, esgotado todas as ladainhas, compreendido todas as filosofias, praticado todas as artes. Em cada etapa de sua caminhada, terá, cada vez mais, amado e ajudado a Humanidade e buscado atender cada vez menos a seus próprios desejos. Nesse ponto, após desenvolver-se na familiaridade com todos os planos inferiores da vida, por meio de dolorosas experiências, amargos conflitos, derrotas frequentes, esperanças frustradas, à beira da desesperança, finalmente renuncia totalmente ao Eu e, assim, torna-se "morto para o mundo". Essa é a "grande renúncia". Uma compaixão infinita por tudo aquilo que vive toma conta de sua alma e uma paz infinita aninha-se no íntimo de seu espírito.

"Não acredites tu, no retiro para florestas sombrias, em arrogante exílio, distanciado dos homens; não acredites tu, no viver das raízes e plantas, cuja sede foi mitigada pela neve das altas montanhas; não acredites tu, ó, devoto, que isso te levará à meta da libertação final."

"Caminha da luz do Sol às sombras, e abre espaço para outros." (...)

"É a partir do florescer na renúncia do Eu que nasce o doce fruto da libertação final."

"O devoto egoísta vive sem razão. O homem que não realiza a obra que a vida lhe destinou viveu em vão."

"Assim deverás tu estar de pleno acordo com tudo o que é vivente; praticar o amor pelos seres humanos, embora sejam eles teus Irmãos-pupilos, discípulos de um mestre e filhos de uma mãe gentil."

"A compaixão fala e diz: pode haver bem-aventurança se tudo o que vive deve sofrer? Deverás tu ser salvo e ouvir o mundo inteiro chorar?"[17] Contudo, diria algum agnóstico moderno, isso tudo é muito bonito, realmente maravilhoso, porém mero sentimento, sem fundamento em fatos e sem nenhuma possibilidade de realização na vida humana. Será mais útil às mulheres sentimentais, aos vadios ou lunáticos. Quais são, então, o sentido e a meta da evolução humana? É *Tantalus*, a única divindade do Universo?

Passemos, agora, do aspecto ético do problema para o científico; vejamos o que ocorre à medida que a consciência humana se eleva desde o Eu-anímico inferior no sentido da alma espiritual; do plano físico até os mais elevados.

Já demonstramos ser a mente (Manas) o elo entre a "Tríade Superior" e o "Quaternário Inferior". A partir do momento em que

---

17. Retirado de *A Voz do Silêncio*, de Helena Blavatsky.

o homem supera o plano da barbárie, em sua caminhada evolutiva, a mente torna-se cada vez mais aparente, como o campo de batalha de sua evolução. Ele vai gradualmente pondo de lado presas e garras e, primeiro, pelo instinto; a seguir, pela astúcia; e, finalmente, pelo raciocínio e vontade, empenha-se na luta pela existência. Muda continuamente seu código de ética, pois percebe ser sempre compelido a transigir e descobre, então, que pode ganhar mais cedendo um pouco. Seu real egoísmo leva-o a associar-se e a cooperar com seus concidadãos. Finalmente, expande sua solidariedade. Pouco a pouco, aprende que o "sentimento de companheirismo nos faz um bem maravilhoso". Pratica, de forma recíproca, esse sentimento e, finalmente, torna-se generoso. Durante toda essa longa e exaustiva luta, sua mente é ampliada e sua consciência expande-se. Cria para si um mundo de pensamentos. É falso e insatisfatório, por ser tão mutável; e, ainda assim, ele continua sua luta. Reflete a respeito de suas diferentes experiências; busca causas e discerne princípios. Percebe o ditado: "Minha mente para mim é um reino". "Na Terra não há nada importante a não ser o homem: no homem não há nada importante além da mente." Ou, o provérbio ainda mais antigo: "Tudo o que sou é o resultado de tudo o que penso". A mente é como um alambique no qual são precipitadas todas as experiências. Pela evolução, o homem ascende continuamente no sentido dos planos mais elevados. Seus cinco sentidos são ajustados às observações e experiências do plano físico; tem ele, porém, outras vivências. Os sentidos são limitados e circunscritos; mesmo assim, podem tornar-se refinados. Seus gostos alteram-se, suas tendências aprimoram-se. Vai se tornando menos voltado a si mesmo, à medida que sua solidariedade se expande, e eleva-se, na medida em que seus ideais se tornam mais elevados. Então, revela-se a ele todo um universo de experiências, do qual os sentidos inferiores não mais fazem parte: um mundo de aspirações em que o Eu não é a meta. Os reais limites físicos do Eu estão se desprendendo, expandindo, desaparecendo. Até aqui ele foi consciente dos lampejos da intuição.

Sabe coisas que aparentemente jamais aprendeu. Percebe significados mais profundos e sente os poderes mais sutis. Não só em visões e intuições, em estado de vigília, mas também em sonhos, vivencia experiências que ultrapassam os limites dos sentidos. Aprende o poder do pensamento. Pelo autodomínio, fortalece sua vontade. Ao subjugar a paixão, torna sua mente clara. Tem premonições de fatos vindouros, pois todos os acontecimentos, pensamentos e coisas existem primeiro em planos subjetivos, sendo então precipitados na matéria. Torna-se clariaudiente e clarividente. Rompeu as amarras do Eu e agora vivencia funções de planos mais elevados. Embora tenham sido seus sentidos e órgãos no plano físico que o tornaram um mestre, a partir dos animais e da natureza física, mesmo assim, no plano superior, sentidos e órgãos evoluíram por meio da mesma lei evolutiva da experiência e do livre-arbítrio, fazendo dele, no plano mais elevado, mestre da Humanidade e da natureza superior. O processo evolutivo de seus órgãos e funções é ininterrupto e ele lida com matéria e energia. Exatamente como a experiência e a reflexão lhe ensinaram as leis e os processos do plano físico, da mesma forma, sua experiência e intuições expandidas e refinadas (percepções espirituais) ensinaram-lhe as leis do plano superior.

Mas, diz o fisiologista, no plano físico o homem evoluiu órgãos físicos a fim de adaptar-se às condições de seu meio ambiente, nesse plano. Essa mesma regra se aplica a todos os planos, pois a analogia é a chave da interpretação: "Tal abaixo, tal acima".

Bem no âmago dos recessos cranianos, acha-se na base do cérebro uma estrutura pequena e curiosa conhecida como glândula pineal – com seus corpos restiformes. A moderna Fisiologia não lhe atribui quaisquer funções. Descartes a denominou de "o assento da alma". Geralmente, é pequena e aparentemente inútil, embora sua posição focalizada e relações simétricas com as estruturas circunvizinhas pareçam sugerir que tenha alguma função muito importante. Sua aparência é diferente nas pessoas bem jovens, nos idosos e nos casos de idiotismo, em comparação a das que se encontram na plenitude da vida, saúde e vigor. É chamada comumente "o terceiro olho".

Os antigos hindus chamavam-na o OLHO DE SHIVA e deve-se ter em mente que Shiva é a terceira pessoa na trindade hindu, o reformador ou regenerador (não apenas o destruidor). A ação dessa pequena "glândula" pode ser comparada à do cavalete de um violino. Ela tensiona as cordas nérveas e, assim, *eleva as vibrações* dos tecidos cerebrais. É atrofiada e, portanto, latente na média dos indivíduos, porque as cordas frouxas (usando um símbolo) correspondem às vibrações no plano físico; e, segundo uma das leis bem conhecidas da Fisiologia, todo órgão acaba atrofiando-se pelo desuso.

Voltando à nossa questão da consciência, achamos ser a mente responsável pelas alterações em nossos estados de consciência: ordenadamente, ao ser governada pela vontade e guiada pela razão; desordenadamente, quando dominada pelas paixões ou levada por caprichos. Todos os chamados sentidos são diferenciações da consciência do sentido unívoco (apercepção).

Já fizemos referências a provas empíricas, obtidas em experimentos relacionados à visão e à audição; ou luz, cor e som, cujas vibrações são consonantes e intercambiáveis. Agora, pode-se ver facilmente que, se o sentido único (consciência) diferenciou-se em vários sentidos, digamos assim, na "queda" do homem, dos planos superiores para os inferiores, então, em sua "ascensão" aos planos elevados, as diferenciações deverão desaparecer gradualmente e um centro único pode combinar e sintetizar dois ou mais sentidos. Isso é precisamente o que ocorre no caso da audição e da visão ou nas vibrações que produzem ondas sonoras e cores. Desde que a ciência empírica demonstrou o fato, a teoria pode agora, talvez, não mais provocar zombarias; pois deve-se ter em mente que a teoria precedente é uma das ensinadas nos Antigos Mistérios.

Eis aqui, então, o aspecto fisiológico, nada menos que a base filosófica da clarividência e da clariaudiência.

O OLHO DE SHIVA é, na verdade, o olho-onivindente, pois praticamente anula tempo e espaço, como conceitos do plano físico.

Se porventura a moderna Maçonaria possui tal tradição, ou quaisquer conceitos metafísicos ou científicos relacionados ao olho-onividente, são tão conspícuos em seu simbolismo, como é, pelo menos, seu significado na doutrina secreta da Antiguidade.

Um verdadeiro Mestre, então, tem o OLHO DE SHIVA; nele se acha ativa a glândula pineal, latente em outros; e as vibrações de seu cérebro correspondem à síntese do som e da luz. Daqui em diante, para ele, espaço e tempo não passam de ilusões, uma vez que vive no ÚNICO, sendo Mestre de todos os planos inferiores. Diz *A Voz do Silêncio*:

"Ah! Ai de mim! Ai de mim: que os homens precisem possuir Alaya, fundir-se ao Grande Espírito e, quando o possuem, Alaya lhes é de tão pouca valia."

"A menos que tu ouças, não poderás ver."

"A menos que tu vejas, não poderás ouvir."

"Ouvir e ver, esse é o segundo estágio."

Isso se refere sobretudo ao significado da palavra do Mestre, bem como aos métodos pelos quais se obtém o conhecimento.

Agora, quanto à natureza do poder que possui, ou a Palavra do Mestre. As palavras de um homem expressam suas ideias e revelam seu caráter. Nesse sentido, o poder criador da divindade chama-se a Palavra de Deus, ou *Logos*; e todo o processo da Criação, por ser uma expressão aparente da divindade, denomina-se *Logos*.

"Há na Natureza a mais poderosa das forças, por meio da qual um único homem – que a domasse e soubesse como direcioná-la – poderia revolucionar a face da Terra."

"Esta força era conhecida pelos antigos. É um agente universal, cuja suprema lei é o equilíbrio e cujo uso, caso a ciência possa ao menos aprender como controlar, permitirá alterar a ordem das estações; produzir à noite os fenômenos do dia; enviar um pensamento instantaneamente ao redor do globo; curar ou matar a distância; dotar nossas palavras de sucesso universal e fazê-las reverberar nos quatro cantos do planeta."

"Este agente, parcialmente revelado pelas suposições empíricas dos discípulos de Mesmer, é precisamente aquilo que os adeptos da Idade Média chamavam de 'matéria elementar da Grande Obra'.

Os gnósticos sustentavam a tese de que ela constituía o corpo ígneo do Espírito Santo; era adorada nos ritos secretos do Sabbat ou do Templo, sob a figura hieroglífica de Bafomet, ou o bode hermafrodita de Mendes."[18]

A Ciência moderna está redescobrindo, aos poucos, *alguns* dos segredos da Antiguidade: a "matéria radiante", do professor Crooks; os raios catódicos, de Roentgen; outros avanços na Psicofotografia; a *Mayava Rupa*, de Baraduc; e, o mais importante de todos: as descobertas de J. W. Keely, que seguem linhas tão próximas às da "matéria elementar" dos antigos alquimistas e do *Akas*, dos ainda mais prístinos* adeptos da antiga Índia, que um estudioso do ocultismo não mais terá receio de revelar sua atividade.

Há uma antiga lenda que diz que os primitivos Atlantes – não aqueles habitantes da ilha citada por Platão**, que era apenas um fragmento do vasto continente, mas os do continente que afundou, diz-se, há 50 mil anos, conheciam o segredo da "força mais poderosa", a que o Irmão Pike se referiu, eram grandes magos e haviam realmente "alterado a face da Terra", fato que, segundo ele, é possível. Diz-se também que o afundamento do continente foi resultado disso. Talvez, se nossos "criadores de chuva" forem bem-sucedidos, procurando conhecer mais a fundo o problema das *vibrações* em sua relação com as mudanças atmosféricas, essa e muitas outras "fábulas" primitivas poderão parecer menos quiméricas ao "materialismo científico" moderno. Quando se afirma que essas forças terríveis existem, e podem ser estudadas e utilizadas, as pessoas não ficam escandalizadas, nesta era da dinamite. Porém, quando se acrescenta que o conhecimento dessas forças é oculto de todos, exceto dos adeptos treinados, que já comprovaram seu espírito de benemerência incondicional à Humanidade e que, se esse poder cair em mãos de pessoas corrompidas, despreparadas ou leigas, estas serão capazes de causar uma miséria inimaginável ao homem, tal afirmação geralmente provoca zombaria.

---

18. Retirado de *Moral e Dogma*, p. 734
* N.R.: Antigos.
** N.R.: Poseidones, citada no "Timeu".

Se esse impedimento fosse removido, sem dúvida a Humanidade não permaneceria por mais tempo com nenhum tipo de incerteza quanto à existência do terrível *VRILL*, de Bulwer Lytton. Se isso fosse revelado aos generais espanhóis ou aos rebeldes cubanos, atualmente o conflito nessa triste ilha poderia ter um fim imediato.

Essa força do agente da vida universal, como o Irmão Pike diz, "onde se acham duas naturezas de uma corrente dupla, de amor e fúria". Esse fluido ambiente permeia tudo. Daí ter sido considerado a "matéria original" pelos alquimistas. Está concentrada no homem sob a forma de força magnética vital, direcionada pela vontade. Aquele que conhece seu "acorde de massa" ou seu "tom" de suas vibrações pode, por meio de sua vontade, despertá-la no espaço e enviá-la por ondas poderosas para realizar sua ordem. A verdadeira *Palavra* do Mestre, portanto, em sentido científico, é esse *tom* com o qual ele pode invocar a "soberania e poderes do ar" para executar sua ordem. A hipótese de que qualquer um possa dispor de tal poder e dele fazer uso não é facilmente concebida por várias pessoas, hoje em dia; além disso, a ideia de que tal Mestre deva também viver incógnito parece totalmente fora de propósito em uma era de sindicatos e confederações de trabalhadores. Um poder de tal natureza poderia, na verdade, ser um argumento decisivo em toda competição, além de representar uma forma bem imediata de dirimir quaisquer disputas.

O aprimoramento ético a que já nos referimos, o qual começava na primeira etapa da iniciação, precedia todo aprendizado científico, nos Antigos Mistérios. Platão, Jâmblico e muitos outros escritores consideravam os mestres "deuses imortais". Não se deve, porém, concluir que o verdadeiro Mestre, pelo fato de não entrar em contendas no plano físico nem desfilar seus dons para o aplauso dos homens, não faça nenhum uso da sublime sabedoria e dos poderes transcendentes. Seria infantil usar tais poderes apenas para exibições, para atemorizar o leigo ou deslumbrar o curioso; e tais homens, já há muito tempo, colocaram de lado as coisas infantis. De seu retiro seguro, nos planos mais recônditos ou elevados do ser, influenciam, mas não dominam, os afazeres humanos; e uma parcela relevante do movimento beneficente deve-se à sua oportuna ajuda.

Segundo nossa concepção de energia, enquanto correlativa ao longo dos domínios ilimitados da Natureza, a *fohat* é a síntese de tudo a que nos referimos como forças da Natureza. É a "eletricidade cósmica dotada de inteligência". No Universo aparente, a *fohat* é "a energia elétrica vital oculta", que, sob a vontade do *Logos* criador, liga e reúne todas as formas, dotando-lhes do primeiro impulso, que se torna LEI, com o passar do tempo. É "a força geratriz da eletricidade cósmica". A *fohat* tem "sete filhos, que também são seus Irmãos". Estes são: eletricidade, magnetismo, som, luz, calor, coesão e gravitação. O que a moderna Ciência chama de "modos de movimento" pode ser adequadamente denominado de vibrações definidas. As forças que acabamos de enumerar manifestam-se todas no plano físico inferior, ou seja, nesse plano vemos seus efeitos. Caso haja, por trás de todas elas, uma força única, e se esta se diferenciar inicialmente em sete, e essas sete, por seu turno, subdividirem-se em outras sete, chegamos ao conceito de que o espectro solar e a escala musical revelam o MÓDULO UNIVERSAL, bem como aquilo que se sabe existir no reino da luz e do som, e também deve existir no reino da eletricidade, da química; e, em suma, deve acontecer com toda energia, em cada plano da Natureza. Portanto, se for possível descobrir a razão de vibração, a natureza e a amplitude do "comprimento de onda", em qualquer caso específico, teremos a posse da *chave* para esse plano.

Fohat não é apenas a síntese de todas as forças conhecidas, dotadas de inteligência, mas também, *potencialmente*, em um período pré-diferenciado, é a autora da lei que rege todas as subsequentes correlações, diferenciações ou ações, quaisquer que sejam.

Se essa concepção for analisada sem a devida atenção, pode-se ter a impressão de que envolve materialismo ou panteísmo. Porém, esse não é o caso.

Quando se percebe ser a *fohat* um dos níveis mais elevados do Elohim, ou construtores, os criadores citados no Gênesis, agentes diretos da divindade, por meio dos quais o *Princípio das Eras* ou *Ain Soph* cria, será observado que essa concepção é espiritual em seu sentido pleno.

O primeiro impulso do *fohat* torna-se, com o tempo, a lei de toda vibração subsequente. O *fohat* é, além disso, na doutrina secreta, comparado a uma "força inteligente movida pela vontade".

Como as variadas energias e planos que constituem o homem são oriundos e correspondentes às energias e planos similares na Natureza, pode-se ver facilmente que poderes estão latentes no homem; e que a posse do conhecimento desses planos e forças, bem como uma vontade treinada, para usá-los e direcioná-los, naturalmente tornaria alguém um adepto ou Mestre. O mero poder do pensamento ou da imaginação, com uma profunda concentração do poder da vontade, iria capacitar sempre o verdadeiro Mestre a dizer: "Preste atenção e veja o que vai ocorrer". O leigo naturalmente diria: "Que tipo de homem é esse, a quem até mesmo os ventos e as ondas obedecem?"

Diz-se do Mantra A∴U∴M∴ que este possui sete significados aplicáveis aos sete planos, o que requer sete chaves; e há tradições similares com relação ao TETRAGRAMA da Cabala – "Aquele que faz a Terra tremer e anjos e homens sentirem pavor" – até mesmo Jeová. Para o leigo e supersticioso, isso tem apenas um significado. Para o estudioso sagaz da Cabala, tem vários sentidos, bem diferentes entre si.

O plano físico, aquele do corpo humano, é assim em função das vibrações coordenadas de todos os princípios que interagem em sua construção. O físico existe por conta da manutenção da chave ou *acorde dominante* desse plano. Enquanto esta *tônica* é mantida em perfeita concórdia, há saúde. Sempre que a harmonia é perturbada, tem-se a doença, como resultado; e quando a tônica deixa de existir, ocorre a dissolução do organismo, resultando na sua morte.

A questão da autêntica iniciação, ou aprendizado do ocultismo, consiste em colocar todas as funções psicofísicas humanas sob absoluto controle da vontade; em libertar o Ego do jugo dos desejos, paixões e de toda a natureza inferior. A ideia não é menosprezar o corpo, mas purificá-lo; não é eliminar os desejos, porém elevá-los, exercendo absoluto controle sobre eles. Esse pleno domínio da natureza inferior não altera a tônica da natureza física em si, porém a subordina àquela de um plano superior. Sem essa subordinação, a clamorosa natureza animal inferior destrói completamente todas as vibrações mais elevadas; como no caso de uma orquestra em que só se pudessem ouvir violoncelos e percussão, o resultado seria, ao invés de harmonia, ruído. Vem daí o velho ditado: "Aquele que conquista o autodomínio é mais importante que aquele que toma uma cidade".

A partir de tal domínio da natureza inferior, mediante empenho inteligente e força de vontade, obtém-se como resultado não apenas a paz, ao calar-se o clamor da natureza inferior, mas também clareza de visão e poder de discernimento. Ao lado disso, obtém-se ainda um sentimento de liberdade e poder, na certeza do conhecimento. No *Bhagavad Gita*, tal treinamento recebe o nome de Ioga, sendo definido como *estado mental uniforme* e *a arte de agir*. É diferenciada da Hatha Ioga, que é o mero esforço físico destinado ao aprimoramento de poderes específicos (mediunidade), sendo chamada de Raja Yoga* aquela da modalidade espiritual ou divina. É sempre simbolizada como a dominação permanente de toda a natureza inferior. É, na verdade, uma ciência, e, do aspecto filosófico, um nível superior na evolução humana. Tudo aquilo que o indivíduo obtém nesta vida, nessa direção, acompanha-no na encarnação seguinte; ao passo que todo ganho aparente de "poderes" obtido na Hatha Yoga (mediunidade) perde-se nos futuros nascimentos, ou ainda é um empecilho à evolução.

A energia dos planos aumenta no homem, proporcionalmente, do inferior ao superior, e a totalidade do processo que estamos considerando consiste simbolicamente em "inserir o quadrado no triângulo", ou seja, em purificar plenamente a natureza inferior para torná-la uma com o superior. A mente, que funciona por meio do cérebro físico, governada pelos sentidos e desejos, e que primeiro dota o homem de autoconsciência, ascende agora a um plano superior. A paixão não mais o governa, nem impede que perceba as leis universais e os princípios mais elevados. O Eu superior humano, chamado de seu "Deus" ou *Christos*, foi antigamente "crucificado entre dois ladrões", a saber: os Manas superior e

---

* N.E.: Sugerimos a leitura de *Raja Yoga – Quebrando Correntes,* de Suely Firmino, Madras Editora.

inferior. Daí o ditado: "quando eu faria o bem, está o mal presente". Durante sua crucificação (símbolo da morte e sofrimento), Cristo diz a um dos ladrões: "Hoje mesmo estarás comigo no Paraíso". Isso se refere ao Manas superior, agora liberto da natureza inferior. O outro "ladrão", ou a mente cerebral, é abandonado à morte no corpo físico do *Christos*, na cruz temporal. Assim, pode-se ver que o campo de luta, entre a natureza inferior humana e o mais elevado, é a mente, e que autodomínio e evolução superior são sinônimos. Tal processo evolutivo pode ser expresso na matemática e em termos de ciência exata. Daí, origina-se o antigo provérbio da Bíblia: "Oro a Ti com meus lábios, *não sei aritmética*". Silencie o acorde dominante da natureza animal inferior e altere a vibração para aquela da mente superior, então: "Serás como os deuses, ao conheceres o bem e o mal".

Essa mudança de vibração, com o conhecimento do acorde dominante e da combinação de notas-tônicas, direcionada pela vontade, é a descoberta de J. W. Keely. O raio de Roentgen é uma das "sete forças" nas quais são decompostos luz, som e eletricidade. Foi demonstrado claramente que o segredo dos tubos de raios catódicos de Crooks baseava-se na liberação do excesso de moléculas ou átomos, sendo assim potencializada a vibração (bombardeamento) dos átomos remanescentes; liberando, em vez de criar, uma "nova luz". A vontade treinada do adepto pode fazer isso e mais. Foi verificado que pode tornar seu corpo totalmente luminoso. Desde os registros de experimentos de Von Reichenbach, com a fotografia do "corpo-ilusório", tal resultado não mais poderá ser considerado uma impossibilidade científica.

Deve-se ter em mente ser toda a nossa filosofia relacionada ao ser humano, procedente do *fato* empírico da consciência, recorrendo-se, em cada etapa, aos fatos da experiência. Nossa teoria não consiste em nenhuma especulação ou asserção referente à natureza da consciência, em si; antes, porém, em usar quer fatos ou experiências, dentro da ordem natural de suas relações. No caso do mestre ou adepto, as mesmas energias e processos evolutivos ordinários estão envolvidos, excetuando-se quaisquer outros. Os diferentes resultados originam-se no fato de que, no caso do adepto, esses processos ordinários não mais são impedidos ou protelados.

"Os *Sábios* não se demoram no sítio do prazer dos sentidos."

"Os *Sábios* não atendem às vozes fascinantes da ilusão."

"Não deverás permitir que teus sentidos façam de tua mente um parque de diversões."[19]

Pode-se perceber, portanto, que nem causas nem efeitos estão envolvidos em uma "hipótese funcional" não tentada.

Essa filosofia explica não apenas a natureza e a origem de todos os *CHRISTOS* históricos, como resultados da evolução sob lei natural, mas todos eles representam "Pontos de Referência", indicando "o caminho, a verdade e a vida", na jornada da alma, rumo ao destino imortal do ser humano. Outrossim, cada tema aqui abordado não passa de um tosco fragmento derivado dos Antigos Mistérios, praticados pelos gnósticos e primeiros cristãos e incorporados, ou têm implicação em parábolas, alegorias e grifos da Maçonaria.

A iniciação, portanto, deve ser vista tanto como evolutiva quanto regenerativa, e não uma mera farsa vazia ou cerimônia fútil.

Tomando-se agora esse processo evolutivo como um fato, podemos examinar, de maneira proveitosa e com mais profundidade, as alterações que ocorrem na estrutura do complexo organismo humano, à medida que a evolução vai se processando.

Já demonstramos ser a mente o cenário ativo em que se trava a verdadeira batalha pela supremacia da alma-espiritual ou superior, em sua diferenciação da alma-animal inferior.

"Não deverás permitir que teus sentidos façam de tua mente um parque de diversões." Sem dúvida, muitos que leram esta sentença devem tê-la considerado somente um preceito moral, ignorando, talvez, o fato de haver não apenas um conceito filosófico mas fatos científicos e leis, fundamentando todas as verdades morais.

---

19. Retirado de *A Voz do Silêncio*, de Helena Blavatsky.

A mente é o reino do pensamento e a soma de toda a experiência quer da natureza física (sentidos e sentimentos) quer metafísica (raciocínio, imaginação, vontade, intuição, etc.) da consciência. A experiência pode ser chamada de panorama motriz dos eventos na vida consciente do homem. É o pensamento, portanto, as alterações de nossos estados de consciência. Ele é o movimento ativo, enquanto a consciência é o ambiente passivo das diferentes experiências da vida. Por conseguinte, a consciência é, para a vida humana, aquilo que o espaço é para a existência e dinâmica do Cosmos – a compreensão do todo. O Ego é um "raio" autocentrado; um foco; o "ponto matemático" da consciência, em que o núcleo é a célula viva, o ponto do qual todas as forças e movimentos emanam e para o qual todos eles convergem, na dinâmica inversa. Assim é o Ego – o pensador do homem.

O primeiro ponto a ser considerado no treinamento iniciático é habilitar o pensador a controlar o pensamento, para que não receba impotente e passivamente todas as sugestões provenientes dos sentidos ou desejos físicos, ou ainda tudo aquilo que nasce da ambição, do egoísmo e do orgulho. O Ego seleciona e escolhe, exercitando sua vontade, quais os pensamentos que deverá aceitar. Dessa forma, aprende a dominar sua mente, libertando sua vontade do domínio do desejo; ou antes eleva e purifica este. Já não é mais assolado com fúria por pensamentos errantes nem vítima dos fantasmas de uma memória cheia de remorso ou de uma imaginação depravada. O fato de poder escolher os assuntos a respeito dos quais pensamos é algo inserido na experiência de todos, quando refletimos acerca do tema. Todavia, poucas pessoas sabem que a mente pode ser privada de todos os pensamentos, do ponto de vista cerebral ou físico, da experiência. Assim, o que é o enlevo, o devaneio ou a abstração? Precisamos apenas analisar e refletir acerca de nossas experiências rotineiras, para perceber como são naturais e realmente triviais as operações dessas leis ocultas.

Quando esse procedimento é concebido de forma inteligente e se persiste nele, obtém-se mais clareza mental, sendo a vontade fortalecida. Operando essa mudança, há uma base física e uma lei científica, havendo também mudanças correspondentes na estrutura física. Esse processo se situa no plano do *kama*, que agora se acha subordinado à razão e à vontade, e também no astral ou corpo espectral, o qual é veículo do *kama* (paixão e desejo). Esse corpo astral é o molde ou padrão em torno do qual se forma a estrutura física, precedendo-a e a ela sobrevivendo por um curto espaço de tempo após a morte. Com relação às moléculas e células que constituem os tecidos do corpo astral, sua estrutura é atômica. O corpo astral de cada encarnação, separadamente, é o resultado imediato de pensamentos e experiências da vida pregressa; modificados, contudo, por todas as vidas anteriores. É invisível à visão normal, porém fortificado por resíduos resistentes do carma; no caso de um indivíduo rude e passional, pode ser visto, às vezes, perto de cemitérios, como uma visão fantasmagórica. Também tem muito a ver com os "espíritos" e "materializações" que ocorrem em sessões espíritas. Esse princípio astral, como todos os outros sete (na verdade seis, excluindo-se o mais elevado), é setenário em sua constituição humana, sendo o mais inferior dentre aqueles a que estamos nos referindo. O astral é um dos princípios do "quadrado", ou quaternário inferior, não sendo, portanto, a verdadeira alma espiritual ou parte imortal no homem.

Após essa breve análise do corpo espectral, podemos agora retornar ao processo de regeneração. A mudança resultante da conquista do autodomínio e do controle absoluto da natureza anímica inferior fortalece o corpo espectral e o liberta da concha física. Em vez desse corpo astral ou espectral, saturado de espíritos anímicos densos (*kama*), preso às vibrações da simples natureza anímica física e, por essa razão, restringindo sua consciência à nota tônica do plano físico, envolvido na vida anímica inferior, suas vibrações são elevadas ao plano superior imediato. A ação da glândula pineal e corpúsculos restiformes, descrita até aqui, passa a interagir com o corpo astral purificado e liberto. O corpo físico ainda é o veículo do Ego, *no plano físico*; entretanto, ele não é mais aquela prisão sombria, na qual lascívia animal e orgulho eram guardiões. É uma experiência comum e frequentemente ocorre quando estamos em vigília, conscientes, portanto, de que "viajamos quando dormimos". Deixamos o corpo e visitamos lugares, ampliando nossas experiências, durante o repouso dos sentidos físicos; porém, são raras as situações em que nos lembramos ou entendemos realmente o que nelas ocorre, uma vez que tudo o que sabemos da memória relaciona-se ao aspecto inferior do cérebro. Já no caso do adepto treinado, essas experiências vão, gradual e continuamente, tornando-se mais frequentes e lúcidas. Ele retém na memória lembranças distintas e entende cada vez mais o que ocorre. Pouco a pouco, observa o processo de "saída" e "retorno" ao corpo; aprende, em sua totalidade, a repetir o processo, a seu critério; observa-se aí uma evolução perfeitamente natural. A história de Peter Ibbetson fornece uma descrição extremamente gráfica e filosófica dessa "dupla consciência", a qual é mais justificada pela fenomenologia do hipnotismo e sonambulismo. O adepto, a partir do momento em que domina a técnica de alterar, a seu critério, o *habitat* em que vive, leva uma vida dupla, habitando dois mundos ao mesmo tempo. Além do mais, "derrotou seu último inimigo". Por meio do autodomínio e da vontade, venceu a morte. Estes são aqueles a quem Platão e os primitivos iniciados referem-se como os IMORTAIS. No momento de sua morte, ou dissolução de seu corpo físico, uma pessoa assim não é precipitada em um novo mundo, como uma criança indefesa ao nascer no plano físico, com órgãos ainda não desenvolvidos e funções incipientes; porém, já familiarizado com o reino imanente, por experienciação, preserva a consciência nesse plano e aí está como um adulto no plano físico. É bem verdade que não pode viver ou manifestar-se no plano físico como antes, já que não tem mais o corpo físico. Todavia, sua experienciação da vida foi tão limitada nesse plano e, nisso, descobriu uma alegria tão rarefeita que, caso não tenha uma obra especial a fazer pela Humanidade ou uma obrigação a desincumbir-se em relação aos demais, não vê motivos para lamentar em sua morte. Cumpriu a lei da necessidade (carma), *obedecendo-a*!

"Isto é paz:
Dominar o amor egoísta e a luxúria da vida,
Arrancar a paixão profundamente enraizada no peito,
Acalmar os conflitos interiores."

"Para que o amor enlace a Beleza Eterna, em profundo amplexo;
Pela glória de ser Senhor do Eu, pelo prazer
Em viver além dos deuses; pela imensurável riqueza
De ser Guardião do eterno tesouro."

"Então, a dor se vai, pois Vida e Morte não existem mais:
Por que deveriam as luzes tremular quando sua energia se esvai?
A velha dívida de erros está perdoada e a nova, purificada;
Desse modo, acha um homem sua felicidade."

"Ouve! Do profundo turbilhão impenetrável daquela luz de ouro que banha o Vencedor, com a voz inexprimível da *Natureza Plena*, em miríades de tons que nascem para proclamar: 'Alegrai-vos, Oh, homens de Myalba!'"

"*Um Peregrino está de volta do cais longínquo.*"

"*Um novo Arhan nasceu.*"[20]

Este, na Filosofia, na Ciência, de fato e na verdade, é um Mestre, como o produto natural da conquista do autodomínio e de sua evolução. Não o resultado de uma miraculosa criação.

O conhecimento possuído por um Mestre desse nível, bem como o poder que detém pelo uso de sua vontade, origina-se, como é via de regra em todos os casos comuns, da plena amplitude de sua experiência. Isso requer apenas julgamento sensato e cuidadosa observação na experimentação feita ao longo dos critérios indicados, além de ir um pouco mais, para convencer-se da verdade envolvida na filosofia do autodomínio. Essa não é uma evolução do tipo **"faça como achar melhor"**. Consiste muito mais em usar a vontade para domar a natureza inferior e cumprir "a vontade de Deus a

---

20. Transcrito de *A Voz do Silêncio*, de Helena Blavatsky.

respeito de nós", em vez de ficar repetindo as eternas mudanças de sensações e a vida de *tédio* após a vida terrena. Comparando-se ao processo normal de navegar em qualquer maré, este é, na verdade, um processo forçado; porém, a força deriva-se da natureza superior e o resultado acha-se perfeitamente dentro da lei da vida moral e intelectual do homem.

O termo corpo astral tem sido usado em função de ser bastante familiar aos estudiosos ocidentais. É um termo de sentido muito amplo, na melhor das hipóteses, e o plano e a estrutura aos quais se refere são tão metafísicos e complexos que se torna difícil encontrar termos capazes de definir isso com mais precisão. O conceito do que comumente chamamos de "matéria e força" é, além do mais, totalmente inadequado quando aplicado a tais problemas. A eletricidade, por exemplo, não é simplesmente um "modo de movimento" ou "fluido", mas algo correlato que envolve vida e inteligência, com a presença de consciência latente, direcionada pela vontade: uma dualidade em si, conforme se manifesta, como substância, em um plano, ou energia, em outro.

Além disso, o problema da consciência quando relacionada ao tempo e ao espaço torna difícil colocar em termos exatos a experiência do Ego nos planos suprafísicos. Na "projeção astral" ou "saída do corpo", por exemplo, ocorre uma liberação dos centros ativos, que se situam sempre no corpo atômico ou astral, a partir dos órgãos e tecidos físicos, o que gera, consequentemente, uma mudança de planos na consciência. Nesse ponto, ocorrem vibrações síncronas entre os centros de consciência do corpo astral e a plenitude desse plano; exatamente como antes existia um sincronismo entre o corpo físico e o plano físico, em relação à consciência física. O corpo astral, portanto, não precisa separar-se do físico ou "viajar pelo espaço" para tomar conhecimento de fatos que ocorram em algum outro lugar. Isso, outrossim, continua válido, mesmo nos casos em que a aparição do indivíduo é vista a grandes distâncias do local onde seu corpo físico está, naquele momento, repousando.²¹ O pensamento é, em todo caso, uma vibração que molda a substância em formas definidas. Sempre que pensamos em uma pessoa, que esteja perto ou longe de nós, criamos uma imagem mental dela. Essa forma varia, necessariamente, de acordo com a clareza da memória ou imaginação e do poder da vontade. Além disso, nossos pensamentos têm característica intrínseca a nós e, quando pensamos intencionalmente em um objeto ou pessoa distante, uma imagem mental nossa pode ser vista nesse local. Isso pode ocorrer ou ser visível a outros, e existir em nível inconsciente em nós. Uma pessoa de raciocínio lógico treinado, que pensa claramente e de forma associativa, imbuída de um forte desejo e que também saiba como fixar e manter o pensamento em um objeto ou pessoa, consegue tornar relativamente fácil, como já descrito, o ato de projetar sua imagem mental. Tal ilusão pode ou não ser percebida por outras pessoas; exceto no caso de um adepto, poderia ele fazer que a ilusão fosse, sem dúvida, ele mesmo, independentemente de ter tido êxito ou não em seu experimento.

Embora conhecidos pelos estudiosos do ocultismo há muito tempo, tais fatos raramente foram discutidos na imprensa, uma vez que tal tipo de debate de nada valeria, além de ser alvo do ridículo. Porém, atualmente, os modernos experimentos científicos seguem um curso tão próximo ao do tema em questão, por isso tal abordagem talvez não pareça tão inútil.

Uma mensagem de Paris, em 27 de junho de 1896, descrevia a Psicofotografia, conforme apresentada à Academia Francesa de Medicina, pelo dr. Baraduc:

"O dr. Baraduc faz uma explanação parcial de seus métodos de Psicofotografia, os quais parecem ser bem simples. O experimentador fica em um recinto fechado, escuro, no qual coloca previamente uma chapa fotossensível. Após se sentar, liberar a mente de pensamentos e reflexões aleatórios e estabilizar seu sistema nervoso,

---

21. O dr. Baraduc demonstrou isso por meio da "imagem mental". Outros estudiosos deram-lhe o nome de bilocação.

concentra todas as suas ideias em determinada imagem, seja um homem, animal ou objeto. Após o experimento, pode-se verificar que a precisão da imagem é proporcional ao poder de sua vontade. Se não houver interferência de nenhuma outra imagem, será obtida uma perfeita semelhança. Para concluir, o dr. Baraduc acrescenta que não são todos que têm o poder de controlar sua vontade e, para que se consiga êxito, torna-se absolutamente necessário ter uma imaginação poderosa, sendo imprescindível uma vontade enérgica".

James M. Rusk, de Ohio, relata um resultado idêntico, obtido em experimento semelhante, feito por ele e confirmado pelo coronel De Rochas.

A única característica diferencial nesses experimentos é a utilização da fotografia, com a consequente fixação das imagens, o que torna o resultado, é claro, de capital importância para a ciência materialista. Enquanto 10 mil pessoas serão convencidas por meio de um fato ou demonstração ocular, apenas uma perceberá a verdade pela razão, filosofia ou intuição. Que tenhamos a demonstração ocular, então, de todo modo. O experimento poderia ser imensamente facilitado se fosse associado às experiências da antiga Filosofia; mas como isso é comumente ignorado ou ridicularizado, terá ainda a ciência que trilhar uma longa e árdua jornada, antes de compreender a real natureza dessas imagens ilusórias ou estabelecer inferências lógicas a partir de seus experimentos acerca da natureza da alma. Já se pode ouvir, contudo, o repicar dos sinos funéreos do materialismo. "Por isso, e por aquilo que estamos prestes a receber, o Senhor nos torna verdadeiramente gratos!"

Os Guardiões da Humanidade

"As coisas não são verdadeiras porque são antigas, mas antigas porque são verdadeiras."

O Sinal do Mestre

Não se deve supor que nos Antigos Mistérios todo iniciado tornava-se Mestre. Como anteriormente já falamos sobre isso, havia os Mistérios Menores e os Maiores. Para os Menores, todos poderiam ser escolhidos; para os Maiores, muito poucos; e, destes, um número ainda menor era elevado ao sublime e último grau. Alguns permaneciam por toda a vida em graus inferiores, incapazes de progredir, por conta de falhas de temperamento ou incapacidade mental e espiritual. Os Mistérios revelaram a construção dos mundos, a religião da natureza, a fraternidade do homem, a imortalidade da alma e a evolução da Humanidade. Nenhuma cerimônia era falsa ou desprovida de sentido; nenhum símbolo, embora grotesco para o leigo, era meramente fantasioso.

"Não é apenas em livros de filósofos, mas no simbolismo religioso dos antigos, que devemos procurar as pegadas da ciência e redescobrir os Mistérios do conhecimento. Os sacerdotes do antigo Egito conheciam melhor que nós as leis do movimento e da vida..."[22]

A Filosofia, entretanto, pode fornecer-nos uma chave para o Simbolismo, um módulo universal. A verdadeira filosofia discerne os projetos traçados pela divindade na prancheta do tempo, para a construção do Cosmos.

Os conceitos primários de tal filosofia são poucos e simples. Assim, representam, na verdade, as raízes conceituais do simbolismo. As mudanças em torno de conceitos e símbolos, à medida que o plano é revelado, tornam-se cada vez mais complexas, mesmo quando são manipuladas *por aqueles que conhecem*. Quando destes, o simbolismo oculta-se no nível da parábola e alegoria de modo a expressar conceitos primários em linguagem ética, tornando-os compreensíveis e forçados às massas leigas, em sua roupagem e sanção lê-se: "Portanto, disse o Senhor"...

Quando, entretanto, a ignorância em locais solenes ou a ganância e a cobiça pelo poder interpretam, suprimem deliberadamente, desfiguram ou distorcem os símbolos primitivos, como tem sido feito pela ostentação do "eis aí", vê-se que nestes muitos séculos as massas não estão preparadas para acreditar que a autêntica verdade, não contaminada pelo homem, foi algum dia descoberta. Os vândalos têm feito seu trabalho bem melhor e com mais sucesso, difamando toda crença na existência da antiga sabedoria, do que destruindo os registros da verdade em si. Os verdadeiros símbolos são os módulos da Natureza e estes o homem jamais poderá destruir.

"Tales e Pitágoras aprenderam nos santuários do Egito que a Terra girava em torno do Sol, mas não tentaram fazer isso chegar ao conhecimento de todos, porque, se o fizessem, teriam necessariamente de revelar um dos grandes segredos do templo, a lei dos opostos, da atração e repulsão, simpatia e antipatia ou inércia e movimento, a qual

---

22. Retirado de *Moral e Dogma*, p. 734.

é o princípio da criação e a causa perpétua da vida. Essa verdade foi ridicularizada por Lactanius, e, além disso, muito tempo depois foi alvo de perseguição da Roma papal, que tentou provar sua inconsistência, mandado para as Barras dos Tribunais da inquisição.

Assim, os filósofos raciocinavam, enquanto os sacerdotes, sem replicar-lhes ou mesmo sorrir de seus erros, escreviam por meio de hieróglifos o conhecimento que criou todos os dogmas e toda a poesia, os segredos da verdade."[23]

Na intenção de preservar sua autoridade e seus lucros eventuais, o poder eclesiástico irá, hoje, como no passado, responder a tais afirmações, não com fatos, com base na lógica, ou com argumentos, mas *com uma praga!!* E, enquanto o ser humano rastejar atemorizado diante de maldições, a verdade permanecerá oculta. No dia em que os homens forem sábios e corajosos o bastante para desafiar a excomunhão e os excomungadores, toda oposição à luz e ao progresso irá cair por terra. Até lá, as massas ignorantes, imitando seus líderes, irão explorar, ridicularizar e difamar todos aqueles que falam da verdade. Liberdade e iluminação são as únicas fontes verdadeiras de salvação da Humanidade, enquanto a ignorância é a origem da superstição e o egoísmo, a causa do vício.

O ideal da Igreja e do Estado, o *motivo* pelo qual hierarquias políticas e eclesiásticas têm governado os homens ao longo de todas as eras, é declaradamente pela obtenção de vantagens para si mesmos. A doutrina secreta ensina o homem a governar-se a si. Desde que as hierarquias subordinem tudo ao real benefício do homem e difundam a luz e o conhecimento a *todos*, na medida em que sejam capazes de recebê-los, representam uma bênção e não uma praga. Todavia, sempre que o potentado suprime o conhecimento e reivindica o poder por direito divino, ou por herança, em vez de comprová-lo por meio do conhecimento e dos serviços prestados à Humanidade; sempre que a ignorância ou a descrença é punida como se fossem crimes, e houver tortura física ou mental, sob a

---

23. Retirado de *Moral e Dogma*, p. 842.

justificativa diabólica de "salvar almas", nesse caso, a hierarquia torna-se realmente uma inimiga de Deus e do homem.

Nem a hierarquia política nem a religiosa, em qualquer ponto do planeta, permaneceram longos períodos de tempo, em qualquer época, sem que se tenham tornado corruptas. Em tais casos, a perpetuação no poder vai depender sempre da ignorância do povo; portanto, a hierarquia vai resistir o máximo que puder para impedir a disseminação da verdadeira iluminação. É por essa razão que, ao longo de muitos séculos, a doutrina secreta e todos os seus estudiosos ou defensores foram banidos da Igreja e do Estado, sempre que o poder eclesiástico era capaz de formar alianças dessa espécie. Todas as formas de perseguição, por conta de opiniões, são sempre o manual típico do mundanismo e da falta de religiosidade. É a regra do poder contra o direito, manifestado no ato vil dos fortes e poderosos, ao espezinharem fracos e indefesos. E, para completar a blasfêmia e erigir um monumento à crueldade, tal perseguição é geralmente feita "em nome de Deus".

Os altares da Maçonaria têm sido sempre as luzes que balizam a liberdade, e a Loja, uma cidade de refúgio; um santuário de conhecimento e proteção para o Irmão viajante, de todas as nações e línguas. Construídos à imagem dos santuários dos Antigos Mistérios e fundamentados no princípio da fraternidade incondicional e universal do homem, eles têm preservado a sublime magnificência da tocha da liberdade. Se nos últimos tempos as distinções de classe e preferências raciais têm dividido seus membros, jamais a Loja recorreu à perseguição ou foi agente da opressão. Quando esses véus, que de forma passageira têm obscurecido a verdadeira luz, forem removidos, e todo homem for considerado apenas por seu valor intrínseco, bem como a Maçonaria elimine, de fato e na verdade, sua subserviência a pessoas, então essa grande organização entrará em uma era de prosperidade digna da herança de seu passado, que lhe é de direito, pelo simples poder do *Amor Fraterno, Compaixão* e *Verdade*.

É tradição da Maçonaria, **em épocas mais recentes**, excluir a mulher da participação nos trabalhos da Loja, mas não de todos os direitos e benefícios dos membros. As razões que levaram à exclusão de mulheres não cabem aqui ser discutidas. Uma resposta adequada a todos aqueles que advogam uma Maçonaria andrógina pode ser encontrada na história de todas as tentativas feitas para estabelecê-la ou revivê-la. Todas falharam completamente, além de provarem, de forma geral, ter sido a causa de discórdia e escândalos. Nem é o caso de considerar a mulher perdedora, nem única culpada por tais resultados. Os Antigos Mistérios eram escolas organizadas de aprendizado, e o conhecimento era sinal de progresso e base da irmandade. Na moderna Maçonaria, a fraternidade em si ocupou o lugar da sabedoria e, no serviço da Loja à Humanidade, sua grande obra tem por mérito o fato de preservar inalterados os pontos de referência primitivos, como seu legado à posteridade. Assim, todo maçom autêntico tem sido, ao longo dos séculos, um soldado da verdade, lutando por seus altares e seus princípios luminares. Nessa obra da Loja, as mulheres em nada auxiliariam.

Enquanto todo genuíno maçom é o mais leal dos homens a respeito de toda função da mulher na sociedade, seja como mãe, irmã, filha, esposa, companheira, empresária, amiga e inspiradora do homem, poderia ele sentir-se constrangido com sua presença na Loja, e sua admissão acabaria resultando em nenhum benefício para ela. Quando, entretanto, terminarem os dias do ritualismo, não houver mais a necessidade de se guardar altares e acender luzes Rituais, a Maçonaria resumir suas prerrogativas à preceptora e iluminadora da humanidade, revelando em suas escolas e faculdades, como na era dos magos da Antiguidade, a filosofia da Natureza e da vida, sem o temor de nenhuma perseguição de líderes servis ou religiosos atrelados a credos, nesse dia, então, a luz poderá brilhar para todos, bem como estarão as portas da verdadeira iniciação igualmente abertas para homens e mulheres, como era o caso, na escola de Pitágoras, conforme demonstrado por Jâmblico. A antiga sabedoria era profundamente ligada às almas humanas e empenhou-se em elevar o nível da vida terrena, pela purificação da alma e exaltação de seus ideais. Ela ensina que as almas são assexuadas, sendo o sexo do ser humano um incidente na gestação. Nenhuma civilização conhecida pelo homem atingiu em algum momento grande importância histórica ou manteve sua supremacia por muito tempo, humilhando a mulher. Na verdade, a doutrina secreta demonstra, de maneira absolutamente cristalina, ser a degradação sexual, em qualquer nível, o caminho da degeneração e destruição tanto do homem quanto da mulher; e das nações, muito provavelmente.

Os capítulos mais terríveis e degradantes da história humana são registrados em trabalhos científicos, por peritos médicos. O atavismo é aí exemplificado, como em nenhum outro lugar. Aqui, mais que em qualquer outra área da possível experiência humana, acha-se o "pecado contra o Espírito Santo", pois, por essa porta aberta, pela qual se precipitam as paixões mais profanas e o fervor infernal da luxúria, o homem corre o risco de *perder sua alma humana,* tão arduamente conquistada, e cair ao nível dos animais. Se alguém duvidar disso, peça que leia – se conseguir – alguns dos trabalhos médico-científicos na área da perversão sexual e, então, consulte médicos que atuem nessa especialidade, a respeito da demência, sintomas e histórico de casos clínicos de insanidade mental.

"A primeira lição que se aprende na Maçonaria é ser um homem bom e honesto, livre e de bons costumes." E a primeira declaração feita pelo neófito é a de que veio à Loja para "aprender a dominar suas paixões e aprimorar-se na Maçonaria", ou seja, empenhar-se na construção de um templo apropriado à habitação intrínseca da alma.

Pode-se inferir disso que todas as tradições e usos da Maçonaria acordam plenamente com a filosofia da doutrina secreta quanto à verdadeira iniciação, e que ambas são justificadas pela somatória de experiência por toda a história, bem como por todos os avanços e descobertas científicas, até a presente data. Essas antigas instituições, escarnecidas, excomungadas, deturpadas, perseguidas e *suprimidas,* como o foram ao longo dos últimos 1.500 anos, irão, na era que ora se inicia, demonstrar sua benemerência e seu poder; e causará espécie ver como a ignorância e a brutalidade humanas foram capazes de, por tanto tempo, suprimi-las. Ainda assim, é verdadeiro afirmar que, mesmo entre pessoas inteligentes, existe uma maioria que não acredita que tal fonte do conhecimento possa ter um dia existido. Olham apenas para o futuro, enquanto esperam para saudar com alegria cada nova descoberta da ciência que permita o aperfeiçoamento humano. Será para todos que assim pensam a mais importante de todas as descobertas, ao virem que "voltar a Platão é fazer progresso", e que os Mistérios egípcios, caldeus e hindus já haviam, há muitas eras, esgotado todas as filosofias, compreendido todas as ciências e registrado seus inestimáveis tesouros de sabedoria, em grifos e alegorias, no ideal de favorecer as gerações que as sucederam, na história da raça humana. Pouco a pouco, até mesmo nossos cientistas irão, como crianças exaustas e desapontadas, cansar-se de tentar fazer tudo sozinhos, vezes e mais vezes, e então não irão mais fingir que não ouvem as imortais, embora silentes, vozes do passado. Mas como, pode alguém perguntar, povos primitivos, mesmo antes do início do que chamamos História, podem ter sido capazes de fazer descobertas assim tão transcendentes? Para os que conhecem o sentido da palavra MESTRE e o que a iniciação realmente permite obter, a resposta a essa pergunta não vai exigir grande esforço. A doutrina secreta declara que isso é o resultado não de vãs suposições ou tortuosas investigações de leigos no assunto, mas de experiências cuidadosamente testadas e registradas, geração após geração, por adeptos treinados e perfeitos mestres, os **Guardiões Avançados da Humanidade**, em todas as eras. As coisas *não são verdadeiras porque antigas, mas antigas porque verdadeiras*. A imortalidade pertence à verdade e não ao erro. Algo não é verdadeiro porque Deus assim o disse, ou porque *supõe-se* que o tenha dito; Deus o disse *porque é verdadeiro*; e toda manifestação da Natureza é, por esse motivo, o VERBO REVELADO DA DIVINDADE. O Mestre que é *uno* com a Natureza, e a divindade discerne a verdade e a ensina e registra para todas as futuras gerações da Humanidade. Todavia, somente em uma era de liberdade e iluminação, será a voz do Mestre ouvida; porém, deve-se lembrar sempre que a autoridade exclusiva do Mestre está na verdade, e não a autoridade da verdade no Mestre. Exatamente nesse ponto, situa-se a distinção entre religião e superstição. As massas sempre buscarão um sinal, mas o único sinal do Mestre é sua dedicação à Humanidade. "Aquele que mais entende da obra e da harmonia" é um Mestre. Préstimo e harmonia: essas são as senhas do real Iniciado. O leigo pode venerar como a um deus aquele que é capaz de produzir sinais e maravilhas e, ao cansar-se dessa devoção, retorna ao atoleiro do pântano, esquecido do milagre. Em consequência disso, os verdadeiros mestres, em todas as eras, evitaram a publicidade – "retirando-se para o exílio em uma montanha" – fugindo assim do aplauso humano, preferindo o menosprezo e a difamação em vez de ignorarem a verdade, sendo eles mesmos glorificados pelo homem.

A Grande Fraternidade

> *"Eu Sou...*
> *Eu Sou...*
> *Eu Sou... Discípulo da Luz..."*
> Paulo Veneziano (Maha-Chohan)

O profundo segredo em torno dos Antigos Mistérios e a obrigação de manter o sigilo, imposta a todo iniciado na fraternidade maçônica, devem-se a muitas causas e condições variadas, algumas das quais aqui já apontadas. Em tempos de opressão política e perseguição eclesiástica, tornava-se necessário ocultar a identidade de todos os membros de fraternidades secretas; e, tanto quanto possível, os princípios da Ordem foram também ocultados visando à proteção mútua. O fato de ser identificado como maçom ou ocultista significava ser caçado sem trégua como um criminoso, ser condenado à prisão perpétua ou talvez torturado e queimado, o que, naturalmente, fez os homens ocultarem sua ligação com a Loja ou seu interesse na doutrina secreta. Hoje em dia, é provável que não haja nenhum grau na Maçonaria ainda não usurpado por membros de Ordens religiosas, como a dos jesuítas. Aqueles que estão familiarizados com os princípios dessas confrarias sabem muito bem que por trás do lema "o fim justifica os meios" nenhum membro dessas organizações hesitaria em assumir qualquer obrigação que lhe fosse imposta, a fim de obter a posse de um cobiçado segredo que poderia conferir-lhe poder e manter a prerrogativa de sua confraria, sabendo de antemão que a absolvição pelo crime de perjúrio, por violar seu sagrado dever, estaria-lhe não apenas assegurada, mas também ele seria aplaudido e talvez até **canonizado**, em vista de seu zelo e devoção à religião, como ocorreu a muitos santos do calendário, por provas muito menos "santas".

Em face de todos os assim chamados escândalos e traições, a Maçonaria busca trilhar um caminho justo e protege suas Lojas cuidadosamente, além de infundir sua obrigação de sigilo, muito embora não seja a apostasia impossível e o perjúrio, um crime desconhecido no código das comunidades civilizadas. Não obstante todos os chamados escândalos, seria excessivamente perigoso para alguém, exceto um Irmão regularmente iniciado, tentar obter sua admissão na Loja; e não há razões plausíveis para a não admissão de qualquer homem honesto que deseje receber os ritos e benefícios da Loja, desde que na ordem e sob as condições prescritas. Todavia, após todas as demais razões atribuíveis para o sigilo da Loja, provavelmente a tradição de que essa sempre foi a regra nos Mistérios tenha tido maior relação com o segredo do que qualquer outro motivo; e a verdadeira razão para tal sigilo deve-se ao poder inerente ao real conhecimento possuído pelo Mestre. As penas impostas por violações de obrigações solenes, voluntariamente assumidas, podem ter sido, algumas vezes, literalmente executadas por agentes da Loja, em eras medievais ou pré-cristãs; porém, em tempos modernos, essas terríveis penas foram, sem dúvida, substituídas pela "execração de todo homem e maçom honestos". Nas genuínas iniciações aos Mistérios ocultos, as penas por atos indignos, em todos os sentidos, consistiam em fazer o apóstata tornar-se a vítima dos poderes que invocara. Havia criado um Frankenstein, que já não era mais capaz de controlar e este o destruíra. Logo, o alerta era verdadeiro e necessário, porém o real método utilizado na execução dessas penas era dissimulado, mas descrito como terrível.

Podemos agora elaborar um diagrama ou imagem de uma ideia que percorre toda a história, como um tema em uma composição musical. Essa ideia surge esporadicamente ao longo da história, não sendo, porém, história, por razões aqui já explicitadas. Como todos os símbolos, o da doutrina secreta não é a coisa simbolizada e, como já afirmamos, não se trata de uma história da Grande Loja e da doutrina secreta. Se tivéssemos de demonstrar, por etapas, que a Grande Loja, historicamente, teve sua primeira base no Egito ou na Etiópia, o que é possível, em vez de na antiga Índia ou Irlanda, o que não é impossível, ou ainda no Continente dos atlantes, o que é ainda mais verossímil, isso não faria nenhuma diferença em nossa ilustração, a qual não foi concebida dentro de uma cronologia histórica, mas a partir *da influência de uma ideia* sobre as civilizações e religiões do mundo. Quando for escrita, na íntegra, a verdadeira história a respeito daquilo a que chamamos de druidas britânicos, as lendas da atual "Ilha da Esmeralda Infeliz" serão decifradas e a maravilhosa lenda de Vênus emergindo da espuma das águas do mar não mais será a mais bela ou grandiosa das histórias irlandesas.

No pressuposto científico de que todo efeito deve ter uma causa adequada, temos o direito de considerar que os pontos de referência da Maçonaria e as tradições da doutrina secreta não deixam de se fundamentar em fatos. Outrossim: quanto mais retrocedemos historicamente, e ao período que antecede a história, mais grandiosos se tornam os monumentos da Ciência Secreta. Pitágoras e Platão buscaram todo o seu conhecimento diretamente dos Mistérios do Egito e da Babilônia. Quanto mais profundo mergulhamos nas brumas do tempo, mais majestosos se tornam esses monumentos primitivos. O zodíaco e as pirâmides, por si sós, pelo conhecimento que revelam da Astronomia, Mecânica, Matemática e Arquitetura, comprovam a existência em tempos pré-históricos de uma ciência que nós, modernos, ainda não fomos capazes de imitar ou até mesmo de decifrar. Somos como mineiros seguindo um filão de ouro, em uma fenda de rocha. Minérios preciosos afloram aqui e acolá, ocultando-se novamente; o filão torna-se mais rico à medida que prosseguimos, até que nasce em nós a irresistível convicção de que, no âmago das entranhas da terra ou sob alguma cadeia de montanhas, deve haver uma grande "jazida", a fonte real de todo esse tesouro enterrado. A analogia é perfeita, e o raciocínio, científico. Porém, se os monumentos do plano físico são inquestionáveis e aqueles nos céus, inatingíveis, eles são ainda mais transcendentes nos reinos intelectual e espiritual. Não há uma religião, ciência ou filosofia conhecida pelo homem, cuja origem histórica não nos remeta à antiga Índia; com a diferença, no entanto, de que temos apenas fragmentos, colunas em ruínas ou imagens desconexas de uma estrutura perfeita e consumada outrora existente. Os textos mais primitivos ou registros escritos que se conhecem atualmente, tais como o *Livro dos Mortos do Antigo Egito* e os *Hinos dos Vedas*,* raras vezes têm sido traduzidos em sua essência por seus pesquisadores.

Os *Hinos dos Vedas* foram, sem dúvida, a forma original alegórica da doutrina secreta, e os Rishis – chamados "deuses", mas, na verdade, sublimes e perfeitos mestres – foram seus criadores.

Antecessora dos Vedas foi, então, a Grande Loja dos adeptos, que criaram a religião, inspiraram a civilização e ensinaram a profunda ciência que fez a grandeza da antiga Índia. Se apenas tradições e monumentos em ruínas permanecem, estes ainda superam todas as modernas realizações do homem. O sistema de governo primitivo era patriarcal; o governante era também um Mestre iniciado e o povo, considerado seus filhos. Nessa era primitiva, um príncipe regente não considerava demérito, para sua dignidade, retirar-se ao deserto sozinho e permanecer ao lado de um eremita inspirado, para receber mais luz, a qual poderia distribuir ao seu povo ao retornar. Em vez de ensinar superstição e idolatria, quando o real significado do simbolismo védico for revelado, será possível, talvez, descobrir ser ele é o véu mais sutil que já ocultou a sublime sabedoria da compreensão humana. Os antigos deuses eram os atributos da Natureza simbolizados ou personificados, por meio dos quais o

---

* N.E.: Sugerimos a leitura de *Magia Indiana – Atharva Veda,* Madras Editora, que traz os referidos hinos.

homem aprendia a compreender a existência do espírito supremo. Isso não era politeísmo nem idolatria, mas um sistema de ensino cujo conteúdo não podia ser totalmente definido, direcionado ao que deve permanecer incógnito e incognoscível, para sempre, com o auxílio de símbolos, parábolas e alegorias. Nenhuma obra literária conhecida pelo homem parece ter a metade da beleza de algumas dessas parábolas e alegorias primitivas. Não só era toda oferenda de amor representada, cada alegria doméstica ou afeição ilustrada, o mais trivial dos afazeres diários, feitos de valor, devoção e autossacrifício descritos, mas também, em sua expressão, utilizou-se uma linguagem tão musical, com ritmo e métrica tão perfeitos, que sua narração parece mais uma sinfonia que um poema. A íntegra da composição expressa um mantra. Em praticamente toda página do *ANUGITA*, lê-se – em relação a isso ou àquilo – "relatam esta história primitiva, sob a forma de diálogo, que ocorreu" – e assim por diante.

Se a Índia hoje parece uma velha senhora em sua segunda infância e seus sacerdotes transformaram-se em harpias,* para devorar o que resta de sua vida espiritual, o registro de sua grandeza primeva jamais poderá ser subestimado ou destruído.

Em priscas eras, o Brahman realmente "nascia duas vezes" e, apenas em seu *segundo nascimento*, tornava-se BRAHMAN. Então, as parábolas não eram concebidas para ocultar a verdade daqueles que podiam compreendê-las, ou para manter o povo na ignorância, com o objetivo de preservar o poder de sacerdotes e governantes. O poder não emanava do povo mas da posse do supremo conhecimento, que, continuamente exercido e exemplificado, era o distintivo do cargo e o símbolo da autoridade. Para esse tipo de clero, o povo prestava a mais voluntária obediência. As portas da iniciação estavam abertas a todos aqueles que aprimoraram sua capacidade de "conhecer, ousar, fazer e manter o segredo e o silêncio" em relação àquilo que não deveria ser prematuramente revelado.

---

* N.R.: Pessoas mesquinhas.

Com a luz da Grande Loja em posição central, a religião do povo era representante perfeita da Ciência e da Filosofia, e nela não havia espaço para superstição e idolatria, de onde a simetria de nosso diagrama, que ilustra a ideia da antiga sabedoria-religião.

A religião da Índia, então inspirada na Grande Loja, era expressa nos Hinos dos Vedas. Assim foi o antigo Bramanismo, a religião do BRAHM: o Pai-Mãe do todo.

Todavia, com o passar do tempo, o clero tornou-se corrupto; o povo desistiu da antiga devoção. Surgiu então Krishna, mais tarde Buda, para restaurar o que se perdera. Os brahmins, agora não mais "renascidos", porém uma casta sacerdotal invejosa do poder, uma vez que não eram mais verdadeiros mestres, rebelaram-se e a missão de Buda fracassou em grande parte na Índia, encontrando seus principais adeptos no Sri Lanka, em terras distantes e em ilhas oceânicas.

As religiões do Egito e da Caldeia baseavam-se na mesma doutrina secreta, ou Mistérios, sendo também científicas e filosóficas. Entretanto, Egito e Caldeia repetiram o mesmo erro da Índia e pereceram com a degradação de suas religiões. As tradições da doutrina secreta ainda eram cultivadas e surgiam, vez por outra, mestres como Hermes, Zoroastro, Confúcio e Lao-tsé, em diferentes regiões do planeta, para reviver a antiga religião sob novas denominações e, frequentemente, com simbolismos diversos. Pitágoras e as escolas de magos persas mantiveram acesa, por muitos séculos, a chama da verdadeira Luz. A conquista do Egito por Cambyses decretou a ruína da terra dos faraós, e Pitágoras e Platão tornaram-se os elos entre a antiga filosofia e a Era Cristã, juntamente com a Cabala judaica, por sua vez derivada tanto dos Mistérios egípcios quanto dos caldeus, embora preferencialmente talvez destes últimos.

Os Mistérios cristãos têm sua origem nos essênios, nas Escolas de Alexandria, então no apogeu de sua glória, na Cabala e na filosofia de Platão. Durante os três primeiros séculos de nossa era, essas doutrinas floresceram, sendo finalmente destruídas pelas conquistas de Constantino. Seguiu-se, então, a Era das Trevas.

A religião de Jesus era, na essência, aquela dos Mistérios; a mesma sabedoria-religião primitiva, embora com características éticas mais pronunciadas, uma vez que isso se fazia necessário entre o que se chamava de "uma geração de víboras" e "um povo rebelde e teimoso". Os ensinamentos éticos de Jesus, com o decorrer do tempo, deram origem ao sacerdócio e ao clero, ao poder mundial e à conquista. Finalmente, a religião de Constantino foi substituída pela "Santa Inquisição", uma religião que praticava a tortura e o derramamento de sangue.

Os sufistas, entre os maometanos, conheciam a ciência secreta, mas seu poder sucumbiu diante da "Espada do Profeta".

A Maçonaria, embora não seja uma descendente direta dos Antigos Mistérios, pode ser corretamente considerada um elo conector entre a antiga sabedoria e a Era Moderna. Apesar de imitar muitos dos antigos ritos e cerimônias, bem como preservar muitos dos pontos de referência primitivos, transmite à nossa era um *grandioso ideal*, ao representar uma das mais importantes benfeitoras da era atual. Se preservou apenas fragmentos esparsos da grandeza primitiva, não obstante os cultivou e honrou como a uma herança inestimável. Irão os maçons realmente assumir a obra nobre e gloriosa de reconstruir a cidade e o Templo do Senhor? Irão eles unir-se para restaurar a antiga glória e sabedoria? Irão procurar diligentemente em meio à escória a "pedra que os construtores rejeitaram" e a "Palavra Perdida" do Mestre? "Ah, Senhor meu Deus! Ai de mim! Quem pode dizer?"

Há outro elo de nossa cadeia de evidências e linha de transmissão histórica. Os cumprimentos (toques), palavras (senhas) e sinais, com os quais um maçom reconhece um Irmão, dizem respeito aos Mistérios Menores. O verdadeiro Mestre conhece seus confrades por outros sinais. O verdadeiro adepto é não só clarividente mas também clariaudiente. Existe uma atmosfera magnética ou radiação em torno de todo ser humano e, na verdade, algo desse tipo em todo animal e objeto inanimado. Todos nós sentimos essa aura magnética ao encontrarmos outras pessoas, mesmo que elas nada percebam e frequentemente não tenham consciência de seus efeitos. Essa atmosfera do indivíduo é a origem do que chamamos "simpatia" e "antipatia", ou atração e repulsão. Não é algo imaginário, mas real.

É o resultado focalizado do caráter individual e contém todos os potenciais e as qualidades da vida do indivíduo. Compõe-se de matéria, é magnética, possui modo definido de movimento e cor específica. Pode ser absorvida ou transmitida de ou para outra pessoa. As vibrações nela incidentes são o resultado coordenado das atividades variadas e associadas dos princípios no homem. Sua nota tônica em cada indivíduo é, portanto, determinada como fato científico na matéria. No sibarita e em todos aqueles degradados pela paixão e egoísmo, a cor dessa aura é vermelha, feito a crista de um galo, e a sensação que produz no sensitivo e puro é descrita frequentemente como de calor e sufocação. No indivíduo altruísta, de mente pura, a cor pode alternar-se entre o amarelo dourado e o azul, e o sensitivo descreve uma sensação fria, relaxante e inspiradora.

Se o que acabamos de descrever é verdade, o que é fácil de se verificar, e se um verdadeiro Mestre é capaz de perceber todas essas peculiaridades, normalmente invisíveis aos demais, dificilmente dependeria de "cumprimentos, sinais ou senhas" para reconhecer um Irmão. O ser humano trai seu caráter, sua hereditariedade, seus ideais e toda sua vida pregressa, em cada traço de sua fisionomia, pelos contornos e pose do corpo, no modo de andar, por sua escrita, pelas linhas da mão, por seu tom de voz, na expressão do olhar; em suma, nenhum ser humano POSSUI caráter. Caráter é aquilo que ele É em sua essência, e não algo separado dele. O caráter é hereditário; difere de temperamento, que é construído com a personalidade. Não precisa ser um Mestre para descobrir tudo isso; basta observar, pensar e raciocinar a respeito do que se vê. Mesmo nas situações comuns da vida, o artista, o músico, o mecânico, todos eles reconhecem seus companheiros por sinais que lhes são familiares e infalíveis. Seria difícil supor que nas altas esferas da ciência, e no caso do estudioso mais profundo ou adepto, os sinais do caráter deveriam ser menos pronunciados ou menos aparentes, ou ainda que o adepto, dotado de sentidos muito mais aguçados e uma ampla gama de conhecimentos, iria necessariamente falhar ao interpretá-los. O indivíduo realmente sincero e devoto não deixará de reconhecer a sinceridade e a verdadeira devoção em alguém conhecido ou em qualquer outra figura histórica dona de tais virtudes. Logo, é dessa maneira que o estudioso da Ciência Sagrada ou do Ocultismo, embora não sendo um adepto, aprende a reconhecer, por meio de sinais infalíveis, aqueles que no presente ou no passado conhecem realmente a verdadeira sabedoria. Seus sinais e símbolos não são do tipo santo-e-senha roubados, com os quais o real estudioso pode ser traído. Todo maçom conhece o suficiente a respeito da linguagem figurada ou linguagem codificada, para poder falar acerca de muitas coisas na presença de outras pessoas, sem revelar os segredos da Loja. Mesmo os criminosos possuem seu dialeto ou *gíria* (jargão).

A história está repleta de charlatães, até mesmo no Ocultismo. A simulação é, em si, um sinal de ignorância, e a proposta de "vender a verdade" é sempre um sinal de fraude. Existem, contudo, muitos nomes que ao longo da história foram cobertos de desonra, sendo tais pessoas acusadas de fraude e embuste e que, não obstante, eram genuínos adeptos, quando não, perfeitos Mestres. É necessário distinguir entre a certeza pessoal, que nasce da boca do charlatão, e aquelas acusações vindas de pessoas que não baseiam o que dizem em evidências. O impostor é frequentemente coberto de honras e vive na opulência, como resultado de seus atos dolosos, mentiras, fraudes ou corrupção, práticas nas quais ele é astucioso o bastante para ocultar. Por outro lado, o verdadeiro Mestre é, frequentemente, condenado à forca pelo vulgo e excomungado pela Igreja, já que não é servil nem deseja mercadejar a verdade por ouro.

Ao longo de toda a história, podem ser encontrados aqueles que conheciam a verdadeira Luz. Ocultavam sua sabedoria e até sua identidade da cortesia vulgar e do elogio fútil. Palmilharam a Terra, despercebidos e incógnitos para a maioria, porém sempre em contato com seus Irmãos e todos aqueles que buscam a verdadeira sabedoria. A ignorância da plebe, o zelo do supersticioso e a "usurpação do nome de Deus" têm feito incursões hostis entre os servos da Grande Fraternidade; mesmo assim, eles jamais foram totalmente exterminados; sempre viveram para dar seu testemunho; e *estão presentes hoje!* Se o leitor se apressar em negar tudo isso, é claro que não fará diferença alguma para o real adepto e, certamente, será indiferente para nós. Pode-se não fazer nada além de declarar candidamente no que se acredita e apresentar aquilo que sabemos ser verdadeiro.

Esses adeptos ou Mestres têm constituído, ao longo de todas as eras, a Grande Fraternidade. Se se congregam sob domos subterrâneos ou se reúnem em ocasiões especiais, talvez ninguém saiba, a menos que pertença ao mesmo grau. Porém, uma coisa é certa: trazem auxílio e conhecimento ao mundo, quando isso se torna mais necessário e, assim, têm trabalhado atualmente no Ocidente, como jamais o fizeram antes, por muitos e longos séculos. Estão habilitados a realizar sua obra agora porque o caminho lhes foi preparado por "AQUELES QUE CONHECIAM", que os serviram até a morte em face de difamação e de calúnias. Também foram ajudados por muitos leigos, mas crentes fiéis em sua existência e em sua obra, os quais foram recompensados com "mais luz". Quase coincidente com o fim do século passado é o fim de um grande ciclo: ou seja, o primeiro ciclo, de 5 mil anos de Kali Yuga. Além das conjunções astronômicas incomuns, muitas perturbações no espaço, terremotos, ciclones e maremotos; também estão previstas grandes convulsões sociais, mudanças políticas e epidemias de doenças físicas e mentais. Em outras palavras, como já é aparente para todos aqueles que entendem os sinais dos tempos, o presente é um período de transição, e quaisquer que sejam as influências que devam moldar este século, elas precisam começar sua obra no momento atual. Esta é, portanto, a hora da semeadura, e a colheita será obtida dentro em breve.

Nota: Muitas referências na literatura poderiam ser citadas para demonstrar a existência da Grande Loja ou Grande Fraternidade. Duas delas podem ser aqui mencionadas, a saber: aquela apresentada na Vida de Apollonius Tyanaeus, acerca de sua visita aos adeptos na Índia, e o relato de Flamel e os adeptos, em uma antiga obra chamada *Hermippus Redivivus*, por Campbell. O presente objetivo é, contudo, antes revelar uma filosofia do que reunir fatos; explicar o que seria um Mestre, em vez de indicar suas moradas.

Um Perfil do Simbolismo

"A arte imita a Natureza."

Antes de entrarmos neste capítulo, quero falar um pouco de Alquimia e Maçonaria. A escola maçônica alquímica é propriamente a escola francesa, que de muito se distinguia da inglesa. Isso no século em que a Maçonaria começava a abrir suas portas para o mundo, em torno do ano de 1600. Os adeptos franceses, sob diversos fatores, buscavam introduzir as ciências ocultas: Magia, Cabala, Astrologia, Magnetismo e principalmente a Alquimia em nossa Ordem. Talvez porque já tinham tomado conhecimento da intenção dos ingleses de tomarem para si a criação de uma Grande Loja (GLUI).

Em todas as teorias cosmogônicas do mundo antigo, existe a ideia da existência de um elemento primordial, do qual derivam todos os demais elementos. A mais antiga ideia relativa a esse conceito é aquela que considerava a água elemento fundamental, associada aos trabalhos do sábio grego Thales de Mileto. Na mesma Grécia, entretanto, muitos filósofos defenderam ideias diferentes. Anaxímenes afirmava que o elemento primordial era o ar, pois ele podia ser condensado, formando nuvens e chuvas, cujas águas, ao se evaporar, formando novamente o ar, deixavam um resíduo sólido de terra. O Mitraísmo persa via a manifestação do poder divino no fogo, crendo, portanto, que esse era o elemento formador de todas as coisas. Heráclito também defendia a teoria do fogo, afirmando que tudo no mundo está em constante transformação e que o elemento que pode provocar as mais intensas transformações é o fogo; daí a máxima hermética Igne Natura Renovatur Integra (o fogo renova toda a natureza). Já Feresides escolheu, como fundamental, o elemento terra, pois afirmava que, ao se queimar um corpo sólido, obtêm-se água e ar. E Aristóteles, finalmente, defendendo uma concepção de Empédocles, afirmava que **esses quatro elementos eram fundamentais** e que todos os corpos eram formados por combinações deles.

As ideias de Aristóteles, básicas para a Alquimia, eram ensinadas nas escolas de pensadores da cidade de Alexandria, no Egito, a qual foi o grande centro alquimista da Antiguidade, nela se dando a fusão entre as práticas egípcias e as teorias gregas, mais tarde desenvolvidas pelos árabes. Estes, ao conquistar em 642 o Egito, atingindo, depois, a Síria e a Pérsia, trouxeram para o Ocidente a nova contribuição, que gerou aquilo que hoje é chamado de Alquimia.

Dos árabes conquistadores, originou-se um dos maiores alquimistas de todos os tempos: Jabir ibn Hayyan (721-813), conhecido na Europa como Geber. Ele aceitava a teoria aristotélica dos quatro elementos, adicionando, todavia, outros dois elementos essenciais, o mercúrio e o enxofre, os quais explicavam certas propriedades dos metais; um terceiro elemento, o sal, foi posteriormente incluído, formando, com os outros dois, o trio fundamental (trio prima) de Paracelso e de seus discípulos, no século XVI.

Essencialmente, a Alquimia era caracterizada pela busca de duas substâncias: a **Pedra Filosofal**, capaz de transformar os metais inferiores em ouro, e o **Elixir da Longa Vida**, capaz de manter os homens eternamente jovens. Para Geber, todos os metais seriam formados apenas de enxofre e de mercúrio; desses elementos, deveriam ser extraídas as essências, que transformariam todos os metais "em ouro mais puro do que o das minas". Partindo do princípio de que todas as substâncias possuem uma única raiz, parecia possível, para os alquimistas, transformar os corpos, entre os quais os metais, em ouro, o qual, além de ser o princípio concreto da força, que serve para comprar a glória e a felicidade material, é, também, **o símbolo do Sol, da luz, do poder criativo, da revelação divina**.

Teosoficamente, a Alquimia trata das forças sutis da Natureza e das diversas condições da matéria, nas quais aquelas forças agem. Quando dá aos iniciados a ideia do **mysterium magnum**, sob o véu regularmente artificial da linguagem, para que não represente perigo nas mãos de egoístas, o alquimista aceita, como primeiro postulado, a existência de um determinado dissolvente universal da substância homogênea, de onde evoluíram os elementos, ao qual chamam de ouro puro, ou **summum materiae**. Este possuía o poder de lançar fora do corpo humano todos os germes de doença, de renovar a juventude e de prolongar a vida: assim é a Pedra Filosofal (*Lapis Philosophorum*).

A Alquimia é, na realidade, tratada sob três aspectos distintos: o **cósmico**, o **humano** e o **terrestre**; esses três aspectos eram típicos, sob as três propriedades alquímicas: o mercúrio, o sal e o enxofre, que são os três princípios da **Grande Obra** (transformação dos metais inferiores em ouro).

No aspecto terrestre ou meramente material da Alquimia, o objetivo é transmutar os metais grosseiros em ouro puro, já que é indiscutível, na Natureza, ocorrer a transmutação de metais inferiores em outros, melhorados. Existe, todavia, um aspecto muito mais místico, o ocultista, da Alquimia. O alquimista ocultista despreza o ouro terrestre, material, e dirige todos os seus esforços na **transmutação do quaternário inferior em ternário divino superior ao homem**, os quais, quando se unem, acabam constituindo um só. Os planos da existência humana, **espiritual, mental, psíquico e físico**, comparam-se, na alquimia oculta, aos quatro elementos da teoria de Aristóteles (a terra, a água, o ar e o fogo); cada um deles é capaz de uma tríplice constituição, ou seja: fixa, instável e volátil.

A **Grande Obra**, para a alquimia oculta, consistia no constante renascer, para que o iniciado percorresse o caminho do aperfeiçoamento e do conhecimento, até chegar à comunhão com a divindade, conceito muito parecido com os do Hinduísmo e os da doutrina de revelação do Mitraísmo persa. Assim, os metais inferiores simbolizam as paixões humanas e os vícios, que devem ser combatidos e transformados em **ouro do espírito**, que é o objetivo da **Grande Obra**, ou **Obra do Sol**, ou **Crisopeia**, ou **Arte Real**.

A Alquimia, para os Irmãos franceses daquela época, não era apenas um conjunto de procedimentos químicos para obter a transmutação dos metais e conseguir fabricar OURO: o ouro com o qual se obtém tudo neste mundo. Entretanto, podemos afirmar que durante as pesquisas realizadas em torno da alquimia, **vários alquimistas fizeram interessantes descobertas das quais a química moderna se beneficiou**. Exemplo confirmatório dessa afirmativa é que a nomenclatura química ainda está cheia de termos provenientes da Alquimia: Azoto, Vitriol, Salitre, Enxofre, Mercúrio, Sal e tantos outros. O que vamos ler aqui em sua grande maioria são textos e citações de diversos autores, entre eles: Oswald Wirth; o grande mestre Fulcanelli, autor de *Os Mistérios das Catedrais* e *As Moradas dos Filosofos*, ambos publicados pela Madras Editora; Nicolas Flamel, autor de *O Livro das Figuras Hieróglifas*, entre outros; o três vezes grande Hermes Trismegistos; Enoch – o Profeta; o Mestre Pitágoras; Sacca; Zózimo; Roger Bacon, também conhecido como doutor Mirabilis; Rosenkreutz; Paracelso, cujo verdadeiro nome era Aurélio Filipe Teofrastro Bombast; Saint-Yves d'Alveydre; Isaac Newton; Cornellius Agrippa; Avicena; John Dee; Alberto Magno; Robert Flud e outros. Ficam nesta obra registrados o meu respeito e a minha admiração pelo trabalho desses autores, e peço da mesma maneira a permissão para utilizar muito de seus textos.

Mas, além de toda a riqueza científica, a Alquimia era também um sistema científico geral. Por isso, os símbolos de anotações dos alquimistas eram iguais aos dos astrólogos e foram conservados pelos astrônomos. E pasmem, a Alquimia também era um sistema filosófico, uma arte, a arte da cultura intelectual e moral do homem. Lembremos da fórmula de Hermes Trismegistos: "O que está em cima é igual ao que está embaixo". O que significa que a Ciência é a imagem da realidade, e que se deve encontrar na realidade o que a ciência ensina. Vejamos o que Racine exprimiu em *Atália*, pelo seu verso célebre:

"Como em vil chumbo o puro ouro transformou-se?"

A transmutação dos metais era a transformação dos homens primitivos ignorantes, grosseiros, bárbaros e imorais em homens instruídos, controlados e morais.

Os estudos sobre os conhecimentos químicos, deixamos para os profissionais na área, como Lavoisier, em seu *Tratado Elementar de Química*, da Madras Editora, que é um dos maiores, se não for o maior clássico dessa área, e também Jollivet Castelot e Abel Haatan. A nós o que mais interessa são as relações entre a Alquimia, o Simbolismo e a Ordem iniciática. Com essa mesma intenção, não podemos deixar de citar os Fráteres Rosa-Cruz, que tiveram muita influência sob o aspecto da alquimia filosófica.

A Maçonaria ainda conserva muitos símbolos dos alquimistas, para armar sua doutrina moral e espiritual. Um exemplo é, em muitos ritos, a chamada Câmara de Reflexão, onde o Candidato à iniciação permanece em meditação, antes da cerimônia; a câmara, que representa o útero (da Terra), do qual o Candidato nasce para uma nova vida, representa a "prova da terra", um dos quatro elementos aristotélicos. Nela, entre diversos símbolos representativos da espiritualidade e do valor da vida honrada, encontram-se as substâncias necessárias à Grande Obra – sal, enxofre e mercúrio –, que lembram, ao Candidato, que ele deve percorrer o caminho do conhecimento, para chegar ao aperfeiçoamento espiritual e moral, que é a Grande Obra da vida. Na mesma câmara, uma máxima alquímica – representada pelas iniciais de suas palavras, V.I.T.R.I.O.L. – adverte: *Visita Interiora Terrae Rectificandoque Invenies Occultum*

Lapidem (Visita o interior da terra e, seguindo em linha reta, em profundidade, encontrarás a pedra oculta), a qual, além de uma referência à Pedra Filosofal, é um convite à procura do "eu interior" de cada um. Alquímicas, também, são as provas simbólicas de alguns ritos, ligadas aos outros três elementos: ar, água e fogo

E o que vamos tentar divulgar em poucas linhas são os conhecimentos iniciáticos destinados a contribuir para a emancipação integral do pensamento humano.

Reiteramos que não vamos, nem é essa nossa intenção, nos aprofundar demasiadamente nesse tema. Apenas acreditamos ser necessário trazê-lo à tona e deixar que os próprios Irmãos busquem em outras obras seu aprofundamento. Mas que não fique com esse conhecimento para si, leve em Loja, discuta e defenda, sob seu ponto de vista, o que está acontecendo com a nossa Ordem.

Será que não é chegada a hora de preparar melhor nossos Candidatos? Será que não é chegada a hora de o neófito saber antes de entrar em determinado rito que temos outros, e permitir que ele mesmo escolha o que melhor entender ser bom para ele? Será que está certo defendermos a trilogia: "Liberdade, Igualdade e Fraternidade" em todos os ritos? Quais são os nossos compromissos para com a Ordem? E quais os dela para com o Irmão? Quais são os nossos atuais objetivos? Todos os maçons estão, em Loja, para ajudar ou para serem ajudados? E os estudos? O que podemos fazer para melhorar o nível cultural do maçom? Todos estão satisfeitos? Então por que nossas Lojas estão cada vez mais vazias?

Os nossos Veneráveis estão preparados para assumir o "trono"? Como venerar um "homem", ocupando um cargo, sem o devido preparo, sem o mínimo conhecimento? Temos que rever urgentemente a legislação maçônica, que, a meu ver, já está ultrapassada, principalmente no que se refere à educação. Temos que moldar nossos princípios e definir nossos objetivos.

Faz alguns "anos" que a Maçonaria não tem suas metas traçadas e os projetos definidos.

Tentamos, durante nossa permanência na Secretaria de Cultura e Educação Maçônicas do GOSP, desenvolver diversos cursos de preparação para formação de Aprendizes, Companheiros e Mestres, dando instruções filosóficas e ritualísticas de nossos graus simbólicos.

Alguns Irmãos nos prestigiaram, em nossos "cursos", mas outros preferiram apenas questionar o local, a região, etc., e não a qualidade nos ensinamentos. Quer dizer que falta "Vontade", para não dizer "Vergonha", de muitos Irmãos. Será que conseguiremos transformar o "Homem profano" em "Iniciado"?

Precisamos conscientizar nossos Irmãos dos Reais Valores de nossa tradição e isso tem que começar pelas nossas Lojas. E hoje possuímos uma literatura forte, não temos mais desculpas.

O Venerável Mestre deveria sempre lembrar que é nele que os Irmãos buscam a instrução — que dele depende o bem-estar e o sucesso —, o crédito e a popularidade da comunidade. A sua posição, como coluna principal da Loja, é por demais importante; e, caso venha a falhar no bom desempenho de suas obrigações, ele estará desferindo um golpe fatal, não apenas à Loja, que será a primeira vítima de uma mal versada confiança, mas à própria Ordem, que sofrerá junto à opinião pública se o seu principal Oficial provar incompetência no elevado Ofício a ele incumbido; falhando por desatenção, por negligência ou por incapacidade de aprimorar os Irmãos em conhecimento e em sabedoria; ou deixando de justificar e defender a pureza da Ordem contra os ataques e as pretensões daqueles que a ridicularizam ou condenam, pelo simples fato de não entenderem o seu objetivo e serem incapazes de compreender a sua beleza e utilidade.

O que tenho observado é que o interesse pessoal ainda reina em nossa Ordem. Não vejo nem 10% de nossos Irmãos interessados em melhorar seu interior, aprimorar seus conhecimentos; muito pelo contrário, o que percebo é que o dito popular está cada vez mais forte: "Cada um por si e Deus por todos". Aprendizes que são verdadeiras pérolas de conhecimento, jogados na escuridão, apenas por serem Aprendizes. E eu pergunto: E os de Grau 33 que não servem à Ordem? Cadê o compromisso? São mais brutos do que quando entraram; em vez de lapidar e aprimorar seu Ser, deixaram que o corrompessem. Não pensem que isso é uma crítica de papagaio, que ouvimos dizer e estamos repetindo por repetir; sinceramente não. O que queremos é uma Maçonaria mais forte e participativa. Particularmente, sou um apaixonado pela Maçonaria e não gostaria de ver o que infelizmente estou vendo e vivenciando. Não estou querendo mudar, simplesmente por mudar, ou criticar...

Já não é chegada a hora de voltar nossos Rituais às suas origens? Será que os Irmãos não percebem que alguns dos Irmãos que mexeram em nossos Rituais tinham outro propósito? Outras intenções? Que a Maçonaria está morrendo, é fato. Mas creio que podemos salvá-la... Voltemos à nossa essência. Agora!

Nossos Irmãos "políticos" são, na maioria das vezes, pessoas que não conseguiram nada no mundo profano. São verdadeiros seres FRUSTRADOS, fracassados em todos os sentidos, indo para a Ordem e querendo aparecer como uma estrela. E quieto no meu canto, observando esses "coitados", tenho um dos piores sentimentos: o da "PENA". Esses mesmos homens que se julgam alguma coisa NÃO CONSEGUEM MUDAR, SEQUER, UM PONTO DE ÔNIBUS, como diz um amigo meu.

Que me desculpem os verdadeiros políticos. Gosto e admiro a POLÍTICA, assim como as pessoas que sabem fazer política. O que quis expor aqui são os "politiqueiros" (pessoas que se preocupam apenas com o seu umbigo, apenas reparam o rabo dos outros) de nossa Ordem, e que, coitados, não são capazes de construir absolutamente nada. Mas como destroem! Usam a injúria, a calúnia e a difamação como suas principais ferramentas.

Desculpem-me pelo desabafo, mas reafirmo meu amor e respeito pela **Ordem maçônica**.

Observem bem os que pregam que a Maçonaria é apenas uma ferramenta da "Construção Social", mas a Maçonaria não é só isso, ou melhor, isso ocorrerá NATURALMENTE, pois o seu real papel é o de lapidar o HOMEM, por dentro e por fora. Ou você conhece um sistema que prega a evolução e o desenvolvimento do Homem, apenas melhorando sua aparência?

Mas querer melhorar o mundo, antes de melhorar o mais próximo, é perder tempo, é incorrer nos mesmos erros já narrados pela História. Se prepararmos e conscientizarmos os nossos Irmãos, teremos uma grande oportunidade de semeação e juntos geraremos (construiremos) um mundo mais Justo e Perfeito.

Quando ouço que dentro de nossa Ordem há um grupinho firmando que a Maçonaria tem de cumprir o seu papel e envolver-se na política do mundo profano, surgem várias questões, entre elas: Se não conseguimos melhorar, em todas as formas, a vida dos nossos Irmãos, como acreditar que possamos melhorar a vida da humanidade? Cadê o Projeto? Tenham certeza de que esses Irmãos só falam... São revolucionários sem causa... Sem princípios... Se eles acreditam realmente nisso, por que não se candidatam no mundo profano e atuem como Maçons, na Câmara, de Assembleia, no Senado... E cumpram sua missão... Agora, querer usar de nossa Ordem para realizar seu sonho pessoal, isso não... Essas mesmas pessoas conseguem em sua rua melhorar a vida de seus vizinhos? Da comunidade de seu bairro? Lutam por uma melhor educação na escola? Vão aos hospitais em auxílio do próximo? Lutam por melhores condições sociais? Ou ficam só no Blábláblá?

Onde estávamos?... Alquimia!

Pitágoras deixava gravado na porta de sua Escola dos Antigos Mistérios a seguinte inscrição: "Não entra aqui quem não for geômetra".

Acreditamos que o filósofo pretendia, dessa forma, excluir os profanos, pois essa geometria, nos Mistérios da qual os seus discípulos deviam ser iniciados, estava longe de ser simplesmente aquele ramo da Matemática que se ensina em nossas escolas. Tratava-se de uma geometria sutilmente ligada a uma ciência enigmática, que se aplicava para medir diferente, não o espaço concreto, a Terra, segundo a etimologia da palavra, mas o domínio do infinito e da abstração, o espaço ideal ou metafísico. É essa a geometria puramente iniciática e transcendental à qual faz alusão a letra "**G**" dos franco-maçons. Permite ao espírito humano alcançar o desconhecido; torna tangível, de certa forma, o incaptável. Sem ela, só é possível divagar quando se aventura além do domínio dos sentidos ao passo que, munido dos seus métodos, o pensador pode ousadamente se lançar à conquista da *gnose*, a suprema *compreensão*, de que resulta o *total conhecimento* do verdadeiro Iniciado.

Um encadeamento lógico de teoremas, comparáveis, em uma ordem totalmente diferentes daquele da geometria vulgar, conduz a inteligência às noções mais inesperadas, partindo dos mais simples dados. Então, o absoluto revela-se, pelo menos à medida que semelhante revelação seja possível. Os elementos reveladores disso são figuras geométricas banais, nas quais toda arte consiste em saber fazê-los falar. A sua simplicidade os designa a nós como os ideogramas primitivos, dos quais as mais antigas escritas foram necessariamente derivadas. Isso nos faz remontar até *Thoth* ou *Hermes*, apelações mitológicas sob as quais se escondem, na verdade, sábios desconhecidos, preocupados em conectar o pensamento a emblemas, em vez de palavras, a fim de obrigar o espírito a sempre discernir a ideia de que por toda parte se esconde sob a máscara das aparências exteriores.

Esses pais da tradição, chamada de *hermética*, quiseram opor, aos ruidosos divertimentos dos sufistas, a filosofia do silêncio e do recolhimento. A argumentação, admirável para doutrinar, para convencer e, sobretudo, para enganar, sempre causou repugnância àqueles que se esforçavam por ensinar a pensar livremente, a procurar a verdade por si mesmos, com toda a sinceridade e total independência.

HERMETISMO

A filosofia hermética diz que "**Os lábios da sabedoria estão fechados, exceto aos ouvidos do entendimento**".

Transcreverei do próprio livro *Le Symbolisme Hermétique (O Simbolismo Hermético)*, de Oswald Wirth, o texto de apresentação de Hermes: "Entre os Grandes Mestres do antigo Egito, existiu um que eles proclamavam como o Mestre dos Mestres. Esse homem, se é que foi verdadeiramente um homem, viveu no Egito na mais remota Antiguidade. Ele foi conhecido sob o nome de Hermes Trismegistos. Foi o pai da Ciência Oculta, o fundador da Astrologia, o descobridor da Alquimia. Os detalhes da sua vida se perderam em razão do imenso espaço de tempo, que é de milhares de anos, apesar de muitos países antigos disputarem entre si a honra de ter sido sua pátria. A data da sua existência no Egito, na sua última encarnação neste planeta, não é conhecida agora, mas foi fixada nos primeiros tempos das mais remotas dinastias do Egito, muito antes do tempo de Moisés. As melhores autoridades consideram-no como contemporâneo de Abraão, e algumas tradições judaicas dizem claramente que Abraão adquiriu uma parte do seu conhecimento místico do próprio Hermes. Depois de ter passado muitos anos da sua partida deste plano de existência (a tradição afirma que viveu 300 anos), os egípcios deificaram Hermes e fizeram dele um dos seus deuses sob o nome de Thoth. Anos depois, os povos da antiga Grécia também o deificaram com o nome de *Hermes, o deus da sabedoria*. Os egípcios reverenciaram por muitos séculos sua memória, denominando-o o mensageiro dos deuses e ajuntando-lhe como distintivo o seu antigo título *Trismegistos*, que significa o três vezes grande, o grande entre os grandes (etimologia grega).

Nos primeiros tempos existiu uma compilação de certas doutrinas básicas do hermetismo, transmitida de mestre a discípulo, a qual era conhecida sob o nome de *Caibalion*, cuja significação exata se perdeu durante vários séculos. Esse ensinamento é, contudo, conhecido por vários homens a quem foi transmitido de lábios para ouvidos, desde muitos séculos. Esses preceitos nunca foram escritos ou impressos até chegarem ao nosso conhecimento. Eram simplesmente uma coleção de máximas, preceitos e axiomas, não inteligíveis aos profanos, mas que eram prontamente entendidos pelos estudantes; e, além disso, eram depois explicados e ampliados pelos iniciados hermetistas aos seus neófitos".

Um Mestre não se mede pelo número de seguidores, ou do que falam dele, mas sim do que ele fala e faz. No caso de Hermes, tudo o que temos é o *Caibalion*; mas esse "livrinho" de 56 páginas é de tal profundidade e grandeza que tremo só de escrever sobre ele. O livro versa sobre sete princípios herméticos, expostos no *Caibalion*, enquanto os iniciados fazem comentários sobre eles.

Os princípios da verdade são sete; aquele que os conhece perfeitamente possui a chave mágica, com a qual todas as portas do templo podem ser abertas completamente.

São eles: o princípio do mentalismo, da correspondência, da vibração, da polaridade, do ritmo, da causa e efeito e do gênero. Vejamos o primeiro, transcrito do livro:

I. Se, por um espaço de alguns meses, observares rigorosamente as prescrições que se seguem, ver-se-á operar em tua vida uma mutação tão favorável que nunca mais poderás esquecê-las. Mas, meu Irmão, para que obtenhas o êxito desejado, é mister que adaptes tua vida à estrita observância dessas regras. São simples e fáceis de seguir, mas é preciso observá-las com a máxima perseverança. Julgarás que a felicidade não vale um pouco de esforço? Se não és capaz de pores em prática essas regras, tão fáceis, terás o direito de te queixares do destino? Será tão difícil a tentativa de uma prova? São regras legadas pela antiga sabedoria e há nelas mais transcendência do que simplicidade, como parece à primeira vista.

II. Antes de tudo, lembra-te de que não há nada melhor do que a saúde. Para isso deverás respirar, com a maior frequência possível, profunda e ritmicamente, enchendo os pulmões ao ar livre ou defronte de uma janela aberta. Beber cotidianamente, a pequenos goles, dois litros de água, pelo menos; comer muitas frutas; mastigar bem os alimentos; evitar o álcool, o fumo e os medicamentos (salvo em caso de moléstia grave). Banhar-se diariamente é um hábito que deverás à tua própria dignidade.

III. Banir absolutamente de teu ânimo, por mais razões que tenhas, toda a ideia de pessimismo, vingança, ódio, tédio ou tristeza. Fugir como da peste ao trato com pessoas maldizentes, invejosas, indolentes, intrigantes, vaidosas ou vulgares e inferiores pela natural baixeza de entendimentos ou pelos assuntos sensualistas, que são a base de suas conversas ou reflexos dos seus hábitos. A observância desta regra é de importância decisiva: trata-se de transformar a contextura espiritual de tua alma. É o único meio de mudar o teu destino, uma vez que este depende dos teus atos e dos teus pensamentos: a fatalidade não existe.

IV. Faze todo o bem ao teu alcance. Auxilia a todo o infeliz sempre que possas, mas sempre de ânimo forte. Sê enérgico e foge de todo o sentimentalismo.

V. Esquece todas as ofensas que te façam. Ainda mais: esforça-te por pensar o melhor possível do teu maior inimigo. Tua alma é um templo que não deve ser profanado pelo ódio.

VI. Recolhe-te todos os dias a um lugar onde ninguém te vá perturbar e possas, ao menos durante meia hora, comodamente sentado, de olhos cerrados, não pensar em coisa alguma. Isso fortifica o cérebro e o espírito e por-te-á em contato com as boas influências. Nesse estado de recolhimento e silêncio, ocorrem-nos sempre ideias luminosas que podem modificar toda a nossa existência. Com o tempo, todos os problemas que parecem insolúveis serão resolvidos, vitoriosamente, por uma voz interior que te guiará nesses instantes de silêncio, a sós com a tua consciência. É o daemon de que Sócrates falava. Todos os grandes espíritos deixaram-se conduzir pelos conselhos dessa voz íntima. Mas não te falará assim de súbito; tens de te preparar por algum tempo, destruir as capas superpostas dos velhos hábitos; pensamentos e erros que envolvem o teu espírito, que, embora divino e perfeito, não encontra os elementos de que precisa para manifestar-se.

VII. A carne é fraca. Deves guardar, em absoluto silêncio, todos os teus casos pessoais. Abster-se, como se fizesses um juramento solene, de contar a qualquer pessoa, por mais íntima que seja, tudo quanto penses, ouças, saibas, aprendas ou descubras. **É uma regra de suma importância.**

VIII. Não temas a ninguém nem te inspire a menor preocupação o dia de amanhã. Mantém tua alma sempre forte e sempre pura e tudo correrá e sairá bem. Nunca te julgues sozinho ou desamparado; atrás de ti existem exércitos poderosos que tua mente não pode conceber. Se elevas o teu espírito, não há mal que te atinja. Só a um inimigo deves temer: **a ti mesmo**. O medo e a dúvida no futuro são a origem funesta de todos os insucessos; atraem influências maléficas e, estas, o inevitável desastre. Se observares essas criaturas que se dizem felizes, verás que agem instintivamente de acordo com estas regras. Muitas das que alegam possuírem grandes fortunas podem não ser pessoas de bem, mas possuem muitas das virtudes dessas mencionadas. Ademais, riqueza não quer dizer felicidade; pode constituir-se em um dos melhores fatores, porque nos permite a prática de boas ações; mas a verdadeira felicidade só se alcança palmilhando outros caminhos, veredas por onde nunca transita o velho Satã da lenda, cujo nome verdadeiro é **egoísmo**.

O ser humano tem dois "Eus", ou está composto de duas entidades: o Eu corporal, carnal, que tem sua própria mente; e o EU SOU. Cada vez que o homem diz EU SOU está invocando a ação de Deus em sua vida, pondo em movimento a substância única da qual Deus formou o céu e a terra: "Que se faça Luz e a Luz foi feita" – e o fluido e a vibração se puseram em movimento. Dizer EU SOU é trabalhar sobre esta Luz e, por seu meio, sobre toda a natureza que seja submissa às modificações pela inteligência.

Deus é Vida e a Vida é amor, paz, harmonia. Deus é Tudo e está em todos os lugares, nas coisas mais simples. A ela não lhe interessa quem a use; é como o Sol que ilumina o bom e o mau, o lobo e o cordeiro. "EU SOU" é a própria Vida ativa, e quando alguém diz "EU SOU" faz vibrar todo o poder da Vida e abre a porta a seu eflúvio e fluxo naturais, porque "EU SOU" é a plena atividade de Deus, e por tal motivo nunca, jamais se deve consentir que seu pensamento venha a colocar uma negatividade a "EU SOU" ou venha a entorpecer a atividade DESSA VIDA como quando diz: "eu não posso", "já estou perdido", "não sou feliz", etc. Porque com essas afirmações inutiliza a energia de Deus que está em si mesmo e em seu mundo. Todo homem arrasta um saldo de erros através de sua larga existência no mundo. Com pensamentos e evocações discordantes, ele criou, na atmosfera que o rodeia, formas nocivas, horríveis e desagradáveis, que atuam segundo suas índoles de vibrações; por outro lado, quando alguém diz com pureza – EU SOU[*] – projeta uma espécie de fogo cor violeta, que consome e dissolve toda a criação discordante de sua aura. A chama do Amor divino acelera as vibrações nos três corpos a um grau tal que, no indivíduo, nenhuma imperfeição densa ou baixa pode subsistir. Só o Amor divino aos demais pode operar esse prodígio. Cada indivíduo deve purificar-se de suas próprias criações mediante o Amor a seus semelhantes, por isso ninguém pode se salvar sozinho, pois, para salvar-se, tem de salvar aos demais com ele. Inúteis são as igrejas, templos, orações e religiões sem a Lei do "amai-vos uns aos outros". Amor puro; Amor impessoal, Amor incondicional...

    A aplicação prática desses ensinamentos pode ser ótima aliada para aumentar a autoestima, pois funciona como programação neurolinguística. De fato, abrir a boca para dizer que "não" vai conseguir alguma coisa, mesmo que seja por falsa humildade, já influi com suas vibrações na "teia da realidade" aqui em Maya. Se algo estava se delineando no astral, depois dessa negatividade... pronto! Foi embora! Lembrem-se de que "No princípio era o Verbo, e o Verbo estava com Deus, e o Verbo era Deus", e que "o Verbo se

---

[*] N.E.: Ensinamentos contidos no prefácio do livro *Eu Sou: breviário do iniciado e poder do mago*, de Jorge Adoum (Mago Jefa), que em breve será lançado pela Madras Editora.

fez carne". O som é vibração, e a vibração atua em todos os níveis, visíveis e invisíveis.

Em verdade vos digo que qualquer que disser a este monte: Ergue-te e lança-te no mar; e não duvidar em seu coração, mas crer que se fará aquilo que diz, assim lhe será feito (Marcos 11: 23).

Mas o que temos notado é que tem gente usando "EU SOU" levianamente, como se fosse um título do tipo "Comendador" ou "Visconde". Acho que a proibição de Moisés era para evitar esse tipo de abuso. Não devemos esquecer que "o mais sábio deve servir ao mais moço" (Gênesis 25: 23), "o maior servirá ao menor" (Romanos 9: 12), "o maior dentre vós há de ser vosso servo" (Mateus 23: 11). Muitos são os falsos mestres e profetas que chegam do alto de suas tamancas e nada sabem, pois, se soubessem, não agiriam assim. Eu às vezes me pergunto como essas pessoas que se julgam o máximo do conhecimento não sabem usufruir esse conhecimento, porque são solitárias (não têm ninguém para estar ao seu lado, um bom amigo ou uma amiga), agressivas, egoístas, arrogantes... Passam a mão em nossa cabeça e dizem: "Não façam mais isso que é feio; seja bonzinho. Agora vá brincar". Isso é ótimo para quem não quer ter responsabilidade, sempre tendo alguém que pense por ele para dizer "faça isso" ou "não faça isso", afinal ele é uma entidade suprema porque assina "EU SOU". Seria legal que um raio fulminasse cada um que dissesse isso com prepotência? O que podemos fazer para mudar nosso interior, além de balbuciar palavras que não estão em nosso coração?

O que hoje somos deve-se aos nossos pensamentos de ontem que condicionaram nosso comportamento, e são os nossos atuais pensamentos que constroem a nossa vida de amanhã; a nossa vida é a criação de nossa mente. Se um homem fala ou atua com a mente impura, o sofrimento lhe seguirá da mesma forma que a roda do carro segue ao animal que o arrasta.

(Buda)

Maçonaria Simbólica

*Além do "Sim" e do "Não",
o universo contém o "Talvez."*
Dr. David Finkelstein, físico

William Preston, em suas Preleções ao final do século XVIII, reflete a ideia de que a Maçonaria e a Geometria são a mesma coisa. Em seus questionamentos, após estabelecer que o Candidato passou graças à Geometria, ele prossegue dizendo o porquê:

Curiosidade: A história dos sinais dados pelo Senhor a Moisés para convencer os egípcios, tal como relatado em "Êxodo", C. 4, parece ter a intenção de fazer com que seja lida antes da comunicação dos Sinais. Em "Juízes", C. 12, vemos a história do uso de uma difícil palavra usada para comprovar, como palavra-teste, para identificação dos Efraimitas. O significado desta palavra, que envolve o "milho", não é dado na mesma história, mas a ela é feita referência num livro publicado no início do século XVIII. Eu extraí isto da oitava edição, publicada em 1757, do Volume I, da obra *Spectacle de la Nature*, ou *Nature Display'd*, traduzida do original em Francês por Mr. Humphreys:
A Colheita... fez a sexta Constelação ser caracterizada pela figura de uma jovem ceifeira, carregando uma espiga de milho. O símbolo é extraído daquelas jovens donzelas que ganhavam o seu sustento recolhendo em seguida aos colhedores; e nada pode melhor assinalar aquela Estação do Ano em que a Providência supre o rico e o pobre com as provisões de que necessitam. O "Cavaleiro" se dará por feliz ao notar que a espiga de milho que ela traz em suas mãos é chamada de *"Shibolet"* em hebraico, e de *"Shibul"* ou *"Sibul"* em árabe.

"Porque, originalmente, a Maçonaria e a Geometria devem ter sido palavras sinônimas ao serem incluídas nas ciências em geral; porém, com o progresso da civilização e com o avanço do conhecimento, a Geometria ficou limitada a uma certa parte da ciência, embora ainda considerada igualmente essencial a todas elas, e um símbolo do conhecimento".

As Sete Artes ou Ciências Liberais (aqui, a palavra "Ciências" significa apenas "área de conhecimento") constituíam o item inicial da combinação de conhecimento, e em seu sistema educacional. Os romanos sustentavam que as Artes tanto eram "*artes liberales*", ou "*ingenuae*", as artes dos homens livres, em oposição às "*artes illiberales*", ou "*sordidae*", as artes, obras ou emprego de escravos ou dos pertencentes às classes mais baixas.

Em 1770, John Laid publicou o livro *The Science of Free-Masonry Explained*, o qual incluía pensamentos e princípios que ele tinha analisado ao longo de um certo período, e sobre os quais assim escreve:

"O conhecimento Especulativo é aquele que surge a partir da contemplação; ele está inferido e confirmado mediante um devido raciocínio de princípios; deste tipo são todas as verdades demonstrativas às quais chamamos de Ciência".

Mais ou menos na mesma época, William Preston assim escreve:

"A Maçonaria Especulativa compreende a ordem oculta do Universo e das coisas secretas, tanto terrenas como celestiais, mais particularmente aquelas de natureza espiritual e intelectual. A Maçonaria Operativa direciona os nossos trabalhos à perfeição, enquanto a Especulativa à felicidade. Uma nos direciona ao discernimento e ao uso dos dons da Natureza; a outra nos possibilita investigar a ordem e o sistema do Universo, e adapta às suas regras as nossas ideias e conceitos de justiça, o único meio pelo qual o homem pode viver com conforto e felicidade no mundo".

Os dicionários atuais dão como significado de "especulativo": "pensativo" ou "filosófico". Assim, o verdadeiro Maçom Especulativo pensa acerca da Arte, medita e contempla acerca do seu significado para si e para a humanidade. Aqueles que se denominam franco-maçons não são Maçons Operativos; eles são Livres e Aceitos, ou Especulativos. Essa definição coloca o termo "Especulativo" como uma descrição ou nome "alternativo" para "Livre e Aceito". A Maçonaria Simbólica adquiriu o qualificativo de "Livre e Aceita" por uma questão histórica; porém, aqueles que escolheram fazer parte dela estão obrigados a este título alternativo para fazer bem mais do que apenas figurar como meros e passivos integrantes; eles devem refletir acerca dos princípios subjacentes da Sociedade na qual ingressaram.

Nos últimos anos do século XVIII, diversos escritores maçônicos preocupavam-se em invocar o maçom a ser mais Especulativo em suas atividades e envolver-se na busca do significado da Arte da qual ele fazia parte. Na segunda edição de seu livro *Illustrations of Masonry*, publicado em 1775, William Preston discorre sobre este assunto do envolvimento pessoal:

"Conseguir um progresso diário na Maçonaria é um dever que cabe a cada um dos membros dessa Sociedade; e isto é algo que está expressamente exigido em nossas leis. Que propósito pode ser mais nobre do que a busca da virtude; qual motivo pode ser mais atraente do que a prática da justiça; qual instrução pode ser mais benéfica do que uma acurada elucidação dos Mistérios simbólicos, os quais cultivam e enfeitam a mente humana?

Tudo aquilo que os olhos alcançam, mais rapidamente desperta a atenção e grava na memória aquelas circunstâncias que vêm acompanhadas de sérias verdades. Assim, os maçons adotaram, universalmente, o método de inculcar os princípios de sua Ordem por meio de emblemas e alegorias. Essa prática conseguiu evitar que os seus Mistérios chegassem ao alcance de todo noviço desatento e despreparado, de quem eles poderiam não receber a devida veneração".

Os nossos antepassados na Maçonaria muitas vezes se referiam a essas coisas como "hieróglifos"; Wellins Calcott, em seu livro *A Candid Disquisition*, publicado em 1769, descreve o que ele entende por "hieróglifos" em relação à Maçonaria:

"Hieróglifos são emblemas ou sinais próprios do divino, do sagrado ou do sobrenatural, por meio dos quais eles se distinguem dos símbolos comuns, os quais são sinais das coisas naturais".

Em seu livro *An Interpretation of Our Masonic Symbols*, J. S. M. Ward assim escreve:

"Podemos sair da Loja e, ao apreciarmos a natureza, perceber que tudo que nos cerca é algo que Deus está a nos ensinar através de símbolos e alegorias. O Sol que se eleva no firmamento não é uma nítida imagem de Sua glória. Ele ilustra o Seu poder criativo, e em seu nascente e seu poente está uma alegoria de nossa existência mortal, a vida e a morte, e mais ainda a ressurreição. O milho plantado no solo nos mostra uma mesma mensagem, e os mais humildes dos animais no campo podem nos ensinar muitas lições.

Todas as leis da Natureza são as Suas leis, e quanto mais as estudamos mais compreendemos não se tratar de um mero resultado do acaso, mas a prova de um profundo e abrangente Intelecto, ao lado do qual o intelecto do mais sábio dos homens não passa de uma brincadeira de uma criança. Seguramente, um dos principais objetivos de nossa vida na Terra é o de podermos tentar compreender, embora de forma tênue, o significado de Seus grandes símbolos. Assim, existe um profundo significado na injunção incumbida a cada maçom: 'fazer avanços diários no conhecimento Maçônico'. Isto equivale dizer que é o nosso dever estudar e aprender a interpretar o significado de nossos símbolos e alegorias, pois assim estaremos mais aptos a interpretar a grande alegoria da Natureza.

Não devemos esquecer que na composição da Maçonaria muitas diferentes tradições e linhas de ensinamento se misturaram no decorrer das gerações; e, assim sendo, é bem possível que um homem exponha uma linha de interpretação, e um outro tenha uma outra linha um pouco diferente. E, ademais, é possível que ambos estejam corretos, e tudo o que tenha acontecido seja em prol do esclarecimento, que um tenha se concentrado num aspecto, e o outro num segundo aspecto. À guisa de esclarecimento do que acabo de dizer: é possível dar uma interpretação cristã a toda a Maçonaria

Simbólica, inclusive todos os seus símbolos, e, em vista do longo período em que a Maçonaria foi declaradamente cristã, ninguém haverá de contestar a sua apropriada e correta interpretação geral. No entanto, antes que o Cristianismo existisse, outros sistemas semelhantes ao nosso eram conhecidos e cultivados; e, sem dúvida, uma parte de seus simbolismos e ensinamentos se juntaram à Franco-Maçonaria. Assim, é natural que uma interpretação não cristã também possa existir, e ser igualmente correta.

Há algo que devemos ter sempre em mente ao estudar o significado e a origem de todos os costumes, práticas ritualísticas e símbolos: com o passar do tempo, os homens são capazes de esquecer a verdadeira origem e significado, e passam a inventar novas e ingênuas explicações. Eles criam novas lendas ao redor de antigos costumes e tradições, ou as importam de alguma outra escola ou credo. Este tipo de tendência pode ser observada de muitas formas na Maçonaria. Mais de um significado está oculto por detrás de nossos silenciosos emblemas, e, normalmente, a aparente explicação dada no cerimonial não é nem o significado original, nem o profundo, a ele agregado".

Os trechos seguintes, extraídos da obra *Leaves from Georgia Masonry*, publicada sob os auspícios da Grande Loja da Geórgia, referem-se à questão geral acerca do Simbolismo e da Especulação:

"O Simbolismo é a chave de todos os Mistérios, de todas as religiões, modernas e antigas, a todo o conhecimento esotérico. Sem uma compreensão do significado dos símbolos, jamais conseguiremos apreciar a beleza da vida, ou entender aquilo que a nossa fé procura nos ensinar. Porém, assim que o conhecimento dos símbolos começa a nos chegar, cada vez mais nos tornamos livres, ou iniciados.

Palavras são inadequadas para transportar ou transmitir as verdades espirituais, pois todas as palavras têm uma origem material, e, originalmente, um significado material. A Maçonaria não emprega palavras para transmitir as mais profundas verdades espirituais, ela emprega símbolos; geralmente simples figuras cujos inícios se ocultam no passado místico, e cujos primeiros usuários são desconhecidos. Nos antigos símbolos da Maçonaria, poucos quantitativamente e vagos em significado aos não iniciados e ignorantes, os antigos Mestres ocultavam a Sagrada Doutrina e a Palavra de Mestre, que, expressos de forma tão simples, permitia ao mais humilde dos que os procuram poder encontrá-los.

A estupidez moderna se esforçou para acrescentar muitos novos símbolos à Maçonaria, e para explicar todos os antigos símbolos em palavras simples. Essas explicações desafiam a admiração dos sensatos e doutos em função de suas trivialidade e banalidade, e que comprometem a compreensão pela falta de conhecimento.

Estude os símbolos da Maçonaria e escave fundo no entulho do Templo para encontrar as grandes verdades ali enterradas; os resultados recompensarão as suas buscas. Porém, o estudo dos símbolos, sem a sua aplicação prática em sua vida, não passará de um mero exercício intelectual; e se você tentar, simplesmente, entendê-los sem vivenciá-los, o resultado será mais problemas do que proveitos. Tão logo você tenha aprendido o significado de um símbolo, você deve torná-lo parte de sua vida; faça com que ele seja um guia do seu coração, sorva-o como a água da mais pura das fontes, alimente a sua alma com ele e, assim, você haverá de crescer em conhecimento de ainda maior profundidade, enquanto a sua alma se elevará ainda mais, chegando mais próxima das estrelas e da sabedoria Divina que eles encerram. A sabedoria é um crescimento da alma e a recompensa do trabalho e do esforço, que não pode ser adquirido se não pelo seu igual valor em sacrifício. Cada vez que você progride, ao olhar para trás, você perceberá ter passado pelo altar dos sacrifícios, algo que representou o trabalho de suas mãos e de seu coração, simbolizando que você, por meio do trabalho, retribuiria aos seus Irmãos e à Humanidade os benefícios que recebeu livre e gratuitamente.

O desígnio da Instituição Maçônica é o de tornar o homem mais sábio e melhor, e, consequentemente, mais feliz. Ela estabelece em suas instruções simbólicas os princípios da moralidade, aquelas fontes secretas que têm inspirado as vidas verdadeiramente grandiosas. Aquele que observa e cumpre os preceitos maçônicos não terá que consultar a opinião de amigos ou do público — ele haverá de encontrar dentro de si mesmo um certeiro e infalível monitor, no qual poderá sempre confiar.

O estudante que quiser aprender o que são estes princípios, deve estar disposto a vivenciá-los. A sabedoria é um crescimento da alma. Os princípios morais de nada valem até que se tornem vivos e direcionados, por meio da prática, aos mais profundos recônditos da alma.

A sabedoria é inútil a menos que ela possa ser posta em prática. Se você não estiver disposto a vivenciar a sua Maçonaria, não procure conhecer os seus sagrados Mistérios. Este conhecimento traz em si a responsabilidade do uso e da obediência; e é impossível esquivar-se desta responsabilidade."

Embora os Mistérios ao longo dos anos utilizassem símbolos, e tendo a Maçonaria os herdado ou copiado, devemos lembrar que nem o simbolismo nem a verdade são exclusivos aos maçons.

Alguns Símbolos

*"Ao morrer não serei o mesmo de quando nasci...
Só aprendendo é que me transformo."*

Talvez não devesse escrever sobre "Numerologia", mas como demonstrar que muitos Irmãos, ao julgarem essa ciência esotérica, ridicularizem quem acredita e quem estuda? Os números estão presentes em tudo e podem influenciar em todas as nossas atitudes e decisões. Espero que eles possam pelo menos conhecer um pouco mais e, aí sim, formar uma opinião. Agora, sem conhecer (ignorância), torna-se impossível opinar.

O Uso de Números

Os números "três", "cinco" e "sete" parecem ter um especial significado nas nossas Cerimônias de hoje. Os trabalhos ao final do século XVIII, antes da União das duas antigas Grandes Lojas, em 1813, faziam um uso muito mais pronunciado de certos números especiais. Nas antigas Preleções, é particularmente notável que o "três" e o "sete" são persistentemente recorrentes. Em menor grau, eles vêm acompanhados do "cinco", do "onze", do "quinze" e, algumas vezes, do "quatro" e do "doze". Com uma estrutura dotada de quatro lados, é difícil evitar o uso do número quatro, e um fundamento simbólico no número de Evangelhos foi rapidamente encontrado, enquanto "doze" era a quantidade tanto das Tribos de Israel, como quantos eram os Apóstolos. Os demais números são ímpares, e dentre eles, o que mais aparece é o "três". Em vários momentos existem, por exemplo, três Batidas, Passos, Luzes, Pilares ou Colunas, Bastões, Degraus de uma escada (Fé, Esperança e Caridade), principais Oficiais e Grão-Mestres de outras épocas, bem como os três Graus. Há, também, muitos exemplos do uso deliberado de três palavras juntas: Esquadros, Níveis e Perpendiculares; Sinais, Toques e Palavras; idade madura, manifesto julgamento e estrita moral; aclamação, ocultação e jamais revelar; Sigilo, Fidelidade e Obediência; e muitas outras mais. O número "três" domina a Maçonaria Simbólica.

Recepção de um Aprendiz
(Biblioteca Nacional – Paris)

Numa das versões das antigas Preleções da década de 1790, há uma passagem com uma particular e forte referência ao número "três". Ela faz menção a um compromisso dado de "minha mão esquerda sustentando três, minha mão direita cobrindo três", o que é descrito como representando "três pontos e três penalidades". Ao Candidato era eram confiados três Segredos, e dados três Exortações e três Obrigações. O número é mencionado em cada uma das ocasiões, e esse constante uso não ocorre por acaso. Uma outra passagem traz o "sete" em conjunto com o "três", mas isso parece mais uma tentativa de relacionar esses dois números, o que parece ser algo inventado. Isso denota que, naquele particular momento do desenvolvimento maçônico, havia esse enorme interesse em determinados números, e foi mais ou menos na mesma época que determinados números começaram a ser associados com os três Graus, e que a Escadaria se tornou um símbolo relacionado àqueles mesmos números.

O autor do livro *A Defense of Masonry*, já em 1730, tinha algo a dizer sobre o "três", que, segundo ressalta, ocorre com frequência na Exposição de Prichard feita na época. Ele acha "que os antigos, tanto gregos como latinos, dedicavam uma grande veneração pelo mesmo número", e, após citar alguns exemplos, ele assim continua:

"Se esta fantasia deve a sua originalidade ao número três, por ter um Começo, um Início e um Fim, isso pode significar todas as Coisas do Mundo; ou se pela avaliação dos Pitagóricos e outros filósofos viam nisto a sua Tríade ou Trindade; ou finalmente (para não mencionar outras opiniões mais), à sua aptidão de significar o Poder de todos os deuses, que eram divididos em três classes: Celestial, Terrena e Infernal; o que deixarei para ser determinado por outros. Os deuses, tal como afirma Virgílio, tinham uma especial estima por este número".

O mesmo autor também tem algo a dizer sobre o número "sete":

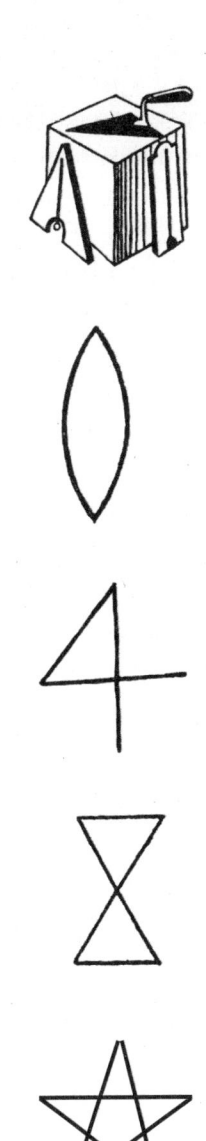

"Imediatamente eu recorri aos antigos egípcios, que afirmavam ser sagrado o número sete; mais especificamente, eles acreditavam que enquanto durava a sua Festa de Sete Dias, os crocodilos perdiam a sua crueldade inata; e Leon Afer, em sua *Descrição da África*, afirma que, mesmo em sua época, o costume de festejar durante tantos dias e noites, ainda era usado para a feliz inundação do Nilo. Os gregos e os latinos professavam o mesmo respeito por aquele número, o que pode ser provado por meio de muitos exemplos".

Neste exemplo, o autor parece estar invocando os Antigos Mistérios; porém, muitos dos antigos manuscritos fazem referência ao "sete" como o número da perfeição e sugerem que isto é extraído da Bíblia ao relatar a Criação "do Caos à Perfeição", que, conforme está dito, aconteceu ao longo de seis períodos específicos, seguidos por um de descanso. O Catecismo *The Dumfries nº 4 Manuscript*, de cerca de 1710, refere-se à Trindade como o fundamento para o "três" — neste caso, para três degraus de uma escada. Ao longo do século XVIII, há uma constante referência ao Triângulo e a seus três lados — e, por meio disso, o número "três" — como sendo emblemático da Trindade; havia até edifícios triangulares em honra à Trindade. Neste período, a Maçonaria na Inglaterra não tinha abandonado o seu princípio Cristão de religião em favor de uma postura não sectária. Uma construção assim, triangular, é a *Triangular Lodge*, em Rushton, perto de Kettering, que foi construída por *sir* Thomas Tresham, por volta de 1593-1595. Tudo ali está arrumado em "três", e todas as dimensões são exatos múltiplos de "três". O prédio tem três andares, três espigões de cada lado; existem dispositivos separados em cada um de seus três lados, arrumados de três em três. Logo abaixo dos espigões em cada lado, aparecem citações da *Vulgata*, cada uma contendo 33 letras. Além disso, há uma quantidade de imagens de natureza sacra, utilizadas como decoração.

É dito com certa frequência que, por ter James Anderson incluído em suas "Constituições" uma nota abordando "A Respeito de Deus e Religião", que "acredita-se agora ser mais conveniente obrigá-los àquela religião com a qual todos os homens concordam, deixando as suas opiniões particulares para si mesmos", que a Maçonaria não estava baseada na fé cristã desde os primórdios de uma Grande Loja organizada. Ao fazermos um estudo das Preleções, dos Rituais e Procedimentos do século XVIII, podemos observar naqueles que sobreviveram que nada poderia estar mais longe da verdade, uma vez que o conjunto estava baseado num modo de vida cristão. Anderson era um Ministro não Conformista e a preservação da fé Protestante Ortodoxa, tal como praticada pela Igreja da Inglaterra, era uma importante questão na época de George I; e é isso que poderia ser a razão para sua redação. Por outro lado, à época em que as "Constituições" foram escritas, surgia um grande movimento pelo Unitarismo, e muitos pensadores maçônicos consideram que este pode ter influenciado Anderson. O Unitarismo provou ser algo de moda passageira que, provavelmente, é a responsável pela abordagem religiosa

O Templo Maçônico
(Ordem dos Franco-Maçons traída – 1745)

estritamente ortodoxa encontrada nos textos do final do século XVIII. Apesar desse forte tom religioso na prática Inglesa, até o final da "descristianização", em 186, era possível admitir à Maçonaria Inglesa aqueles que professavam religiões distintas, como se a declaração de Anderson tivesse aquele significado.

É interessante notar os diferentes usos que aparecem em alguns dos antigos manuscritos; por exemplo, um do início do século XVIII faz referência à Escadaria com três degraus, demonstrando que as práticas da Maçonaria que se estabeleceram um século depois ainda estavam num estado de desenvolvimento. Quando foi estabelecido um sistema de três Graus na década de 1730, a introdução do número ímpar "cinco", como intermediário entre o "três" e o "sete", pode ter sido automática. Não há dúvida de que antigamente o "três" era visto como um número Maçônico genérico, enquanto o "sete" estava relacionado com "plenitude" ou "perfeição". O "sete", em particular, o número da perfeição, acabou sendo associado ao Terceiro Grau que, em meados do século XVIII, antes do advento do acréscimo de vários outros Graus, era o Grau especial e perfeito da Maçonaria Simbólica.

A maior parte dos antigos Catecismos fazem referência ao número necessário para compor "uma Loja plena e perfeita", ou "uma Loja Justa e Perfeita", ou outras expressões semelhantes. As respostas eram variadas, mas o uso do "três", "cinco" e "sete" aparecia com frequência. Assim consta do *Edinburgh Register House Manuscript*, de 1696:

"O que torna uma Loja Verdadeira e Perfeita?
— Sete Mestres, cinco Aprendizes...

Menos que isso torna uma Loja Verdadeira e Perfeita?
— Sim, cinco Maçons e três Aprendizes...

E menos?
— Quantos mais, mais festivos; quanto menos, maior o estímulo".

O folheto *A Mason's Confession*, de 1727, assim diz:
"O que torna uma Loja Justa e Perfeita?
— Cinco Companheiros e sete Aprendizes".

Eles não se limitam a este número, embora mencionem isto em sua forma de questionário; mas eles a constituirão ainda que em menor número.

Eis algo que sugere que os números eram apenas uma questão de Simbolismo e não, necessariamente, seguida na prática, o que poderia também ser a razão para os termos usados no *Edinburgh Register House Manuscript*. Podemos notar a prevalência dos números ímpares, e o *The Grand Mystery of Freemasons Discover'd*, de 1724, apresenta uma razão para isto:

> "Quantos compõem uma Loja?
> — Deus e o Esquadro, com cinco ou sete Maçons Justos e Perfeitos...
>
> Por que os ímpares fazem uma Loja?
> — Porque todos os ímpares são de proveito aos Homens".

A questão de os "ímpares" serem masculinos também pode ser encontrada em outros manuscritos e parece mostrar que o uso de números ímpares, onde possível, simbolizava que a Maçonaria Livre e Aceita era restrita aos homens, e que o uso mais generalizado de números pares haveria de mostrar a influência feminina. O livro *A Defense of Masonry* inclui uma citação clássica traduzida como: "Os números díspares agradam aos deuses". Mesmo nos dias de hoje podemos ver que todas as saudações a autoridades e a dignidades feitas nas cerimônias dos vários graus da Maçonaria Simbólica são dadas em números ímpares, de três a onze.

Existem muitas justificativas e fundamentos na Bíblia para o uso desses números se os procurarmos. A obra *Cruden's Complete Concordance*, de Alexander Cruden — em circulação em meados do século XVIII —, ressalta a repetição do número "sete" na Bíblia, e diz:

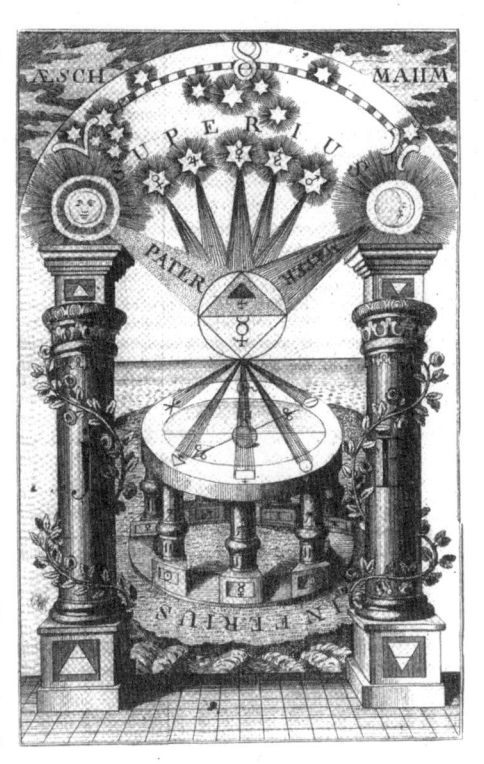

A Bússola dos Sábios

"Além da significância desta palavra, ela também é usada nas Escrituras como um número de perfeição. Nos Livros Sagrados, e na Religião Judaica, uma grande quantidade de acontecimentos e de circunstância misteriosas são expostas pelo número sete".

E Cruden vai mais adiante referindo-se à Criação, ao "Shabat", aos sete anos de Jacó para cada esposa, o sete multiplicado por sete celebrado como um jubileu, o sonho do Faraó em números "sete", o candelabro de sete braços, as sete trombetas e os sete dias do cerco aos muros de Jericó. Cruden não dá a mesma importância ao "três", embora ele relacione quase a

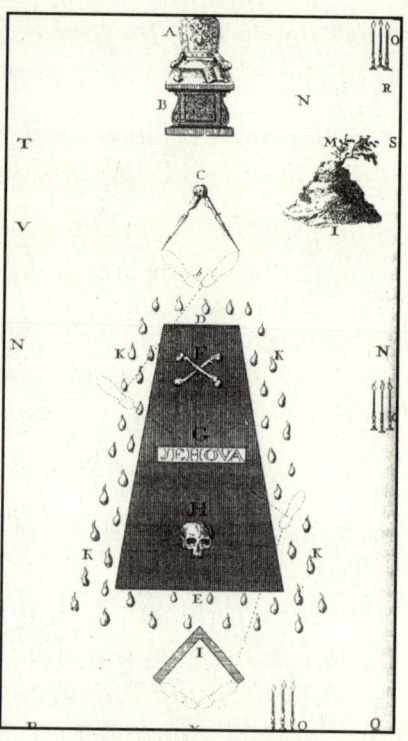

O Grau de Mestre

mesma quantidade de exemplos do uso do "sete" na Bíblia, que ocupam quase duas colunas de impressão. Na fé Judaica, Abraão, Isaque e Jacó, talvez representem o mais importante uso do "três". Como era de se esperar, o uso do "cinco" não é tão grande, embora possa ter alguma importância nas cinco pedras de Davi, nos cinco pães e nas cinco trocas de vestimentas de Benjamin; a probabilidade é que ele representaria uma conveniente ponte entre o "três" e o "sete".

Com a influência da História Judaica e a dos Essênios e Cabalistas, é interessante notar que a *Enciclopédia Judaica* (1903) faz especial referência ao "três" e ao "sete": "três", por sua inerente plenitude e perfeição, e o "sete" pelo particular e importante papel que teve na Antiguidade. Na Cabala, havia um uso, particularmente forte, de grupos de três. Muitos autores fizeram referência à influência dos sistemas pitagóricos na Maçonaria, mas a *Enciclopédia Judaica* faz referência à semelhança entre o conceito pitagórico dos poderes criativos dos números e letras, com aquele que é o fundamento de um dos livros da Cabala. O dr. William Wynn Westcott sugere que o uso do "cinco" pode ter vindo da influência pitagórica e se refere à Pentalfa, ou Estrela Flamejante de cinco pontas usada na Maçonaria, a qual ele chama de "Emblema da Saúde". Ele também afirma que o desenvolvimento do número de degraus na Escada de Caracol vem, provavelmente, de uma fonte judaica, possivelmente a Cabala. Como já mencionei, está claro que a quantidade de degraus não foi sempre "quinze", e que este é o total dos grupos de "três", "cinco" e "sete", associados aos três Graus. Assim diz Wynn Westcott:

"Três, cinco e sete somam quinze, que é equivalente a 'JAH', Deus; 'Yod' e 'He', 'dez' e 'cinco'; cada letra (e portanto cada palavra) do Alfabeto Hebraico equivale a um número, e vice-versa.

Nas diversas versões de Preleções ao longo dos tempos, até a União das Grandes Lojas, em 1813, não havia uma numeração de Seções coerente com esta base. Quando surgiu o novo sistema, que é adotado até os nossos dias, em seu formato mais ou menos definitivo, em 1817, as Preleções dos três Graus eram em número de, respectivamente, sete, cinco e três — equivalentes à quantidade mínima necessária para compor uma Loja em cada um dos Graus. Esta foi a primeira vez que este padrão numérico apareceu nas Preleções, e isso deve ter acontecido de forma deliberada. O Duque de Sussex era, na época, o Grão-Mestre e era uma pessoa muito interessada, não apenas na reorganização dos Rituais e das Preleções, mas também no idioma hebraico e na Cabala; podendo ter sido ele o responsável. O padrão numérico encontrado na religião Judaica tem outros importantes números. Aqueles que foram influenciados pelos usos cabalísticos e judaicos parecem ter aproveitado apenas aquilo que lhes servissem".

Certamente as características especiais dos números que hoje temos na Maçonaria são o resultado de diversas influências. Parece não haver muita dúvida que a inclusão original do "três" como um número dominante teve a sua origem religiosa quando a Maçonaria era essencialmente cristã; mas que outras fortes razões foram encontradas mais tarde que apoiavam o seu continuado uso. O número "sete" também pode ter uma origem bíblica, embora não seja possível determinar se religiosa ou histórica; porém, também neste caso, outras razões mais foram encontradas para o seu uso. A incorporação do número "cinco" pode ter sido, primeiramente, uma questão de conveniência, ou pode ter surgido a partir da influência pitagórica ou cabalística; não resta dúvida de que estas exerceram influência no uso dos números na Maçonaria, muita da qual ainda subsiste.

Diversos autores tentaram, mais tarde, desenvolver ideias e conceitos acerca do uso desses números, entre os quais, particularmente, o dr. Oliver e, mais recentemente, W. L. Wilmshurst. Este se estendeu em seus comentários sobre os números "três" e "sete", lançando mão de muito do que já fora escrito por outros; porém ele se aprofunda nos detalhes da importância do número "quatro" — sendo que a maior parte parece ser mais especulativa do que simbolismo original:

"O ingresso inicial de um homem numa Loja simboliza a sua introdução à ciência do conhecimento de si mesmo. O seu organismo é simbolizado por um edifício de quatro quadrados ou de quatro lados. Isto se dá em conformidade com a antiquíssima doutrina filosófica de que o número 'quatro' é o símbolo aritmético de tudo aquilo que é manifesto ou possui forma física. O Espírito, que não é manifesto nem é físico, é expresso pelo número 'três' e o triângulo. Porém, o Espírito, ao se projetar para se tornar objetivo e 'vestir' um corpo ou uma forma material, é denotado pelo número 'quatro' e pelo quadrângulo ou quadrado. Daí, o nome em hebraico da Deidade, tal como conhecido e venerado neste mundo exterior, era o grande impronunciável e inefável Nome de quatro letras ou Tetragrama, enquanto os pontos cardinais do espaço também são quatro, e cada uma das coisas manifestas é um composto dos quatro elementos metafísicos básicos, chamados pelos antigos: Fogo, Água, Ar e Terra".

A questão da antiga doutrina filosófica relacionada aos números "três" e "quatro" aparece inúmeras vezes nas obras de diversos escritores preocupados com uma abordagem mais mística em relação ao Simbolismo Maçônico. Ele surge, por exemplo, particularmente, na questão do desenho do Avental moderno, onde o seu formato básico quadrado é visto como representando o "material", e o formato triangular de sua Abeta, o "espiritual". Esse desenho é bem mais posterior ao período em que surgiu a maior parte do Simbolismo, e não encontrei qualquer vestígio de tais conceitos nos textos mais antigos, seja em relação ao Avental ou ao Pentagrama, que é usado por autores do final do século XVIII como ilustração, e que normalmente aparecem inscritos num triângulo cercado por um brilho de esplendor. Porém, isso não impede a contemplação dessa natureza naquilo que encontramos na Maçonaria de hoje.

A Maçonaria nos Estados Unidos da América foi fundada, principalmente, em princípios estabelecidos em Lojas Britânicas antes da União de 1813, tendo se desenvolvido em linhas um tanto quanto diferentes, uma vez que se tornaram independentes há 200 anos. A mesma influência dos números pode ser encontrada, e o trecho reproduzido a seguir, extraído da obra *Leaves from Georgia Masonry*, abordando os números em relação à Escadaria, resume uma boa parte daquilo que vimos considerando:

Terceiro Grau: introdução do canditato – 1812

"O número 'três' é um número sagrado, aquele número misterioso que 'tem um papel muito importante nas tradições asiáticas, na filosofia de Platão, na imagem do Ser Supremo... aos filósofos, o mais excelente e favorito número; um tipo misterioso, reverenciado por toda Antiguidade e consagrado nos Mistérios; por conseguinte, não existem mais do que três graus essenciais entre os maçons, que veneram, no triângulo, o mais augusto Mistério, o da Santa Trindade, objeto de sua homenagem e estudo. O número 'três' também se referia a harmonia, fraternidade, paz, concórdia e temperança; era tão estimado entre os pitagóricos que eles o chamavam de 'Perfeita Harmonia'. As aparições desse misterioso número nos Sinais, nos símbolos e nas cerimônias maçônicas são quase inumeráveis, e será um bom exercício se você tentar verificar quantas vezes ele assim aparece.

Tendo galgado os primeiros três degraus e assentado os alicerces de seu edifício maçônico, você se deparará com um lance de cinco degraus, repletos de profundo significado. O 'cinco' também é um número sagrado, sempre encontrado em conexão ao 'dois' e ao 'sete'. Está dito que Jesus alimentou as multidões com cinco pães e dois peixes, e das sobras restaram 12 cestas, ou seja, cinco mais sete.

O Grau de Mestre: o Venerável ergue o Candidato
(gravura inglesa – 1812)

Os cinco degraus mostram num lado as cinco Ordens da Arquitetura, e no outro lado os cinco sentidos humanos. Quando você ouve falar de um número 'sagrado', você pode, eventualmente, pensar que ele nada tem de significado para você; mas pare um pouco e pense por um momento. Este número 'cinco' está gravado em seu corpo mais do que uma só vez. Examine a si mesmo e você encontrará cinco dedos em cada uma das mãos, cinco dedos em cada um dos pés, e cinco avenidas pelas quais o mundo exterior pode se comunicar com aquele misterioso ser que está no centro de sua consciência, e que recebe e que traduz — ninguém sabe como — as várias mensagens carregadas ao cérebro por meio dos nervos, a partir do mundo exterior.

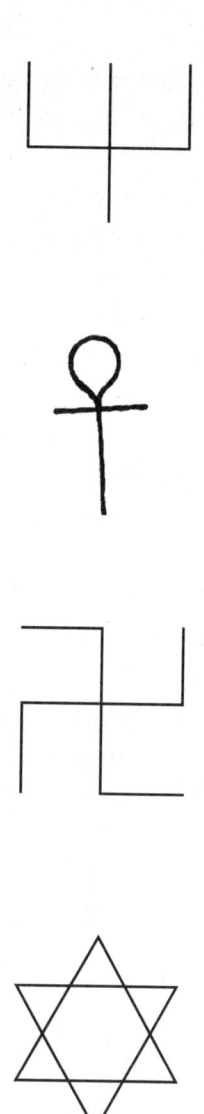

O 'sete' é um número particularmente sagrado, que apareceu no sistema religioso e no sistema filosófico de todo o mundo antigo. Ele também está inculcado no cerne de seu ser, pois aos 7 anos você começou a mostrar compreensão e entendimento; aos 14 anos, geralmente chegamos à puberdade; aos 21 anos, é reconhecida a maioridade; aos 28 anos, atingimos a maturidade plena; e aos 35 anos, o vigor físico atinge o seu ponto mais alto; aos 42 anos, ele começa a declinar; aos 49, o homem deve ter atingido o auge de sua força intelectual; e aos 70 anos de idade, ele atinge o limite médio da vida humana. Esses números não são meramente arbitrários; eles representam o resultado de estudos e observações dos homens na Terra. Assim, sete dias constituíram todo o período da Criação; sete cores são observáveis no arco-íris, das quais três são primárias; sete são os dias da semana; havia sete luzes no grande Candelabro do Tabernáculo e do Templo; o sétimo ano era o Sabático, diferente dos demais, e o ano após sete vezes o sétimo ano era o ano de Jubileu; Jericó caiu quando sete sacerdotes, com sete trombetas, fizeram o cerco à cidade em sete dias consecutivos — um a cada dia, durante seis dias, e sete vezes no sétimo dia; e não cabe espaço aqui para que eu lhe possa apresentar todos os exemplos de uso do 'sete' na literatura sagrada e nos textos esotéricos. Está em Zacarias: 'Os sete olhos do Senhor percorrem toda a terra'. A escada dos antigos (a qual se supõe ser aquela que Jacó viu em seu sonho, com os anjos subindo e descendo) simbolizava as sete esferas místicas: a Lua, Mercúrio, Vênus, o Sol, Marte, Júpiter e Saturno; de onde as almas dos homens baixaram em seu progresso em direção à Terra, tirando de cada planeta a sua particular característica; e para onde os homens devem ascender de volta a Deus, deixando em cada planeta a atração terrena e inferior que não mais precisarão; a séptupla purificação sendo simbolizada pelos sete degraus do Templo do Rei Salomão, que também simbolizava a purificação mencionada na Cabala e nos textos herméticos".

Uma Loja maçônica está sustentada por três grandes Colunas. Elas representam a Sabedoria, a Força e a Beleza. Muito tem sido escrito sobre elas — e a isto será mais apropriado nos referirmos mais adiante — mas elas estão hoje frequentemente exibidas em Loja como três Colunetas, cada uma acompanhada de um candelabro, colocadas junto às cadeiras do Mestre e dos Vigilantes. Nas Antigas Preleções dos Antigos, consta alguma referência a esse respeito — o assento dos Vigilantes no Sul e no Ocidente não era uma prática oficialmente adotada pelos Modernos até 1810:

"Quem representa a Coluna da Sabedoria?
— O Mestre, no Oriente (Leste), para instruir a Arte e conduzir os trabalhos em ordem e harmonia.

Quem representa a Coluna da Força?

— O Primeiro Vigilante, no Ocidente (Oeste), para pagar os salários aos Obreiros, que são a força e o sustento dos trabalhos, e dispensá-los de seu trabalho, para que retornem às suas casas para o seu natural descanso e orem pela luz de um novo dia.

"Quem representa a Coluna da Beleza?

— O Segundo Vigilante, no Sul, por ser dali que ele observa o Sol se aproximando de seu mais alto meridiano, o que é a Beleza do dia, para chamar os Irmãos do trabalho para o descanso e trazê-los de volta do descanso ao trabalho depois de o Sol ter passado pelo seu mais alto meridiano, a fim de que proveito e prazer sejam o resultado ao Mestre".

Os Mestres da Loja passaram a se identificar mais com os três Grão-Mestres originais: o Rei Salomão, Hirão — rei de Tiro, e Hiram Abiff. O crescimento do simbolismo das três Colunas — Sabedoria, Força e Beleza, e a identificação desses atributos com os três Grão-Mestres, e com três das Ordens da Arquitetura, levaram aquelas Ordens a serem identificadas com o Mestre da Loja e seus Vigilantes.

Acerca da importância na Maçonaria do Templo do Rei Salomão, a obra *Leaves from Georgia Masonry* faz os seguintes comentários:

"O Templo de Salomão é um Símbolo para ensinar, entre outras lições, que nenhum trabalho ou dedicação é demasiadamente grande para tornar os nossos corações e mentes em Templos vivos para a morada do Altíssimo. Que não devemos profanar o Santo dos Santos de nosso próprio coração por meio de pensamentos malévolos ou

A Escada do Conhecimento
(Robert Fludd – Oppenheim – 1619)

desejos impróprios, e sim preservá-lo tão puro quanto a sua pureza.

As duas Colunas à entrada significam os princípios da inércia e da ação, da atração e da repulsão, que mantêm junto o Universo e que guia as estrelas em seus cursos.

O Pavimento Mosaico simboliza, entre outras coisas, a mais secreta doutrina sobre a constituição da matéria, e nos ensina que a vida é feita de claro e de escuro, de bem e de mal, enquanto a Estrela Flamejante no centro nos ensina, entre outras coisas, que aquele que fixa os seus olhos no firmamento e guia os seus passos pela Luz Divina, será pouco perturbado por aquilo que acontece ao seu redor na Terra".

O dr. Oliver era um colecionador de obras de antigos autores, quase tão grande quanto fora William Preston, e assim escreve sobre as duas Colunas à entrada do Templo:

"A tradição antiga nos dá conta de que as Colunas eram cobertas de adornos, figuras, caracteres e cálculos astronômicos e maçônicos; que o espaço oco em seu interior servia de arquivos da Maçonaria, que guardavam todos os registros e documentos. Cada uma delas tinha um vaso que se elevava acima do corpo cilíndrico, e era ornamentado por flores de lótus. A base do vaso estava parcialmente oculta pelas flores; o seu bojo estava revestido por uma rede, enfeitada por sete grinaldas — o número hebraico para felicidade. Elas ainda eram adornadas com capitéis de cinco côvados de altura; enriquecidos com redes,

O *CRESCENTE* - **AR**

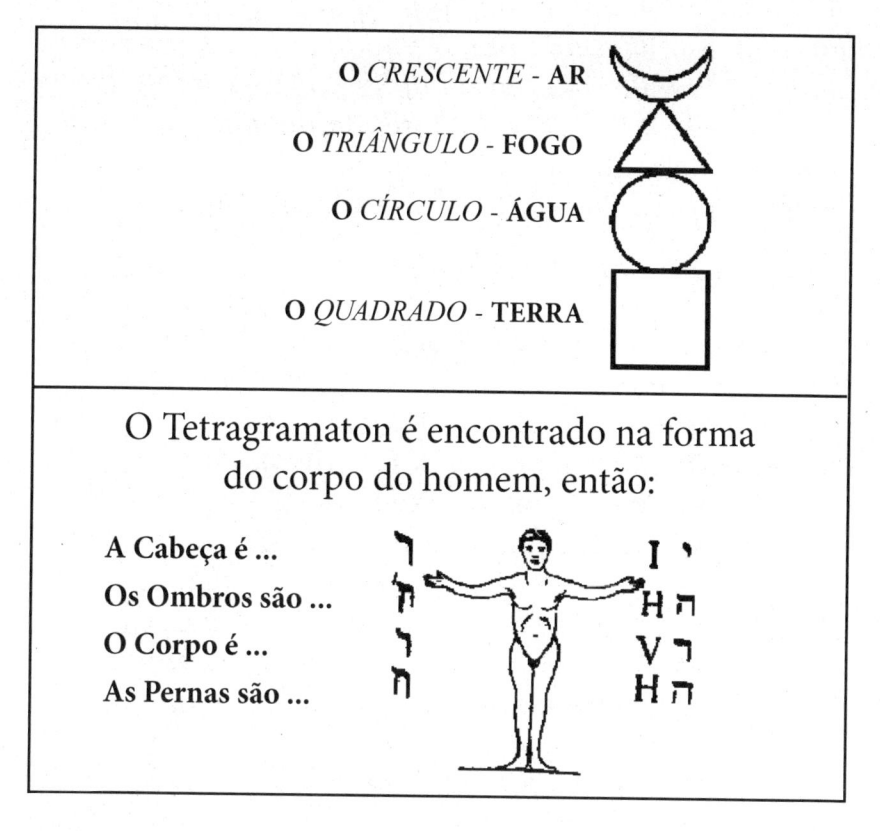

O *TRIÂNGULO* - **FOGO**

O *CÍRCULO* - **ÁGUA**

O *QUADRADO* - **TERRA**

O Tetragramaton é encontrado na forma do corpo do homem, então:

A Cabeça é ...
Os Ombros são ...
O Corpo é ...
As Pernas são ...

grinaldas, lírios e romãs — emblemas de união, fortaleza, força moral, paz e fartura. Uma dupla volta de romãs ali estava, cada volta composta de cem romãs; e em seu cimo estavam colocados dois globos, representando o céu e a terra, como símbolos da universalidade da Maçonaria. Conforme consta das Preleções, é difícil, depois de tanto tempo, afirmar com precisão quais eram exatamente os ornamentos e combinações desses emblemas. Porém, as nossas tradições nos levam a entender que os capitéis representavam, respectivamente, todo o sistema da Criação Celestial e Terrestre. Essa suposição é possível a partir da referência simbólica desses ornamentos; os quais, por mais descritivos que possam ser da união, da força, da paz e do muito daquilo que o povo de Israel apreciava sob a suave influência daquele que era o melhor e mais sábio dos reis, são emblemas de significado muito maior. A rede se refere à forte e linda textura do Universo. As grinaldas denotam as órbitas que os corpos planetários descrevem ao redor do Sol e suas revoluções em seus diversos eixos. As flores abertas destacam a suave irradiação das estrelas; e as romãs eram, invariavelmente, usadas em toda Antiguidade para denotar aquele secreto poder pelo qual as obras da Natureza nasceram e amadureceram".

Pilares e/ou Colunas

No sétimo capítulo do primeiro livro de "Reis", em seus versículos 15-22, lemos:

"Formou as duas colunas de bronze; a altura de cada coluna era de dezoito côvados; e um fio de doze côvados era a medida da circunferência de cada uma das colunas.

Também fez dois capitéis de bronze fundido para pôr sobre o alto das colunas; de cinco côvados era a altura dum capitel, e de cinco côvados também a altura do outro.

Havia redes de malha, e grinaldas entrelaçadas, para os capitéis que estavam sobre o alto das colunas; sete para um capitel, e sete para o outro.

Assim fez as colunas; e havia duas fileiras de romãs em redor sobre uma rede, para cobrir os capitéis que estavam sobre o alto das colunas. Assim fez com um e outro capitel.

Os capitéis que estavam sobre o alto das colunas, no pórtico, figuravam lírios, e eram de quatro côvados.

Os capitéis, pois, sobre as duas colunas estavam também justamente em cima do bojo que estava junto à rede; e havia duzentas romãs, em fileiras em redor, sobre um e outro capitel.

Depois levantou as colunas no pórtico do templo; levantando a coluna direita, pôs-lhe o nome de Jaquim; e levantando a coluna esquerda, pôs-lhe o nome de Boaz.

Sobre o alto das colunas estava a obra de lírios. E assim se acabou a obra das colunas".

William Hutchinson, em seu livro *The Spirit of Masonry* (1775), também enxergou algo na tradução do hebraico para os nomes das Colunas:

"As Colunas erigidas no Pórtico do Templo não eram apenas ornamentais, mas também carregavam consigo uma emblemática significação em seus nomes. Boaz, em sua tradução literal, é 'Nele há força'; e Jachim 'será estabelecido'; que, por uma transposição bem natural, pode ser assim colocado: 'Ó Senhor, sois Poderoso, e Seu poder é estabelecido perene e eterno'".

Sobre a inscrição nas Colunas, na *Enciclopédia Judaica* assim consta:

"Que o Senhor estabeleça (*Yakhin*) o trono de Davi e seu reino... Na força (*be'oz*) do Senhor se alegrará o rei..."

O dr. Oliver também escreveu sobre as três Colunas (as citações feitas por ele são extraídas da edição de *Noorthouck*, do Livro das Constituições da Grande Loja de Modernos, de 1784):

"Estas três Colunas (ou Pilares) são emblemáticas de três grandes personagens maçônicos, cujas habilidades unidas e combinadas resultaram numa contribuição essencial à verdadeira religião,

Os Quatro Elementos (Frankfurt – 1624)
(Extraída da obra *Histoire Abrégée de la Franc-Maçonnerie*)

pela construção de um primeiro Templo, o primeiro dedicado ao único e exclusivo objetivo de adoração religiosa; eles reuniam as propriedades essenciais que caracterizam os três grandes Pilares que sustentam a nossa Loja; um tinha a Sabedoria para planejar, outro tinha a Força para sustentar; e o terceiro tinha o gênio e a perícia de adornar o edifício com inigualável Beleza. O resultado dessa união foi 'uma edificação que transcendeu, em muito, tudo aquilo que somos capazes de imaginar, e que foi sempre prezada como a mais perfeita obra de construção sobre a terra em todos os tempos'. Essa magnífica e grandiosa obra foi iniciada no Monte Moriá, na segunda-feira, segundo dia do mês de Zif, que corresponde ao dia vinte e um de abril em nosso calendário, segundo mês do ano sacro; e foi realizada com tal velocidade que foi concluída, em todas as suas partes, em pouco mais de sete anos, conclusão esta ocorrida no oitavo dia do mês de Bul, que corresponde ao dia vinte e três de outubro em nosso calendário, sétimo mês do ano sacro, e o décimo primeiro do Rei Salomão. O que é mais impressionante ainda é que, cada parte dele, seja de madeira, de pedra ou de metal, foi trazida para Jerusalém já pronta — já cortada, aparelhada e polida; de forma tal que nenhuma outra ferramenta foi usada ou ouvida, além daquelas necessárias a juntar ou montar as várias partes. Todo ruído provocado por machados, martelos e serras limitou-se ao Líbano, e às pedreiras e às planícies de Zeredatá, de tal forma que nada podia ser ouvido entre os obreiros de Sião, exceto a harmonia e a paz".

As Colunas se referem, ainda, aos três dirigentes da Loja. A Coluna da Sabedoria representa o Venerável Mestre, que tem entre as suas atribuições a de exercer o seu julgamento e penetração, planejar e conseguir os meios mais apropriados e eficientes para a realização dos trabalhos, sejam eles quais forem. A Coluna da Força corresponde ao Primeiro Vigilante, cujo dever é o de sustentar a autoridade e ensejar os desígnios do Mestre da Loja com toda a influência que exerce sobre os Irmãos, e cuidar para que as suas ordens sejam plenamente cumpridas e surtam efeito duradouro. A Coluna da Beleza corresponde ao Segundo Vigilante, cujo dever é

(Extraída da obra *Histoire Abrégée de la Franc-Maçonnerie*)

o de adornar os trabalhos com todos os seus poderes de gênio e de atividade; promover a regularidade entre os Irmãos pela demonstração de seu próprio bom exemplo, sua convincente eloquência ou prescrição, e um diferenciado incentivo ao mérito. Assim, pela união das energias desses três Oficiais dirigentes, o sistema é adornado e estabelecido com a firmeza de uma rocha no meio do oceano, enfrentando bravamente os ataques maléficos da inveja, da calúnia ou da difamação; com seu topo dourado pelos raios do Sol em seu meridiano, apesar das tormentas e das bravias ondas que, eternamente, assolam a sua base.

Piso Mosaico

"Ó, Mestre, não sei se amo a Deus." E ele perguntou: "Não há nada, então, que você ame?" Ela aí respondeu: "Meu pequeno sobrinho." E ele lhe disse: "Eis aí seu amor e dedicação a Deus, no seu amor e dedicação a essa criança".
"E aí está", disse Campbell, "a suprema mensagem da religião."

J. S. M. Ward também escreve a respeito do tapete ou piso e das quatro Borlas que tradicionalmente aparecem em seus cantos, e que também aparecem nos cantos da Tábua de Delinear do Primeiro Grau:

"O intrínseco significado deste tapete (ou piso) é o quadriculado e variado modo de vida — a alternância entre a alegria e a tristeza, o bem e o mal, o dia e a noite, que todos nós experimentamos ao longo de nossa vida. Na verdade, podemos dizer que ele mostra todos os opostos.

Mas, provavelmente, o que impressiona o Iniciado, mais do que qualquer outra coisa acerca desse tapete, são as quatro Borlas que são tecidas nos quatro cantos da estampa. Dizem que elas representam as quatro Virtudes Cardeais; mas este é um parecer mais recente, provavelmente inventado por volta do final do século XVIII, e parece não haver qualquer razão especial para que elas representassem as quatro Virtudes Cardeais, mais do que representariam os quatro Elementos, ou qualquer outro 'quatro'. Nós encontramos a verdadeira origem dessas Borlas, assim como muitos outros pontos obscuros, em nosso Ritual, se estudarmos os métodos medievais empregados pelos Maçons Operativos quando desenhavam no chão a planta de uma nova construção. O Mestre de Obras, ou Arquiteto, como o chamaríamos nos dias de hoje, iniciava o seu trabalho marcando o centro de uma área no chão sobre a qual o edifício seria construído e, a partir daquele ponto marcado, ele desenhava o quadrado ou o retângulo sobre o qual as paredes seriam em seguida levantadas. Para conseguir fazer isso, esticava cordéis a partir do pino colocado naquele ponto central e marcava os quatro ângulos, prendendo suas extremidades nos cantos da construção; com a simples ajuda de um esquadro e de um triângulo, ele era capaz de verificar os quatro cantos e conferir sua exatidão. Enquanto as paredes eram levantadas, periodicamente um pedaço de madeira era colocado no canto interno e dele pendia uma linha de prumo assegurando que a parede estava perpendicular e o ângulo era exatamente o mesmo, tanto no alto, como na base. Um dispositivo que vagamente lembrava essas linhas de prumo de canto subsistiu e continuou sendo usado até meados do século XIX na Maçonaria Especulativa. Tive a oportunidade de encontrar diversos Irmãos provinciais que lembram ter visto, não apenas Borlas costuradas nos

Deus mede o Mundo com seu Compasso (aproximadamente 1250)

tapetes, mas Borlas reais penduradas nos quatro cantos da Loja; e no Ritual usado antigamente, é a estas Borlas que estão ligadas as quatro Virtudes — implicando, certamente, que as quatro Virtudes Cardeais serviam de guia para que o homem mantivesse uma vida ereta. Tal como ocorre em relação a muitos costumes antigos e interessantes, essas Borlas parecem ter desaparecido, restando-nos apenas uma representação dos quatro extremos dos cordéis que cruzavam a planta do edifício".

W. L. Wilmshurst vai mais além no "Pavimento Mosaico por onde caminhava o Sumo Sacerdote", que é o mesmo do piso da Loja:

"Não é meramente ao Sumo Sacerdote judeu de muitos séculos atrás ao qual ora se faz referência, mas ao membro da Maçonaria Simbólica. Cada maçom deve ser o Sumo Sacerdote de seu próprio Templo pessoal e fazer dele um lugar no qual possa se encontrar com Deus. Pelo simples fato de estar neste mundo dualístico, cada ser humano, seja ele maçom ou não, caminha sobre o Pavimento Mosaico, mesclado de bem e de mal, em cada ação de sua vida, fazendo com que aquele tapete ou ilustração seja o símbolo de uma verdade filosófica elementar e comum a todos nós. Porém, para nós, as palavras 'caminhar sobre' implicam mais do que isto. Elas significam que aquele que aspira ser um mestre de seu destino e um capitão de sua alma deve caminhar sobre esses opostos, no sentido de transcendê-los e dominá-los, de pisar sobre sua natureza sensorial inferior e mantê-la sob os seus pés, submissa e controlada. Ele deve se tornar capaz de se elevar acima da variável mescla alternada do bem e do mal, ser superior e indiferente a quaisquer altos e baixos do destino, os encantos e os temores que regem os homens comuns, e que fazem oscilar seus pensamentos e ações desta ou daquela forma. O seu objetivo é o desenvolvimento de suas potencialidades espirituais interiores, e é impossível que estas venham a se desenvolver enquanto ele estiver sendo atropelado por suas tendências materiais e por suas oscilantes e volúveis emoções de prazer e dor que assim são por elas deflagradas. É elevando-se bem acima disso tudo e conseguindo a serenidade e o equilíbrio mental em quaisquer circunstâncias nas quais, momentaneamente, ele possa se encontrar, que um maçom verdadeiramente estará 'caminhando sobre' o piso quadriculado da vida e as conflitantes tendências de sua mais material natureza".

Os nossos ciosos Irmãos do século XVIII especulavam não apenas nos objetos individuais em suas Lojas, mas em toda a estrutura da Maçonaria. Quando diziam "posso entender a regra de três, a chave da Loja está ao meu comando", queriam dizer que tinham uma plena compreensão dos três Graus e podiam entender a construção de um ângulo reto. Numa interessante Preleção que parece ter sido praticada principalmente em Lancashire até o final daquele século, há um Seção de encerramento da Terceira Parte — a do Terceiro Grau — que ilustra o seu pensamento:

"Alegais terdes trabalhado como um chefe Arquiteto, tanto como Mestre como Empreiteiro; poderíeis assumir a construção de uma Loja?

— Sim, eu poderia e a assumiria se os materiais fossem encontrados e adequadamente preparados.

Quais são os materiais necessários para construir uma Loja?

— Verdade, Justiça e Caridade, com os quais esta Loja, e qualquer outra Loja, está ou deveria estar bem armazenada.

Se tiverdes os materiais, como delimitareis os seus alicerces para verificá-los?

— Eu aplicaria as proporções de 3, 4 e 5, que atendem ao grande Eureka da Maçonaria, normalmente chamada de 47ª Proposição dos Elementos da Geometria de Euclides.

O que demonstra ela?

— Ela demonstra que o quadrado da hipotenusa de um triângulo reto é igual à soma dos quadrados dos dois outros lados — os catetos.

Como podeis prová-lo?

— O quadrado de 5 é igual à soma dos quadrados de 3 e de 4 — o quadrado de 3 é 9, o quadrado de 4 é 16, e a sua soma é 25, que é o quadrado de 5, e por cujas proporções os maçons tiram os ângulos retos, esquadros e perpendiculares.

Deus mede o Mundo com seu compasso
(Aproximadamente 1250)

II   *Maçonaria – Escola de Mistérios – A Antiga Tradição e Seus Símbolos*

Ilustrações III

Maçonaria – Escola de Mistérios – A Antiga Tradição e Seus Símbolos

Quadro de Loja
(Biblioteca Nacional de Paris)

Quadro do Primeiro Grau
(J. Bowing – 1819)

VI *Maçonaria – Escola de Mistérios – A Antiga Tradição e Seus Símbolos*

Quadro do Segundo Grau
(J. Bowing – 1819)

Ilustrações VII

Quadro do Terceiro Grau
(Inglaterra – aproximadamente 1780)

O Maçom forjado com o auxílio das ferramentas de sua Loja
(gravura inglesa 1757)

(Extraída da obra *Histoire Abrégée de la Franc-Maçonnerie*)

O que é que se entende por quadrado de 3?

— Pelo quadrado de 3 entende-se os três pontos de minha entrada — Preparação, Admissão e Juramento.

Como aplicai o quadrado de 4?

— Às quatro Virtudes Cardeais, donde dois quadrados são iguais ao quadrado de 5, que são os cinco Pontos da Fraternidade, de tal forma que os cinco Pontos da Fraternidade são iguais aos três pontos de minha entrada, e as quatro Virtudes Cardeais.

Agora, Irmão, como já esquadrastes o seu Edifício, podeis assentar os alicerces; quais são as Ferramentas ou Instrumentos necessários para realizardes a sua obra?

— Primeiro o Compasso e a Régua, para traçar o meu desenho sobre a Tábua de Delinear, depois a Verdade para nivelar o alicerce, em seguida a Justiça para aprumar a vertical, e a Caridade para esquadrar a cobertura.

Qual o cimento que usais?

— O Amor e a Fraternidade cimentam e a União faz a liga.

Como a ornamentais?

— Com a Regularidade, a Virtude e a Concórdia.

Como a mobiliais?

— Com as Virtudes Cardeais.

Quais são elas?

— A Justiça, a Prudência, a Temperança e a Fortaleza.

Como as distribuís?

— A Justiça no Leste, a Prudência no Oeste, a Temperança no Sul e a Fortaleza no Norte.

Como a dedicais?

— Com o Trigo, o Vinho e o Óleo.

Por que a dedicais com o Trigo, o Vinho e o Óleo?

— Porque o Trigo, o Vinho e o Óleo eram os produtos que Salomão, rei de Israel, enviava a Hirão, rei de Tiro, em pagamento ao cedro e ciprestes que dele recebia para a construção do Templo.

A quem dedicareis a vossa Loja?

— A Deus e ao Santo Apóstolo, São João.

Por que o dedicais a Deus?

— Porque todos os lugares onde Deus é venerado, a Ele são dedicados, e é a Ele que se dedicam todos os homens que são retos e bons.

Por que o dedicais ao Santo Apóstolo, São João?

— Por ter sido São João quem ensinou e pregou o Amor Fraternal como a pedra fundamental da religião, por ser o Amor o cumprimento da lei.

Agora, Irmão, a vossa Loja assim construída, cimentada, ornamentada, mobiliada e dedicada, como tem a sua porta assegurada?

— O Silêncio tranca a porta e deposita a Chave.

Onde fica depositada a Chave?

— Em cada coração verdadeiro, justo e honesto, de um maçom.

Agora, Irmão, após ter sido assim concluída e trancada, como fica ela?

— Tal como fica todo e qualquer maçom, ereto no Esquadro, de frente aos quatro pontos cardeais do Céu com braços abertos estendidos, prontos a receber e confortar os valorosos e merecedores, vindos dos quatro pontos.

Quando o Silêncio fechou a porta de vossa Loja, qual o ensinamento que ela vos deu?

— Ela me levou a agir com Justiça, amar com Misericórdia, caminhar com Humildade junto a meu Deus, e lembrar minhas três obrigações, para que eu possa ser recebido sempre que a ela retornar.

Quando voltardes, como esperais ser readmitido?

— Pelos três principais Degraus, ou Graças.

Quais são eles?

— Primeiro, a Fé, que é uma aprovação da mente a tudo aquilo que é recebido pelas Sagradas Escrituras como Testemunho do Todo-Poderoso; segundo, a Esperança, que é a âncora da alma, certa, constante e firme, pela qual buscamos a Salvação, por meio das promessas e da bondade de Deus; e, terceiro, a Caridade, que é o Amor Fraternal e ilimitada Benevolência a toda Humanidade, pela verdadeira observância pela qual seremos capazes de ascender à Grande Loja Celestial, onde há abundância de alegria e prazer fluindo para todo o sempre; que a outorga de Deus possa ser a nossa feliz sina. Amém!"

As Joias Maçônicas

Tradicionalmente, existem seis Joias em uma Loja Maçônica: três são "Móveis", e três são "Fixas". As três Joias Móveis são: o Esquadro, o Nível e a Perpendicular (ou Prumo); e, como elas se prestam também como Ferramentas de Trabalho do Segundo Grau — e que têm a ver com a Geometria — elas serão analisadas, em maior detalhe, mais adiante, sob aquele título. As Joias Fixas são: a Tábua de Delinear, a Pedra Bruta e a Pedra Cúbica; elas são chamadas de Fixas por ficarem expostas em Loja "para que os Irmãos possam refletir sobre elas". Essas três se relacionam a uma função geométrica, tal como também se relacionam as três Joias Móveis, e chegaram às suas atuais posições e significados depois de mais de 200 anos de desenvolvimento.

Quadro do Primeiro Grau (J. Bowring – 1819)

A Tábua de Delinear, tal como o seu companheiro Móvel — o Esquadro, é, essencialmente, uma Ferramenta do Mestre. A Preleção nos diz que cabe ao Mestre da Loja traçar as linhas e desenhar sobre ela, fazendo com que os Irmãos realizem a pretendida estrutura com regularidade e com propriedade. É sobre a Tábua de Delinear que o Mestre apresenta os ensinamentos morais para a instrução e orientação de seus Irmãos nas questões da vida. Em nossos dias, os desenhos das Tábuas de Delinear tendem a ter um desenho padrão e a refletir por meio de símbolos os ensinamentos morais da Arte. Elas se desenvolveram chegando a esta forma durante o último quarto do século XVIII e o primeiro quarto do século XIX. O Certificado da Grande Loja Inglesa, ainda usando o mesmo desenho básico utilizado pela primeira vez em 1819, segue o desenho da Tábua de Delinear do Primeiro Grau (exceto a parte central que foi deixada de lado para poder acomodar o texto necessário). Esse documento mostra uma Tábua de Delinear na Loja — uma prancha de desenhista, com um lápis e uma régua sobre ela para uso do Mestre da Loja. Acredita-se que o nome "Tábua de Delinear" seja uma corruptela do antigo Cavalete (*Tressel*) ou Prancha de Traçar (*Tracel Board*) usada nas Lojas no fim do século XVIII para mostrar os hieróglifos Maçônicos, e em muitas Lojas colocada sobre um cavalete no centro da Loja. As Preleções ainda comparam o uso da Tábua de Delinear pelo Mestre na Instrução de sua Loja, com o Volume das Sagradas Escrituras como um meio pelo qual Deus possa realizar uma semelhante função à Humanidade. Ela é vista como a Tábua de Delinear espiritual de Deus, e na qual estão inscritas as leis Divinas e os planos morais que, se observados, nos levarão à Eterna Morada nas Alturas.

    O dr. Oliver resumiu o conteúdo das Preleções de sua época e acrescenta suas próprias reflexões:

    "Chamarei a vossa atenção, agora, para uma Prancha que tem desenhado em sua superfície algumas linhas, ângulos e perpendiculares. Esta é a Tábua de Delinear; e, embora ela possa parecer rude ou tosca e de pouca utilidade, ela é uma das Joias Fixas, e contém uma lição de inestimável valor. Esta Prancha serve para o Mestre desenhar os seus projetos e para a orientação de seus Obreiros; porém a sua conotação mística diz respeito à grande Carta de nossos privilégios religiosos, a qual, em todas as nossas Lojas abertas, é colocada sobre o Pedestal do Mestre, com suas páginas abertas, como o visível padrão de nossa Fé, subscrita com a mão da Divindade; o verdadeiro solo e pilar da VERDADE".

Escada de Jacó

"Apresse-se para fazer o bem. Se você for vagaroso, a mente, deliciando-se com a travessura, pegará você."
Buda

Em sua obra *Signs and Symbols*, o dr. Oliver fez comparações com os Mistérios em outras partes do mundo, e expressou certa surpresa com o fato de o Simbolismo Maçônico da Escada apresentar três lances principais, enquanto em todas os demais casos ele constata serem sete os lances. Ele fala, por exemplo, de sua análise sobre os Mistérios Hindus:

"A Escada com sete degraus era usada nos Mistérios Hindus para ilustrar a aproximação da Alma à perfeição. Os degraus eram normalmente chamados de 'Portões'. O significado é, sem dúvida, o mesmo; pois podemos observar que Jacó, em referência ao lance inferior de sua Escada, exclamou: 'esta é a Casa do Senhor, e o 'Portão' do Céu'. Aqui podemos encontrar a noção de ascender ao Céu por meio da prática da Virtude Moral, descrita pelos Patriarcas hebreus e por uma remota nação idólatra sob o conceito de uma 'Escada'; de onde podemos concluir tratar-se de um Símbolo maçônico".

Luz

"Se não agora, quando?"

Este tema — a Luz — naturalmente interessou uma grande parte dos autores Especulativos, que a ele têm dado muitas representações. Thomas Dunckerley desejava ser "iluminado" com a sabedoria e a compreensão, e mais ainda quando tratando com elas num sentido iluminador, ter a "Luz Maçônica" em mente como esclarecimento e conhecimento. O dr. George Oliver escreveu, com bastante clareza, sobre o tema Luz na Maçonaria em seu livro *Theocratic Philosophy of Freemasonry*, publicado em 1840, no qual abordou de forma tão abrangente o tema da Luz geral e a Luz especial ou fontes de Luz, que o longo extrato apresentado a seguir é digno de estudo e reflexão:

"(Era) a opinião de Eugubinus e outros, que a Luz era a suprema morada ou lugar onde residia a Deidade, e que sempre brilhava com insuperável esplendor; pois se acreditava que o próprio Eterno era a fonte e a origem da Luz. Em todas as suas comunicações com o homem, a Luz tem sido seu constante servente; ou, na apropriada linguagem de Davi: 'Ele cingiu-se de Luz tal como uma vestimenta.'

A Bíblia Sagrada, um dos utensílios sobre o Pedestal, contém muitos testemunhos desse efeito. Deus é chamado pelo profeta Isaías como a 'Luz de Israel'. Daniel diz que 'a Luz habitava com Ele'; e Habacuc compara o Seu brilho à Luz. Simeão O denomina 'uma Luz para iluminar os Gentios'. A glória da Luz apareceu a Saul em sua Conversão, e a Pedro em sua milagrosa libertação da prisão. São João afirma que 'Deus é Luz'; e que 'Ele é a verdadeira Luz'.

Em relação a este assunto, a Franco-Maçonaria primitiva pode ser chamada de 'Luz da Sabedoria', que o Todo-Poderoso Arquiteto do Universo possuía 'no começo de Seu caminho antes de seus feitos de outrora'. Essa Sabedoria ou Luz é, de fato, o 'hálito do poder de Deus'; uma pura influência que flui da Eterna Fonte de Luz; abrangendo todos os limites celestiais, e formando a arquitrave de pura e sagrada religião. É importante observar que Salomão, nosso Grão-Mestre, maçonicamente falando, usava geralmente a palavra 'Sabedoria' como uma substitutiva da palavra 'Luz'.

Em todas as manifestações Divinas que foram outorgadas ao homem, era necessário acomodar o grau de consistência de sua natureza por meio de uma Luz visível e material. Porém, devemos entender que isso era apenas um símbolo, ou uma tênue emanação da gloriosa Luz que ilumina os rincões celestiais. Essa Luz, ou, por assim dizer, a Franco- -Maçonaria, era peculiarmente intelectual. Uma Luz adaptada às faculdades espirituais, a Luz da palavra e do espírito de Deus. Ela foi enunciada com igual perpescuidade pelos pro-

Quadro do Segundo Grau
(J. Bowring – 1819)

fetas judeus. Assim diz Isaías, que naquelas abençoadas mansões, 'o sol deixará de ser a sua Luz durante o dia, nem pelo brilho dará Luz a Lua; mas o Senhor será uma Luz Eterna'. Assim, é evidente que à Luz Celestial é Divina e intelectual; e que uma grosseira Luz material será desnecessária a seus glorificados habitantes; de cuja plena luminosidade nós ainda não somos capazes de formar qualquer opinião justa ou racional. Ela foi corretamente chamada de 'um glorioso esplendor, cobrindo todo o Céu — um abismo de Luz no qual a imaginação se perde'.

Esse princípio luminoso está representado em nossas Lojas pela 'Primeira Grande Luz'; a qual, sendo material, se evidencia aos sentidos, uma referência à atuação da Luz sobre a mente. A questão somente pode ser abordada como se o próprio Altíssimo assim aquiescesse, em piedade à fraqueza e incapacidade de Suas criaturas, outorgando-lhes uma referência material por meio do fogo e da Luz, sob as quais a Sua aparição 'pessoal' se manifestou entre os homens.

Esses conceitos preliminares naturalmente dirigem a nossa atenção à Divina *Shekiná*, ou o esplendor de Luz que normalmente acompanhava a aparição Divina sobre a Terra. Tratava-se de um visível esplendor, ou uma pura emanação de Deus, tendo sido chamada de '*splendor gloriae Dei*', tal como São Paulo descreveu a glória do semblante de Moisés quando este desceu da montanha trazendo as Tábuas da Lei.

Essa Luz Divina protegeu Abraão na ardente fornalha dos caldeus; tal como aconteceu depois com Shadrach, Mesech e Abednego, naquela de Nabucodonosor; mostrando que quando a Divindade aparecia sob uma forma de 'uma parede de fogo' para a proteção de seu povo, Ele era um 'fogo abrasador' que destruía os Seus inimigos. Abraão desfrutava da vantagem das frequentes revelações de Luz nos planaltos; e a mesma *Shekiná* destruiu as cidades nas planícies. Foi uma graciosa manifestação de Luz que o Todo-Poderoso outorgou a Jacó. Quando surpreendido pela noite e exausto em sua viagem a Padã-Arã (*Padán Aram*), teve a visão da maravilhosa Escada, com

Serafins subindo e descendo, a qual tinha o propósito de aumentar a sua Fé, incentivar a sua Esperança e estimular a sua Caridade; enquanto o Grande Arquiteto do Universo, numa torrente de Luz em seu topo, acenou-lhe com aquelas alvissareiras promessas que se realizaram plenamente em sua posteridade.

Moisés, diante da Sarça Ardente, foi agraciado com a inspiração da Luz, e recebeu aquele Sagrado e Inefável Nome, que ainda constitui o enorme Segredo da Maçonaria Especulativa. A *Shekiná*, manifestada naquela inestimável ocasião, foi um símbolo altamente significativo. A Sarça ardia em fogo, mas não era consumida por ele; e Israel foi submetido à abrasadora opressão do Egito e não foi destruído; embora não sendo possuidor de um maior poder de resistência ao Faraó e seu povo, do que um débil arbusto para impedir as usurpações do elemento devorador. A verdade é que Deus estava entre ambos; e, assim, tanto o fogo como a perseguição, eram igualmente impotentes. Moisés fora instruído a aproximar-se da majestade de Deus com os seus pés descalços, e com o seu rosto coberto; e foi somente depois da libertação de Israel de sua escravidão que a Luz passou a brilhar permanentemente sobre aquele povo.

Os preparativos para aquela excepcional e fantástica libertação foram solenes e imponentes; e a diferença entre as Trevas da Idolatria e a Luz da Verdade; ou, em outras palavras, entre o Espúrio e a verdadeira Franco-Maçonaria, foi especialmente manifestada para a instrução dos Israelitas, tal como foi o castigo infligido aos egípcios. Uma densa e quase palpável escuridão se abateu sobre os egípcios durante três dias. Porém os israelitas tiveram Luz em suas moradas. Eles estavam iluminados pela verdadeira *Shekiná*, ou Luz Celestial; o que se tornou um igualmente incompreensível mistério para os egípcios como a sobrenatural escuridão em que foram envolvidos. A Luz brilhou em meio às trevas, mas a escuridão não a continha.

A partir de então, a Luz assumiu a forma de uma coluna de nuvens e de fogo, que durante o dia era brilhante, e talvez transparente; e, à noite, era como um furioso incêndio de grandes proporções, que iluminava uma área de quase vinte quilômetros quadrados. Há quem possa argumentar que o calor emanado de um fogaréu como aquele teria queimado as tendas, o Tabernáculo, e tudo aquilo que estivesse em suas proximidades. Mas aquele não era um fogo natural ou elementar, pois ele continuava ardendo sem qualquer combustível; e, tal como as chamas da Sarça Ardente, as suas propriedades abrasivas eram restringidas, embora fornecesse suficiente Luz às tribos mais distantes. Em suma, tratava-se de uma Coluna enevoada, iluminada pela *Shekiná* de Deus. Essa Coluna Divina estava entre o povo e formou o sublime tema da Franco-Maçonaria Judaica. Ela continuou com eles durante todas as marchas e contramarchas de sua história, até a sua renúncia à Verdade, e a sua entrega às abominações fizeram com que o Altíssimo retirasse a Luz de Sua presença, entregando-os à ira e à fúria de um povo idólatra.

    Nada poderia melhor servir para mostrar, de uma forma clara e explícita, a diferença essencial entre Luz e Trevas, do que a Divina *Shekiná* durante o período em que Israel atravessava o Mar Vermelho. Ela foi uma Luz e um guia para eles, mas foi uma escuridão e um terror para os seus infelizes perseguidores, que foram aniquilados pelo fechamento das águas, quando Moisés ergueu o seu cajado como um sinal de que o poder que os havia subjugado fora retirado.

    Foi a *Shekiná* de Deus que apareceu em meio a nuvens e fogo na Montanha Sagrada onde a Lei foi outorgada a Moisés. A montanha estava coberta em escuridão, e nada mais além de fumaça ou nuvens podia ser vista pelo povo; enquanto o legislador no cume daquela montanha era agraciado com uma visão da *Shekiná* sob a forma de uma fulgurante chama de Luz, de onde o Senhor conversava com ele acerca do governo religioso e político do povo a quem Ele havia redimido, com sinais e maravilhas, do jugo egípcio... (Os israelitas) não seriam capazes de aguentar o fulgor emanado do refletido brilho da *Shekiná*; uma impressionante prova de que as suas mentes não estavam suficientemente esclarecidas para suportar a revelação do misterioso sistema que estava tipificado pela Lei. Assim, Moisés cobriu o seu rosto com um véu, como a indicar que 'as suas mentes eram cegas', e que, embora a verdadeira Luz estivesse encoberta, de fato gloriosamente na religião judaica, ela não seria totalmente revelada até que o véu fosse removido com a chegada do Messias, ou a personificação da Luz. Essas emanações da forma Divina constituíram partes do sistema da Maçonaria Especulativa, tal como é praticada em nossos dias".

Essa dissertação sobre a Luz em relação à Maçonaria Especulativa serve, particularmente, para introduzir, com algum detalhe, o assunto da *Shekiná*, aquele Símbolo da Presença de Deus entre os antigos judeus, que se manifestava por uma especial fonte de Luz. Tal como diz o dr. Oliver, este Símbolo era uma parte essencial da Maçonaria Especulativa e de seu Simbolismo. Desde os mais remotos tempos, as Lojas maçônicas de natureza Especulativa se dedicavam à adoração de Deus; pois, como já foi afirmado antes, os nossos antepassados eram essencialmente, e acima de tudo, homens formalmente religiosos. Portanto, nada mais razoável que eles procurassem algum símbolo para representar-lhes a Presença de Deus entre eles na Loja; e eles assim fizeram ao usarem o simbolismo da antiga religião judaica, incluindo uma representação da *Shekiná*. Infelizmente, em muitas Lojas de hoje, esse antigo simbolismo desapareceu e, ao que parece, os nossos mais práticos dirigentes da época da União das duas antigas Grandes Lojas muito contribuíram para esse desaparecimento.

Nas atuais versões das Preleções Maçônicas, uma das Seções aborda os Ornamentos, o Mobiliário, os Utensílios e as Joias de uma Loja. Os Ornamentos são: o Pavimento Mosaico, que é o piso da Loja; a Estrela Flamejante, ou Glória, no Centro; e Orla Dentada ou Marchetada, ao redor do Pavimento. Em muitas Lojas ainda podem ser encontrados tapetes ou pisos quadriculados com esse desenho, normalmente com um Pentágono ou uma estrela de cinco pontas no meio do piso xadrez, com algum tipo de moldura ao redor. Em alguns casos, a estrela no meio está no interior de linhas radiais ou alguma outra forma de representação de um brilho especial. Uma consulta à obra *Master Key*, de John Browne, revela a seguinte explanação sobre a Estrela Flamejante, uma vez que os Ornamentos nas Lojas dos Modernos antes da União eram os mesmos descritos nas Preleções pós-União:

"A Estrela Flamejante, a Glória no Centro, recorda-nos daquele formidável período quando o Todo-Poderoso entregou as duas Tábuas da Lei contendo os Dez Mandamentos a seu fiel servo, Moisés, no Monte Sinai, quando os raios de sua Divina Glória reluziram com tamanha intensidade, com tão refulgente esplendor e inigualável brilho, que ninguém o pode contemplar sem temor ou estremecimento.

Ela também nos recorda da Onipresença do Altíssimo, inundando-nos com o Seu Divino Amor e dispensando as Suas bênçãos sobre todos nós; e, por estar colocada no Centro, ela também deverá nos lembrar de que, onde quer que nos reunamos, Deus, o Olho da Providência Que Tudo Vê, está sempre em nosso meio, vigiando todos os nossos atos e observando as secretas intenções e movimentos de nossos corações".

Quadro do Terceiro Grau (Inglaterra – aproximadamente 1780)

Além dessa particular referência feita nas antigas Preleções, outras poderão ser encontradas acerca da Presença Divina e da *Shekiná*. Os nossos Irmãos do século XVIII certamente acreditavam nesta parte do Simbolismo; o uso de uma Glória (Láurea) ou uma "irradiação" ainda é usada em nossos dias em duas Joias de Oficiais: a do Capelão é descrita como "um livro no interior de um triângulo, cercado por uma glória" — e, no Simbolismo, o triângulo é muitas vezes encontrado como um Emblema que representa Deus; a outra é aquela usada pelo Grão-Mestre — "as pontas do Compasso abertas em 45°, com um segmento de um círculo nas extremidades e uma plaqueta dourada sobre a qual está representado um olho no interior de um triângulo, ambos irradiados". É desnecessário fazer um lembrete de que o Emblema, o "Olho Que Tudo Vê" também é uma representação simbólica de Deus.

William Preston também se refere à Estrela Flamejante como um dos Ornamentos internos e nele vê um "vívido Emblema da Onipresença de Deus que dirige com amor e benevolência as várias obras por Ele criadas, e que são exemplificadas por nossa contemplação daquela infinita bondade transbordando por todas as partes e disparando, como por todo o sempre foi, de Sua beneficente generosidade, raios de amor e de misericórdia aos seres de todas as espécies por Ele criadas".

As Três Grandes Luzes

Como já vimos anteriormente, na Grande Loja dos Modernos, a Bíblia, o Esquadro e o Compasso representavam o Mobiliário da Loja até a época da União das Grandes Lojas; e isso aparece nas Preleções em uso em algumas Lojas jurisdicionadas àquela Grande Loja:

Qual é o Mobiliário da Loja?

— A Bíblia, o Compasso e o Esquadro.

Seus usos?

— A Bíblia serve para dirigir e governar a nossa Fé, e sobre ela é feito o Juramento por nossos novos Irmãos; assim também é o Compasso e o Esquadro que, quando unidos, servem para reger as nossas vidas e as nossas ações.

De onde derivam e a quem pertencem?

— A Bíblia deriva de Deus, para o homem em geral; o Compasso pertence ao Grão-Mestre em particular; e o Esquadro a toda a Ordem.

Por que a Bíblia deriva de Deus, para o homem em geral?

— Porque aprouve ao Todo-Poderoso revelar mais de Sua Divina vontade nesse Livro do que por outros meios tenha feito; seja pela luz da razão, seja pela retórica com todos os seus poderes.

— Por que o Compasso pertence ao Grão-Mestre em particular?

— Sendo este o principal Instrumento usado para desenhar e fazer plantas arquitetônicas, é particularmente apropriado ao Grão--Mestre, como um emblema de sua dignidade, e por ser o Chefe e o Governador de toda a Ordem, e sob cujo patrocínio as nossas Grandes leis são tão sensatamente impostas, estrita e universalmente obedecidas pela Ordem em geral.

Por que o Esquadro pertence a toda a Ordem?

— Por ser ela juramentada no Esquadro e, consequentemente, compromissada a assim agir sobre ele.

Aparentemente, os trabalhos da rival Grande Loja dos Antigos descreviam a Bíblia, o Esquadro e o Compasso como as Três Grandes Luzes da Franco-Maçonaria, desde a época de seu surgimento como uma separadamente organizada Grande Loja na década de 1750, uma vez que as Exposições da década seguinte dão essa interpretação. Nesse aspecto, elas diferiam dos textos bem mais antigos, de um período anterior ao surgimento da Grande Loja dos Antigos e, assim, das práticas dos Modernos, embora um antigo manuscrito escocês inclua a prática dos Antigos.

Quaisquer que tenham sido as diferenças que os nossos Irmãos de então tivessem, eles concordavam quanto ao significado desses emblemas — o guia e a regra de nossa Fé, e a persuasão de nosso dever a Deus; as demais unidas para dirigir e governar as nossas vidas e ações, para inculcar a nossa obrigação para com o nosso semelhante e para conosco mesmos, e para manifestar ao mundo o nosso mérito como maçons. Percebemos que nos tempos anteriores à União das duas Grandes Lojas, ambas eram basicamente cristãs em seus trabalhos e se referiam apenas à Bíblia.

O Esquadro e o Compasso

Desde os mais antigos textos maçônicos, esses dois instrumentos são mencionados em conjunto; e, mais do que o Esquadro sozinho, eles simbolizam a Maçonaria. Em todo o mundo eles são usados como um só conjunto, sendo entendido como um emblema que representa algo ligado à Maçonaria. As antigas Preleções da Maçonaria se referem a ambos "quando unidos"; e por seus separados usos e aplicações em nossa filosofia maçônica, eles nos ensinam os nossos deveres e obrigações ao nosso semelhante e a nós mesmos. É claro que muito tem sido escrito sobre eles, e o Rev. J. T. Lawrence diz:

"Embora o Esquadro venha sempre antes do Compasso, devemos lembrar que o Esquadro não pode ser descrito sem a ajuda do Compasso. Ambos são necessários até mesmo para produzir um ângulo reto. Com eles aprendemos que a retidão de conduta não pode vir se não de uma vida autocontrolada".

J. S. M. Ward vê um simbolismo muito mais espiritual:

"No Volume da Lei Sagrada, o Esquadro está unido ao Compasso. Por si, o Esquadro representa a matéria e, por conseguinte, os nossos corpos. Os seus braços estando sobre o Compasso, que representa o espírito, denotam que o homem, num estado de desenvolvimento espiritual, representado por um Aprendiz é, mormente, animal; pois o corpo ainda não está sob o controle ativo e completo do espírito. Para uma pessoa assim, é uma perda de tempo falar sobre as elevadas verdades espirituais; ela deverá, antes de tudo, ser treinada em pura moral, ser ensinada a usar o seu corpo com respeito e refrear seus instintos e apetites animais. É por isso que ao Aprendiz é simplesmente dito que a Franco-Maçonaria é um sistema de Moralidade, velado em Alegorias, etc. Essa sentença é frequentemente mal interpretada por aqueles que, no Simbolismo, chegaram ao Terceiro Grau, mas que na realidade ainda estão no estágio de desenvolvimento espiritual de um Aprendiz. Pessoas assim dizem, de forma loquaz, que a Franco-Maçonaria nada mais é do que um sistema de ensinamento de saudável moral e princípios de conduta.

Um limitado conjunto de preceitos é revelado ao Aprendiz, e na prática esse conjunto é ampliado na medida em que ele avança de um Grau para outro; e até mesmo aquele que é revelado no Terceiro Grau não deve ser conclusivo ou final, no sentido de esgotar seu conteúdo; ele é simplesmente um mínimo, e implica que, até que um homem não tenha correspondido a esse mínimo, ele não estará apto a um aprendizado espiritual mais profundo.

Assim, o Esquadro no Primeiro Grau adverte o Candidato de que ele deve devotar a maior parte de seu tempo no aprendizado do controle do corpo. No Segundo, ele indica que já está apto a aprender um pouco mais sobre as verdades espirituais; e no Terceiro está simbolizado um homem que, tanto quanto possa, obedece conscientemente à voz do espírito em vez do lado animal de sua natureza".

W. L. Wilmshurst vê uma especial importância e significado nas várias posições do Esquadro e do Compasso:

"Na ocultação das pontas do Compasso sob o Esquadro, está uma lição altamente instrutiva. Esse posicionamento mostra que o imortal e poderoso espírito do homem está, no momento, limitado e impedido de sua plena função pelas tendências contrárias de seu mortal corpo material. (Na Maçonaria) esta posição deve se tornar invertida. Se o homem precisa se aperfeiçoa e elevar-se, alcançando a máxima altura e as plenas possibilidades de seu ser, o seu princípio espiritual não deve ficar subordinado à carne, mas deve sim ganhar ascendência sobre ela. E ao maçom é ensinado como conseguir isso para si próprio e, na proporção em que ele dominar a sua natureza inferior, estará liberando os poderes e as faculdades de seu espírito imortal, elevando-se e tornando-se senhor sobre tudo aquilo que há de carnal e material dentro de si".

O Avental

Esta básica Insígnia de um Maçom Especulativo foi uma óbvia escolha numa Sociedade moral surgindo de uma que usava tal vestimenta em sua atividade profissional normal. Os nossos antepassados, homens religiosos, procuravam uma justificação nas

Sagradas Escrituras, e encontraram-na em "Gênesis", C. 3. Esta, e a menção feita em "Deuteronômio", não são as únicas referências feitas a um Avental; existem muitas citações quanto ao uso de um éfode, especialmente pelos sacerdotes hebreus. Tal como nos dão conta diversos autores, o éfode dos sacerdotes era uma espécie de avental feito de linho.

William Hutchinson, antes de 1770, assim escreveu sobre o Avental branco:

"Os maçons, como um de seus primeiros princípios, professam a 'Inocência' — eles se revestem de um vestuário branco, como um emblema de seu caráter, que revela pureza d'alma e inocência".

Temos na obra *Biographia Ecclesiastica* a seguinte passagem: "Os antigos também tinham o costume de vestir uma roupa branca na pessoa batizada, como sinal de ter abandonado as ambições e luxúrias da carne, tendo o seu ser purificado de seus pecados passados, e que se obrigou a manter uma vida de imaculada inocência. Adequadamente, os batizados são considerados, tanto pelo apóstolo como pelos padres gregos, como 'Iluminado', pois declaram tratar-se dos filhos da Luz, comprometendo-se eles próprios a jamais retornar às obras das trevas. Essa vestimenta branca costuma ser-lhe entregue com esta solene exortação: 'Receba esta veste branca e impoluta, e exiba-a sem mácula diante do Tribunal de Nosso Senhor Cristo, para que possa, assim, ganhar a vida eterna. Amém!' Eles costumavam vestir essa peça de roupa branca durante uma semana depois de serem batizados; após isso a tiravam e a deixavam na igreja, onde seriam guardadas como testemunho a ser usado contra elas, caso violassem a aliança batismal".

Enquanto o Avental com o qual nos revestimos denota uma disposição à inocência, e não desvirtua o coração daquele que o enverga, deixemos que o ignorante ridicularize e zombe: acima do escárnio e da malícia do maldoso, nós nos cingiremos no traje de nossa própria Virtude; e seguros em nossa consciência, permaneceremos firmes e inabaláveis em meio às perseguições das adversidades.

A vestimenta que verdadeiramente denota a inocência do coração é uma insígnia muito mais honrosa do que qualquer outra jamais envergada por reis; a Águia Romana, bem como todas as demais Ordens de Cavalaria, são inferiores; elas podem se prostituir pelos caprichos de príncipes; mas a inocência é algo inato e não pode ser adotada ou adquirida.

Ser um verdadeiro maçom é possuir este princípio; ou, caso contrário, a vestimenta que ele enverga será uma infâmia ao apóstata, expondo-o à vergonha e ao desprezo.

Ao refletirmos sobre esta passagem, devemos ter em mente que ela foi escrita como parte de uma Preleção ministrada aos maçons há mais de 200 anos, quando as condições podem ter determinado as referências feitas, de forma mais realista, ao menosprezo, ao escárnio e à perseguição. Mas as origens de nossas presentes Explanações sobre a Insígnia são evidentes nesses aspectos, tanto quanto um simbolismo comparativo da Iniciação com um batismo ou conversão de um adulto de antigamente, e uma consequente readoção da inocência, no sentido de libertação do pecado.

O dr. Oliver, numa Preleção publicada em *Signs and Symbols*, em 1837, especula de uma forma diferente o significado do Avental:

"Uma Cerimônia fundamental do Primeiro Grau é a investidura do Avental — um inequívoco símbolo, que acompanhará cada passo de sua caminhada e evolução. E para que não haja qualquer mal-entendido que venha a dar uma impressão errada ou distorcida com referência à sua aplicação moral, dizemos ao Candidato que se trata de um Emblema da Pureza e da Inocência, de grande antiguidade e inigualável honra.

A grandiosa função do Avental é a de destacar uma divisão figurada do corpo humano em duas partes distintas; separando a parte nobre, onde estão a cabeça e o coração, onde estão a razão, a afeição e o amor, das partes corporais mais básicas, que são meramente aplicadas à realização das funções carnais da Natureza; e, enquanto o homem espiritual se mantém ereto e aberto à visão, o homem natural está velado em obscuridade, de forma tal que nenhum obstáculo ou impedimento pode interromper as buscas e as investigações da Maçonaria. O franco-maçom assim revestido é um marcante emblema da Verdade, da Inocência e da Integridade; pois apenas as partes que são as conservadoras e mantenedoras dessas Virtudes são as que devem estar em atividade, enquanto explora os ocultos Mistérios da Ciência, nos recônditos de uma Loja".

A seguir, o dr. Oliver prossegue ao apresentar 12 diferentes exemplos extraídos da Bíblia; exemplos de uso cerimonial do éfode ou do uso da faixa no quadril, nos quais ele identifica alguma relação. Ele enfatiza a mensagem aos convertidos cristãos: "para atarem à cintura de suas mentes, serem sóbrios e esperarem pelo fim; e para se conservarem firmes na fé, tendo as suas cinturas atadas com a Verdade". Oliver vai ainda mais além, discorrendo sobre outros usos de Aventais que encontrou nos Antigos Mistérios, e, apesar de tomado emprestado, ele inclui uma paráfrase de um trecho da Preleção de William Hutchinson citada anteriormente; e conclui com uma Exortação:

"A vós, Irmãos, que estais cingidos com esta grandiosa Insígnia, não devo recomendar uma sistemática fidelidade a todas as Virtudes que ela representa. Em vossa Iniciação vos foi dito que se esperava de vós que, a partir do momento em que fostes revestidos com o Avental, a Inocência de conduta e a Pureza de coração passassem a ser vossa característica peculiar. Seria necessário que eu acrescente que a Maçonaria espera de vós uma total obediência a seus preceitos se quiserdes compartilhar de seus benefícios peculiares?"

Numa outra Preleção, o dr. Oliver tenta mostrar uma razão para as cores usadas nos forros e nas bordas dos Aventais. O azul-escuro e o vermelho foram, desde há muito, as cores estabelecidas para os Grandes Oficiais e Vigilantes; mas, até 1814, outros Aventais eram totalmente brancos, e assim a adoção da cor azul-clara nas bordas dos Aventais do Mestre Maçom e dos Mestres Instalados foi um ato deliberado de 1814. Naquela época, o dr. Oliver já era um maçom há mais de dez anos (ele foi Mestre de Loja em 1815), e por isso ele pode ter tido a informação direta. Seja como for, ele aponta que as três cores seguem as mesmas cores dos véus do Templo: azul, púrpura e escarlate.

Ou melhor, azurita (azul-celeste), púrpura e carmim. O nome original para a primeira é *Tehelet*, que é traduzido por *hyacinthum*, em referência à pedra preciosa de mesmo nome; tal como a safira, acreditava-se antigamente que essa pedra, segundo o testemunho de Oleaster, Tostatus Lyranus e outros doutos, representava a cor de um céu límpido e sereno. A segunda, *Argaman*, significa púrpura; originada de *Ragam*, ou "príncipe", que se destacava por seus mantos púrpuras; e a terceira significando *Tolaghath shani*. A primeira palavra significa "verme", tal como no Livro de Salmos, 22: 6, que foi traduzida pela palavra *coccinum*, de *cocus*, que tanto significa escarlate como carmim ou carmesim; e *shani* vem da palavra *shanals*, traduzida por "duplo" ou "dobro". Daí, a frase significa a cor carmim duplamente aplicada.

O AVENTAL DO MESTRE INSTALADO E A JOIA DO PAST MASTER

Sobre o Avental de um Irmão que tenha sido Instalado na Cadeira da Loja, no lugar das rosetas, estão colocados alguns ornamentos que, por algum motivo, são chamados de "Níveis". J. S. M. Ward, em sua obra *Interpretation of our Masonic Symbols*, diz que não podem ser Níveis, e os vê como três letras "Tau" (19ª letra do Alfabeto Grego) lembrando a régua-T do Arquiteto. Como o Mestre da Loja está na posição de Arquiteto, ele considera esse ornamento bastante apropriado. Um relance sobre o Livro das Constituições, no qual consta uma descrição do Avental a ser envergado pelos Mestres e *Past Masters* da Loja, teria esclarecido que aquele ornamento é composto de "linhas perpendiculares sobre linhas horizontais, formando assim três separados conjuntos, cada um com dois ângulos retos". Essa descrição assim permaneceu desde quando foi introduzido em 1814, e parece refletir o costume da época na História maçônica em que se prestava uma especial reverência à habilidade de levantar uma perpendicular. (A mesma descrição aparece na

Constituição da Grande Loja da Escócia, com o seguinte acréscimo: "imitando um rudimentar Nível", que é, sem dúvida, o motivo pelo qual o ornamento é assim chamado.) É desse mesmo período que datam os Passos Regulares e esses, se cuidadosamente executados a partir da posição descrita nos documentos da época, produzem exatamente o mesmo efeito. Essa habilidade na criação de ângulos retos foi, desde há muito tempo, considerada um segredo maçônico; e há uma escola de pensamento que acredita que essa habilidade, que requer três medidas separadas, era o Segredo perdido com a morte de Hiram Abiff, e que o desenvolvimento ocorrido no último quarto do século XVIII introduziu as mudanças que perduram até os nossos dias. Com a confusão reinante, sobre o mesmo assunto, sobre o *status* do Mestre Maçom e o Mestre da Loja — antes havia tanto acerca da Instalação quanto hoje na Inglaterra — a reafirmação da habilidade de formar um ângulo reto como Símbolo do *status* de um Mestre Instalado parece bastante apropriada.

No mesmo livro, Ward faz referência ao que dispõe a 47ª Proposição de Euclides que, na Inglaterra, é a Joia distintiva do *Past Master*. Esta é peculiar à Constituição Inglesa e a algumas outras Constituições que devem a sua formação à Inglaterra; no entanto, ela não é encontrada em muitas das antigas Obediências. Essa proposta tem também uma especial referência a um ângulo reto, em relação ao triângulo, e está entre os mais antigos ornamentos formais ligados à Grande Loja da Inglaterra — ela apareceu no frontispício do *Livro de Constituições* de 1723, que também comentava, nas páginas 20 e 21: "Mas o seu aluno, o grande Pitágoras, foi o autor da 47ª Proposição de Euclides do primeiro livro que, se cuidadosamente observado, é o fundamento de toda a Maçonaria, sagrada, civil e militar". A ligação com Pitágoras foi suficiente para torná-la aceitável como um emblema maçônico, embora existam diversos exemplos de pessoas preocupadas com as mudanças introduzidas em 1814 e, mais tarde, remontando às Constituições de Anderson em busca de inspiração. Em relação a essa questão, assim escreve Ward:

"Na Idade Média, um dos mais valiosos segredos da construção era como deveria ser diagramada a planta baixa de uma edificação; e a chave disso era o uso correto do triângulo reto. Como construir um triângulo reto e, depois, como usá-lo, era um segredo ciosamente guardado pelo Mestre construtor; e, embora quando sabemos como fazê-lo podermos constatar a sua simplicidade, ao artesão mais ignorante aquilo devia constituir um completo e absoluto mistério. Nas Lojas Operativas ainda existentes, os seus integrantes são informados de que era este o Segredo que os vilões queriam descobrir e de que, naqueles dias, estava oculto no uso das três hastes: uma com três côvados de comprimento, uma com quatro côvados e uma com cinco côvados. Essas hastes eram a Insígnia do Ofício dos três Grão-Mestres e, quando colocadas juntas sob a forma de um triângulo reto no centro de uma área sobre a qual o edifício seria erguido, os três Mestres podiam projetar uma construção".

Aqui também se observa uma certa confusão entre o que era considerado um trabalho de Mestre Maçom e o ornamento de um Mestre Instalado, supondo o posterior desenvolvimento da Instalação como um Rito completo. Ward também menciona que, na Constituição Escocesa, o *Past Master* traz a letra "G" como parte de sua Joia. Nas antigas Tábuas de Delinear do Terceiro Grau na Inglaterra, também podemos encontrar a letra "G" — e esta tem uma explicação diferente da Tábua de Delinear do Segundo Grau. As antigas Preleções nos dizem que se trata de uma referência àqueles artesãos em pedra especialmente capazes, conhecidos no Templo pelo nome de *Ghiblim*, homens vindos de Gebal ou Ghebal, e algumas vezes traduzido por "perfeito pedreiro" ("Excelente Maçom") — aqui, mais uma vez, uma referência à especialidade de ser hábil no trabalho com quadrados. Esta letra "G" na antiga prática inglesa vem a ser uma parte essencial do Terceiro Grau; mas ela desaparece das Tábuas de Delinear do Terceiro Grau após a União de 1813, apesar do fato de que os *Ghiblim* são mencionados nas Constituições de 1723.

Instrumentos e Utensílios

"Devemos caminhar com as nossas próprias pernas! Sem líderes, sem dogmas, mas com virtude."

Por conter esta Prelação ainda mais detalhes do que a referência de William Preston, reproduziremos esta a seguir, da qual se desconhece a autoria:

"Como os vários Instrumentos e Utensílios de nossa profissão são emblemáticos de nossa conduta de vida, e se destinam a inculcar em nossa mente as sérias e sábias Verdades que todo maçom deve bem entender e constantemente ter em mente, uma explanação sobre tais implementos é o requisito desta Preleção:

O que determina a Régua?

— A Régua determina que devemos observar pontualmente o nosso dever, perseverar no caminho da Virtude, não nos afastando nem à Direita nem à Esquerda, em todas as nossas ações, tendo a Eternidade em vista.

O que nos ensina a Linha?

— A Linha ensina o critério da retidão moral, para evitar a dissimulação, seja no discurso, seja na ação, para dirigir os nossos passos pelo caminho que conduz à imortalidade.

O que nos ensina a Trolha?

— A Trolha ensina que nada pode ser unido sem o apropriado cimento e que a perfeição de uma construção deve depender da adequada aplicação daquele cimento; assim, a Caridade, o vínculo da perfeição e da união social, deve ligar as mentes individuais e os interesses pessoais para que, tal como os raios de um círculo, que se estendem desde o centro a cada ponto da circunferência, possa ser difundido o princípio da Benevolência Universal a cada um dos membros da comunidade.

O que nos sugere o Prumo?

— O Prumo nos sugere que mantenhamos uma postura ereta, que mantenhamos a balança da Justiça equilibrada, que observemos o meio-termo justo entre a intemperança e o prazer, e submeter as nossas paixões e preconceitos, limitando-as às linhas do nosso dever.

O que nos ensina o Esquadro?

— O Esquadro nos ensina a regular as nossas ações consoante a Régua e a Linha, harmonizando a nossa conduta por meio dos princípios de Moralidade e Virtude.

O que nos ensina o Compasso?

— O Compasso nos ensina a limitar o nosso dever em todos os casos que, elevados à eminência pelo mérito, possamos ser respeitados em vida e lamentados por nossa morte.

O que representa o Nível?

— O Nível representa o Nascimento, a Maçonaria e a Morte.

O que nos demonstra o Nível?

— O Nível nos demonstra que temos uma origem comum, que somos partes de uma mesma natureza e partícipes da mesma esperança; e, não obstante sejam necessárias diferenciações de hierarquia entre os homens a fim de garantir a ordem, que nenhuma situação elevada, por mais privilegiada que seja, nos faça esquecer que somos Irmãos, e que aquele que esteja no ponto mais baixo da Roda da Fortuna seja merecedor de nossa atenção e de nossos cuidados; tempo virá, e os mais sábios entre nós não sabem o quão cedo, quando todas as diferenças, salvo as da Bondade e da Virtude, deixarão de existir, e a Morte, a grande niveladora da grandeza humana, nos reduza a uma mesma condição.

O que nos demonstra o Cinzel?

— O Cinzel nos demonstra as vantagens da disciplina e da educação. A mente, tal como um diamante em seu estado original é bruto, mas que sob os efeitos da aplicação do Cinzel em seu exterior, logo expõe as belezas latentes do diamante, também a educação descerra as Virtudes latentes da mente, adiantando-a para abranger o grande campo da matéria e do espaço, exibindo o ápice do conhecimento humano, do nosso dever a Deus e ao Homem.

O que nos ensina o Maço Comum?

— O Maço Comum nos ensina a desbastar todas as saliências e suavizar as superfícies, corrigir as irregularidades e arestas inúteis, levando o homem a um nível apropriado para que, por meio de uma postura serena, ele possa, na escola da disciplina, aprender. O que o Maço Comum é para o obreiro, a razão esclarecida é para as paixões; ele reprime a ambição, restringe a inveja, modera a ira e incentiva a boa índole.

O que ensinam a Grua e a Roldana?

— A Grua e a Roldana nos ensinam que a força humana, sem a aplicação do gênio e do juízo, muito pouco pode fazer; e que o gênio e o juízo podem fazer aquilo que a força, sozinha, não pode.

O que nos ensina a Tábua de Delinear?

— A Tábua de Delinear nos ensina que, assim como o operário executa os planos do Mestre, também nós deveríamos copiar fielmente em nossas vidas e em nossas conversas aquelas excelentes regras de conduta que nos foram transmitidas pelas Sagradas Escrituras, que, infalivelmente, haverão de nos assegurar uma felicidade permanente nos reinos da glória eterna".

Abordemos, agora, o estudo dos símbolos gráficos geradores que, combinando-se, originam toda essa gama de símbolos mais complexos, dos quais os iniciados tiraram sua escrita secreta.

A Tétrade Fundamental

A tradição alquímica propõe que os filósofos, mediante a Pedra Filosofal ou por meio do Elixir da Longa Vida, atinjam o fulcro do derradeiro mistério oculto na *quadratura do círculo*. Metaforicamente, "quadrar" o círculo é *fazer caber no plano humano (o quadrado) toda a dimensão divina (o círculo)*.

Muito antes de os alquimistas medievais terem nascido, os Pitagóricos (século VI a.C.), herdeiros dos ritos órficos, viam na *Tetrakys*, ou Tétrade Sagrada, a base de sua doutrina que faz do 10 um número perfeito, resultado da somatória do quatérnio básico (1+2+3+4=10) do qual emana toda e qualquer forma vivente. "O Universo é número", dizia o mestre, que valorizava o 4 como alicerce da vida e o 3 como a própria divindade. De seu produto (3x4), obtinha-se o número que revelava a totalidade deste acerto entre homens e Deus: 12 é o número do Todo.

Os símbolos alquímicos mais comuns parecem ter derivado, em última análise, do seguinte quaternário: ○ + △ □

É provável que tenhamos aí as bases originais de toda a escrita, as quatro figuras que o homem teve de traçar antes de todas as outras. Do ponto de vista do simbolismo iniciático, a dúvida não é possível: esses são os símbolos sagrados por excelência, aos quais se conectam as noções pitagóricas da *unidade* ○, do *binário* +, do *ternário* △ e do *quaternário* □.

Antes de tratá-los separadamente, depois na multiplicidade das suas combinações recíprocas, convém comparar esses ideogramas fundamentais entre si.

Em um primeiro olhar, a cruz + diferencia-se, essencialmente, dos outros símbolos ○ △ □, porque estes últimos constituem, sós, figuras fechadas. Deve-se observar também que, para os antigos alquimistas, a cruz + nunca está isolada, mas sempre combinada com uma das figuras fechadas: ☌ ♀ ⊕ ♁ ☿ ♀ ☩. Somente mais tarde, a cruz com as extremidades delineadas ✚ tornou-se o símbolo convencional do *vinagre*, mas, então, caímos do primitivo simbolismo filosófico, sempre simples e lógico, nas fantasias em geral inextricáveis do livro de fórmulas dos boticários.

Agora, se nos perguntamos qual pode ser, por oposição à cruz +, o significado do conjunto das *figuras fechadas* ○△□, concebemos facilmente que estas últimas devem representar algo de circunscrito, de delimitado ou, pelo menos, de determinado; em outras palavras, *entidades objetivas* ou *substâncias*. A cruz +, ao contrário, é apenas o indício de uma *simples mudança de estado*; marca uma modificação realizada ou destinada a ser realizada dentro do que possui a existência objetiva.

Não é tudo. Comparemos a cruz + aos outros símbolos e, para começar, ao círculo ○. Parece um antagonismo total, ao passo que aí só há, na realidade, analogia dos contrários. Graças à igualdade rigorosa desses ramos, a cruz + ajusta-se, de fato, ao círculo ○, dividindo-o, assim, em quatro setores iguais ⊕, figura cuja interpretação daremos mais à frente.

Entre a cruz + e o quadrado □, há mais nitidamente ainda a analogia dos contrários, já que, de ambas as partes, intervêm dois ângulos retos, juntados no topo para formar a cruz + enquanto, no quadrado □, os ângulos retos juntam-se pelos lados.

Esses ângulos retos, em que se decompõem a um só tempo a Cruz + ⊣⊢ e o quadrado □ ⌐⌐, reencontram-se no gama grego e o gimel fenício ⌐, porém mais especialmente no *esquadro* dos franco-maçons. Ocorre que esse instrumento é de capital importância para os iniciados. Seu simbolismo revela-lhes os mais profundos Mistérios da construção universal. A ele está ligada toda a gênese da vida e da matéria. O que teremos a dizer mais adiante acerca da cruz + e do quadrado □ edificará, a esse respeito, todo leitor atento.

Restaria estabelecer uma aproximação entre a cruz + e o triângulo △; porém, devemo-nos limitar a constatar que nada vincula esses dois símbolos, pois eles só têm em comum a barra horizontal. Esta é atravessada, cortada, dividida na cruz +, ao passo que no triângulo △ ou ▽ ela serve de base a duas outras linhas que partem das suas extremidades para se juntar. O triângulo △ ou ▽ implica, portanto, uma conciliação de contrários, enquanto a cruz + sugere uma ideia de partilha, divisão, multiplicação e fecundação, como será demonstrado quando tratarmos em particular desse símbolo.

Observemos, de passagem, que as duas organizações que disputam atualmente o império espiritual do mundo, isto é, a Igreja e a Franco-Maçonaria, têm precisamente por emblemas a cruz e o triângulo. Seria a afirmação simbólica de tudo o que separa esses poderes rivais? Se for isso, o símbolo alquímico do enxofre poderia levar a uma interpretação inesperada.

O Círculo

Diz-nos René Guénon que: "O centro é, antes de tudo, a origem, o ponto de partida de todas as coisas; é o ponto principal, sem forma nem dimensões, portanto indivisível, e, por conseguinte, a única imagem que se pode dar à *unidade* primordial. Dele, por irradiação, são produzidas todas as coisas, assim como a *unidade* produz todos os números, sem que por isso sua essência fique modificada ou afetada de qualquer maneira".

De acordo com o que precede, sabemos que as figuras fechadas ○ △ e o □ representam entidades substanciais. Porém, contrariamente ao triângulo △ e ao quadrado □, o círculo ○ é curvilíneo. É traçado por uma linha única, sem começo nem fim. Vemo-nos aqui em presença de uma substância que, a julgar pelo seu símbolo gráfico, deve apresentar um duplo caráter de *unidade* e *infinidade*. É a substância primordial, universal, eterna e necessariamente *una*, de que todas as coisas saem. Julgando que na circunstância, como em muitas outras, as palavras são impotentes para traduzir a ideia que se desejaria que exprimissem, os gregos esforçaram-se por nos dar uma noção dessa misteriosa entidade, simbolizando-a por uma *serpente que morde a própria cauda*, chamada *Ouroboros*, e acompanhando esse emblema a divisa: EN TO AN. *Um o Todo*.

Esse *Todo*, precisamente porque é *Um*, corre o grande risco de passar por *Nada*. Só percebemos as coisas por causa dos contrastes. Ocorre que estes não poderiam existir nesse que é *Um*, que é, portanto, estritamente uniforme e não diferenciado. No que tange às nossas percepções, a mais imbatível das realidades, a Realidade por excelência, desaparece, assim, como se não existisse. Isso explica como a *Matéria-Prima dos sábios* não é *nada* para o vulgar, ao passo que é *tudo* para os filósofos. Os tolos não a veem em *nenhuma parte*, ao passo que ela está *em toda parte* para os sábios.

Essa matéria enigmática corresponde ao *Caos* primitivo, na uniformidade do qual se confundiam os elementos opostos. Ela representa o *"Nada"* da criação *ex nihilo*, que preenche o *Espaço* ou o *Vazio Cosmogônico*. Este tem por imagem um disco negro ● que lembra a *Noite*, mãe das coisas, ou o *Abismo*, sobre a face do qual o Gênese faz pairar a obscuridade.

Porém, voltemos ao círculo simples O, a que a nossa numeração dá o valor *zero*, com certeza inspirando-se em especulações cabalísticas relativas ao TODO-NADA ou ao SER-NÃO-SER, raiz de toda a existência. Os alquimistas fizeram do círculo simples o símbolo do seu *alun** O, que é preciso não confundir com o alun vulgar, visto que se trata do Sal filosófico, que é o princípio do alun, dos outros sais, dos minerais e dos metais.[24]

Essa definição reporta-nos ao Éter, substância universal, constituindo a essência íntima das coisas; sua trama sutil ou esse substrato seria o fundamento, de certa forma imaterial, de toda a materialidade.

---

* N.R.: Ou alume – qualquer sulfato duplo de um metal trivalente combinado com um metal alcalino ou com o amônio.
24. Dom Antoine-Joseph Pernety, monge beneditino da Congregação de Saint-Maur, *Dictionnaire mytho-hermétique*, em que se encontram as alegorias fabulosas dos poetas, as metáforas, os enigmas e os termos bárbaros dos Filósofos Herméticos explicados. Paris, 1758. No verbete: Alun, p. 27.

A Luz

A substância ○ que abordamos até aqui é, por assim dizer, abstrata. Diluída no vazio infinito do espaço cósmico, por toda parte idêntica a si mesma, permaneceria eternamente estéril, imóvel, adormecida, morta, portanto praticamente reduzida ao nada, se não devesse surgir nela alguma causa de diferenciação.

Essa causa intervirá como *Princípio Criador*, provocando na uniformidade do Ser-Não-Ser uma polarização, de que decorrerá a existência objetiva ou fenomênica. Para pôr ordem no caos, ou para fazer com que ele manifeste sucessivamente tudo o que encerra, basta, na verdade, fazê-lo entrar em vibração. É esse o sentido da *Criação pela Luz*. Imaginemos uma irradiação partindo do centro do espaço universal e propagando-se de maneira inesgotável até a periferia. Conceberemos, assim, o papel criador das ondas luminosas, tanto espirituais quanto físicas, e chegaremos a fazer uma representação da energia animadora do Grande Todo. Este se torna vivo assim que a Luz nele estoura; em outras palavras: assim que ele se transforme em um fogo central de iniciativa e de movimento. Por isso, basta um simples ponto que marque o centro do círculo ⊙, para que, hieroglificamente, a Luz seja! Esse ponto acrescentado transforma por completo o símbolo do caos informe e vazio ○,[25] já que o torna o ideograma do *Sol* ou do *Ouro* ⊙. A emancipação central criadora é, aliás, constante, de modo que há renovação incessante da Vida universal, cuja fonte reside em uma permanente, inalterável e incorruptível fixidade ⊙.

Não se deve, diga-se de passagem, perder de vista que o centro de que falamos aqui não poderia ser localizado em parte nenhuma. A *Luz infinita*, o *Aôr Ensoph* dos cabalistas, é uma irradiação que parte simultaneamente de todos os lugares. Nada pôde preceder seu aparecimento.

---

25. Gênesis 1:2. A versão samaritana fala de uma "terra estendida até a incompreensibilidade e muito rara". O *targum* caldeu diz: "Dividida até a anulação e vã". Os helenistas traduzem: "invisível e decomposta". Ver Fabre d´Olivet, *La Langue hébraïque restituée*. Paris, 1816, 2ª parte, p. 29.

Se, portanto, para comodidade da nossa exposição, houvéssemos mencionado ○ antes de ☉, não seria preciso concluir que um dos princípios assim simbolizado é anterior ao outro. Se uma luz não encontrasse nada para iluminar, seria como se não existisse. Há, portanto, na raiz das coisas, uma dualidade indissolúvel, que as mitologias representaram por um casal divino: Osíris e Íris, Odin e Frigga, Wotan e Herta, etc.

O Sol e a Lua

Quando se opõe um ideograma ao outro, aos quais nos detemos aqui, é possível assinalar-lhes as interpretações seguintes:

☉	○ ou ●
Agente	Paciente
Macho	Fêmea
Espírito	Matéria
Positivo	Negativo
Movimento	Inércia
Dia	Noite
Luz	Trevas
Cheio	Vazio
Lingam	Yoni*

Mas, por oposição ao Sol ☉, o círculo ○ faz também pensar no disco lunar. Ora, o que distingue a Lua, quando a comparamos com o Sol, é a instabilidade do seu aspecto. Enquanto o astro do dia se mostra constantemente idêntico a si mesmo, quando sai da luta contra as nuvens sempre imperturbavelmente radioso, vemos a Lua aumentar ou diminuir sem parar, de acordo com a ordem de suas fases. Portanto, podemos representar a Lua não pelo círculo cheio, mas pelo crescente ☾. Aqui ainda decorrem interpretações interessantes da aproximação com o símbolo solar:

---

* N.R.: Símbolos sexuais, respectivamente: o falo e a vagina ou, metaforicamente, o princípio masculino e o feminino.

☉	☾
Sol	Lua
Ouro	Prata
Fixidade	Mobilidade
Imutabilidade	Transformabilidade
Luz direta	Claridade refletida
Razão	Imaginação
Atividade	Sensibilidade
Dar	Receber
Comandar	Obedecer
Discernir	Crer
Inventar	Compreender
Criar	Conservar
Derreter	Manter
Jakin	Bohas

O crescente pode, aliás, apresentar-se sob quatro aspectos diferentes:

☽   ☽
     ☾
     ⌒

As pontas voltadas para a direita ☾ correspondem à Lua entrando no seu primeiro quarto. Então, o astro aumenta rapidamente; por isso, o símbolo que lembra essa fase alude a uma substância em vias de desenvolvimento. É a juventude que se apressa para o pleno desabrochar da idade adulta.

A Lua no seu declínio ☽ indica, ao contrário, uma desagregação, um encaminhamento para o nada, fonte de renovação.

Com as pontas para o alto ☽ significa o triunfo do crescente: domina e governa tudo o que está abaixo dele.

Inversamente, quando está virado para baixo ⌒, ele é dominado por tudo o que o supera.

Um duplo exemplo acabará por nos fazer compreender.

Tomemos o que os alquimistas chamavam de o seu *Sal Alkali** ♉ e o seu *Sal Gema* ♌. Ambos participam da substância caótica primitiva, chamada *Matéria-Prima dos Sábios* ou *Alun* ○. Porém, essa substância é, de uma parte, submetida à Lua; em outras palavras, elaborável ao infinito, sujeita a todas as transformações ou transmutações. É o caso do *Sol Alkali* ♉, autêntica matéria-prima da Grande-Obra, receptiva a todas as metamorfoses da Natureza e da arte. A mesma substância aparece-nos, em seguida, como subtraída às influências lunares, porque já sofreu todas as elaborações de que era suscetível. Portanto, doravante domina o crescente ♌, o que significa que ela permanece inalterável, embora potencialmente ativa pela simples ação de presença. Um cristal já formado basta, na verdade, para determinar a cristalização de uma solução salina alcançada no grau da saturação desejada. Parece que o *Sal Gema* ♌ é destinado a influenciar de maneira análoga o seu ambiente imediato. Esse Sal, que precisamente cristaliza em cubo, deve ser relacionado, nisso, à *Pedra Cúbica* dos franco-maçons, conhecida daqueles que viram a *Estrela Flamejante*; em outras palavras, os iniciados instruídos nos Mistérios da letra G.

A Lua incentiva a função solar de busca de si mesmo, de autoconhecimento, de individuação (totalidade e indivisibilidade). Enquanto o Sol dá luz e calor, a Lua absorve e incorpora. A Lua contribui com a sensibilidade, a flexibilidade e a adaptatibilidade do eu solar, propiciando ao ser humano a possibilidade do vínculo e do afeto. O Sol representa o centro, a força, a disposição, o provedor, o realizador; a Lua é alicerce onde se apoia a criança, o instinto, a intuição. A Lua é o mundo dos condicionamentos básicos transmitidos pela hereditariedade, pelos canais misteriosos da alma.

---

* N.E.: "Álcali", outro termo para bases, vem da palavra arábica *Al Kali*, que significa "as cinzas". Quando cinzas são dissolvidas em água, esta se torna básica, por causa da presença do carbonato de potássio.

À medida que a nossa consciência solar vai se expandindo, a influência condicionadora da Lua vai diminuindo, pois os conteúdos inconscientes vão se tornando conscientes. As reações automáticas vão dando lugar a comportamentos mais adaptados, conscientes e, portanto, livres do condicionamento inconsciente. Assim, as redes das emoções tornam-se mais conscientes e podem ser administradas e canalizadas mais criativamente. Porém, no fundo, o mundo lunar mantém a riqueza da sensibilidade, do afeto e da memória, que é, na verdade, quem rege a espontaneidade e o encanto do humano e da vida em geral.

O Sol é o rei do dia. A Lua é a rainha da noite, a Luz da noite, a senhora da noite. O Sol é quem fecunda, mas a Lua é quem cria as condições de fecundação, ou seja, de vida e do alimento.

A Cruz

Segundo o Venerável Irmão D. R. Clark, da Escócia, a cruz é um símbolo deveras antigo; é encontrada em monumentos do Egito, em velhas esculturas da Babilônia e Nínive, em ruínas da Pérsia e da Índia. E é sagrada para os povos tão distantes entre si, como China e Peru. É usada também por povos antigos do México, América do Norte, druidas e bravos nórdicos, pelas tribos errantes na Ásia Central e pelos habitantes das ilhas dos mares do Sul. Por mais difícil que seja encontrar sua origem, não podemos dizer a mesma coisa em referência ao que ela representa para todos esses povos que citamos. Para todos a ideia do símbolo cruz está associada à VIDA. VIDA renovada e renovada novamente. E por essa razão ela é SAGRADA, pois marca a VIDA.

Nenhum sinal gráfico é tão primitivo, tão espontâneo, como o *Tau* ou *Thav* dos fenícios +. Seu nome semítico significa *marca, entalhe, caractere de escrita* ou *letra por excelência*, sem dúvida porque a mão traça, por assim dizer, por si mesma, esse grafismo elementar, adotado como assinatura por aqueles que não sabem escrever. O que é certo é que a cruz, de que os cristãos fizeram seu emblema característico, é, na verdade, um símbolo universal, fortemente comum a todos os povos, de modo que o encontramos em todos os monumentos pré-históricos, tanto no antigo como no novo mundo.[26]

Seus Iniciados veem o símbolo da união fecundante dos dois princípios antagônicos, geradores de todas as coisas: agente e paciente, espírito e matéria, homem e mulher, etc. Tomados isoladamente, esses dois princípios só representam estéreis abstrações, desprovidas de realidade. Sua separação equivale, portanto, ao nada, à negação de toda a existência. Toda manifestação do Ser, toda geração criadora, procede desse casamento de que a cruz + nos oferece a imagem. De ambos os traços que a compõem, um, estendido, deitado, horizontal como a superfície da água, corresponde, na verdade, à *passividade receptiva e feminina*; enquanto o outro, ereto, em pé, vertical, como a chama que se ergue, descreve a ação da energia masculina no seu esforço ascendente, assim como, inversamente, a penetração que cava e fecunda.

A cruz + é, portanto, realmente um símbolo sagrado; mais que isso, é incontestavelmente o mais sagrado de todos os símbolos, *o símbolo sagrado por excelência*, posto que faz alusão ao mistério supremo da união de Deus com a Natureza (Osíris e Íris). Ocorre que essa união traduz-se a um só tempo pela descida do espírito à matéria (involução) ↓ e pela ação redentora, que faz o espírito voltar a subir por meio da matéria, fazendo com que esta última participe da sua ascensão (evolução) ↑.

Nada mais falso, nessas condições, do que ver a cruz + como um emblema da morte, já que ela nos oferece a imagem da conjunção animadora que engendra a vida. Portanto, só deveria significar o amor, himeneu, combinação harmônica dos contrários, criação, gênese, produção, poder realizador, etc., com a exclusão formal de tudo o que se relaciona com a separação da alma e do corpo, já que ela exprime, ao contrário, a união íntima, tornando-se, por esse meio, o próprio símbolo da vida.

---

26. A cruz é um dos ornamentos característicos da idade do bronze. Parece ter desempenhado um papel importante no culto dos antigos mexicanos, a julgar por um baixo-relevo das ruínas de Palenque.

É precisamente porque se relaciona com a ação vivificadora ou vitalizadora que, no ideografismo primitivo dos alquimistas, a cruz + não aparece isolada, mas sempre em adjunção a algum outro símbolo. A vida, na verdade, não é nada por si só: é-lhe necessário um apoio, uma substância, um ser a tornar vivo, a elaborar ou a transmutar. Portanto, não é surpreendente encontrar a cruz + somente em combinação, seja com o círculo O, seja com o triângulo △ ou ▽, seja, enfim, com o quadrado □, tendo as entidades suscetíveis de vitalização precisamente por símbolos essas figuras fechadas.

A associação gráfica efetua-se nisso de duas maneiras opostas, se a cruz + estiver traçada *acima* ou *abaixo* do símbolo. Disso resultam, naturalmente, dois significados inversos, análogos aos que já atribuímos, de uma parte ao *Sal Alkali* ☋ (espiritual) e, de outra, ao *Sal Gema* ♌ (material). Mas já não se trata aqui de uma substância única (Matéria-prima dos Sábios) disposta a todas as metamorfoses ☋, ou tornada fixa de tanto sofrê-las ♌. A cruz + é sempre o indício de uma evolução vital, de uma elaboração interior progressiva. Porém, a obra pode ainda ser apenas virtual, estando as energias que pedem para entrar em ação retidas e concentradas como em um germe. É o caso das substâncias representadas por figuras fechadas encimando a cruz:

♀   ⚲   ♀

(o material sobre o espiritual)

Inversamente, o trabalho fortalecedor e purificador da vida é representado como realizado ou terminado nas entidades designadas pelas figuras que a cruz encima:

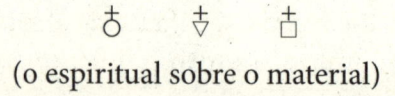

☋   ⍿   ⌶

(o espiritual sobre o material)

São essas as substâncias doravante espiritualizadas, sublimadas ou glorificadas, cujas virtudes transcendentes operam os milagres da grande arte.

EVOLUÇÃO DA CRUZ PRIMITIVA

Antiga cruz Fenícia	Cruz Egípcia	Cruz Celta	Cruz Celta	Cruz Grega
Cruz de Malta	Cruz Latina	Cruz Eslava	Cruz Papal	Antiga Suástica
Cruz Patriarcal	Cruz de Lorena	Suástica	Cruz Ansada	
Cruz Tau antiga	Suástica	Monograma do Cristo	Cruz Rosa-cruz: a verdadeira (acima) e a oficial (abaixo)	

Cruz da Ordem IIluminati Rosicruciens

Cruz do Neófito Rosa-cruz

Cruz dos Índios Americanos

Cruz Latina

Cruz de São Pedro

Cruz de São Felipe

Cruz Tau (ou de Sto. Antônio)

Cruz Papal

Cruz de Lorena

Cruz Ortodoxa

Cruz Grega

Cruz de Santo André

Cruz Ansada (Ankh) Egípcia

Cruz Roda Celta

Cruz Potenteia

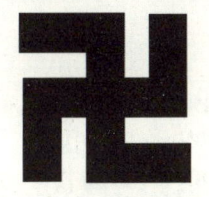

Instrumentos e Utensílios 587

Cruz Suástica (Gammadion) – Levórira

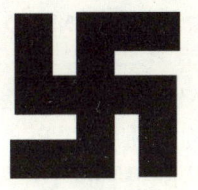

Cruz Sauástica (Gammadion) – Dextrógira

Cruz de São Luís

Cruz Copta

Cruz Recruzeteada

Cruz Trifólia

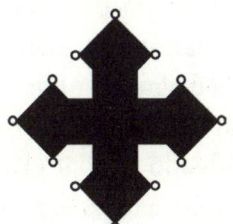

Cruz Cátara

Cruz de Âncora

Variação de Cruz Grega

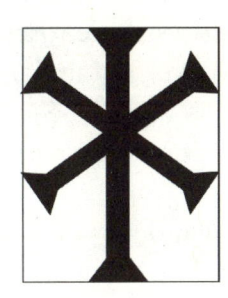

Cruz Grega com seis braços desiguais

Variação de Cruz Templárica

Variação da Cruz Celta (ou Grega)

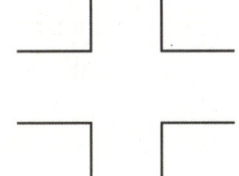

"Cruz do Verbo" (Gammadion)

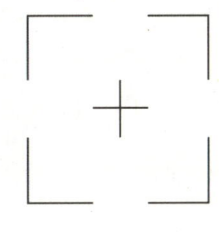

"Cruz 4 Arkan" (Gammadion)

A Cruz Suástica ou Cruz Gamada

Vou quebrar novamente a sequência natural, porque não dá para falar sobre o símbolo da cruz sem fazer pelo menos uma pequena referência à cruz suástica ou gamada, que é considerada por vários arqueólogos como a mais antiga forma de cruz (卐).

Em milhares de anos da história da Humanidade, nenhum símbolo foi tão marcante quanto o seu primeiro. A suástica, hoje proibida e banida em diversas nações arianas, por seus devidos governos antiarianos, representa todo seu passado e toda sua vida. A cruz gamada é o mais antigo símbolo da espécie humana, aparecendo em praticamente todas as culturas na Antiguidade, e sempre com um significado similar ou relacionado, porém, em nenhuma outra raça, a suástica representa toda a sua alma e seu espírito, como na raça ariana. E o que vai ser demonstrado é que o significado e a essência da suástica vão muito mais além do que qualquer outro símbolo conhecido, o que ela representa é muito maior do que nós.

Na Índia, a cruz *swastika* significa o sinal da salvação. *Swasti* significa "bem isto é", "AMÉM" ou, ainda, "nossa bênção esteja convosco". Até mesmo o gado na Índia é marcado com esse sinal, como símbolo do poder fertilizante da Natureza, com sua qualidade regenerativa.

É um símbolo de poder, de orgulho, de força, de honra. O primeiro significado da suástica e o mais conhecido é o solar. A suástica, a princípio, significa o Sol, o elemento que mais fascinou todos os antigos povos; porém, isso não a reduz a um simples elemento astronômico. O Sol é a estrela da vida e da força; sem o Sol não há vida, sem o Sol não há criação, o que faz com que ele represente o maior símbolo de força e poder, não um poder ou força opressora, mas um poder espiritual e triunfal. O Sol é a fonte do calor e da luz. O homem não controla o Sol, este está além do domínio humano, é algo maior que o ser, maior que todos nós. Por isso, a suástica simboliza tudo o que é bom e positivo na Criação e nos ilumina e nos eleva espiritualmente. Isso mostra como a antiga cruz gamada, ou suástica, representa uma religião, um ideal totalmente incorporado na cosmovisão nacional-socialista, pois esta é uma doutrina de luz, de vida. A suástica é a luz divina, a luz solar que desce sobre os homens, o combustível da criação, da excelência, do triunfo e da vitória!

A própria pronúncia da palavra "suástica" vem de uma antiga expressão indiana que é "Su asti ka" que significa "e assim seja" ou "boa sorte". Isso demonstra que, desde o início, a suástica só representa o que é positivo, construtivo, nunca o contrário. É a necessidade do homem de abandonar por um momento o seu corpo, de sair de si e de elevar-se a algo maior e muito mais grandioso do que ele mesmo.

O NSDAP (Partido Nacional-Socialista dos Trabalhadores Alemães) tem sua origem em uma antiga sociedade espiritual, a Thule Gesellshaft (Sociedade Thule), cujo símbolo era a suástica redonda ⊗, que representa o movimento, o progresso, o desenvolvimento, o infinito. Em 1918, seu fundador, Sebottendorf, fez o seguinte juramento:

> "Tenho a intenção de empenhar a Thule Gesellshaft neste combate, e tanto tempo quanto minhas mãos mantiverem o martelo de ferro... Faço o juramento sobre esta cruz gamada, sobre este sinal que nos é sagrado, que tu entendas, oh Sol triunfante! Continuarei fiel a vós. Tende confiança em mim como tenho confiança em vós... Nosso deus é o pai do combate e sua runa é a da águia... que é o símbolo dos arianos. Também para marcar a faculdade de combustão espontânea da águia, iremos representá-la em vermelho... tal é o nosso símbolo, a águia vermelha, que nos recorda ser necessário passar ela morte para poder reviver".

O que a suástica representa está além do corpo e da matéria; a cruz gamada não representa um plano meramente físico, mas o plano espiritual. A suástica é o fogo e a força interna, a força do homem, mas o impulso, a potência para a superação de si, para a criação do novo homem.

O Círculo e a Cruz

Entre os símbolos alquímicos, os mais numerosos derivam do círculo O e da cruz +.

No topo, coloca-se o ideograma do sal ⊖, que representa uma substância a um só tempo *passiva* e *estável*, como o indica o diâmetro horizontal. Graças a esse simples traço que atravessa lateralmente o círculo, o primitivo símbolo do alun O se acha transformado. Não estamos mais em presença desse caos abstrato, indeterminado, ao qual nenhuma qualidade poderia ser assinalada. A entidade que a nova figura nos convida a conceber corresponde efetivamente à ideia de *substância*, no sentido mais geral da palavra. É ela que, fornecendo a trama oculta das formas, torna-se esse *substratum* hiperfísico das coisas, em que reside sua estabilidade. O sal dos filósofos ⊖ deve, assim, ser considerado a base determinante de toda concreção material; é o princípio neutralizado sobre o qual se funda toda a materialidade. É permitido ver nisso, de certo modo, a matéria metafísica.

Essa matéria foi representada no *Gênesis*[27] pelas águas celestes, que um firmamento separador veio dividir em águas superiores e em águas inferiores. Uma divisão análoga, sobrevinda no domínio das águas que estão abaixo dos céus, faz, em seguida, aparecer o seco.[28] Esses desdobramentos sucessivos, operados cada vez pela separação entre o sutil e o espesso, engendram, em diversos graus, o que os hermetistas chamavam de o seu *sal* ⊖. Eles supunham que a substância tinha um aspecto necessariamente duplo e complementar, no sentido de que a toda fixidade, densidade ou objetividade devia corresponder uma contraparte volátil, etérea ou espiritual equivalente.

À plasticidade do sal ⊖, desdobrado pela ação do peso, opõe-se a efervescência do salitre ⊕, partilhado segundo as polaridades contrárias, positiva ou negativa, que provocam um estado de tensão

---

27. Gênesis, 1: 6.
28. Gênesis, 1: 9.

dinâmica veemente. Há uma ameaça perpétua de explosão: é a instabilidade radical, da qual resulta o movimento, a ação, o estímulo incessante de todas as energias agentes da natureza. É esse o sentido do diâmetro vertical que caracteriza o salitre ⊙, também chamado de *Sal Infernal*, porque lhe atribuíam a responsabilidade por todas as revoltas, sublevações revolucionárias, fontes de catástrofes, mas também transformações indispensáveis.

No simbolismo maçônico, o sal ⊖ e o salitre ⊙ correspondem ao *Nível* e à *Perpendicular* ou *Fio-de-prumo*, instrumentos que determinam a horizontal e a vertical. Indicam, na verdade, para o iniciado, aprender, antes de tudo, a se controlar, a ficar em todas as situações calmo e impassível, único meio de julgar de modo são e de sempre tomar resoluções sabiamente raciocinadas. Essa impassibilidade, no entanto, não deve resultar de uma espécie de morte interior. Para serem domadas e contidas, as energias da alma nem por isso devem deixar de ser vivazes; porém, é importante saber discipliná-las, equilibrando-as, a fim de poder, na hora certa, dispor delas para a ação. A combinação da horizontal com a vertical engendra, ademais, o *esquadro*, insígnia suprema de sabedoria, conciliação, discernimento e de poder de realização prática.

Juntemos, agora, em uma mesma substância as qualidades contraditórias do sal ⊖ e do salitre ⊙; obtendo, assim, o verdete ou azebre ⊕. Não se trata de um óxido de cobre vulgar, mas da eterna substância, essência de todas as coisas ◯, imantada pela ação vivificadora + . Portanto, é uma substância animada, vitalizada, algo como o fluido vital, que a cruz inscrita no círculo ⊕ designa. Este último símbolo relaciona-se até mesmo a uma vitalização perfeita e rigorosamente equilibrada, de modo que a energia motriz seja exatamente proporcional à inércia que ela é chamada a vencer.

Acontece que esse equilíbrio harmônico só é realizado no reino vegetal; por isso, o verdete ⊕ representa a *alma vegetativa*, a *vitalidade* propriamente dita. Em comparação com a vitalidade das plantas, há, na verdade, *sobrevitalidade* nos animais e *subvitalidade* nos minerais, tendo a harmonia sido rompida em benefício da atividade nos primeiros e da passividade nos segundos. É o que exprimem os ideogramas ⊕ e ⊕.

Com certeza, causará surpresa ver atribuída aqui uma vitalidade, por mais atenuada que seja, aos minerais em geral considerados inertes. No entanto, se se reflete, é fácil perceber que, no reino mineral, a inércia é muito mais aparente do que real. A coesão molecular é o resultado de um trabalho intenso, que nos equivocaríamos se o abstraíssemos. Uma energia considerável é aplicada em cada mineral, para lhe permitir resistir aos agentes que tendem a modificá-lo. Portanto, há nos minerais uma vitalidade de resistência, puramente passiva e conservadora, muito bem representada pelo símbolo ⊕, que é intermediário entre o do verdete ⊕ e o ideograma do sal ⊖. No reino mineral, a atividade, o movimento ou a vida propriamente dita confinam-se, na verdade, na parte superior ou celeste do sal que não cai sob os nossos sentidos. Os animais só são assim animados na atmosfera oculta em que estão revestidos, no seu ambiente astral, como diria Paracelso. Ora, é preciso confessar que os fenômenos eletromagnéticos da física moderna vêm singularmente confirmar aqui as concepções tradicionais dos hermetistas. Os antigos parecem que adivinharam tudo.

Se, na base da mineralidade, encontramos a inércia e a estabilidade do sal ⊖, é ao salitre ⓛ que se liga, por uma exata antítese, a vida intensa, porém essencialmente instável, do animal. Ativa em excesso, nossa vitalidade é representada, na verdade, pelo *Vitriol* ⊕, substância misteriosa por excelência, já que é a própria matéria magistral dos sábios. Isso significa que a grande obra está intimamente ligada à conquista do domínio vital. O magnetismo animal, cuja descoberta foi sugerida a Mesmer pelo estudo dos alquimistas, revela-nos a existência de forças ainda não definidas, mas as quais é preciso aprender a conhecer e a governar, para realizar, com a sua aplicação, as maravilhas atribuídas à famosa Pedra Filosofal. Saibamos aprofundar-nos, a esse respeito, em todo o alcance da palavra *Vitriol*, na qual, conforme já mencionado nesta obra, cada letra corresponde à inicial de uma palavra segundo a seguinte recomendação, amiúde repetida pelos antigos adeptos:

Visita Interiora Terrae Rectificando Invenis Occultum Lapidem Veram Medicinam

VISITA O INTERIOR DA TERRA (aprofunda, penetra em ti mesmo, aprende a te conheceres a fundo) E, RETIFICANDO (passando pelas provas purificadoras da iniciação, chegando a domar as forças que se combinam em ti), TU ENCONTRARÁS A PEDRA ESCONDIDA DA VERDADEIRA MEDICINA.

O Triângulo

Na ordem das figuras fechadas ○ △ □, o *triângulo* △ está colocado entre o círculo ○ e o quadrado □. A partir disso, podemos induzir que ele representa uma entidade intermediária entre a substância quase abstrata, que se pode dizer espiritual ○, e a matéria que cai sob os nossos sentidos □. Na prática, na verdade, o triângulo torna-se o símbolo dos *elementos ocultos*, chamados: *terra* ▽̄, *água* ▽, *ar* △ e *fogo* △. Não se trata de corpos supostamente simples, mas de modalidades da substância única ○ que determinam, dentro desta última, as particularidades corporizadoras. Os elementos herméticos são abstrações inteligíveis que escapam por completo às nossas percepções físicas. Portanto, não se deve confundi-los com as *coisas elementadas*, que são os *efeitos* daquilo que concebemos como a *causa*. Toda materialidade só poderia ser, aliás, a resultante de um equilíbrio realizado entre os elementos, que se opõem dois a dois, como mostra o esquema seguinte:

<pre>
                Fogo
                 △

  Água ▽   Corpo material   △̄ Ar

                 ▽̄
                Terra
</pre>

É preciso entender que o ar △, leve e sutil, alivia, contrabalançando a ação da terra ▽, espessa e pesada. Fria e úmida, a água ▽ contrai, por sua vez, o que o fogo △, seco e quente, dilata.

O símbolo do fogo △ lembra a chama que sobe e termina em uma ponta. Portanto, alude a um movimento ascendente, de crescimento ou de dilatação, a uma ação centrífuga, invasora e conquistadora.[29] O fogo △, por si só, tem, diga-se de passagem, as tendências impetuosas da energia masculina; incita à cólera e se tornaria destruidor se não fosse moderado pelos outros elementos combinados.

À força ascensional do fogo △ opõe-se de fato, em primeiro lugar, a água ▽, que escorre para baixo e enche todo espaço vazio ou oco. Contrai o que o fogo distende. Sua ação é, portanto, centrípeta ou construtiva. Em vez de se erguer verticalmente como o fogo, ela se espalha horizontalmente. Tende, assim, ao repouso, à calma, o que permite estabelecer uma aproximação entre sua passividade e a doçura feminina.

A julgar pelo seu ideograma, o ar não passaria de um fogo △ detido em sua ascensão, sufocado, apagado pela barra horizontal que atravessa e decapita o triângulo ígneo. Não resta nada além de fumaça, vapor ou gás, substância que dilui e se espalha em todos os sentidos, à maneira da água ▽.

Quanto à terra ▽, é uma água ▽ espessada, que não escorre mais e realiza a inércia completa na solidez.

Sem nos estendermos aqui sobre a teoria do antagonismo conjugado dos elementos, nós nos limitaremos a resumir as suas correspondências com a ajuda do seguinte quadro analógico:

---

29. Os silabários acadianos dão ao △ o valor *Rou*, que significa fazer, produzir, construir.

Ideogramas alquímicos	▽	△	△ (com traço)	▽ (com traço)
Elementos	Terra	Fogo	Ar	Água
Estações	Primavera	Verão	Outono	Inverno
Animais místicos	Boi	Leão	Águia	Anjo
Signos zodiacais	♉	♌	♏	♒
Evangelistas	Lucas	Marcos	João	Mateus
Cores	Negro	Vermelho	Azul	Verde
Planetas	Saturno	Marte	Júpiter	Vênus
Signos planetários	♄	♂	♃	♀
Metais	Chumbo	Ferro	Estanho	Cobre

O Enxofre

A qualquer reino que pertença, um indivíduo procede sempre de um centro interno de iniciativa e de ação expansiva. A existência individual tem, na verdade, a sua fonte nessa revolta original inspirada pelo egoísmo radical, que opõe a parte ao todo, de cuja vida partilha em conjunto.

Se partirmos dessa vitalidade geral, veremos que ela comunica, de todas as partes, suas vibrações à substância, ainda passiva, que despertará, na sequência, na vida individual. É o que exprimiremos como se segue:

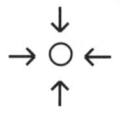

$$\begin{array}{c} \downarrow \\ \rightarrow \bigcirc \leftarrow \\ \uparrow \end{array}$$

O círculo central representa uma substância salina ○ ou ⊖, por conseguinte passiva ou neutra, para a qual converge, no sentido das flechas, uma irradiação de luz e de calor vitais, partida do ambiente.

Suponhamos, agora, que depois de se ter refletido sobre o centro do glóbulo salino, a irradiação vital se volte, de certa forma, contra si mesma. Teremos, assim, concebido a gênese daquilo que os alquimistas chamavam de o seu *enxofre* △.

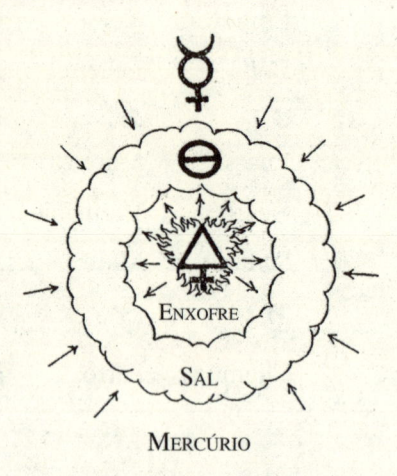

Como o ideograma ⚵ nos revela, eles entendiam por esse termo alegórico o *fogo realizador* aprisionado no núcleo de cada ser. Esse ardor vital, manifestando-se de dentro para fora pelos fenômenos de desenvolvimento e de crescimento é, na realidade, o *princípio construtor* de todo organismo. É o *operário* ao qual os franco-maçons prestam homenagem pelo emblema do delta luminoso (nele inscrito O Olho Que Tudo Vê).

Eles consideravam, na verdade, que o *fogo interno*, ao qual se relaciona a fixidade individual, não passa de uma particularidade da Luz criadora ☉. O maçom é, assim, autorizado a considerar-se uma emanação direta ou uma encarnação do Grande Arquiteto do Universo.[30] Ele não

---

30. É, sem dúvida, nesse sentido que está dito no Salmo 82: 6: "Eu disse, vós sois deuses", palavra que Jesus devia opor aos judeus que o tachavam de blasfemo (João, 10: 33).

deve esquecer, aliás, que não ocupa, na escala dos seres, nenhuma categoria particularmente privilegiada, já que toda individualidade microcósmica, em que se manifesta um fogo de vida autônoma, decorre, como ele, da única e mesma essência luminosa, cuja triunidade se traduz pelo ternário alquímico: *enxofre* 🜍, *sal* ⊖ e *mercúrio* ☿.

Para o Hermetismo, de fato, *tudo é luz*. Isso é facilmente compreensível acerca do enxofre 🜍 e do mercúrio ☿, posto que esses dois princípios representam a luz interior ou microcósmica 🜍, oposta à luz exterior ou macrocósmica ☿. Ora, o sal ⊖ resulta da interferência das duas irradiações contrárias, que se neutralizam em uma zona relativamente estável de luz condensada ou corporizada. O sal ⊖ torna-se, dessa forma, o receptáculo substancial, distendido pela expansão sulfurosa interna 🜍 que contrabalança a compreensão mercurial exterior ☿.

Eis, finalmente, como os três princípios alquímicos podem ser interpretados uns em relação aos outros:

🜍	⊖	☿
Enxofre	Sal	Mercúrio
Arquê	Hyla	Azoth
Princípio	Substância	Verbo
Espírito	Corpo	Alma
Interior	Meio	Exterior
Conteúdo	Continente	Ambiente
Movimento	Neutralidade	Compressão
Expansão centrípeta	Estabilidade	Movimento centrípeto
Sair	Permanecer	Entrar

Se o símbolo do enxofre é o símbolo do fogo construtor, aprisionado no germe chamado a desenvolver-se, obtemos, ao virá-lo, o ideograma de uma água que passou por uma série completa de destilações depuratórias, graças às quais se exaltaram suas próprias qualidades. Do ponto de vista iniciático, trata-se da Alma completamente purificada, fortificada pelas provas da existência, tendo atingido o estado de santidade que permite realizar os milagres. Concebe-se que, nessas condições, o símbolo de que nos ocupamos pôde, no Hermetismo, conectar-se com a *realização da Grande Obra*. Está traçado no tarô pela silhueta do Enforcado (arcano XII), assim como a do Imperador (arcano IV) lembra o símbolo do enxofre.

O Mercúrio

Nenhum dos símbolos alquímicos iguala-se em importância ao *mercúrio*. Toda a doutrina hermética nele se sintetiza, de certa forma. Por isso, estamos bem perto de possuir o segredo da Grande *Arte*, quando conseguimos discernir o que os filósofos velaram sob o símbolo de que fazem o uso mais frequente.

Acontece que o que devia ser subtraído ao conhecimento do vulgo esclarece-se singularmente quando se submete o ideograma do mercúrio a uma análise metódica. Pode-se nele ver, de fato, o símbolo de Vênus sobreposto ao crescente, ou o símbolo do sal *alkali*, com a adjunção inferior da cruz.

No primeiro caso, Vênus ♀ indica uma substância que contém, como em germe, energias vitais destinadas a desdobrar-se, e a superposição do crescente ☽ denota que a evolução de que se trata deverá efetuar-se no domínio sublunar, portanto, na esfera da materialidade submetida a perpétuas mudanças.

Assim, o mercúrio ☿ aparece-nos como a essência fundamental da vida das coisas, como o princípio graças ao qual estas se produzem, desenvolvem-se e transformam-se. É o agente universal da Natureza, o mensageiro dos deuses, isto é, o intermediário por toda parte indispensável às manifestações da existência, ou o eterno mediador.

Se, agora, reportarmo-nos ao que foi dito sobre o sal *alkali* ♉, conceberemos em que sentido o símbolo se acha modificado pela adjunção da cruz +, que é aqui o indício de uma fecundação. A matéria-prima dos sábios ♉, apta *em potência* a passar por todas as metamorfoses, está agora animada, em razão desse desencadeamento gerador de vida, que lhe faz realizar *em ato* todas as suas potencialidades latentes.

Os filósofos herméticos serviram-se de numerosos termos para designar seu mercúrio ☿, mas apegaram-se, com predileção particular, à palavra *azoth*, que, segundo Planiscampi, deveria escrever-se

A Z Ω ♪, para compor cabalisticamente a inicial comum a todos os alfabetos A, seguida da última letra dos latinos Z, dos gregos Ω e dos hebreus ♪, representando o *Azoth* a um só tempo, o começo e o fim de todo corpo.

Quando o símbolo do *Azoth* é virado ☿, ele retraça o esquema do arcano III do Tarô, que representa a *Imperatriz*, a rainha dos céus ou a virgem alada do *Apocalipse*. Se analisarmos o ideograma, nele reconheceremos o antimônio ♁ dominando o crescente vencido ⌒ (pureza soberana que escapa de todas as influências modificadoras, mas que exerce, sobre tudo o que é inferior, um irresistível poder purificador), ou o sal gema ∧ coroado pela Cruz +, em outras palavras, espiritualizado, sublimado ou glorificado, tendo adquirido as virtudes mais transcendentes.

Trata-se, em suma, não mais da *alma das coisas* ou da vitalidade universalmente corporizadora ☿, mas, ao contrário, da *alma intelectual*, que tende a nos libertar da matéria, elevando-nos e espiritualizando-nos ☿. Além disso, é preciso que nos lembremos de que estamos aqui, no domínio da universalidade, isto é, nas esferas mais altas do pensamento que rege o mundo. Estamos, de fato, em presença de *Binah* (inteligência ou compreensão), que corresponde ao primeiro termo do primeiro ternário da árvore dos Seférotes ou números cabalísticos. A mulher, tornada celeste pela sua assunção, aproxima-se, aliás, de Vênus-Urânia ou da Ishtar babilônica, vista como a geradora das formas ideais ou dos protótipos das ideias, segundo as quais tudo se cria. Ela reina nas regiões sublimes da intelectualidade pura, acima do mundo mutante ou sublunar, que, entretanto, está destinado a lhe ser submisso.[31]

É preciso ressaltar que, na sua qualidade de mediador universal, o mercúrio ☿ serve de elo entre os outros metais ou planetas, sem manifestar nenhuma afinidade particular – daí o seu caráter neutro, ou, mais exatamente, andrógino, indicado pela posição central que ele ocupa no seguinte setenário:

---

31. Vitória final da Mulher, que deve esmagar a cabeça da velha Serpente.

JÚPITER – ESTANHO
Leve

♃

Masculinos { SOL ☉ ☽ LUA
OURO   PRATA

☿

MARTE ♂ ♀ VÊNUS
FERRO   COBRE } Femininos

♄

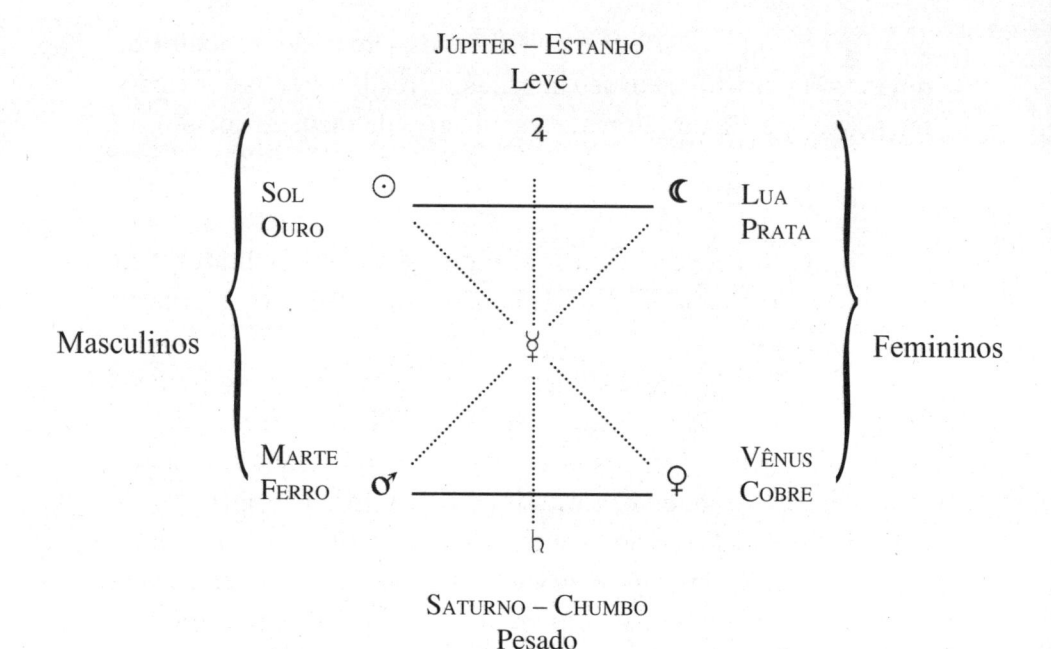

SATURNO – CHUMBO
Pesado

Isso significa que o mercúrio participa de todas as qualidades, ou que é o princípio do qual estas últimas se engendram em suas variedades e oposições. É mais particularmente assim do que aquilo que os hermetistas resolveram chamar de seu *Azoth* ☿, cujo ideograma é formado pelo símbolo de Vênus ♀ (a cruz com asas dos egípcios ♀) encimado pelo crescente de Ísis ☽ .

Acontece que o crescente, lembrando os cornos da vaca sagrada ou do touro zodiacal, é por vezes substituído pelo símbolo do carneiro ♈, que representa o seu contrário, pois o crescente ☽ , desenhando uma taça ou um recipiente aberto, é receptivo e, por conseguinte, passivo ou feminino: alude à fecundidade e às transformações a ela relacionadas. O símbolo do equinócio da primavera ♈ evoca, em contraste, a ideia de uma flecha que se implanta na Terra, ou, inversamente, a de um renovo vegetal que desabrocha, surgindo do solo. De qualquer ângulo que o vemos, ele se torna, portanto, um símbolo do poder gerador masculino.

Nessas condições, o *mercúrio dos sábios* ☿ representa, por excelência, o estimulante de toda vitalidade, o fluido universal que penetra em todas as coisas e une todos os seres pelos vínculos de uma secreta simpatia. Por seu intermédio, realizam-se as operações mágicas e, mais especialmente, os milagres da medicina oculta.*

O Quadrado

A matéria concreta, ou seja, a que cai sobre os sentidos, tem por símbolo o retângulo, cujos lados correspondem ao quaternário dos elementos.

Quando essa figura atinge a forma de um quadrado perfeito □, representa a *Pedra Cúbica*, isto é, o indivíduo perfeitamente equilibrado, que tem pleno poder sobre si mesmo, e cujo organismo se adapta rigorosamente, em todos os aspectos, às exigências do espírito. Esse ideal deve ser realizado pelo artista na fase mais genial da sua produção, enquanto seu vigor físico ainda se alia dentro dele à delicadeza primeira das impressões. No programa iniciático da Franco-Maçonaria, o *Companheirismo* corresponde a esse período mais particularmente favorável ao trabalho e à ação. Por isso, *o Companheiro* é chamado a transforma-se alegoricamente em um cubo impecável com arestas de comprimento estritamente igual, e cujas superfícies formam entre si ângulos de retidão absoluta.

Essas exigências geométricas devem ter um alto alcance moral aos olhos dos operários simbólicos, que consideram a si mesmos os materiais vivos do templo que constroem. Além disso, tais exigências indicam com que minúcia convém juntar a matéria que deve contribuir para a Grande Obra. Nada de arbitrário ou de aproximativo poderia aí subsistir, devendo tudo ser regrado e coordenado por proporções e números, de acordo com as leis da *Geometria Filosófica*, de que tratamos no começo deste estudo, e que é a ciência fundamental dos Iniciados.

---

* N.E.: Sugerimos a leitura de *Ciência Oculta em Medicina*, de Franz Hartmann, Madras Editora.

O Esquadro

Como já observamos, o quadrado ☐ parece engendrado por dois esquadros de ramificações iguais, que se reuniriam pelas suas extremidades. Os mesmos elementos gráficos distinguem-se igualmente na Cruz + ⊣⊢, porém reunidos inversamente, como se os ângulos se atraíssem pelo topo.

Essas indicações bastam para dar uma ideia do papel construtivo desempenhado pelo *ângulo reto* nas combinações do simbolismo geométrico. Toda construção procede, de fato, da associação de dois contrários, representados pela vertical (energia, ação, força) e pela horizontal (extensão, inércia, resistência). O construtor é chamado a pôr em movimento o que, por sua natureza, é imóvel. Reúne o que está disperso e, visando constituir um todo estável e sólido, ele junta e combina seus materiais. Ora, para atingir plenamente seu fim, estes últimos devem submeter-se e satisfazer o que determina o controle do *esquadro*, que estabelece a configuração indispensável para permitir às pedras ajustarem-se exatamente entre si. Sem esse instrumento, os maçons acham, com razão, que não haveria Maçonaria possível. Fizeram do *esquadro* a insígnia do Mestre que dirige os trabalhos, pois este tem por missão essencial manter a boa harmonia entre todos os seus colaboradores. Tendo esse objetivo, ele deve mostrar-se hábil para conciliar os antagonismos, segundo o ensino que decorre do esquadro, combinação da horizontal com a vertical. Ele tem a incumbência, além disso, de fazer observar a disciplina, base de toda associação. Aqui ainda, o esquadro é um emblema que fala, já que, fora dele, nenhuma coordenação poderia subsistir. Regra, lei, ordem, equidade, justiça, organização, tudo se relaciona, na verdade, na alegoria construtiva, com a necessidade de esquadrar corretamente as pedras destinadas a juntar-se sem solução de continuidade, para realizar uma construção perfeita.

Na obra *Manual Heráldico do Rito Escocês Antigo e Aceito (R.E.A.A.)* volume II, Madras Editora, Cláudio Roque Buono Ferreira e José Castelani dizem:

"CRUZ é a disposição de dois objetos, um atravessado sobre o outro; é a insígnia de várias ordens honoríficas; é o antigo instrumento de suplício, formado por duas peças atravessadas uma sobre a outra, em que se prendiam criminosos. Símbolo antiquíssimo e universal, a cruz é encontrada com grandes variações morfológicas, mas o modelo básico é sempre a intersecção de dois segmentos, um vertical e o outro horizontal. O significado é sempre o da conjunção dos opostos: o eixo vertical (masculino), com o eixo horizontal (feminino); o positivo com o negativo; o superior com o inferior; o tempo com o espaço; o ativo com o passivo; o Sol com a Lua; o dia com a noite; a vida com a morte, e assim por diante".

Os principais tipos de cruz, com interesse para o Rito Escocês Antigo e Aceito, são os seguintes:

Cruz Simples

Formada por quatro segmentos iguais (como um sinal de "mais" +), é a forma básica, símbolo perfeito da união dos opostos. É também chamada de cruz grega.

Cruz de Santo André

Em aspa – com o formato de um "xis" (**x**) – simboliza a união do mundo superior com o mundo inferior e tem esse nome porque consta que Santo André teria sido supliciado em uma cruz com esse formato. Ela simboliza, também, o infinito incognoscível, pois suas hastes divergem até o infinito. É uma das "chaves" para alfabetos maçônicos.

Tau ou Cruz de Santo Antônio

Reproduz o desenho da letra grega tau (**T**). Símbolo muito antigo, já era usado pelos antigos egípcios, como a representação de um martelo de duas cabeças. Sinal "daquele que faz cumprir"; para os gauleses, representava o martelo do deus escandinavo Thor.

Cruz Quádrupla

Formada por duas paralelas horizontais e duas verticais (#), que se cruzam, formando um quadrado fechado no centro, ela reforça, por ser dupla, a união dos opostos. Simboliza também, pelo espaço delimitado que forma, a limitação da capacidade do homem. Assim como a cruz de Santo André, é "chave" para alfabetos maçônicos.

Cruz Ansada

Importante símbolo solar egípcio, é uma cruz em Tau, com um círculo na parte superior 8, a qual, na realidade, era um hieróglifo, com o significado de vida. Esotericamente, expressa a ideia do círculo da vida, colocado na superfície da matéria inerte, para vivificá-la. Também, como a estrela hominal de cinco pontas, essa cruz pode ser chamada de hominal, ou seja, assimilada à figura humana, com o círculo representando a cabeça; a haste horizontal, os membros superiores; e a haste vertical representando o tronco e os membros inferiores.

Cruz de Malta ou Cruz de São João

Com oito pontas – ou quatro, bipartidas na extremidade – é, no sentido místico, a representação das forças centrípetas do espírito. Emblema da Ordem dos Cavaleiros de São João, da Ilha de Malta, é também usada em condecorações militares.

Cruz de Lorena ou Cruz Patriarcal

Formada por um ramo vertical e por dois horizontais desiguais – o inferior mais longo do que o superior – representava os bispos e príncipes da Igreja cristã primitiva. Seu nome é alusivo à região da Lorraine (Lorena), situada na parte oriental da França. É emblema privativo dos membros efetivos do Supremo Conselho.

Cruz Forcada ou Teutônica

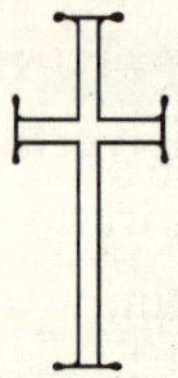

Composta de um ramo vertical e outro horizontal, cada um deles tem, nas pontas, um pequeno ramo tangencial, formando uma bifurcação. É chamada de forcada porque forcado é um utensílio de lavoura, formado por uma haste de pau, terminada em duas ou três pontas; e forcada é o ponto de bifurcação.

Cruz Rosa-Cruz

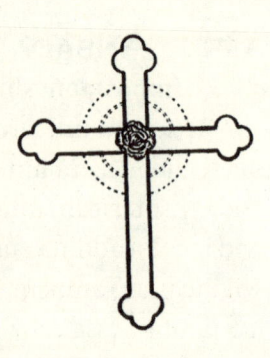

Com a rosa na intersecção dos braços da cruz, é interpretada como o corpo físico do homem, com os braços estendidos, em saudação ao Sol – que simboliza a Luz Maior – no Oriente. A rosa, no centro da cruz, simboliza a alma humana, o "Eu" interior, que vai se desenvolvendo no homem, à medida que ele recebe mais luz. Colocada no centro exato da cruz, a rosa representa o ponto de unidade.

A Pedra dos Sábios

O quadrado perfeito é a imagem do indivíduo que realiza a perfeição da sua espécie, pelo fato de que a harmonia reina nele entre o espírito e a matéria, de modo que o operário espiritual tem pleno poder do seu instrumento físico.

Trata-se, entretanto, de um estado de perfeição essencialmente efêmero, já que o nosso declínio começa no exato instante em que atingimos o apogeu do nosso poder de ação. Estritamente falando, a nossa vida divide-se, efetivamente, em um primeiro período de crescimento ou de corporização gradual do espírito, imediatamente seguido da fase contrária de decrepitude material, consecutiva à desencarnação progressiva do princípio espiritual. Distinguimos, é verdade, três fases na vida humana; porém, a idade adulta compreende, na realidade, o fim do período de crescimento, ao passo que este último esmorece cada vez mais, e começa a decrepitude, embora esta ainda não se tenha manifestado.

À medida que se desprende dos liames da carne, o espírito desenvolve, ademais, o poder que lhe é próprio. Os ascetas conhecem um estado de desapego favorável ao desprendimento de todas as energias do pensamento e da vontade. O intelecto pode tornar-se ainda mais vigoroso quando o corpo está mais fraco. Quem nunca viu idodos, e mais especialmente agonizantes, darem prova de uma lucidez de espírito, de uma clarividência julgada prodigiosa? Por um treinamento apropriado, faculdades extraordinárias têm sido desenvolvidas com frequência. Os indivíduos que conseguem adquiri-las operam maravilhas. Podem surpreender as multidões pelo que se julgou conveniente chamar milagres. Não são sempre *sábios*, pois o verdadeiro *iniciado* não se dirige às massas, cuja admiração ele nunca solicita: é no silêncio e no recolhimento que ele trabalha para a preparação da *Pedra Filosofal*.

Esta última tem por ideograma o quadrado encimado pela cruz, símbolo que, doravante, fala, depois do que foi dito antes, tanto do símbolo de Saturno, quanto daqueles do antimônio e da realização da Grande Obra. O leitor aí verá o esquema da materialidade nesse ponto domada, depurada e sublimada, não sendo mais do que o suporte estritamente indispensável para a manifestação do espírito que, sem esse lastro que o retém no plano físico, tomaria seu impulso definitivo rumo ao domínio da emancipação absoluta.

Um homem de pé, diante de uma roda que gira horizontalmente, poderia ser tomado como símbolo de qualquer vaso feito de argila, com apreço ou desprezo. Cada detalhe da ornamentação ou de suas formas poderia simbolizar uma lenda, uma alegoria ou parábola, ou ainda indicar um uso; porém o OLEIRO E A RODA seriam um símbolo universal de sentido totalmente abrangente; uma expressão figurada do pensamento criativo no homem. A língua escrita chinesa nada mais é que um conjunto de símbolos (ideogramas), cada um deles expresso nas formas de milhares de letras. Essa expressão figurada de uma ideia ou pensamento, essa linguagem codificada, é o Simbolismo. Quando os símbolos representam coisas familiares a nós, tão variadas quanto a experiência humana, o conhecimento que expressam é comum. Quando os símbolos são poucos e simples, não importa se triviais ou grotescos, como um ponto, um círculo ou um quadrado, um dragão ou um homem com chifres, nesse caso, o conhecimento que transmitem não se destina às massas, porém somente àqueles que conhecem a chave de seu segredo. Vamos considerar a seguinte série simples: um ponto(•); um círculo O; um ponto circunscrito no círculo ⊙; o círculo dividido horizontalmente ⊖; sua metade inferior novamente dividida ⊖; a metade superior dividida ⊖; uma cruz circunscrita ⊕; somente a cruz ⊤ ✚ ⊤; temos aí a série que se origina do ponto e do círculo. Agora, se verificarmos que qualquer processo na Natureza obedece à mesma sequência ordenada, então qualquer série de símbolos representaria um estágio definido no processo da Natureza. Logo, o significado do símbolo se expandiria na exata proporção em que se conhecesse mais acerca do processo natural. Se os planos na Natureza são sete, e cada um deles setenário, formaríamos grupos de símbolos pertinentes a cada plano e uma chave para cada grupo. Tome, por exemplo, o símbolo ⊖, não se considerando o sentido filosófico, como o terceiro na série (O ⊙ ⊖) da Mãe Natureza no seio da infinidade; ele representa uma lei universal da proporção e a razão matemática exata da circunferência para o seu diâmetro, em toda a Natureza; igualmente aplicável ao diâmetro da cabeça de um alfinete ou ao Sol. Nesse caso, então, seria um símbolo na Matemática ou na Geometria, correlacionando espaço e tempo com forma e proporção. Tal símbolo, contudo, teria pouco significado, exceto para o filósofo ou matemático. Para este, o símbolo grego *pi* (π) ou a proporção 1:314159, ou ao cabalístico 113:355, faria lembrar imediatamente o símbolo original e a série completa. Se, além disso, nosso matemático conhecesse as diferentes razões de vibração, incidentes nos três planos evolutivos representados por O ⊙ ⊖, teria a chave da física oculta e poderia prever resultados, avaliar efeitos e induzir mudanças além do plano ordinário da matéria básica.

A série simples a que me referi irá ilustrar a ciência do simbolismo, na íntegra.

Associada a essa ciência do Simbolismo, existe uma linguagem codificada arcaica, por meio da qual se pode dar um duplo sentido à linguagem, a fim de permitir que a forma mais comum de discurso oral possa ser usada para expressar um profundo significado científico ou filosófico. Isso deu origem às alegorias e parábolas, cuja forma extrínseca pode ser utilizada para transmitir ao leigo uma lição de ética e ao erudito um princípio científico. A forma mais complexa desse simbolismo na linguagem codificada, conhecida em nossa era, é, talvez a Cabala judaica, da qual deriva a maioria dos grifos da Maçonaria. Não é objeto da presente obra explicar todos esses símbolos, pois isso demandaria grande volume de simbolismos, além de ser de pouca valia, exceto para curiosos. Mas como editor e preocupado em dar vida a tudo isso, estamos publicando pela Madras diversas obras que julgamos ser as mais importantes a respeito de Cabala, entre elas *A Kabbalah da Alma – Psicologia Transformativa e Práticas do Misticismo Judaico*, de Leonora Leet; *A Cabala da Astrologia – A Linguagem do Número*, de William Eisen; *A Arte e a Prática da Magia da Cabala*, de Ophiel; *Qabalah – O Legado Místico dos Filhos de Abraão*, de Daniel Hale Feldman.

Talvez o símbolo mais familiar ao maçom sejam o esquadro e o compasso, encontrados em toda Loja e usados como uma insígnia do fraternal reconhecimento. Aprendemos na Loja que o esquadro é um instrumento com o qual o marceneiro mede e planeja sua obra, mas nós, na condição de maçons livres e aceitos, somos ensinados a utilizá-lo para a tarefa mais nobre e gloriosa de ajustar nossa conduta segundo a regra de ouro, com os princípios do direito e da justiça, etc. Assim também com o compasso; seu uso prático é tornado simbólico do mais elevado dever moral de circunscrever nossos desejos e manter nossas paixões dentro dos limites devidos. Todavia, a Maçonaria é "um sistema de ética ilustrada por símbolos" e ALGO MAIS; logo, há uma ciência e uma filosofia ocultas no simbolismo do esquadro e do compasso. Isso pode ser delineado da seguinte forma: o esquadro, com seu ângulo reto e sua escala de medidas, aplica-se às superfícies e aos sólidos e lida com os estados aparentemente sólidos da matéria. Representa solidariedade, simetria e proporção;

e isso envolve Aritmética e Geometria. O compasso, com seu ângulo variável, ajustado na Loja em 60°, aplica-se ao círculo e à esfera; aos movimentos e rotações. Em sentido amplo, o esquadro é o símbolo da matéria e da Terra, enquanto o compasso é o símbolo do espírito e dos céus. Na Loja, o esquadro e o compasso estão cruzados entre si, simbolizando assim a progressão do grau de aprendizagem ao de Mestre. O compasso é ajustado em um ângulo de 60° e representa os movimentos do espírito; se cruzado a determinada distância do ângulo, obtém-se um triângulo equilátero; seus três lados e ângulos iguais agora representam a proporção ou equilíbrio perfeitos.[32]

"No caso do Aprendiz, as hastes do compasso acham-se sob o esquadro. No caso do Irmão Companheiro, uma está acima e outra abaixo. Para o Mestre, ambas estão em posição dominante e governam, controlam e imperam acima do símbolo do terreno e material."[33]

Se o leitor se referir agora à descida do espírito à matéria e à primeira Trindade, representada por um triângulo, matéria, força e Espírito (Lei); e no homem – Manas, Buddhi e Âtma, perceberá rapidamente que o compasso pode representar claramente essa Trindade primária, oculta sob o esquadro da matéria, até que emerja pela progressão e, finalmente, nas mãos do Mestre, ganhe o domínio sobre a matéria. No leigo (pecado), o espírito é oculto e o corpo e suas paixões dominam. Esse é o estado do neófito, ou Aprendiz, admitido à Loja. No grau do Irmão Artífice, os símbolos entrelaçam-se e, no de Mestre, a matéria está subordinada ao espírito. As palestras nos diversos graus explicam o método pelo qual o compasso (espírito) pode obter o domínio sobre o esquadro (corpo e paixões) por meio de maior atividade espiritual, "restringindo nossos desejos e mantendo nossas paixões dentro dos devidos limites. O equilíbrio perfeito entre espírito e matéria é simbolizado pela estrela de seis pontas, que é novamente apenas

---

32. O raio do círculo e a corda são iguais.
33. Retirado de *Moral e Dogma*, p. 854.

outra configuração do esquadro e do compasso, cada um deles agora tendo uma linha de base a partir da qual formam um triângulo. Inscreva a estrela em um círculo, que simboliza a infinidade, e terá simbolizado a harmonia ou a condição unívoca do Espírito que desceu à matéria e ao corpo, agora purificado pela divindade, ou alma superior. Insira nessa estrela já circunscrita o emblema egípcio da Vida... e simbolizará a IMORTALIDADE, como resultado da regeneração. Transforme o círculo em uma serpente e agora terá simbolizado a sabedoria, como o resultado ou o coroamento do equilíbrio, sendo este, por sua vez, um grifo duplo que expressa o retorno da matéria à sua origem no espírito. Separe a língua e a cauda da serpente com um MARTELO DE THOR,* ou suástica circunscrita, e, então, simbolizará a regeneração pelo domínio

---

* Thor, "Filho de Frigo e de Odin e esposo de Sif, de quem houve Trudr. Deus da guerra, dos relâmpagos e dos trovões, entre os povos germânicos do Norte; é o mesmo Donar entre os germanos do Sul. Preside ao ar e às estações, e protege os fracos. Habita no palácio Bilskirne e avança para o combate em um carro puxado por bodes. O ruído do trovão era atribuído ao rodar desse carro, bem como à sua poderosa voz, da qual se originou sua denominação de Hlorridi (o rugidor). Teve dois filhos: Mod (a coragem) e Magur (a força). Inimigo mortal dos gigantes, ameaça-os, sem cessar, com o seu martelo (Mjolnir). Deve morrer no último crepúsculo do mundo, depois de ter morto a serpente Yormungard. São seus atributos seu martelo e o cinto Megingard que lhe duplica a força quando apertado. Certa vez, Thor, ao despertar, não encontrou seu martelo; o gigante Thrym, que o havia furtado e escondido na terra, a oito milhas de profundidade, prontificou-se a restituí-lo, sob condição de lhe ser dada Freya por esposa. Thor, aconselhado por Heimdall, vestiu-se então com roupas de Freya e, assim disfarçado, dirigiu-se, em companhia de Loke, à casa do gigante. Este os recebeu, alegre e festivamente, e procurou beijar a suposta noiva; mas, quando lhe levantou o véu, retrocedeu apavorado ante o chamejar dos olhos que descortinara. Loke, procurando explicar esse horrível aspecto, disse-lhe haver Freya passado oito noites sem dormir. Aceitando a explicação, Thrym foi buscar o martelo e entregou à suposta noiva para, com ele, se santificarem as bodas. Mas, apenas Thor se viu de posse da sua arma, com ela matou Thrym e os demais gigantes que o rodeavam. Em outra lenda, ele é visto em luta com o gigante Geirrod: Loke tendo voado até Riesenheim, em figura de falcão, própria de Freya, foi ali cair em poder de Geirrod, que declarou que só lhe daria liberdade se Thor fosse buscá-lo, sem o seu martelo e sem o cinturão mágico. Aceitando a condição, Thor seguiu completamente desarmado. Mas, a caminho, tendo pousado em casa da giganta Grid, mãe de Bidar, e

dos sentidos físicos, precisamente como se ensina na Loja, sob o sentido espiritual simbólico do compasso.

"A Maçonaria é a subordinação do humano, que há no homem, pelo divino; o controle dos desejos e das paixões, por meio do sentido moral e da razão; um esforço contínuo, a luta e a guerra do espiritual contra o material e sensual. Essa vitória – quando for obtida e assegurada, permitindo ao vencedor apoiar-se em sua égide e exibir os lauréis bem-merecidos – representa o verdadeiro império sagrado."

O avental maçônico, feita de pelica, simboliza a inocência e a pureza que são condições requeridas dos Candidatos em toda

---

aí havendo revelado o objetivo da sua viagem, a giganta, advertindo-o da imprudência, armou-o com um cinturão de força, luvas de ferro e uma vara mágica. Prosseguindo a viagem, Thor atravessou um rio, cavalgando a vara, e chegou, finalmente, à casa do gigante, cujas filhas o receberam agressivamente, arremessando-lhe pedaços de ferro incandescentes. Thor calmamente recolheu tais pedaços com as suas luvas de ferro e, em seguida, arrojou-os contra o gigante, derrubando-o, juntamente com a coluna atrás da qual ele se havia ocultado. Ainda, em luta com gigantes, narra-se a seguinte lenda: os deuses tendo celebrado um banquete no palácio de Aegir, deus do mar, andaram à procura de uma caldeira de hidromel capaz de conter cerveja para todos os comensais. Thyr, informado que o seu pai, o gigante Hymir, morador na fronteira do céu, tinha uma de uma milha de profundidade, Thor para lá se dirigiu em sua companhia. Hymir não se achando presente, sua esposa recebeu os visitantees e fê-los se esconderem debaixo de uma caldeira. Pouco depois chegou o gigante e, ao ter notícia da visita, enfureceu-se de tal forma que, com a força do seu olhar, derrubou pilastras e vigas, e fez em pedaços sete caldeiras, só restando intacta aquela debaixo da qual estavam os deuses. Estes saíram, então, do seu esconderijo, e Hymir reconheceu antigo inimigo dos gigantes; mas os deveres de hospitalidade o impediram de qualquer agressão. Preparou-se a comida e, dos três bois que foram servidos, Thor devorou dois. Em seguida, partem todos para a pesca. Lançados os anzóis ao mar, o gigante pesca baleias enquanto Thor fisga a serpente Midgard; mas aquele corta sua linha e o monstro volta ao mar. Por fim, retornam os pescadores, e Thor conduz, sobre os ombros, o barco e as baleias, para, em seguida a esta ostentação de força, reclamar a caldeira. Mas Hymir nega-se a atendê-lo e declara que só a entregaria se Thor conseguisse quebrar um vaso de cristal que se achava sobre sua cabeça. Aceitando o desafio, Thor espatifou o vaso e, ato contínuo, apossou-se da caldeira e retirou-se, levando-a para o palácio de Aegir. Vendo-se assim vencido, o gigante reuniu sua gente e partiram todos em perseguição a Thor; mas este lhes deu combate e os aniquilou".
Fonte: http://www.thecauldronbrasil.com.br/article/articleview/214/1/13/.

real iniciação. A forma desse avental é a de um quadrado perfeito coroado por um triângulo. Temos aí o três e o quatro que totalizam sete; o triângulo representa o espírito e o quadrado, a matéria; o triângulo representa os tríplices atributos do *único*; o quadrado significa os quatro elementos. Como espírito, o triângulo representa ou é simbolizado por calor, luz e chama.

O Aprendiz admitido à Fraternidade começa seu aprendizado com o triângulo encimando o quadrado (o espírito ainda não desceu à matéria).

À medida que progride, essa descida ocorre e temos o triângulo conforme ilustrado até aqui; finalmente, como Mestre, inicia-se a ascensão do quadrado ao triângulo, que todo Mestre Maçom irá compreender. Sendo a Maçonaria uma "ciência progressiva", o progresso do neófito é, por conseguinte, feito de conformidade com o processo evolutivo e a descida do espírito à matéria. Isso é ilustrado pela maneira como ele aprende a usar seu avental, em cada grau da Loja Azul. Tal Aprendiz não é apenas um "cortador de lenha e aguadeiro", mas um noviço recebendo seus primeiros ensinamentos, e isso é simbolizado por seu avental.

Ao aparecer no norte da Europa por meio de sagas, mitos e lendas heroicas, a suástica representava Mjollnir, o martelo do deus do trovão, Thor; e aqui cito sua invocação simbólica como consta no livro *Creed of Iron* para posterior análise:

"Salve Thor! Deus do Trovão! Defensor de Asgard e Midgard.
Dote-nos com coragem e nos ajude na luta
Contra os inimigos de nossa fé, família e povo.
Corajoso Thor!
Guerreiro entre os deuses e firme em lealdade e fidelidade.
Proteja-nos e nos encoraje com a força
De seu poderoso e invencível martelo.
Talvez tudo seja como você quer
E todo o nosso povo fique com você como você ficou conosco.
Talvez força e honra estejam com você e sempre com nosso povo".

A tradição da Palavra do Mestre, pertinente ao poder que sua posse confere ao Mestre; a história de sua perda e a busca visando à sua recuperação; a tradição do nome inefável, associada à Palavra Perdida, demonstrando que esta não podia ou não deveria ser pronunciada, exceto com a voz baixa; ou, segundo a tradição hindu, "tapando a boca com as mãos". O simbolismo das três luzes maiores e menores, o papel desempenhado em muitos pontos pela palavra LUZ, em si, associada à Palavra Perdida, todas essas referências e usos constituem um complicado simbolismo, nele atuando e direcionando a um centro comum ou grifo, o qual, considerado em conjunção com a construção e restauração do Templo, constitui o simbolismo secreto da Maçonaria e ilustra a íntegra do processo de Iniciação. O que representa a real Iniciação é assunto já abordado em capítulo anterior. Esses símbolos, quando corretamente interpretados, servem a dois propósitos. Primeiro: revelam uma filosofia consumada da criação do Universo e do homem, explicitando todas as essências, poderes e potenciais, bem como suas mútuas relações e correlações. Segundo: revelam o processo de iniciação, como sinônimo da evolução ininterrupta do homem, guiada pelo conhecimento e planejada ao longo das linhas de menor resistência. No Terceiro Grau, o Aprendiz personifica HIRAM, que se demonstrou ser idêntico ao *CHRISTOS* dos gregos e aos deuses do Sol de todas as demais nações. A superioridade da Maçonaria, nesse ponto, sobre todas as religiões exotéricas, consiste em: todas essas religiões tomam o símbolo pela coisa simbolizada. Cristo era originalmente COMO o Pai. Então, Ele é tornado IDÊNTICO ao Pai.[34] Ao deificar Jesus, toda a Humanidade é despojada do *CHRISTOS*, como eterno potencial imanente em toda alma humana, um Cristo latente em todo homem. Ao divinizar um homem, tornaram toda a Humanidade órfã! Por outro lado, a Maçonaria, ao fazer com que todo Aprendiz personifique HIRAM, preserva os ensinamentos originais,

---

34. Acha-se aqui o verdadeiro significado de Abiff, "do ou desde meu Pai". Hiram = *CHRISTOS* e Abiff = "Uno com o Pai", isto é, "do" ou "desde, originado em".

expressos na forma de um grifo universal. Poucos noviços talvez tenham consciência de que o Hiram que representaram e personificaram é idealística e precisamente o mesmo Cristo. Ainda assim, é sem dúvida esse o caso. A antiga filosofia revela o significado de Cristo, como um grifo, e como resulta o estado crístico, a partir da real iniciação ou da evolução humana no sentido do divino. Então, a regeneração recebe um significado passível de ser compreendido e atingido; tanto filosófico quanto científico e, a um só tempo, teórico e prático. No Tetragrama, ou nome da divindade com quatro letras, os discípulos gregos de Pitágoras descobriram um grifo por meio do qual podiam expressar e ocultar sua filosofia, e este é a tétrade YHVH, ou "Yod, Heh, Vau, Heh", introduzido na Maçonaria com a linguagem codificada de Pitágoras. O devoto hebreu, quando lia o sagrado texto, ao chegar à tétrade YHVH, substituía a palavra *Adonai* (Lord) e, se esta estivesse grafada como Alhim, tornava-se *Elohom*. Esse costume é preservado na Maçonaria, ao fornecer ao noviço um termo substituto da Palavra do Mestre. A tétrade dos hebreus "Yod, Heh, Vau, Heh" é produzida pela repetição da sílaba "Heh". O radical da palavra é uma tríade, e a quaternária é, sem dúvida, oculta. A Palavra Sagrada é encontrada nos Mistérios, como binária, ternária e quaternária; assim como ocorre com o mantra OM ou AUM dos hindus, o que indica formas diferentes de pronunciar o Nome Sagrado. O Tetragrama de Pitágoras é representado pelos números 1, 2, 3, 4 = 10 e pelos pontos ou "Yods", em forma de triângulo; este é chamado de "tetragrama menor", ao passo que o triângulo composto de oito colunas, com a mesma disposição, contendo 36 "Yods" ou pontos, chama-se "tetragrama maior". Isso corresponde às três Luzes menores e maiores da Loja Azul, apesar de as explanações monitoriais na Loja serem, no mínimo, incompletas. Na filosofia pitagórica, tanto o Tetragrama menor quanto o maior são representados por triângulos equiláteros, e os pontos, em ambos os casos, formam os ângulos de uma série de triângulos menores. No Tetragrama menor, esses triângulos são, ao todo, nove, ou três vezes três. No maior, somam 49, ou sete vezes sete; e, em cada caso, a série inclui, do ápice à base, 1, 3 e 5, para o menor e 1, 3, 5, 7, 9, 11 e 13, no caso do Tetragrama maior, ou por meio de uma série de número ímpares; enquanto os pontos, antes da formação dos triângulos, seguem consecutivamente: 1, 2, 3, 4, 5, 6, 7 e 8. Nesses símbolos, portanto, adotava-se uma sequência de números "pares" e "ímpares", para expressar um sentido filosófico e ilustrar a doutrina da emanação.

No sistema de Pitágoras, o espírito é sempre representado como universal. "Toda quantidade deve necessariamente provir do *Um*", e este é o espírito. Todas as derivações e subdivisões devem, por conseguinte, estar relacionadas ao Único, por meio da Geometria e da Matemática puras (números e movimentos perfeitos).

Na 47ª Proposição de Euclides, ou Teorema de Pitágoras, bem conhecido na antiga filosofia, e muito anterior à era de Pitágoras ou Euclides, temos o símbolo das proporções perfeitas entre número e forma, espírito e matéria e o universal e o individual. Este é um símbolo sempre presente nas Lojas maçônicas.

Essa mesma filosofia é simbolizada pelo triângulo pitagórico ou tétrade.

Proposição

"Subdivida uma figura regular, de maneira tal que essas divisões tenham forma igual àquela da original, sendo 16 ao todo, onde 4 das subdivisões limitam cada lado da figura: 16 é o quadrado de 4, ou o TETRAGRAMA. A série do triângulo é composta de números ímpares e a do quadrado, de números pares. Os dez 'Yods' ocupam todas as divisões verticais." (Citação por Fred. G. Plummer.)

Esse método pitagórico da "filosofia baseada em matemática" não apenas caiu em desuso em eras modernas mas também tem sido frequentemente considerado totalmente quimérico e, dessa forma, ridicularizado simplesmente porque a filosofia em que se baseia foi perdida. Era originalmente o fundamento da linguagem codificada ou grifos, que expressava seu conteúdo; logo, compreender uma é recuperar a outra. Essa filosofia preencheu as lacunas entre mente e matéria, mediante a compreensão do uno inerente à Lei. Ligou a Física à Metafísica, por meio da Matemática ou das relações entre número e forma ou entre equilíbrio e movimento. O adepto conhecia as relações entre os movimentos (vibrações) que produzem pensamentos, que produzem formas, as que produzem cores da luz, o som e o número de cada uma delas, em cada caso específico. A origem de todas elas é uma Trindade; a forma de emanação, setenária. Daí, a função da fórmula "três vezes três" e "sete vezes sete". O primeiro postulado dessa filosofia foi demonstrado em capítulo anterior como o espaço abstrato e o movimento absoluto abstrato, sendo este o movimento dos átomos primordiais, que constitui, portanto, *"o centro que está em qualquer ponto e a circunferência que não está em ponto nenhum"*, ou seja, preenche todo o espaço. Todavia, é necessário lembrar ao leitor que esses "átomos" não são aqueles da moderna ciência nem aqueles que compõem o que denominamos matéria, em vista de serem, um e todos eles, dotados (potencialmente) de consciência, vida e inteligência, sendo igualmente construtores de mundos e de homens. São veículo e base de toda lei na Natureza. Do mesmo modo, formam o panorama móvel do pensamento e as correntes de um mar revolto: as batidas do coração humano e o movimento de rotação de sóis e sistemas solares; a respiração de uma criança e a "respiração do Brahm". Existe unidade e equilíbrio, eternos e universais, em meio à diversidade cósmica; a perpétua involução do espírito, ou essência, e a infinita evolução da forma e da variedade; e, como a estrutura de tudo, o princípio eterno uno, incógnito e para sempre incognoscível, sem princípio, fim ou mutação. O espaço é o manto que o oculta para sempre. O movimento abstrato, absoluto, é seu decreto. A criação é *Logos*, palavra, fala, expressão, vontade, pensamento – ou como preferir. O homem é a "centelha" dessa "chama" e, em última análise, tão incompreensível para si mesmo quanto o é Deus. A centelha da divindade no homem é sua consciência, à qual nos referimos em capítulo anterior, postulando-a como fato, nada mais.

Isso nos remete à origem do Tetragrama, à origem do Nome Inefável, a Palavra Perdida. Os hebreus parecem ter derivado seu Tetragrama a partir dos Mistérios egípcio-caldeus e estes podem levar à filosofia do fogo zoroastrina, até chegarmos finalmente ao mantra A∴ U∴ M∴ ou OM. No idioma persa ou zend, e no sânscrito, essas três letras são encontradas em muitos termos que designam fogo, chama, espírito, essência, etc. Isso é novamente um grifo, ou forma de expressão simbólica. Cada emanação é uma trindade, e fogo, chama e luz são a mais perfeita síntese dessa tríplice unidade. Considere as expressões: "O Senhor é um fogo consuntivo"; "Uma vez que Deus é Luz, porém jamais uma Luz inacessível na morada da eternidade", etc.

O símbolo é encontrado em todas as escrituras, mas apenas nos Mistérios seu significado ficou conhecido. Eis aqui, então, a origem de todas as TRINDADES encontradas na Maçonaria, sendo as das Luzes as mais evidentes de todas elas; e as explanações mais superficiais estão associadas às três Luzes menores da Loja.

"'O Símbolo Sagrado Primitivo', composto de três letras, que compreendem a tríade védica, precisa ser mantido secreto como outro tríplice veda. Aquele que conhece o valor místico desse mantra conhece o Veda." – *Leis de Manu*, Livro XI, nº 265.

"O mortal que se torna íntimo do fogo obterá a Luz da divindade." – Oráculo caldeu.

"Em todo o mundo, raios de Luz emanam de uma tríade, cujo Princípio é a Unidade." – Oráculo caldeu.

"É necessário saber que o divino nome de seu poder intrínseco – o qual é símbolo da impressão do Demiurgo, segundo o qual isso não emana de seu ser – é inefável e secreto, sendo conhecido apenas pelos próprios deuses." – Próclus.

A lenda da Palavra Perdida e o poder do Nome Inefável são inseparáveis. São os grifos da perda e reconquista do paraíso ou da queda e redenção do homem. Assim como a lenda da reconstrução do Templo, um grifo da Iniciação, que expressa o mesmo que regeneração e evolução.

Essa sabedoria primitiva pertence, de forma especial, à Maçonaria, pois ela tem feito mais que qualquer outra organização da era moderna, no esforço de preservar os pontos de referência primitivos, bem como honrado e protegido os sagrados símbolos. Se a Maçonaria fez apenas uso superficial de seus segredos milenares, e seu significado mais profundo ainda é desconhecido por seus membros Irmãos, este é igualmente incógnito a todos os demais, exceto como resultado da genuína iniciação. Pode-se saber que algo existe, onde se pode encontrá-lo e que seu preço é incalculável, sem conhecer, em última análise, o que é. Assim acontece com o segredo da Palavra Perdida ou Nome Inefável. Seu segredo acha-se nas exatas vibrações, sob relações matemáticas, e síncronas e sua Lei é o equilíbrio ou eterna harmonia.

Conclusão

"Às vezes todos nós sonhamos... Fé. Fé ou verdade dá no mesmo. Eu sonhei que era um homem... Isso é evolução ou revolução?"
Matrix

As páginas precedentes podem ser corretamente chamadas de apenas fragmentos da doutrina secreta e dos símbolos da Maçonaria. Um tratado sistemático que estudasse qualquer um desses temas teria necessariamente de abordar o outro. A doutrina secreta é a filosofia consumada do Simbolismo Maçônico. Enquanto tal filosofia permanecer desconhecida pelo maçom, seus símbolos serão em grande medida letra morta, a obra da Loja um espetáculo fútil, além de seus preceitos morais, e o espírito da Maçonaria, para os membros da Fraternidade, mais voltado ao espírito do favorecimento de interesses próprios, ajuda mútua e prazer físico ou festas mundanas, isto é, a última personificação do que consideramos "Santuário Místico".

Todavia, existem alguns dentre os membros da Fraternidade – e quantos deles, só o tempo vai dizer – para quem a Maçonaria significa muito mais que isso, e que já perceberam algo de real valor em seus símbolos e tradições. Muitos deles já descobriram pistas parciais que foram úteis para manter seu vivo interesse enquanto buscam por significados mais claros e revelações mais profundas. Ao fazer a retrospectiva histórica das etapas percorridas por esses símbolos primitivos e sua profunda filosofia até nossos dias, cada vez mais obscurecidos pela passagem dos séculos, os estudiosos têm coletado um grande número de fatos, uma grande massa de tradições e informações genéricas, conteúdo este que vem sendo interpretado de diversas maneiras, por diferentes autores cuja temática é a Maçonaria. Todos eles, contudo, concordam quanto à conclusão de que os símbolos e as tradições da Maçonaria são originários do Extremo Oriente e sua origem nos remete à mais remota Antiguidade.

Daí se conclui ser literalmente verdadeiro o ditado que diz que o maçom empreende sua jornada em busca da iluminação, do Ocidente para o Oriente. Essa busca não é movida por um curioso interesse apenas. Se a Maçonaria possuir simplesmente um grande número de mitos e símbolos destituídos de significado, qual seria o real valor em se buscar suas pistas no passado? Que real benefício poderia obter alguém em demonstrar que há 5 mil ou 10 mil anos os mesmos curiosos mitos e símbolos sem sentido existiam nos Mistérios do Egito ou foram ensinados por Pitágoras e discípulos de Zoroastro? Tal, contudo, não é o espírito da Maçonaria.

Os verdadeiros segredos da Ordem acham-se ocultos em seus símbolos e, estes, por constituírem uma linguagem figurada ou lín-

ॐ

A Religião da Sabedoria Antiga

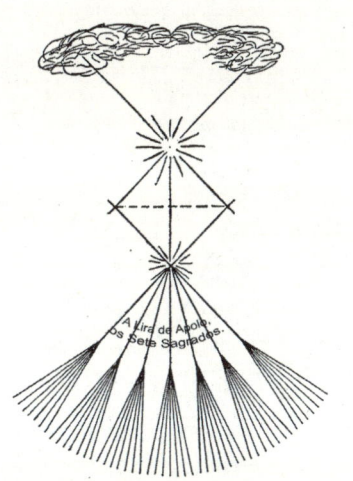

As 49 Chamas – A Esfera de Luz

O mundo Perdido: a Primeira Trindade

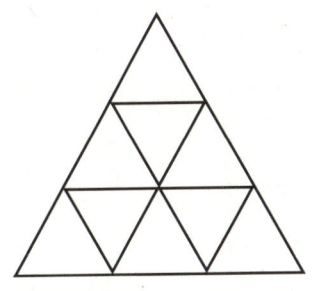

A Primeira Diferenciação

gua codificada, expressam a perfeita filosofia da existência e relações entre deidade, natureza e ser humano. O maçom refere-se, geralmente, aos símbolos pelas coisas simbolizadas e, por nada conhecer da profunda filosofia em que se baseiam, não acredita que tenham algum dia existido e, assim, palmilha as "areias ardentes" em busca de novas sensações ou de uma nova piada. Como meros passatempos, esses entretenimentos joviais não são melhores nem piores que muitos outros. Representam um extremo para o qual degenerou a antiga sabedoria. Deixemos que todo maçom inteligente reflita na sublimidade e santidade das cerimônias, em alguns dos graus, em que o nome da deidade é invocado, são infundidos os mais elevados preceitos de moral, são ensinados os mais puros e exaltados princípios de ética, e, então, deixemos que faça a si mesmo a pergunta: é consistente e isento de hipocrisia cercar tudo isso com uma estrondosa farsa? Esse tipo de postura não tende a tornar todas as demais coisas sagradas também uma mera questão ritual, uma pilhéria ou provérbio?

Todo maçom está familiarizado com esse extremo e com o ponto até onde têm chegado essas inovações e associações recentes. Este autor não é,

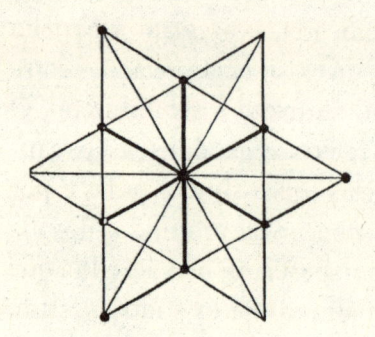

A Segunda Diferenciação

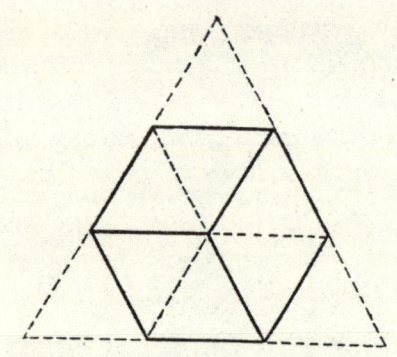

Relação entre Espírito e Matéria

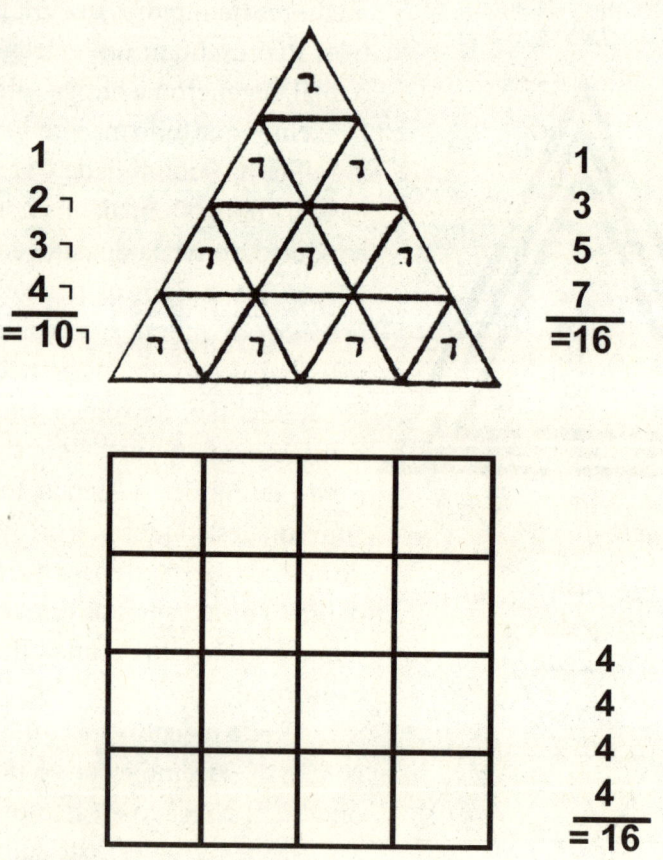

1
2 ⌐
3 ⌐
4 ⌐
= 10 ⌐

1
3
5
7
=16

4
4
4
4
= 16

Tetragrama de Pitágoras

absolutamente, o primeiro a protestar contra isso, embora tal protesto possa ser recebido com desagrado ou esta obra possa ser considerada impopular. Deixemos que cada maçom inteligente admita, meramente para fins de argumentação, que existe o outro extremo. Suponhamos que seja verdadeiro e facilmente demonstrável que os símbolos da Maçonaria personificam e foram concebidos originalmente para transmitir o mais profundo conhecimento, e que esses símbolos permanecem imutáveis ao longo de todas as eras, sendo os meios que permitem recuperar, a qualquer tempo, essa sabedoria, por aquele que consegue descobrir seu verdadeiro significado. A Maçonaria é, em um sentido especial, a guardiã desses símbolos e sua tradição mais comum é a de que estes e os pontos de referência devem ser preservados inalterados. Esta é a mais clara e lógica dedução da íntegra do espírito da Maçonaria. Esses guardiões são, nos graus mais elevados, chamados de príncipes do Segredo Real — não, *sublimes* príncipes do Segredo Real! Que farsa, que máscara, se não existe nenhum Segredo Real. Reflita por um momento, nobre leitor, e especialmente nobre Irmão maçom. Qual é o tesouro mais sagrado, o mais

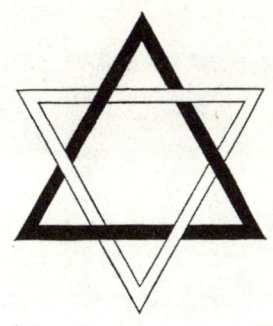

Matéria e Espírito em equilíbrio

O Tetragrama Maior

A Pedra Rejeitada pelos Construtores

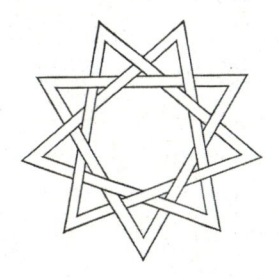

A Trindade das Trindades

perene dos bens humanos? Não é a sabedoria? Imagine que ocorra um maremoto cujas ondas fossem capazes de varrer todos os nossos portos costeiros, da costa Leste, seguido por ciclones e terremotos, de forma tal que o país fosse totalmente devastado em um mês. De nossa população, poucos milhões restariam, com todos os recursos de nosso conhecimento, e poderíamos levar meio século para recuperar a parte mais significativa de nossa prosperidade. Suponha, porém, que nosso povo tenha sido totalmente dizimado, como ocorreu com muitas civilizações ou impérios antigos; ou, ainda, suponha que tudo o mais permaneceu e que perdemos nossa reserva de conhecimentos, todas as artes, ciências, ficando todo o nosso povo reduzido à condição dos índios nativos norte-americanos; meio século, então, destruiria tudo aquilo que fora tão arduamente construído e iríamos lançar nossas reclamações às ruas cheias de ervas daninhas ou em meio às ruínas. O que acabamos de imaginar a respeito de nós mesmos é nada mais que a história de outras civilizações. Nosso bem mais duradouro é o conhecimento; quando este é eliminado, permanece apenas a desolação. O Irmão Pike diz que os reais segredos da Maçonaria, a filosofia oculta em seus símbolos, são mais antigos que os *Vedas*, tendo uma idade de, no mínimo, 10 mil anos; e que a linguagem codificada, que é o Simbolismo, foi concebida pelos verdadeiros príncipes do Segredo Real, por príncipes adeptos ou Mestres Perfeitos, a fim de ocultar, preservar e transmitir essa sabedoria primitiva às futuras gerações. E quando as civilizações entrassem em decadência, os impérios deixassem de existir e a desolação silenciosa pairasse sobre todo um continente, uma "rocha junto às águas", ou um símbolo transplantado para outras terras, serviria para transmitir o conhecimento perdido a outro povo e a outra era. Conhecendo o curso do império e o destino inevitável das raças humanas, esses príncipes sublimes do Segredo Real, por meio de sábio vaticínio, determinaram que nada deveria perder-se.

Quaternária da Matéria
O "47º problema — Diversidade na Unidade"

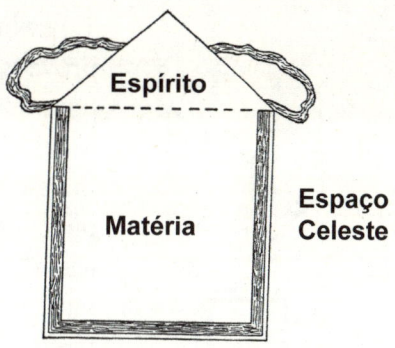

Trindade do Espírito

Espírito
Matéria
Espaço Celeste

Avental de pelo de cordeiro, ou o avental branco

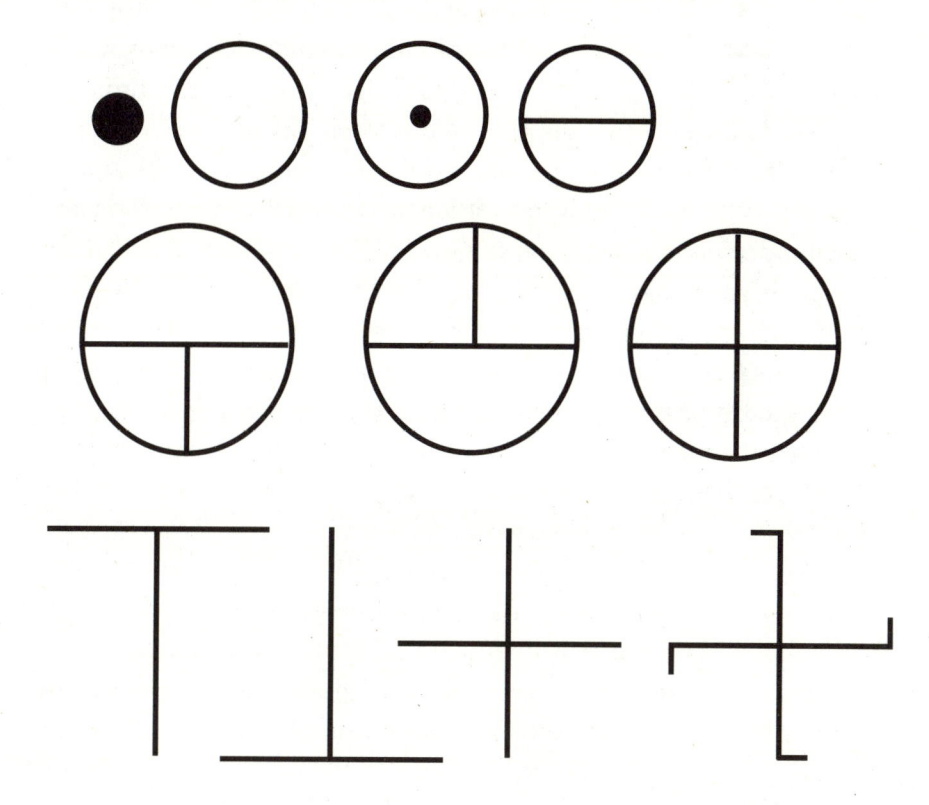

A Sequência de Simbolismo

O Cubo Desdolnado

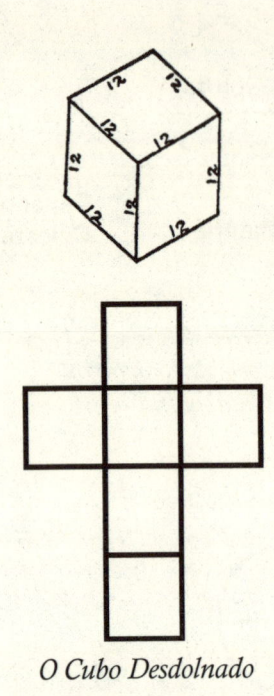

Tal é a herança da Maçonaria, e o Irmão Pike prova isso, acima de qualquer controvérsia, por meio dos excertos dos textos sagrados de todas as religiões e, também, da investigação mais diligente e erudita. O mérito de tais pesquisas não consiste no fato de provar a grande antiguidade dos símbolos da Maçonaria, pois isso é tarefa fácil; e ninguém que tenha um conhecimento mesmo rudimentar do assunto contestaria já que os símbolos podem ser encontrados nos monumentos mais primitivos, sendo descritos nos mais antigos registros conhecidos pelo homem. Uma tarefa muito mais difícil, cujos resultados se acham além de qualquer estimativa de valor, é o esforço para determinar exatamente o que tais símbolos significam; se foram o resultado produzido a partir de um profundo conhecimento, ou se a verdadeira consequência de todas as civilizações passadas, algumas das quais transcenderam tudo o que já conseguimos no Ocidente. Nesse caso, para sua correta interpretação, torna-se necessária a recuperação de todo o conhecimento do passado, em sua substância, se não em detalhes. Isso é precisamente a interpretação e o valor que devem ser atribuídos a tais resultados. O resultado é a recuperação da Palavra Perdida do Mestre e o símbolo dessa palavra é o A∴ U∴ M∴ ou OM, dos magos persas e dos brâmanes mais primitivos, porque, nos fundamentos desse grifo triliteral, acha-se a filosofia da doutrina secreta, a síntese de todo o conhecimento. Deixemos que qualquer príncipe do Segredo Real examine a evidência e julgue por si mesmo. Se, em vez de fazer isso, ele preferir zombar dessas afirmações e ridicularizar o assunto enquanto se vangloria do título de príncipe adepto, ficará como aqueles três homens que, certa vez, permaneceram junto ao rio Joppa, autocondenados por suas imprecações. O presente renascimento da filosofia no Ocidente precisa ensejar a restauração dessa antiga sabedoria. Embora não possa, de forma alguma, interferir na organização maçônica ou tentar revelar quaisquer de suas cerimônias, cumprimentos ou senhas, por meio dos quais os segredos da Maçonaria podem ser obtidos ilegalmente, deve atribuir elevado mérito à fidelidade com a qual os símbolos e pontos de referência têm sido preservados pela organização maçônica e buscar a cooperação de todos os maçons sérios e honestos, para a recuperação da Palavra Perdida, a fim de que essa sublime filosofia possa ser anunciada para o benefício de toda a espécie humana.

Existe uma velha máxima oculta que diz: "Nada é oculto àquele que conhece". Nenhum maçom é obrigado a ocultar aquilo que jamais aprendeu na Loja. Em tudo aquilo que vai recebendo de ensinamentos faz sua avaliação de mérito e se torna individualmente responsável pelo uso desse conhecimento. Isso deve ser uma questão de consciência, ser pesado na balança do dever, e todos aceitarem o resultado. Se a Maçonaria perdeu o Real Segredo, jamais o possuiu ou este lhe foi arrancado com violência em nome da religião, há pouco mais de um século, dá no mesmo, ele pertence à Fraternidade, como herdeira aparente da antiga sabedoria. Porém terá chegada a hora, quando não mais existirem amarras que o prendam. Então, pertencerá à Humanidade, da mesma forma que ao maçom. Para essa finalidade, foi preservado através dos séculos.

O futuro da Maçonaria deverá determinar sua qualificação à posse desse direito de primogenitura. Perfeitamente organizada como é, contando com um total de membros que ascende às dezenas de milhares, ela pode tornar-se uma força irresistível na configuração da presente civilização e influenciar o destino do homem. Tudo o mais terá perecido das civilizações do passado. *De todos os haveres humanos, apenas a sabedoria é imortal.* De todas as realizações da Grécia clássica, nada é tão lembrado atualmente quanto a escola de Pitágoras ou a filosofia da Platão e estas não só personificam, como também eram fundamentadas no Segredo Real de todo príncipe adepto maçom. Recuperar esse segredo seria uma obra que, quando concluída, estaria para a atual Humanidade como as Colunas de sustentação estão para a Loja: Sabedoria, Força e Beleza (Discernimento, Poder e Harmonia). Ele ensejaria a introdução de novos métodos, novas temáticas e novos ideais na moderna educação, o que nos permitiria ver, em poucas gerações, outros Platões. Se criarmos as condições, os resultados seguramente virão. Acha-se aqui a recompensa para todos os sofrimentos e perseguições a que os maçons foram submetidos no passado. Nesse momento, poderemos construir o monumento a todos os seus heróis e mártires. Podemos fazer isso, tendo em vista seu regozijo, por terem sofrido até o fim. Francis Bacon* sonhava com uma grande "Instauração", com a recuperação do conhecimento e a posse da sabedoria, baseada apenas na filosofia indutiva; porém, nesses moldes, ela deve permanecer um eterno sonho. A antiga filosofia é tanto indutiva quanto dedutiva, equacionada no perfeito equilíbrio entre razão e intuição ou experiência e aspiração, sendo sua natureza totalmente científica. Ela nos permitirá obter como resultado, conhecimento e poder sem opressão; religião sem superstição; liberdade universal, tolerância e fraternidade; compaixão universal; paz na Terra e boa vontade aos homens.

É óbvio que sabemos ser de competência da Maçonaria escolher, se assim o desejar, que os símbolos permaneçam com um significado apenas superficial na Loja. Talvez admita ter adotado os grifos e parábolas dos Mistérios primitivos, os quais serviram à finalidade de transmitir a mais completa e profunda filosofia e, enquanto adota esses símbolos, bem como a primitiva linguagem codificada, confina seu uso e interpretação a essas lições de justiça, moralidade e fraternidade, as quais devem ser encontradas em todas as religiões exotéricas.

O autor desta obra seria o último a ignorar ou subestimar o valor dos preceitos éticos ou morais. Estes, porém, são a base da conduta, não o coroamento da existência; o princípio, não o fim da sabedoria.

---

* N.E.: Sugerimos a leitura de *Francis Bacon – Da Proficiência e o Avanço do Conhecimento Divino e Humano*, Madras Editora.

A "infância universal" do homem, como Browning coloca, começa apenas quando seu código de ética estiver consumado e sua natureza humana, aperfeiçoada. Passar a maior parte de seus dias na transgressão e no arrependimento não é "servir a seu propósito, atingir sua meta e revelar de forma absoluta seu genuíno poder".

A Maçonaria não só, em nenhum ponto, nega esse significado mais profundo de seu simbolismo mas também muitos autores admitem isso e se alongam a respeito desse assunto; entretanto, poucos parecem ter sido capazes de discernir o real significado. Geralmente falham em face de preconceitos sectários, que reduzem sua visão e restringem a sabedoria-religião primitiva aos limites de um credo moderno, enquanto o caráter da primitiva sabedoria é universal e absolutamente abrangente. Negar ou ignorar quaisquer outras hipóteses, exceto a mais superficial, é adotar conclusões semelhantes às do astrônomo real da Escócia, que considerou a Arca do Aposento Real, na Grande Pirâmide de Gizé, apenas uma "despensa de milho!" Isso é profanar todos os sagrados vasos e, finalmente, dar um sentido materialista a todas as coisas espirituais.

Não podemos deixar de citar que a Liberdade é o anseio nato de todas as criaturas, pequenas ou grandes, de se tornarem livres, subjetiva e objetivamente. Igualdade é o reconhecimento da origem divina comum de todos os seres humanos e a outorga de oportunidades iguais, que o famoso socialista e maçom francês Pierre Joseph Proudhon (1809-1865) assim formulou: "a cada um segundo suas necessidades e de cada um segundo suas capacidades". Fraternidade é a implantação de uma irmandade de seres humanos livres e justos, isenta de discriminação de raças, sexo, crenças castas e nacionalidades.

A importância da tradição maçônica é um fato incontestável e merecedor de grande respeito e admiração. Sobrevivendo aos séculos, a Maçonaria vem procurando adaptar-se às modernidades sem fugir às tradições. Conseguindo, certamente continuará presente nos grandes acontecimentos de nossa História, construindo líderes e edificando uma sociedade melhor e mais humana do que a que temos hoje.

E não nos esqueçamos de que não há lugar para festejos da abolição.

Quando a questão da abolição foi discutida no Brasil, a escravidão já tinha sido condenada na maior parte do mundo. O Brasil foi o último país a aboli-la. O processo foi lento e difícil. Para isso muito contribuíram a luta do negro e as transformações sociais e econômicas que aconteceram no final do século XIX. Também foi importante a Campanha Abolicionista, que ajudou a desacreditar ainda mais o sistema escravista.

Bem, mas o maior objetivo desta obra é apoiar os maçons e a Maçonaria. Tentamos oferecer a todos os maçons as ferramentas para melhorar a si mesmos e ajudá-los a progredir diariamente no conhecimento maçônico.

"Quando o maçom aprende que o segredo para o guerreiro é a correta aplicação do dínamo do poder da vida, ele aprendeu o mistério de sua Arte. As energias ardentes de Lúcifer estão em suas mãos e antes que ele possa avançar para a frente e para cima, precisa provar sua capacidade de aplicar corretamente a energia." (*As Chaves Perdidas da Maçonaria*, Manly P. Hall, publicado pela Madras Editora)

Apêndice

O Guia dos Maçons para os Maçons*
Autor: Irmão James Green

Introdução

Quando o iniciado adentra a Ordem, é informado que a Antiga Maçonaria consiste em três graus e nada mais. Imagine sua surpresa quando, no curso de suas primeiras experiências maçônicas, fica sabendo da existência de outros graus. Às vezes ouve que esses são os chamados "altos graus" ou "graus adjacentes" e frequentemente essa impressão permanece por toda a sua carreira maçônica. Essa expressão de "altos graus" é por certo um termo errôneo; de fato, deveriam ser chamados graus suplementares ou adicionais, já que todos eles têm uma coisa em comum: pertencem à Ordem Maçônica. Este guia foi criado para informar aos interessados na Maçonaria, em seu mais amplo sentido, as várias Ordens Maçônicas que ainda trabalham nas Ilhas Britânicas e na Irlanda.

---

* N.E.: O Título original do texto é: *The Freemason`s Guide to the Freemanon´s*. A tradução é de José Arnaldo de Castro.

W. L. Wilmhurst em seu *The Meaning Masonry* (O Significado da Maçonaria) escreveu:

> As grandes religiões do mundo foram criadas para ensinar, dentro de suas formas respectivas, as mesmas verdades que as Escolas de Mistérios ensinaram. Seus ensinamentos sempre foram duplos. Sempre existiu uma doutrina popular externa, elementar, que serviu para instruir as massas que estavam insuficientemente preparadas para ensinamentos mais profundos; e ao mesmo tempo sempre houve uma doutrina avançada interior, um conhecimento mais secreto, que foi reservado para mentes mais abertas, e na qual eram iniciados apenas candidatos preparados apropriadamente, e que voluntariamente solicitavam o ensinamento.
>
> Muitos ritos maçônicos foram invenções dos séculos XVII e XVIII, mas muitos trazem evidências de uma sabedoria ainda mais antiga que foi transmitida de geração para geração. Grande parte do ritual maçônico está mais baseado em mitos e lendas do que em relatos históricos, mas isso não os faz mentirosos nem faz da Maçonaria uma farsa; a importância desses mitos e lendas é a mensagem que eles contêm. A maior parte dos ensinamentos é transmitida por meio de "parábolas" que excedem sua mensagem aparente, e a Maçonaria não é diferente, o que é importante é a mensagem que ela contém.
>
> Frequentemente um Irmão encontra uma Ordem que lhe dá grande satisfação e, obviamente, ele tenderá a retribuir mais àquela Ordem. Não há nada de errado com isso; se você encontrar um nicho no qual pode dar tudo de si, então boa sorte. Certamente que, se você tiver tempo, pode frequentar várias delas; lembre-se apenas de que a maior parte dessas Ordens só pode ser frequentada mediante convite; e se você mostrar que só está interessado em colecionar diplomas e medalhas, é improvável que seja convidado. Muitas dessas Ordens são muito reservadas e por isso muito cuidadosas nos convites

que fazem. Se você mostrar entusiasmo em todas aquelas em que participar, certamente um convite lhe será feito no devido tempo.

GRAND LODGE OF ANTIENT FREE AND ACCEPTED MASONS OF SCOTLAND

(GRANDE LOJA DOS MAÇONS ANTIGOS, LIVRES E ACEITOS DA ESCÓCIA)

Freemason's Hall
96 George Street
Edinburgh EH2 3DH

Em 30 de novembro de 1736, aconteceu a primeira Grande Eleição, quando William St. Clair de Roslin foi eleito o primeiro Grão-Mestre Maçom. Trinta e três Lojas estavam representadas. O movimento para formar uma Grande Loja tinha acontecido antes, naquele mesmo ano, quando quatro Lojas, Canongate Kilwinning, Mary's Chapel, Kilwinnning Scots Arms e Leith Kilwinning, se encontraram a fim de formular resoluções para formar uma Grande Loja e para que um Grão-Mestre Maçom fosse indicado. Apesar de a Escócia ter sido a última a formar uma Grande Loja, é reconhecido que as Lojas mais antigas do mundo eram escocesas.

A Grande Loja da Escócia trabalha os seguintes graus: Aprendiz Admitido, Companheiro da Ordem, Mestre Maçom e Mestre da Marca.

GRAND LODGE OF ANTIENT FREE AND ACCEPTED MASONS OF IRELAND

(GRANDE LOJA DOS MAÇONS ANTIGOS, LIVRES E ACEITOS DA IRLANDA)

Freemason's Hall
17 Molesworth Street
Dublin 2

O ano geralmente reconhecido da formação da Grande Loja da Irlanda é 1725. Infelizmente, em virtude da inexistência de registros oficiais anteriores a 1760, a data exata não pode ser determinada. A data de 1725 é agora aceita em razão uma notícia de jornal. Em 26 de junho de 1725, *The Dublin Weekly Journal* publicou um artigo sobre uma reunião da Grande Loja, mencionando a eleição de um novo Grão-Mestre, o conde de Rosse. Seis Lojas estavam representadas.

A Grande Loja da Irlanda trabalha os seguintes graus: Aprendiz Admitido, Companheiro da Ordem, Mestre Maçom e Mestre Instalado.

The United Grand Lodge of Antient Free and Accepted Masons of England

(Grande Loja Unida dos Maçons Antigos, Livres e Aceitos da Inglaterra)

Freemason's Hall
Great Queen Street
London, WC2B 5AZ

A Grande Loja Unida da Inglaterra foi formada pela fusão entre a Primeira e as Antigas Grandes Lojas da Inglaterra, em 27 de dezembro de 1813.

A Grande Loja da Inglaterra foi formada em 24 de junho de 1717 em Londres, pelo envolvimento das seguintes quatro Lojas:

a. a Loja em Goose and Gridiron, St. Paul's Churchyard, agora a Loja Antiquity nº 2;

b. a Loja na Crown, Parker's Lane, Lincoln Inn Field, que deixou de existir em 1736;

c. a Loja na Rummer and Grapes, Channel Row, Westminster, agora a Royal Somerset House and Inverness Lodge, nº 4;

d. a Loja na Apple Tree Tavern, Charles Street, Covent Garden, agora a Lodge of Fortitude and Old Cumberland nº 12.

O comitê das Grandes Lojas Antigas formou-se pela primeira vez em junho de 1751 no Turk's Head na Greek Street, Soho, e representava provavelmente não mais do que cem Irmãos que se distribuíram por seis Lojas. A maior parte desses maçons era de irlandeses artesãos e comerciantes. Tinham sido iniciados na

Irlanda, mas rejeitados nas Lojas de Londres tanto por questões de classe social como também porque seu ritual não correspondia ao ritual inglês.

A Grande Loja da Inglaterra trabalha três graus: Aprendiz Admitido, Companheiro da Ordem e Mestre Maçom, incluindo a Suprema Ordem do Sagrado Arco Real, que é considerado na Maçonaria Inglesa um complemento do grau de Mestre Maçom.

SUPREME GRAND CHAPTER OF ROYAL ARCH MASONS OF ENGLAND

(SUPREMO GRANDE CAPÍTULO DOS MAÇONS DO ARCO REAL DA INGLATERRA)

Freemason's Hall
Great Queen Street
London, WC2B 5AZ

Em 22 de julho de 1766, a Carta Constitutiva do Grand and Royal Chapter of the Royal Arch of Jerusalém foi assinada por muitos maçons notáveis da época. A Grande Loja da Inglaterra não o reconheceu por muito tempo. As Lojas das Antigas Grandes Lojas praticaram esses graus desde o início. Só em 1817 é que a Maçonaria do Arco Real praticada pelos Antigos e Modernos foi finalmente unificada. A Maçonaria do Arco Real na Inglaterra está organizada hoje como parte da Maçonaria Simbólica, e os Capítulos têm de estar ligados às Lojas e usar o mesmo número e nome delas.

Qualificações para Admissão: ser Mestre Maçom no mínimo há quatro semanas.

Nenhum Irmão pode se tornar Diretor, a menos que tenha sido instalado numa Loja Simbólica.

Supreme Grand Royal Arch Chapter of Scotland

(Supremo Grande Capítulo do Arco Real da Escócia)
23 St. John Street
Edinburgh EH8 8DG

O Supremo Grande Capítulo do Arco Real da Escócia foi formado em 1816. Em 1915, o Soberano Grande Capítulo do Arco Real amalgamou-se com o Grande Conselho Escocês dos Graus Crípticos. Os graus agora controlados pelo Grande Capítulo são: Mestre da Marca, Excelente Mestre, Real Arco, Marinheiro da Real Arca, Passagem Babilônica ou Cruz Vermelha, Mestre Real, Mestre Seleto e Super Excelente Mestre. Os últimos cinco são trabalhados em Lojas e Conselhos ligados aos Capítulos do Arco Real e tem os mesmos números e nomes destes.

Qualificações para admissão: Mestre Maçom e Mestre da Marca (podem ter sido colados numa Loja Simbólica ou no Capítulo propriamente dito).

Supreme Grand Royal Arch Chapter of Ireland

(Supremo Grande Capítulo do Arco Real da Irlanda)
Freemason's Hall
17 Molesworth Street
Dublin 2

O Supremo Grande Capítulo do Arco Real da Irlanda foi formado em 11 de junho de 1829, quando não menos do que 53 "Lojas, Assembleias e Capítulos" que conferiam graus se fizeram presentes. O duque de Leinster com o Irmão William Rigb e Irmão George Knox foram entronizados como os Três Grandes Dirigentes. Os mais antigos registros de graus do Arco Real na Irlanda remontam a 1743, quando o relato de uma procissão de maçons em Youghai, Co Cork, afirmou que o "Arco Real" foi carregado por dois "Excelentes Maçons". Como na Inglaterra, Capítulos tomam o mesmo nome e número da Loja com a qual estão associados. O Capítulo também confere o grau de Mestre da Marca, que é uma qualificação necessária antes da exaltação ao Sagrado Arco Real.

Qualificação para admissão: Ser Mestre Maçom e Mestre da Marca.

THE GRAND LODGE OF MARK MASTER MASONS OF ENGLAND AND WALES

(GRANDE LOJA DOS MAÇONS MESTRES DA MARCA DA INGLATERRA E DE GALES)

Mark Mason's Hall
86 St. James Street
London

Em 1856, o Irmão Lorde Leigh convocou uma reunião geral de Maçons da Marca em Londres com o propósito expresso de formar uma Grande Loja de Mestres Maçons da Marca. Isso aconteceu pela recusa da Grande Loja em reconhecer o grau de Mestre da Marca nas Lojas Simbólicas.

Em 1871, o Grão-Mestre da Marca concordou em proteger o grau de Marinheiro da Arca e estabeleceu o Conselho da Real Arca do Grão-Mestre. Uma Loja do Marinheiro da Arca Real está agora ligada a uma Loja da Marca da qual tomou seu número, e os candidatos devem ser Mestres Maçons da Marca.

Qualificação para admissão: ser Mestre Maçom.

THE SUPREME COUNCIL OF THE ANTIENT AND ACCEPTED RITE FOR ENGLAND AND WALES

(SUPREMO CONSELHO DO RITO ANTIGO E ACEITO PARA A INGLATERRA E GALES)

10 Duke Street
St. James's
London SW1Y 6BS

O primeiro Supremo Conselho do Rito Escocês Antigo e Aceito foi formado em Charleston, Carolina do Sul, USA, em 1801. É desse Supremo Conselho que deriva a autoridade de todos os demais. O presente Supremo Conselho da Inglaterra foi formado em 1845 quando recebeu sua patente do segundo Supremo Conselho Americano em Nova York, formado em 1813.

O Supremo Conselho controla 33 graus dos quais do 1 ao 3 são considerados graus simbólicos e, portanto, um Candidato ao Rito precisa ser um Mestre Maçom há, pelo menos, um ano. Os graus do 4 ao 18 são conferidos no que é conhecido como Capítulos Rosa-Cruz. Se um Irmão serviu como Mais Sábio Soberano, ele pode ser conduzido por esse Capítulo ao 30º grau, que só pode ser trabalhado pelos nove membros do Supremo Conselho. Os graus acima do 30º são concedidos eventualmente por serviços notáveis prestados ao Rito.

The Supreme Council for Scotland of the Thirty Third and Last Degree of the Antient and Accepted Scottish Rite

(Supremo Conselho da Escócia para o Trigésimo Terceiro e Último Grau do Rito Escocês Antigo e Aceito)

94a George Street
Edinburgh EH2 3DF

O Supremo Conselho da Escócia recebeu seu Capítulo do Supremo Conselho da França em 1846, sendo o dr. Charles Morison de Greenfield seu primeiro Soberano Grande Comendador. O Supremo Conselho na Escócia desenvolveu-se da mesma forma que o Supremo Conselho Inglês, com a exceção de que o 30º grau pode ser conferido a um membro do 18º grau que tenha mantido essa posição por cinco anos ou mais.

The Supreme Council 33rd Degree Ancient and Accepted Rite

(Supremo Conselho do Grau 33 do Rito Antigo e Aceito)

Freemason's Hall
17 Molesworth Street
Dublin 2

O Supremo Conselho da Irlanda recebeu sua Carta do Supremo Conselho de Charleston em 1824, e foi constituído em 10 de junho de 1826, com o duque de Leinster como Soberano Grande Comendador. Na Irlanda, nessa época, havia uma grande confusão de "Altos Graus", e assim em 1836 um Supremo Grande Conselho de Ritos foi formado para controlar esses graus. Esse corpo se tornou em 1871 o Grande Capítulo dos Príncipes Maçons, constituindo-se o corpo soberano de governo da Rosa-Cruz. Com o passar do tempo, ficou evidente que para que a Rosa-Cruz recebesse reconhecimento dos Supremos Conselhos da Inglaterra e da Escócia teriam de ser feitas algumas mudanças. Em 1905, o Grande Capítulo de Príncipes Maçons submeteu-se ao Supremo Conselho do Grau 33, abdicando de seus poderes soberanos; uma nova constituição foi sancionada e novas formas de patentes e certificados foram aprovadas. Os candidatos convidados devem ser Mestres Maçons há mais de sete anos, e também Maçons do Arco Real e Cavaleiro Templário.

The Grand Council of Royal and Select Masters of England and Wales

(Grande Conselho de Reais e Seletos Mestres da Inglaterra e Gales)

Mark Masons Hall
86 St. James's Street
London, SW1A 1PL

O Grande Conselho foi constituído em 1873 por quatro Conselhos que tinham sido reconhecidos pelo Grande Conselho de Nova York, dois anos antes. Os graus trabalhados neste Conselho são quatro relacionados: Mestre Seleto, Mestre Real, Mui Excelente Mestre e Super Excelente Mestre. Todos os quatro precedem o Arco Real em sequência histórica e os candidatos à admissão precisam ser primeiro Mestres da Marca e Maçons do Arco Real.

THE MASONIC AND MILITARY ORDER OF THE RED CROSS OF CONSTANTINE AND THE APPENDANT ORDERS OF THE HOLY SEPULCHRE AND OF ST JOHN THE EVANGELIST

(ORDEM MAÇÔNICA E MILITAR DA CRUZ VERMELHA DE CONSTANTINO, E ORDENS ACESSÓRIAS DO SANTO SEPULCRO E DE SÃO JOÃO, O EVANGELISTA)

Mark Masons Hall
86 St. James's Street
London, SW1A 1PL

Esta Ordem data de 1865 e foi "reconstituída" por um grupo de maçons proeminentes que elegeram o Cavaleiro *Sir* William Henry White como Grande Soberano. A Cruz Vermelha de Constantino era um grau trabalhado pelo Real Conclave da Escócia. É provável que o grau fosse trabalhado na Inglaterra num contexto templário, mas com certeza não havia um Grande Conselho. Candidatos à admissão devem ser Maçons do Arco Real.

THE GRAND IMPERIAL COUNCIL OF SCOTLAND OF THE RED CROSS OF CONSTANTINE

(GRANDE CONSELHO IMPERIAL DA ESCÓCIA DA CRUZ VERMELHA DE CONSTANTINO)

P.O. Box 35
Perth PH1 5YJ

O Grau da Cruz Vermelha de Constantino era trabalhado pelo Grande Conclave Real da Escócia, que foi autorizado pelo duque de Kent em 1809. Muitos dos graus caíram em desuso e o último registro de que se tem notícia é de 1857. A Ordem foi reintroduzida na Escócia em 1871 por patente da Inglaterra. O Grande Conselho Imperial da Escócia foi constituído em 1876. Candidatos à admissão precisam ser Maçons do Arco Real.

The Grand Council of the Order of the Allied Masonic Degrees of England and Wales

(Grande Conselho da Ordem dos Graus Maçônicos Aliados da Inglaterra e Gales)

Mark Masons Hall
86 St. James's Street
London, SW1A 1PL

O Grande Conselho dos Graus Maçônicos Aliados foi fundado em Londres em 1880. Há cinco graus sem conexão entre si, que são: São Lourenço, o Mártir; Cavaleiro de Constantinopla; Cruz Vermelha da Babilônia; Grande Oleiro de Salomão; e Ordem do Grande Sumo Sacerdote. Esses graus eram trabalhados em várias Lojas e Capítulos, etc., e estavam em risco de serem perdidos. A formação do Grande Conselho deu-lhes alguma legitimidade e os salvou para a posteridade. As qualificações para admissão são: Mestre Maçom, Mestre da Marca e Maçom do Arco Real.

The Grand Conclave of the Order of the Secret Monitor

(Grande Conclave da Ordem do Monitor Secreto)

Mark Masons Hall
86 St. James's Street
London, SW1A 1PL

O primeiro Conclave a reunir-se na Inglaterra foi formado por um dr. I. Zacherie em 1887. Mais tarde, nesse mesmo ano, um Grande Conclave foi formado com o dr. Zacherie como Grande Supremo Governador. Em 1895, surgiu uma disputa entre o Grão--Mestre dos Graus Aliados Americanos, a Ordem do Monitor Secreto e o Grande Conselho Inglês dos Graus Maçônicos Aliados, que fez com que este último trabalhasse uma versão dos graus em oposição ao Grande Conclave. Isso persistiu até 1931, quando chegaram a um acordo e a Ordem do Monitor Secreto assumiu o controle. Essa Ordem também cobre a Escócia. Os candidatos à admissão precisam ser Mestres Maçons.

The Great Priory of Scotland of the United, Religious and Military Orders of the Temple and the Order of St John of Jerusalem, Palestine, Rhodes and Malta

(Grande Priorado da Escócia das Ordens Unidas, Religiosas e Militares do Templo e Ordem de São João de Jerusalém, Palestina, Rodes e Malta)

41 Bo'ness Road
Grangemouth FK3 8AN

Referências aos Cavaleiros de Malta e Cavaleiros Templários nas Lojas Maçônicas da Escócia remontam a 1745. Em 1779, o Grão-Mestre da Loja-Mãe Kilwinning emitiu uma Carta para uma Loja na Irlanda com o nome Loja dos Altos Cavaleiros Templários da Irlanda. Isso viria a tornar-se o Antigo Grande Acampamento da Irlanda que emitia cartas para Acampamentos na Escócia. Em 1811, o duque de Kent, Grão-Mestre da Ordem na Inglaterra, emitiu uma carta patente estabelecendo o Grande Conclave Real da Escócia com Alexander Deuchar como Grão-Mestre. Nesse período, muitos Conclaves que tinham conseguido sua carta da Irlanda formaram o Antigo Grande Acampamento da Escócia. Só em 1909 é que os dois corpos se uniram para formar o Grande Priorado da Escócia. A qualificação para filiar-se é ser Mestre Maçom e Maçom do Arco Real.

The Great Priory of Ireland

(Grande Priorado da Irlanda)

Freemason's Hall
17 Molesworth Street
Dublin 2

O Grande Priorado da Irlanda teve origem com uma carta emitida pela Loja-Mãe Kilwinning em 1779 para constituir uma Loja chamada Altos Cavaleiros Templários da Irlanda, da qual se formou o Antigo Grande Acampamento dos Altos Cavaleiros Templários. Deve ser notado que não há registro de que a Loja-Mãe Kilwinning tenha trabalhado os graus de Malta ou Templários. A mais antiga evidência da Maçonaria dos Cavaleiros Templários aponta para a Irlanda e em particular para as Lojas Militares com suas patentes irlandesas. Por volta de 1790, o Antigo Grande Acampamento começou a emitir patentes não apenas na Irlanda, mas também na Escócia e na Inglaterra. O candidatos convidados devem ser Mestres Maçons há mais de cinco anos, também devem ser Maçons do Arco Real e professarem a crença na Santíssima Trindade.

THE GREAT PRIORY OF ENGLAND AND WALES OF THE UNITED RELIGIOUS, MASONIC AND MILITARY ORDERS OF THE TEMPLE AND OF ST. JOHN OF JERUSALEM, PALESTINE, RHODES AND MALTA

(GRANDE PRIORADO DA INGLATERRA E GALES DAS ORDENS RELIGIOSAS, MAÇÔNICAS E MILITARES DO TEMPLO E DE SÃO JOÃO DE JERUSALÉM, PALESTINA, RODES E MALTA)

Mark Masons Hall
86 St. James's Street
London, SW1A 1PL

Em 1791, foi formado um grande conclave por sete acampamentos sob a direção de Thomas Dunckerley como Grão-Mestre. Foi difícil descobrir as origens do grau de Cavaleiro de Malta, mas aceita-se que foi trazido para a Inglaterra pelas Lojas Militares e que se espalhou por Lojas e Capítulos durante 1760. Em 1895, assumiu a forma que mantém até hoje. A admissão é por convite e restrita a Maçons do Arco Real.

THE GRAND COLLEGE OF THE HOLY ROYAL ARCH KNIGHT TEMPLAR PRIESTS OR ORDER OF HOLY WISDOM

(GRANDE COLÉGIO DOS CAVALEIROS SACERDOTES TEMPLÁRIOS DO SAGRADO ARCO REAL OU ORDEM DA SAGRADA SABEDORIA)

Castlegate House
Castlegate,
York YO1 9RP

A Ordem foi inicialmente estabelecida sob a proteção dos Graus Maçônicos Aliados até que um Grande Colégio fosse restabelecido em 1924 com um Tabernáculo, o *Royal Kent Time Immemorial*, e com o cel. C. Napier Clavering assumindo o posto de Grande Sumo Sacerdote. São trabalhados 33 graus e todos, menos um, comunicados por nome. Essa Ordem também opera agora por todo o Reino Unido. Os candidatos devem ser Cavaleiros Templários e Mestres Instalados.

THE ROYAL ORDER OF SCOTLAND

(ORDEM REAL DA ESCÓCIA)

23 St. John Street
Edinburgh, EH8 8DG

Essa é a única Ordem regular maçônica em que há apenas uma Grande Loja no mundo, só tem Grandes Lojas Provinciais e nenhum Corpo menor. Há dois graus trabalhados nessa Ordem: Herodom de Kilwinning e o Rosa-cruz. Há um verso em *The Muses Threnodie* escrito em 1638 por Henry Adamson, MA, um clérigo de Perth, em que afirma:

"*Pois somos Irmãos da Rosa-cruz; Temos a Palavra Maçônica, etc*'. Ele usa a expressão '*Rosa-Cruz*', o título exato do segundo grau da Real Ordem, e acrescenta que '*temos a Palavra Maçônica*". Há referências a Lojas dessa Ordem em Londres, em 1743 e 1750, e outra antiga referência na Escócia em 1766. A Grande Loja foi formada em 1767. A admissão é bastante apreciada e os candidatos devem ser Mestres Maçons há mais de cinco anos.

The Worshipful Society of Free Masons, Rough Masons, Wallers, Slaters, Paviors, Plaisterers and Bricklayers

(Venerável Sociedade dos Maçons Livres, Maçons Rudes, Telhadores, Calceteiros, Gesseiros e Pedreiros)

20 Caledonian Road
London
N1 9DU

Essa sociedade é conhecida como "os operativos" porque preserva os antigos Rituais operativos em suas cerimônias. Há sete graus trabalhados na sociedade e a admissão para o sexto requer que o Candidato seja Mestre Instalado, Mestre da Marca e Maçom do Arco Real.

The Societas Rosicruciana in Anglia

(Sociedade Rosa-cruz na Inglaterra)

88 Hampstead High Street
London, NW3 1RE

Essa Ordem foi formada em 1866 por alguns zelosos Irmãos, liderados por R.W. Little, que descobriu alguns antigos Rituais nos arquivos da Grande Loja. A Sociedade baseia suas tradições e simbolismo numa antiga tradição conhecida como Fraternidade da Rosa e da Cruz, que reclama sua origem dos ensinamentos reais ou imaginários de Christian Rosenkreutz. Os membros são encorajados a produzir trabalhos e a fazer conferências como parte principal dos trabalhos da Ordem. Há nove graus, sendo os dois superiores conferidos apenas ao Supremo Magus. A qualificação para admissão é ser Mestre Maçom de elevados padrões morais que aceite sem restrições os princípios cristãos.

The Societas Rosicruciana in Scotia

(Sociedade Rosa-cruz na Escócia)

A Sociedade Rosa-cruz na Escócia existe desde 1873, quando o Colégio da Escócia Oriental, hoje conhecido como Colégio Metropolitano, foi inaugurado sob comissão da Sociedade Rosa-cruz na Inglaterra. Em 1876, 'Frates' Matier e Laurie foram constituídos os primeiros *Magi* na Escócia. Daí para a frente, a Sociedade Rosa-cruz na Escócia teve existência independente. A primeira carta patente, editada em 1878 pelo recém-criado Alto Conselho na Escócia, foi para um Colégio Americano no estado de Illinois. A qualificação para admissão é ser Mestre Maçom de elevado padrão moral e que abrace sem restrições os princípios cristãos.

The Royal Order of Eri

(Ordem Real de Eri)

38 Westcombe Park Road
Blackheath
London SE3 7RB

A lenda diz que essa Ordem, composta de Maçons, foi fundada em 1697 pelo grande rei da Irlanda. A Ordem moderna reconhece ter sido estabelecida pelo Irmão FG Irwin, que a recebeu das mãos de um capitão americano de um navio mercante quando em visita a Gibraltar, onde o Irmão Irwin era o Venerável Mestre da Loja dos Habitantes nº 178, em 1858. Essa Ordem confere três graus, seu ritual está baseado no antigo folclore irlandês e é apresentado em língua nativa da Irlanda. A admissão é feita por convite apenas aos que atingiram o quinto grau da Sociedade Rosa-cruz. Há apenas um Capítulo da Ordem com o nome de Brian Boru, e que se reúne em Londres.

The August Order of Light

(Augusta Ordem da Luz)

Essa Ordem foi fundada em Bradford em 1902, e a admissão nela era restrita a membros das Sociedades Rosa-cruzes. Isso mudou, e os candidatos à admissão precisam ser apenas Mestres Maçons convidados, e um importante pré-requisito é que cada Candidato apresente um trabalho de sua escolha que não seja maçônico ou político. O ritual tem caráter oriental e ensina uma visão espiritual da vida. A Ordem celebra os equinócios e se reúne todos os meses. O Garuda Temple nº 1 reunia-se primeiro em Bradford, onde uma câmara especial era mantida para a Ordem, mas mudou-se para York. Um segundo Templo em Londres está em vias de ser formado.

Grand Council of Knight Masons of Ireland

(Grande Conselho dos Cavaleiros Maçons da Irlanda)

Freemason's Hall
17 Molesworth Street
Dublin 2

Os Cavaleiros Maçons da Irlanda surgiram em 1923, quando o Grande Priorado da Irlanda desistiu do controle sobre os graus da "Cruz Vermelha" e o cavaleiro *Sir* Gerard Black foi eleito o primeiro Mui Excelente Grande Chefe. As cerimônias são muito semelhantes às do *Chevalier d'Orient* do Rito Francês Moderno, os graus 15 e 16 do Rito Antigo e Aceito e os graus preliminares da Cruz Vermelha conferidos nos Acampamentos dos Cavaleiros Templários nos Estados Unidos; bem como aos trabalhados pelo Grande Supremo Capítulo do Arco Real da Escócia e o Conselho dos Graus Aliados na Inglaterra. Os candidatos à admissão devem ser Maçons do Arco Real há, pelo menos, um ano.

The Baldwyn Rite

(Rito de Baldwyn)

Em Bristol há o único "Rito de Sete Graus" sobrevivente da antiga Maçonaria Especulativa. Esses graus são uma combinação do Simbolismo, Arco Real, Templários e Rosa-Cruz (em verdade, atualmente são 11 graus), e por acordo com o Grande Priorado e Supremo Conselho o Campo de Baldwyn aceitou a jurisdição desses Corpos e foi autorizado a trabalhar os respectivos graus em suas próprias cerimônias tradicionais. Os graus são os seguintes:

1. Simbolismo. Os três graus simbólicos como se apresentam em Lojas Simbólicas normais.

2. Arco Real e Véus em qualquer Capítulo de Bristol.

3. Nove Mestres Eleitos.

4. Grande Arquiteto Cavaleiro Escocês e Cavaleiro Escocês de Kilwinning.

5. Cavaleiro do Oriente, da Espada e da Águia.

6. Cavaleiro de São João de Jerusalém.

7. Cavaleiro Rosa-Cruz.

O Grande Superintendente do Rito equivale ao Prior Provincial no Grande Priorado e a Inspetor-Geral 33º do Rito Antigo e Aceito, cada um com apenas uma unidade sob seu controle. A admissão ao Rito exige que o Candidato seja Mestre Maçom e Maçom do Arco Real e tenha passado os véus num Capítulo de Bristol.

Palavras Finais

Agradeço, neste momento, ao Grande Arquiteto do Universo e a todas as Esferas Cósmicas que me auxiliam por mais este sonho realizado. Espero que as sementes que aqui lancei sejam um instrumento, uma fonte de conhecimento e sabedoria aos meus Irmãos de jornada e a todo leitor interessado em beber desta fonte.

Na minha missão como editor, tenho me empenhado, por meio da Madras Editora, para publicar obras maçônicas de autores renomados, com o intuito de que a história da nossa Ordem não se perca e, especialmente, para que os maçons brasileiros tenham acesso a diversos títulos em língua portuguesa para a elaboração de seus trabalhos e para seus estudos e pesquisas, pois a maior parte das obras que possuem informações primordiais a respeito da história da Maçonaria ou de sua sublime Filosofia e seu Simbolismo é editada em língua estrangeira.

Portanto, a razão do nosso empenho está muito além dos fins meramente comerciais, pois um dos propósitos da Madras é buscar a "Verdade", esteja ela onde estiver, e facilitar ao máximo para que o conhecimento esteja ao alcance de todos os interessados em ascender na sua senda, seja ela maçônica ou profana.

Que nossos filhos e netos colham os frutos dessas sementes no amanhã.

Bem-vindos ao Futuro!

Índice Remissivo

A

Abolição 99
Abraão 31, 32, 35, 37, 38, 40, 42, 46, 47, 48, 50, 78, 106, 107, 160, 520, 543, 568, 590, 632
Absalão 241, 242, 243, 244, 245, 246
Acácia 123, 124, 237, 238, 239
A Cruz 582, 584, 588, 642
Adão 34, 59, 61, 68, 69, 318, 319, 320
Adi 454
Adonai 250, 331, 425, 437, 615
Albert Pike 20, 26, 51, 199, 202, 210, 230, 231, 233, 294
Alma humana 16, 17, 55, 182, 355, 423, 471, 478, 503, 632
A Missão dos Judeus 443
Anjo 45, 595
Antigos hebreus 404
Antigos Mistérios 25, 54, 155, 165, 167, 168, 202, 260, 261, 286, 287, 426, 432, 462, 470, 289, 465, 479, 481, 482, 486, 492, 505, 523, 567
Anupâdaka 454
A Pedra dos Sábios 606
Apolo 162, 163, 308, 338, 354, 356, 358, 378, 382, 420
Aprendiz 90, 91, 129, 216, 222, 230, 247, 520, 562, 563, 610, 613, 614, 635, 636, 637, 660, 661
Arca da Aliança 115, 118, 126, 129, 241, 408, 665
Arcanos 167, 168, 170, 257
Aristóteles 24, 213, 261, 496, 498
As fogueiras de Moloch 433
Astrologia 167, 232, 296, 324, 373, 495, 505, 609
Âtma 453, 610
Âtman Inferior 454
Âtman Superior 454

B

Bálsamo 44
Bhagavad Gita 466
Blavatsky 20, 27, 171, 222, 233, 415, 419
Brahma 122, 219, 232, 277, 367, 414,
Brâmanes 61, 121, 122, 235, 275, 277, 282, 328, 329, 367, 415, 628
Brasão original 152
Bruxos 176, 252
Buddhi 453, 454, 610

C

Cabala 45, 50, 156, 157, 158, 167, 174, 249, 250, 295, 402, 403, 404, 406, 407, 415, 420, 425, 428, 429, 434, 435, 465
Cabalístico 170, 178, 251, 404, 608
Cartago 202, 207
Cavalaria 104, 111, 565
Cavaleiro de Cristo 116
Cavaleiro do Oriente 650
cavaleiros Templários 115, 116, 117, 129, 172
Cidade de Deus 203, 318
Ciência e Religião 435, 437
Clavícula 167
Companheiro 78, 81, 88, 94, 97, 129, 143, 158, 216, 226, 230, 253, 602, 610, 635
Confúcio 276, 490
Cosmogonia 174, 313, 314, 315, 316, 320, 336, 406, 447, 448
Cristianismo 50, 54, 62, 115, 205, 221, 222, 233, 236, 237, 242, 309, 314, 319
Cruz Ansada 585, 586, 605
Cruz de Lorena 605
Cruz de Malta 605
Cruz de malta 116
Cruz de Santo André 604
cruz de Santo André 605
Cruz Forcada 605
Cruz Quádrupla 604
Cruz Rosa-Cruz 606
Cruz Simples 604
Cruz Suástica 584

D

Da Vinci 103, 116, 131
Delfos 163, 355, 404, 443

Deus arquiteto do Universo 315
Deus egípcio 111, 172, 241
Deus Sol 33, 35, 41, 222, 232, 237, 299, 305, 321, 323, 324, 325, 330, 331, 332, 333, 336, 337, 338, 340, 341, 342, 343, 344, 345, 347, 357, 360, 370
Deusa Morrigan 173
Dharma 42
Dioniso 163
Divino Mestre 238
Dogma 310, 316, 335, 350, 351, 352, 353, 354, 355, 360, 363, 364, 365, 407

E

Eliminação dos Templários 113
Eliphas Levi 19, 21, 167, 168, 172, 173, 175, 233
Enoch 61, 241, 498
Escada de Jacó 551
Espada do Profeta 491
Espírito católico 160
Estrela Ardente 173

F

Fabre d'Olivet 20, 122, 399, 442, 443, 444
Filho da Viúva 253
Fohat 401, 438, 460, 461, 486, 493, 494
Franco-Maçonaria 61, 63, 98, 259, 338, 515, 560, 562, 563, 567, 568, 583, 608

G

Golden Dawn 174
Grande Comendador 229, 640, 641

Grande Eleito 227
Grande Escocês de Santo André 229
Grande Sopro 418, 421, 428
Grão-Mestre 102, 103, 104, 105, 106, 109, 111, 113, 114, 115, 116, 117, 130, 131, 132, 150, 151, 152, 155, 244, 260, 416, 527, 554, 560, 561
Graus Capitulares 225
Graus Inefáveis 224, 661
Graus Templários 159
Guénon 42, 44, 45, 576

H

Heráclito 382, 496
Hermetismo 62, 504, 505, 597, 606, 669
Hieróglifos 169, 262, 268, 269, 270, 271, 278, 280, 392, 479, 513, 514, 549
Hierogramas 118
Hinos dos Vedas 488, 490
Hiram 40, 56, 220, 222, 231, 232, 238, 239, 240, 241
Homens de Myalba 472
Hórus 232, 239, 246, 324, 325, 341, 342, 347, 380, 381, 382, 423
Hugues 101, 102, 103
Huldreich Zwinglio 215

I

Idade Média 114, 126, 130, 140, 161, 252, 401, 462
Imanifestado 454
Inocêncio III 206
Inocêncio IV 205

J

Jacob Boehme 422, 431
Jerusalém 40, 82, 98, 101, 103, 104, 109, 121, 132, 143, 208, 210, 222, 241, 244, 245, 256, 274, 340, 538
Jesuítas 58, 159, 408, 485
Joabes 242
João Calvino 215
João Knox 215
Joias Maçônicas 548
Josephus 121, 156, 212, 244
Jovem maçom 201

K

Kama Rûpa 453
Krishna 25, 328, 365, 407, 430, 490

L

LEADBEATER 664
Leadbeater 20, 128, 129, 130
Lei da Vida 181, 189
Linga Sharira 453
Livros sacros 413
Lomas 20, 40, 239
Loyola 425

M

Maçonaria 1, 259, 275, 276, 634, 637, 645, 650, 651
Manas 453, 458, 459, 460, 463, 472, 617
Maniqueísmo 202, 203
Maomé 235, 241
Martinho Lutero 214
Melquisedeque 25, 37

Mêmphis 121, 162
Mestre Instalado 11, 567, 568, 569, 647
Mestre Maçom 68, 82, 83, 107, 142, 242, 294, 299, 304, 583, 584, 588, 635, 636, 637, 638, 639, 640, 643, 644, 647, 650
Mestre perfeito 264, 456
Mestre Secreto 226
Michel Baigent 117
Missa dos Fiéis 203
Mistérios antigos 205, 207, 223, 242
Mistérios da Antiguidade 16, 21, 23, 25, 28, 164, 190, 194, 200, 211, 216, 252, 455
Mistérios de Elêusis 62, 280, 281, 282
Mistérios de Mênfis 281, 282, 288
Mistérios de Mitra 203, 301, 302, 303
Mistérios do Cristianismo 286, 287, 288, 289
Mistérios dos Brâmanes 275, 277
Mistérios dos Cabírios 10, 279, 280
Mistérios dos Judeus 10, 275, 283, 286
Mistérios Egípcios 274, 276, 277, 278, 280, 290, 292
Mistérios Gregos 280
Mistérios Hindus 272, 277, 551
Mitra 203, 231, 260, 293, 296, 298, 299, 300, 301, 302, 303, 304, 305, 323, 326, 327, 328, 330, 333, 335, 336, 337, 338, 343, 346, 351, 352, 353, 368, 372, 400, 425
Moderna Maçonaria 200, 202, 211, 216, 237, 461, 481
Moloch 29, 31, 33, 34, 35, 433
Mônada 352, 353, 357, 364
Moral e Dogma 20, 27, 51, 199, 202, 203, 210, 231, 401
Museu de Paris 389

N

Nilo 79, 308, 342, 373, 377, 378, 522
Noaquita 228
Noé 59, 61, 70, 72, 74, 142

O

O Avental 564, 566
O Esquadro 525, 548, 560, 561
Olho de Shiva 460, 461
O Mercúrio 172, 496, 497, 608, 609
O Quadrado 273, 454, 455, 467, 542, 544, 546, 573, 575, 584, 593, 603, 607, 613, 616
Ordem de Sião 101
Ordem Templária 101, 115
Orfeu 25, 160, 167, 168, 169, 170, 275, 281, 353, 358, 366, 404
Orígenes 209, 318
O Sol e a Lua 579
Os Guardiões 477
Os 33 Graus 226

P

Papa Nicolau 205
Past Master 567, 568, 569
Piso Mosaico 541
Pitágoras 23, 25, 70, 74, 157, 172, 209, 213, 216, 256, 353, 354, 357, 363, 365, 403, 426, 443, 478, 481, 487, 490, 498, 503, 568, 615, 616, 622, 629
Pitagóricos 173, 263, 284
Plágio Católico 409
Poder mágico 175
Preboste e Juiz 227
Príncipe da Mercê 229
Priorado de Sião 103, 130, 131, 132

Q

quadro celeste 376, 377, 378, 379, 380, 381

R

Reação da Igreja 175
Rei Arthur 128, 129
Rei Davi 40, 48, 82, 143, 241, 242, 243, 245, 246
Roterdam 214
Ruínas de Tebas 389

S

Sagrados Sacramentos 203
Saint-Claire 130
Santo Agostinho 202, 203, 358
Santo Elói 412
Santo Graal 103, 115, 122, 125, 126, 129
São Jorge 412
São Nicolau 412
Secretário Íntimo 226
Serpente de Eva 314
Shiva 232, 277, 423, 460
Solstício de inverno 232, 300, 310, 321, 322, 323, 324, 325, 326, 332, 333, 342, 344, 349
Sthúla Sharira 453

T

Templários 9, 644, 645, 646, 649, 650, 660
Templo de Jerusalém 132, 143, 241, 244, 284
Templo de Salomão 82, 101, 102, 143, 144, 533
Tétrade Fundamental 573
Tetragrama 193, 194, 195, 554, 624, 632
Tífon 308, 315, 334, 337, 351, 357, 376, 380, 381, 382, 409
Tradições da Loja 165
Tullus 120

U

Ultimo grau 208, 229, 435, 496
Upanishads 417

V

Vedas 10, 235, 301, 418, 420, 422, 423, 491, 492, 630
Vishnu 219, 232, 277, 328, 337, 364, 365, 423

W

William Preston 158, 512, 516, 538, 563, 574

Z

Zend-Avesta 120, 297
Zíngaro 115
Zoroastro 216, 293, 296, 297, 298, 299, 329, 349, 358, 359, 365, 490, 622

Bibliografia

AMBELEIN, Robert. *A Antiga Franco-Maçonaria*. São Paulo: Madras Editora, 2003.

ARDITO, João Antônio. *Maçonaria – Lendas, Mistérios e Filosofia Iniciática*. São Paulo: Madras Editora, 2000.

BACCARINI, Enrico e PINOTTI, Roberto. *Itália Esotérica*. São Paulo: Madras Editora, 2005.

BAIGENT, Michael e LEIGH, Richard. *O Templo e a Loja – O Surgimento da Maçonaria e a Herança Templária*. São Paulo: Madras Editora, 2006.

BAYARD, Jean-Pierre. *A Espiritualidade da Maçonaria*. São Paulo: Madras Editora, 2004.

BOURRE, Jean-Paul. *Dicionário Templário*. São Paulo: Madras Editora, 2006.

BROMWELL, Henry Pelham Holmes. *Restorations of Masonic Geometry and Symbolry Being a Dissertation on the Lost Knowledges of the Lodge*. Montana: Kessinger Publishing, s.d.

BUCK, J. D. *Mystic Masonry*. Montana: Kessinger Publishing Company, s.d.

CALDWELL, Daniel. *O Mundo Esotérico de Madame Blavatsky*. São Paulo: Madras Editora, 2002.

CAMPADELLO, Pier. *Templários – Sua Origem Mística*. São Paulo: Madras Editora, 2006.

CAMINO, Rizzardo da. *A Cadeia de União e Seus Elos*. São Paulo: Madras Editora, 2006.

_____. *A Maçonaria e o Terceiro Milênio*. São Paulo: Madras Editora, 2005.

_____. *Breviário Maçônico*. São Paulo: Madras Editora, 1999.

_____. *Catecismo Maçônico*. São Paulo: Madras Editora, 1999.

_____. *Dicionário Filosófico de Maçonaria*. São Paulo: Madras Editora, 1999.

_____. *Dicionário Maçônico*. São Paulo: Madras Editora, 2000.

_____. *Iniciação Maçônica*. São Paulo: Madras Editora, 1999.

_____. *Introdução à Maçonaria – Doutrina, História e Filosofia*. São Paulo: Madras Editora, 2005.

_____. *Kadosh*. São Paulo: Madras Editora, 1997.

_____. *Maçonaria Metafísica*. São Paulo: Madras Editora, 2006.

_____: *Maçonaria Mística*. São Paulo: Madras Editora, 2000.

_____. *O Ápice da Pirâmide*. São Paulo: Madras Editora, 1999.

_____. *O Aprendiz Maçônico – As Benesses do Aprendizado Maçônico*. São Paulo: Madras Editora, 1998.

_____. *O Companheirismo Maçônico*. São Paulo: Madras Editora, 1999.

_____. *O Maçom e a Intuição*. São Paulo: Madras Editora, 2005.

_____. *O Mestrado Maçônico*. São Paulo: Madras Editora, 1999.

_____. *O Príncipe Rosa-Cruz e Seus Mistérios*. São Paulo: Madras Editora, 1996.

_____. *Ópera Maçônica – A Flauta Mágica – W. A. Mozzart*. São Paulo: Madras Editora, 2006.

_____. *Os Graus Inefáveis – (4º ao 14º) Rito Escocês Antigo e Aceito*. São Paulo: Madras Editora: 2000.

_____. *Rito Escocês Antigo e Aceito – 1º ao 33º*. São Paulo: Madras Editora, 1999.

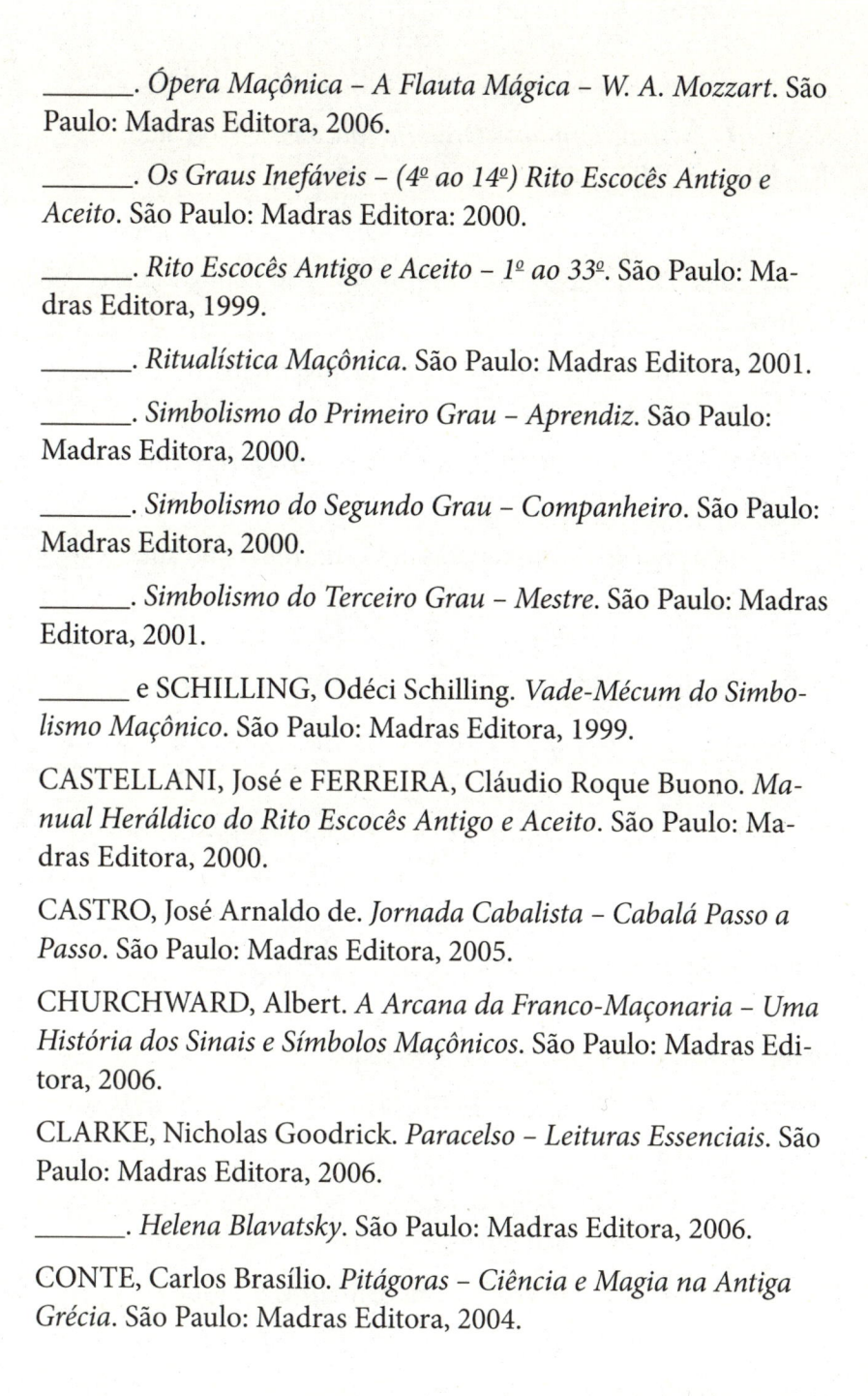

_____. *Ritualística Maçônica*. São Paulo: Madras Editora, 2001.

_____. *Simbolismo do Primeiro Grau – Aprendiz*. São Paulo: Madras Editora, 2000.

_____. *Simbolismo do Segundo Grau – Companheiro*. São Paulo: Madras Editora, 2000.

_____. *Simbolismo do Terceiro Grau – Mestre*. São Paulo: Madras Editora, 2001.

_____ e SCHILLING, Odéci Schilling. *Vade-Mécum do Simbolismo Maçônico*. São Paulo: Madras Editora, 1999.

CASTELLANI, José e FERREIRA, Cláudio Roque Buono. *Manual Heráldico do Rito Escocês Antigo e Aceito*. São Paulo: Madras Editora, 2000.

CASTRO, José Arnaldo de. *Jornada Cabalista – Cabalá Passo a Passo*. São Paulo: Madras Editora, 2005.

CHURCHWARD, Albert. *A Arcana da Franco-Maçonaria – Uma História dos Sinais e Símbolos Maçônicos*. São Paulo: Madras Editora, 2006.

CLARKE, Nicholas Goodrick. *Paracelso – Leituras Essenciais*. São Paulo: Madras Editora, 2006.

_____. *Helena Blavatsky*. São Paulo: Madras Editora, 2006.

CONTE, Carlos Brasílio. *Pitágoras – Ciência e Magia na Antiga Grécia*. São Paulo: Madras Editora, 2004.

_____. *A Doutrina Maçônica*. São Paulo: Madras Editora, 2005.

_____. *O Livro do Orador – Oratória Maçônica*. São Paulo: Madras Editora, 2003.

_____. *Magia Cerimonial*. São Paulo: Madras Editora, 2003.

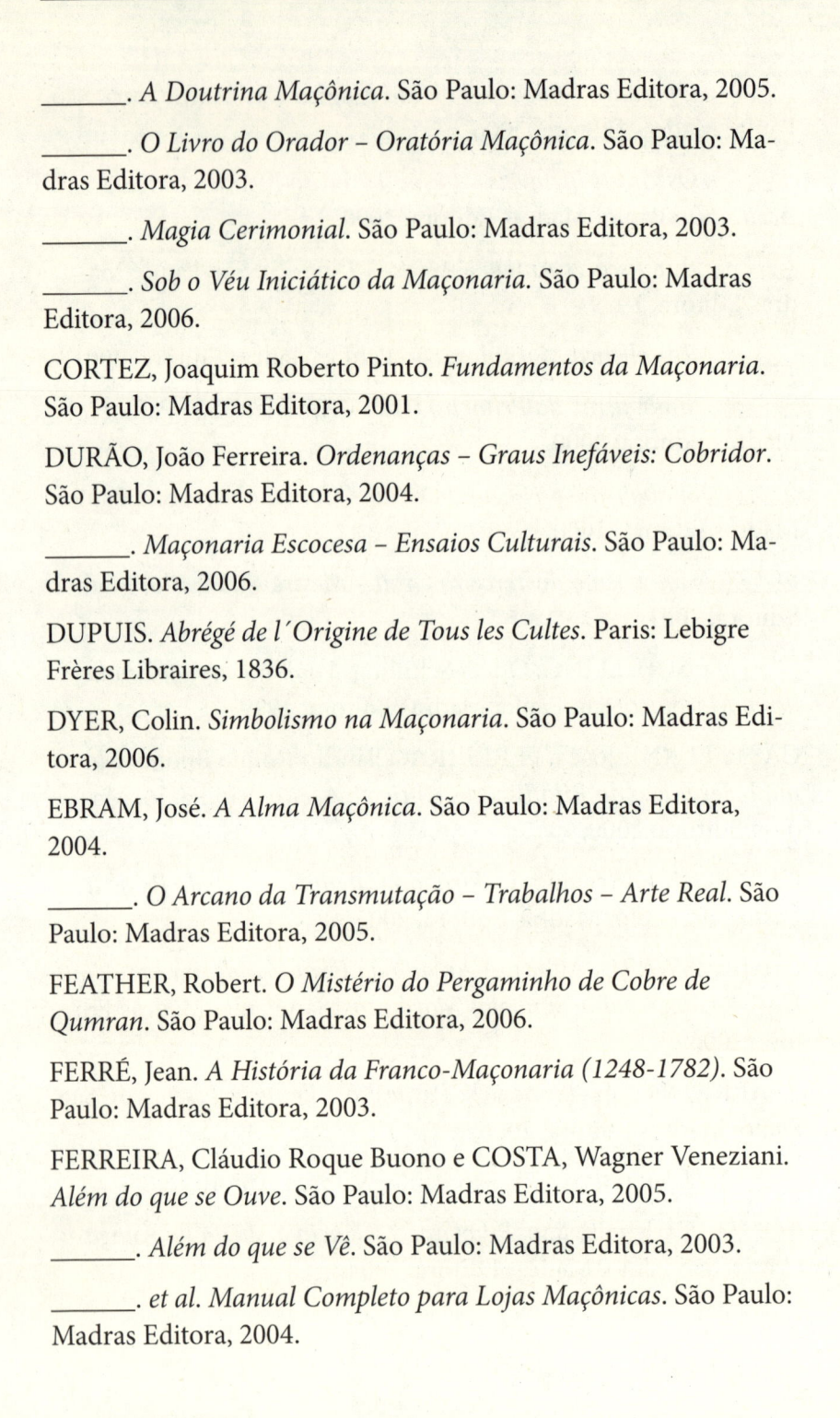

_____. *Sob o Véu Iniciático da Maçonaria*. São Paulo: Madras Editora, 2006.

CORTEZ, Joaquim Roberto Pinto. *Fundamentos da Maçonaria*. São Paulo: Madras Editora, 2001.

DURÃO, João Ferreira. *Ordenanças – Graus Inefáveis: Cobridor*. São Paulo: Madras Editora, 2004.

_____. *Maçonaria Escocesa – Ensaios Culturais*. São Paulo: Madras Editora, 2006.

DUPUIS. *Abrégé de l´Origine de Tous les Cultes*. Paris: Lebigre Frères Libraires, 1836.

DYER, Colin. *Simbolismo na Maçonaria*. São Paulo: Madras Editora, 2006.

EBRAM, José. *A Alma Maçônica*. São Paulo: Madras Editora, 2004.

_____. *O Arcano da Transmutação – Trabalhos – Arte Real*. São Paulo: Madras Editora, 2005.

FEATHER, Robert. *O Mistério do Pergaminho de Cobre de Qumran*. São Paulo: Madras Editora, 2006.

FERRÉ, Jean. *A História da Franco-Maçonaria (1248-1782)*. São Paulo: Madras Editora, 2003.

FERREIRA, Cláudio Roque Buono e COSTA, Wagner Veneziani. *Além do que se Ouve*. São Paulo: Madras Editora, 2005.

_____. *Além do que se Vê*. São Paulo: Madras Editora, 2003.

_____. et al. *Manual Completo para Lojas Maçônicas*. São Paulo: Madras Editora, 2004.

FIGUEIREDO, Rui Tinoco de. *Minuto Maçônico*. São Paulo: Madras Editora, 2006.

FRAINSINET, Édouard. *Ensaio sobre a História da Ordem dos Templários*. São Paulo: Madras Editora, 2005.

FRALE, Barbara. *Os Templários – E o Pergaminho de Chinon Encontrado nos Arquivos Secretos do Vaticano*. São Paulo: Madras Editora, 2005.

FULCANELLI. *A Morada dos Filósofos*. São Paulo: Madras Editora, 2005.

_____. *O Mistério das Catedrais – E a Interpretação Esotérica dos Símbolos Herméticos da Grande Obra*. São Paulo: Madras Editora, 2006.

GARDNER, Laurence. *A Linhagem do Santo Graal*. São Paulo: Madras Editora, 2004.

_____. *A Sombra de Salomão*. São Paulo: Madras Editora, 2006.

_____. *O Legado de Madalena – Conspiração da Linhagem de Jesus e Maria*. São Paulo: Madras Editora, 2006.

_____. *Os Segredos Perdidos da Arca Sagrada*. São Paulo: Madras Editora, 2005.

GOODRICK-CLARKE, Nicholas. *Helena Blavatsky*. São Paulo: Madras Editora, 2006.

_____. *Paracelso*. São Paulo: Madras Editora, 2006.

_____. e GOODRICK-CLARKE, Clare. *G.R.S. Mead e a Busca Gnóstica*. São Paulo: Madras Editora, 2006.

GRANT, Kenneth. *O Renascer da Magia – As Bases Metafísicas da Magia Sexual*. São Paulo: Madras Editora, 2000.

GUIMARÃES, João Francisco. *Maçonaria – A Filosofia do Conhecimento*. São Paulo: Madras Editora, 2004.

HAAGENSEN, Erling e LINCOLN, Henry. *Ilha Secreta dos Templários*. São Paulo: Madras Editora, 2006.

HALL, Manly P. *As Chaves Perdidas da Maçonaria – O Segredo de Hiram Habiff*. São Paulo: Madras Editora, 2006.

HUFFMAN, William. *Robert Fludd*. São Paulo: Madras Editora, 2006.

IRWIN, William. *Matrix – Bem-Vindo ao Deserto do Real*. São Paulo: Madras Editora, 2003.

JACKSON, Keith B. *Além da Maçonaria Simbólica*. São Paulo: Madras Editora, 2006.

JURADO, José Martins. *Maçonaria Adonhiramita – Apontamentos*. São Paulo: Madras Editora, 2005.

KEIGHTLEY, Thomas. *Sociedades Secretas da Idade Média*. São Paulo: Madras Editora, 2006.

KNIGHT, Christopher e LOMAS, Robert. *O Livro de Hiram*. São Paulo: Madras Editora, 2005.

LEADBEATER, C. W. *A História Secreta da Maçonaria*. Coordenação e adaptação de Carlos Brasílio Conte e Wanger Veneziani Costa. São Paulo: Madras Editora, 2004.

LEFRAISE, Armand e MONTEIRO, Eduardo Carvalho. *Maçonaria e Espiritismo – Encontros e Desencontros*. São Paulo: Madras Editora, 2006.

LISSONI, Alfredo. *Os Enigmas do Vaticano*. São Paulo: Madras Editora, 2006.

LOMAS, Robert. *Girando a Chave de Hiram – Tornando a Escuridão Visível*. São Paulo: Madras Editora, 2006.

_____. *Maçonaria e o Nascimento da Ciência Moderna – "O Colégio Invisível"*. São Paulo: Madras Editora, 2006.

MARRS, Jim. *O Governo Secreto*. São Paulo: Madras Editora, 2003.

MITCHELL, David. *O Grau da Marca*. São Paulo: Madras Editora, 2005.

MONTAGNAC, Élize de. *História dos Cavaleiros Templários*. São Paulo: Madras Editora, 2005.

MONTEIRO, Eduardo Carvalho. *O Esoterismo na Ritualística Maçônica*. São Paulo: Madras Editora, 2003.

NUTLY, W. Kirk Mac. *Maçonaria – Uma Jornada por meio do Ritual e do Simbolismo*. São Paulo: Madras Editora, 2006.

OLIVER, George. *Origem do Arco Real – Grau do Arco Real Inglês*. São Paulo: Madras Editora, 2006.

OLIVET, Fabre d'. *A Verdadeira Maçonaria e a Cultura Celeste*. São Paulo: Madras Editora, 2003.

PAPUS. *A Franco-Maçonaria e o Martinismo*. São Paulo: Madras Editora, 2006.

PESSÔA FILHO, Jorge Barnsley. *Templo Maçônico*. São Paulo: Madras Editora, 2006.

PHILLIPS, Graham. *Os Templários e a Arca da Aliança*. São Paulo: Madras Editora, 2005.

PIKE, Albert. *Moral and Dogma of the Ancient and Accepted Scottish Rite of Freemasonry*. Montana: Kessinger Publishing Co., 1992.

PINTO, M.J. Outeiro. *Do Meio-Dia à Meia-Noite – Compêndios Maçônicos do Primeiro Grau*. São Paulo: Madras Editora, 2006.

PRAMAD, Veet. *Curso de Tarô – E Seu Uso Terapêutico*. São Paulo: Madras Editora, 2002.

PRESTUPA, Juarez de F. *Astrologia na Maçonaria*. São Paulo: Madras Editora, 2005.

RAGON, J. M. *Ortodoxia Maçônica*. São Paulo: Madras Editora, 2006.

_____. *Rituel de L'Apprenti Maçon*. Paris: Teissier et Cie., Libraires-Éditeurs, s.d.

_____. *Rituel du Grade de Compagnon*. Paris: Teissier et Cie., Libraires-Éditeurs, s.d.

_____. *Rituel de Grade de Maître*. Paris: Teissier et Cie., Libraires-Éditeurs, s.d.

REGARDIE, Israel. *Magia Hermética – A Árvore da Vida, um Estudo sobre a Magia*. São Paulo: Madras Editora, 2003.

ROBINSON, James. *A Biblioteca de Nag Hammadi – A Tradução Completa das Escrituras Gnósticas*. São Paulo: Madras Editora. 2006.

ROBINSON, John J. *Nascidos do Sangue – Os Segredos Perdidos da Maçonaria*. São Paulo: Madras Editora, 2005.

ROHR, Wulfing von. *Governo Oculto do Mundo – Deus ou Lúcifer?* São Paulo: Madras Editora, 2002.

SABLÉ, Erik. *Dicionário dos Rosa-Cruzes*. São Paulo: Madras Editora, 2006.

SANDBACH, Richard. *Por Dentro do Arco Real*. São Paulo: Madras Editora, 2005.

SEDDON, Richard. *Rudolph Steiner*. São Paulo: Madras Editora, 2006.

SILVA, Manoel Álvaro Queiroz da. *A Maçonaria Simbólica – Rito Escocês Antigo e Aceito*. São Paulo: Madras Editora, 2006.

SILVA, Robson Rodrigues da. *Reflexos da Senda Maçônica*. São Paulo: Madras Editora, 2004.

SINCLAIR, Andrew. *A Espada e o Graal*. São Paulo: Madras Editora, 2003.

_____. *O Pergaminho Secreto*. São Paulo: Madras Editora, 2003.

SORA, Steven. *Sociedades Secretas da Elite da América*. São Paulo: Madras Editora, 2005.

SMYTH, Frederick. *Os Templários – Irmãos em Cavalaria*. São Paulo: Madras Editora, 2000.

STANLEY, Michael. *Emanuel Swedenborb*. São Paulo: Madras Editora, 2006.

STEVENSON, David. *As Origens da Maçonaria – O Século da Escócia (1590-1710)*. São Paulo: Madras Editora, 2005.

SUSTER, Gerard. *John Dee*. São Paulo: Madras Editora, 2006.

VASSAL, Pierre-Gerard. *Curso Completo de Maçonaria – História Geral da Iniciação*. São Paulo: Madras Editora, 2004.

WALTERFIELD, Robin. *Jacob Boehme*. São Paulo: Madras Editora, 2006.

WIRTH, Osvald. *Le Symbolisme Hermétique*. Paris: Librairie Initiatique, s.d.

YOUNG, John K. *Locais Sagrados dos Cavaleiros Templários*. São Paulo: Madras Editora, 2004.

_____ e KARG, Barb. *O Livro Completo dos Maçons*. São Paulo: Madras Editora, 2006.

Leitura Recomendada

Além do que se Vê
Cláudio Roque Buono Ferreira

Wagner Veneziani Costa

Essa obra apresenta ensinamentos sufis transmitidos por meio de metáforas, um método utilizado desde a Antiguidade pelos grandes mestres da História e que hoje é intensamente usado por profissionais de Neurolingüística e de Psicologia, por transmitir ao inconsciente do ser humano lições que podem transformar sua vida para melhor.

Ascensão e Queda da Maçonaria no Mundo
William Almeida de Carvalho

Com as comemorações dos 300 anos da fundação da Grande Loja de Londres e Westminster, faz-se necessário também analisar e fazer um balanço da situação da Maçonaria no mundo. A Parte I do livro, "Ascensão e Queda da Maçonaria no Mundo", descreve com minúcias a decadência da Ordem no mundo, primeiramente nos países de língua inglesa; depois no continente europeu, em especial na França; e na América Latina, no Brasil.

Simbolismo do Primeiro Grau
Rizzardo da Camino

Eis-nos às voltas com mais uma pérola desse tão dedicado Ir∴, que é Rizzardo da Camino, tratando da Simbologia dos Graus. Na verdade, os Símbolos são a alma e a vida da Maçonaria; foi a forma adotada para preservar conhecimentos e disseminá-los entre os obreiros, Grau após Grau, até que o mérito pessoal traga o pleno entendimento da Arquitetura Cósmica.

www.madras.com.br

Leitura Recomendada

Simbolismo do Segundo Grau
Rizzardo da Camino

Todo obreiro terá aqui as ferramentas necessárias para rapidamente transpor mais essa jornada e entrar na penúltima fase do Simbolismo de que se reveste a Maçonaria para a transmissão de seus conhecimentos. Que cada Ir∴ obreiro encontre a luz para dirimir suas dúvidas e ampliar a compreensão desse vasto universo, com o auxílio inestimável dos preciosos conhecimentos contidos nesse livro.

Simbolismo do Terceiro Grau
Rizzardo da Camino

Prezado Ir∴,
Essa obra conclui uma das maiores preciosidades para o maçom dedicado e que se empenha na busca do conhecimento.
Com o *Simbolismo do Terceiro Grau* o Ir∴ irá complementar todo o conhecimento necessário para transpor mais essa etapa na sua vida iniciática dentro da Maçonaria e, muito em breve, de acordo com o seu merecimento pessoal, estará adentrando nos Graus Filosóficos.

Maçonaria 30 Instruções de Mestre
Raymundo D'Elia Junior

Somando às obras *Maçonaria – 100 Instruções de Aprendiz* e *Maçonaria – 50 Instruções de Companheiro*, com esta o autor conclui sua trilogia, facilitando o estudo sobre os três primeiros Graus da Maçonaria Simbólica. São instruções a respeito do Terceiro Grau, o de Mestre Maçom, mas que podem e devem ser lidas pelos Irmãos dos demais Graus, ou por todos os interessados em melhor conhecer sua etapa de evolução na senda maçônica.

www.madras.com.br

Leitura Recomendada

Maçonaria – 100 Instruções de Aprendiz
Raymundo D´Elia Júnior

O autor reuniu nessa obra um total de 100 instruções que nortearão o Aprendiz em sua senda maçônica, facilitando o seu estudo e entendimento a respeito do Primeiro Grau da Maçonaria.

Maçonaria 50 Instruções de Companheiro
Raymundo D´Elia Junior

Aqui são apresentadas 50 instruções aos maçons do Segundo Grau, o de Companheiro, mas que podem e devem ser lidas pelos Irmãos dos demais Graus ou por todos aqueles interessados em conhecer melhor essa etapa tão importante da evolução do homem em sua senda maçônica. Trata-se de um trabalho de intensa pesquisa, com o intuito de auxiliar os maçons e as Lojas pertencentes aos vários Ritos.

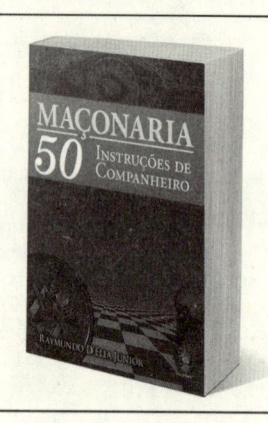

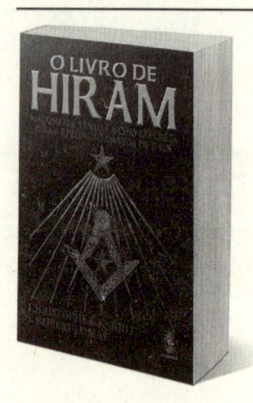

O Livro de Hiram

Maçonaria, Vênus e a Chave Secreta para a Revelação da Vida de Jesus

Christopher Knight e Robert Lomas

Quando os maçons Christopher Knight e Robert Lomas decidiram pesquisar as origens dos velhos rituais de sua Ordem, não esperavam se envolver com a Astronomia Pré-histórica, nem emaranhar-se no desenvolvimento do Cristianismo. Catorze anos depois, eles concluem sua missão com *O Livro de Hiram*. A obra traz novas e explosivas evidências desenhadas pelas últimas descobertas arqueológicas, pela Bíblia e por antigas versões dos rituais maçônicos.

www.madras.com.br

MADRAS® Editora
CADASTRO/MALA DIRETA

Envie este cadastro preenchido e passará a receber informações dos nossos lançamentos, nas áreas que determinar.

Nome _____
RG _____ CPF _____
Endereço Residencial _____
Bairro _____ Cidade _____ Estado _____
CEP _____ Fone _____
E-mail _____
Sexo ❑ Fem. ❑ Masc.   Nascimento _____
Profissão _____ Escolaridade (Nível/Curso) _____

Você compra livros:
❑ livrarias   ❑ feiras   ❑ telefone   ❑ Internet
❑ outros: _____

Quais os tipos de literatura que você lê:
❑ Filosofia   ❑ Pedagogia   ❑ História   ❑ Música
❑ Esoterismo   ❑ Psicologia   ❑ Saúde   ❑ Espírita/Umbanda
❑ Bruxaria   ❑ Autoajuda   ❑ Maçonaria   ❑ Outros:

Qual a sua opinião a respeito desta obra? _____
_____

Indique amigos que gostariam de receber MALA DIRETA:
Nome _____
Endereço Residencial _____
Bairro _____ Cidade _____ CEP _____

Nome do livro adquirido: *Maçonaria – Escola de Mistérios*

Para receber catálogos, lista de preços e outras informações, escreva para:

MADRAS EDITORA LTDA.
Rua Paulo Gonçalves, 88 – Santana – 02403-020 – São Paulo/SP
Caixa Postal 12183 – CEP 02013-970 – SP
Tel.: (11) 2281-5555 **www.madras.com.br**

MADRAS® Editora

Para mais informações sobre a Madras Editora,
sua história no mercado editorial
e seu catálogo de títulos publicados:

Entre e cadastre-se no site:

www.madras.com.br

Para mensagens, parcerias, sugestões e dúvidas, mande-nos um e-mail:

marketing@madras.com.br

SAIBA MAIS

Saiba mais sobre nossos lançamentos,
autores e eventos seguindo-nos no facebook e twitter:

@madrased

/madraseditora